NCS

국가직무능력표준

GEN Z 실감세대

NCS 고졸채용
직업기초능력 평가

이론+문제+모의고사

NCS 채용 시험 연구회 편저

씨마스

NCS
국가직무능력표준

GEN **Z** 실감세대

NCS 고졸채용
직업기초능력 평가

이론+문제+모의고사　　NCS 채용 시험 연구회 편저

좀 더 나은 교재를 위하여
이 책을 검토해 주신 선생님들

박진국 부산마케팅고등학교 교사
송창섭 대성여자상업고등학교 교사
우수옥 동일여자상업고등학교 교사
이유라 서울도시과학기술고등학교 교사
이일중 하남경영고등학교 교사
허대웅 전주상업정보고등학교 교사

특별한 나!

NCS
국가직무능력표준

GEN
Z
실감세대

NCS 고졸채용
직업기초능력 평가
이론+문제+모의고사

NCS 채용 시험 연구회 편저

NCS 고졸채용 직업기초능력 평가 한 권으로 끝내기

◎ 공기업의 최근 출제 경향 제시!

공기업 입사의 가장 큰 변수는 직업기초능력 평가이다. 공기업 지원자라면 이미 스펙이나 직무 능력에서 최고 수준일 것이기 때문에 오히려 직업기초능력 평가 점수가 중요하게 된 것이다. 이 책은 이러한 경향에 맞춰 최신 출제 경향을 제시해 이에 대비하게 하였다.

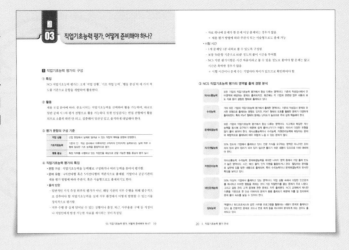

◎ 10개 영역 이론의 핵심 제시!

전 공기업이 직무능력별 채용을 실시하기 때문에 직업기초능력 평가가 필기시험에서 매우 중요하다. 이 책은 이에 대비하여 10개 영역 이론의 핵심을 기초적인 문제와 함께 요약·제시하여 공기업 취업을 바라는 학생들이 기본적인 10개 능력의 이론을 빠르게 익힐 수 있게 하였다.

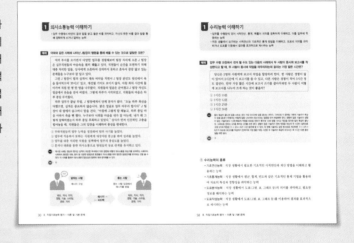

◎ 각 영역별 기본 익힘 문제 제시!

직업기초능력의 10개 영역 이론을 익힌 후에 이를 실제 시험에도 적용할 수 있도록 기본 문제를 제시하였다. 비록 요즘 출제 경향에서 비중이 축소되고 있지만, 10개 영역별 이론을 확실하게 이해할 수 있도록 하면서도 아직도 출제되고 있는 문제를 시간의 지체 없이 해결할 수 있도록 구성하였다. 특히 출제 비중이 높은 의사소통·수리·문제해결의 3능력에 대한 문제 비중을 높여 취업 준비에 철저하게 대비할 수 있도록 하였다.

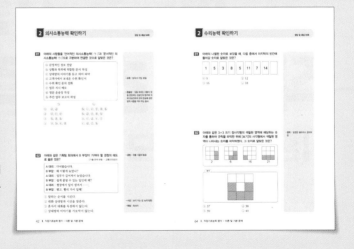

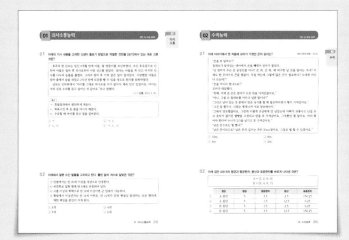

◎ 각 영역별 심화 문제 제시!
점점 더 난이도가 높아지고 있는 최근 기출문제의 출제 경향에 맞추어 고난이도 문제를 중심으로 출제된 심화 문제를 제시하였다. 직업기초능력 평가는 문제 자체의 이론적 난이도보다 문제 해결 시간이 많이 걸린다. 따라서 취업 지원자가 실제 시험에서 필요 이상으로 어려움을 겪는 경우가 많은데, 심화 문제는 이러한 경우에 대비할 수 있게 문제 해결에 시간이 걸리는 고난이도 문제를 집중적으로 제시한 것이다.

◎ 실제 출제 경향에 맞는 실전 모의고사 제시!
300개가 넘는 공기업이 자기 기업에 맞게 제각기 NCS 직업기초능력 평가를 실시하다보니 매우 다양한 문제가 다양한 형식으로 출제되고 있다. 어디는 5지선다형으로 어디는 4지선다형으로, 어디는 50문항 1시간으로 어디는 60문항 1시간으로, 또 어디는 어떻게 등 다양하게 시행되고 있다. 이 책은 이러한 다양한 형식을 1회, 2회 실전 모의고사에 모두 반영하여 이에 대비할 수 있게 하였다.

◎ 문제 풀이 중에 이해하기 어려운 내용을 제대로 학습할 수 있도록 자세히 풀이된 정답 및 해설!
기존의 NCS 직업기초능력 평가는 대학 졸업생을 대상으로 하여 풀이 과정이 정답의 핵심만 제공하여 문제를 제대로 이해하기 어려운 점이 많았다. 이 책에서는 이러한 점을 지양하고 학생들이 문제 전체를 이해하는데 그치지 않고, 문제의 배경이 되는 이론도 참고로 요약·제시하여 익힐 수 있도록 하였다.

목차

Ⅰ. 직업기초능력 평가 안내

Ⅱ. 직업기초능력 평가
- 이론 및 기본문제

Ⅲ. 직업기초능력 평가
- 응용 및 심화 문제

Ⅳ. 직업기초능력 평가
- 실전모의고사

블라인드 채용 · 공공기관 입사지원서 예시

1. 인적사항

지원구분	신입 ( ), 경력 ( )		지원직무		접수번호	
성명	(한글)					
현주소	*필요 시					
연락처	(본인휴대폰)		전자우편			
	(비상연락처)					
추가항목 (예시)	☐ 장애대상 ☐ 보훈대상 ☐ 지역인재					

2. 교육사항

*지원직무 관련 과목 및 교육과정을 이수한 경우 그 내용을 기입해 주십시오.

교육구분	과목명 및 교육과정	교육시간
☐ 학교교육 ☐ 직업훈련 ☐ 기타		

직무관련 주요내용

3. 자격사항

*지원직무 관련 국가기술/전문자격, 국가공인민간자격을 기입해 주십시오.

자격증명	발 급 기 관	취득일자	자격증명	발 급 기 관	취득일자

4. 경험 혹은 경력사항

*지원직무 관련 경험 혹은 경력사항을 기입해 주십시오.

구분	소속조직	역할	활동기간	활동내용
☐ 경험 ☐ 경력				

*직무활동, 동아리/동호회, 팀 프로젝트, 연구회, 재능기부 등 직무와 관련된 주요 활용을 서술하여 주십시오.

위 사항은 사실과 다름이 없음을 확인합니다.

년   월   일

지 원 자 : _____ (인)

I

직업기초능력 평가 안내

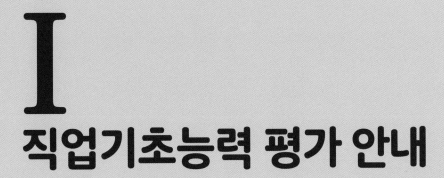

CHAPTER 01

직업기초능력 평가란 무엇인가?

1 채용 제도의 변화

기존 채용 제도	NCS 채용 제도
채용 공고 **응시 원서** **원서 접수** **1차 전형** **2차 전형** **3차 전형** **참고**	**기관 중신** **스펙 중심(학점, 어학 성적 등)** **우편 접수(원본 서류)** **전직종 서류 전형** **전공 발표 세미나** **일반 면접** **인적성 검사**	**지원자 중심(직무기술서, 세부 일정)** **직무 역량 중심(스펙 부문 삭제)** **온라인 접수** **기술직, 행정직 동일한 직업기초능력 평가** **(평가표에 NCS 반영)** **NCS 기반 구조화 면접** **통합 인성검사(조직 몰입도 등)**

2 NCS 기반 능력 중심 채용

① 정의

학벌 중심 사회		능력 중심 사회
알기만 하는 교육 훈련 스펙 쌓기 위한 학습의 연장 학력 중심 보상 구조	이동	할 줄 아는 교육 훈련 꼭 필요한 분야의 학습 능력 중심 채용과 승진 문화

새로운 직원을 채용하려는 기업에서는 먼저, 채용 대상의 직무를 NCS(국가직무능력표준) 기반으로 분석한다. 다음으로 이 분석을 바탕으로 해당 직무의 상세 내용 및 직무능력 평가 기준을 정하여 채용 공고 등에 사전에 명확하게 공지하여, 기업이 해당 직무 수행에 요구되는 능력을 갖춘 인재를 선발하고자 하는 것이다.

② 목적

NCS 기반으로 채용 대상의 직무를 분석하고, 이를 기준으로 삼아 해당 직무를 수행하는 데 요구되는 능력을 갖춘 인재를 선발하고자 하는 것이다.
• 직무에 적합한 인재 선발 – 기업·공공기관이 원하는 인재가 갖춰야 할 직무 능력의 체계적 평가로 능력 중심 채용 및 인사 관리 등 능력 중심 사회를 선도하는 역할을 담

당한다.
- 마구잡이 스펙이 아닌 직무에 적합한 능력 개발 – 정확한 진로 목표 설정 후에야 그 목표에 맞는 능력을 개발할 준비가 가능하며, 취업에 성공한 후에도 지속적인 자기 계발을 하여 개인이나 조직의 경쟁력을 제고할 수 있다.
- 능력 중심 사회 구현, 주요 경쟁력 강화 – 직무 적합형 인재 선발 → 개인과 조직의 직무 만족도 향상 → 조직 몰입도 향상과 성과 창출 → 개인 및 조직의 역량 강화 → 국가 경쟁력 강화의 선순환 고리 형성

③ NCS 기반 능력(직무 능력) 중심 평가의 구성

ㄱ. 직업기초능력 평가

가. 평가 목적 : 특정 직무에 입사를 원하는 지원자가 해당 직무를 수행하기 위해 갖춰야 할 직무능력을 갖추고 있는지를 측정

나. 영역 도출 : 직업기초능력 10개의 영역 중 해당 기관의 인재상, 핵심 가치 등과의 맵핑을 통해 신규 직원 채용에 반드시 필요한 핵심 영역을 도출하고 '직업기초능력 × 필기시험' 매트릭스를 통해 평가 방법을 선정

ㄴ. 직무수행능력 평가 – 직무수행능력 필기 문항 개발 절차

- 능력 단위 목록화 및 중요도, 난이도, 활용 빈도 평정
- 능력단위별 평가 방법 작성
- 평가 기준 작성
- 평가 문항 개발

ㄷ. 기타 – 기관별 추가 평가 영역 제시

- 한국사, 외국어 등 (* 직업기초능력 평가에 포함시켜 평가)

❸ 직업기초능력 평가

① 의미

- 직업인이면 누구나 기본적으로 갖추고 있어야 하는 10가지 영역(34개 하위 영역)의 평가를 통해 기본을 갖춘 인재를 선발함.
- 기업마다 지원하는 직무나 분야에 따라 10개 영역 중 기업이 필요하다고 판단하는 일부 영역을 선별적(근로복지공단, 국민건강보험공단 등)으로 치르기도 함.
- 전체 영역을 통합형(한국전력, 한국수력원자력 등)으로 치르기도 함.
- 사무직이나 행정직에서 다루지 않는 영역이 기술직이나 개발직에서는 중요한 요소로 평가되기도 하며, 일부 영역(자기개발능력, 대인관계능력, 직업윤리 등)은 인적성 검사나 면접으로 치르기도 함.

→ 직업능력 평가 시험을 보려는 지원하는 기업이 제시한 취업 공고의 직무능력 설명을 정확하게 숙지하여 사전에 시험을 치를 직업기초능력 평가 영역에 어떤 영역들이 있는지를 파악해야 한다.

② 평가 영역

의사소통능력, 수리능력, 문제해결능력, 조직이해능력은 필기시험에서 모든 기업의 주요 평가 영역으로 다뤄진다. 또한 최근 더 강화되고 있는 인성검사는 자기개발능력, 대인관계능력, 직업윤리 영역이 평가 요소로 사용되므로 NCS 기반 필기시험에 대비하기 위해서는 전 영역에 대한 이해가 필요하다.

- **의사소통능력** : 문서이해능력, 문서작성능력, 경청능력, 언어구사력, 기초외국어능력
- **수리능력** : 기초연산능력, 기초통계능력, 도표분석능력, 도표작성능력
- **문제해결능력** : 사고력, 문제처리능력
- **자기개발능력** : 자아인식능력, 자기관리능력, 경력개발능력
- **자원관리능력** : 시간자원관리능력, 예산관리능력, 물적자원관리능력, 인적자원관리능력
- **대인관계능력** : 팀워크능력, 리더십능력, 갈등관리능력, 협상능력, 고객서비스능력
- **정보능력** : 컴퓨터활용능력, 정보처리능력
- **기술능력** : 기술이해능력, 기술선택능력, 기술적용능력
- **조직이해능력** : 국제감각능력, 조직체제이해능력, 경영이해능력, 업무이해능력
- **직업윤리** : 근로윤리, 공동체윤리

CHAPTER 02 직업기초능력 평가, 어떻게 시행되나?

1 NCS 기반 능력(직무 능력) 중심 채용으로의 변화

① 능력 중심 채용으로의 변화

이미 2017년부터 모든 공공기관에서 NCS 기반 직무 능력 중심의 채용이 의무화되었고, 민간 기업에도 이를 도입하여 채용하는 것을 권장하였다.

단계	Before	After
인재 모집	• 직무 능력보다 개인의 전체 능력 중심 • 직무 능력과 구체적 관련이 먼 스펙 요구	• 개인의 전체 능력 가운데 직무 능력 중심 • 구체적 직무 내용별로 K(지식), S(기술), A(태도) 제시를 요구
서류 전형	• 개인의 신상을 중심으로 직무 능력 형성보다는 개인의 성장 과정 중심의 자기소개서 • 직무 연관성 보다는 출생 학교나 학과 등의 학력 중심	• 직무 능력이 초점 • 직무 관련 경험이나 활동을 중심으로 직무에서 갖추어야 할 능력 관련 지원자 경험 등을 기술한 자기소개서
필기 평가	• 기초 인지 능력 중심의 필기 평가 • 종합(일반) 적성검사 형식의 평가	• 직업기초능력 평가 • 직무수행능력 평가
면접 평가	• 개인의 특성 중심 • 회사에 대한 지원 동기 • 회사 중심의 일방적 면접 • 비구조화된 면접	• 직무의 특성 중심 • 직무에 대한 지원 동기 • 지원자와 기업의 쌍방향적 면접 기회 제공 • 구조화된 면접 → 직무 능력과 관련된 경험(경험 면접), 업무 수행 과정에서 발생 가능한 상황에 대한 대처 방법(상황 면접), 특정 직무 관련 주제에 대한 의견(PT, 집단 토론) 등 중심

② NCS 기반 직무 능력 중심 채용의 활용

ㄱ. **기업** : NCS를 기반으로 채용 희망 직무를 분석하여 해당 직무가 필요로 하는 핵심 능력을 찾아내고, 이를 채용 공고로 사전 공개하여 취업 준비생이 이에 미리 대비하여 준비할 수 있도록 한다.

ㄴ. **취업 준비생** : 기업의 채용 공고를 통해 제시된 직무(직무설명서)에 적합한 능력을 기를 수 있도록 한다.

❷ NCS 기반 직무 능력 중심 채용의 전형별 준비 전략

① NCS 기반 직무 능력 중심 채용의 기본 전형

채용 공고	• 채용 분야별 필요 직무 능력 명세(NCS 기반), 채용 전형 등 사전 공개 • 대상 직무와 NCS 간 매핑(Mapping)을 통해 직무 능력 추출 제시 (모집 직무별 '직무 설명 자료(직무설명서)' 첨부)

| 서류 전형 | • 직무와 무관한 인적사항은 최소화
(NCS 기반 입사지원서, 자기소개서, 직무 능력소개서 등)
• 직무 관련 스펙
(직무 관련 교육 자격 · 경험 및 경력 등)
• 직무 관련 또는 경험 중심의 자기소개서 | **1. 입사지원서 기재 사항**
① 인적 사항 : 성명, 주소, 연락처, 지원 분야 등을 작성함.(입사지원서 평가에는 반영하지 않음, 블라인드 채용에서는 학력 등의 기재가 금지됨)
② 교육 사항 : 직무 지식과 관련된 학교 교육이나 직업 교육을 작성함.
③ 자격 사항 : 소지하고 있는 직무와 관련된 국가 공인 기술/전문/민간 자격을 선택하여 작성함.
④ 경력 사항 : 조직에 소속되어 일정한 임금을 받으면서 일했던 내용을 작성함.
⑤ 경험 사항 : 일정한 임금 없이 직무와 관련된 활동을 했던 내용을 작성함.

2. 자기소개서
NCS 기반 자기소개서는 자기 일대기를 기술하는 방법이 아닌 해당 지원자의 지원 동기(조직/직무) 및 조직 적합성(핵심 가치/인재상), 직업기초능력을 평가하기 위한 질문 문항으로 구성하여 직무 적합함을 중심으로 소개하게 함.

3. NCS 기반 직무능력소개서
경력 및 경험기술서는 입사지원서에서 작성한 경력 및 경험 사항에 대해 당시 맡았던 역할 및 주요 수행 업무, 성과에 대해 자세히 기술함. |

필기 평가	• 직업기초능력 필기 평가 - 직무 설명 자료에 출제하게 될 영역이 제시됨 • 직무 능력 측정 중심의 필기 평가 - 직무 관련 상황 및 문항 설정

면접 평가	• 직무 능력 평가 중심의 구조화된 면접 - 각 공기업이나 기관의 특성을 반영함. - 직무 관련 질문 및 유형으로 구성함.

최종 결정	• 각 전형 단계별 결과를 취합하여 최종 결과 산출

② **채용 준비 방향**

　㉠ 1단계 - 직업 심리 검사나 진로 적성 검사 등을 통해 목표로 하는 직무를 설정한다.

　㉡ 2단계 - 목표로 하는 직무에 해당하는 교육, 자격, 경험 등을 확보하여 필요한 직무 능력을 준비한다.

　㉢ 3단계 - 입사하고자 하는 기업의 채용 공고를 확인하면서, 특히 '직무 설명 자료(직무설명서)'를 주의 깊게 보고 기업이 필요로 하는 직무 능력을 확인한다.

참고 **직무설명서 예시(2018 건강보험심사평가원)**

채용 모집 공고에 포함된 '직무설명서'를 통하여 모집 분야, 채용 인원, 지원 자격, 근무 조건, 전형 일정, 우대 사항 등을 확인하고, 채용 분야에 대한 '직무설명서'를 통해 필요한 지식(K), 기술(S), 태도(A) 등을 명확하게 파악한다.

채용 분야	사무 행정	대분류	02. 경영 · 회계 · 사무						
		중분류	01. 기획사무		02. 총무 · 인사			03. 재무/회계	
		소분류	01. 경영기획	03. 마케팅	01.총무	02.인사조직	03.일반사무	02.회계	01.재무
		세분류	01. 경영기획	01. 마케팅 전략기획	01.총무	01.인사	02.사무행정	01.회계/ 감사	01.예산
직무 수행 내용		○ (경영기획) 경영 목표를 효과적으로 달성하기 위한 전략을 수립하고 최적의 자원을 효율적으로 배분하도록 경영진의 의사결정을 체계적으로 지원 ○ (마케팅전략기획) 기업과 제품의 경쟁 우위 확보와 경영 성과를 향상시키기 위하여 마케팅 목표 수립과 목표 시장에 대한 체계적인 방안 설계 및 실행을 통하여 반응과 결과에 지속적으로 대응 ○ (총무) 조직의 경영 목표를 달성하기 위하여 자산의 효율적인 관리, 임직원에 대한 원활한 업무 지원 및 복지 지원, 대 · 내외적인 회사의 품격 유지를 위한 제반 업무 수행 ○ (인사) 조직의 목표 달성을 위해 인적 자원을 효율적으로 활용하고 육성하기 위하여 직무 조사 및 직무 분석을 통해 채용, 배치, 육성, 평가, 보상, 승진, 퇴직 등의 제반 사항을 담당하며, 조직의 인사 제도를 개선 및 운영하는 업무 수행 ○ (사무행정) 부서(팀) 구성원들이 본연의 업무를 원활하게 수행할 수 있도록 문서 관리, 문서 작성, 데이터 관리, 사무자동화 관리 운용 등 조직 내부와 외부에서 요청하거나 필요한 업무를 지원하고 관리 ○ (회계/감사) 전표 관리, 자금 관리 및 회계 감사 업무 수행 ○ (예산) 연간 종합 예산 수립, 확정 예산 운영, 예산 실적 관리 업무 수행								
일반 요건	연령, 성별	무관							
교육 요건	학력, 전공	무관							
필요 지식		핵심 성공 요소에 대한 개념, 경영 전략 및 경영 지원 등 경영 계획 수립에 관한 지식, 예산 편성 및 원가 관리 개념, STP(Segmentation, Targeting, Positioning) 전략, 전략적 인적 자원 관리 관련 지식, 경력 개발 관련 지식, 직무 분석 관련 지식, 역량 모델링 관련 지식, 업무 관련 프로세스 이해, 계약에 관한 지식, 협상에 관한 지식, 예산 관리 규정, 실적 분석을 위한 관리 회계 및 재무 회계, 예산 수립 절차, 문서 작성 규정 및 지침에 관한 지식, 문서 양식과 유형에 관한 지식, 재무제표 관련 지식, 보건의료 관련 기본 지식, 보건 통계 및 의학 통계 기초 지식, 건강보험에 관한 기초적 이해, 관련 법령 이해(국민건강보험법, 의료법)								

필요 기술	분석 통계 프로그램 운영 기술, 시장 환경 분석 및 마케팅 전략 수립 기술, 문서작성능력 및 스프레드시트 기술, 통계 처리 및 자료 분석 능력, 커뮤니케이션 스킬, 발주서 등 계약 문서 작성 및 계약 체결 능력, 회계 프로그램 활용 능력, 스프레드시트 활용 능력, 실적 분석 능력, 예산 지침서 작성 능력, 재무 비율 분석을 위한 수리능력	
직무 수행 태도	다양한 가능성을 검토하는 개방적 사고, 문제 해결 의지, 객관적 분석을 위한 전략적 사고와 통찰력, 새로운 아이디어를 개발하고자 하는 창의적 사고, 전략적 및 분석적 사고, 조정 능력 및 개방적 의사소통, 정확하고 세밀한 일 처리, 분석적 태도, 협업적 태도, 정보 수집을 위한 적극적 노력, 논리적 태도, 예산의 효율적 집행을 위한 관리자적 자세	
관련 자격 사항	필수	필수 자격 없음
	공통	한국어 관련 자격(KBS 한국어능력시험, 국어능력인증), 한국사능력검정, 컴퓨터활용능력, 워드프로세서
	우대	행정사, 한국실용글쓰기, 사무자동화산업기사
직업 기초 능력	의사소통능력, 문제해결능력, 대인관계능력, 정보능력, 조직이해능력, 직업윤리	
참고	hira.or.kr / ncs.go.kr	

㉣ **4단계** – 채용 공고에 제시된 '직무 설명 자료(직무설명서)'를 기반으로 입사지원서나 자기소개서, 직무능력소개서 등의 서류에 모집 직무별로 요구되는 내용을 기입한다. 이때, 지원자의 교육 이수 내용, 자격 사항, 경험 및 경력 사항 등을 해당 직무에서 요구하는 능력과 일치시켜서 강조해야 한다.

입사지원서

1. 인적사항

※ 인적 사항은 필수항목이므로 반드시 모든 항목을 기입해 주십시오.

지원 구분	신입( ) 경력( )	지원 분야		접수 번호	온라인 접수 시 자동 부여
성명	(한글)	생년월일	(월/일)		
현주소					
연락처	(본인 휴대폰)	전자우편			
	(비상 연락처)				

2. 교육사항

※ 학교 교육은 제도화된 학교 내에서 이루어지는 고등교육과정을 의미합니다. 아래의 질문에 대하여 해당되는 내용을 기입해 주십시오.

학교교육

[경영/경제/회계/무역] 관련 학교교육 과목을 이수한 경험이 있습니까?	예( )	아니오( )
[통계] 관련 학교교육 과목을 이수한 경험이 있습니까?	예( )	아니오( )
[경영전략/평가/성과관리] 관련 학교교육 과목을 이수한 경험이 있습니까?	예( )	아니오( )
[인사/조직관리] 관련 학교교육 과목을 이수한 경험이 있습니까?	예( )	아니오( )
[광고/홍보/매스컴] 관련 학교교육 과목을 이수한 경험이 있습니까?	예( )	아니오( )

※ '예'라고 응답한 항목에 해당하는 내용을 아래에 기입해 주십시오.

과목명	주요 내용

※ 직업교육은 학교 이외의 기관에서 실업교육, 기능교육, 직업훈련 등을 이수한 교육과정을 의미합니다. 아래의 질문에 대하여 해당되는 내용을 기입해 주십시오.

직업교육

[경영/경제/회계/무역] 관련 직업교육 과목을 이수한 경험이 있습니까?	예( )	아니오( )
[통계] 관련 직업교육 과목을 이수한 경험이 있습니까?	예( )	아니오( )
[경영전략/평가/성과관리] 관련 직업교육 과목을 이수한 경험이 있습니까?	예( )	아니오( )
[인사/조직관리] 관련 직업교육 과목을 이수한 경험이 있습니까?	예( )	아니오( )
[광고/홍보/매스컴] 관련 직업교육 과목을 이수한 경험이 있습니까?	예( )	아니오( )

기존 채용
• 학력, 가족사항, 직무와 무관한 자격증 등 불필요한 정보 기재로 차별 요소가 다수 존재함.
• 성장과정, 지원동기 등 일률적인 자기소개서를 작성하여 직무 연관성이 미흡함.

NCS 기반 능력중심 채용
• 직무와 무관한 기재 사항은 최소화하고 직무 관련성이 높은 사항 기재 (예시: 교내외 활동 경험, 인턴 등 근무 경험, 직무 관련 자격증 등 해당 직무에서 기본적으로 갖추어야 하는 능력 관련 경험 등 기술)

자기소개서

[자기개발 능력]

최근 5년 동안에 귀하가 성취한 일 중에서 가장 자랑할 만한 것은 무엇입니까? 그것을 성취하기 위해 귀하는 어떤 일을 했습니까?

[문제해결 능력]

예상치 못했던 문제로 인해 계획대로 일이 진행되지 않았을 때, 책임감을 가지고 적극적으로 끝까지 업무를 수행해내어 성공적으로 마무리했던 경험이 있으면 서술해 주십시오.

[자기개발 능력]

현재 자신의 위치에 오기 위해 수행해온 노력과 지원한 직무분야에서 성공을 위한 노력 및 계획을 기술해 주십시오.

[대인관계 능력]

약속과 원칙을 지켜 신뢰를 형성/유지했던 경험에 대해 기술해 주세요.

자기소개서
NCS 기반 자기소개서는 자기 일대기를 기술하는 방법이 아닌 해당 지원자의 지원동기(조직/직무) 및 조직적합성(핵심가치/인재상), 직업기초능력을 평가하기 위한 질문 문항으로 구성하여 직무 적합함을 중심으로 소개하게 함.

ⓜ 5단계 – 채용 공고에 제시된 필기시험 과목을 파악하여 해당 유형을 준비한다. 이때, '직무 설명 자료(직무설명서)'에 제시된 직업기초능력과 직무수행능력 등을 면밀히 학습한다.

예제 직무수행능력 평가 문항 예시(NCS)

① 서술형

직군(직무)	경영기획	총 문항 수	30문항	총 평가 시간	1시간				
관련 능력 단위	예산 편성 지침 수립	관련 능력 단위 요소	과거 실적 분석하기	평가 방법	서술형	배점	5점	평가 시간	2분

[문항] 세부 공정표의 작성 방법을 서술하시오.

평가 시 유의사항 : 정답의 키워드가 답안에 제시되어 있는지 여부를 평가한다. 키워드가 3가지 이상 제시되어 있으면, 3점, 2가지가 제시되어 있으면, 2면, 1개가 제시되어 있으면 1점을 부여하고, 키워드의 내용이 존재하지 않을 경우, 0점 처리한다.
모범 답안 : 1. 분석된 자료를 가지고 단위 공정/단위 기간 산정 2. 세부 공정 계획을 작업별로 세분화시켜 각 요소별 공사를 최적화하여 작성 3. 세부 공정별 work-flow 작성 4. 주요 자재의 발주 계획 수립 5. 각 단위 공정에 대한 소요 일수 및 작업 불능 일수 계산

① 서술형

직군(직무)	경영기획	총 문항 수	30문항	총 평가 시간	1시간				
관련 능력 단위	연간 종합 예산 수립	관련 능력 단위 요소	사업 단위별 예산 수립 지원하기	평가 방법	서술형	배점	3점	평가 시간	2분

[문항] 작업 시간에 비용을 결부시켜 MCX 공사의 비용 곡선을 구하여 공사비 절감 및 반복, 경험 사업에서 주로 사용되는 공정표는 무엇인가?

① PERT 기법 ② PDM 기법 ③ CPM 기법 ④ LOB 기법

평가 시 유의사항 : 공정표 작성 프로그램을 사전에 선택하기 위해서는 진행 예정사업의 특징과 규모 및 목적을 정확히 파악하고 이에 따른 공정표 작성 프로그램을 선택 할 수 있는지 여부를 파악하기 위해 출제한다.
정답 : ③
해설 : ③ CPM 기법 : 반복적이고 경험이 많은 사업, MCX를 주로 사용하며, 공사비 절감을 위한 사업에 사용. ① PERT 기법 : 신규사업, 비반복적인 사업, 경험이 없는 사업에 활용한다.
오답 : ② PDM 기법 : 반복적이고 많은 작업이 동시에 일어날 때 활용한다. ④ LOB 기법 : 반복 작업이 많은 사업에서 기울기로 표시하여 도식화한 작업이다.
* '연간 종합 예산 수립'의 정의 : 조직의 경영 목표가 달성될 수 있도록 각 사업 단위별로 예산 수립을 지원하고 제출된 예산안을 조정하여 종합 예산을 수립하는 능력

ⓗ 6단계 – NCS 기반의 구조화된 면접의 주요 유형으로는 경험 면접, 상황 면접, PT 면접, 토론 면접 등이 있으므로 이러한 유형에 대해 사전에 준비를 하여야 한다. 채용 공고에서 구체적인 면접 방법이 제시되는 경우도 있는데, 이때 그 면접 유형에 대해 철저히 준비해야 하는 것은 당연하다.

CHAPTER 03 — 직업기초능력 평가, 어떻게 준비해야 하나?

1 직업기초능력 평가의 구성

① 특징

NCS 직업기초능력 평가는 크게 '직업 상황', '기초 작업 능력', '행동 중심'의 세 가지 척도를 기준으로 문항을 개발하여 활용한다.

② 활용

채용 모집 분야에 따라, 중요시되는 직업기초능력을 선택하여 활용 가능하며, 대규모 일반 공채 시 1차 평가 전형으로 활용 가능하다. 또한 인성검사는 면접 전형에서 활용되므로 소홀히 하면 안 되고, 집중해서 일관성 있고, 솔직하게 대답해야 한다.

③ 평가 문항의 구성 기준

직업 상황	산업 현장에서 실제로 일어날 수 있는 직업적 맥락을 문항에 반영한다.
기초직업능력	기존의 인·적성 검사에서 이루어지던 구직자의 인지(지적) 능력보다는 실제 직무 수행에 필요한 기초 능력을 중점적으로 평가
행동 중심	특정 직무를 수행하고 있는 직업인을 대상으로 관찰 가능한 행동 중심의 평가 실시

④ 직업기초능력 평가의 특징

- 문항 구성 : 직업기초능력을 능력별로 구성하거나 여러 능력을 묶어서 평가함.
- 문제 유형 : 4지선다형 혹은 5지선다형의 객관식으로 출제됨. 기업이나 공공기관의 채용 평가 방법에 따라 주관식, 혹은 서술형으로도 출제되기도 한다.
- 출제 방향
  - 일반적인 지식 측정 위주의 평가가 아닌, 해당 기관의 직무 수행을 위해 필수적으로 갖추어야 할 직업기초능력을 실제 직무 환경에서 어떻게 발현할 수 있는지를 창의적으로 평가함.
  - 직무 수행 중 실제 일어날 수 있는 상황이나 출장, 외근, 사무용품 구매 등 직장이나 직업인에게 발생 가능한 자료를 제시하는 것이 특징임.

- 자료 하나에 문제가 한 문제 이상 출제되는 경우가 많음.
  - ※ 채용 평가 방법에 따라 주관식 또는 서술형으로도 출제 가능
- 시험 시간
  - 1개 문제당 1분 내외로 풀 수 있도록 구성됨.
  - 보통 50문항 기준으로 60분 정도의 풀이 시간을 부여함.
  - NCS 기반 필기시험은 시간 싸움이라고 볼 수 있을 정도로 풀어야 할 문제는 많고 시간은 촉박한 경우가 많음.
    - ※ 시험 시간이나 문제 수는 기업마다 차이가 있으므로 확인하여야 함.

③ NCS 직업기초능력 평가의 영역별 출제 경향 분석

의사소통능력	모든 기업의 직업기초능력 평가에서 항상 다루는 영역이다. 기존의 적성검사에서 언어영역에 해당하는 문제도 출제되지만, 최근에는 각 기업과 관련된 업무 내용과 보도 자료 등이 결합된 형태로 출제되고 있다.
수리능력	거의 모든 기업의 직업기초능력 평가에서 출제한 영역이다. 기존의 적성검사 문제와 유사한 유형으로 출제되는 문항도 있지만, PSAT 형태의 도표를 활용한 문제가 다양하게 출제되었다. 특히 PSAT 형태의 문제는 난이도가 높으므로 주의 깊게 학습해야 한다.
문제해결능력	모든 기업의 직업기초능력 평가에서 항상 다루는 영역이다. 사고력과 복잡한 계산 능력을 동시에 요구하기 때문에 쉽게 풀어나가기가 어렵다. 따라서 다양한 유형을 많이 풀어 보아야 한다. 의사소통능력이나 수리능력, 자원관리능력에 해당하는 문제와 복합적으로 출제되어 매우 어렵게 느낄 수 있는 문제가 많다.
자기개발능력	50% 정도의 기업에서 출제하고 있다. 전문 지식을 요구하는 영역은 아니지만 조하리의 창과 같이 정리가 되어 있지 않으면 틀리기 쉬운 내용이 있으므로 이에 대비해야 한다.
자원관리능력	의사소통능력, 수리능력, 문제해결능력을 제외한 나머지 영역 중에서 가장 출제 빈도가 높은 영역이다. 시간, 예산, 물적, 인적 자원을 활용하거나 관리·할당하는 문제들로 실무에 있을 법한 내용으로 출제되며, 특히 수리능력이나 문제해결능력과 유사한 특징을 보이고 있다.
대인관계능력	50% 이상의 기업에서 출제하고 있는 영역이다. 직업 상황 속에서 다양한 인간관계를 제시하고 어떠한 행동을 취하는 것이 가장 적절한지를 묻는 문제가 주로 나왔다. 그리고 갈등 관리 고객 응대에 관한 문제도 자주 출제된다. NCS 교재에서 제시한 이론을 기반으로 한 단순 이해식의 문제가 종종 출제되기 때문에 이를 잘 정리하여 문제 풀이 속도를 높일 수 있어야 한다.
정보능력	엑셀이나 워드프로세스와 같은 사무용 프로그램을 활용하는 내용이 문제로 출제되고 있다. 좀 전문적인 문제로 코드나 번호 체계 등을 제시하여 분석하게 하는 경우도 출제되고 있다.

의사소통능력	대체로 기술직을 채용하는 곳에서 평가하고 다른 직종에서는 크게 출제하고 있지 않다. 각 기업의 실무에 맞게 출제되는 경향이 있어 직무 능력과 연관되는 문항도 찾을 수 있다.
조직이해능력	많은 기업에서 출제하고 있는 영역이다. 국제 비즈니스 예절, 조직의 특징(체제, 경영, 업무 체계)에 대한 문제들이 출제되고 있다. NCS 교재에서 제시한 이론을 기반으로 한 단순 이해식의 문제가 종종 출제되기 때문에 이를 잘 정리하여 문제 풀이 속도를 높일 수 있어야 한다.
직업윤리	많은 기업에서 꾸준히 출제하고 있지만, 문항 수는 비교적 적은 편에 속한다. 문제는 크게 어렵지 않으며, 직장 생활에서 지켜야 할 예절과 성(性) 예절 등이 주로 출제된다. NCS 교재에서 제시한 이론을 기반으로 한 단순 이해식의 문제도 종종 출제된다. 따라서 이를 잘 정리하여 문제 풀이 속도를 높일 수 있어야 한다. 면접에서 평가하기도 한다.

2 NCS 출제 방식별 분석

① 영역별 순차형

[형식] 각 영역별로 출제된 문제를 주어진 시간 내에 순차적으로 문제 풀이와 정답 체크를 모두 완료하는 방식

[경향] 2015년까지 많이 활용되었으나 2016년부터는 그 비중이 크게 감소함. 다만 각 영역별 기본 문제는 여전히 출제되고 있다.

• 각 직업기초능력을 영역별로 응시하는 형식
• 각 영역별로 시험 시간을 부여하여 순차적으로 진행

② 영역 통합형

[형식] 직업기초능력의 각 영역을 구별하지 않고 하나의 시험으로 묶어 평가하는 형식

[경향] 2016년도 이후부터 대부분의 기업에서 활용한 출제 방식으로 상당히 긴 시간 동안 응시하므로 철저한 시간 관리가 필요하다.

• 문제가 영역을 구분하지 않고 출제됨. 단, 문제 배열은 대체로 직업기초능력 10개 영역의 순서를 유지하는 경우가 많음.
• 하나의 문제가 의사소통능력과 수리능력, 문제해결능력, 자원관리능력, 또는 의사소통능력과 대인관계능력, 직업윤리의 성격을 모두 가진 형식의 문제도 출제된다.

③ 혼합형

[형식] 정부에서 요구하는 직업기초능력 평가를 따르면서 기존의 인적성검사 형태의 문항을 포함하는 평가 형식

[경향] 비교적 채용 규모가 작은 기업에서 활용하는 출제 방식이다.

- 전체 필기 평가 문항 중 일부만 NCS형 문항을 출제함.
- 일부 문항이 일반 상식, 전공, 한국사 등으로 구성되는 경우도 있음.

❸ NCS 직업기초능력 평가의 출제 방식

① 교재(NCS e-Book) 중심형

[형식] NCS 직업기초능력 교재(e-Book)에 수록되어 있는 내용을 토대로 만들어진 형식

[경향] 한국산업인력공단에서 제시하고 있는 NCS 교재에서 기본 모듈에 해당되는 내용을 직접적으로 물어보는 유형으로 최근에는 출제 비중이 크게 줄었다. 그러나 한두 문제 정도는 여전히 출제되므로 필요한 부분은 반드시 체크해야 한다. [출제 기업 : 인천항만공사 , 중부발전] 이러한 유형의 문제는 알기만 하면 10초 이내에 문제를 해결할 수 있으므로 높은 점수 획득에 유리한 문제 유형이라 할 수 있다.

② 기존 적성검사 응용형

[형식] 해당 기업에서 기존에 출제하던 형태를 어느 정도 유지하되, NCS 출제 경향에 부합하는 문제를 일부 추가하는 형태로 출제되는 형식

[경향] NCS 도입 초반에는 기존 적성검사와 상당히 유사한 문제들이 출제되었다. 특히 의사소통능력(→ 언어영역), 수리능력(→ 수리영역) 등에서 주로 출제된다.

→ 한국전력공사의 경우 언어영역에서는 한자, 어휘력 문제, 추리 영역에서는 참·거짓, 논리 게임 등 전통적인 적성검사의 과목을 그대로 유지하는 동시에 NCS 문제해결능력형 문제들을 추가하였다. 해당 기업에 응시하는 수험생의 경우 NCS 내용뿐만 아니라 지원하는 기업의 모의고사나 대기업 직무적성검사 교재를 통해 다양한 문제를 학습해야 한다. [출제 기업 : 한국전력공사, 한국수력원자력, 산업은행 등]

③ NCS 학습모듈형

[형식] 국가직무능력평가(NCS)에 맞게 제작된 문항들로 실제 있을 법한 직무 상황이 제시되고 이를 해결하기 위한 다양한 능력을 요구하는 형식

[경향] 출제하는 공공 기관들의 특성을 반영한 문항들이 출제되고 있어 난이도가 한층 더 높아졌다. 출제 기업의 보도 자료나 연구 자료 등을 활용하는 추세이다.

→ 산업인력공단에서 공개한 직업기초능력 평가의 응용 모듈을 그대로 활용한 유형이다. 다만 제시된 지문 또는 문제의 조건들이 해당 기업 실무와 관계된 경우가 많다. 따라서 지원 기업이 영위하는 사업 내용을 이해하고 이와 관련된 분야의 신문기사를 많

이 접해 보는 것이 좋다. 더불어 실제 사용되는 공문서 양식에 익숙해지도록 학습해야한다. [출제 기업 : 교직원공제회. 국민건강보험공단, 한국철도공사, 근로복지공단 등]

④ PSAT 유사 문항

[형식] 외무나 행정고시에서 시행되는 공직적격성평가(PSAT) 문제와 유사한 형식
[경향] NCS 도입 초반에는 PSAT의 문제와 매우 유사하게 출제되었으나 최근에는 좀 줄어드는 추세이다. 그러나 여전히 NCS 문항 개발에 있어 문제의 접근 방식과 풀이 방식은 PSAT를 참고하고 있는 것으로 분석된다.

▣ 출제 유형과 전망

① 출제 유형

NCS 직업기초능력 평가는 각 기관마다 특성을 반영하여 인재를 선발하기 때문에 각각 기업의 특징이 모두 다르다.

ㄱ. **출제 형식** : 4지선다형, 5지선다형
ㄴ. **출제 영역 및 내용** : 1. 직업기초능력 평가
　　　　　　　　　　　　2. 직업기초능력 평가 + 한국사
　　　　　　　　　　　　3. 직업기초능력 평가 + 한국사 + 일반/기업 상식
ㄷ. **대비** : 점차 인적성 유형보다 NCS 유형의 출제 비중이 높아지고 있으므로 이에 대한 준비를 해야 하지만, 지원하는 기업의 출제 유형을 사전에 미리 파악하는 것이 가장 기본임을 명심해야 한다.

② 출제 전망

ㄱ. **필기시험** : 2017년부터 공기업 전 기관에서 채용 시 NCS 직무 능력 평가를 반영한다고 발표하였고, 지금은 NCS 채용이 자리 잡았다. 그래서 이제는 공기업 채용에서 NCS 직무 능력 중심 평가는 어느 기업을 막론하고 그 중요성이 더욱 커지게 되었고, '직업기초능력 평가' 외 직무수행능력, 상식을 추가적으로 시행하는 공기업이 늘어가고 있으므로 대비가 필요하다

ㄴ. **인성검사** : 채용 과정의 하나로 점차 중요한 부분으로 자리 잡아 가고 있다. 인성검사가 보통 필기시험 합격에 당락을 미치는 요소는 아니지만 이후 면접에서 지원자를 평가하는 자료로 사용되는 경우가 많으므로 이 역시 소홀히 할 수 없다. 기업마다 척도와 평가 영역이 다양하므로 미리 연습해 보거나 모의고사를 실시하여 적응력을 기르도록 해야 한다.

CHAPTER 04 입사를 위해 준비해야 할 사항으로 더 무엇이 있나?

1 입사의 마지막 관문 면접

NCS 기반 직무능력 채용에서는 면접 평가도 많은 부분이 바뀐다. 기존의 채용 시험에서 면접은 이미 당락이 결정된 뒤에 기업의 임원에 의해서 요식 행위로 치러진 경우가 많았다. 그런지 NCS 기반으로 직무능력을 중심으로 하여 채용할 때에는 면접이 매우 중요한 부분을 차지한다.

기업에 따라서는 직무 관련 경험을 보유한 전문가가 면접을 진행하는 경우도 있고, 면접 형태도 실제 상황을 가정하여 질문을 하는 상황 면접이나, 실제 상황을 재현한 뒤이에 대처하는 것을 보는 오디션 등 실무 위주로 바뀌고 있다. 그러므로 취업을 바라는 사람은 면접에서 자신의 직무와 관련된 업무를 정확하게 이해하고 수행할 수 있음을 보여 줄 수 있어야 한다.

참고 상황 면접 예시

직무 관련도	능력 단위	능력 단위 요소	면접 문항		추가 질문 (구조화 면접 질문)	평가 요소	
			상황 면접	경험 면접		직무 수행 능력	직업 기초 능력
4	사업 환경 분석 (경영 기획)	외부 환경 분석 하기	우리 공단과 경쟁 관계에 있다고 생각되는 조직이 있다면?		왜 경쟁 관계라고 생각하며 지원자가 생각한 경쟁 관계의 정의는?	전문 지식 업무 역량	조직 이해 능력
5	문서 관리 (사무 행정)	문서 수발신 하기	회사 내에는 다양한 종류의 공문서들이 있다. 이를 체계적으로 분류하지 않으면 분실 등 관리에 어려움이 발생할 수 있음에 따라 공문서를 보다 효율적으로 보관하면서, 쉽게 찾을 수 있는 방법이 있다면 무엇이 있는지?	취업 준비를 위한 정보를 쉽게 검색하거나, 취득한 정보를 쉽게 찾기 위해 정보를 관리한 경험이 있는가?	본인이 경험한 효과적인 정보 관리 방법을 설명해 주신다면?	전문 지식 업무 역량	문제 해결 능력

5		행사 운영 하기	창립 기념 행사의 일환으로 1000그루의 나무심기 행사를 50명의 직원이 참여하기로 계획하였다. 하지만 식목 행사 실시 당일 20명의 직원 밖에 참석하지 않은 상황인데 어떻게 할 것인가?	학창 시절 동아리 활동 등을 하면서 비슷한 경험을 사례로 답변 가능함	업무 역량 수행 태도	문제 해결 능력
5	행사 지원 관리 (총무)	행사 사후 관리 하기	본인이 담당하는 행사는 정상적으로 종료되었는데, 종료 후 정리 과정에서 임대를 한 장소의 기물이 파손된 사실을 확인하였다. 행사장 임대 계약에는 기물 파손에 대한 항목은 없지만 행사장 관리사무소 측에서 기물 파손 시, 관리 소홀로 관리사무소 측이 수리를 해야 하는 상황이다. 어떻게 처리하겠는가?	〈추가 예산을 받아 기물 파손 비용을 계산하겠다고 답변하는 경우〉 추가적으로 예산이 배정되지 않는 상황일 때는 어떻게 처리할 것인가?	수행 태도 직업 윤리	문제 해결 능력

❷ 최근 각 기업들의 신입 직원 채용 트렌드

① 합동 채용

- 합동 채용 : 업무가 비슷한 기관끼리 필기시험을 동일한 날짜에 치르는 것
- 합동 채용을 하는 이유 : 구직자들이 여러 공공기관에 지원하면서 중복 합격자가 증가하게 되고 이로 인해 경쟁률 증가, 중복 합격으로 인한 기업의 인력 손실 등 사회적 비용을 낭비하게 되는 악순환의 반복을 해결하기 위해 시행
- 긍정적 결과 : 합동 채용은 중복 합격자의 수가 줄어 필요한 인력의 유출을 막고, 채용 비용을 절감하며, 경쟁률이 낮아짐.
- 부정적 결과 : 지원자들의 응시 기회가 줄어듦.
- 진행 상황 : 2017년 하반기부터 공공기관들의 신입 직원 채용 방식에서 분야가 유사한 기업을 묶어 합동 채용을 하는 것이 진행되었다.
- 2019년 상반기 공공기관 합동 채용 일정

필기시험 예정일	채용 기관
3. 30.(토) (5개)	한국도로공사, 한국조폐공사, 서민금융진흥원, 독립기념관, 오송첨단의료산업진흥재단
4. 13.(토) (2개)	강원랜드, 그랜드코리아레저
4. 20.(토) (6개)	한국재정정보원, 주택도시보증공사, 한국가스공사, 한국전력거래소, 한국마사회, 건강보험심사평가원

4. 27.(토) (10개)	한국수출입은행, 공무원연금공단, 한국관광공사, 인천국제공항공사, 한국전력공사, 한국남부발전, 한국중부발전, 한전KDN, 한전KPS, 한국시설안전공단
5. 11.(토) (4개)	한국산업인력공단, 근로복지공단, 국민연금공단, 국민건강보험공단
5. 18.(토) (7개)	소상공인시장진흥공단, 한국가스기술공사, 한국환경공단, 수도권매립지관리공사, 인천항만공사, 울산항만공사, 여수광양항만공사
6. 01.(토) (4개)	한국수력원자력, 한국남동발전, 한전원자력연료주식회사, 한국원자력환경공단

② 블라인드 채용

- 블라인드 채용 : 채용 과정(입사지원서·면접) 등에서 편견이 개입되는 출신지, 학력 등 불합리한 차별을 야기할 수 있는 항목을 요구하지 않고, 실력(직무 능력)을 평가하여 인재를 채용하는 방식이다.

- 블라인드 채용을 위한 전제 사항 : 가장 대표적인 것이 입사지원서에 출신 지역, 가족 관계, 신체적 조건, 학력 등 업무상 반드시 필요한 경우를 예외로 인적 사항을 요구하지 않는다.

- 블라인드 채용의 분위기 : 2017년 새 정부가 들어서면서 그해 7월 '평등한 기회 공정한 과정을 위한 블라인드 채용 추진 방안'을 마련하여 공공기관 채용 비리 근절을 위해 적극적으로 추진하고 있으며, 공공기관을 비롯한 많은 기업들에서 탈 스펙 채용을 선언하면서 블라인드 채용 문화가 점점 더 확산될 것으로 예상된다.

- 블라인드 채용을 위한 준비 사항 : 블라인드 채용을 시행하는 기업들은 일정 조건을 갖추면 지원자들에게 응시할 수 있는 기회를 부여하는 반면, 서류 심사와 필기, 면접 등 전형 과정이 더 강화되어 지원서에 오기, 사실과 다른 내용 등이 발견되면 입사를 제한하거나 입사를 취소할 수 있으므로 신중하고 정확한 내용만을 작성해야 한다.

Ⅱ
직업기초 능력 평가
- 이론 및 기본 문제

CHAPTER
01

의사소통능력

[기초직업능력으로서의 의사소통능력 표준에 따른 성취 수준]

구분			성취 수준
의사 소통 능력		상	직장 생활에서 제안서, 기술 매뉴얼과 같은 복잡한 내용에의 문서를 읽거나 작성함으로써 정보를 종합하고, 업무 성과를 발표하는 상황에서 논리적으로 의사를 표현한다.
		중	직장 생활에서 메일, 공문과 같은 기본적인 내용의 문서를 읽거나 작성함으로써 정보를 요약하고, 회의와 토론 같은 상황에서 주제에 맞게 의사를 표현한다.
		하	직장 생활에서 지시문, 메모와 같은 간단한 내용의 문서를 읽거나 작성함으로써 정보를 이해하고, 결과를 보고하는 간단한 상황에서 이해하기 쉽게 의사를 표현한다.
하위 능력	문서 이해 능력	상	직장 생활에서 최신 기술 매뉴얼과 같은 복잡한 업무 문서를 읽고, 필요한 정보를 종합한다.
		중	직장 생활에서 예산서, 주문서와 같은 기본적인 업무 문서를 읽고, 필요한 정보를 요약한다.
		하	직장 생활에서 지시문, 메모와 같은 간단한 업무 문서를 읽고, 필요한 정보를 확인한다.
	문서 작성 능력	상	제안서와 프레젠테이션과 같은 복잡한 문서를 논리적으로 작성한다.
		중	메일이나 공문과 같은 기본적인 문서를 형식에 맞게 작성한다.
		하	상사의 지시나 전화메시지와 같은 간단한 문서를 읽기 쉽게 작성한다.
	경청 능력	상	업무 상황에서 부서 전체 회의의 발표를 듣는 것과 같은 복잡한 내용을 종합한다.
		중	업무 상황에서 고객의 주문 전화를 받는 것과 같은 기본적인 내용을 요약한다.
		하	업무 상황에서 상사의 지시를 듣는 것과 같은 간단한 내용을 이해한다.
	의사 표현 능력	상	업무 성과를 발표하는 것과 같은 복잡한 상황에서 논리적으로 의사를 표현한다.
		중	부서의 회의 중 토론을 하는 것과 같은 기본적인 상황에서 주제에 맞게 의사를 표현한다.
		하	상사에게 결과를 보고하는 것과 같은 간단한 상황에서 이해하기 쉽게 의사를 표현한다.
	기초 외국어 능력	상	업무 상황에서 외국어로 된 메일을 직접 읽고 의미를 이해한다.
		중	업무 상황에서 외국어로 된 메일을 사전을 활용해서 해석하여 의미를 이해한다.
		하	업무 상황에서 외국어로 된 메일을 다른 사람의 도움을 얻어 의미를 이해한다.

의사소통능력 이해하기

• 업무 수행에서 타인의 글과 말을 읽고 들은 바를 파악하고, 자신의 뜻한 바를 글과 말을 통해 정확하게 쓰거나 말하는 능력

예제 아래와 같은 사례에 나타난 J팀장의 행동을 통해 배울 수 있는 것으로 알맞은 것은?

> 여러 부서를 오가면서 다양한 업무를 경험해보며 팀장 자리에 오른 J 팀장은 실무직원들의 마음속을 훤히 꿰뚫고 있다. 직원들이 순간을 모면하기 위해 대충 처리한 일들, 상사에게 오픈하여 상의하지 못하고 혼자서 끙끙 앓고 있는 문제들을 누구보다 잘 알고 있다.
>
> 그런 J 팀장이 팀의 실적이 계속 바닥을 치면서 J 팀장 본인도 윗선에서 욕을 들어먹으며 '쪼이고' 있고, 개선될 기미도 보이지 않자, 아침 회의 시간에 돌아가며 직원 한 명 한 명을 나무랐다. 직원들의 얼굴은 굳어졌고 J 팀장 자신도 얼굴에서 웃음을 걷어 버렸다. 그렇게 하루가 시작되었고, 직원들의 마음은 하루 종일 무거웠다.
>
> 하루 업무가 끝날 무렵, J 팀장에게서 단체 문자가 왔다. "오늘 하루 최선을 다했으면, 실적은 중요하지 않습니다. 밝은 얼굴로 업무 마무리 합시다" J 팀장이 내 옆에서 슬그머니 말을 건다. "아침에 그렇게 말 해놓고, 하루 종일 마음 아파서 죽을 뻔 했다. 누구보다 너희들 마음을 내가 잘 아는데, 내가 왜 그렇게 말해버렸는지 하루 종일 후회하고 있었다." 상사가 먼저 인간적인 고충을 털어놓을 때, 직원들은 그의 입장을 이해하며 충성을 맹세한다.

① 부하직원들의 업무 능력을 칭찬하여 팀의 사기를 높였다.
② 업무에 적응하지 못하는 직원에게 애정어린 충고를 하여 성과를 높였다.
③ 업무를 대충 처리한 직원을 질책하여 업무의 충실도를 높였다.
④ 문자나 대화를 통한 의사소통으로 팀원들의 동료 관계를 유지하고 있다.

해설 제시된 사례는 열심히 했지만 실적이 저조한 부서에서 이와 관련해 어떻게 의사소통을 하는지를 보여주는 사례이다. 사례에서 J팀장은 대화, 문자 등 다양한 방법으로 팀원들과 의사소통을 하여 원만한 동료관계를 유지하는 것을 볼 수 있다. 이 사례를 통해서 의사소통의 필요성과 종류에 대해 생각해볼 수 있다.

정답 ④

말하는 사람

메시지 구성

태도, 지식, 지각, 경험, 기술, 스타일, 문화, 가치

메시지 ⋯→
⋯ 피드백

듣는 사람

듣는 사람 입장에서 메시지를 받음

태도, 지식, 지각, 경험, 기술, 스타일, 문화, 가치

① **의사소통능력의 개발**

- 사후 검토와 피드백의 활용 : 직접 말로 물어보거나 얼굴표정이나 기타 표시 등으로 정확한 반응을 살핀다.
- 언어의 단순화 : 명확하고 쉽게 이해 가능한 단어를 선택하여 이해를 높인다.
- 적극적인 경청 : 감정을 이입하여 능동적으로 집중하여 경청한다.
- 감정의 억제 : 감정적으로 메시지를 곡해하지 않도록 침착하게 의사소통 한다.

② **의사소통능력의 종류**

ㄱ 문서적인 의사소통능력
- 문서이해능력 : 업무를 수행함에 있어 다른 사람이 작성한 글을 읽고 그 내용을 이해하는 능력
- 문서작성능력 : 업무를 수행함에 있어 자기가 뜻한 바를 글로 나타내는 능력

ㄴ 언어적인 의사소통능력
- 경청능력 : 업무를 수행함에 있어 다른 사람의 말을 듣고 그 내용을 이해하는 능력
- 언어구사능력 : 업무를 수행함에 있어 자기가 뜻한 바를 말로 나타내는 능력

ㄷ 기초외국어능력
- 기초외국어능력 : 업무를 수행함에 있어 외국어로 의사소통 할 수 있는 능력

③ **효과적인 인간관계를 위한 의사소통 방안**

- 긍정 감정 표현하기
  1. 타인의 긍정적인 면을 보도록 노력한다.
  2. 긍정적 감정의 표현이 자연스럽고 성숙한 행동이라는 생각을 갖는다.
  3. 타인에 대한 긍정적인 감정을 자각한다.
  4. 긍정적 감정을 자연스럽게 표현한다.

- 불쾌 감정 표현하기
- 부탁 거절하기
  1. 상대방 상황을 충분히 이해했음을 표명한다.
  2. 거절하는 이유를 분명하게 설명한다.
  3. 도움을 주지 못하는 아쉬움을 표현한다.

④ **바람직한 의사소통을 저해하는 요인**

- '일방적으로 말하고', '일방적으로 듣는' 무책임한 마음 → 의사소통 기법의 미숙, 표현 능력의 부족, 이해 능력의 부족 때문
- '전달했는데', '아는 줄 알았는데'라고 착각하는 마음 → 평가적이며 판단적인 태도, 잠재적 의도 때문
- '말하지 않아도 아는 문화'에 안주하는 마음 → 과거의 경험, 선입견과 고정관념 때문

1. 문서이해능력

• 업무를 수행함에 있어 다른 사람이 작성한 글을 읽고 그 내용을 이해하는 능력

 문서의 종류 '결산 보고서(㉠)', '보도 자료(㉡)', '기획서(㉢)', '기안서(㉣)'와 각 문서에 대한 아래의 설명 ⓐ~ⓓ가 서로 맞는 것을 찾아 바르게 연결한 것은?

> ⓐ 조직이 언론을 상대로 자기 정보가 기사로 보도되게 보내는 자료
> ⓑ 회사 업무에 대한 협조를 구하거나 의견을 전달할 때 작성하는 문서
> ⓒ 상대방에게 기획 내용을 전달하여 기획을 시행하도록 설득하는 문서
> ⓓ 진행됐던 사안의 수입과 지출 결과를 보고하는 문서

	㉠	㉡	㉢	㉣
①	ⓐ	ⓑ	ⓒ	ⓓ
②	ⓑ	ⓐ	ⓒ	ⓓ
③	ⓒ	ⓓ	ⓐ	ⓑ
④	ⓓ	ⓐ	ⓒ	ⓑ

해설 언론을 상대로 기사로 보도되게 보내는 자료(ⓐ)가 보도 자료(㉡)이고, 회사에서 업무 협조를 위해 전달하는 문서(ⓑ)가 기안서(㉣)이며, 기획 내용을 전달하여 시행하도록 설득하는 문서(ⓒ)가 기획서(㉢)이고, 진행된 업무의 수입과 지출을 보고하는 문서(ⓓ)가 결산 보고서(㉠)이다.

정답 ④

① 문서의 종류

• 공문서 : 정부 행정 기관에서 대내적, 혹은 대외적 공무를 집행하기 위해 작성하는 문서(정부 기관이 일반 회사나 단체로부터 접수하는 문서 및 일반 회사에서 정부 기관을 상대로 사업을 진행하려고 할 때 작성하는 문서 포함). 엄격한 규격과 양식에 따라 정당한 권리를 가지 사람이 작성해야 하며 최종 결재권자의 결재가 있어야 문서로서의 기능이 성립됨.

• 기획서 : 적극적으로 아이디어를 내고 기획하여 하나의 프로젝트를 문서 형태로 만들어서 상대방에게 그 내용을 전달하여 시행되도록 설득하는 문서

• 기안서 : 회사의 업무에 대한 협조를 구하거나 의견을 전달할 때 작성하는 사내 공문서

• 보고서 : 특정한 일에 관한 현황이나 그 진행 상황이나 연구 · 검토 결과 등을 보고하고자 할 때 작성하는 문서. **예** 영업 보고서, 결산 보고서, 일일 업무 보고서, 주간 업무 보고서, 출장 보고서, 회의 보고서

• 설명서 : 대개 상품의 특성이나 사물의 성질과 가치, 작동 방법이나 과정을 소비자에게 설명하는 것을 목적으로 작성한 문서. **예** 상품 소개서, 제품 설명서 등

- 보도 자료 : 정부 기관이나 기업체, 각종 단체 등이 언론을 상대로 자신들의 정보가 기사로 보도되도록 하기 위해 보내는 자료
- 자기소개서 : 개인의 가정환경과 성장 과정, 입사 동기와 근무 자세 등을 구체적으로 기술하여 자신을 소개하는 문서
- 비즈니스 레터(E-mail) : 사업상의 이유로 고객이나 단체에 편지를 쓰는 것이며, 직장 업무나 개인 간의 연락, 방문하기 어려운 고객 관리 등을 위해 사용되는 비공식적 문서이나, 제안서나 보고서 등 공식적인 문서를 전달하는데도 사용됨.
- 비즈니스 메모 : 업무상 필요한 중요한 일이나 앞으로 체크해야 할 일이 있을 때 필요한 내용을 메모 형식으로 작성하여 전달하는 글. **예** 전화 메모, 회의 메모, 업무 메모

> **! 메모의 기술 7가지**
> - 언제 어디서든 메모하라.
> - 주위 사람들을 관찰하라.
> - 기호와 암호를 활용하라.
> - 중요 사항은 한눈에 띄게 하라.
> - 메모하는 시간을 따로 마련하라.
> - 메모를 데이터베이스로 구축하라.
> - 메모를 재활용하라.

② **문서 이해의 구체적인 절차**

첫째	문서의 목적 이해하기
둘째	문서가 작성되게 된 배경과 문서의 주제 파악하기
셋째	문서에 쓰인 정보를 확인하고, 문서가 제시하는 현안 문제 파악하기
넷째	문서를 통해 상대방의 욕구와 의도 및 나에게 요구되는 행동 분석하기
다섯째	문서에서 파악한 목적 달성을 위해 취해야 할 행동 결정하기
여섯째	문서에 나타난 상대방의 의도를 도표나 그림 등으로 요약 정리하기

2. 문서작성능력

- 업무를 수행함에 있어 자기가 뜻한 바를 글로 나타내는 능력
- 문서는 대상, 시기, 목적, 기대 효과 등을 고려하여 개인의 표현력과 사고력을 총 동원하여 작성해야 함.

예제 문서를 작성할 때 주의해야 할 사항을 설명한 것으로 옳지 않은 것은?

① 문서의 작성 시기는 중요하지 않다.
② 문서의 첨부 자료는 반드시 필요한 자료 외에는 첨부하지 않도록 한다.
③ 문서 작성 후 반드시 다시 한 번 내용을 검토해야 한다.
④ 문서 내용 중 금액, 수량, 일자 등의 기재에 정확성을 기하여야 한다.

해설 문서는 업무(일) 시작 전의 기획에 관한 것인지, 아니면 업무를 시작하고 난 뒤의 진행 상황에 대한 것인지, 아니면 업무 종료 후 결과에 대한 것인지, 아니면 업무를 모두 끝낸 뒤 그 업무에 대한 결과 평가 및 문제점 파악에 대한 것인지 등등이 구분되어야 한다. 이러한 문서의 작성 시기는 문서가 담고 있어야 하는 내용에 상당한 영향을 미친다. 따라서 문서의 작성은 작성 시기가 중요하다.

정답 ①

① 문서 작성의 원칙

- 문장은 짧고 간결한 간결체로 작성하여 상대방이 이해하기 쉽게 작성한다.
- 중요하지 않은 경우 한자의 사용을 자제한다.
- 문장은 긍정문의 형식으로 쓴다.
- 간단한 표제를 붙이고, 문서의 주요 내용을 먼저 작성한다.

② 문서를 작성해야 하는 상황

- 요청이나 확인을 부탁하는 경우
- 정보 제공을 위한 경우
- 명령이나 지시가 필요한 경우
- 제안이나 기획을 할 경우
- 약속이나 추천을 위한 경우

③ 효과적인 문서 작성 방법

- 내용 이해 : 전달하고자 하는 내용과 그 핵심을 완벽히 파악해야 한다.
- 목표 설정 : 전달하고자 하는 목표를 정확히 설정해야 한다.
- 구성 : 효과적인 구성과 형식이 무엇인지 생각해야 한다.
- 자료 수집 : 목표를 뒷받침해 줄 자료를 수집해야 한다.
- 핵심 전달 : 단락별 핵심을 하위 목차로 요약해야 한다.
- 대상 파악 : 대상에 대한 이해와 분석을 철저히 해야 한다.

• 보충 설명 : 질문을 예상하고 그에 대한 구체적인 답변을 준비해야 한다.

④ 문서의 종류에 따른 작성 방법

㉠ 공문서

- 외부로 전달되므로 누가, 언제, 어디서, 무엇을, 어떻게(혹은 왜)가 드러나야 한다.
- 날짜는 연도와 월일을 밝혀야 한다.
- 날짜 다음에 괄호를 사용할 때에는 마침표를 찍지 않는다.
- 대외 문서이고, 장기간 보관되는 문서이기 때문에 정확하게 기술한다.
- 내용이 복잡할 경우 '-다음-', 또는 '-아래-'와 같은 항목을 만들어 구분한다.
- 한 장에 담아내는 것이 원칙이고, 마지막엔 '끝'자로 마무리 한다.

㉡ 설명서

- 상품이나 제품에 대해 설명하는 글이므로 정확하게 기술한다.
- 문장의 내용이 길면 내용을 정확하게 전달하기 어려우므로 간결하게 작성한다.
- 이해하기 어려운 전문 용어는 가급적 사용을 삼가고, 복잡한 내용은 도표화 한다.
- 명령문보다 평서형으로, 동일한 문장 보다 다양한 표현으로 하는 것이 좋다.

㉢ 기획서

- 핵심 메시지가 정확히 도출되도록 작성하고 확인한다.
- 상대가 채택하게끔 설득력이 있어야하므로, 상대의 요구를 고려하여 작성한다.
- 분량이 많으므로 내용이 한눈에 파악되도록 목차 구성에 신경을 쓴다.
- 내용이 많아 핵심 내용 전달이 힘듦으로 핵심 내용의 표현에 신경 쓴다.
- 효과적인 전달을 위한 표나 그래프는 내용이 제대로 도출되었는지 확인한다.
- 전체적으로 내용이 많은 만큼 깨끗하고 산뜻한 느낌을 줄 수 있도록 작성한다.
- 완벽해야 하므로 제출하기 전에 충분히 검토한다.
- 인용한 자료의 출처가 정확한지 확인한다.

㉣ 보고서

- 도출하고자 하는 핵심 내용을 구체적으로 제시한다.
- 간결하고 핵심 내용의 도출이 우선이므로 중복을 피한다.
- 업무상 상사에게 제출하므로 궁금한 점을 질문 받을 것에 대비한다.
- 산뜻하고 간결하게 작성한다.
- 복잡한 내용은 도표나 그림을 활용한다.
- 개인의 능력을 보여주어 평가받기도 하므로 제출하기 전에 최종 점검을 한다.
- 참고 자료는 정확하게 제시한다.

3. 경청능력

• 업무를 수행함에 있어 다른 사람의 말을 듣고 그 내용을 이해하는 능력

예제 **경청에 대한 다음 설명으로 옳지 않은 것은?**

① 경청이란 다른 사람의 말을 주의 깊게 들으며, 공감하는 능력이다. 경청은 대화의 과정에서 당신에 대한 신뢰를 쌓을 수 있는 최고의 방법이다.

② 우리가 경청하면 상대는 본능적으로 안도감을 느끼고, 경청하는 우리에게 무의식적인 믿음을 갖게 된다.

③ 자기 말을 경청해 주는 사람을 좋아하기도 하고, 싫어하기도 한다.

④ 경청을 하면 상대방은 매우 편안해져서, 말과 메시지, 감정은 아주 효과적으로 전달하게 된다.

해설 우리가 경청하면 상대는 본능적으로 안도감을 느끼고, 경청하는 우리에게 무의식적인 믿음을 갖게 된다. 그리고 우리가 말을 할 경우, 자신도 모르게 더 집중하게 된다. 이런 심리적 효과로 인해 우리의 말과 메시지, 감정은 아주 효과적으로 상대에게 전달된다. 우리가 경청하는 만큼, 상대방은 우리의 말을 경청할 수밖에 없는 것이다. 자기 말을 경청해 주는 사람을 싫어하는 사람은 세상에 존재하지 않는다.

정답 ③

① 효과적인 경청 방법

• 준비한다. → 강의의 주제나 강의에 등장하는 용어에 친숙하게 미리 읽어 둠

• 주의를 집중한다. → 말하는 사람의 모든 것에 집중해서 적극적으로 들음

• 예측한다. → 대화하는 동안 시간이 있으면, 다음에 무엇을 말할 것인가를 추측하려고 노력함

• 나와 관련짓는다. → 상대방이 전달하려는 메시지를 생각해보고 자신의 삶, 목적, 경험과 관련시켜 봄.

• 질문한다. → 질문에 대한 답이 즉각적으로 이루어질 수 없다고 하더라도 질문을 하려고 하면 경청하는데 적극적이 되고 집중력이 높아짐

• 요약한다. → 대화 도중에 주기적으로 대화의 내용을 요약하면 상대방이 전달하려는 메시지를 이해하고, 사상과 정보를 예측하는데 도움이 됨

• 반응한다. → 피드백은 상대방이 말한 것에 대해 당신이 이야기하고, 질문을 던져 이해를 명료화하고 난 다음에 하는 것

> **!**
> **올바른 경청을 방해하는 10가지 요인**
> 1. 준비한다.   5. 질문한다.
> 2. 주의를 집중한다.   6. 요약한다.
> 3. 예측한다.   7. 반응한다.
> 4. 나와 관련짓는다.

② 경청의 올바른 자세

- 상대를 정면으로 마주하는 자세 : 그와 함께 의논할 준비가 되었음을 알리는 자세
- 손이나 다리를 꼬지 않는 개방적 자세 : 상대에게 마음을 열어놓고 있다는 표시
- 상대방을 향하여 상체를 기울여 다가앉은 자세 : 자신이 열심히 듣고 있다는 사실 강조
- 우호적인 눈의 접촉 : 자신이 관심을 가지고 있다는 사실 알림
- 비교적 편안한 자세 : 전문가다운 자신만만함과 아울러 편안한 마음을 상대방에게 전하는 것

③ 경청능력을 높이는 적절한 맞장구

- 치켜 올리듯 가볍게 하는 맞장구 → "저런! 그렇습니까? 아닙니다.", "잘됐습니다. 그렇게 하십시오."
- 동의하는 맞장구 → "과연! 정말 그렇겠군요. 알겠습니다."
- 정리하는 맞장구 → "말하자면 이런 것입니까?", "'아~, ~와~'라는 것이지요?"
- 재촉하는 맞장구 → "그래서 어떻게 되었습니까?"

④ 경청의 기술

- 눈으로 들어라. → 일반적으로 의사소통의 80%는 비언어적이다. 보편적으로 표정과 몸짓이 말 속에 숨어 있는 참 의미를 전달하게 되므로 대화할 때 상대방을 바라보는 것이 좋다.
- 마음으로 들어라. → 상대방에게 공감의 자세를 보여주도록 하고, 말 속에 묻어나는 상대방의 감정에 민감해야 한다.
- 당신 주변에 있는 사람들의 이야기를 듣기 위해 시간을 구별하라. → 발로 직접 뛰어다니면서 사람들과 시간을 보내는 것으로써 자신을 관리하라.

> **올바른 경청을 방해하는 10가지 요인**
>
> 1. 짐작하기
> 2. 대답할 말 준비하기
> 3. 걸러내기
> 4. 판단하기
> 5. 다른 생각하기
> 6. 조언하기
> 7. 언쟁하기
> 8. 옳아야만 하기
> 9. 슬쩍 넘어가기
> 10. 비위 맞추기

4. 언어구사(의사표현)능력

• 업무를 수행함에 있어 자기가 뜻한 바를 말로 나타내는 능력

예제 성공하는 사람의 이미지를 위한 의사표현에 대한 설명으로 옳지 않은 것은?

① 인생은 부정적인 말로 부정적이, 긍정적인 말로 긍정적이 될 것이다.
② 상대의 말에 공감을 해야 한다.
③ 항상 공손하게 "미안합니다", "죄송합니다"라는 표현을 써야 한다.
④ 자신의 대화 패턴을 주의 깊게 살펴본다.

해설 의사 표현을 하는데 있어서 자신을 너무 과소평가하지 말아야 한다. 즉, 낮은 자존감과 열등감으로 자기 자신을 대하지 말자는 것이다. 안 좋은 일이 생기면, "내가 못 배운 게 한이지." 혹은 "내가 가난한 게 죄지"라고 말하는 분들이 있다. 또한 평소에 '죄송합니다.' '미안합니다'를 입에 붙들고 사는 사람들이 있다. 얼핏 보면 예의 바르게 보일지 모르나, 꼭 필요한 경우가 아니라면 그렇게 해서 자신의 모습을 비하시키지 않아야 한다. ③과 같은 태도는 옳지 못하다.

정답 ③

① **상황과 대상에 따른 의사표현 방법**

• 상대방의 잘못을 지적할 때 : 상대방이 알 수 있도록 확실하게 지적한다. 다만 추궁하듯이 묻는 것은 금물이다.

• 상대방을 칭찬할 때 : 본인이 중요하게 여기는 것을 칭찬한다. 처음 만나는 사람에게 먼저 칭찬의 말로 시작한다.

• 상대방에게 부탁해야 할 때 : 먼저 상대의 사정을 우선시한 다음, 응하기 쉽게 구체적으로 부탁한다.

• 상대방의 요구를 거절해야 할 때 : 먼저 사과한 다음, 응해줄 수 없는 이유를 분명하게 설명한다.

• 명령해야 할 때 : 청유형으로 부드럽게 표현하는 것이 훨씬 효과적이다.

• 설득해야 할 때 : 일방적으로 '밀어붙이기 식' 대화가 아닌 이익을 공유하겠다는 의지를 보여주어야 한다.

• 충고해야 할 때 : 충고는 마지막 방법이다. 예를 들어 깨우쳐주는 것이 바람직하다.

• 질책해야 할 때 : 듣는 사람이 반발하지 않게 질책을 가운데 두고 칭찬을 먼저 한 다음 끝에 격려의 말을 하는 샌드위치 화법[칭찬+질책+격려]을 한다.

② **원활한 의사표현을 방해하는 요인**

• 연단 공포증 : 연단에 섰을 때 가슴이 두근거리고 입술이 타고 식은땀이 나고 얼굴이 달아오르는 생리적인 현상

• 말 : 말의 장단, 고저, 발음, 속도, 쉼, 띄어 말하기 포함

• 음성 : 자신의 목소리로 음성, 고저, 명료도, 쉼, 감정이입, 완급, 색깔, 온도 등

- 몸짓 : 청자에게 인지되는 비언어적 요소로 화자의 외모, 동작 등
- 유머 : 웃음을 주는 것으로 흥미 있는 이야기나, 풍자 또는 비교, 반대 표현, 모방, 예기치 못한 방향 전환, 아이러니 등의 방법 활용

> **연단 공포증 극복 방법**
> - 완전무결하게 준비하라.
> - 청중 앞에서 말할 기회를 자주 가지라.
> - 시간보다 더 많이 준비하라.
> - 충분히 휴식하라.
> - 처음부터 웃겨라
> - 심호흡을 하라.
> - 청자 분석을 철저히 하라.
> - 청자를 호박으로 보라.
> - 청자의 코를 보라.

③ 논리적이고 설득력 있는 의사 표현 지침

- 겉치레 양보로 기선을 제압하라.
- 동조 심리를 이용하여 설득하라.
- 끄집어 말하여 자존심을 건드려라.
- 자신의 잘못도 솔직하게 인정하라.
- 정보전달 공식을 이용하여 설득하라.
- 대비 효과로 분발심을 불러 일으켜라.
- 변명의 여지를 만들어 주고 설득하라.
- 호칭을 바꿔서 심리적 간격을 좁혀라.
- 침묵을 지키는 사람의 참여도를 높여라.
- 약점을 보여 주어 심리적 거리를 좁혀라.
- 이상과 현실의 구체적 차이를 확인시켜라.
- 상대방의 불평이 가져올 결과를 강조하라.
- 권위 있는 사람의 말이나 작품을 인용하라.
- 'Yes'를 유도하여 미리 설득 분위기를 조성하라.
- 혼자 말하는 척하면서 상대의 잘못을 지적하라.
- 지금까지의 노고를 치하한 뒤 새로운 요구를 하라.
- 여운을 남기는 말로 상대방의 감정을 누그러뜨려라.
- 집단의 요구를 거절하려면 개개인의 의견을 물어라.
- 하던 말을 갑자기 멈춤으로써 상대방의 주의를 끌어라.
- 담당자가 대변자 역할을 하도록 하여 윗사람을 설득하게 하라.

5. 기초외국어능력

• 업무를 수행함에 있어 외국어로 의사소통 할 수 있는 능력 : 외국어로 된 간단한 자료를 이해하거나, 외국인과의 전화 응대와 간단한 대화 등 외국인의 의사표현을 이해하고, 자신의 의사를 기초 외국어로서 표현할 수 있는 능력

예제 아래 e-mail의 목적을 바르게 이해한 것은?

Dear Mr. Stevens,

This is a reply to your inquiry about the shipment status of the desk you purchased at our store on September 26. Unfortunately, the delivery of your desk will take longer than expected due to the damage that occurred during the shipment from the furniture manufacturer to our warehouse. We have ordered an exact replacement from the manufacturer, and we expect that delivery will take place within two weeks. As soon as the desk arrives, we will telephone you immediately and arrange a convenient delivery time. We regret the inconvenience this delay has caused you.

Sincerely,
Justin Upton

* inquiry 문의 shipment 배송

① 영업시간 변경을 공지하려고
② 고객 서비스 만족도를 조사하려고
③ 상품의 배송 지연에 대해 설명하려고
④ 구매한 상품의 환불 절차를 안내하려고
⑤ 배송된 상품의 파손에 대해 항의하려고

해설 e-mail 내용을 보면 보내는 사람은 받는 사람에게 상품이 제조업체의 사정으로 늦어지게 된 사정을 설명한 뒤 빠르게 다시 보내겠다고 말하고 있음을 알 수 있다. 따라서 e-mail의 목적은 ③의 '상품의 배송 지연에 대해 설명'임을 알 수 있다.

정답 ③

해석 해석 : Stevens씨께,

이것은 당신이 9월 26일 우리 가게에서 구매한 책상의 배송 상황 문의에 대한 회신입니다. 불행히도, 당신의 책상 배송이 가구 제조업체에서 우리 창고로 배송되는 동안 발생한 파손 때문에 예상된 것보다 더 오래 걸릴 것입니다. 우리는 제조업체로부터 똑같은 대체품을 주문했고, 그 배송이 2주 안에 이뤄질 것으로 예상합니다. 우리는 그 책상이 도착하자마자 당신에게 바로 전화해서 편리한 배송 시간을 정할 것입니다. 우리는 이 지연이 당신에게 일으킨 불편에 대해 유감으로 생각합니다.

진심을 담아,

Justin Upton 드림

① **기초외국어능력이 필요한 상황**

- 외국어로 된 메일을 받고 이를 해결하는 상황
- 외국인으로부터 걸려온 전화 응대를 하는 상황
- 외국어로 된 업무 관련 자료를 읽는 경우
- 외국인 고객을 상대하는 경우 등

② **외국인과의 의사소통에서 피해야 할 행동**

- 상대방에게 호칭을 어떻게 부를지 묻지 않고 마음대로 부르는 행동
- 상대를 볼 때 흘겨보거나, 노려보거나, 아예 보지 않는 행동
- 맞장구를 치지 않거나, 고개를 끄덕이지 않는 행동
- 팔이나 다리를 꼬는 행동
- 표정이 없는 것
- 다리를 흔들거나 펜을 돌리는 행동
- 생각 없이 메모하는 행동
- 자료만 들여다보는 행동
- 바르지 못한 자세로 앉는 행동
- 한숨, 하품, 신음 소리를 내는 행동
- 다른 일을 하며 듣는 행동

각국의 바디랭귀지(Body Language)

바디랭귀지	국 가	의 미
손가락으로 O자 하기	영어권	좋다, Great
	프랑스	제로, 무(無)
	일본	돈
	지중해	동성연애(끝)
	브라질	외설적 표현
엄지 세우기	공통	권력, 우월, 지배, 최고
	영국, 호주, 뉴질랜드	자동차 세우기
	그리스	저리가, 꺼져
	유럽	비웃기
가운데 손가락	공통	외설
손가락으로 V자 하기	안쪽 보이게	승리
	바깥쪽 보이게	경멸, 외설
머리 긁기	서양	비듬, 가려움
	동양	미안함, 답답함
입 가리기	서양	거짓말
	동양	창피
귀 움직이기	인도	후회
	브라질	칭찬
고개 끄덕	불가리아, 그리스	No
	기타	Yes
옆으로 고개 흔들기	네팔	Yes
	기타	No
손가락 교차	유럽	경멸
	브라질	행운
손바닥 아래 · 위로 흔들기	미국	Bye(헤어질 때)
	유럽	No
	그리스	모욕

01 아래의 사항들을 '언어적인 의사소통능력(㉠)'과 '문서적인 의사소통능력(㉡)'으로 구분하여 연결한 것으로 알맞은 것은?

> ⓐ 감정적인 정보 전달
> ⓑ 상황과 목적에 적합한 문서 작성
> ⓒ 상대방의 이야기를 듣고 의미 파악
> ⓓ 고객사에서 보내온 수취 확인서
> ⓔ 수취 확인 문의 전화
> ⓕ 업무 지시 메모
> ⓖ 영문 운송장 작성
> ⓗ 주간 업무 보고서 작성

	㉠	㉡
①	ⓐ, ⓓ	ⓑ, ⓒ, ⓔ, ⓕ, ⓖ, ⓗ
②	ⓐ, ⓒ, ⓔ	ⓑ, ⓓ, ⓕ, ⓖ, ⓗ
③	ⓑ, ⓖ, ⓗ	ⓐ, ⓒ, ⓓ, ⓔ, ⓕ
④	ⓐ, ⓑ, ⓔ, ⓖ	ⓒ, ⓓ, ⓕ, ⓗ

• 수취 : 받아서 가짐. 받음

• 운송장 : 짐을 보내는 사람이 짐을 운반하는 운송인의 청구에 의해 운송인에게 짐의 운송에 관한 법적 사항을 적어 주는 증서

02 아래와 같은 기획팀 회의에서 B 부장이 가져야 할 경청의 태도로 옳은 것은?　　　　[기출 문제 변형 – 교통안전공단]

> A 대리 : 다녀왔습니다.
> B 부장 : 왜 이렇게 늦었나?
> A 대리 : 업무가 길어져서 늦었습니다.
> B 부장 : 쉽게 끝낼 수 있는 일인데 왜?
> A 대리 : 현장에서 일이 생겨서 …….
> B 부장 : 됐고, 빨리 가서 일해!

① 말하는 순서를 지킨다.
② 대화 상대방과 시선을 맞춘다.
③ 혼자서 대화를 독점하지 않는다.
④ 상대방의 이야기를 가로막지 않는다.

• 경청 : 귀를 기울여 들음

• 시선 : 눈이 가는 길. 눈의 방향
• 독점 : 독차지

03 아래 글의 내용에 중심 내용으로 가장 알맞은 것은?

[기출 문제 - 코레일]

암호의 원리는 현대 문명의 발달과 함께 다양한 암호 장치들로 구현되었다. 특히 전신(電信)에 의한 송·수신이 가능하게 되면서 전기 암호 장치가 개발되었다. 그러나 전기 암호장치는 회로 구조가 파악되면 쉽게 암호가 노출될 수 있고, 그런 경우 다시 회로 구조를 바꿔야 하는 불편함이 있었기 때문에 전시(戰時)와 같이 분초를 다투는 위급한 상황에는 적합하지 않았다. 이런 문제를 극복하기 위해 회전하는 원통 속에 전기 회로를 넣은 '에니그마'가 개발되었다. 에니그마는 원통이 회전함에 따라 스위치와 램프의 연결 상태가 계속 바뀌기 때문에 회로 구조를 조작하지 않고도 평문 철자와 암호 철자의 대응 규칙을 쉽게 바꿀 수 있다.

① 전기 암호 장치의 문제점
② 암호 장치의 변천사
③ 에니그마의 암호 해독 원리
④ 에니그마의 개발 배경

- **전신(電信)** : 문자나 숫자를 무선(전파)이나 유선(전류)으로 보내는 통신. 전보, 팩스, 전화 등
- **송·수신** : 송신과 수신.
- **송신** : 전신이나 전화, 라디오, 텔레비전 방송 따위의 신호를 보냄.
- **수신** : 전신이나 전화, 라디오, 텔레비전 방송 따위의 신호, 또는 우편이나 전보 따위의 통신을 받음
- **원통** : 둥근 통
- **평문** : 암호 통신에서, 변형이 없는 보통의 정보
- **철자** : 자음과 모음을 맞추어 글자를 만듦. 'ㄱ'과 'ㅏ'를 맞추어 '가'를 만드는 것

04 아래의 대화에서 나타나는 부장의 의사소통 스타일로 알맞은 것은?

[기출 문제 변형 - 인천항만공사]

A : 우리 부장님은 완전 독불장군인 것 같아.
B : 무슨 일 있어?
A : 내 의견은 무시하고, 자기 마음대로 일을 진행하잖아.

① '말하지 않아도 아는 문화'에 안주하는 마음
② '조직의 구조상의 권한'에 의지하는 마음
③ '전달했는데', '아는 줄 알았는데'라고 착각하는 마음
④ '일방적으로 말하고', '일방적으로 듣는' 무책임한 마음

- **독불장군** : 무슨 일이든 자기 생각대로 혼자서 처리하는 사람

- **안주** : 현재의 상황이나 처지에 만족함

05 아래 사례에서 찾을 수 있는 의사소통의 종류를 바르게 나열한 것은?

> 무역회사에 근무하는 K씨는 아침부터 밀려드는 일에 정신이 없다. 오늘 ㉠ 독일의 고객사에서 보내온 주방용품 컨테이너에 대한 수취 확인서를 보내야하고, 운송장을 작성해야 하는 일이 꼬여버려 국제 전화로 걸려오는 ㉡ 수취 확인 문의 전화와 다른 고객사의 클레임을 받느라 전화도 불이 난다. 어제 오후 퇴근하기 전에 ㉢ P 대리에게 운송장을 영문으로 작성해 K씨에게 줄 것을 지시한 메모를 책상 위에 올려놓고 갔는데, P 대리가 아마도 못 본 모양이었다. 아침에 다시 한 번 얘기했는데 P 대리는 엉뚱한 주문서를 작성해 놓았다. 그래서 다시 P 대리에게 클레임 관련 메일을 보내놓은 참이다. ㉣ 오후에 있을 회의 때 발표할 주간 업무 보고서를 작성해야 하는데 시간이 빠듯해 큰일이다. 하지만 하늘은 스스로 돕는 자를 돕는다는 마음으로 K씨는 차근차근 업무 정리를 시작했다.

	언어적인 의사소통	문서적인 의사소통
①	㉠, ㉡	㉢, ㉣
②	㉠, ㉢	㉡, ㉣
③	㉠	㉡, ㉢, ㉣
④	㉡	㉠, ㉢, ㉣

• **클레임(claim)** : 배상 청구. 무역 거래에서 계약 위반 사항이 있는 경우에 판매자에게 손해 배상을 청구하거나 이의를 제기하는 일

06 다음 중에서 문서를 시각화 하는 포인트로 알맞지 않은 것은?

① 숫자는 그래프로 표시한다.

② 보기 쉬워야 한다.

③ 이해하기 쉬워야 한다.

④ 단순하게 표현되어야 한다.

• **시각화** : 학급의 성적 분포와 같이 보이지 않는 것이 일정한 형태로 나타나 보이게 하는 것

07 아래 사례에서 S 팀장이 부하직원들과 의사소통에 장애를 보인 요인으로 알맞은 것은?

> S 팀장은 다소 깐깐하고 꼼꼼한 업무 스타일과 결재 성향 탓에 부하직원들이 업무적으로 스트레스를 많이 받는 스타일이긴 하지만, 대체로 엄하고 꼼꼼한 상사 밑에서 일 잘하는 직원이 양산되듯, 그에게서 '힘들게' 일을 배운 직원들은 업무적으로 안정적인 궤도에 빨리 오른다. 꼼꼼하고 세심한 업무 처리 탓에 신뢰를 가지고 있긴 하지만 지나치게 깐깐한 결재 성향 탓에 S 팀장 밑에 있던 직원들의 스트레스가 쌓여가고 있지만 S 팀장과는 의견 교환이 되지 않고, 불만이 팀 외부로 새어 나가는 일도 많았으며 그로 인해 "저 사람 밑에서 일 못하겠다."며 사표를 던진 직원도 많다.

① 상이한 직위와 과업 지향적인 마음
② 말하지 않아도 아는 문화에 안주하는 마음
③ '전달했는데, 아는 줄 알았는데'라고 착각하는 마음
④ 일방적으로 말하고 일방적으로 듣는 무책임한 마음

• **결재** : 결정할 권한이 있는 상관이 부하가 제출한 안건을 검토하여 허가하거나 승인함

08 다음 중에서 인상적인 의사소통능력의 개발에 관한 설명으로 맞지 않은 것은?

① 자신의 의견을 인상적으로 전달하기 위해서는 자신의 의견도 장식하는 것이 필요하다.
② 내가 전달하고자 하는 내용이 상대방에게 의사소통 과정을 통하여 '과연' 하며 감탄하게 만드는 것이다.
③ 새로운 고객을 만나는 직업인이라도 매일 다른 사람을 만나기 때문에 항상 새로운 표현을 사용하여 인상적인 의사소통을 만든다.
④ 인상적인 의사소통능력을 개발하기 위해서는 자주 사용하는 표현도 잘 섞어서 쓰면 좋다.

• **인상적** : 어떤 대상에 대하여 마음속에 새겨지는 느낌이 강하게 남는 것

09 아래 사례의 신입사원에게 충고해 줄 문서 작성 시의 주의사항으로 적절한 것은?

> 광고회사에 근무하는 D씨는 최근 어이없는 기획안을 보게 되었다. 신입사원이 작성한 기획안이었는데, 신입사원이 속한 팀장이 광고 기획안을 한번 만들어보라고 지시한 것이었다. 평소 글쓰기에 자신이 없었던 신입사원은 어렵싸리 작성하여 팀장님께 보여드렸지만 여러 번 퇴짜를 맞았다. 팀장은 신입사원에게 이렇게 두서없는 기획안은 처음이라며 D씨에게 연락하여 신입사원이 기획서 작성에 어려움을 겪고 있으니 도와줄 수 없겠냐고 부탁을 해왔다. 평소 글쓰기의 달인으로 통하던 D씨는 신입사원과 그가 작성한 기획서를 보게 되었는데 이는 D씨는 기가 막힐 뿐이었다.

① 문서는 그 작성 시기가 중요하다.
② 문서는 육하원칙에 의해서 써야 한다.
③ 문서는 한 사안을 한 장의 용지에 작성해야 한다.
④ 문장 표현은 작성자의 성의가 담기도록 경어나 단어 사용에 신경을 써야 한다.

- **두서없는** : 일의 차례나 갈피를 잡을 수 없는

- **사안** : 법이나 규정 따위에서 문제가 되는 일이나 안건

10 상황과 대상에 따른 의사표현 방법에 대한 설명으로 옳지 않은 것은?

① 상대방의 잘못을 지적할 때는 확실하게 말하기보다는 돌려서 말해 준다.
② 상대방에게 부탁해야 할 때는 기간, 비용, 순서 등을 명확하게 제시해야 한다.
③ 상대방의 요구를 거절해야 할 때는 정색을 하면서 '안 된다'고 말하기보다는 먼저 사과를 한 후에, 이유를 설명한다.
④ 설득해야 할 때는 자신이 변해야 상대방도 변한다는 사실부터 받아들여야 한다.

- **정색** : 엄격하면서도 바른 얼굴빛

11 문서의 종류 가운데 '기획서(㉠)', '설명서(㉡)', '공문서(㉢)', '보고서(㉣)'와 이러한 문서의 작성법 ⓐ~ⓕ를 바르게 연결한 것은?

> ⓐ 궁금한 점에 대해 질문 받을 것에 대비한다.
> ⓑ 내용이 복잡할 경우 '다음'이나 '아래'와 같은 항목을 만들어 구분한다.
> ⓒ 업무상 진행 과정에서 작성하므로, 핵심 내용을 구체적으로 제시한다.
> ⓓ 마지막엔 반드시 '끝'자로 마무리 한다.
> ⓔ 상대에게 어필해 상대가 채택하게끔 설득력 있게 작성한다.
> ⓕ 명령문보다 평서형으로, 동일한 문장보다는 다양하게 표현한다.

	㉠	㉡	㉢	㉣
①	ⓐ, ⓓ	ⓕ	ⓑ, ⓒ	ⓔ
②	ⓐ, ⓒ	ⓑ	ⓓ, ⓔ	ⓕ
③	ⓓ, ⓔ	ⓒ, ⓕ	ⓑ	ⓐ
④	ⓔ	ⓕ	ⓑ, ⓓ	ⓐ, ⓒ

- **항목** : 하나의 일을 구성하고 있는 부분이나 갈래. 조목

- **채택** : 작품, 의견, 제도 따위를 골라서 다루거나 뽑음

- **평서형** : '-다', '-오' 등의 종결 어미가 붙어, 있는 사실을 그대로 진술하는 문장 형태

12 아래와 같은 상황은 올바른 경청을 하는데 있어서, 방해 요인이 작용한 것이다. 작용한 방해 요인으로 알맞은 것은?

> 남편이 "당신은 다른 사람보다 젊어 보여"라고 말하면, 아내는 남편의 표정이나 말투 등을 자세히 살펴보면서 "남편은 속으로는 내가 너무 늙어 보여서 매력이 없다고 생각하겠지."라고 생각하거나 심한 경우에는 "남편이 다른 여자와 사귀는 것은 아닌가?"라고까지 지레 짐작한다.

① 걸러내기
② 짐작하기
③ 다른 생각하기
④ 대답할 말 준비하기

- **걸러내기** : 중간에 어느 순서나 자리를 빼고 넘기기

13 아래와 같은 상황은 올바른 경청을 하는데 있어서, 방해 요인이 작용한 것이다. 작용한 방해 요인으로 알맞은 것은?

> 남편이 아내에게 직장에 대한 좌절과 낙담을 털어놓자 "당신은 윗사람 다루는 기술이 필요해요. 당신 성격에도 문제가 있어요. 당신 자신을 개조하기 위해 성격 개선 프로그램을 신청해서 참여해 봐요."라고 지체 없이 퍼붓게 되면 남편이 진실로 원했던 것, 즉 서로 공감하고 잠시 우울하고 싶었던 욕구가 좌절된다. 이러한 대화가 매번 반복된다면 상대방은 무시당하고 이해받지 못한다고 느끼게 되어 다른 사람에게 마음의 문을 닫아버리게 된다.

① 언쟁하기
② 조언하기
③ 판단하기
④ 옳아야만 하기

- **좌절** : 마음이나 기운이 꺾임
- **낙담** : 너무 놀라 간이 떨어지는 듯함. 바라던 일이 뜻대로 되지 않아 마음이 몹시 상함

- **공감** : 남의 감정, 의견, 주장 등에 대하여 자기도 그렇다고 느끼는 기분
- **욕구** : 무엇을 얻거나 무슨 일을 하고자 바라는 일

- **언쟁** : 말다툼
- **조언** : 말로 거들거나 깨우쳐 주는 말
- **판단** : 옳고 그름, 좋고 나쁨 등을 헤아려 가리는 것

14 아래의 각 문서에 대한 설명 ⓐ~ⓓ에 맞는 문서의 종류 '기안서(㉠), 기획서(㉡), 보도 자료(㉢), 결산 보고서(㉣)'를 바르게 연결한 것은?

> ⓐ 진행됐던 사안의 수입과 지출 결과를 보고하는 문서
> ⓑ 상대방에게 기획의 내용을 전달하여 기획을 시행하도록 설득하는 문서
> ⓒ 회사의 업무에 대한 협조를 구하거나 의견을 전달할 때 작성하는 문서
> ⓓ 각종 조직 및 단체 등이 언론을 상대로 자신들의 정보가 기사로 보도되도록 하기 위해 보내는 자료

	㉠	㉡	㉢	㉣
①	ⓐ	ⓑ	ⓒ	ⓓ
②	ⓑ	ⓒ	ⓐ	ⓓ
③	ⓒ	ⓐ	ⓓ	ⓑ
④	ⓒ	ⓑ	ⓓ	ⓐ

- **수입** : 합법적으로 얻어 들이는 일정액의 금액
- **지출** : 어떤 목적을 위하여 돈을 지급하는 일
- **시행** : 실제로 행함

- **보도** : 대중 전달 매체를 통하여 일반 사람들에게 새로운 소식을 알림
- **기안** : 사업이나 활동 계획의 처음 생각 내용
- **결산** : 일정한 기간 동안의 수입과 지출을 마감하여 산출한 계산

15 경청을 하는데 있어서 올바른 자세가 아닌 것은?

① 상대방을 향하여 상체를 기울여 다가앉는다.

② 손이나 다리를 꼬지 않는 소위 개방적 자세를 취한다.

③ 우호적인 눈의 접촉을 통해 자신이 관심을 가지고 있다는 사실을 알린다.

④ 상대를 정면으로 쳐다보면 상대방이 민망할 수도 있으니까, 눈을 마주치지 않는다.

01
의사
소통

• **개방적** : 태도나 생각 등이 거리낌 없고 열려 있는

• **민망** : 낯을 들고 대하기가 부끄러움

16 아래와 같은 상황은 의사표현을 원활히 하는 데 방해 요인이 작용한 것이다. 작용한 방해 요인으로 알맞은 것은?

> 발표자는 빠른 걸음으로 연단을 향하여 돌진하거나, 불안한 자세를 취하면서 걸어 나오거나, 관심이 없는 듯이 거드름을 피우면서 걸어 나오거나, 원고를 둘둘 말아 가지고 나오는 상황이다.

① 말   ② 음성

③ 몸짓   ④ 연단 공포증

• **연단** : 연설이나 강연을 하는 사람이 올라서는 단

17 연단 공포증을 없애기 위한 방법을 설명한 다음의 내용 중에서 옳지 않은 것은?

① 인간의 언어 행위는 두뇌의 환기 작용의 결과이기 때문에, 적절히 휴식한다.

② 청자가 나의 상사이거나, 장군이거나, 고관이거나, 연장자이라면, 연단에서 청자의 신분을 의식해야 한다.

③ 할당된 시간보다 더 많은 시간 동안 스피치 할 내용을 준비한다.

④ 청중의 눈을 봐야 하는 상황이 어렵다면, 창밖을 쳐다보지 말고 청중의 코를 본다.

• **환기** : 관심을 집중시키거나 대중의 공통된 의견이나 생각 등을 불러일으킴

• **고관** : 높은 관리

• **연장자** : 나이가 위인 사람

• **할당된** : 몫이 갈라져 나뉜. 이 문장에서는 '주어진'으로 바꾸어 쓸 수 있음

18 아래는 경청능력에 관하여 설명한 내용이다. 옳은 내용만을 모두 묶은 것은?

> ⓐ 경청 능력은 연습하여 개발할 수 있다.
> ⓑ 대화법을 통한 경청 훈련은 모든 인간관계에서 적용할 수 없다.
> ⓒ 적절한 맞장구는 대화하는데 방해가 된다.

① ⓐ

② ⓐ, ⓑ

③ ⓐ, ⓒ

④ ⓐ, ⓑ, ⓒ

• 적용 : 알맞게 이용하거나 맞추어 씀

19 다음에서 경청에 관한 설명으로 알맞은 것은?

① 경청 능력은 연습하여 개발할 수 없다.

② 적절한 맞장구는 대화하는데 방해가 된다.

③ 대화하는 상대방을 향하여 상체를 기울여 다가앉는다.

④ 대화법을 통한 경청 훈련은 모든 인간관계에서 적용할 수 없다.

20 경청 능력을 개발하기 위한 방법과 방법에 대한 설명으로 알맞지 않은 것은?

① 대화법을 통한 경청 훈련 – 주의 기울이기(바라보기, 듣기, 따라하기), 상대방의 경험을 인정하고 더 많은 정보 요청하기, 정확성을 위해 요약하기, 개방적인 질문하기, '왜'라는 질문 피하기

② 적절한 맞장구를 통한 경청 훈련 – 치켜 올리듯 가볍게 하는 맞장구, 동의하는 맞장구, 정리하는 맞장구, 재촉하는 맞장구

③ 놀이를 통한 경청 훈련 – '질문하기 놀이'를 통해 상대방의 말을 받아들여 반영·요약, 정리하기

④ 잘 듣기 연습(공감적 이해)을 통한 경청 훈련 – 상대방의 이야기를 이해하면서 고개를 끄덕이며 듣기

• 반영 : 다른 것에 영향을 받아 어떤 현상을 나타냄
• 정리 : 흐트러지거나 혼란스러운 것을 질서 있는 상태가 되게 함

21 아래는 문서 이해의 구체적인 절차에 대한 내용이다. 절차에 따라 바르게 배열한 것은?

> ㉠ 문서의 목적을 이해하기
> ㉡ 이러한 문서가 작성되게 된 배경과 주제를 파악하기
> ㉢ 상대방의 의도를 도표나 그림 등으로 메모하여 요약, 정리해보기
> ㉣ 문서에서 이해한 목적 달성을 위해 취해야 할 행동을 생각하고 결정하기
> ㉤ 문서에 쓰인 정보를 밝혀내고, 문서가 제시하고 있는 현안 문제를 파악하기
> ㉥ 문서를 통해 상대방의 욕구와 의도 및 내게 요구되는 행동에 관한 내용을 분석하기

① ㉠ → ㉡ → ㉢ → ㉣ → ㉤ → ㉥
② ㉠ → ㉡ → ㉤ → ㉥ → ㉣ → ㉢
③ ㉢ → ㉡ → ㉣ → ㉠ → ㉥ → ㉤
④ ㉢ → ㉣ → ㉠ → ㉥ → ㉤ → ㉡

- **절차** : 일을 치르는 데 거쳐야 하는 순서나 방법
- **배경** : 사건이나 환경, 인물 등을 둘러싼 주위의 모습이나 형편
- **의도** : 무엇을 하고자 하는 생각이나 계획
- **달성** : 목적한 것을 이룸
- **현안** : 걸린 문제. 전부터 의논하여 오면서도 아직 해결되지 않은 채 남아 있는 문제나 의심스러운 일
- **욕구** : 무엇을 얻고자 하거나 무슨 일을 하고자 하는 바람

22 아래 글의 주제로 알맞은 것은?　　　　　[기출 문제 – 코레일]

> 　현대 문화는 인간의 사고를 지배하던 신화적 관념을 과학적 지식으로 대치함으로써 성립되었다. 그러나 신화를 통하여 인간과 세계를 이해하는 관행은 과학의 눈부신 발전에도 불구하고 사라지지 않고 있다. 자연의 마법에 호소하는 신화적 상상력은 최근 문학과 예술에서 빈번하게 등장하고 있다. 특히 '반지의 제왕'이나 '해리 포터' 시리즈 같은 대중 서사물은 과학이 인간 세계로부터 추방한 신비를 미학적으로 복권하고 있다.

① 현대 문화 전반에 걸쳐 신비주의의 유행이 나타나고 있다.
② 과학과 신비주의는 상호 대립적 관계를 띠고 있다.
③ 과학의 발전이 야기한 부작용을 극복하기 위해 신비주의가 복권하였다.
④ 현대 문화는 과학적·신화적 성격의 양면성을 지니고 있다.

- **사고** : 생각하고 마음속으로 따진 생각
- **대치** : 다른 것으로 바꾸어 놓음
- **불구** : 얽매여 거리끼지 아니함
- **서사물** : 사실을 있는 그대로 적은 것으로, 일반적으로 소설을 말함

23 아래 글의 중심 내용으로 알맞은 것은? [기출 문제 - 코레일]

> 힐링(Healing)은 사회적 압박과 스트레스 등으로 손상된 몸과 마음을 치유하는 방법을 포괄적으로 일컫는 말이다. 우리보다 먼저 힐링이 정착된 서구에서는 질병 치유의 대체 요법 또는 영적·심리적 치료 요법 등을 지칭하고 있다.
>
> 국내에서도 최근 힐링과 관련된 갖가지 상품이 유행하고 있다. 간단한 인터넷 검색을 통해 수천 가지의 상품을 확인할 수 있을 정도이다. 종교적 명상, 자연 요법, 운동 요법 등 다양한 형태의 힐링 상품이 존재한다. 심지어 고가의 힐링 여행이나 힐링 주택 등의 상품들도 나오고 있다. 그러나 많은 돈을 들이지 않고서도 쉽게 할 수 있는 일부터 찾는 것이 좋을 것이다. 우선 명상이나 기도 등을 통해 내면에 눈뜨고, 필라테스나 요가를 통해 육체적 건강을 회복하여 자신감을 얻는 것부터 출발할 수 있다.

① 힐링의 바람직한 방법
② 서구의 힐링 상품
③ 힐링의 의미와 종류
④ 힐링 상품이 유행하는 이유

- **압박** : 기운을 못 펴게 세력으로 내리누름
- **손상** : 병이 들거나 다침
- **정착** : 새로운 문화 현상, 학설 따위가 당연한 것으로 사회에 받아들여짐
- **치유** : 치료하여 병을 낫게 함
- **대체** : 바꿈. 다른 것으로 대신함
- **요법** : 병을 고치는 방법
- **명상** : 고요히 눈을 감고 깊이 생각함

- **내면** : 밖으로 드러나지 아니하는 사람의 속마음. 사람의 정신적·심리적 측면

24 다음은 효과적인 의사표현을 위한 방법에 대한 설명이다. 잘못된 설명은? [예시 문제 - NCS]

① 독서를 많이 해서, 상대방의 기선을 제압할 수 있도록 어려운 말을 섞어서 쓴다.
② 상대편의 말을 그대로 받아서 맞장구를 치면 상대방이 친근감을 느끼게 된다.
③ 특수한 상황이 아니라면 비꼬거나 빈정대는 듯한 표현은 삼가는 것이 좋다.
④ 축약된 말보다는 문장을 완전하게 말해라.

- **기선** : 상대편의 세력이나 기세를 억누르기 위하여 먼저 행동하는 것
- **제압** : 상대를 압도할 강력한 힘이나 위엄으로 세력이나 기세 등을 억눌러서 통제함

- **축약** : 줄여서 간략하게 함

25 다음은 의사소통에서 외국인과의 비언어적인 의사소통에 대한 설명이다. 잘못된 설명은?

[예시 문제 – NCS]

① 눈을 마주 쳐다보는 것은 흥미와 관심이 있음을 나타낸다.

② 어조가 높으면 만족과 안심을 나타낸다.

③ 말씨가 매우 빠르거나 짧게 얘기하면 공포나 노여움을 나타내는 것이다.

④ 자주 말을 중지하면 결정적인 의견이 없음을 의미하거나 긴장 또는 저항을 의미한다.

• **저항** : 어떤 힘이나 조건에 굽히지 아니하고 거역하거나 버팀

26 기초외국어능력이 필요한 상황과 관련된 다음 설명 중에서 옳지 않은 것은?

① 누구에게나 똑같은 상황에서 기초외국어능력이 필요하다.

② 외국어라고 해서 꼭 영어만 필요한 것은 아니고, 자신이 주로 상대하는 외국인들이 구사하는 언어가 필요한 것이다.

③ 자신에게 기초외국어능력이 언제 필요한지 잘 아는 것이 중요하다.

④ 자신의 업무에서 필요한 기초 외국어를 적절하게 구사하는 것이 중요하다.

• **구사** : 말이나 수사법, 기교, 수단 등을 능숙하게 마음대로 부려 씀

27 아래는 기초외국어능력 향상과 관련된 설명이다. 맞는 내용만 제시한 것은?

> ㉠ 출퇴근 시간에 외국어 방송을 보거나, 듣는 것만으로는 안 된다.
> ㉡ 외국어 공부의 목적부터 정하라.
> ㉢ 혼자서도 소홀해지지 않고 공부할 수 있다.
> ㉣ 실수를 두려워하지 말고, 기회가 있을 때 마다 외국어로 말하라.
> ㉤ 매일 30분씩 눈과 손과 입에 밸 정도로 반복하라.

① ㉠, ㉢   ② ㉢, ㉣
③ ㉣, ㉤   ④ ㉠, ㉡, ㉢, ㉣, ㉤

28 아래는 외국인과의 의사소통에서 피해야 할 행동들을 정리한 것이다. 알맞지 않은 것들을 모두 나열한 것은?

> ㉠ 상대를 볼 때 흘겨보거나, 노려보거나, 아예 보지 않는 행동
> ㉡ 팔이나 다리를 꼬는 행동
> ㉢ 표정이 없는 것
> ㉣ 다리를 흔들거나 펜을 돌리는 행동
> ㉤ 맞장구를 치지거나, 고개를 끄덕이는 행동
> ㉥ 생각 없이 메모하는 행동
> ㉦ 자료를 들여다보는 행동
> ㉧ 바르지 못한 자세로 앉는 행동
> ㉨ 한숨, 하품, 신음소리를 내는 행동
> ㉩ 다른 일을 하며 듣는 행동

① ㉢, ㉤   ② ㉤, ㉦
③ ㉢, ㉣, ㉤   ④ ㉢, ㉤, ㉦

29 아래의 회의 관련 규정에서 잘못 쓰인 글자 수를 지적한 것이 바른 것은?

[예시 문제 – NCS]

제22호(회의 등)

① 위원회 회의는 정기회이와 임시회의로 구분한다.

② 위원회의 회의는 공개한다. 다말, 공개하는 것이 적절하지 않은 상당한 이유가 있는 경우에는 위원회의 의결로 공개하지 않을 수 있다.

③ 위원회의 회의는 재적 위원 과분수의 출석과 출석 위원 과반수의 찬성으로 의결한다.

④ 위원회는 그 소관 직무 중 일부를 분담하여 효율적으로 수행하기 위하여 소위원회를 두거나 특형한 분야에 대한 자문 등을 수행하기 위하여 특별 위원회를 둘 지 있다.

⑤ 위원회의 회의 운영, 소위원회 또는 특별위원회의 구성 및 운영에 관하여 그 박에 필요한 사항은 대통영령으로 정한다.

---

① 5개   ② 6개
③ 7개   ④ 8개

- **규정** : 규칙으로 정함. 규칙으로 정하여 놓은 것
- **의결** : 의논하여 결정함. 의논하여 분명하게 정한 결정
- **재적** : 어떤 일에 관련된 사람을 적어 놓은 명부(名簿)에 이름이 올라 있음
- **과반수** : 절반이 넘는 수
- **소관** : 맡아서 관리하는 범위
- **직무** : 맡은 일. 직책이나 직업상에서 책임을 지고 담당하여 맡은 사무
- **분담** : 나누어서 맡음
- **자문** : 어떤 일을 좀 더 효율적이고 바르게 처리하려고 그 방면의 전문가나, 전문가들로 이루어진 기구에 의견을 물음
- **운영** : 조직이나 사업체 등을 운용하고 경영함

30 아래 자료에서 잘못 쓰인 글자는 숫자로 알맞은 것은?

[예시 문제 – NCS]

정보 공개 청구권자

□ 모든 국민
　– 미성년자, 재외국민, 수형인 등 포함
□ 법인
　– 사법상의 사단법인/재단법진
　– 공법상의 법인(자치단체 포함)
　– 정투투자기관, 정부출연기관 등
□ 외국인
　– 국내에 일정한 주소를 두고 거주하는 자
　– 학술 연구를 위하여 일시적으로 헤류하는 자
　– 국내에 사무무를 두고 있는 법인 또는 단체

---

① 3개   ② 4개
③ 5개   ④ 6개

- **청구** : 남에게 돈이나 물건 등을 달라고 요구함
- **청구권자** : 무엇을 달라고 요구할 수 있는 권리를 가진 자
- **수형인** : 형벌을 받고 있는 사람
- **법인** : 법적으로 인간과 같은 권리를 가진 단체
- **출연** : 자기 뜻으로 돈이나 의무를 부담하여 남의 재산을 증가시키는 일

수리능력

[기초직업능력으로서의 수리능력 표준에 따른 성취 수준]

구분			성취 수준
수리 능력		상	직장 생활에서 다단계의 복잡한 사칙연산을 하고, 연산 결과의 오류를 수정한다.
		중	직장 생활에서 다른 형식으로 변환하는 기본적인 사칙연산을 하고, 연산 결과를 검토한다.
		하	직장 생활에서 덧셈, 뺄셈과 같은 간단한 사칙연산을 하고, 연산 결과를 확인한다.
하위 능력	기초 연산 능력	상	직장 생활에서 다단계의 복잡한 사칙연산을 하고, 연산 결과의 오류를 수정한다.
		중	직장 생활에서 다른 형식으로 변환하는 기본적인 사칙연산을 하고, 연산 결과를 검토한다.
		하	직장 생활에서 덧셈, 뺄셈과 같은 간단한 사칙연산을 하고, 연산 결과를 확인한다.
	기초 통계 능력	상	직장 생활에서 다단계의 복잡한 통계기법을 활용해서 결과의 오류를 수정한다.
		중	직장 생활에서 비율을 구하는 기본적인 통계 기법을 활용하고 결과를 검토한다.
		하	직장 생활에서 평균을 구하는 간단한 통계 기법을 활용하고 결과를 확인한다.
	도표 분석 능력	상	직장 생활에서 접하는 다양한 도표를 종합하여 내용을 종합한다.
		중	직장 생활에서 접하는 두세 가지 도표를 비교하여 내용을 요약한다.
		하	직장 생활에서 접하는 한 가지 도표를 보고 내용을 이해한다.
	도표 작성 능력	상	직장 생활에서 다양한 도표를 활용하여 내용을 강조하여 제시한다.
		중	직장 생활에서 두세 가지 도표를 활용하여 내용을 비교하여 제시한다.
		하	직장 생활에서 하나의 도표를 활용하여 내용을 제시한다.

1 수리능력 이해하기

- 업무를 수행함에 있어 사칙연산, 통계, 확률의 의미를 정확하게 이해하고, 이를 업무에 적용하는 능력
- 직장 생활에서 요구되는 사칙연산과 기초적인 통계 방법을 이해하고, 도표의 의미를 파악하거나 도표를 이용해서 결과를 효과적으로 제시하는 능력

예제 업무 수행 과정에서 겪게 될 수도 있는 다음의 사례에서 두 사람이 동시에 보고서를 작성한다고 할 때, 두 사람이 동시에 작업을 마무리하는데 걸리는 가장 짧은 시간은?

> 당신은 2명의 사원에게 보고서 작업을 할당하려 한다. 한 사람은 경험이 많이 있어서 2시간에 이 보고서를 쓸 수 있고, 다른 사람은 경험이 적어 3시간 정도 걸린다. 만약 가장 짧은 시간에 보고서 쓰기를 끝마치려면 두 사람이 어떻게 보고서를 나누어 쓰게 하는 것이 좋을까?

① 1시간 10분
② 1시간 12분
③ 1시간 25분
④ 1시간 30분

해설 둘이 똑같이 끝나게 일을 나누는 것이 가장 단시간에 일을 끝내는 것이다. 그러므로 이 문제는 '2명의 기술자가 똑같이 일을 끝내기 위해서는 어떻게 일을 나누어야 하는가'라는 질문을 먼저 해결해야 한다. 경험이 많은 기술자가 경험이 없는 기술자보다 1.5배 빠르게 작업을 하므로 전자가 후자의 1.5배 양을 가지고 작업을 한다면 일이 똑같이 끝난다. 그러므로 전자는 3/5을 후자는 2/5를 쓰면 된다. 경험이 많은 기술자가 전체 작업을 하는데 두 시간이 걸리므로 그의 3/5의 작업은 '2 × 3/5 = 6/5' 시간 동안에 할 수 있다. 두 번째 기술자도 같은 방식으로 계산하면, '3 × 2/5 = 6/5'가 되므로 보고서를 작성하기 전까지의 가장 짧은 작업 시간은 두 기술자가 똑같이 6/5시간, 즉 1시간 12분 동안 일을 하면 된다.

정답 ②

---

① 수리능력의 종류

- **기초연산능력** : 직장 생활에서 필요한 기초적인 사칙연산과 계산 방법을 이해하고 활용하는 능력
- **기초통계능력** : 직장 생활에서 평균, 합계, 빈도와 같은 기초적인 통계 기법을 활용하여 자료의 특성과 경향성을 파악하는 능력
- **도표분석능력** : 직장 생활에서 도표(그림, 표, 그래프 등)의 의미를 파악하고, 필요한 정보를 해석하는 능력
- **도표작성능력** : 직장 생활에서 도표(그림, 표, 그래프 등)를 이용하여 결과를 효과적으로 제시하는 능력

② 업무 수행 중 기초연산능력이 요구되는 상황

- 업무상 계산을 수행하고 결과를 정리하는 경우
- 조직의 예산안을 작성하는 경우
- 업무 비용을 측정하는 경우
- 업무 수행 경비를 제시해야 하는 경우
- 고객과 소비자의 정보를 조사하고 결과를 종합하는 경우
- 다른 상품과 가격 비교를 하는 경우 등

③ 직업인에게 수리능력이 중요한 이유

- 수학적 사고를 통한 문제 해결
- 직업 세계의 변화에의 적응
- 실용적 가치의 구현

④ 다양한 계산

- 단리법[계산식 : $S=a\times(1+r\times n)$] : 원금에 대해서만 약정된 이자율과 기간을 곱해 이자를 계산하는 법
- 복리법[계산식 : $S=a\times(1+r)^n$] : 원금에 약정된 이자율과 기간에 따른 이자를 더해 원금으로 삼아 이자를 계산하는 법

⑤ 수를 대체할 수 있는 것

- 한글 자모

숫자	1	2	3	4	5	6	7	8	9	10	11	12	13	14	15	16
자음	ㄱ	ㄴ	ㄷ	ㄹ	ㅁ	ㅂ	ㅅ	ㅇ	ㅈ	ㅊ	ㅋ	ㅌ	ㅍ	ㅎ	ㄱ	ㄴ
모음	ㅏ	ㅑ	ㅓ	ㅕ	ㅗ	ㅛ	ㅜ	ㅠ	ㅡ	ㅣ	ㅏ	ㅑ	ㅓ	ㅕ	ㅗ	ㅛ

- 알파벳

숫자	1	2	3	4	5	6	7	8	9	10	11	12	13	14	15
알파벳	A	B	C	D	E	F	G	H	I	J	K	L	M	N	O
숫자	16	17	18	19	20	21	22	23	24	25	26	27	28	29	30
알파벳	P	Q	R	S	T	U	V	W	X	Y	Z	A	B	C	D

1. 기초연산능력

- 업무를 수행함에 있어 기초적인 사칙연산과 계산을 하는 능력
- 직장 생활에서 필요한 사칙연산과 계산 방법을 이해하고 활용하는 능력

예제 **아래에서 (1) '나'의 나이와 (2) 장화 한 켤레의 가격으로 알맞은 것은?**

> (1) 수수께끼를 좋아하는 한 사람에게 나이가 몇 살이냐고 물어보았다. 대답은 복잡하였다. "내 나이에 3을 더하고 3을 곱한 수에서 내 나이에서 3을 뺀 후에 3을 곱한 수를 빼면 내 나이입니다." 그는 지금 몇 살일까?
> (2) 한 사람이 우의, 모자 그리고 장화를 사는데 140원을 지불하였다. 우의와 모자의 값을 합친 것은 한 켤레의 장화보다 120원이 비쌌다.

	(1)	(2)		(1)	(2)
①	12살	5원	②	15살	10원
③	18살	20원	④	21살	23원

해설 (1) '나'의 나이를 a라 하면 (a + 3) × 3 − (a − 3) × 3 = a가 된다. 이는 3a + 9 − 3a + 9 = a가 되어 9 + 9 = a가 되므로 a = 18이 된다.
(2) '우의 + 모자 + 장화'가 140원이고, '우의 + 모자'가 '장화 + 120'이 된다. 그러므로 장화 한 켤레의 값은 20원이다.

정답 ③

① 기초연산능력의 종류

- 사칙연산 : 수에 관한 덧셈, 뺄셈, 곱셈, 나눗셈의 네 종류의 계산법
- 검산 방법
  - ㉠ 역연산 방법 : 덧셈은 뺄셈으로, 뺄셈은 덧셈으로, 곱셈은 나눗셈으로, 나눗셈은 곱셈으로 확인하는 방법
  - ㉡ 구거법 : 9를 버린다는 의미로 9로 나누어 남은 수로 계산하는 방법

② 수의 계산

- 덧셈과 곱셈
  - ㉠ 교환 법칙 : a + b = b + a, a × b = b × a
  - ㉡ 결합 법칙 : a + (b + c) = (a + b) + c, a × (b × c) = (a × b) × c
  - ㉢ 분배 법칙 : (a + b) × c = a × c + b × c
- 뺄셈과 나눗셈 : 뺄셈과 나눗셈은 각각 덧셈과 곱셈의 각 법칙에서 유도된다.
  - ㉠ 뺄셈 : 임의의 실수를 a, b라 할 때 b + c = a를 만족하는 c를 구하는 것을 뺄셈이라 하고 이것을 c = a − b로 쓰며 c는 a와 b의 차라 한다.
  - ㉡ 나눗셈 : b × c = a(b≠0)를 만족하는 c를 구하는 것을 나눗셈이라 하고 이것을 c = a ÷ b 또는 c = a/b로 쓰고 c는 a와 b의 몫이라 한다.

2. 기초통계능력

• 업무를 수행함에 있어 필요한 기초 수준의 백분율, 평균, 확률과 같은 통계 능력

예제 아래에 제시된 자료들에서 최솟값은 100이고, 최댓값은 400이다. 중앙값은?

100	107	110	112	118	122	124	130	132	136
140	144	148	149	149	151	164	168	172	176
180	184	200	205	219	225	235	245	255	400

① 100   ② 150   ③ 170   ④ 200

해설 최솟값과 최댓값은 원 자료 중 값의 크기가 가장 작고 큰 값을 말한다. 따라서 총 30개의 숫자 가운데 가장 가운데 숫자는 최솟값과 최댓값은 149와 151이다. 또, 중앙값은 정확하게 중간에 있는 값(평균값과는 다름)을 말한다. 따라서 중앙값은 150이다. 이외에 '하위 25%값'과 '상위 25%값'도 구하는데, 원 자료를 크기순으로 배열하여 4등분한 값 가운데 백분위 수의 관점에서 제25백분위수와 제75백분위수로 나타낼 수 있는 수를 말한다.

정답 ②

① 통계 활용의 이점

• 많은 수량적 자료의 쉽게 처리하고 이해할 수 있는 형태로 축소

• 표본을 통한 연구 대상 집단의 특성 유추

• 의사결정의 보조 수단

• 관찰 가능한 자료를 통한 논리적인 결론 추출 및 검증 등

② 빈도, 평균, 백분율

• 빈도 : 어떤 사건이 일어나거나 증상이 나타나는 정도

• 평균 : 모든 사례의 수치를 합한 후에 총 사례수로 나눈 값

• 백분율 : 전체 수량을 100으로 하여 생각하는 수량이 몇이 되는가를 가리키는 수

③ 범위와 평균 및 분산과 표준편차

• 범위[최곳값~최젓값] : 분포의 흩어진 정도를 가장 간단히 알아보는 방법으로써 최곳값과 최젓값을 가지고 파악.

• 평균[전체 사례 수 값÷총 사례 수] : 집단의 특성을 요약하기 위해서 가장 빈번하게 활용하는 값

• 분산[(관찰값 – 평균)^{2}의 총합÷총 사례 수] : 각 관찰값과 평균값과의 차이의 제곱을 합하여 개체 수로 나눈 값

• 표준편차[$\sqrt{분산}$] : 분산값의 제곱근 값으로 평균으로부터 얼마나 떨어져 있는가를 나타냄.

3. 도표분석 및 작성능력

- 도표분석능력 : 업무를 수행함에 있어 도표(그림, 표, 그래프 등)가 갖는 의미를 해석하는 능력
- 도표작성능력 : 업무를 수행함에 있어 필요한 도표(그림, 표, 그래프 등)를 작성하는 능력

예제 아래 통계표를 읽고 우리 사회의 변화를 지적한 것으로 알맞은 것은?

국제결혼 건수와 비율

단위 : 건(%)

연도	총 결혼 건수	국제결혼	외국인 아내	외국인 남편
1990	399,312	4,710(1.2)	619(0.2)	4,091(1.0)
1995	398,494	13,494(3.4)	10,365(2.6)	3,129(0.8)
2000	334,030	12,319(3.7)	7,304(2.2)	5,015(1.5)
2003	304,932	25,658(8.4)	19,214(6.3)	6,444(2.1)
2004	310,944	35,447(11.4)	25,594(8.2)	9,853(3.2)
2005	316,375	43,121(13.6)	31,180(9.9)	11,941(3.8)

자료 : 통계청, 「2005년 혼인통계 결과」, '06.3

① 국제결혼의 증가는 총 결혼 건수의 변화에 영향을 주고 있다.
② 국제결혼의 증가는 외국인 아내나 남편의 증가와 밀접한 관계를 보인다.
③ 외국인 아내는 해마다 증가를 보이고 있다.
④ 외국인 남편은 해에 따라 증가와 감소를 보이고 있다.

해설 국제결혼의 증가는 필연적으로 외국인 아내나 남편의 증가를 가져오기 때문에 이 둘은 밀접한 관련이 있다. 따라서 ②의 설명은 적절하다.

오답 ① 총 결혼 건수는 꾸준히 감소하고 있는 반면에 국제결혼 건수는 지속적으로 증가하고 있기 때문에 알맞지 않은 설명이다.
③ 외국인 아내는 꾸준히 증가하고 있지만 200년에 잠시 줄어들었기 때문에 설명이 적절하지 못하다.
④ 외국인 남편의 경우에는 해마다 꾸준히 증가를 보이고 있기 때문에 설명이 적절하지 않다.

정답 ②

① 도표의 종류 및 활용

- 꺾은선(절선)그래프 : 시간적 추이(시계열 변화)를 표시하는데 적합 ⑩ 연도별 매출액 추이 변화 등
- 막대그래프 : 비교하려는 수량을 막대 길이로 표시하고, 그 길이를 비교하여 각 수량 간의 대소 관계를 나타내고자 할 때 가장 기본적으로 활용 ⑩ 영업소별 매출액, 성적별 인원 분포 등
- 원그래프 : 일반적으로 내역이나 내용의 구성비를 분할하여 나타내고자 할 때 활용 ⑩ 제품별 매출액 구성비 등
- 점그래프 : 지역 분포를 비롯하여 도시, 지방, 기업, 상품 등의 평가나 위치, 성격을 표시하는데 활용 ⑩ 광고 비율과 이익률의 관계 등
- 층별그래프 : 합계와 각 부분의 크기를 백분율로 나타내고 시간적 변화를 보고자 할

때, 합계와 각 부분의 크기를 실수로 나타내고 시간적 변화를 보고자 할 때 활용 **예** 상품별 매출액 추이 등

- 방사형그래프(레이더차트, 거미줄그래프) : 다양한 요소를 비교할 때, 경과를 나타낼 때 활용 **예** 매출액의 계절 변동 등

② **도표 작성의 절차**
- 어떤 도표로 작성할 것인지 결정한다.
- 가로축과 세로축에 나타낼 것을 결정한다.
- 가로축과 세로축의 눈금 크기를 결정한다.
- 가로축과 세로축이 만나는 곳에 자료를 표시한다.
- 표시된 점에 따라 도표를 작성한다.
- 도표 제목 및 단위를 표시한다.

③ **도표 작성 시의 유의할 점**
- 꺾은선(절선)그래프 작성 시 유의점 : 중요한 선을 다른 선보다 굵게 하거나 색을 다르게 하는 등의 노력을 기울일 필요가 있다.
- 막대그래프 작성 시 유의점 : 부득이하게 막대 수가 많을 경우에는 눈금선을 기입하는 것이 알아보기 쉽고, 막대의 폭은 모두 같게 하여야 한다.
- 원그래프 작성 시 유의점 : 분할선은 '기타' 항목을 제외하고 구성 비율이 큰 순서로 그리고, 각 항목의 명칭은 같은 방향으로 기록하되 각도가 적어서 명칭을 기록하기 힘든 경우에는 지시선을 이용한다.
- 층별그래프 작성 시 유의점 : 눈금은 꺾은선그래프나 막대그래프보다 작게 하고, 눈금선을 넣지 않아야 하며, 층별로 색이나 모양이 완전히 다른 것이어야 한다.

④ **단위환산표**

단위	단위 환산
길이	1cm = 10mm, 1m = 100cm, 1km = 1,000m
넓이	$1cm^2$ = $100mm^2$, $1m^2$ = $10,000cm^2$, $1km^2$ = $1,000,000m^2$
부피	$1cm^3$ = $1,000mm^3$, $1m^3$ = $1,000,000cm^3$, $1km^3$ = $1,000,000,000m^3$
들이	1ml = $1cm^3$ 1dl = $100cm^3$ = 100ml, 1ℓ = $1,000cm^3$ = 10dl
무게	1kg = 1,000g, 1t = 1,000kg = 1,000,000g
시간	1분 = 60초, 1시간 = 60분 = 3,600초
할푼리	1푼 = 0.1할, 1리 = 0.01할, 모 = 0.001할

01 아래의 나열된 숫자로 보았을 때, 다음 중에서 마지막의 빈칸에 들어갈 숫자로 알맞은 것은?

| 1 | 5 | 3 | 8 | 5 | 11 | 7 | 14 | |

① 9

② 12

③ 16

④ 18

02 아래와 같은 3×3 크기 정사각형의 색칠된 영역에 해당하는 숫자를 통하여 규칙을 파악한 뒤에 [보기]의 사각형에서 색칠된 영역이 나타내는 숫자를 파악하였다. 그 숫자로 알맞은 것은?

• **영역** : 일정한 울타리나 경계의 안

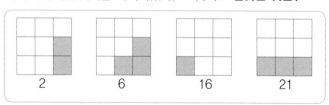

2   6   16   21

보기

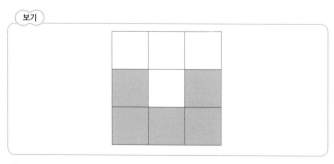

① 37

② 38

③ 39

④ 40

[03~04] **다음 숫자들의 배열 규칙을 찾아 마지막 칸에 들어갈 알맞은 숫자를 고르시오.**

[예시 문제 – NCS]

• **배열** : 일정한 차례나 간격에 따라 벌여 놓음

03

1863	1861	1857	1849	

① 1833 ② 1835
③ 1837 ④ 1839

04

5	13	37	109	

① 235 ② 246
③ 257 ④ 325

05 아래 식을 계산하여 답이 '10' 나올 때, ※에 해당하는 기호로 알맞은 것은?

• **기호** : 어떤 뜻을 나타내기 위한 부호나 문자, 표시 등

$$4 × (3 - 1) + 6 ※ 3 = 10$$

① + ② -
③ × ④ ÷

06 아래 숫자들의 배열 규칙으로 보았을 때, 빈 네모에 들어갈 알맞은 숫자는?

[예시 문제 – NCS]

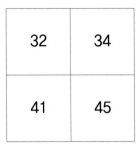

① 63
② 75
③ 80
④ 86

07 한 부서에 5명씩 신입사원을 배치하면 3명이 남고, 6명씩 배치하면 마지막 부서에는 4명보다 적게 배치된다. 신입사원을 배치할 부서는 적어도 몇 곳인가?

[예시 문제 – NCS]

① 2곳
② 6곳
③ 9곳
④ 10곳

08 다음 중에서 아래에서 말하는 톱니 B의 톱니 수로 알맞은 것은?

> 톱니 A는 톱니의 수가 18개이다. 톱니 A와 맞물려있는 톱니 B는 톱니 A가 5바퀴를 도는 동안 9바퀴를 돈다.

① 7
② 8
③ 9
④ 10

• 배출 : 배치 : 사람이나 물건을 적당한 자리나 위치에 나누어 둠
• 부서 : 어떤 조직에서 체계나 일에 따라 나뉜 각 부문

09 채용 시험의 상식 테스트에서 정답을 맞히면 10점을 얻고 틀리면 8점을 잃는다. 총 15개의 문제 중에서 총점 100점 이상 얻으면 최대 몇 개의 오답을 허용할 수 있는가?

① 1개   ② 2개
③ 3개   ④ 4개

• 채용 : 정부나 공공단체 기업에서 일할 직원을 골라 뽑음

10 꽃다발 한 개에 장미를 4송이씩 넣으면 6송이가 남고, 5송이씩 넣으면 하나의 꽃다발에는 장미의 개수가 모자란다. 꽃가게에서 주문받은 꽃다발은 최소 몇 개인가?

① 5개   ② 6개
③ 7개   ④ 8개

11 어느 자격증 시험에 응시한 남녀의 비는 4 : 3, 합격자의 남녀의 비는 5 : 3, 불합격자 남녀의 비는 1 : 1이다. 합격자가 160명일 때, 전체 응시 인원은 몇 명인가?

① 60명   ② 180명
③ 220명   ④ 280명

• 응시 : 시험을 보기로 함
• 비 : 비례. 한쪽이 2배, 3배로 되면 다른 한쪽도 2배, 3배로 되거나, 한쪽이 2배, 3배로 되면 다른 한쪽은 1/2배, 1/3배로 되는 관계. 앞을 정비례, 뒤를 반비례라 한다.

12 현재 형과 나의 나이의 비가 '2 : 1'인데 10년 후에는 '4 : 3'이 된다고 할 때, 형과 나의 차이나는 현재의 나이로 알맞은 것은?

[기출 문제 – 한국산업인력공단]

① 5살 　　　　　 ② 6살
③ 7살 　　　　　 ④ 8살

13 40명의 승진 대상자 중에서 60%만 2단계 시험을 치렀고, 이들 중에서 2/3만 3단계에 응시했다. 3단계에서 10명이 떨어졌다고 할 때, 처음 40명에서 최종적으로 승진 대상자가 된 이들이 가지는 %로 알맞은 것은? 　　[기출 문제 – 한국산업인력공단]

① 10% 　　　　　 ② 15%
③ 20% 　　　　　 ④ 25%

• 승진 : 직위의 등급이나 계급이 오름

14 다음 중에서 아래에 주어진 수를 나누었을 때 나머지가 없이 떨어지는 수는?

$$28^2$$

① 18 　　　　　 ② 21
③ 49 　　　　　 ④ 85

• 떨어지다 : 나눗셈에서 나머지가 없이 나뉘다.

15 아래의 숫자 암호가 'EAT SLOWLY'라는 의미를 가지기 위해 들어갈 □의 숫자로 알맞은 것은?

> 9 5 24 23 18 19 □ 18 29

① 27   ② 28
③ 29   ④ 30

16 아래에서 설명하고 있는 날짜의 요일로 알맞은 것은?

> 7월 20일 월요일의 48일 후

① 수요일   ② 목요일
③ 금요일   ④ 일요일

17 아래 표는 A 영업소, B 영업소, C 영업소의 연간 매출액의 변화 추이를 나타낸 것이다. A 영업소의 연도별 변화 추이를 그래프로 나타내려고 할 때, 가장 적절한 그래프는?

[영업소별 연간 매출액]				
영업소	2015	2016	2017	2018
A 영업소	120	150	180	280
B 영업소	150	140	135	110
C 영업소	30	70	100	160

① 꺾은선그래프   ② 막대그래프
③ 원그래프   ④ 점그래프

• 매출액 : 물건을 내다 팔아서 생긴 전체 돈
• 추이 : 시간의 경과에 따라 변하여 나가는 경향

• 연간 : 한 해 동안

• 편도 : 오가는 길 가운데 어느 한쪽 길

18 샤프가 집 근처의 문방구에서는 1300원에, 요금이 편도로 1000원인 버스를 타고 가야하는 대형 문구점에서는 950원에 판매되고 있다. 대형 문구점에서 연필을 몇 자루 이상 사야 이득인가?

① 5자루 ② 6자루

③ 7자루 ④ 8자루

19 다음 중에서 가장 작은 값은?

① $\dfrac{9182}{2}$ ② $\dfrac{2465}{0.1}$

③ 2^{14} ④ 5^4

20 다음 중에서 가장 큰 수는? [기출 문제 – 한국산업인력공단]

① $\dfrac{8}{9}$의 $\dfrac{7}{8}$ ② $\dfrac{7}{11}$의 $\dfrac{6}{5}$

③ $\dfrac{5}{8}$의 $\dfrac{7}{6}$ ④ $\dfrac{5}{9}$의 $\dfrac{9}{11}$

21 아래의 식을 계산한 결과 값으로 알맞은 것은?

$$10 \div ((-3)^2 - 2^2) + (2 - 1) \times 3$$

① 5　　　　　　　　② 6
③ 7　　　　　　　　④ 8

22 아래에서 ※ 기호의 연산 규칙을 파악하여 ( ) 안에 들어갈 수를 찾았을 때, 알맞은 수는?

2 ※ 7 =	9
3 ※ 4 =	7
12 ※ 3 =	6
15 ※ 34 =	13
17 ※ 26 =	( )

① 19　　　　　　　　② 18
③ 17　　　　　　　　④ 16

23 연속하는 세 짝수의 합이 78일 때, 세 짝수 중에서 가운데 있는 짝수는?

① 25　　　　　　　　② 26
③ 27　　　　　　　　④ 28

• 연산 : 일정한 규칙에 따라 식을 계산함

24 다음 중에서 아래 이야기 속 철수의 평균 속력으로 알맞은 것은?

> 100m 달리기 경주를 하던 철수는 첫 40m 구간을 5㎧s의 속력으로 뛰었고, 중간 20m 구간은 4㎧로, 나머지 40m 구간은 8㎧로 뛰었다.

① $\dfrac{50}{9}$ (㎧)

② $\dfrac{100}{19}$ (㎧)

③ 5 (㎧)

④ $\dfrac{100}{21}$ (㎧)

• 속력 : 속도의 크기

• 경주 : 일정한 거리를 달려 빠르기를 겨루는 경기
• 구간 : 어떤 지점과 다른 지점과의 사이

25 아래 표는 한국산업인력공단에서 2013과 2014년에 청렴도를 조사한 것이다. 이에 대한 설명으로 옳은 것은?

[기출 문제 – 한국산업인력공단]

구분		2014년	2013년
청렴도	종합	8.8	8.5
	내부	8.75	8.46
	외부	8.62	8.15

① 2014년 종합 청렴도는 2013년에 비해 하락하였다.
② 2014년 청렴도는 전년 대비 모두 상승하였다.
③ 내부 고발자의 신원 보호가 확실하게 되면 외부 청렴도가 낮아질 것이다.
④ 외부 추천 과정을 더 공정하게 하면 내부 청렴도가 높아질 것이다.

• 청렴도 : 도덕적으로 탐욕이 없는 정도

• 내부 : 안쪽 부분. 조직의 범위의 안
• 외부 : 바깥 부분. 조직의 밖
• 하락 : 값이나 등급 따위가 떨어짐
• 대비 : 둘의 차이를 서로 맞댄 비교
• 상승 : 낮은 데서 위로 올라감
• 고발 : 잘못이나 비리 등을 알림
• 신원 : 신분이나 평소 행실, 주소, 원적(原籍), 직업 등의 개인과 관련된 자료
• 추천 : 적합한 대상을 책임지고 소개함
• 공정 : 공평하고 올바름

26 통계의 일반적인 기능에 대한 다음 설명 중에서 바르지 않은 것은?

① 많은 수량적 자료를 처리 가능하고 쉽게 이해할 수 있는 형태로 축소시킨다.

② 표본을 통하여서는 대상 집단의 특성을 유추해 낼 수는 없다.

③ 의사결정의 보조 수단이 된다.

④ 관찰 가능한 자료를 통해 논리적으로 어떠한 결론을 추출·검증한다.

- **통계** : 사회나 자연 현상을 정리·분석하는 수단으로 쓰는 수집된 수량의 기술
- **기능** : 어떤 일을 하는 것
- **축소** : 모양이나 규모 등을 줄여 작게 함
- **표본** : 전체 성질을 추측할 수 있는 일부의 통계 자료
- **대상** : 어떤 일의 상대나 목표, 목적이 되는 것
- **유추** : 서로 비슷한 점을 비교하여 하나의 사물에서 다른 사물을 추리함
- **수단** : 어떤 목적을 이루기 위한 방법이나 도구
- **추출** : 전체에서 어떤 물건, 생각, 요소 등을 뽑아냄
- **검증** : 검사하여 증명함

27 아래는 그래프를 작성할 때의 유의 사항에 대해서 설명한 것이다. 다음 중에서 옳지 않게 설명한 사람을 모두 나열한 것은?

> K군 : 선그래프를 작성할 때에는 일반적으로 세로축에는 수량(금액, 매출액 등), 가로축에는 명칭 구분(연, 월, 장소 등)으로 정하는 것이 좋아요.
>
> M군 : 선그래프를 작성할 때 선이 두 종류 이상이면 반드시 무슨 선인지 그 명칭을 기입하여야 해요.
>
> L군 : 막대그래프를 작성할 때에는 일반적으로 세로축에는 명칭 구분(연, 월, 장소 등), 가로축에는 수량(금액, 매출액 등)으로 정하는 것이 좋아요.
>
> P양 : 막대그래프를 작성할 때에는 막대의 폭은 모두 같도록 하여야 해요.
>
> O양 : 원그래프를 작성할 때에는 일반적으로 정각 12시의 선을 기점으로 해서 오른쪽 방향으로 그립니다.
>
> A양 : 원그래프를 작성할 때 '기타' 항목의 구성 비율이 가장 큰 경우에는 가장 앞에 그리는 것이 좋아요.
>
> Z양 : 층별그래프를 작성할 때에는 층별로 색이나 모양은 다르게 하고, 같은 항목끼리는 선으로 연결하여 보기 쉽도록 하는 것이 좋아요.

① K군, O양, Z양   ② L군, A양

③ P양, A양, Z양   ④ K군, L군

- **축** : 도형의 기준이 되는 선
- **금액** : 돈의 액수
- **명칭** : 이름

- **기입** : 써 넣음

- **폭** : 너비. 가로로 건너지른 거리

- **기점** : 시작되는 곳
- **항목** : 어떤 하나의 각 부분이나 갈래

28 아래의 ㉠~㉯은 도표 작성 시 수행해야 하는 일들을 무작위로 배열해 놓은 것이다. 일반적인 도표 작성 절차의 순서에 맞게 나열된 것은?

> ㉠ 가로축과 세로축에 나타낼 것을 결정한다.
> ㉡ 어떠한 도표로 작성할 것인지를 결정한다.
> ㉢ 자료를 가로축과 세로축이 만나는 곳에 표시한다.
> ㉣ 가로축과 세로축의 눈금의 크기를 결정한다.
> ㉤ 도표의 제목 및 단위를 표시한다.
> ㉯ 표시된 점들을 활용하여 도표를 작성한다.

① ㉠ - ㉡ - ㉢ - ㉣ - ㉤ - ㉯
② ㉡ - ㉠ - ㉣ - ㉢ - ㉯ - ㉤
③ ㉢ - ㉣ - ㉤ - ㉯ - ㉠ - ㉡
④ ㉣ - ㉤ - ㉯ - ㉠ - ㉡ - ㉢

- **무작위** : 일부러 꾸미거나 더하지 않음

- **단위** : 길이, 무게, 수효, 시간 따위의 수량을 수치로 나타낼 때 기초가 되는 일정한 기준. 근, 되, 자, 그램, 리터, 미터, 초 등

29 아래는 단위를 환산한 값들이다. 환산한 값이 잘못된 것을 모두 고른 것은?

> ㉠ 7km = 700,000cm   ㉡ $3m^2$ = 30,000cm^2
> ㉢ $2m^3$ = 2,000,000cm^3 ㉣ 2mℓ = 2,000ℓ
> ㉤ 1kg = 1,000g   ㉯ 1시간 = 360초
> ㉰ 1할 = 100리

① ㉠, ㉤   ② ㉡, ㉯
③ ㉢, ㉣   ④ ㉣, ㉯

- **환산** : 어떤 단위나 척도로 된 것을 다른 단위나 척도로 고쳐 계산함

30 [보기]의 ㉠~㉤은 도표를 활용할 수 있는 여러 가지 상황을 나열해 놓은 것이다. 활용하기에 가장 적합한 그래프의 종류 ⓐ~ⓔ와의 연결이 적절한 것들로 짝지어진 것은?

02 수리

> ⓐ 꺾은선그래프
> ⓑ 막대그래프
> ⓒ 점그래프
> ⓓ 층별그래프
> ⓔ 방사형그래프

보기

> ㉠ 비교하려는 수량 간 대소 관계를 막대 길이로 나타내는 경우
> ㉡ 시간적 추이(시계열 변화)를 표시하고자 하는 경우
> ㉢ 지역 분포 기업, 상품 등의 평가나 위치, 성격을 표시하고자 하는 경우
> ㉣ 다양한 요소를 비교하거나 경과를 나타내고자 하는 경우
> ㉤ 합계와 각 부분의 크기를 백분율로 나타내고 시간적 변화를 보고자 할 경우

	㉠	㉡	㉢	㉣	㉤
①	ⓐ	ⓑ	ⓒ	ⓔ	ⓓ
②	ⓑ	ⓐ	ⓒ	ⓔ	ⓓ
③	ⓒ	ⓓ	ⓑ	ⓔ	ⓐ
④	ⓓ	ⓔ	ⓑ	ⓐ	ⓒ

• **대소** : 크고 작음

• **시계열** : 어떤 값을 시간의 차례대로 늘어놓은 계열. 기상 현상, 경제 동향 등의 통계에 쓰임
• **분포** : 일정한 범위에 흩어져 퍼져 있음
• **요소** : 더 이상 간단하게 나눌 수 없는 성분
• **경과** : 일이 되어 가는 과정
• **합계** : 한데 더한 계산
• **백분율** : 전체 수량을 100으로 하여 그것에 대해 가지는 비율. 퍼센티지(%)

31 아래 사례의 빈칸 ㉠과 ㉡에 알맞은 그래프를 바르게 나열한 것은?

(가) 휴대폰 업체에 근무하는 L씨는 지난 10년간의 휴대폰 업계의 총 매출액 변화와 자사의 매출액 변화에 대한 자료를 분석해달라는 업무를 부여받았다. L씨는 자료를 수치를 표로 제시하는 것보다는 시각적으로 제시하는 것이 효과적일 것이라 생각하였다. 또한, 어떠한 도표를 활용하는 것이 효과적일 것인가 하는 고민 끝에 년도에 따른 매출액 변화와 함께 업계 전체에서 자사의 매출액이 차지하는 비율을 나타내고자 (　㉠　)를 활용하였다.

(나) K씨가 근무하는 회사에서 얼마 전 실시한 동호회 회장 선거에서 입후보자들이 얻은 득표수는 어떠한 비율로 흩어져 있는가를 알아보려고 하였다. 그래서 먼저 동호회 회장 선거에서 입후보한 후보들의 득표수를 조사하였다.

입후보자	장호	성희	영민	미숙	계
득표수(표)	240	120	150	90	600

이제 K씨와 동료들은 입후보자들의 득표수는 어떠한 비율로 흩어져 있는가를 알아보기 위하여 어떠한 그래프를 그려야 하는지에 대해서 논의하였다. 많은 사람들은 비율을 나타내는 그래프로서 막대그래프가 좋다고 찬성하였다. 그런데 K씨는 다른 의견을 제시하였다. "막대그래프는 후보자들의 득표수를 막대처럼 한 줄에 나타내기 때문에 직접 비교하는데 어려움이 있을 것이다. 그러므로 다른 그래프를 생각해 봅시다."라고 제안하였다. 이에 K씨는 비율을 나타내는 그래프로는 막대그래프 이외에 (　㉡　)가 있음을 생각하고, 전체에 대한 각 부분의 비율을 표현하였다.

	㉠	㉡
①	막대그래프	꺾은선그래프
②	원그래프	점그래프
③	방사형그래프	막대그래프
④	꺾은선그래프	원그래프

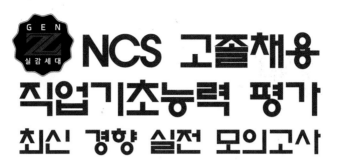

NCS 고졸채용
직업기초능력 평가
최신 경향 실전 모의고사

[60제]

NCS 채용시험 연구회 편저

씨마스

[1] 다음의 여권에 대한 내용을 읽고 '여권의 신원 정보 면 자료'의 ㉠~㉢에 대해 말한 것으로 적절하지 <u>않은</u> 것은?

여권은 여행할 나라로부터 받는 입국 허가증을 여권으로 알고 있는 친구가 있는데, 그건 비자이다. 여권은 해외에서 자신의 국적과 신분을 증명하기 위해 사용하는 신분증이다. 여권을 신청하려면 사진과 신분증 등이 필요하다. 여권용 사진은 여권을 제시한 사람이 본인인지 확인할 수 있어야 하기 때문에 정면을 바라보고 얼굴 전체가 잘 드러난 것이어야 한다.

그렇다면, 여권에 기재되는 정보에는 어떤 것들이 있을까? 여권의 신원 정보 면에는 사진, 여권의 종류, 여권 번호, 로마자 성명, 주민등록번호, 발급일과 기간 만료일 등이 실려 있다.

여권 종류는 알파벳 약자의 조합으로 표시된다. 'PS'는 유효 기간 동안 우리나라를 기준으로 출입국에 한 번만, 'PM'은 여러 번 사용할 수 있는 여권을 나타낸다. 여권 번호는 여권 종류를 나타내는 알파벳과 숫자 여덟 개의 조합으로 되어 있는데, 이 숫자는 위조나 변조를 막기 위해 무작위로 부여된다. 여권에는 로마자 성명도 실려 있다. 로마자 성명은 한글 성명의 발음과 일치하게 로마자로 표기하도록 하고 있다. 로마자 표기법에 따르면 '기호'의 '기'는 'GI'로 표기해야 한다. 그런데 많은 사람들이 여권에 'KI'로 쓰고 있는데, 여권을 발급받을 때 'KIHO'로 등록했다면 유효 기간 만료 전에 로마자 표기법에 따른 'GIHO'로 정정하는 게 제한된다. 그래서 여권을 신청할 때 성명을 어떻게 로마자로 표기할지 신중하게 결정해야 한다. 그리고 주민등록번호는 생년월일을 제외한 뒷부분이 기재되는데 2020년부터 발급될 여권에는 개인 정보 보호를 위해 기재되지 않을 예정이라고 한다. 여권에는 개인 정보가 수록되어 있기 때문에 유효 기간이 만료되기 전까지는 국내에서도 신분증으로 활용될 수 있다.

① ㉠: 정면을 바라보고 얼굴 전체가 드러나 여권 소지자가 본인이라는 것을 확인할 수 있겠군.
② ㉡: 이 여권은 기간 만료일까지 출입국할 때 여러 번 사용할 수 있겠군.
③ ㉢: 이 여권을 소지한 사람이 다른 나라로부터 입국 허가를 받았음을 알 수 있겠군.
④ ㉣: 로마자 표기법에 따라 한글 이름과 발음이 일치하게 표기한 이름을 실었다고 볼 수 있겠군.
⑤ ㉤: 2020년 이후에 여권을 발급받는다면 수록되지 않을 정보이겠군.

[2]　[가]를 고려할 때, [나] '상황'에 대한 사람들의 선택을 예측한 것으로 적절한 것은?

[가] 불확실성을 '위험'이라 할 때, 불확실성을 피해 확실성을 추구하는 것은 '위험 회피 성향'에, 불확실성을 추구하는 것은 '위험 추구 성향'에 해당하므로, 사람들은 긍정적 틀에서는 위험 회피 성향을, 부정적 틀에서는 위험 추구 성향을 보인다고 할 수 있다. 다음의 선택 상황에서 이와 같은 틀 효과를 확인할 수 있다.

> **[상황 1]** 100만 원이 있으며, Ⓐ안과 Ⓑ안 중 택 1
> ○ Ⓐ안: 0.5의 확률로 100만 원을 받거나, 아무것도 받지 못한다.
> ○ Ⓑ안: 1의 확률로 50만 원을 받는다.
>
> **[상황 2]** 100만 원이 있으며, Ⓒ안과 Ⓓ안 중 택 1
> ○ Ⓒ안: 0.5의 확률로 100만 원을 잃거나, 아무것도 잃지 않는다.
> ○ Ⓓ안: 1의 확률로 50만 원을 잃는다.

'상황 1'은 이득을 주는 상황으로, 사람들은 이를 긍정적 틀로 인식하므로 많은 사람들이 이득이 불확실한 Ⓐ안보다 이득이 확실한 Ⓑ안을 선택한다. 반대로 '상황 2'는 손실을 주는 상황으로, 사람들은 이를 부정적 틀로 인식하므로 많은 사람들이 손실이 확실한 Ⓓ안보다 손실이 불확실한 Ⓒ안을 선택한다.

[나] **[상황]** ○○ 지역에 전염병이 돌아 600명의 주민이 죽을 것으로 예상된다. 이 전염병을 막기 위한 프로그램 ㉮와 ㉯가 있다.
　○ 프로그램 ㉮: 400명의 사람이 죽게 됨.
　○ 프로그램 ㉯: 아무도 죽지 않을 확률이 3분의 1이고, 600명이 죽게 될 확률이 3분의 2임.

[질문] 만약 여러분이 정책 담당자라면 프로그램 ㉮와 ㉯ 중 어느 것을 선택하겠는가?

① 사람들은 상황을 부정적 틀로 인식하기 때문에 프로그램 ㉮를 선택하는 사람들이 더 많을 것이다.
② 사람들은 상황을 부정적 틀로 인식하기 때문에 프로그램 ㉯를 선택하는 사람들이 더 많을 것이다.
③ 사람들은 상황을 긍정적 틀로 인식하기 때문에 프로그램 ㉮를 선택하는 사람들이 더 많을 것이다.
④ 사람들은 상황을 긍정적 틀로 인식하기 때문에 프로그램 ㉯를 선택하는 사람들이 더 많을 것이다.
⑤ 사람들은 상황을 긍정적 틀로 인식하기 때문에 프로그램 ㉮와 ㉯를 선택하는 사람들이 비슷할 것이다.

[3] 다음의 ⓐ를 바탕으로 ⓑ의 이유를 추론한 것으로 가장 적절한 것은?

> [가] 동전을 던져 앞면이 나오면 20,000원을 얻고 뒷면이 나오면 10,000원을 잃는 게임 A, 앞면이 나오면 10,000원을 얻고 뒷면이 나오면 5,000원을 잃는 게임 B가 있다고 해 보자. 화폐 효용은 그것의 액면가와 같다고 할 때, 동전의 앞면, 뒷면이 나올 확률은 각각 0.5이므로, 게임 A의 기대 효용은 (20,000원×0.5)-(10,000원×0.5)=5,000원, 게임 B의 기대 효용은 (10,000원×0.5)-(5,000원×0.5)=2,500원이다. 기대 효용 이론에 따라 합리적 판단을 한다면 기대 효용이 더 큰 게임 A를 선택해야 하지만, 실제 선택 상황에서는 대다수의 사람들이 게임 B를 선택한다.
>
> 카너먼은 이러한 선택의 문제를 설명하기 위해 전망 이론을 제시하였다. ⓐ전망 이론은 이득보다 손실에 대해 민감하게 반응하는 인간의 심리가 선택 행동에 미치는 영향을 설명하는 이론이다. 여기서 '전망'은 이득과 손실에 대해 사람들이 느끼는 심리 상태를 의미한다. 전망은 대안을 선택했을 때 발생할 수 있는 개별 성과의 가치에, 각각의 결정 가중치를 곱해 모두 더한 값이다.
>
> [나] "먼저 써 보시고 한 달 후에 제품이 마음에 들지 않으면 반품하십시오. 금액은 전액 환불해 드립니다."라는 광고 문구에 많은 소비자들이 귀가 솔깃해져 쉽게 제품을 구매한다. 하지만 ⓑ막상 한 달 후, 제품이 마음에 들지 않더라도 사용하던 제품을 반품하고 구매한 금액을 환불받는 소비자는 소수에 지나지 않는다. 이는 이득과 손실에 대한 심리 반응의 차이를 이용한 효과적인 판매 전략이라 할 수 있다.

① 제품을 사용하는 기간만큼 제품을 통해 얻는 이득감이 줄어들기 때문에

② 제품에 대한 불만족은 심리적인 현상일 뿐, 제품 자체의 문제가 아니기 때문에

③ 제품을 반품했을 때의 이득감이 제품을 그대로 사용했을 때의 이득감보다 더 크기 때문에

④ 제품을 반품할 때 느끼는 손실감이 구매한 금액을 환불받을 때 느끼는 이득감보다 크게 느껴지기 때문에

⑤ 제품을 구매하는 과정에 투입된 시간과 노력을 계산했을 때, 제품을 반품하는 것이 합리적 선택이기 때문에

[4] 다음 내용의 문맥을 고려할 때, 밑줄 친 ㉠의 이유로 가장 적절한 것은?

GPS는 크게 GPS 위성과 GPS 수신기 등으로 구성된다. 현재 지구를 도는 약 30개의 GPS 위성은 일정한 속력으로 정해진 궤도를 돌면서, 자신의 위치 정보 및 시각 정보를 담은 신호를 지구로 송신한다. 이 신호를 받은 수신기는 위성에서 신호를 보낸 시각과 자신이 신호를 받은 시각의 차이를 근거로, 위성 신호가 수신기까지 이동하는 데 걸린 시간을 계산하여 위성과 수신기 사이의 거리를 구한다. 위성이 보낸 신호는 빛의 속력으로 이동하므로, 신호가 이동하는 데 걸린 시간(t)에 빛의 속력(c)을 곱하면 위성과 수신기 사이의 거리(r)를 구할 수 있다. 이를 식으로 표시하면 '$r = t \times c$'이다.

그런데 GPS가 현재 위치를 정확하게 파악하기 위해서는 상대성 이론을 고려해야 한다. 상대성 이론에 따르면 대상이 빠르게 움직일수록 시간은 느리게 흐르고, 대상에 미치는 중력이 약해질수록 시간은 빠르게 흐른다. 실제로 위성은 지구의 자전 속력보다 빠르게 지구 주변을 돌고 있기 때문에 지표면에 비해 시간이 느리게 흘러, 위성의 시간은 하루에 약 7.2μs*씩 느려지게 된다. 또한 위성은 약 20,000km 이상의 상공에 있기 때문에 중력이 지표면보다 약하게 작용해 지표면에 비해 시간이 하루에 약 45.8μs씩 빨라지게 된다. 그 결과 ㉠GPS 위성에 있는 원자시계의 시간은 지표면의 시간에 비해 매일 약 38.6μs씩 빨라진다. 이러한 차이는 하루에 약 11km의 오차를 발생시킨다. 이를 방지하기 위해 GPS는 위성에 탑재된 원자시계의 시간을 지표면의 시간과 일치하도록 조정하여 위성과 수신기 사이의 거리를 정확하게 구하게 된다.

* μs(마이크로초): 1초의 100만분의 1.

---

① GPS 위성에는 지구의 중력이 지표면에 비해 강하게 작용하기 때문이다.
② GPS 위성이 지구를 도는 속력이 지구가 자전하는 속력보다 느리기 때문이다.
③ GPS 위성이 지구를 도는 방향과 지구가 자전을 하는 방향이 동일하기 때문이다.
④ GPS 수신기가 GPS 위성의 신호를 받는 과정에서 시간의 차이가 생기기 때문이다.
⑤ GPS 위성의 이동 속력으로 인한 시간의 변화보다 중력으로 인한 시간의 변화가 더 크기 때문이다.

[5] 다음의 ㉠과 ㉡을 비교한 내용으로 적절한 것은?

디젤 엔진은 가솔린 엔진에 비해 일반적으로 이산화탄소의 배출량이 적고 열효율이 높으며 내구성이 좋다. 하지만 디젤 엔진은 미세 먼지로 알려져 있는 입자상 물질과, 일산화질소나 이산화질소와 같은 질소 산화물을 많이 발생시킨다. 이런 물질들은 기관지염이나 폐렴 등 각종 호흡기 질환, 광화학 스모그나 산성비의 주요 원인이 된다. 이에 따라 디젤 엔진이 배출하는 오염 물질을 저감하기 위한 기술이 계속 개발되고 있다.

입자상 물질을 처리하는 대표적인 기술로는 DPF 방식이 있다. 이 방식은 배기가스에서 발생하는 입자상 물질을 필터로 포집하고, 필터에 쌓인 물질들을 일정 시점에 연소시켜 제거함으로써 필터의 기능을 회복한다. 포집된 입자상 물질을 연소시키기 위해서는 포집 필터까지 연료가 흘러 들어갈 수 있게 엔진 실린더에 연료를 공급해야 한다. 연료가 공급이 되면 배기가스에 연료가 섞여 필터에서 연소가 이루어진다. DPF 방식은 엔진을 특별히 개선할 필요 없이 연료를 추가적으로 공급하면 되기 때문에 제작이 용이한 반면 연비가 떨어진다. 또한 질소 산화물을 저감하기 어렵기 때문에 별도의 기술이 필요하다.

질소 산화물을 저감하는 기술로는 ㉠EGR 방식이 있다. 이 방식은 배기가스를 엔진으로 재순환시킨 다음, 연료를 배기가스와 함께 연소시켜 연소 온도를 낮추는 기술이다. 배기가스를 엔진으로 재순환시켜 연소 온도를 낮추는 까닭은 연료가 낮은 온도에서 연소될 때 질소 산화물의 발생이 감소되기 때문이다. 하지만 연소 온도를 낮추면 입자상 물질이 많이 배출되므로 EGR 방식은 DPF 방식과 함께 쓰인다. EGR 방식은 엔진에 불순물이 쌓일 수 있고, 출력이 저하될 수 있는 단점이 있다.

최근에는 EGR 방식보다 질소 산화물의 저감 효율이 높은 SCR 방식이 개발되어 EGR 방식을 대체하고 있다. ㉡SCR 방식은 배기가스를 재순환시키지 않기 때문에 EGR 방식보다 엔진에서의 연소 온도가 높다. 이렇게 하면 입자상 물질이 적게 발생하는 대신 질소 산화물이 더 많이 발생하게 된다. 이때 SCR 방식은 암모니아를 이용하여 질소 산화물을 저감한다. 그런데 암모니아는 폭발의 위험이 있고 금속을 부식시킬 수도 있으며 상온에서는 특유의 자극적인 냄새를 풍겨 불쾌감을 유발한다. 그래서 사용에 제약이 있으며 취급 시 주의를 요한다. 이러한 문제점을 해결하기 위해 SCR 방식에서는 요소를 물에 녹인 요소수를 공급하는 요소수 탱크와 공기를 공급하는 압축 공기 주입기를 별도로 사용하여 SCR 장치에서 화학 반응이 일어나도록 유도한다.

---

① ㉠과 ㉡은 모두 배기가스를 엔진으로 재순환시켜 질소 산화물의 저감 효율을 높인다.
② ㉠은 ㉡과 달리 질소 산화물을 저감하는 과정에서 엔진에 불순물이 쌓일 수 있다.
③ ㉠은 ㉡과 달리 불쾌감을 유발할 수 있는 암모니아를 배출한다.
④ ㉠은 ㉡에 비해 질소 산화물의 저감 효율이 높다.
⑤ ㉠은 ㉡에 비해 높은 온도에서 연료가 연소된다.

[6] 다음의 밑줄 친 ㉠의 방식을 활용하여 '환영론'의 입장을 설명한 것으로 적절한 것은?

래드포드는 허구적 인물과 사건에 대해 감정 반응을 보이는 현상을 '허구의 역설'이라 규정하고, 다음 세 가지 전제를 제시하였다.

전제 1. 우리는 존재한다고 믿는 것에 대해 감정적으로 반응한다.
전제 2. 우리는 허구적 사건이나 인물은 존재하지 않는다고 믿는다.
전제 3. 우리는 허구적 사건이나 인물에 대해 감정적으로 반응한다.

㉠이 세 가지 전제가 동시에 참일 수 없다는 모순을 해결하는 방법은 그중 일부를 부정하는 것이다. 래드포드는 감정을 유발하는 대상이 존재한다는 믿음 없이 허구에 의해서도 감정이 발생할 수 있다고 보았다. 그렇지만 그 감정은 존재에 대한 믿음이 결여된 것이므로 비합리적이라고 하였다. 이후 학자들은 허구에서 비롯된 감정이 합리적일 수 있다고 주장하며, 믿음이나 생각과 같은 인지적 요소가 어떤 역할을 하는지에 대해 논의를 전개해 왔다.

환영론에서는 사람들이 허구를 감상하는 동안 허구에 몰입하여 허구적 사건이나 인물이 존재하지 않는다는 사실을 잊어버리고, 그 사건이나 인물이 실제로 존재한다는 환영에 빠져 감정 반응을 하게 된다고 보았다. 이에 대해 월턴과 캐럴은 공포 영화의 관객이 영화를 감상하는 동안에도 영화가 허구라는 사실을 잊지 않는다고 주장하였다. 만약 관객이 영화 속 괴물이 실제로 존재한다고 믿는다면 공포로 인해 영화관에서 도망을 가거나 도움을 요청하는 등의 행동을 보여야 하는데 그렇게 하지 않는다는 것이다.

① 전제 1을 부정하고 전제 2와 전제 3을 받아들인다.
② 전제 2를 부정하고 전제 1과 전제 3을 받아들인다.
③ 전제 3을 부정하고 전제 1과 전제 2를 받아들인다.
④ 전제 1과 전제 2를 부정하고 전제 3을 받아들인다.
⑤ 전제 1과 전제 3을 부정하고 전제 2를 받아들인다.

[가] 최근 등장한 감각믿음 이론은 영화가 주는 감각 자극에 주목하여, 믿음을 '중심믿음'과 '감각믿음'으로 구분하였다. 중심믿음은 추론적 사고와 기억 등에 의해 만들어지는 믿음을, 감각믿음은 오로지 감각 경험에 의해 자동적으로 떠오르는 믿음을 말한다. 건물이 불타는 영화의 장면을 보면 '건물에 불이 났다.'라는 감각믿음이 자동적으로 생긴다는 것이다. 감각믿음 이론에서는 관객이 허구인 영화의 내용을 인지적으로는 사실이라고 믿지 않지만 감각적으로는 사실이라고 믿고 감정 반응을 한다고 보았다. 공포 영화를 보는 관객 역시 감각 경험에 의해 괴물의 존재를 경험하고 공포를 느끼는데, 이러한 감각 경험이 괴물은 허구적 대상이라는 인지적 판단에 의해 억제될 수 없다는 것이다. 또한 감각믿음 이론은 관객이 감각 경험에 의해 영화 속 괴물이 존재한다고 믿으면서도 괴물은 허구적 대상이라는 중심믿음이 있기 때문에 도망가거나 도움을 요청하지 않는 것이라고 설명하였다.

[나] 한 연구자가 감각믿음 이론과 관련하여 다음과 같은 실험을 실시하였다. 우선, 실험 참가자들에게 두 선분 a, b가 그려진 <그림>을 보여주겠다고 예고하였다. 그리고 ㉮<그림>을 보여 주기 전, 굵은 선으로 표시된 선분 a와 선분 b의 길이는 동일하다고 말해 주었다. 하지만 ㉯<그림>을 본 모든 실험 참가자들은 연구자가 앞서 한 말을 기억하고 있었음에도 불구하고, 선분 a보다 선분 b가 길어 보인다고 응답하였다. 이 실험에서 사용된 <그림>은 아래와 같다.

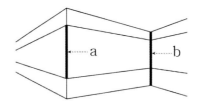

① 연구자는 실험 참가자들이 ㉮ 단계에서 시각 경험에 의한 감각믿음을 가질 것으로 기대하였다.
② 실험 참가자들은 ㉮ 단계에서 추론적 사고에 의한 감각믿음을 형성하였다.
③ 실험 참가자들이 ㉮ 단계에서 가지게 된 중심믿음은 ㉯ 단계에서 감각 경험에 의해 유지되었다.
④ ㉮ 단계에서 연구자가 말해 준 내용은 ㉯ 단계에서 실험 참가자들의 감각믿음에 영향을 미치지 못한 것으로 나타났다.
⑤ ㉯ 단계에서 연구자는 실험 참가자들의 중심믿음과 감각믿음이 일치한 것으로 판단하였을 것이다.

[8] 다음의 설명을 참고했을 때 도면의 ㉠~㉤에 대한 설명이 적절하지 <u>않은</u> 것은?

식물의 잎은 실내 공간에 있는 오염 물질들을 흡수하여 광합성의 원료로 사용한다. 이때 실내로 유입되는 빛의 양이 많아지게 되면 광합성 속도가 빨라져서 식물의 잎은 더 많은 오염 물질을 없애 준다. 또한 공기 중 일부 오염 물질은 화분의 토양에 흡수된 후 식물과 공생 관계에 있는 미생물에 의해 분해되어 제거된다. 그리고 식물에서 나오는 수분, 또 광합성 과정에서 나오는 산소로 인해 식물은 실내 공기를 쾌적하게 만들어 준다.

대부분의 식물들은 공기를 쾌적하게 만드는 기능을 하지만, 공간의 특성에 따라 그에 알맞은 식물을 놓아둔다면 공기를 더욱 쾌적하게 만들 수 있다. 하루의 피로를 풀고 숙면을 취하는 공간인 침실에는 낮이 아닌 밤에 이산화탄소를 흡수하고 산소를 배출하는 호접란을 두는 것이 좋다. 욕실에는 각종 냄새와 암모니아 가스를 잘 제거하는 관음죽을 놓는 것이 좋다. 그리고 주방의 경우에는 스킨답서스를 두는 것이 좋은데, 이는 음식을 조리하는 과정에서 발생하는 일산화탄소를 스킨답서스가 잘 흡수하기 때문이다. 공간의 면적이 넓고 가족 구성원 모두가 주로 생활하는 거실에는 크기가 커서 많은 양의 오염 물질을 잘 제거하는 인도고무나무를 놓는 것이 좋다. 빛은 잘 들지만 외부로부터 오염 물질이 잘 유입되는 공간인 발코니에는 특히 햇빛을 많이 필요로 하고 다양한 오염 물질을 잘 제거하는 제라늄이 적합하다.

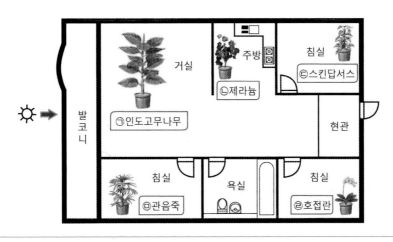

① ㉠은 크기가 커서 넓은 공간의 오염 물질을 제거하는 데 적합하므로 거실에 배치된 것이 적절하다.

② ㉡은 햇빛을 많이 필요로 하고 다양한 오염 물질을 제거하는 데 적합하므로 발코니에 배치되는 것이 좋다.

③ ㉢은 조리 과정에서 발생하는 일산화탄소를 잘 흡수하는 기능이 있으므로 주방에 배치되는 것이 좋다.

④ ㉣은 밤보다 낮에 이산화탄소를 흡수하므로 침실에 배치된 것이 적절하다.

⑤ ㉤은 각종 냄새와 암모니아 가스를 제거하는 데 적합하므로 욕실에 배치되는 것이 좋다.

[9] [나]의 ㉠~㉂을 [가]의 도표 A~D로 분류한 것으로 가장 적절한 것은?

[가] 'FCB Grid 모델'은 판매 전략을 세우기 위해 소비자 관여도에 따라 제품을 분류 하는 대표적인 모델이다. 이 모델은 소비자 관여도를 두 가지 차원으로 구분한다. 첫 번째 차원은 소비자가 구매와 관련한 의사 결정 과정에 기울이는 노력의 정도를 바탕으로 소비자 관여도를 고관여와 저관여로 구분하는 것이다. 두 번째 차원은 소 비자가 제품에 대해 반응하는 경향에 따라 이성적 관여와 감성적 관여로 구분하는 것이다. FCB Grid 모델에서의 고관여와 저관여는 소비자들이 특정 제품에 대해 상 대적으로 높거나 낮은 수준의 관련성을 갖는다고 지각하는 경우를 의미한다. 고관 여는 구매할 제품이 소비자들 자신에게 유발할 수 있는 위험이 큰 경우, 제품의 가 격이 높은 경우, 제품의 특성이 복잡한 경우, 선택 가능한 제품이 많은 경우 등에 주로 나타난다. 반면 저관여는 고관여와 각각 반대인 경우에 주로 나타난다. 그렇기 때문에 소비자들이 제품을 구매하는 과정은 고관여일 때와 저관여일 때가 다르다. 즉 고관여일 때는 소비자가 제품에 대해서 더 많이 알아보려는 노력을 기울이지만, 저관여일 때는 고관여일 때보다 노력을 덜 기울인다. 한편 이성적 관여와 감성적 관여는 소비자들이 특정 제품에 대해 이성적 혹은 감성적 부분에 상대적으로 높은 관련성을 갖는다고 지각하는 경우를 의미한다.

이성적 관여는 특정 제품에 대해 소비자들이 편리함, 성능, 실용성 등을 먼저 고려하는 것을 의미하고, 감성적 관여는 특정 제품에 대해 충 족감, 즐거움, 자부심 등을 먼저 고려하는 것을 의미한다.

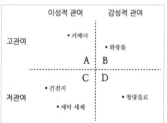

[나] • 사람들은 ㉠의약품으로 인한 부작용이 걱정되어 의약품의 효능에 대해 꼼꼼하 게 살펴보고 구매한다.
• 사람들은 가격이 싼 ㉡볼펜에 대해서는 성능을 따지기보다 예쁜 디자인이 주는 즐 거움을 고려하여 즉흥적으로 볼펜을 구매한다.
• 사람들은 선택 가능한 제품이 많은 ㉢휴대폰에 대해 면밀하게 비교 분석하여 좀 더 사용하기에 편리한 것을 구매한다.
• 사람들은 ㉣통조림이 쉽게 음식이 상하지 않아 안심할 수 있기 때문에 실생활에서 유용하게 활용될 수 있다고 판단하여 별다른 고민 없이 구매한다.
• 사람들은 ㉤반지가 고가인 경우에 충분한 만족감을 얻을 수 있는지를 고려하여 여 러 매장을 둘러보고 구매한다.
• 사람들은 ㉥치약이 구강을 청결하게 해 준다는 실용적인 기능 외의 다른 기능들이 상대적으로 적기 때문에 아무 제품이나 쉽게 구매한다.

	A	B	C	D
①	㉢	㉠	㉣, ㉤	㉡, ㉥
②	㉢	㉣	㉤, ㉥	㉠, ㉡
③	㉠, ㉡	㉢, ㉣	㉤	㉥
④	㉠, ㉢	㉤	㉣, ㉥	㉡
⑤	㉠, ㉢	㉣, ㉤	㉡	㉥

[10] [가]를 바탕으로 [나]를 이해한 것으로 적절하지 <u>않은</u> 것은?

[가] 관여도란 주어진 상황에서 특정 제품에 대해 개인이 자신과의 관련성을 지각하는 정도를 의미한다. 소비자의 관여도를 결정하는 요인에는 '개인적 요인', '제품에 의한 요인', '상황적 요인'이 있다. 개인적 요인은 개인에게 국한되는 성향이나 자아 정체성 등을 의미하는데, 이는 쉽게 변하지 않는 특징을 가진다. 소비자는 이 요인을 통해 의미를 부여한 특정 제품에 지속적으로 높은 관여도를 가지게 된다. 예를 들어 품위 있는 겉모습을 중시하는 성향을 지닌 소비자는 자신의 품위를 충분히 드러낼 수 있다고 의미를 부여한 특정 의류에 지속적으로 높은 관여도를 유지한다. 다음으로 제품에 의한 요인은 특정 제품이 지닌 특징을 의미하는데, 이 특징은 대다수의 소비자들이 가지고 있는 욕구를 충족시킬 수 있는 것이다. 따라서 소비자들은 제품의 이러한 특징으로 인해 이 제품에 높은 관여도를 가지게 된다. 예를 들어 실용성을 극대화하여 제작된 특정 주방 기기가 있다고 한다면, 실용성을 추구하는 대다수의 소비자들은 이 제품이 자신들의 욕구를 충족시켜 줄 수 있다고 생각하여 해당 제품에 높은 관여도를 가지게 된다. 마지막으로 상황적 요인은 소비자가 제품의 구매와 관련된 특정 상황을 의미하는데, 상황은 끊임없이 변화하기 때문에 상황적 요인은 개인적 요인에 비해 지속적이지 않다. 예를 들어 평소 오디오에 관심이 없던 소비자가 가족들을 위해 오디오를 구매해야 하는 상황에 놓이게 되면 오디오에 대한 관여도는 일시적으로 높아진다.

[나] 어렸을 때부터 A는 운동보다 독서를, B는 독서보다 운동을 더 중시하는 성향을 보이며 살아왔다. 그래서 A는 서적에, B는 운동 기구에 더 큰 의미를 부여하여 왔다. 그런데 운동 부족으로 체력이 약해진 A는 독서보다 운동이 절실하게 필요해져서 운동 기구를 알아보게 되었다. 그러던 중 A는 자전거가 대다수의 사람들이 만족하는 운동 기구이어서 자전거를 구입해 운동을 시작하였다. 그리고 B는 A를 위로하기 위해 평소에 관심이 없었던 시집에 대해 열심히 알아보고 그 중 한 권을 구매해 선물하였다. A는 지금 시집보다 자전거가 필요하다고 판단하여 이를 구입하고 운동을 시작하였다. 그러나 곧 건강이 회복되자 운동을 그만두고 B가 선물한 시집을 읽기 시작하면서 다시 독서에 전념하였다.

① A는 자전거가 지닌 특징인 제품에 의한 요인에 의해 자전거에 대한 관여도가 높아졌군.
② A는 체력이 약해졌다는 상황적 요인에 의해 운동 기구에 대한 관여도가 일시적으로 높아졌군.
③ B는 갑에게 선물을 하기 위한 상황적 요인에 의해 시집에 대한 관여도가 높아졌군.
④ B는 A를 위로해야 하는 개인적 요인에 의해 서적에 대한 관여도가 높아졌군.
⑤ A와 B는 각자가 갖고 있는 성향이 다르다는 개인적 요인에 의해 서로 다른 제품에 대해 각각 높은 관여도를 갖고 있군.

[11] [가]의 밑줄 친 부분에 해당하는 자원의 의미 변화를 [나] 그림의 A~E에서 바르게 고른 것은?

[가] 고유가 시대가 지속되면서 미국에서 석유를 평균 10% 정도 포함하고 있는 암석인 오일 셰일(oil shale)의 개발이 붐을 이루고 있다. 과거 1950년대부터 개발이 추진되었지만 경제적 타산이 맞지 않고 추출 과정에서 발생하는 오염 문제로 성과를 거두지 못했다. 그러나 최근 국제 유가가 배럴당 60달러 이상인 상황이 지속되고 공법이 개선되면서 경제적 타산을 맞출 수 있게 되었다.

[나]
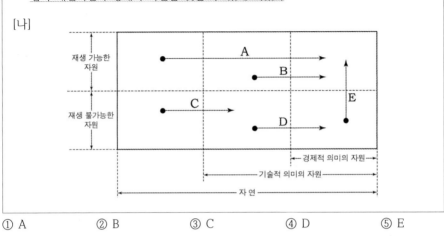

① A　　　② B　　　③ C　　　④ D　　　⑤ E

[12] 다음 기사에서 강조하고 있는 생명 공학 기술에 대한 설명으로 옳은 것만을 〈보기〉에서 있는 대로 고른 것은?

　　농촌진흥청은 배추의 유전체 정보 분석을 통해 여교배* 육종에 활용 가능한 DNA 마커 세트를 개발했다. 작물 육종가는 "이 세트를 이용하여 어린 식물체 단계에서 원하는 특정 형질을 갖는 우수 계통을 조기 선발할 수 있기 때문에 육종 기간을 3년 이하로 줄여 배추 품종을 보다 효율적으로 개발할 수 있다."라고 말했다.
　　　　　　　　　　　　　　　　　　- ○○신문, 2018년 3월 2일 자

* 여교배: 육종에서 기존 품종의 우수한 특성은 유지하면서 한두 가지 단점을 개량하는 방법

보기
ㄱ. 은행나무의 암수 구별에 활용될 수 있다.
ㄴ. 유전자가 같은 작물을 단기간에 다량 생산할 수 있다.
ㄷ. DNA 염기 서열 및 단백질의 차이를 감별하여 이용하는 기술이다.

① ㄱ　　　　　　　② ㄴ　　　　　　　③ ㄱ, ㄷ
④ ㄴ, ㄷ　　　　　⑤ ㄱ, ㄴ, ㄷ

[13] 그래프는 세계 주요 식량 작물인 쌀, 밀, 옥수수의 수출 비중 상위 5개국을 나타낸 것이다. (가)~(다)의 상대적 특성에 대한 옳은 표현을 보기 에서 고른 것은?

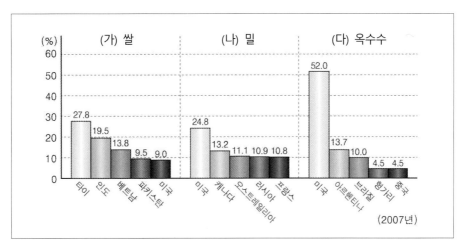

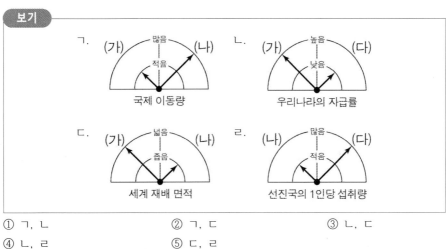

① ㄱ, ㄴ   ② ㄱ, ㄷ   ③ ㄴ, ㄷ

④ ㄴ, ㄹ   ⑤ ㄷ, ㄹ

[14] 다음 자료는 원자력 발전의 발전량과 자국 내 점유율이 높은 국가를 나타낸 것이다. 이에 대한 옳은 설명을 보기 에서 고른 것은?

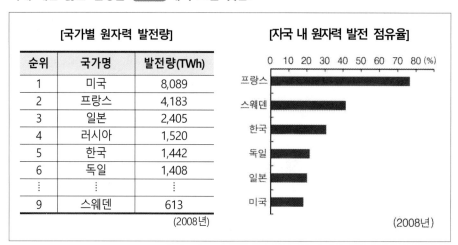

보기

ㄱ. 원자력 발전은 발전 중 온실 가스가 거의 배출되지 않는다.
ㄴ. 원자력 발전소는 입지가 자유로워 소비지에 인접하여 입지한다.
ㄷ. 일본은 프랑스보다 원자력 발전량은 적지만 국내 총 발전량은 많다.
ㄹ. 프랑스는 미국보다 발전량 조절이 탄력적인 전력 생산 구조이다.

① ㄱ, ㄴ   ② ㄱ, ㄷ   ③ ㄴ, ㄷ
④ ㄴ, ㄹ   ⑤ ㄷ, ㄹ

---

[15] 다음 경영 사례를 통해 알 수 있는 ○○기업에 대한 내용으로 옳은 것만을 보기 에서 있는 대로 고른 것은?

> 주식회사 ○○기업은 친환경 수소차 엔진 개발을 위해 한시적으로 TFT(Task Force Team)를 구성하여 운영하고 있다. 또한 수소차 엔진 설계에 기업의 핵심 역량을 집중하기 위해 설계를 제외한 생산은 외부 전문 업체에 위탁하여 공급받기로 하였다.

보기

ㄱ. 무한 책임 사원만으로 구성된 회사이다.
ㄴ. 아웃소싱 경영 기법을 적용하기로 하였다.
ㄷ. 엔진 개발을 위해 프로젝트 조직을 구성하였다.

① ㄱ   ② ㄴ   ③ ㄱ, ㄷ
④ ㄴ, ㄷ   ⑤ ㄱ, ㄴ, ㄷ

[16] 다음 표는 X재에 대한 시장 가격에 따른 수요량과 공급량을 나타낸 것이다. 이에 대한 설명으로 옳은 것은?

가격	수요량	공급량
1만 원	100개	20개
2만 원	90개	50개
3만 원	80개	80개
4만 원	70개	110개
5만 원	60개	140개

① 가격이 1만 원인 경우 초과 공급이 발생한다.
② 가격이 2만 원인 경우 시장 거래량은 3만 원인 경우보다 많다.
③ 가격이 4만 원인 경우 가격 상승 압력이 발생한다.
④ 가격이 5만 원인 경우 시장 거래량이 최대가 된다.
⑤ 균형 가격에서 공급자 전체의 판매 수입은 240만 원이다.

[17] 다음 표는 A국의 경제 상황을 나타낸 것이다. 2017년과 비교한 2018년의 상황에 대한 설명으로 옳지 않은 것은?

(단위: 억 달러)

구분	2017년	2018년
국내 총생산	200	300
수출액	100	150
수입액	50	100

* 무역 의존도$(\%) = \dfrac{수출액 + 수입액}{국내 총생산} \times 100$

① 무역 의존도가 높아졌다.
② 수입액은 2배로 증가하였다.
③ 수출액과 수입액의 차이가 커졌다.
④ 국내 총생산에 대한 수입액의 비율은 상승하였다.
⑤ 국내 총생산에 대한 수출액의 비율은 변함이 없다.

[18] 지도는 세계 삼림 면적의 변화를 나타낸 것이다. 이에 대한 옳은 설명을 보기에서 고른 것은?

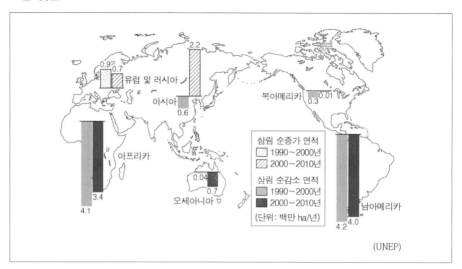

보기

ㄱ. 1990년대에 유라시아 대륙은 삼림 면적이 감소하였다.

ㄴ. 2000년대에 삼림 면적이 가장 많이 감소한 지역은 아프리카이다.

ㄷ. 1990~2010년에 북아메리카와 오세아니아는 모두 삼림 면적이 감소하였다.

ㄹ. 1990~2010년에 열대림 비중이 높은 지역은 냉대림 비중이 높은 지역보다 삼림 감소 면적이 넓다.

① ㄱ, ㄴ   ② ㄱ, ㄷ   ③ ㄴ, ㄷ

④ ㄴ, ㄹ   ⑤ ㄷ, ㄹ

[19] 표는 우리나라의 철, 구리, 보크사이트의 수입 현황을 나타낸 것이다. 세 광물 자원에 대한 설명을 보기 에서 옳게 고른 것은?

(단위: %)

자원 \ 순위	1	2	3	4
철	오스트레일리아 (64.8)	브라질 (27.1)	남아프리카공화국 (5.0)	캐나다 (1.4)
구리	인도네시아 (26.7)	오스트레일리아 (22.6)	칠레 (21.1)	페루 (10.7)
보크사이트	오스트레일리아 (69.8)	중국 (29.1)	가이아나 (0.8)	콜롬비아 (0.2)

* 수입액이 많은 상위 4개국만을 나타냈으며, 괄호 안의 숫자는 수입액 비중임.

(한국지질자원연구원, 2010)

보기

ㄱ. 금속 광물 중 세계 소비량이 가장 많으며, 근대 산업의 기초 소재로 이용되어 '산업의 쌀'로 불린다.

ㄴ. 전도율이 높아 전선이나 열선의 주요 재료로 쓰이며, 전기 및 공업이나 전자 공업의 발달로 수요가 크게 증가하였다.

ㄷ. 열대와 아열대 기후 지역에 매장량이 많으며, 제련된 금속은 항공기 몸체, 음료수 용기 등의 재료로 이용된다.

	철	구리	보크사이트
①	ㄱ	ㄴ	ㄷ
②	ㄱ	ㄷ	ㄴ
③	ㄴ	ㄱ	ㄷ
④	ㄴ	ㄷ	ㄱ
⑤	ㄷ	ㄴ	ㄱ

[20] 다음은 기준금리 결정에 대한 경제 전문가들의 논쟁이다. A와 B가 내세울 옳은 근거를 보기 에서 고른 것은?

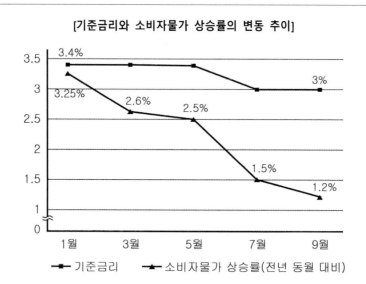

[기준금리와 소비자물가 상승률의 변동 추이]

- ■ 기준금리
- ▲ 소비자물가 상승률(전년 동월 대비)

사회자: 한국은행이 11월 기준금리를 어떻게 결정해야 할지 전문가의 의견을 듣겠습니다.

A: 1월 이후 기준금리가 낮은 상태이지만 경기는 회복되지 않고 있습니다. 기준금리를 추가로 인하해야 합니다.

B: 그렇지 않습니다. 지금까지 기준금리가 낮아 물가는 계속 상승해 왔습니다. 따라서 추가로 더 인하할 경우 물가 상승이 더욱 우려됩니다. 기준금리는 인상해야 합니다.

보기

ㄱ. **A**: 기업의 재고 물량이 증가하고 있다.

ㄴ. **A**: 기업의 설비 투자가 증가하고 있다.

ㄷ. **B**: 시중의 통화량이 지나치게 많은 상태이다.

ㄹ. **B**: 실업률이 지속적으로 높아지고 있는 상태이다.

① ㄱ, ㄴ   ② ㄱ, ㄷ   ③ ㄴ, ㄷ

④ ㄴ, ㄹ   ⑤ ㄷ, ㄹ

[21] 다음은 어느 기업의 회의 장면이다. 밑줄 친 ㉠, ㉡에 들어갈 내용으로 옳은 것은? (단, 주어진 내용만 고려함.)

사　　장: 현재 P 지점에 입지한 공장을 오른쪽 그림의 A~C 지점 중 어디로 이전해야 할 지 논의해 봅시다.

김 부장: A 지점으로 공장을 이전하면 제품 1단위당 2,300원의 집적 이익을 얻게 됩니다.

이 부장: B 지점으로 공장을 이전하면 ○○시는 제품 1단위당 3,500원의 보조금을 지원하겠다고 하였습니다.

박 부장: C 지점으로 공장을 이전하면 △△시는 제품 1단위당 5,000원의 세금을 감면해 주겠다고 하였습니다.

사　　장: 그렇다면 공장을 ㉠ 지점으로 이전하여 제품 1단위당 총 생산비를 ㉡ 원 절감하는 것이 가장 이익이겠군요.

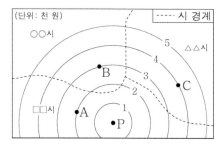

(단위: 천 원)　○○시　----- 시 경계　△△시

* 동심원은 제품 1단위당 등 총운송비 선이며 숫자는 비용임.

	㉠	㉡		㉠	㉡
①	A	300	②	B	500
③	B	1,000	④	C	500
⑤	C	1,000			

[22] 다음 그래프는 ○○시의 A, B 구(區)의 인구 특성을 나타낸 것이다. (가)와 비교한 (나)의 상대적 특색으로 옳은 것은?

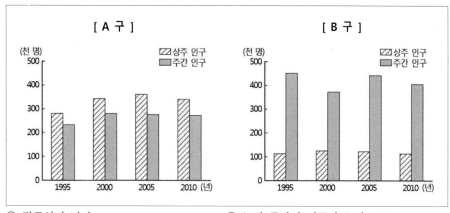

① 접근성이 낮다.
② 녹지 공간의 비중이 높다.
③ 건물의 평균 높이가 낮다.
④ 상업 지역의 평균 지가가 높다.
⑤ 거주자의 평균 통근 거리가 멀다.

[23] 다음 자료에 대한 해석으로 옳지 <u>않은</u> 것은?

<전체 서비스업에서 차지하는 업종별 비중>

(단위: %)

구 분	종사자 수		부가 가치 생산액	
	한국	미국	한국	미국
도·소매업	23.5	18.3	12.3	15.8
음식·숙박업	13.1	9.3	4.5	3.5
운수·창고·통신업	9.6	5.7	12.5	7.6
금융·보험업	5.2	5.1	15.4	10.2
부동산·사업 서비스업	15.0	18.2	22.2	32.1
보건·사회 서비스업	4.8	13.2	6.2	8.9
교육 서비스업	10.8	10.5	10.3	6.5
기타	18.0	19.7	16.6	15.4

(대한상공회의소, 2010)

① 한국은 음식·숙박업의 종사자당 부가 가치 생산액이 가장 적다.
② 한국과 미국 간 종사자 수 비중 격차는 도·소매업이 가장 크다.
③ 한국과 미국 모두 금융·보험업의 종사자당 부가 가치 생산액이 가장 많다.
④ 한국과 미국 모두 생산자 서비스업은 종사자 수 비중보다 부가 가치 생산액 비중이 높다.
⑤ 한국은 미국보다 운수·창고·통신업의 종사자 수 비중과 부가 가치 생산액 비중이 모두 높다.

[24] 다음은 ○○식품의 매출 실적에 대한 분석 결과이다. 이를 해결하기 위한 대책으로 옳은 것만을 보기 에서 있는 대로 고른 것은?

○○식품은 회사 매출이 일정하지 않은 원인을 분석하였다. 분석 결과, 신제품이 출시된 달은 매출이 일시적으로 상승했으나 이후 다시 매출이 하락하는 것으로 조사되었다. 이는 신제품이 출시되면 일시적 호기심으로 구매하는 일회성 고객이 많았다는 것을 의미한다. 또한 회사가 신규 고객 확보만을 통한 매출 상승에 주력한 결과로 보인다.

보기

ㄱ. 고객 점유율을 높이기 위한 방안을 마련한다.
ㄴ. 고객의 행동 양식에 대한 이해를 바탕으로 기업 경영 전략을 마련한다.
ㄷ. 원가, 고객, 편의, 소통의 4C 전략보다 가격, 제품, 유통, 홍보의 4P 전략을 강화한다.

① ㄱ
② ㄷ
③ ㄱ, ㄴ
④ ㄴ, ㄷ
⑤ ㄱ, ㄴ, ㄷ

[25] 다음 그래프는 A, B 국가의 2017년도 인구 구조를 나타낸 것이다. 이에 대한 분석으로 옳은 것은? (단, A, B 국가는 독일, 우간다 중 하나임.)

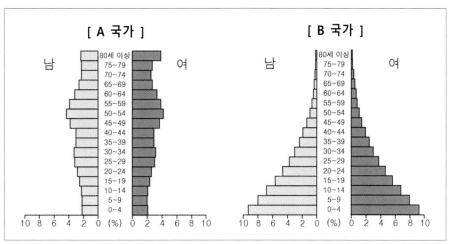

① A 국가는 B 국가보다 기대 수명이 낮다.
② A 국가는 B 국가보다 인구 증가율이 높다.
③ A 국가는 B 국가보다 고령화 현상이 뚜렷하다.
④ B 국가는 A 국가보다 경제 발전 수준이 높다.
⑤ B 국가는 A 국가보다 출산 장려 정책의 필요성이 크다.

[26] 밑줄 친 ⊙~@에 대한 옳은 설명을 보기 에서 고른 것은?

⊙합리적 선택은 비용과 ⓒ편익을 고려하여 이루어진다. 그런데 어떤 이들은 특정 재화를 소비하면서 비용을 과소평가하는 오류를 범하곤 한다. 예를 들어 흡연자는 담뱃값만을 흡연의 비용으로 생각하지만, 흡연은 각종 질병의 원인이 되어 ⓒ흡연하지 않았다면 유지할 수 있었던 건강을 해친다. 따라서 흡연자는 @흡연을 위해 지불해야 하는 담뱃값뿐만 아니라 더 큰 비용을 지불해야 한다는 점을 유념하여야 한다.

보기
ㄱ. ⊙은 비용보다 편익이 큰 선택을 의미한다.
ㄴ. ⓒ에는 심리적 만족과 같은 비금전적 이익은 제외된다.
ㄷ. ⓒ은 흡연의 기회비용에 포함된다.
ㄹ. @은 흡연의 기회비용에 포함되지 않는다.

① ㄱ, ㄴ   ② ㄱ, ㄷ   ③ ㄴ, ㄷ   ④ ㄴ, ㄹ   ⑤ ㄷ, ㄹ

[27] 다음 수민이의 사례를 보고 분석한 보기에서 ㉠, ㉡에 대한 옳은 내용만을 고른 것은?

> 수민이는 몇 년 동안 사용하던 자전거의 브레이크 패드가 고장 나서 ㉠2만 원을 들여 수리를 하였다. 그런데 며칠 후 브레이크 라인 전체에 결함이 있어 새로 교환한 패드를 포함해 브레이크 라인 전체를 교체해야 하며, 새로 지불해야 할 수리비용은 15만 원이라는 것을 알게 되었다. 그런데 자전거를 팔고 추가로 16만 원을 들이면 중고 자전거 시장에서 동일한 만족을 주는 브레이크 결함이 없는 자전거를 구입할 수도 있다. 갑은 수리비용을 계산해 본 후 중고 자전거 시장에서 ㉡자전거를 구입하기로 결정하였다.

보기

ㄱ. ㉠ 시점에서 브레이크 라인 전체에 결함이 발생할 상황을 예상했다면, 그 당시에 자전거를 구입하는 것이 합리적이다.
ㄴ. ㉡ 시점에서 수민이는 자전거 수리비용이 총 17만 원이라고 생각했을 것이다.
ㄷ. ㉡ 시점에서 합리적 선택을 하려면 ㉠의 2만 원을 비용에 포함해야 한다.
ㄹ. ㉡ 시점에서는 자전거를 구입하는 것이 경제적으로 합리적이다.

① ㄱ, ㄴ ② ㄱ, ㄷ ③ ㄴ, ㄷ ④ ㄴ, ㄹ ⑤ ㄷ, ㄹ

[28] 다음은 영희가 스마트폰을 합리적으로 구매하기 위해 만든 대안 비교표이다. 이에 기초할 때 A~E 중에서 영희가 선택할 스마트폰은? (단, 점수가 높을수록 만족도가 높다.)

(단위: 점)

평가 기준 \ 상품	A	B	C	D	E
가격 (40)	1	3	2	3	2
기능 (30)	3	3	3	1	2
A/S (20)	3	2	3	3	2
디자인 (10)	3	1	2	3	3

* ( ) 안의 수치는 해당 평가 기준의 가중치이다.

① A ② B ③ C ④ D ⑤ E

[29] 다음은 어느 기업에서 단체 교섭을 통하여 노사가 합의한 내용이다. 이에 대한 설명으로 옳지 <u>않은</u> 것은?

> ○ 기본급 5.5% 인상
> ○ 품질 및 생산성 향상을 위한 격려금으로 분기당 100만 원 지급 신설
> ○ 평일 잔업 및 주말 특근 자율적 선택 보장
> ○ 해외로 공장을 이전하더라도, 현재 재직 중인 정규 인력은 사무직으로 전환하여 정년 보장
> ○ 공장 이전, 기업 양수·양도, 신기술 도입 등으로 노동의 수급과 관련된 문제가 생길 경우에는 노사공동위원회를 구성한 후 심의·의결

① 근로자의 근무 조건이 개선될 것이다.
② 근로자에 대한 고용 보호 장치를 마련하였다.
③ 상품의 판매 상황에 따른 임금 변동에 합의하였다.
④ 임금 상승에 따라 기업의 생산비가 증가할 수 있다.
⑤ 근로자도 부분적으로 기업 경영에 영향을 줄 수 있다.

[30] 다음 그래프는 A 국가의 재정 관련 지표의 변화를 나타낸 것이다. 이에 대한 **보기**의 분석 중에서 옳은 내용만을 고른 것은?

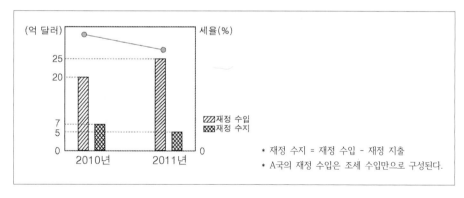

* 재정 수지 = 재정 수입 - 재정 지출
* A국의 재정 수입은 조세 수입만으로 구성된다.

보기

> ㄱ. 2010년에 비해 2011년에 재정 지출이 증가하였다.
> ㄴ. 2010년에 비해 2011년에 A 국가의 국내 경제 활동은 위축되었다.
> ㄷ. 2010년과 2011년 모두 재정 지출에 비해 재정 수입이 더 크다.
> ㄹ. 2011년은 재정 수입의 변화율보다 재정 지출의 변화율이 더 작다.

① ㄱ, ㄴ   ② ㄱ, ㄷ   ③ ㄴ, ㄷ   ④ ㄴ, ㄹ   ⑤ ㄷ, ㄹ

[31] 기사의 밑줄 친 현상을 나타낸 그래프로 적절한 것은?

> 최근 전국을 휩쓸었던 구제역 파동으로 돼지가 대량 살처분되었다. 그런데 돼지고기 공급이 감소하였음에도 불구하고 오히려 돼지고기 가격이 하락하는 현상이 나타났다. 이는 돼지고기 공급의 감소와 함께 수요의 변화가 일어났기 때문이다.

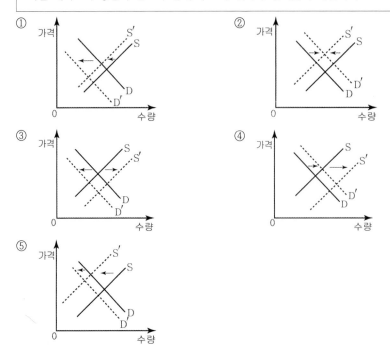

[32] (가)와 (나)는 A~C재 사이에 존재하는 대체재 또는 보완재 관계에 대한 설명이다. 이에 대한 추론으로 옳은 것은?

> (가) A재의 가격 변화와 B재의 수요 변화는 정(+)의 관계에 있다.
> (나) A재의 원자재 가격이 상승하자 C재의 수요가 감소하였다.

[A재의 거래량과 판매액]

구분	1월	2월	3월
거래량(개)	300	400	200
판매액(만 원)	1,800	2,000	1,400

① A재의 공급이 증가하면 B재의 수요가 증가한다.
② A재와 B재는 보완재, A재와 C재는 대체재이다.
③ A재의 1월과 2월 사이의 가격 변화는 B재의 수요 감소 요인이다.
④ A재의 2월과 3월 사이의 가격 변화는 C재의 수요 증가 요인이다.
⑤ B재의 가격 변화와 C재의 수요 변화는 정(+)의 상관관계가 나타난다.

[33] 다음 그래프의 A, B 두 지역의 특색을 비교한 내용으로 옳지 <u>않은</u> 것은?

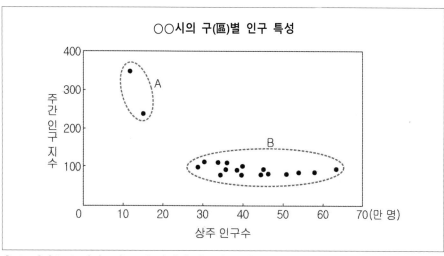

① A 지역은 B 지역보다 주거 시설의 비중이 높다.
② A 지역은 B 지역보다 생산자 서비스업 비중이 높다.
③ A 지역은 B 지역보다 출퇴근 시 교통 혼잡이 심하다.
④ B 지역은 A 지역보다 거주자의 평균 통근 거리가 멀다.
⑤ B 지역은 A 지역보다 지대 지불 능력이 낮은 기능이 입지한다.

[34] 다음 신문기사의 'A씨'에게 요구되는 업무 수행의 올바른 자세로 가장 적절한 것은?

부실공사 눈감아 준 공무원 입건

△△경찰서는 부실공사를 알고도 준공검사를 해 준 혐의로 공무원 A씨를 불구속 입건했다. 그는 수백 억 원의 예산이 투입되는 도로 건설 사업과 관련해 기존 설계도면에 문제가 있다는 것을 알면서도 설계 변경 없이 공사를 진행하도록 하고 준공검사까지 내주었다. 특히 A씨는 현장에 가지도 않고 준공검사 조서를 작성한 것으로 드러났다.

– ○○신문

① 인정(人情)에 의거해 업무를 처리해야 한다.
② 정명(正名) 정신에 따라 사회적 책임을 완수해야 한다.
③ 사실 확인보다는 문서의 정확성을 위해 노력해야 한다.
④ 업무의 효율화를 위해 상명하복의 질서를 중시해야 한다.
⑤ 많은 성과를 내기 위해 관행에 따라 일을 처리해야 한다.

[35] 다음의 '소매업체별 현황' 그래프들에서 (가)와 비교한 상업 시설 (나)의 상대적인 특징을 보기 의 그래프 A~E에서 고른 것은?

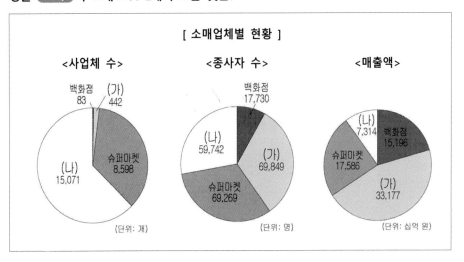

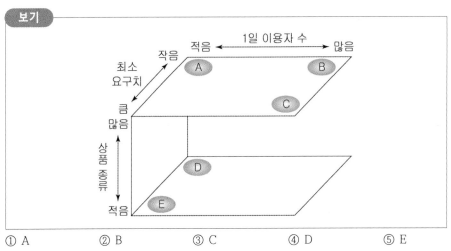

① A   ② B   ③ C   ④ D   ⑤ E

[36] (가)의 관점에서 (나)에 나타난 문제를 해결하기 위한 방안으로 가장 적절한 것은?

> (가) 우리가 일상생활에서 자신의 행위와 관련되어 해야만 하는 행위, 해도 되는 행위, 해서는 안 되는 행위들을 구분하기 위해서는 내적 성찰(省察)이필요하다
>
> (나) [사이버 범죄 증가 현황]
>
> (단위: 건)
>
> | | 2005년 | 2006년 | 2007년 | 2008년 |
> |---|---|---|---|---|
> | 사이버 명예훼손 | 3094 | 3435 | 4213 | 4451 |
> | 개인정보 침해 | 2889 | 2327 | 3741 | 5129 |
> | 사이버 스토킹 | 333 | 533 | 834 | 1018 |
> | 사이버 협박 공갈 | 1142 | 1637 | 2175 | 2194 |

① 사이버 폭력을 처벌하는 법령을 강화한다.
② 불건전한 인터넷 사용의 문제점을 깨닫게 한다.
③ 신원을 숨길 수 없도록 인터넷 실명제를 실시한다.
④ 개인신상정보 보호 시스템을 통해 해킹의 위험을 줄인다.
⑤ 인터넷 방화벽을 설치하여 유해 사이트 접속을 어렵게 한다.

[37] 다음의 두 자료를 통해 파악할 수 있는 국내 △△기업의 공장입지 변화 요인으로 가장 적절한 것은?

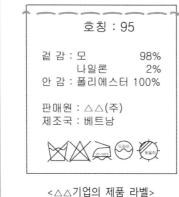

<△△기업의 제품 라벨>

<△△기업의 공장 이전>

① 운송비의 절약
② 선진 기술의 습득
③ 저렴한 노동력의 이용
④ 풍부한 지하자원의 확보
⑤ 쾌적한 작업 환경의 조성

[38] 다음 표는 A재와 B재의 가격 변화율에 따른 판매 수입의 변화율을 나타낸 것이다. **보기**에서 두 재화에의 수요의 가격 탄력성에 대한 옳은 설명만을 고른 것은?

구분		가격 변화율(%)				
		-10	-5	0	5	10
판매 수입 변화율(%)	A재	0	0	0	0	0
	B재	-10	-5	0	5	10

보기

ㄱ. A재는 완전 비탄력적인 재화이다.
ㄴ. 가격이 변화해도 항상 정해진 금액만큼 휘발유를 구매하면, 휘발유의 수요의 가격 탄력성은 A재와 같다.
ㄷ. B재는 가격의 변화율과 수요량의 변화율이 같은 재화이다.
ㄹ. A재가 B재보다 수요의 가격 탄력성이 크다.

① ㄱ, ㄴ   ② ㄱ, ㄷ   ③ ㄴ, ㄷ
④ ㄴ, ㄹ   ⑤ ㄷ, ㄹ

[39] 다음 표는 경쟁의 형태에 따라 시장의 구분을 나타낸 것이다. **보기**에서 A~C 시장의 일반적인 특징만을 고른 것은? (단, A~C 시장은 독점 시장, 완전 경쟁 시장, 독점적 경쟁 시장 중 하나이다.)

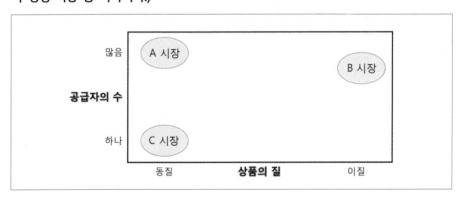

보기

ㄱ. A 시장은 한 상품에 단 하나의 가격만이 존재한다.
ㄴ. B 시장에서 개별 기업은 시장 지배력이 없다.
ㄷ. C 시장에서 기업은 가격 결정자이다.
ㄹ. B 시장과 달리 C 시장은 비가격 경쟁이 존재한다.

① ㄱ, ㄴ   ② ㄱ, ㄷ   ③ ㄴ, ㄷ
④ ㄴ, ㄹ   ⑤ ㄷ, ㄹ

[40] 다음에서 알 수 있는 발전 방식에 대한 내용으로 옳은 것을 보기 에서 모두 고른 것은?

해양 에너지를 이용한 발전 방식을 배우는 수업 시간에 선생님은 아래와 같은 그림을 보여 주면서, "○○발전소는 밀물 시에 바닷물을 저수지로 유입시키면서 발전하고, 썰물 시에는 유입된 바닷물을 수문으로 배수하는 방식이란다."라고 하였다.

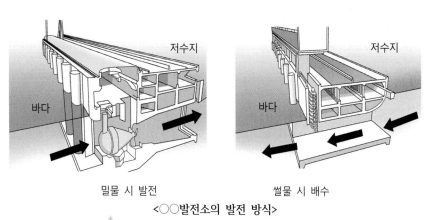

밀물 시 발전   썰물 시 배수

<○○발전소의 발전 방식>

보기

ㄱ. 청정에너지원을 사용한다.
ㄴ. 조차가 클수록 발전에 유리하다.
ㄷ. 24시간 연속으로 발전이 가능하다.
ㄹ. 우리나라 동해안에 적용하기 적합하다.

① ㄱ, ㄴ   ② ㄱ, ㄷ   ③ ㄴ, ㄷ
④ ㄴ, ㄹ   ⑤ ㄷ, ㄹ

[41] 다음 기사의 내용으로 보았을 때, 보기 에서 해운 회사가 부과할 수 있는 할증 운임으로 옳은 것만을 모두 고른 것은?

> 국제 유가가 치솟자 매출원가에서 연료비가 차지하는 비중이 높은 해운업계는 이에 따른 수익성 악화에 대해 우려를 나타내고 있다. 해운업계의 또 하나의 고민거리는 2분기 들어 다시 상승세를 타고 있는 환율이다. 향후 미국의 금리 인상 가능성이 높은 만큼 당분간 달러 강세가 이어질 가능성이 커 환율 상승이 예상된다. 이에 관계자는 "지속적으로 유가와 환율이 상승하게 될 경우 기본 운임 이외에 할증 운임을 부과할 수밖에 없는 실정입니다." 라고 말했다.
>
> — ○○신문, 2018년 6월 6일 자

보기

ㄱ. 유류 할증료   ㄴ. 통화 할증료
ㄷ. 체화 할증료   ㄹ. 환적 할증료

① ㄱ, ㄴ   ② ㄱ, ㄷ   ③ ㄴ, ㄷ
④ ㄴ, ㄹ   ⑤ ㄷ, ㄹ

[42] 다음은 작업 계획서의 일부이다. 프로그램 A~C에 대한 설명으로 옳은 것만을 보기 에서 있는 대로 고른 것은?

작업 계획서

일자: 2020년 1월 10일

프로그램	작업 시간	작업 내용
A	09:00 ~	용량이 큰 파일을 손실 없이 줄일 수 있고, 여러 개의 파일들을 하나의 파일 꾸러미로 묶어서 관리하는 프로그램 점검
B	11:00 ~	그림이나 사진 파일 등 이미지를 미리 볼 수 있는 프로그램 점검
C	14:00 ~	컴퓨터에 보이는 화면의 일부 또는 전체를 선택하여 이미지 파일로 저장할 수 있는 프로그램 점검

보기

ㄱ. 프로그램 A에는 이미지 뷰어(image viewer) 프로그램이 적합하다.
ㄴ. 프로그램 B에는 백신 프로그램이 적합하다.
ㄷ. 프로그램 C에는 캡처(capture) 프로그램이 적합하다.

① ㄱ   ② ㄷ   ③ ㄱ, ㄴ
④ ㄴ, ㄷ   ⑤ ㄱ, ㄴ, ㄷ

[43] 다음은 일반인을 대상으로 한 정보 보안에 대한 평가를 정리한 것이다. 평가 문항에 대해 답을 한 A~E 중 모두 옳게 응답한 사람은?

<table>
<tr><th colspan="6" style="text-align:center">정보 보안 평가지</th></tr>
</table>

정보 보안 평가지

(예: ○, 아니요: ×)

평가 문항	응답				
	A	B	C	D	E
1. 비밀 번호는 주기적으로 변경해야 합니까?	○	×	×	○	×
2. 운영 체제 및 백신 프로그램은 최신 버전으로 업데이트해야 합니까?	○	×	○	○	○
3. P2P로 제공하는 자신의 공유 폴더에 개인 정보 파일을 저장해야 합니까?	×	○	×	○	×
4. 인터넷 뱅킹 이용 시 공공장소의 공개된 Wi-Fi를 이용해야 합니까?	×	○	○	×	○

① A   ② B   ③ C   ④ D   ⑤ E

[44] 다음은 ○○(주)의 유통 정책 변경을 나타낸 것이다. 보기 에서 변경 전과 비교한 변경 후의 유통 정책에 대한 설명으로 적절한 것을 모두 고른 것은? (단, 제시된 자료 외의 것은 고려하지 않는다.)

> ○○(주)는 고급 제품에 대한 수요의 증가와 업무 담당자의 요청에 따라 다음과 같이 유통 정책을 변경하였다.

변경 전	원재료를 대량 구매한 후, 대량 생산한 제품을 취급하기 원하는 모든 점포에 저렴한 가격으로 공급하는 방식
변경 후	원재료를 필요한 만큼만 구매한 후, 기존 제품과 차별화된 제품을 소량 생산하여 자사 제품만을 취급하는 대리점에 고가격으로 공급하는 방식

보기

ㄱ. 자사 제품의 시장 노출이 확대될 것이다.
ㄴ. 전속적 유통 경로 정책으로 변경될 것이다.
ㄷ. 당용 매입 방식으로 원재료를 구입하게 될 것이다.
ㄹ. 원재료 구매 시 변경 전보다 가격 할인이 가능해질 것이다.

① ㄱ, ㄴ   ② ㄱ, ㄷ   ③ ㄴ, ㄷ
④ ㄴ, ㄹ   ⑤ ㄷ, ㄹ

[45] 다음은 ○○(주)의 업무 회의 장면이다. 회의 내용을 반영할 수 있는 조직 구조의 형태로 가장 적절한 것은?

> **A**: 시장 환경 변화에 유연하게 대응할 수 있도록 조직을 어떻게 변경하는 것이 좋을까요?
>
> **B**: 프로젝트별로 각 부문별 전문 관리자를 배치하면 좋을 것 같습니다.
>
> **C**: 네, 그러면 조직 구성원이 기능 부서에 속하면서 프로젝트 팀에도 소속되어 인적 자원의 효율적 운용이 가능할 것입니다.

① 라인 조직 ② 위원회 조직 ③ 네트워크 조직
④ 매트릭스 조직 ⑤ 사업부제 조직

[46] 다음은 수출상인 한국의 A 기업과 수입상인 미국의 B 기업 간 청약 조건의 일부를 나타낸 것이다. 보기 에서 [수정 청약 내용]을 반영함에 따라 A 기업의 입장에서 나타나는 결과로 옳은 것을 모두 고른 것은?

[청약 내용]

가격 조건	US$ 100,000 (DDP Los Angeles)		
결제 조건	D/A	보험 조건	ICC(A)
품 명	홍삼	수 량	1,000EA

수입상인 미국의 B 기업으로부터 받은 청약 내용을 확인하고, 청약 내용의 일부를 아래와 같이 수정하여 계약하였다.

[수정 청약 내용]

가격 조건	US$ 95,000 (CIF Los Angeles)		
결제 조건	At Sight L/C	보험 조건	ICC(C)
품 명	홍삼	수 량	100BOX

보기

ㄱ. 물품 인도 책임 분기점은 도착항으로 동일하다.
ㄴ. 일람 출급 어음을 기한부 어음으로 변경하여 발행한다.
ㄷ. B 기업을 피보험자로 하여 해상 운송 보험 계약을 체결한다.
ㄹ. 대금 결제 은행은 추심 의뢰 은행에서 매입 은행으로 변경된다.

① ㄱ, ㄴ ② ㄱ, ㄷ ③ ㄴ, ㄷ
④ ㄴ, ㄹ ⑤ ㄷ, ㄹ

[47] 다음은 ○○기업의 경영 사례이다. 이에 대한 내용으로 적절한 것만을 ⬤보기⬤에서 있는 대로 고른 것은?

복합기 제조업체인 ○○기업은 2017년에 경영의 효율화를 위해 기업 내 전사적 자원 관리(ERP) 시스템을 도입하였다. 2018년에는 최초 공급업체로부터 최종 고객으로까지 자재와 제품의 생산 및 유통을 일련의 과정으로 통합하여 효율적으로 관리하는 시스템을 적용하였다. 또한, 2019년부터는 생산의 최적화를 위해 생산 현장의 실시간 모니터링으로 설비, 작업 내역, 공정 상태 등을 관리하는 시스템을 운영하고 있고, 품질 혁신 활동을 위해 다음과 같은 6시그마 기법을 활용하고 있다.

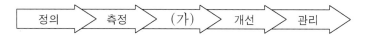

정의 ⟩ 측정 ⟩ (가) ⟩ 개선 ⟩ 관리

⬤보기⬤

ㄱ. (가)의 예로 복합기의 불량 원인을 '분석'하는 활동이 있다.
ㄴ. ○○기업이 2018년에 적용한 시스템은 공급 사슬 관리(SCM)에 해당한다.
ㄷ. ○○기업이 2019년부터 운영하고 있는 시스템은 제조 실행 시스템(MES)에 해당한다.

① ㄱ   ② ㄴ   ③ ㄱ, ㄷ
④ ㄴ, ㄷ   ⑤ ㄱ, ㄴ, ㄷ

[48] 대중 매체의 특징을 활용한 다음 게임에 대한 설명으로 옳은 것은?

[게임의 규칙]
· A, B 상자 안에 각각 3장의 카드가 있다. 카드마다 점수를 부여하는데, 각 카드의 내용이 종이 신문, TV, 인터넷의 일반적 특징 중 하나에만 해당하면 1점, 두 개에만 해당하면 2점, 세 개 모두에 해당하면 3점을 부여한다.
· 갑은 A, B 상자에서 각각 1장씩 카드를 뽑아 내용 확인 후 다시 원래의 상자에 카드를 넣는다. 을도 같은 방식으로 게임을 진행한다.
· 각 상자에서 뽑은 카드 2장으로 얻은 점수의 합이 높은 사람이 이긴다.

[A 상자]	**[B 상자]**
카드 1: 복합 감각 정보의 전달이 가능하다.	카드 4: 정보의 비동시적 소비가 가능하다.
카드 2: 시각 정보의 제공이 가능바다.	카드 5: 정보 사회에 등장한 매체이다.
카드 3: 일방향 정보 전달만이 가능하다.	카드 6: 정보 생산자와 소비자 간 경계가 모호하다.

① A 상자에 담긴 카드의 총점은 6점이다.
② 한 사람이 1회 게임에서 얻을 수 있는 최소 점수는 2점이다.
③ 한 사람이 1회 게임에서 얻을 수 있는 최대 점수는 6점이다.
④ 한 사람이 1회 게임에서 종이 신문에 해당하는 내용이 있는 카드로 얻을 수 있는 최대 점수는 5점이다.
⑤ 갑이 카드 2와 카드 4를 뽑았다면, 을이 이길 수 있는 카드의 조합은 1가지이다.

[49] 다음은 A, B 기업의 생산 관리 방법을 나타낸 것이다. 이를 통해 알 수 있는 내용으로 옳은 것만을 보기 에서 있는 대로 고른 것은?

	생산 방식	품질 검사 결과
A 기업	연속 생산	
B 기업	개별 생산	

보기

ㄱ. A 기업은 품질 검사 결과에 대한 원인 조사가 필요하다.
ㄴ. B 기업의 용접 불량 건수와 도장 불량 건수의 합을 누적한 비율은 50%가 넘는다.
ㄷ. A 기업은 B 기업보다 소품종 대량 생산에 적합하다.

① ㄱ   ② ㄴ   ③ ㄱ, ㄷ
④ ㄴ, ㄷ   ⑤ ㄱ, ㄴ, ㄷ

[50] 다음은 ○○기업의 부품별 재고 현황과 개당 재고 금액을 나타낸 것이다. 날개의 재고 수량으로 옳은 것은?

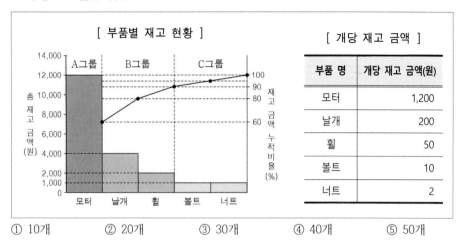

[개당 재고 금액]

부품 명	개당 재고 금액(원)
모터	1,200
날개	200
휠	50
볼트	10
너트	2

① 10개　　② 20개　　③ 30개　　④ 40개　　⑤ 50개

[51] 다음 사례에서 A사가 새롭게 시작할 운송 방식에 대한 특징으로 적절하지 <u>않은</u> 것은?

　　물류 기업 A사는 유럽과 아시아 간 중국횡단철도(TCR)와 트럭을 이용해 화물을 운송하는 유라시아 브릿지 서비스를 새롭게 시작한다고 밝혔다. 기존 화물 운송 루트는 인천항에서 수에즈 운하를 통과하여 네덜란드 로테르담항까지 약 22,000km에 달하는 이동 거리였다. 하지만 유라시아 브릿지 서비스를 이용하면 중국횡단철도를 이용해 유럽 지역의 기차역까지 운송한 뒤 다시 트럭으로 고객사 물류 센터로 바로 운송이 가능하다.

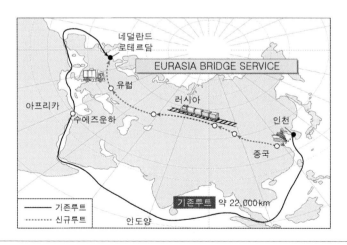

① 환적 횟수가 줄어든다.　　② 수송 물류비가 절감된다.
③ 해륙 복합 운송 방식이다.　　④ 상품 인도 기간이 줄어든다.
⑤ 화물 운송 지역이 다양해진다.

[52] 다음은 A국의 국제수지 현황이다. 2018년 대비 2019년 국제수지에 대한 설명으로 적절한 것을 보기 에서 고른 것은? (단, 제시된 자료 외의 것은 고려하지 않는다.)

국제수지 현황

(단위: 억 달러)

국제수지		2018년	2019년
		연간	연간
경상수지	상품수지	1,000	×××
	수출액	5,000	5,500
	수입액	4,000	4,800
	서비스수지	- 177	- 345
	본원소득수지	- 100	50
	이전소득수지	- 90	- 74

보기

ㄱ. 해외여행 경비가 속한 수지의 적자 폭은 감소하였다.
ㄴ. 정부 간 무상 원조가 속한 수지의 적자 폭은 감소하였다.
ㄷ. 비거주자 근로자의 임금이 속한 수지의 적자 폭이 16억 달러 증가하였다.
ㄹ. 수입액의 증가가 수출액의 증가보다 커서 상품 수지의 흑자폭이 감소하였다.

① ㄱ, ㄴ ② ㄱ, ㄷ ③ ㄴ, ㄷ
④ ㄴ, ㄹ ⑤ ㄷ, ㄹ

[53] 가로 $720\,cm$, 세로 $320\,cm$인 직사각형 연못을 따라 일정한 간격으로 화분을 놓으려고 한다. 화분 사이 간격이 최대가 되도록 할 때, 필요한 화분의 개수로 알맞은 것은? (단, 네 모퉁이에는 반드시 화분을 놓는다.)

① 25개 ② 26개 ③ 27개 ④ 28개 ⑤ 30개

[54] ○○전자에 부품을 공급하는 두 기업 (가)와 (나)가 있다. (가) 기업에서 공급하는 부품 중 12%가 A이고, (나) 기업에서 공급하는 부품 중 30%가 A이다. 어느 날 두 기업에서 들어온 부품 전체 중 24%가 A이고, (가) 기업에서 부품 400개가 들어왔을 때, B 기업에서 들어온 부품의 개수는?

① 400개　　　② 600개　　　③ 800개　　　④ 1,000개　　　⑤ 1,500개

[55] 1부터 9까지의 숫자 카드 중 3장을 골라 한 번씩만 사용하여 각 자리 숫자의 합이 10인 세 자연수 ABC를 만들고, 이를 다시 두 자리 수 AB와 한 자리 수 C로 나누었다. AB × C의 값이 가장 큰 것과 가장 작은 것의 차로 알맞은 수는?

① 125　　　② 136　　　③ 150　　　④ 178　　　⑤ 180

[56] 다음과 같은 정사각형의 꼭짓점에 1부터 9까지의 수를 한 번씩만 써서 꼭짓점에 있는 수의 합이 모두 같을 때, A+B+C의 값은 얼마인가?

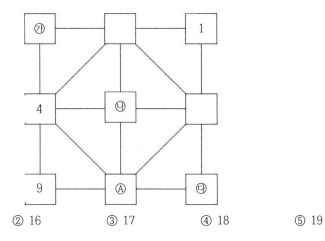

① 15　　　② 16　　　③ 17　　　④ 18　　　⑤ 19

[57] 2020년까지 땅속에서 각각 12년, 16년을 지낸 두 종의 매미가 2021년에 땅 위에 동시에 나타났다. 다음의 이야기를 참고했을 때 2021년 이후 두 종의 매미가 처음으로 다시 땅 위에 동시에 나타나게 되는 해로 알맞은 것은?

> 북미 대륙 숲에는 삶의 주기가 7년, 13년, 17년인 매미들이 산다.
> 17년마다 40억 마리라는 엄청난 수를 과시하며 등장하는 매미는 6주 간 짝짓기가 끝나면 모두 죽고, 숲은 17년간 다시 조용해진다. 그 전에 암컷들은 각각 600여 개의 알을 낳는데, 부화한 애벌레들은 땅속에 파고든 뒤 17년을 기다린다. 때론 17년 주기의 매미가 지나치게 일찍 등장하는 경우도 있는데, 그때도 1년, 2년이 아니라 4년 먼저 나타난다. 즉 소수인 13년째에 등장하는 것이다.
> 도대체 왜 매미들은 이처럼 소수를 좋아하는 것일까? 매미들의 생애 주기는 매미들이 출현하는 때에 맞춰 나타나 포식하는 그들의 천적과 관련이 있다. 생애 주기가 '소수'인 매미는 '합성수' 주기의 매미보다 포식자를 만날 확률이 훨씬 낮다. 말하자면 소수 생애 주기를 지닌 매미들은 살아남고, 합성수 생애 주기를 지닌 매미들은 도태된다.

① 2221년 ② 2238년 ③ 2242년 ④ 2259년 ⑤ 2276년

[58] 다음 사례에 나타난 A씨의 직업의식과 직업관으로 가장 적절한 것은?

> 항공기 정비사 A씨는 항공기 동체나 엔진을 조립하고 정비하는 일이 하늘로부터 부여받은 일이라 여기며 항공기 정비에 최선을 다하고 있다. 항공기를 정비하는 일 자체를 좋아해서 40여 년 동안 끊임없이 정비 기술을 연마하고 있으며, 자신이 정비한 비행기가 하늘로 올라가 비행하는 모습을 보면서 큰 보람을 느끼고 있다.

	직업의식	직업관
①	소명 의식	결과 지향적 직업관
②	소명 의식	과정 지향적 직업관
③	연대 의식	결과 지향적 직업관
④	연대 의식	물질 지향적 직업관
⑤	평등 의식	과정 지향적 직업관

[59] 보기 에서 다음 대화에 나타난 A, B, C의 문화 이해 관점에 대한 옳은 설명을 모두 고른 것은?

> **A**: 음식 문화는 다른 문화 요소와 유기적으로 연관되어 있습니다. 따라서 한 나라의 음식 문화를 이해하려면 자연환경, 역사, 민족성 등도 함께 파악해야 합니다.
> **B**: 다른 나라의 음식 문화가 특이하고 자국 문화와 다르다고 해서 이것을 불결하거나 저급하게 생각해서는 안 됩니다. 그 나라 입장에서 음식 문화를 이해해야 합니다.
> **C**: 한 나라의 음식 문화를 이해하기 위해서는 인접한 다른 문화권의 음식 문화를 살펴보고 공통점과 차이점을 찾아보아야 합니다.

> **보기**
> ㄱ. A는 문화가 부분이 아닌 전체로서의 의미를 가진다고 본다.
> ㄴ. B는 문화 간 우열을 정하는 일정한 기준이 존재한다고 본다.
> ㄷ. C는 문화의 보편성과 특수성을 파악하고자 한다.
> ㄹ. A는 C와 달리 자기 문화를 객관적으로 이해하고자 한다.

① ㄱ, ㄴ ② ㄱ, ㄷ ③ ㄴ, ㄷ
④ ㄴ, ㄹ ⑤ ㄷ, ㄹ

[60] 그림은 A국의 문화 교류와 문화 변동을 나타낸 것이다. 문화 변동 결과에 대한 분석으로 가장 적절한 것은?

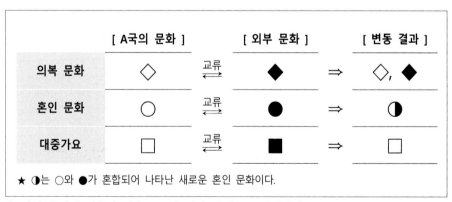

★ ◖는 ○와 ●가 혼합되어 나타난 새로운 혼인 문화이다.

① 외부 문화와 접촉한 이후 A국의 의복 문화는 소멸되었다.
② A국의 혼인 문화와 대중가요는 외부 문화로 인해 고유의 성격이 사라졌다.
③ A국의 대중가요에서는 문화 교류의 결과로 외부 문화의 토착화가 이루어졌다.
④ A국의 의복 문화와 혼인 문화는 문화 교류의 결과로 외부 문화의 하위문화로 변화하였다.
⑤ A국의 혼인 문화 변동 결과와 같은 사례로 서로 다른 나라의 음식이 결합한 퓨전 요리의 등장이 있다.

정답 및 해설

[정답]

[01] ③	[02] ②	[03] ④	[04] ⑤	[05] ②
[06] ②	[07] ④	[08] ④	[09] ④	[10] ④
[11] ④	[12] ③	[13] ①	[14] ②	[15] ④
[16] ⑤	[17] ③	[18] ⑤	[19] ①	[20] ②
[21] ⑤	[22] ②	[23] ②	[24] ③	[25] ③
[26] ②	[27] ①	[28] ②	[29] ③	[30] ②
[31] ③	[32] ③	[33] ③	[34] ③	[35] ③
[36] ②	[37] ③	[38] ③	[39] ②	[40] ①
[41] ①	[42] ②	[43] ②	[44] ③	[45] ④
[46] ⑤	[47] ⑤	[48] ②	[49] ⑤	[50] ②
[51] ②	[52] ④	[53] ②	[54] ③	[55] ④
[56] ①	[57] ③	[58] ②	[59] ②	[60] ⑤

[해설]

[1] ③
[정답풀이] 첫 단락에서 여행할 나라로부터 받는 입국 허가는 '비자'임을 알 수 있다. 여권 번호는 '비자'와 관련이 없다. 5단락에서 여권 번호는 여권 종류를 나타내는 알파벳과 숫자 여덟 개의 조합으로 이루어지는데, 이 숫자는 무작위로 부여된다는 내용이 제시되어 있다.
[오답풀이] ① 첫 단락에서 여권에 수록할 사진은 정면을 바라보고 얼굴 전체가 드러난 것이어야 한다는 내용을 확인할 수 있다. ② 3단락에서 'PM'이 유효 기간 동안 여러 번 출입국에 사용할 수 있는 여권 종류를 나타내는 것임을 알 수 있다. ④ 3단락에서 '기호'라는 이름을 로마자 표기법에 따라 'GIHO'로 표기할 수 있음을 확인할 수 있다. ⑤ 3단락에서 2020년부터 발급될 여권에 주민등록번호 뒷부분이 기재되지 않을 예정이라는 내용을 확인할 수 있다.

[2] ②
[정답풀이] [나]에 제시된 상황은 400명의 사람이 죽거나(프로그램 ㉮), 아무도 죽지 않을 확률이 3분의 1이고, 600명이 죽게 될 확률이 3분의 2(프로그램 ㉯)인 상황이다. [가]의 내용을 보았을 때 이는 손실을 주는 상황이므로 사람들은 이를 부정적 틀로 인식한다. 그 결과 많은 사람들이 손실이 확실한 프로그램 ㉮보다 손실이 불확실한 프로그램 ㉯를 선택하게 된다. 따라서 정답은 ②이다.

[3] ④

[정답풀이] [가]의 전망 이론에 의하면 사람들은 이득보다 손실에 더 민감하게 반응한다는 것을 알 수 있다. 이를 [나]에 적용하면, 소비자들이 구매 물품을 반품할 때 느끼는 손실감이 구매 금액을 환불받았을 때의 이득감보다 더 크게 느끼기 때문에, 실제로 제품을 반품하는 소비자는 소수에 지나지 않는 것이라고 해석할 수 있다.
[오답풀이] ① 제품을 사용하는 기간만큼 제품을 통해 얻는 이득감이 줄어드는 것은 제품을 반품하지 않는 상황에 대한 이유로 적절하지 않다. ② 제품에 대한 불만족은 심리적인 현상일 뿐이라는 설명은 전망 이론의 설명과는 관련이 없다. ③ 제품을 반품했을 때의 이득감이 제품을 그대로 사용했을 때의 이득감보다 더 크다면 제품을 반품하는 것이 적절하다. ⑤ 제품을 구매하는 과정에 투입된 시간과 노력을 계산했을 때, 제품을 반품하는 것이 합리적인 선택이라는 것은 제품을 반품하지 않는 이유에 해당하지 않는다.

[4] ⑤
[정답풀이] 물체의 속력과 물체에 작용하는 중력은 시간의 흐름에 영향을 준다. 빠른 속력으로 이동하면 시간이 느리게 흐르고, 중력이 약하게 작용하면 시간이 빠르게 흐르는데 원자시계의 시간은 지표면의 시간에 비해 매일 약 $38.6\mu s$씩 빨라진다. GPS 위성은 지구의 자전 속력보다 빠르게 지구 주변을 돌고 있기 때문에 지표면에 비해 시간이 느리게 흘러 위성의 시간은 하루에 약 $7.2\mu s$씩 느려진다. 그리고 위성은 높은 고도에 있기 때문에 중력이 지표면보다 약하게 작용해 지표면에 비해 시간이 하루에 약 $45.8\mu s$씩 빨라지게 된다. 즉 GPS 위성에는 시간을 빠르게 하는 요소와 느리게 하는 요소가 모두 작용하는데, 시간이 빨라지는 이유는 중력으로 인해 시간이 빨라지는 영향이 더 크기 때문이다.
[오답풀이] ① 2단락의 '또한 위성은 약 20,000km 이상의 상공에 있기 때문에 중력이 지표면보다 약하게 작용해'를 통해 GPS 위성은 지표면보다 높은 곳에 있어 중력이 약하게 작용한다는 사실을 알 수 있다. ② 2단락의 '위성은 지구의 자전 속력보다 빠르게 지구 주변을 돌고 있기 때문에 지표면에 비해 시간이 느리게 흘러'를 통해 GPS 위성은 지구의 자전 속력보다 빠르게 돌고 있다는 사실을 알 수 있다. ③ GPS 위성의 원자시계가 빠르게 흐르는 데 영향을 주는 요소는 속력과 중력이기 때문에, 지구의 자전 방향과 같다는 것을 이유로 볼 수 없다. ④ GPS 수신기가 GPS 위성의 신호를 받는 과정에서 시간의 차이가 생기는 것은 GPS 수신기와 위성 사이의 거리 때문에 발생하는 것이다. 그러므로 이것이 GPS 위성에 있는 원자시계의 시간이 지표면에 비해 빨라지는 이유로 볼 수 없다.

[5] ②
[정답풀이] ㉠'EGR 방식'은 배기가스를 재순환시켜 연소 온도를 낮추어 질소 산화물을 적게 발생하도록 한다. 배기가스가 엔진으로 재순환되어 연료와 함께 연소되는 과정에서 엔진에 불순물이 쌓일 수 있다. ㉡'SCR 방식'은 배기가스 중 질소 산화물을 암모니아와 반응시켜 저감하는 기술이다. 따라서 질소 산화물을 저감하는 과정이 엔진에서의 연소 과정과는 별도로 이루어진다고 할 수 있다.
[오답풀이] ① EGR 방식은 배기가스를 엔진으로 재순환시켜

질소 산화물을 저감한다. ③ SCR 방식에서는 암모니아를 통해 질소 산화물을 저감한다. 암모니아는 폭발의 위험이 있고 자극적인 냄새를 풍겨 취급 시 주의를 요한다. ⑤ SCR 방식이 EGR 방식보다 높은 온도에서 연료를 연소시킨다.

[6] ②
[정답풀이] 환영론은 영화를 보는 동안은 환영에 빠져 허구적 대상이 실제로 존재한다고 믿게 된다고 설명한다. 이는 래드포드가 제시한 전제 2, '우리는 허구적 사건이나 인물은 존재하지 않는다고 믿는다.'를 부정하는 것이다. 전제 2를 부정하면, 래드포드의 세 전제들은 다음과 같이 이해된다. '우리는 존재한다고 믿는 것에 대해 감정적으로 반응한다(전제 1). 그런데 우리는 영화를 보는 동안은 환영에 빠져 허구적 사건이나 인물이 존재한다고 믿는다(전제 2의 부정). 그러므로 우리는 허구적 사건이나 인물에 대해 감정적으로 반응할 수 있다(전제 3).' 즉 환영론은 래드포드가 제시한 세 전제 중, 전제 2를 부정하고 전제 1과 전제 3을 받아들이는 입장이라 할 수 있다.

[7] ④
[정답풀이] 감각믿음 이론에 따르면 중심믿음은 추론적 사고와 기억에 의해 만들어지므로, ㉮ 단계에서 연구자의 말을 듣고 실험 참가자들은 앞으로 볼 두 선분 a, b가 동일한 길이라는 중심믿음을 형성하게 된다. 한편, 감각믿음은 감각 경험에 의해 자동적으로 떠오르는 믿음이므로, ㉯ 단계에서 실험 참가자들은 <그림>을 보자마자 착시로 인해 선분 a보다 선분 b가 길어 보인다고 느끼고 'a보다 b가 길다.'라는 감각믿음을 갖게 된다. 다시 말해, 두 선분의 길이가 같다는 중심믿음이 감각믿음에 영향을 미치지 못하는 것이다.
[오답풀이] ① ㉮ 단계에서는 실험 참가자들이 아직 <그림>을 보기 전이므로 시각 경험에 의한 감각믿음을 형성할 수 없다. ㉮ 단계에서 연구자는 실험 참가자들이 자신의 말을 듣고 두 선분의 길이가 같다는 중심믿음을 형성하기를 기대하였을 것이다. ② 감각믿음 이론에 따르면, 추론적 사고나 기억 등은 중심믿음과 관련되고, 감각믿음은 감각 경험에 의해 자동적으로 형성된다. ③ ㉮ 단계에서 연구자의 말을 듣고 실험 참가자들은 '두 선분의 길이가 같다.'는 중심믿음을 형성하였으나, ㉯ 단계에서 <그림>을 본 실험 참가자들이 감각 경험에 의해 '두 선분의 길이가 다르다.'는 감각믿음을 형성하였으므로, ㉮ 단계에서 형성된 중심믿음은 ㉯ 단계에서 형성된 감각믿음과 상충한다. ⑤ 실험 참가자들이 <그림>을 보기 전 두 선분의 길이가 같다는 말을 듣고도, <그림>을 본 후 두 선분의 길이가 같지 않다고 응답하였으므로, 연구자는 실험 참가자들의 중심믿음과 감각믿음이 일치하지 않았다고 판단하였을 것이다.

[8] ④
[정답풀이] 2단락의 '하루의 피로를 풀고 ~ 호접란을 두는 것이 좋습니다.'에서 호접란이 낮보다 밤에 이산화탄소를 흡수한다는 사실을 알 수 있으므로 침실에 ㉣을 두는 것이 적절함을 알 수 있다. 그런데 ④는 밤이 아닌 낮에 이산화탄소를 흡수한다고 했으므로 설명이 적절하지 않음을 알 수 있다.
[오답풀이] ① 2단락에서 '거실에는 크기가 커서 ~ 인도고무

나무를 놓는 것이 좋습니다'라고 했으므로 ㉠에 대한 설명으로 적절하다. ② 2단락에서 '빛은 잘 들지만 ~ 제라늄이 적합합니다.'라고 했으므로 ㉡에 대한 설명으로 적절하다. ③ 2단락에서 '주방의 경우에는 ~ 스킨답서스가 잘 흡수하기 때문입니다.'라고 했으므로 ㉢에 대한 설명으로 적절하다. ⑤ 2단락에서 '욕실에는 각종 냄새와 ~ 관음죽을 놓는 것이 좋습니다.'라고 했으므로 ㉤에 대한 설명으로 적절하다.

[9] ④
[정답풀이] ㉠'의약품'은 소비자가 자신에게 유발될 수 있는 위험이 크다고 인식했기 때문에 꼼꼼하게 고려하여 구매하므로 고관여에 해당하고, 효능이라는 성능을 살펴보았으므로 이성적 관여에 해당한다. ㉡'볼펜'은 소비자가 가격이 싸고 즉흥적으로 구매하므로 저관여에 해당하고, 디자인이 주는 즐거움을 고려하고 있으므로 감성적 관여에 해당한다. ㉢'휴대폰'은 소비자가 선택 가능한 제품이 많아 면밀히 비교 분석하므로 고관여에 해당하고, 편리성을 중시하므로 이성적 관여에 해당한다. ㉣'통조림'은 소비자가 제품이 유발하는 위험이 크지 않고 별다른 고민 없이 구매하므로 저관여에 해당하고, 실용성을 중시하므로 이성적 관여에 해당한다. ㉤'반지'는 소비자가 가격이 비싸고 여러 매장을 둘러보며 제품에 대해 알아보려는 노력을 기울이므로 고관여에 해당하고, 충분한 만족감을 고려하므로 감성적 관여에 해당한다. ㉥'치약'은 소비자가 기능이 단순해서 아무 제품이나 쉽게 구매하므로 저관여에 해당하고, 실용성을 중심으로 살펴보므로 이성적 관여에 해당한다. 따라서 A에는 ㉠과 ㉢, B에는 ㉤, C에는 ㉣과 ㉥, D에는 ㉡이다.

[10] ④
[정답풀이] [가]에서 상황적 요인은 소비자가 제품의 구매와 관련된 특정 상황을 의미한다. [나]에서 B는 A를 위로하기 위해 평소 관심이 없었던 시집을 구매해서 선물하였다. 따라서 B는 A를 위로해야 한다는 상황적 요인에 의해서 시집에 대한 관여도가 높아진 것이므로, 개인적 요인에 의해 관여도가 높아졌다는 ④의 설명은 적절하지 않다.
[오답풀이] ① [가]에서 제품에 의한 요인은 특정 제품이 지닌 특징을 의미하는데, 이 특징은 대다수의 소비자들이 가지고 있는 욕구를 충족시킬 수 있는 것이라고 하였다. [나]에서 자전거가 대다수의 사람들이 만족하는 운동 기구이기 때문에 A가 자전거를 구매했으므로 적절하다. ② [나]에서 A는 체력이 약해졌다는 상황적 요인으로 인해 운동 기구에 대한 관여도가 일시적으로 높아져 구매하였으므로 적절하다. ③ B는 A에게 선물을 하기 위한 상황적 요인으로 인해 시집에 대한 관여도가 높아졌으므로 적절하다. ⑤ [가]에서 개인적 요인은 개인에게 국한되는 성향이나 자아 정체성 등을 의미한다고 하였다. [나]에서 A와 B는 각각 독서와 운동을 중시하는 성향을 보이기 때문에 각각 서적과 운동 기구에 높은 관여도를 갖고 있으므로 적절하다.

[11] ④
[정답풀이] [가]의 설명으로 보았을 때, 오일 셰일은 바위 속의 석유를 말하므로 한 번 추출하면 그만인 자원임을 알 수

있다. 따라서 오일 셰일은 재생 불가능한 자원으로 기술적 의미로는 자원이었지만 그동안은 경제적 타산이 맞지 않아 개발하지 않았다가 기술의 개발과 경제적 여건이라는 상황의 변화에 따라 경제적 의미의 자원으로 변화하였다. 따라서 오일 셰일을 나타내는 것은 D가 적절하다.

[12] ③
[정답풀이] 제시문은 농촌진흥청이 첨단 여교배 육종법을 이용하여 육종가가 원하는 특정 형질을 갖는 우수 계통을 조기 선발할 수 있는 세트를 개발했다는 신문 기사이다. DNA 마커 세트는 배추의 유전체 정보를 분석해 특정 형질의 유무를 확인할 수 있는 분자 표지 기술이다. 이러한 분자 표지는 DNA 염기 서열 및 단백질의 차이를 감별하여 이용하는 기술이며 은행나무의 암수 구별 등에 활용된다. 선택지 'ㄴ'은 분자 표지 기술이 아니라 조직 배양 기술에 대한 설명이다.

[13] ①
[정답풀이] 생산지와 소비지가 대체로 일치하기 때문에 국제 이동량이 적으며(ㄱ), 우리나라에서의 자급률은 매우 높은 작물(ㄴ)은 (가)의 '쌀'이다.
[오답풀이] 재배 국가의 면적으로 보았을 때 세계 재배 면적은 (나)의 밀이 (가)의 쌀보다 넓기 때문에 ㄷ은 알맞지 않다. 또, 선진국에서는 (다) 옥수수보다 (나) 밀의 1인당 섭취량이 많기 때문에 ㄹ도 알맞지 않다.

[14] ②
[정답풀이] 원자력 발전은 위험성이 있지만 온실 가스는 배출하지 않는다(ㄱ). 그리고 일본은 원자력 발전량이 프랑스에 비해 절반 정도이지만 자국 내 점유율이 20%를 미치지 못하기 때문에 전력량 전체는 원자력 발전 비율이 80%에 다다르는 프랑스보다 많다(ㄷ).
[오답풀이] ㄴ. 원자력 발전은 위험성이 있고 물이 대량으로 필요하기 때문에 발전소의 입지가 까다롭고 발전량 조절이 어렵다. ㄷ. 발전량 조절이 어려운 원자력 발전의 비중이 80% 가깝게 높은 프랑스는 원자력 발전량이 20%에 못 미치는 미국보다 발전량 조절이 탄력적이지 못한 전력 생산 구조를 갖고 있다.

[15] ④
[정답풀이] ㄴ. 기업의 핵심 역량을 집중하기 위해 설계를 제외한 생산은 외부 전문 업체에 위탁하여 공급받는 것은 아웃소싱 경영 기법에 해당한다. ㄷ. 엔진 개발을 위해 한시적으로 TFT(Task Force Team)를 구성한 것은 프로젝트 조직에 해당한다.
[오답풀이] ㄱ. 주식회사는 유한 책임 사원만으로 구성된 회사이다.

[16] ⑤
[정답풀이] 시장 가격에 따른 X재의 수요량과 공급량이 균형을 맞춘 것은 개당 가격 3만 원에 거래량은 80개이다. 따라서 이를 전체 가격으로 하면 240만 원이 되어 ⑤는 맞는 설명이 된다.
[오답풀이] ① 가격이 1만 원일 때는 수요량이 100개인데

공급량은 20개이므로 초과 공급이 아니라 공급 부족이 발생한다. ② 가격이 2만 원일 때는 공급량이 50개인데 3만 원일 때는 80개이므로 2만 원일 때 공급량이 더 적다. ③ 가격이 4만 원일 때 공급량이 수요량보다 40개 더 많아 가격 하락 압력이 발생한다. ④ 가격이 5만 원일 때 공급량은 140개로 최대가 맞지만 수요량이 60개 밖에 되지 않아 거래량은 60개로 최대가 되지 않는다. 최대는 3만 원일 때의 80개이다.

[17] ③
[정답풀이] 2017년과 2018년의 수출액과 수입액의 차이는 50억 달러로 변함이 없다. 따라서 ③의 설명은 맞지 않다.
[오답풀이] ① A국의 무역 의존도는 2017년에 $\frac{100+50}{200} \times 100 = 75\%$이고, 2018년에 $\frac{150+100}{300} \times 100 = 83.3333$ (약 83)%이다. ② 2017년과 2018년의 수입액은 50에서 100으로 2배 증가하였다. ④ 국내 총생산에 대한 수입액의 비율은 2017년도 25%에서 2018년도 33.3333%로 상승하였다. ⑤ 국내 총생산에 대한 수출액의 비율은 2017년도 50%에서 2018년도 50%로 동일하다.

[18] ⑤
[정답풀이] ㄷ. 그래프에서 보면 북아메리카와 오세아니아에서의 삼림 면적은 모두 감소하였다. ㄹ. 열대림 비중이 높은 아프리카와 남아메리카는 냉대림 비중이 높은 유럽 및 러시아, 북아메리카보다 삼림 감소 면적이 넓다.
[정답풀이] ㄱ. 1990년대에 유럽에서는 사람면적이 증가하였지만 아시아에서는 감소하였다. ㄴ. 2000년대 삼림 면적이 아프리카에서는 3.4가 감소했는데, 남아메리카에서는 4.0이 감소하였다.

[19] ①
[정답풀이] '산업의 쌀로 불리는 광물 자원은 '철'이며, 전도율이 가장 높아 전기 및 공업이나 전자 공업의 발달로 수요가 크게 증가한 광물은 '구리'이고, 항공기 몸체나 음료수 용기 등의 재료로 이용되는 광물은 '보크사이트'이다. 따라서 정답은 ㄱ, ㄴ, ㄷ이 순서대로 나열된 ①이다.

[20] ②
[정답풀이] 금리 인하 정책은 기업의 설비 투자 감소, 기업의 재고 증가 등으로 인해 경기 침체가 지속될 때 시행할 수 있고, 금리 인상 정책은 통화량 증가로 인한 물가 상승이 우려되는 등 경기가 과열될 조짐이 있을 때 시행할 수 있다. 논쟁에서 A는 금리 인하를 통한 경기 부양을 주장하고, B는 금리 인상을 통한 물가 안정을 주장하고 있으므로 A는 기업의 재고 증가(ㄱ)를, B는 통화량의 증가(ㄷ)를 근거로 들어야 한다.
[오답풀이] ㄴ. 기업의 설비 투자 증가는 경기 회복의 신호이므로 금리 인하를 주장하는 A의 입장이 아니라 B의 입장이다. ㄹ. 실업률이 계속 상승하는 것은 경기 침체이므로 금리 인상을 주장하는 B의 입장이 아니라 A의 입장이다.

[21] ⑤
[정답풀이] A 지점으로 공장을 이전할 경우 제품 1단위당 운송비가 2,000원 증가하지만, 2,300원의 집적 이익을 얻을

수 있다고 하였으므로 300원의 초과 이익을 얻을 수 있다. 또 B 지점으로 공장을 이전할 경우 제품 1단위당 운송비가 3,000원 증가하지만, 3,500원의 보조금을 받을 수 있으므로 500원의 초과 이익을 얻을 수 있다. 그런데 C 지점으로 공장을 이전할 경우 제품 1단위당 운송비가 4,000원 증가하지만, 세금 감면을 통해 5,000원의 이익을 얻을 수 있으므로 1,000원의 초과 이익을 얻을 수 있다. 따라서 C 지점으로 옮겨 1,000원의 초과 이익을 얻는 것이 기업으로서는 가장 최선이다.

[22] ④
[정답풀이] A 구는 주간 인구에 비해 상주 인구가 더 많은 것으로 보았을 때 외곽 지역이고, B 구는 상주 인구에 비해 주간 인구가 매우 많은 것으로 보았을 때 도심 지역이다. A 구의 외곽 지역에 비해 지대와 접근성이 높은 B 구의 도심에는 높은 지대를 지불할 수 있는 업무나 상업 기능이 집중한다(④). 따라서 B 구는 ①의 설명과는 달리 접근성이 높고, ③의 설명과는 달리 건물의 평균 높이가 높으며, ②의 설명과는 달리 녹지 공간의 비중이 낮고, ⑤의 설명과는 달리 거주자의 평균 통근 거리는 가깝다.

[23] ②
[정답풀이] 한국과 미국 간 종사자 수 비중 격차는 도·소매업이 5.2% 차이가 나고, 보건·사회 서비스업은 8.4% 차이가 난다. 따라서 종사자 수 비중 격차는 보건·사회 서비스업이 가장 크다.
[오답풀이] 우리나라와 미국 모두 음식·숙박업의 종사자당 부가 가치 생산액이 가장 적고(①), 금융·보험업의 종사자당 부가 가치 생산액이 가장 많다(③).

[24] ③
[정답풀이] 매출 실적에 대한 분석 결과를 반영하여 고객 점유율을 높이고(ㄱ), 고객의 행동 양식을 바탕으로 기업 경영 전략을 마련해야 한다(ㄴ).
[오답풀이] 판매자 중심의 4P 전략보다는 고객 중심의 4C 전략을 강화해야 한다(ㄷ).

※ 4P 전략과 4C 전략

· **4P 전략**: 제롬 맥카시 교수가 주장한 타깃 고객층을 만족시키기 위해 해 필요한 제품(Product), 가격(Pricing), 장소(Place), 촉진(Promotion) 네 가지 중점 전략으로 공급자 중심의 마케팅 전략이다.
· **4C 전략**: 고객 점유를 위해 고객 가치(Customer Value), 구매 비용(Customer Cost), 고객 편의성(Convenience), 고객과의 소통(Communication)을 하려는 전략으로 수요자 중심의 마케팅 전략이다.

[25] ③
[정답풀이] A 국가는 노년층 인구 비율이 높고 유소년 층 인구 비율이 낮고, B 국가는 노년층 인구 비율이 낮고 유소년 층 인구 비율이 높아 피라미드형 인구 구조가 나타난다. 따라서 A 국가는 선진국인 독일이고 B 국가는 후진국인 우간다임을 추론할 수 있다. 이 그래프는 선진국인 독일(A 국가)가 후진국인 우간다(B 국가)보다 경제 발전 수준과 기대 수명이 높고(①), 저출산 및 고령화 현상이 뚜렷하다(③). 유소년 층의 인구가 많은 B 국가(우간다)는 상대적으로 유소년 층의 인구가 적은 A 국가(독일)보다 인구 증가율이 높을 뿐만 아니라(②), 경제의 중심이 되는 20~30대 인구 구성이 높지만 40~60대 인국 구성이 낮은 거로 보아 경제 발전 수준도 높지 않을 것이다(④). 우간다는 출생자의 생존율이 낮아 보이기 때문에 이를 높이기 위한 정책이 필요하지만 독일의 경우에는 출생자의 숫자가 매우 부족하기 때문에 출산 장려 정책이 필요하다(⑤).

[26] ②
[정답풀이] 합리적 선택은 비용보다 편익이 큰 선택을 의미한다(ㄱ). 어떠한 행위를 함으로써 얻을 수 있었던 이익을 얻지 못한 것을 기회비용이라 한다. 따라서 흡연을 하지 않음으로써 얻을 건강을 흡연을 함으로써 잃는 것은 흡연의 기회비용이 된다(ㄷ).
[오답풀이] 편익은 금전적 이득은 물론 비금전적 만족감을 포함한다(ㄴ). 경제학에서 비용은 기회비용을 의미하며 명시적 비용과 암묵적 비용으로 나뉜다. 명시적 비용은 선택을 위해 투입된 비용이며, 암묵적 비용은 하나를 선택함으로써 포기해야 하는 것의 최대 가치이다. ㄹ은 명시적 비용으로 기회비용에 포함된다(ㄹ).

[27] ①
[정답풀이] 수민이의 입장에서 2만 원을 들여 수리를 할 때 추가로 15만 원이 들어가는 브레이크 라인 전체가 문제가 있다는 것을 알았다면 수리하는 것보다는 그 당시에 자전거를 구입했을 것이다(ㄱ). 또, 자전거를 구입하던 시점에서 보면 먼저 수리한 비용 2만 원에 새로 15만 원을 들여야 하므로 총 수리비용은 17만이 맞다(ㄴ).
[오답풀이] 수민이 사례에서 ㉠의 수리비 2만 원은 ㉡의 시점에서 보면 의사 결정에서 고려할 필요가 없는 매몰 비용이므로 ㉡의 시점에서 2만 원을 비용에 포함해서는 안 된다(ㄷ). 따라서 ㉡ 시점에서 브레이크 고장이 없는 동일한 만족감을 주는 자전거를 얻으려면 수리비용 15만 원과 자전거 구매 비용 16만 원 중 전자를 선택해야 경제적으로 합리적이다(ㄹ).

[28] ②
[정답풀이] 대안 비교표에 기초해 계산하면 B 휴대폰이 260점[(40×3)+(30×3)+(20×2)+(10×1)]으로 가장 높다.
[정답풀이] ① A 휴대폰은 220점[(40×1)+(30×3)+(20×3)+(10×3)]. ③ C 휴대폰은 250점[(40×2)+(30×3)+(20×3)+(10×2)], ④ D 휴대폰은 240점[(40×3)+(30×1)+(20×3)+(10×3)], ⑤ E 휴대폰은 210점[(40×2)+(30×2)+(20×2)+(10×3)]이다.

[29] ③

[정답풀이] 노사 합의 내용 두 번 째 항목으로 볼 때 품질 및 생산성 향상을 위한 격려금 지급에 대한 내용은 있으나, 상품의 판매 상황에 따른 임금 변동에 관한 내용은 제시되어 있지 않다.

[오답풀이] ① 노사 합의 내용 세 번째의 잔업과 특근의 자율적 선택 보장은 근로자의 근무 조건 개선에 해당한다. ② 노사 합의 내용 네 번째의 정년 보장에 대한 것은 근로자의 고용 보호 장치에 해당한다. ④ 노사 합의 내용 첫 번째의 기본급 5.5% 인상은 기업의 생산비를 증가시키는 요인이다. ⑤ 노사 합의 내용 다섯 번째의 공장 이전, 기업 양수양도, 신기술 도입 등으로 노동의 수급과 관련된 문제가 생길 경우에 노동자가 결정에 참여하는 것은 근로자가 부분적으로 기업 경영에 영향을 주는 것이다.

[30] ②

[정답풀이] 2010년은 재정 수입이 20억 달러, 재정 지출이 13억 달러로 재정 수지가 7억 달러인데 반해, 2011년은 재정 수입이 25억 달러, 재정 지출이 20억 달러로 재정 수지가 5억 달러이다. 즉 두 해 모두 재정 수지가 적자가 아닌 것으로 보아 재정 지출에 비해 재정 수입이 더 큼을 알 수 있으며 (ㄷ), 2011년은 전년도에 비해 재정 지출이 증가하였음을 알 수 있다(ㄱ).

[오답풀이] 재정 수입이 2010년에 비해 2011년에 더 많은 것으로 보았을 때 A 국가의 경제 활동은 활성화되었다고 할 수 있다(ㄴ). 또 2010년과 2011년의 재정 수입의 변화는 5억 달러이지만 재정 지출의 변화는 7억 달러이므로 재정 지출의 변화율이 더 크다(ㄹ).

[31] ①

[정답풀이] 공급이 감소함에도 가격이 하락하였다는 것은 수요가 더 큰 폭으로 감소할 때 가능하다. ①의 그래프를 보면 가격과 수량이 모두 감소하고 있음을 알 수 있다. 이는 가격이 내렸음에도 수요가 줄어든 상황을 보여 준다.

[오답풀이] ②는 가격이 올랐음에도 수량이 변동이 없는 것을 보여 주고 있고, ③은 반대로 수량은 변동이 없는데 가격이 낮아진 것을 보여주고 있다. 또 ④는 가격이 조금 내려가고 수량이 많이 늘어난 것을 보여 주며, ⑤는 가격이 조금 올라가자 수량이 큰 폭으로 줄어든 것을 보여 준다.

[32] ③

[정답풀이] (가)에서 A재의 가격이 변화하면 B재의 수요가 변화한다고 했으므로 A재와 B재는 대체재 관계이다. 또, (나)에서 A재의 원자재 가격이 상승하자 C재의 수요가 감소한다고 하였으므로 A재와 C재는 보완재 관계이다. 1월과 2월 사이에 A재의 거래량과 판매액이 늘었으므로 대체재인 B재의 수요는 감소할 것이다. 따라서 ③의 내용은 옳은 추론이다.

[오답풀이] ① A재의 공급이 증가하면 A재 가격이 하락하여 B재의 수요가 감소한다. ④ 2월과 3월 사이에 A재의 가격이 상승하므로 C재의 수요는 감소한다.

[33] ①

[정답풀이] 주간 인구 지수는 (주간 인구 ÷ 상주 인구) × 100으로 구한다. 주간 인구 지수가 높은 A 지역은 주로 업무

활동 공간이 중심인 도심 지역이고, 상주 인구 수가 많은 B 지역은 생활공간이 중심인 주거 지역이다. A 지역은 접근성과 지대가 높아 업무 기능이 집중하므로 주거 시설의 비중은 B 지역보다 낮다. 따라서 ①의 설명은 옳지 않은 내용이다.

[34] ②

[정답풀이] 사회적으로 문제가 되는 공직자의 비리, 부정부패는 업무를 수행하는 자로서의 책임 윤리의 부재에서 비롯된 것이다. 이러한 문제를 해결하기 위해서는 업무를 가진 자는 그 업무를 수행함에 따라 사회적 지위에 맞게 맡은 바의 역할을 성실하게 수행해야 한다는 정명(正名) 정신을 가져야 한다.

[35] ④

[정답풀이] (가)는 사업체 수로 보았을 때 백화점보다는 많고 슈퍼마켓보다는 적은 것으로 보았을 때 대형마트(고차 중심지)이고, (나)는 사업체 수는 가장 많지만 매출액은 가장 적은 것으로 보았을 때 편의점(저차 중심지)이다. (나)인 편의점은 (가)인 대형마트보다 저차 중심지로 최소 요구치가 작고, 1일 이용자 수가 적으며 상품의 종류도 적게 나타난다. 따라서 **보기** 의 D가 (나)의 특징을 잘 나타낸 것이다. [※ 고차 중심지는 다른 중심지보다 더 많은 재화·용역을 공급하는 취락을 말하고 저차 중심지는 좁은 시장 지역을 가지며, 고차의 재화나 용역보다 판매되는 빈도가 높은 재화와 용역을 공급한다. 고차 중심지는 저차 중심지보다 훨씬 넓게 분포하지만 그 수는 적다.]

[36] ②

[정답풀이] (가)는 사람들이 옳지 못한 행동을 하는 근본적 이유가 무엇이 옳고 그른 것인지에 대한 내적 성찰이 부족하기 때문이라고 보고 있다. 이러한 관점에 따르면, (나)와 같이 매년 증가하는 정보 사회에서 나타나는 다양한 문제들은 자신의 행동이 비윤리적임을 인식하지 못하기 때문에 발생하는 것이다. 따라서 제시된 정보 사회의 문제를 해결하기 위해서는 ②에서 말한 것과 같이 불건전한 인터넷 사용의 문제를 깨닫게 하는 것에서 출발해야 한다.

[37] ③

[정답풀이] 주어진 자료 가운데 <△△기업의 제품 라벨>로 보았을 때 두 자료는 섬유 공업과 관련된 것임을 알 수 있다. 섬유 공업은 노동집약적 공업으로 우리나라에서는 노동력이 저렴한 동남아시아의 베트남, 말레이시아 등으로 공장이 이전되고 있다. 따라서 정답은 ③이다.

[38] ④

[정답풀이] A재는 가격에 상관없이 정해진 액수만큼 구매하는 것으로 수요의 가격 탄력성이 단위 탄력적($\varepsilon d=1$)인 경우이며, B재는 항상 정해진 양을 구매하는 것으로 수요의 가격 탄력성이 완전 비탄력적($\varepsilon d=0$)인 경우이다. 따라서 가격과 상관 없이 정해진 금액만큼 휘발유를 구매하는 것은 A재와 가격 탄력성이 같은 것이며(ㄴ), 이는 A재가 B재보다 수요의 가격 탄력성이 큼을 말해 준다(ㄹ).

[오답풀이] ㄷ. 가격의 변화율과 수요량의 변화율이 같은 재화는 A재이다.

[39] ②

[정답풀이] A는 공급자의 수는 많고 상품은 동질이기 때문에 '완전 경쟁 시장'이고, B는 공급자 수는 많지만 상품의 질은 다르기 때문에 '독점적 경쟁 시장'이며, C는 상품의 질은 비슷하지만 공급자의 수가 매우 적기 때문에 '독점 시장'이다.

[오답풀이] ㄴ. B 시장은 '독점적 경쟁 시장'이기 때문에 개별 기업은 어느 정도의 시장 지배력을 갖는다. ㄹ. C 시장은 '독점 시장'이기 때문에 경쟁 자체가 발생하지 않는다. 비가격 경쟁은 '독점적 경쟁 시장'에서 나타난다.

[40] ①

[정답풀이] 그림은 조력 발전 방식으로 건설된 시화호 조력 발전소의 모식도이다. 조력 발전 방식은 조차가 클수록 발전에 유리한 청정에너지원이다. 따라서 정답은 ①이다.

[정답풀이] 조차가 발생 시에만 발전이 가능하고(ㄷ), 우리나라에서는 동해안은 조차가 크지 않아 적용하기 어려워 서해안에만 건설되고 있다(ㄹ).

[41] ①

[정답풀이] '유류 할증료(BAF, Bunker Adjustment Factor)'는 유가 상승에 따른 손실을 보전하기 위해 부과하는 운임을 말하며, '통화 할증료(CAF, Currency Adjustment Factor)'는 환율 상승에 따른 운항비의 결손을 화주에게 부과하는 운임을 말한다. 이들 할증료는 유가와 환율 변동에 대한 신문 기사에 따른 해운 회사가 부과할 수 있는 운임이다. 따라서 정답은 ①의 ㄱ과 ㄴ이다.

[정답풀이] '체화 할증료(Port Congestion Charge)'는 화주가 허용된 시간(Free Time)을 초과하여 컨테이너를 CY에서 반출해 가지 않을 경우 회사에 지불해야 하는 비용을 체화료(Demurrage Charge)라고 하는데, 도착항의 항만 사정이 선박으로 혼잡할 경우 신속히 하역할 수 없게 되어 선박의 가동율이 저하되어 일어나는 손해를 보전하는 요금을 말하고, '환적 할증료(Transhipment Charge)'는 화물이 중도에 환적하여 환적비용이 발생해 선사가 화주에게 환적에 관한 비용(하역비, 검사비 등)을 보전하는 요금을 말한다.

[42] ②

[정답풀이] C 프로그램은 컴퓨터 화면의 일부나 전체를 이미지 파일로 저장한다고 했으므로 캡처(capture) 프로그램이 적합하다. 따라서 〈보기〉에서 옳은 내용은 ㄷ이다.

[오답풀이] A는 용량이 큰 파일을 손실 없이 줄일 수 있고, 여러 개의 파일들을 하나로 묶는다고 했으므로 '압축' 프로그램이 적합하고(ㄱ), B는 그림이나 사진 파일 등 이미지를 미리 볼 수 있는 프로그램이라고 했으므로 '이미지 뷰어' 프로그램이 적합하다.

[43] ①

[정답풀이] 인터넷을 안전하게 이용하기 위해서는 비밀 번호는 주기적으로 변경해야 하고, 운영 체제 및 백신 프로그램은 최신 버전으로 업데이트해야 한다. 하지만 P2P로 제공하는 자신의 공유 폴더에 개인 정보 파일을 저장해서는 안 되고, 인터넷 뱅킹 이용 시 공공장소의 공개된 Wi-Fi를 이용해서도 안 된다. 따라서 정보 보안 평가지의 답변 중에서 순서대로 ○, ○, ×, ×라고 하는 것이 옳은 응답이 된다.

[44] ③

[정답풀이] 유통 경로는 모든 점포에 상품을 공급하는 개방적 유통 경로 정책에서 자사 제품만 파는 점포에 공급하는 전속적 유통 경로 정책으로 전환되며(ㄴ), 당용 매입으로 소량만 생산하여 자사 제품 취급 점포에만 공급하게 되면 가격은 저가격 정책에서 고가격 정책으로 변경된다. 원재료를 필요한 만큼 구매하는 방식은 당용 매입 방식에 해당한다(ㄷ).

[오답풀이] 자사 상품 취급 점포에만 공급하는 것으로 유통 경로 정책을 변경하였으므로 자사 제품의 시장 노출이 축소되며(ㄱ), 원재료 구매도 그 양이 축소될 것이므로 가격은 할인보다 할증될 것이다(ㄹ).

[45] ④

[정답풀이] 매트릭스 조직은 기능식 조직과 프로젝트 조직이 결합된 형태로, 환경 변화에 따른 시장 적응과 효율성을 달성할 수 있는 조직이다.

- **라인 조직**(line organization): 기업 내에서 직위가 톱에서 최하위의 계층까지 단일의 명령 권한의 직접 연결하는 것으로 단순하고 원시적인 조직 형태
- **위원회 조직**(committee organization): 직계 조직·기능 조직·참모 조직 등 각종의 관리 조직의 각 부문 간 혹은 명령 계통의 상호간 전체 커뮤니케이션을 원활하게 하기 위해 다수인이 참여하는 협의체 조직으로 고안된 조직
- **네트워크 조직**(network organization): 전통적 계층형 피라미드 조직의 경직성을 극복하기 위한 대안적 조직 운영 방식으로 내외부의 자원의 효율적이고 유연한 활용을 확보하는 기업 내 부문 간, 기업 간 네트워크로, 환경변화에 따른 복잡한 문제를 해결하기 위하여 수직적·수평적·공간적으로 개인·집단·조직간 관계 메커니즘을 갖춘 조직
- **매트릭스 조직**(matrix organization): 경영활동을 직능 부문으로 전문화시키면서 전문화된 부문들을 프로젝트로 통합시킬 단위를 갖기 위한 조직적 요구에 부응하고자 고안된 조직. 직능 조직과 프로젝트 조직의 장점을 동시 추구
- **사업부제 조직**: 한 기업이 여러 제품을 생산하거나 지역별로 분리되어 생산하는 경우에 제품별 또는 지역별로 사업 부문을 독립시켜 제조와 판매, 권한을 주고 독립 채산제로 하여 해당 사업부가 경영상의 책임을 지도록 하는 형태

[46] ⑤

[정답풀이] A와 B 기업은 수출입 방식을 수량 외에도 DDP → CIF, D/A → At Sight L/C, ICC(A) → ICC(C)로 변경하였다. 이로 보았을 때 A 기업은 가격 조건이 CIF로 변경됨에 따라 B 기업을 피보험자로 해상 운송 보험료까지 부담해야 한다(ㄷ). 대금 결제 방식은 At Sight L/C로 변경됨에 따라 추심에서 신용장 방식으로 변경되며, 대금 결제 은행은 추심 의뢰 은행에서 매입 은행으로 전환된다(ㄹ).

[오답풀이] 가격 조건이 CIF로 변경됨에 따라 물품 인도 책임 분기점은 도착항이 아니라 보내는 목적지까지이고(ㄱ), 어음은 기한부 어음인 D/A에서 일람 출급 어음인 L/C로 변경되었다(ㄴ).

- **DDP**(Delivered Duty Paid, 관세지급 반입인도조건): 물품이 수입국의 지정 장소에서 매수인이 인수 가능하게 될 때 매도인이 그의 의무를 완료한다. 매도인은 인도지점까지 관

세, 조세 및 기타 물품 인도 비용을 포함하여 모든 비용과 위험을 부담하여야 하며 수입통관도 해야 한다.

- **CIF**(Cost Insurance Freight, 운임보험료포함가격): 판매자가 화물의 선적에서 보내는 목적지까지의 모든 운임과 보험료를 부담하는 방식을 말한다.
- **D/A**(Document Against Acceptance, 외상수출어음): 선적 서류를 제출하면 기한부 수출환어음을 바로 인수하는 조건의 무역 거래 방식. 수출 기업은 해당 기간이 경과한 후에 이 서류를 은행에 제출하면 수출 대금을 받을 수 있다.
- **L/C**(letter of credit, 신용장): 은행이 수입상이나 해외여행자의 요청에 따라 이들의 일정한 금액이나 기간 등을 보증하기 위해 발행하는 증서를 말한다.
- **At Sight L/C**: 매입 은행이 선적 서류를 송부하면 개설 은행은 서류상의 하자가 없는 한 즉시 신용장 대금을 결제하는 방식을 말한다.
- **ICC**(Institute Cargo Clause, 협회적화약관): 1982년 런던 해상 보험자 협회에서 제정한 화물 운송 보험에 관한 약관. 구 약관에서 사용하던 보험 조건을 변경하였다.
- **ICC(A)**: 구약관 AR(전위험담보) 조건과 거의 동일한 조건. 보험회사의 면책 위험에 의한 손해가 아닌 한 모든 손해를 보상해 준다. 특히 ICC(A/R)에서는 보장하지 않는 해적 위험도 ICC(A)에서는 보장한다.
- **ICC(C)**: 구약관 ICC(FPA) 조건과 거의 동일한 조건으로 신약관에서 가장 담보 범위가 작은 보험 조건이다. ICC(FPA)에서는 보담하는 하역 작업 중에 발생한 포장단위당의 전손(소위 sling loss)을 ICC(C)에서는 보담하지 않는다.

[47] ⑤

[정답풀이] 6시그마 기법은 '정의 → 측정 → 분석 → 개선 → 관리'의 단계별 활동을 통해 불량품을 100만 개 중 3~4개 이하로 낮추는 기법으로 (가)는 '분석' 단계에 해당한다(ㄱ). 최초 공급업체로부터 최종 고객으로까지 자재와 제품의 생산 및 유통을 일련의 과정으로 통합하여 효율적으로 관리하는 시스템은 공급 사슬 관리(SCM)에 해당한다(ㄴ). 생산의 최적화를 위해 생산 현장의 실시간 모니터링으로 설비, 작업 내역, 공정 상태 등을 관리하는 시스템은 제조 실행 시스템(MES)에 해당한다(ㄷ).

[공급사슬관리(SCM, Supply Chain Management): 새로운 정보기술과 기업의 자원을 그 수요에 맞게 배치하여 조직을 재구축하고, 그 수요가 최종 소비자에게 정확히 공급되도록 하여 기업의 업무 효율성을 강화시켜주는 최적화 프로세스를 말한다. 기업들은 SCM을 통해 고객 서비스의 수준을 높이면서 비용도 최소화하여 경쟁력을 향상시킬 수 있다.]

[48] ④

[정답풀이] A 상자의 카드 1은 TV와 인터넷의 특징이므로 2점, 카드 2는 종이 신문과 TV 및 인터넷의 특징이므로 3점, 카드 3은 종이 신문과 TV의 특징이므로 2점이다. B 상자의 카드 4는 종이 신문과 인터넷의 특징이므로 2점, 카드 5와 카드 6은 인터넷만의 특징이므로 각각 1점이다. ④ 카드 2와 카드 4를 뽑으면 5점이라는 가장 높은 점수를 얻을 수 있다.

[오답풀이] ① A 상자에 담긴 카드의 총점은 7점이다. ② 한 사람이 1회 게임에서 얻을 수 있는 최소 점수는 3점이다. ③

한 사람이 1회 게임에서 얻을 수 있는 최대 점수는 5점이다. ⑤ 갑이 카드 2와 카드 4를 뽑았다면 5점이므로, 을이 이길 수 있는 카드 조합은 없다.

[49] ⑤

[정답풀이] A 기업의 품질 검사 결과에서 관리 상한선과 관리 하한선을 벗어난 경우에는 원인 조사가 필요하며(ㄱ), B 기업의 품질 검사 결과에서 용접 불량 건수와 도장 불량 건수의 합을 누적한 비율은 75%이다(ㄴ). 연속 생산은 개별 생산에 비해 소품종 대량 생산에 적합하다(ㄷ).

[50] ②

[정답풀이] 부품별 재고 현황과 개당 재고 금액으로 부품의 재고 수량을 파악할 수 있다. 즉, 날개의 재고 수량은 총 재고 금액(4,000원)을 개당 재고 금액(200원)으로 나눈 20개임을 알 수 있다.

[51] ①

[정답풀이] 복합 운송은 2가지 이상의 다른 운송 수단에 의하여 물품을 운송하기 위한 단일 계약으로 이루어지는 물품 운송 방식이다. A사가 새롭게 시행하는 유라시아 브릿지 서비스는 배(인천항 → 중국), 중국횡단철도(중국 → 유럽), 트럭(유럽 → 목적지)의 세 가지 다른 운송 수단을 이용하는 것이기 때문에 환적 횟수는 줄어드는 것이 아니라 늘어난다.

[오답풀이] 배를 이용하여 돌아가는 것에 비해 해륙 복합 운송 방식(③)인 랜드 브릿지 서비스는 거의 직선에 가깝게 가는 것이기 때문에 거리가 매우 짧아지기 때문에 수송 물류비(②)는 물론 상품 인도 기간도 줄어든다(④). 또한 육로를 이용하기 때문에 화물 운송 지역이 해로였을 때에 비해 매우 다양해진다(⑤).

[52] ④

[정답풀이] 경상수지에는 상품수지, 서비스수지, 본원소득수지, 이전소득수지가 있다. 정부 간 무상 원조는 이전소득수지에 해당하며 자료에서 적자 폭은 감소하였다(ㄴ). 상품수지는 (수출액 − 수입액)의 금액이 +이면 흑자, -이면 적자로 표시한다. 자료에서 제시한 수출액의 증가보다 수입액의 증가가 커서 상품수지의 흑자폭은 감소하였다(ㄹ).

[오답풀이] 서비스수지는 해외여행 경비 사용액이 속한 수지로 자료에서는 적자 폭이 확대되었다(ㄱ). 본원소득수지는 국내 거주자의 해외 소득과 국내 비거주 근로자의 국내 소득이 속한 수지로 적자에서 흑자로 전환되었다(ㄷ).

[53] ②

[정답풀이] 직사각형의 둘레를 일정한 간격으로 나눌 때, 간격을 최대로 하려면 가로, 세로 길이의 최대공약수를 구한다. 먼저 화분 사이 간격이 최대일 때 그 간격은 가로 길이 720과 세로 길이 320의 최대공약수이다.

$$720 = 2^4 \times 3^2 \times 5$$
$$320 = 2^6 \qquad \times 5$$
$$\overline{(최대공약수) = 2^4 \qquad \times 5 = 80}$$

이때 720과 320의 최대공약수는 $2^4 \times 5 = 80$이다. 따라서 화분 사이 간격은 80cm이다.

그러므로 가로는 720÷80=9이고, 세로는 320÷80=4가 되어 화분을 놓는 곳을 나타내면 다음 그림과 같다.

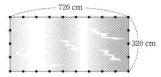

이때 필요한 화분의 개수는 (9+1)×2+(4+1)×2=26(개)가 된다.

[54] ③
[정답풀이] (가)와 (나) 두 기업에서 들어온 전체 부품 개수 중 A 부품의 개수를 따져 보면, (가) 기업에서 들어온 A 부품의 개수는 12/100×400 = 48(개)이고, (나) 기업에서 들어온 A 부품의 개수는 x개라 하면 30/100 × x = 3/10x(개)가 된다. 두 기업에서 들어온 부품 전체 중 24%가 A 부품이므로 48+3/10x =24/100×(400+x), 4800+30x =9600+24x, 6x =4800이다. 따라서 x=800이므로 (나) 기업에서 부품 A는 800개가 들어왔다.

[55] ④
[정답풀이] 각 자리 숫자의 합이 10인 서로 다른 세 자연수는 1+2+7, 1+3+6, 1+4+5, 2+3+5이므로 이를 이용해서 만들 수 있는 (두 자리 수) × (한 자리 수)의 값이 가장 큰 것과 작은 것은 41×5=205, 27×1=27이다. 따라서 차는 205-27=178이다.

[56] ①
[정답풀이] 1부터 9까지의 합이 45이므로 가운데 ㉺를 제외한 정사각형의 꼭짓점에 있는 네 수의 합이 각각 같아야 하므로 ㉺의 값은 홀수인 3, 5, 7 중 하나이다. ㉺가 3이면 네 수의 합은 (45-3)÷2=21이고, ㉺가 5면 네 수의 합은 (45-5)÷2=20이며, ㉺가 7이면 네 수의 합은 (45-7)÷2=19이다. ㉺가 3이면 4+9+㉿+3=21에서 ㉿는 5, ㉮+9+㉾+1=21에서 ㉮+㉾=11인데 남은 숫자 2, 6, 7, 8에서 합이 11인 수는 없다. ㉺가 5면 4+9+㉿+5=20에서 ㉿는 2이고, ㉮+9+㉾+1=20에서 ㉮+㉾가 10이므로 ㉮는 3, ㉾는 7이다. 따라서 그림의 가장 위 빈칸은 8, 오른쪽 빈칸은 6이 된다. 따라서 ㉮+㉯+㉰는 15입니다.

[57] ③
[정답풀이] 두 종의 매미가 땅 위에 동시에 나타나는 것은 각각 13년, 17년마다 이므로 두 종의 매미가 땅 위에 동시에 나타나는 것은 13과 17의 최소공배수인 13×17=221(년)마다 이다. 그러므로 2021년 이후 두 종의 매미가 처음으로 다시 땅 위에 동시에 나타나는 해는 2021+221=2242(년)이다.

[58] ②
[정답풀이] 항공기 동체나 엔진을 조립하고 정비하는 일이 하늘로부터 부여받은 일이라 여기며 항공기 정비에 최선을 다하고 있는 것을 '소명 의식'을 지녔다고 하며, 항공기를 정비하는 일 자체를 좋아해서 40여 년 동안 끊임없이 정비 기술을 연마하고 보람을 느끼는 것을 '과정 지향적 직업관'을 지녔다고 한다.

[59] ②
[정답풀이] 대화에 나타난 문화를 이해하는 관점은 A는 서로 유기적으로 연관되어 있다고 했으므로 총체론적 관점, B는 서로 다른 문화와 비교하고 있으므로 상대론적 관점, C는 인접한 다른 문화와 비교해본다고 했으므로 비교론적 관점이다. 따라서 ㄱ은 A가 문화를 전체로 파악한다는 점에서 맞는 내용이고, ㄷ은 C가 다른 문화와 비교해 본다고 했는데 문화의 보편성과 특수성을 말했으므로 맞는 내용이다.
[오답풀이] ㄴ은 B가 문화가 서로 다르더라도 상대의 문화를 폄하하거나 해서는 안 된다고 했는데 우열을 정하는 기준을 말한다는 점에서 맞지 않으며, ㄹ은 대화 자체가 A, B, C 각자의 문화에 대한 생각을 말하는 것인데 문화를 객관적으로 이해한다고 했으므로 적절하지 않다.

※ 문화를 바라보는 관점
- **총체론적 관점**: 문화의 각 구성 요소가 상호 유기적인 관계를 맺으면서 전체로서 하나의 문화를 이루고 있다고 전제하여 문화의 각 부분이나 요소가 독자적으로 의미를 가지는 것이 아니라 다른 문화 요소나 전체와의 관련 속에서 의미가 있다고 본다. 따라서 문화를 제대로 이해하기 위해서는 부분이 아닌 전체를 보아야 한다는 관점. 인도에서 주로 믿는 힌두교에서는 소를 신성하게 여긴다. 소에 대한 종교적 의미 부여는 소가 인도인의 농경 생활과 일상생활에 유용한 동물이라는 점과 관계가 깊다. 이처럼 인도에서 소를 식용으로 하지 않는 것도 인도의 종교, 농경문화 등과의 복합적 관계 속에서 파악할 수 있는 것이다.
- **상대론적 관점**: 각 사회의 문화가 각각의 환경에 적응하며 발전해온 것이기 때문에 다르다는 것을 인정하여야 하고, 특정 사회의 기준에 의해 일방적으로 평가되어서는 안 된다고 보는 관점. 예를 들어, A 종교를 가진 사람은 B 종교에 대해 A 종교의 관점만 가지고 판단해서는 안 된다. 그 대신 B 종교를 가진 사람들이나 사회의 다양한 배경과 상황 속에서 B 종교를 바라볼 때 그에 대해 보다 편견 없이 정확한 이해를 할 수 있다는 것이다.
- **비교론적 관점**: 모든 문화는 보편성과 특수성을 가지고 있다고 전제하여 어떤 문화의 특징을 잘 파악하기 위해서 다른 문화와의 유사성과 차이점을 고려해야 한다고 보는 관점. 이 과정을 통해 자기 문화는 물론 다른 문화도 더 깊이 이해할 수 있고, 문화의 보편성과 특수성도 파악할 수 있다고 본다. 결혼 제도는 어느 사회에서나 존재하지만, 구체적인 모습은 사회마다 다르다. 우리 사회에서는 일부일처제를 택하고 있지만, 어떤 사회에서는 일처다부제나 일부다처제를 취한다. 각 결혼 제도의 장단점을 비교하면서 일부일처제의 특징을 더 잘 파악할 수 있다.

[60] ⑤
[정답풀이] 제시된 그림에 의하면 문화 접변의 결과로 '의복 문화'는 문화 공존(◇, ◆), '혼인 문화'는 문화 융합(◖)이 일어났으며, '대중가요'는 자국의 문화를 그대로 유지하고 있다. 따라서 서로 다른 문화에 속하는 요리가 결합한 퓨전 요리가 '혼인 문화'와 같다는 설명은 적절한 내용이다.
[오답풀이] 외부 문화와의 교류로 '의복 문화'는 변동 결과가 공존(◇, ◆)이므로 소실했다는 것은 적절하지 않고(①, ④), '혼인 문화'는 융합(◖)되었고(②, ④), 대중가요는 변동 없다(②, ③).

NCS 고졸채용

CHAPTER 03 문제해결능력

[기초직업능력으로서의 문제해결능력 표준에 따른 성취 수준]

구분		성취 수준
문제 해결 능력	상	업무에서 발생한 문제를 인식하고 처리하기까지 타당한 근거를 바탕으로 새로운 방식을 고안한다.
	중	업무에서 발생한 문제를 인식하고 처리하기까지 기존의 문제 해결 방식을 다양하게 응용한다.
	하	업무에서 발생한 문제를 인식하고 처리하기까지 적절한 기존의 문제 해결 방식을 이용한다.
하위 능력	사고력 상	업무에서 발생한 문제를 해결하기까지 새로운 방식을 고안하고 타당한 근거를 제시하여 결정적 의견을 고안하며 타당성이 부족함을 평가한다.
	사고력 중	업무에서 발생한 문제를 해결하기까지 기존의 방식과 유사한 새로운 방식을 적용하고 유용한 의견을 제시하며 타당성이 부족함을 분석·종합한다.
	사고력 하	업무에서 발생한 문제를 해결하기까지 기존의 방식을 개선하고 사실과 의견을 구분하여 설명하며 타당성이 부족함을 이해한다.
	문제 처리 능력 상	업무 상황에서 발생한 문제로 인한 결과를 예측하고 다양한 대안을 비교·분석하며 새로운 idea를 고안하여 문제를 처리하고 그 결과를 평가하여 피드백한다.
	문제 처리 능력 중	업무 상황에서 발생한 문제의 원인을 인식하고 다양한 대안을 제시하며 기존의 방식을 응용하여 문제를 처리하고 그 결과를 분석한다.
	문제 처리 능력 하	업무 상황에서 문제가 발생한 사실을 확인하고 대안을 확인하며 기존의 방식을 활용하여 문제를 처리하고 그 결과를 확인한다.

문제해결능력 이해하기

• 업무를 수행함에 있어 문제 상황이 발생하였을 경우, 창조적이고 논리적인 사고를 통하여 이를 올바르게 인식하고 적절히 해결하는 능력

예제 다음 중에서 해결책을 고민해야 할 '문제' 상황의 예로 알맞지 않은 것은?

① 제품의 판매 실적은 계속 하락하고 있지만 내 자신의 업무 수행에는 문제가 없는 상황

② 하루의 업무를 시작하기 전에 당일에 수행해야 할 업무가 무엇인지를 파악해야 되는 상황

③ 문제 상황에 대한 해답을 구해야 하지만 그 해답을 얻는데 필요한 행동을 알지 못하는 상황

④ 문제 상황을 해결하기를 원하지만 실제로 어떻게 해결해야 하는지 그 방법을 모르고 있는 상황

해설 업무 시작 전에 당일 수행할 업무를 파악하는 일은 당연히 해야 하는 일일뿐이지 해결을 고민해야할 문제 상황이 아니다.

오답 ① 제품 판매 실적이라는 업무 자체에 문제가 발행했기 때문에 이를 개선할 방법을 찾아야 한다. 그런데도 자신의 업무에 문제점을 발견하지 못하였다는 것 자체가 매우 중대한 문제 상황이 된다.
③, ④ 이미 문제 상황임을 알고 있으면서 그 해결책을 어떻게 구해야 할지는 고민하는 상황이다.

정답 ②

---

① 직장 생활에서의 문제

• 발생형 문제(보이는 문제, 원인 지향적 문제) : 현재 직면하여 걱정하고 해결하기 위해 고민하는 눈에 보이는 문제. 어떤 기준을 일탈함으로써 생기는 일탈 문제와 기준에 미달하여 생기는 미달 문제로 대변된다.

• 탐색형 문제(찾는 문제) : 현재의 상황을 개선하거나 효율을 높이기 위한 눈에 보이지 않는 문제. 문제를 방치하면 뒤에 큰 손실이 따르거나 결국 해결할 수 없는 문제로 나타나게 된다.

ⓐ 잠재 문제 : 조사 및 분석을 통해서 찾아야 하는 문제

ⓑ 예측 문제 : 현재 문제가 없는 상황을 예측하여 앞으로 일어날 수 있는 문제를 찾아야 하는 문제

ⓒ 발견 문제 : 현재 문제가 없으나 유사 타 기업이나 선진 기업의 업무 방식이나 방법 등을 얻어 제도나 기법, 기술을 보다 좋게 개선, 향상시킬 수 있는 문제

• 설정형 문제(미래 문제, 목표 지향적 문제, 창의적 문제) : 기업의 장래에 대한 경영 전략을 생각하는 경영 전략의 문제. 지금까지 해오던 것과 전혀 관계없이 미래 지향적

으로 새로운 과제 또는 목표를 설정함에 따라 일어나는 문제

문제의 분류	창의적 문제	분석적 문제
문제 제시 방법	현재 문제가 없더라도 보다 나은 방법을 찾기 위한 문제 탐구로 문제 자체가 명확하지 않음.	현재의 문제점이나 미래의 문제로 예견될 것에 대한 문제 탐구로, 문제 자체가 명확함.
해결 방법	창의력에 의한 많은 아이디어의 작성을 통해 해결	분석, 논리, 귀납과 같은 논리적 방법을 통해 해결
해답 수	해답의 수가 많으며, 많은 답 가운데 보다 나은 것을 선택	답의 수가 적으며, 한정되어 있음.
주요 특징	주관적, 직관적, 감각적, 정성적, 개별적, 특수성	객관적, 논리적, 정량적, 이성적, 일반적, 공통성

② **문제 해결을 위한 기본적 사고**

- 전략적 사고를 하라.
- 분석적 사고를 하라.
  - ㉠ 성과 지향의 문제 : 기대하는 결과를 명시하고 효과적으로 달성하는 방법을 사전에 구상하고 실행에 옮겨라.
  - ㉡ 가설 지향의 문제 : 현상 및 원인 분석 전에 지식과 경험을 바탕으로 일의 과정이나 결과, 결론을 가정한 다음 검증 후 사실일 경우 다음 단계의 일을 수행하라.
  - ㉢ 사실 지향의 문제 : 상식, 편견을 타파하여 객관적 사실로 부터 사고와 행동을 출발하라.
- 발상의 전환을 하라.
- 내 · 외부 자원을 효과적으로 활용하라.

③ **문제 해결을 위한 기본 요소**

- 체계적인 교육 훈련
- 문제 관련 지식에 대한 가용성
- 문제에 대한 체계적인 접근
- 문제 해결 방법에 대한 지식
- 문제 해결자의 도전의식과 끈기

! 문제 해결을 위한 방법

- **소프트 어프로치** : 시사나 암시를 통한 의사 전달로 기분을 서로 통하게 함으로써 결론으로 끌고 갈 지점을 미리 머릿속에 그려가면서 권위나 공감에 의지하여 의견을 중재하고, 타협과 조정을 통하여 해결을 도모하는 방법. 결론이 애매하게 끝나는 경우가 많아 이심전심을 유도하여 파악해야 한다.
- **하드 어프로치** : 서로의 생각을 직설적으로 주장하고 논쟁이나 토론, 협상을 통해 의견을 조정하는 방법. 합리적이지만 단순한 이해관계의 조정에 그쳐서 그것만으로 창조적인 아이디어나 높은 만족감을 이끌어 내기 어렵다.
- **퍼실리테이션(facilitation; 촉진)** : 단순한 타협점의 조정에 그치는 소프트 어프로치나 하드 어프로치와는 달리 깊이 있는 커뮤니케이션을 통해 서로의 문제점을 이해하고 공감함으로써 창조적인 문제 해결을 도모하는 방법이다

1. 사고력

- 업무와 관련된 문제를 인식하고 해결함에 있어 창조적, 논리적, 비판적으로 생각하는 능력
- 다양한 형태의 문제에 대처하려면 정보를 적절하게 선택하고 다른 사람과의 의견을 공유하기 위해 서 창의적, 논리적, 비판적으로 사고할 수 있어야 함

예제 다음 중에서 문제 해결을 위해서 기본적으로 갖추어야 할 4가지 사고가 아닌 것은?

① 전략적 사고   ② 분석적 사고

③ 논리적 사고   ④ 내·외부 자원의 효과적 활용

해설 문제 해결을 위해서는 현재 당면하고 있는 문제와 그 해결 방법에만 집착하지 말고, 그 문제와 해결 방안이 상위 시스 템과 어떻게 연결되어 있는지를 생각하는 '전략적 사고'와, 전체를 각각의 요소로 나누어 그 요소의 의미를 도출한 다 음 우선순위를 부여하고 구체적인 문제 해결 방법을 실행하는 '분석적 사고'와, 기존에 가지고 있는 사물과 세상을 바 라보는 인식의 틀을 전환하여 새로운 관점에서 바로 보는 '발상의 전환'과, 문제 해결 시 기술, 재료, 방법, 사람 등 필 요한 자원 확보 계획을 수립하고 '내·외부 자원을 효과적으로 활용'하도록 하는 것이 필요하다.

정답 ③

---

① 창의적 사고

- 창의적 사고의 의미 : 당면한 문제를 해결하기 위해 이미 알고 있는 경험 지식을 해체 하여 새로운 아이디어를 다시 도출하는 것

  ㉠ 발산적(확산적) 사고로서, 아이디어가 많고 다양하고 독특한 것 의미

  ㉡ 새롭고 유용한 아이디어를 생산해 내는 정신적인 과정

  ㉢ 통상적인 것이 아니라 기발하거나, 신기하며 독창적인 것

  ㉣ 유용하고 적절하며, 가치가 있는 것

  ㉤ 기존의 정보(지식, 상상, 개념 등)들을 특정한 요구 조건에 맞거나 유용하도록 새 롭게 조합시킨 것

- 창의적 사고를 개발하는 방법

  ㉠ 자유 연상법 : 생각나는 대로 자유롭게 발상 **예** 브레인스토밍

  ㉡ 강제 연상법 : 힌트에 강제로 연결하여 발상 **예** 체크리스트

  ㉢ 비교 발상법 : 주제의 본질과 닮은 것을 힌트로 발상 **예** NM법, Synectics

> **!**
>
> **브레인스토밍**
> 집단의 효과를 살려서 아이디어의 연쇄반응을 일으켜 자유분방한 아이디어를 내고자 하는 창의 적인 사고를 위한 그룹 발산 방법
> - 브레인스토밍의 4원칙
>   - 남의 의견을 절대로 비판하지 않는다.
>   - 자유로운 분위기를 조성하며 비현실적인 발상을 환영한다.
>   - 남의 아이디어에 나의 새로운 아이디어를 융합하여 개선되거나 또 다른 아이디어를 창출한다.
>   - 질 보다 양을 우선하여 가급적 많은 아이디어를 제시한다.

② 논리적 사고

- 논리적 사고의 의미 : 사고의 전개에 있어서 전후의 관계가 일치하고 있는가를 살피고, 아이디어를 평가하는 사고 능력
- 논리적 사고를 개발하는 방법

  ㉠ 피라미드 구조를 이용하는 방법 : 보조 메시지들을 통해 주 중심(메인) 메시지를 얻고, 다시 이를 종합하여 최종 정보를 도출하는 방법

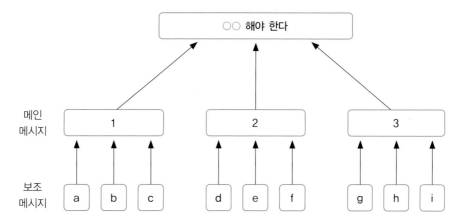

  ㉡ so what 기법 : 정보로부터 의미를 찾아내 가치 있는 정보를 이끌어 내는 사고

[상황]	[so what을 사용한 논리적 사고의 예]
① 우리 회사의 자동차 판매 대수가 사상 처음으로 전년 대비 마이너스를 기록했다. ② 우리나라의 자동차 업계 전체는 일제히 적자 결산을 발표했다. ③ 주식 시장은 몇 주간 조금씩 하락하는 상황에 있다.	a. 자동차 판매의 부진 b. 자동차 산업의 미래 c. 자동차 산업과 주식시장의 상황 d. 자동차 관련 기업의 주식을 사서는 안 된다. e. 지금이야말로 자동차 관련 기업의 주식을 사야 한다.

- 논리적인 사고를 하기 위한 요소 : 생각하는 습관, 상대 논리의 구조화, 구체적인 생각, 타인에 대한 이해, 설득

③ 비판적 사고

- 비판적 사고의 의미 : 어떤 논증, 추론, 증거, 가치를 표현한 사례를 타당한 것으로 수용할 것인가 아니면 불합리한 것으로 거절할 것인가에 대한 결정을 내릴 때 요구되는 사고 능력
- 비판적으로 사고하기 : 어떤 현상에 대해서 문제의식을 가지고, 고정관념을 버려야 함
- 비판적 사고를 하기 위한 요소 : 지적 호기심, 객관성, 개방성, 융통성, 지적 회의성, 지적 정직성, 체계성, 지속성, 결단성, 다른 관점에 대한 존중

2. 문제처리능력

- 업무와 관련된 문제의 특성을 파악하고, 대안을 제시, 적용하고 그 결과를 평가하여 피드백하는 능력
- 목표와 현상을 분석하고 이 분석 결과를 토대로 문제를 도출하여 최적의 해결책을 찾아 실행, 평가해 가는 활동을 할 수 있는 능력

예제 다음 중에서 문제 해결을 위한 기본 요소가 아닌 것은?

① 문제 해결 방법에 대한 지식
② 문제에 대한 체계적인 접근
③ 문제 해결자의 도전의식
④ 문제 해결을 위한 직장 선배의 조언

해설 문제 해결을 위한 기본 요소로는 문제 해결 방법에 대한 지식, 문제 관련 지식에 대한 가용성, 문제 해결자의 도전의식과 끈기, 문제에 대한 체계적인 접근, 체계적인 교육 훈련의 5가지가 있다. ④의 '문제 해결을 위한 직장 선배의 조언'은 문제 해결에 도움을 줄 수도 있지만 문제 해결을 위해 개인이 갖추어야 하는 기본 요소는 아니다.

정답 ④

① 문제 인식의 절차 및 환경 분석의 방법

- 문제 인식의 절차

  1. 환경 분석 : 사업 구조(Business System)상 거시 환경 분석

  2. 주요 과제 도출 : 분석 자료를 토대로 성과에 미치는 영향 · 의미를 검토하여 도출

  3. 과제 선정 : 후보 과제를 찾아 효과와 실행 가능성 측면에서 평가하여 선정

- 환경 분석의 방법

  ㉠ 3C 분석 : 3C에 대한 체계적인 분석을 통한 환경 분석[3C - 사업 환경을 구성하고 있는 요소인 자사(Company), 경쟁사(Competitor), 고객(Customer)]

  ㉡ SWOT 분석 : 기업 내부의 강 · 약점과 외부 환경의 기회, 위협 요인을 분석 평가하고 이들을 서로 연관하여 전략을 개발하고 문제 해결 방안을 개발하는 방법

		내부 환경 요인	
		강점(Strengths)	약점(Weaknesses)
외부 환경 요인	기회 (Opportunities)	SO : 내부 강점과 외부 기회 요인 극대화	WO : 외부 기회를 이용하여 내부 약점을 강점으로 전환
	위협 (Threats)	ST : 외부 위협을 최소화하기 위해 내부 강점을 극대화	WT : 내부 약점과 외부 위협을 최소화

② 문제 도출의 방법

- 문제 도출 : 선정된 문제를 분석하여 해결해야 할 것이 무엇인지를 명확히 하는 단계.

현상에 대하여 문제를 분해하여 인과관계 및 구조를 파악하는 단계

- 문제 도출의 절차

  ㉠ 문제의 구조 파악 : 문제를 작고, 다룰 수 있는 이슈들로 세분화

  ㉡ 핵심 문제의 선정 : 문제에 영향력이 큰 이슈를 핵심 이슈로 선정

③ 원인 분석의 방법

- 원인 분석 : 핵심 이슈에 대한 가설을 설정한 후, 가설 검증을 위해 필요한 데이터를 수집, 분석하여 문제의 근본 원인을 도출해 나가는 것

- 원인 분석의 절차

  ㉠ Issue 분석 : 핵심 이슈 설정, 가설 설정, Output 이미지 결정

  ㉡ Data 분석 : Data 수집 계획 수립, Data 정리 · 가공, Data 해석

  ㉢ 원인 파악 : 근본 원인을 파악하고 원인과 결과를 도출

- 원인의 패턴 : 단순한 인과관계, 닭과 계란의 인과관계, 복잡한 인과관계

④ 해결안 개발의 방법

- 해결안 개발의 절차

  ㉠ 해결안 도출 및 절차 : 문제로부터 최적의 해결안 도출 및 아이디어 명확화

    - 근본 원인으로 열거된 내용을 어떠한 방법으로 제거할 것인지를 명확히 함.

    - 독창적이고 혁신적인 방안을 도출함.

    - 전체적인 관점에서 보아 해결의 방향과 방법이 같은 것을 선별(그룹핑)함.

    - 최종 해결안을 정리함.

  ㉡ 해결안 평가 및 최적안 선정 : 평가 기준을 통해 우선순위에 따라 최적안 선정

⑤ 실행 및 평가의 절차

- 실행 계획 수립 : 최종 해결안을 실행하기 위한 구체적인 계획 수립

- 실행 : 실행 계획에 따른 실행 및 모니터

- Follow-up : 실행 결과에 대한 평가

!

일반적인 문제 해결의 절차

1. 문제 인식 : 해결해야 할 전체 문제를 파악하여 우선순위를 정하고, 선정 문제에 대한 목표를 명확히 하는 단계
2. 문제 도출 : 선정된 문제를 분석하여 해결해야 할 것을 명확히 하는 단계
3. 원인 분석 : 파악된 핵심 문제에 대한 분석을 통해 근본 원인을 도출하는 단계
4. 해결안 개발 : 도출된 문제의 근본 원인을 효과적으로 해결할 수 있는 최적의 해결 방안을 수립하는 단계
5. 실행 및 평가 : 해결안 개발을 통한 실행 계획을 실제 상황에 적용하여 장애가 되는 문제의 원인들을 제거하는 단계

01 문제 해결에 대한 아래 설명 가운데 ( ) 안에 들어갈 말로 적절하지 않은 것은?

> 문제 해결이란 목표와 현상을 (   )하고, 이를 토대로 (   )를 도출하여 최적의 (   )을 찾아 (   )하는 활동을 의미한다.

① 결정   ② 과제
③ 해결책   ④ 실행, 평가

• **현상** : 나타나 보이는 현재의 상태
• **토대** : 밑바탕
• **도출** : 판단이나 결론 등을 이끌어 냄
• **최적** : 가장 알맞음

02 아래는 '논리적 사고를 구성하는 다섯 가지 요소'이다. 밑줄 친 ㉮~㉯에 들어갈 말로 알맞지 않은 것은?

> • 생각하는 습관
> • _____ ㉮ _____
> • _____ ㉯ _____
> • 타인에 대한 이해
> • _____ ㉰ _____

① 상대 논리의 구조화   ② 구체적인 생각
③ 설득   ④ 지적 호기심

• **구조화** : 부분적 요소나 내용이 서로 관련되어 통일된 조직으로 만든 것
• **지적** : 지식이나 지성(지적 능력)에 관한. 또는 그런 것

03 다음 중에서 '문제 인식의 절차'를 순서대로 바르게 나타낸 것은?

① 과제 선정 → 환경 분석 → 주요 과제 도출
② 주요 과제 도출 → 과제 선정 → 환경 분석
③ 환경 분석 → 과제 선정 → 주요 과제 도출
④ 환경 분석 → 주요 과제 도출 → 과제 선정

• **선정** : 여럿 가운데서 어떤 것을 뽑아 정함

04 아래의 ㉮와 ㉯에서 설명하고 있는 내용에 알맞은 용어를 바르게 연결한 것은?

> ㉮ 논리적 사고를 개발하는 방법으로 하위의 사실이나 현상부터 사고함으로써 상위의 주장을 만들어가는 방법
> ㉯ 논리적 사고를 개발하는 방법으로 "그래서 무엇이지?"라는 물음에 답을 하면서 가치 있는 정보를 이끌어 내는 방법

• **하위** : 낮은 지위나 등급이나 위치
• **상위** : 높은 위치나 지위

	㉮	㉯
①	환경 분석 방법	SWOT 분석
②	환경 분석 방법	so what 방법
③	피라미드 구조 방법	SWOT 분석
④	피라미드 구조 방법	so what 방법

03
문제 해결

05 아래의 ㉮와 ㉯ 설명이 가리키는 내용에 맞지 않게 연결한 것은?

> ㉮ 자신이 함께 일을 진행하는 상대와 의논하고, 상대에게 반론을 하는 가운데 하는 논리적인 사고
> ㉯ 비판적 사고를 발휘하는데 요구되는 태도

• **반론** : 남의 주장에 대한 반박, 반박 논리
• **발휘** : 재능, 능력 등을 떨쳐 나타냄

	㉮	㉯
①	타인에 대한 이해	객관성
②	설득	개방성
③	고정관념	다른 관점에 대한 반박
④	논리의 구조화	지적 호기심

• **반박** : 어떤 의견, 주장, 논설 따위에 반대하여 말함

06 아래의 ㉠~㉺은 문제를 해결하는 다섯 가지 절차를 나타낸 것이다. 각 절차를 순서에 맞게 나열한 것은?

> ㉠ 원인 분석
> ㉡ 실행 및 평가
> ㉢ 해결안 개발
> ㉣ 문제 도출
> ㉤ 문제 인식

① ㉠ → ㉡ → ㉢ → ㉣ → ㉤
② ㉡ → ㉢ → ㉠ → ㉣ → ㉤
③ ㉣ → ㉤ → ㉠ → ㉡ → ㉢
④ ㉤ → ㉣ → ㉠ → ㉢ → ㉡

• **인식** : 사물을 분별하고 판단하여 앎

07 아래의 진술 ⓐ~ⓓ를 '창의적 문제(㉠)'와 '분석적 문제(㉡)'로 구분하여 짝지은 것으로 바른 것은?

> ⓐ 현재 문제가 없더라도 보다 나은 방법을 찾기 위한 문제
> ⓑ 분석, 논리, 귀납과 같은 방법을 사용하여 해결하는 문제
> ⓒ 정답의 수가 적으며, 한정되어 있는 문제
> ⓓ 주관적, 직관적, 감각적 특징에 의존하는 문제

	㉠	㉡
①	ⓐ, ⓑ	ⓒ, ⓓ
②	ⓐ, ⓓ	ⓑ, ⓒ
③	ⓑ, ⓒ	ⓐ, ⓓ
④	ⓒ, ⓓ	ⓐ, ⓑ

• **진술** : 일이나 상황에 대하여 자세하게 이야기함

• **귀납** : 하나하나의 사례들을 모아 공통의 법칙을 이끌어내는 일
• **한정** : 수량이나 범위 따위를 제한함
• **직관적** : 생각을 거치지 않고 대상을 직접 파악하는 것
• **의존** : 다른 것에 의지하여 존재함

08 아래의 ⓐ~ⓒ 분석적 사고가 요구되는 문제 유형[성과 지향의 문제(ㄱ), 가설 지향의 문제(ㄴ), 사실 지향의 문제(ㄷ)]에 대한 설명이다. 문제 유형과 그 유형에 대한 설명을 바르게 짝지은 것은?

> ⓐ 객관적 사실로부터 사고와 행동을 시작한다.
> ⓑ 기대하는 결과를 명시하고 효과적으로 달성하는 방법을 사전에 구상한다.
> ⓒ 현상 및 원인 분석 전에 일의 과정이나 결론을 가정한 후 일을 수행한다.

	ㄱ	ㄴ	ㄷ
①	ⓐ	ⓑ	ⓒ
②	ⓑ	ⓒ	ⓐ
③	ⓑ	ⓐ	ⓒ
④	ⓒ	ⓑ	ⓐ

· 성과 : 보람. 이루어 낸 결실
· 지향 : 어떤 목표로 뜻이 쏠리어 향함
· 가설 : 어떤 사실을 설명하기 위해 미리 내세운 것

· 명시 : 분명하게 드러내 보임
· 현상 : 나타나 보이는 현재의 상태
· 가정 : 결론에 앞서 논리의 근거로 내세운 것

09 다음 중에서 아래의 조건이 성립한다고 가정할 때, 반드시 참인 것은?

[예시 문제 – NCS]

> · 기획팀 구성원은 똑똑하고 야무지다.
> · 찬이는 기획팀 소속이다.
> · 주희는 재무팀 소속이다.

① 찬이는 야무지고 똑똑하다.
② 찬이는 주희보다 똑똑하다.
③ 똑똑하고 야무진 사람은 기획팀 구성원이다.
④ 재무팀은 전반적으로 기획팀보다 똑똑하지 않다.

· 야무지다 : 사람의 성질이나 행동, 생김새 등이 빈틈없이 단단하고 굳세다.
· 재무 : 돈이나 재산에 관한 일

· 전반적 : 일이나 부문과 관계되는 전체에 걸친 것

10 다음 중에서 문제를 해결하는데 장애가 되는 요소로 볼 수 없는 것은?

① 고정관념에 얽매이는 경우
② 문제를 철저하게 분석하지 않는 경우
③ 많은 자료를 수집하려고 하지 않는 경우
④ 쉽게 떠오르는 단순한 정보에 의지하는 경우

· 수집 : 모음
· 의지 : 다른 것에 몸이나 마음을 기댐

11 아래의 ⓐ~ⓒ는 문제 유형[발생형, 탐색형, 설정형]에 대한 설명을 나열한 것이다. 서로 관계가 있는 것끼리 짝지은 것은?

> ⓐ 앞으로 어떻게 할 것인가 하는 문제
> ⓑ 현재 직면하여 해결하기 위해 고민하는 문제
> ⓒ 현재의 상황을 개선하거나 효율을 높이기 위한 문제

유형	발생형	탐색형	설정형
①	ⓐ	ⓑ	ⓒ
②	ⓑ	ⓐ	ⓒ
③	ⓑ	ⓒ	ⓐ
④	ⓒ	ⓑ	ⓐ

- **발생** : 일어남. 어떤 일이나 사물이 생겨남
- **탐색** : 드러나지 않은 사물이나 현상 등을 찾아내거나 밝히기 위해 찾음
- **설정** : 새로 만들어 정해 둠
- **직면** : 어떠한 일이나 사물을 직접 당하거나 접함
- **효율** : 들인 노력과 얻은 결과의 비율

12 아래의 ⓐ~ⓒ는 창의적 사고를 개발하는 방법[자유 연상법(ㄱ), 강제 연상법(ㄴ), 비교 발상법(ㄷ)]에 대한 구체적인 기법이다. 서로 관련이 있는 것끼리 짝지어진 것은?

> ⓐ NM법
> ⓑ 체크리스트
> ⓒ 브레인스토밍

	ㄱ	ㄴ	ㄷ
①	ⓐ	ⓑ	ⓒ
②	ⓑ	ⓒ	ⓐ
③	ⓒ	ⓐ	ⓑ
④	ⓒ	ⓑ	ⓐ

- **연상** : '기차'로 '여행'을 떠올리는 것과 같이 하나의 관념이 다른 관념을 불러일으키는 현상
- **발상** : 어떤 생각을 해 내거나 그 생각

13 아래의 ⓐ~ⓒ는 원인을 파악할 때 나타날 수 있는 원인과 결과 사이의 패턴인 '단순한 인과 관계(㉠)', '닭과 계란의 인과 관계 (㉡)', '복잡한 인과 관계(㉢)'에 대한 설명이다. 서로 관련되게 짝 지은 것은?

• 인과 : 원인과 결과

> ⓐ 원인과 결과를 구분하기 어려운 경우
> ⓑ 원인과 결과를 분명하게 구분할 수 있는 경우
> ⓒ 2가지 유형이 서로 얽혀 있는 경우

	㉠	㉡	㉢
①	ⓐ	ⓑ	ⓒ
②	ⓑ	ⓐ	ⓒ
③	ⓑ	ⓒ	ⓐ
④	ⓒ	ⓑ	ⓐ

14 아래는 영업 실적에 대해 네 명의 사원이 주고받은 말들이다. 이 가운데 한 명을 제외하고 모두 진실을 말했다고 가정할 때, 다음 중에서 거짓말을 하고 있는 사원은? [예시 문제 – NCS]

• 실적 : 실제로 이룬 업적
• 제외 : 따로 떼어 내어 뺌

> 용석 : 내가 이번에도 꼴찌구나.
> 남진 : 나는 희영이보다 또 못했네.
> 희영 : 나는 남진이, 용석이보다 못했네.
> 용진 : 역시 내가 이번에도 매출 1등이야.

• 매출 : 팔기. 판매. 물건 등을 파는 일

① 용석　　　　　　② 남진
③ 희영　　　　　　④ 용진

15 아래 명제가 모두 참이라고 할 때, 다음 중에서 반드시 참인 명제는?

[예시 문제 - NCS]

> • 비서가 사무실을 비우면 행정 처리가 늦어진다.
> • 행정 처리가 늦어지면 프로젝트 마감일이 지연된다.
> • 프로젝트 마감일이 지연되면 계약 지연 수수료를 낸다.

① 계약 지연 수수료를 내면 행정 처리가 늦어진다.
② 계약 지연 수수료를 내면 프로젝트 마감이 지연된다.
③ 프로젝트 마감이 지연되면 비서가 사무실을 비운 것이다.
④ 계약 지연 수수료를 내지 않는 것은 비서가 사무실에 있다는 것이다.

• **명제** : 참과 거짓을 판단할 수 있는 내용과 주장을 언어 또는 기호로 표시한 것

• **계약** : 일정한 법적 효과의 위해 한 의사 표시(약속)
• **지연** : 일을 더디게 끌어 시간을 늦춤
• **수수료** : 어떤 일을 처리해 준 대가로 주는 요금

16 아래는 '문제 인식 절차'를 나타낸 것이다. 문제 인식의 절차를 순서에 맞게 배열한 것은?

> Ⓐ 과제 선정
> Ⓑ 환경 분석
> Ⓒ 주요 과제 도출

① Ⓐ → Ⓑ → Ⓒ
② Ⓑ → Ⓐ → Ⓒ
③ Ⓑ → Ⓒ → Ⓐ
④ Ⓒ → Ⓑ → Ⓐ

17 아래 설명의 빈칸 ㉮와 ㉯에 들어갈 알맞은 내용을 순서대로 바르게 나열한 것은?

> • 서로의 생각을 주장하고, 논쟁이나 협상을 통해 서로의 의견을 조정해 가는 문제 해결 방법을 (㉮   )에 의한 문제 해결 방법이라고 한다.
> • 깊이 있는 커뮤니케이션을 통해 서로의 문제점을 이해하고 공감함으로써 창조적으로 문제를 해결하는 방법을 (㉯   )에 의한 문제 해결 방법이라고 한다.

㉮	㉯
① 3C 분석	SWOT 분석
② SWOT 분석	하드 어프로치
③ SWOT 분석	퍼실리테이션
④ 하드 어프로치	퍼실리테이션

• **조정** : 다툼을 중간에서 화해하게 하거나 타협점을 찾아 합의하도록 함

• **공감** : 남의 감정, 의견, 주장 등에 대해 자기도 그렇다고 느끼는 기분

18 아래의 ㄱ과 ㄴ에서 설명하고 있는 분석 방법을 순서대로 바르게 나열한 것은?

> ㄱ. 사업 환경을 구성하고 있는 자사, 경쟁사, 고객에 대한 분석 방법
> ㄴ. 전체 문제를 세부 문제로 쪼개는 과정을 통해 문제의 구조를 파악하는 방법

ㄱ	ㄴ
① SWOT 분석	3C 분석
② 3C 분석	Logic Tree
③ 목표 분석	심층면접 분석
④ 심층면접 분석	SWOT 분석

• **구성** : 몇 가지 요소들을 모아 일정한 전체를 짠 결과

• **구조** : 부분이 전체를 짜 이루어진 짜임새

19 문제 해결의 과정에 대한 아래 설명의 각 단계를 바르게 연결한 것은?

> ㉮ 파악된 핵심 문제에 대한 분석을 통해 근본 원인을 도출해 내는 단계
>
> ㉯ 선정된 문제를 분석하여 해결해야 할 것이 무엇인지를 명확히 하는 단계
>
> ㉰ 문제로부터 도출된 근본 원인을 효과적으로 해결할 수 있는 최적의 해결 방안을 수립하는 단계
>
> ㉱ 해결안 개발을 통해 만들어진 실행 계획을 실제 상황에 적용하는 활동으로 당초 장애가 되는 문제의 원인들을 해결안을 사용하여 제거해 나가는 단계

① ㉮ 문제 도출   ㉯ 원인 분석
    ㉱ 해결안 개발   ㉰ 실행 및 평가

② ㉮ 원인 분석   ㉯ 문제 도출
    ㉱ 해결안 개발   ㉰ 실행 및 평가

③ ㉮ 원인 분석   ㉯ 문제 도출
    ㉱ 실행 및 평가   ㉰ 해결안 개발

④ ㉮ 실행 및 평가   ㉯ 원인 분석
    ㉱ 문제 도출   ㉰ 해결안 개발

- **파악** : 어떤 대상의 내용이나 본질을 확실하게 이해하여 앎
- **근본** : 사물의 본질이나 본바탕
- **도출** : 판단이나 결론 등을 이끌어 냄
- **선정** : 여럿 가운데서 어떤 것을 뽑음

- **최적** : 가장 알맞음
- **수립** : 세움
- **실행** : 실제로 행동함

- **제거** : 없애 버림

20 다음 중에서 실행 계획을 수립할 때 고려해야 되는 사항이 아닌 것은?

① 실행상의 문제점을 해결하기 위한 모니터링 체제를 구축해야 한다.

② 인적, 물적, 예산, 시간에 대한 고려를 통해 수립해야 한다.

③ 실행의 목적과 과정별 진행 내용을 일목요연하게 정리해야 한다.

④ 해결안별 세부 실행 내용을 구체적으로 수립해야 한다.

- **체제** : 하나로 된 조직이나 양식의 상태

- **예산** : 필요하여 계산한 비용
- **고려** : 생각하고 헤아려 봄

- **일목요연** : 한 번 보고 알 수 있을 만큼 분명하고 뚜렷함

- **세부** : 자세한 부분

21 아래의 [사례]로 설명할 수 있는 문제 해결 과정의 절차로 알맞은 것은?

> T사는 1950년대 이후 세계적인 자동차 생산 회사로서의 자리를 지켜 왔다. 그러나 최근 T사의 자동차 생산라인에서 문제가 발생하고 있었는데, 이 문제는 자동차 문에서 나타난 멍 자국 이었다. 문을 어느 쪽에서 보는가에 따라 다르기는 하지만, 이 멍 자국은 눌린 것이거나 문을 만드는 과정에서 생긴 것 같았다.
>
> 문을 만들 때는 평평한 금속을 곡선으로 만들기 위해 강력한 프레스기에 넣고 누르게 되는데, 그때 표면이 올라 온 것처럼 보였다. 실제적으로 아주 작은 먼지나 미세한 입자 같은 것도 프레스기 안에 들어가면 문짝의 표면에 자국을 남길 수 있을 것으로 추정되었다.
>
> 그러던 어느 날 공장의 생산 라인 담당자 B로 부터 다음과 같은 푸념을 듣게 되었다. "저는 매일 같이 문짝 때문에 재작업을 하느라 억만금이 들어간다고 말하는 재정 담당자들이나, 이 멍 자국이 어떻게 해서 진열대까지 올라가서 고객들을 열 받게 해 다 쫓아 버린다고 말하는 마케팅 직원들과 싸우고 있어요." 처음에 A는 이 말을 듣고도 '멍 자국이 무슨 문제가 되겠어?'라고 별로 신경을 쓰지 않았다.
>
> 그러나 자기 감독 하에 있는 프레스 기에서 나오는 멍 자국의 수가 점점 증가하고 있다는 것을 알게 되었고, 그것 때문에 페인트 작업이나 조립 공정이 점점 늦어짐으로써 회사에 막대한 추가 비용과 시간이 든다는 문제를 인식하게 되었다.

① 문제 인식 단계의 중요성
② 문제 도출 단계의 중요성
③ 원인 분석 단계의 중요성
④ 해결안 개발 단계의 중요성

• **절차** : 일을 치르는 데 거쳐야 하는 순서나 방법

• **표면** : 겉면. 사물의 가장 바깥쪽
• **미세한** : 분간하기 어려울 정도로 아주 작은
• **추정** : 미루어 생각하여 판단함

• **억만금** : 아주 많은 돈
• **재정** : 돈에 관한 여러 가지 일
• **진열대** : 물건이나 상품을 진열해 놓을 수 있도록 만든 대

03

문제
해결

22 아래의 [사례]로 설명할 수 있는 문제 해결 과정의 절차로 알맞은 것은?

사무용품을 판매하는 C사는 최근 자사의 이익이 감소하고 있는 문제 상황에 직면하게 되었다. C사는 이익 감소라는 문제를 타결하기 위해서 사내의 모든 부서장이 참가하는 긴급회의를 개최하였다.

회의에서 이익 감소를 막기 위한 각종의 아이디어들이 제시되었다. 판매부서에는 판매량을 높이기 위해 홍보를 더 해야 한다고 하였으며, 개발부서에서는 청년층에 인기를 끌 수 있는 신제품을 개발해야 한다고 주장하였다. 또한 생산부서에서는 불량률을 줄이기 위한 프로세스 개선에 착수해야 한다고 하였다. 몇 시간의 회의가 진행된 후에 논의된 아이디어들을 모두 수집하였지만, 수집된 아이디어의 양에 비해서 뚜렷한 대안을 세울 수가 없었다.

그래서 고민 끝에 문제 해결을 전문으로 하는 컨설팅 업체에 문제 도출을 의뢰하게 되었고, 컨설팅 업체에서 파견된 실무 담당자는 회의에 참석해서 이익을 개선하기 위한 아이디어들을 작은 아이디어들로 분해하기 시작하였다. 이를 통해 A 상품의 판매 이익을 개선하기 위해서 가격 상승, 비용 절감, 판매량 증가의 과제들이 선정되었으며, 다시 가격 상승을 위해서 단순히 가격만 올릴 것인지, 새로운 기능을 부가하여 가격을 올릴 것인지에 대한 문제가 도출되었다. 이와 마찬가지로 비용 절감과 판매량 증가라는 문제에 해한 세부 문제가 도출되었다. 이를 통해 C사가 할 수 있는 모든 대안들이 도출되었다.

① 문제 인식 단계의 의미와 절차
② 문제 도출 단계의 의미와 절차
③ 원인 분석 단계의 의미와 절차
④ 해결안 개발 단계의 의미와 절차

- **자사** : 자기가 소속되어 있는 회사
- **감소** : 양이나 수치가 줆
- **부서장** : 조직의 체계에 따라 나뉘어 있는 부서를 맡아 책임지는 직위의 사람
- **긴급** : 꼭 필요하고 중요하며 급함
- **개발** : 새로운 물건을 만들거나 새로운 생각을 내어놓음
- **개선** : 잘못된 것이나 부족한 것, 나쁜 것을 고쳐 더 좋게 만듦
- **착수** : 어떤 일을 시작함
- **대안** : 어떤 안(案)을 대신하는 안
- **의뢰** : 남에게 부탁함
- **파견** : 일정한 임무를 주어 사람을 보냄
- **절감** : 아끼어 줄임
- **증가** : 양이나 수치가 늚
- **선정** : 여럿 가운데서 어떤 것을 뽑아 정함

23 아래의 [사례]로 설명할 수 있는 문제 해결 과정의 절차로 알맞은 것은?

> H사는 최근 왜 특정 우편물을 받은 고객들이 다른 고객들보다 더 많은 의류를 구입하는가 하는 문제에 대한 조사에 착수, 4개월간의 측정, 분석 과정을 끝마쳤다. 문제의 원인은 광고에 사용된 색상의 종류와 제지 원료의 무게, 그리고 고객들이 우편물을 받은 간격과 관계가 있는 것으로 조사되었다.
>
> 이에 대한 해결 방안을 만들기 위해서 팀 회의가 열렸을 때, A팀에서는 분석된 원인을 바탕으로 고객들에게 더 화려한 색상의 종이에 매달 마지막 목요일에 우편물을 받아볼 수 있도록 하면 된다는 해결안을 제시하였다.
>
> 그러나 B팀은 색상의 종류, 제지 원료의 무게, 고객들이 우편물을 받은 간격에 따른 다양한 해결안을 개발해서 브레인스토밍을 하였고, 고객의 연령에 따라 원하는 색상과 우편물을 받고자 하는 시기가 틀림을 발견하였다. 이를 통해 다양한 색상과 우편물을 받는 간격에 대한 다양한 해결안을 제시하였다.
>
> 한참의 시간이 지난 후 우편물에 따른 고객들의 의류 구입 정도를 조사한 결과, A팀에서 발송한 우편물을 받은 고객보다 B팀의 우편물을 받은 고객들의 구매액이 훨씬 많음이 밝혀졌다. 그리고 이러한 결과가 나오게 된 이유를 조사한 결과 B팀이 다양한 해결안 중에서 중요도와 실현 가능성을 고려해서 최적의 해결안을 선택했기 때문으로 나타났다.

① 문제 인식 단계의 의미와 절차
② 문제 도출 단계의 의미와 절차
③ 원인 분석 단계의 의미와 절차
④ 해결안 개발 단계의 의미와 절차

- **측정** : 일정한 양을 기준으로 크기를 잼
- **제지** : 종이를 만듦
- **간격** : 벌어진 사이, 틈

- **연령** : 나이
- **시기** : 때. 어떤 일이나 현상이 진행되는 시점

- **발송** : 물건, 편지, 서류 등을 우편이나 운송 수단을 이용하여 보냄
- **구매액** : 물건 등을 산 돈의 액수
- **실현** : 실제 이루어짐
- **최적** : 가장 적절함

24 아래의 [사례]로 설명할 수 있는 문제 해결 과정의 절차로 알맞은 것은?

> L은 보험 소송 전문 회사의 관리자로서 최근 문제 해결 팀을 이끌면서 시간당 처리할 수 있는 소송 건수를 늘리는 데 주안점을 두고 작업한 결과 프로세스 개선을 이룰 수 있었다.
>
> L은 프로세스를 개선하는데 그치지 않고, 시간당 처리되는 소송 건을 모니터링을 할 수 있는 방법을 개발하겠다고 결심했다. 이를 위해서 우선 한 달 동안의 데이터를 수집하고, 이전에 해결 방안을 도출하는 과정에서 발생한 여러 가지 문제점들을 다시 분석하기 시작했다.
>
> 비록 이전에 수행했던 해결 방안도 성공적이었지만, 계속되는 실행 계획 수립, 실행, 평가를 통해서 이전에 수행했던 해결 방안을 더욱 정교화 할 수 있게 되었다.

① 문제 도출 단계의 의미와 절차
② 원인 분석 단계의 의미와 절차
③ 해결안 개발 단계의 의미와 절차
④ 실행 및 평가 단계의 의미와 절차

- **소송** : 권리나 의무 등의 법률 관계를 확정하여 줄 것을 법원에 요구함
- **주안점** : 특히 중점을 두어 살피는 점

- **모니터링** : 의뢰를 받고 제품 등에 대해 의견을 제출하는 일

- **이전** : 지금보다 전

- **정교화** : 정확하고 치밀하게

25 다음 문장들 중에서 의미하는 바가 나머지 셋과는 다른 것은?

[기출 문제 - 한국산업인력공단]

① 그가 회사에 올 때는 결코 서류 가방을 들고 가지 않는다.
② 그가 회사에 오는 모든 때는 서류 가방을 들고 오지 않는 때이다.
③ 그가 회사에 오는 모든 때는 서류 가방을 들고 오는 때가 아니다.
④ 그가 회사에 오지 않을 때는 서류 가방을 들고 다닌다.

26 독점적 경쟁 시장에 대한 옳은 설명을 아래에서 모두 고른 것은?

> ㄱ. 독점적 경쟁 시장은 시장 진입이 어렵다.
> ㄴ. 독점 시장에 비해 수요의 가격 탄력성이 크다.
> ㄷ. 독점에 비해서 공급자가 시장 가격에 미치는 영향력이 작다.
> ㄹ. 가격 경쟁뿐 아니라 서비스, 광고 등 비가격 부문에서도 경쟁한다.

① ㄱ, ㄴ
② ㄴ, ㄹ
③ ㄱ, ㄴ, ㄷ
④ ㄴ, ㄷ, ㄹ

- **독점** : 개인이나 하나의 단체가 생산과 시장을 지배하여 이익을 독차지함
- **진입** : 향하여 들어감
- **수요** : 상황에 따라서 알맞게 대처하는 성질
- **탄력성** : 어떤 상황이나 사태에 유연하고 융통성 있게 대처하는 성질
- **공급자** : 물품 등을 제공하는 사람
- **미치다** : 어떤 사물의 효과가 다른 것에 미치는 일이 대상에 더해지다
- **영향력** : 어떤 사물의 효과가 다른 것에 미치는 힘

03
문제 해결

27 최근에 많이 사용되고 있는 퍼실리테이션(Facilitation)의 문제 해결에 대한 설명으로 옳지 않은 것은? [기출 문제 – 한국산업인력공단]

① 어떤 그룹이나 집단이 의사결정을 잘하도록 도와주는 일을 의미한다.
② 깊이 있는 커뮤니케이션을 통해 서로의 문제점을 이해하고 공감함으로써 창조적인 문제 해결을 도모한다.
③ 제3자가 합의점이나 줄거리를 준비해놓고 예정대로 결론이 도출된다.
④ 구성원의 동기가 강화되고 팀워크도 한층 강화된다는 특징을 보인다.

- **공감** : 남의 감정, 의견, 주장 등에 자기도 그렇다고 느낌
- **도모** : 어떤 일을 이루기 위하여 대책과 방법을 세움
- **합의점** : 서로의 의견이 일치하거나 일치할 수 있는 점
- **예정** : 미리 정한 길이나 진행 과정
- **구성원** : 어떤 조직이나 단체를 이루고 있는 사람들
- **동기** : 어떤 일이나 행동을 일으키게 하는 계기
- **강화** : 수준이나 정도를 더 높임

28 아래의 이야기에서 엘리베이터에서 마지막으로 내린 사람이 영수가 아닐 때, 짝수 층에서 내린 사람은?

[기출 문제 변형 – 한국산업인력공단]

> 7층 건물의 엘리베이터는 모든 층에서 타고 내릴 수 있다. 엘리베이터 안에는 철수, 만수, 태영, 영수, 희수, 다희가 타고 있는데 각각 다른 층에서 내린다. 엘리베이터가 1층에서 올라가는데 다희는 철수보다는 늦게 내렸지만 영수보다는 빨리 내렸다. 희수는 만수보다 한 층 더 가서 내렸고 영수보다는 세 층 전에 내렸다.

① 영수   ② 태영
③ 다희   ④ 희수

29 회사를 경영하는 사업가가 아래와 같은 문제 상황에 직면해 있음을 알았을 때, 그 대처 방법으로 옳지 않은 것은?

> 어떤 회사의 경영자는 재무와 회계에 대해서는 잘 모르지만 회사를 경영하고 있다. 그는 회사 경영에 있어서는 투명성이 가장 중요한 요소라고 생각을 하고 있었지만, 20××년 1분기 세금 미납 통보를 받았다. 그래서 그는 세무사를 고용하여 어디가 문제인지 알아보았다. 그 결과 회사의 자금이 부족하여 세금을 납부하지 못하고 있었다는 사실을 알 수 있었다.

① 회사를 주식회자로 상장하여 회사의 운영 자금을 마련한다.
② 세금 납부를 가능한 미루고 1년 치를 한번에 납부한다.
③ 채권을 발행하여 회사의 운영 자금을 마련한다.
④ 은행에서 대출을 받아 회사의 운영 자금을 마련한다.

- **회계** : 개인이나 기업의 경제 상황을 일정한 방법으로 기록하고 정보화함
- **분기** : 일 년을 4등분 한 3개월씩의 기간
- **투명성** : 누구나 알 수 있게 드러나 있는 성질
- **미납** : 내야 할 것을 아직 내지 않음
- **통보** : 통지하여 보고함
- **세무사** : 세금 업무를 대신 처리하거나 상담하는 일을 직업으로 하는 사람
- **납부** : 세금이나 공과금 따위를 관계 기관에 냄
- **상장** : 주식 등을 매매하기 위해 해당 거래소에 일정한 자격이나 조건을 갖춘 거래 물건으로서 등록하는 일
- **자금** : 특정 목적에 쓰는 돈
- **지급** : 돈이나 물품을 내줌
- **채권** : 공채, 국채, 사채, 지방채 등 사업에 필요한 자금을 빌리기 위해 발행하는 유가 증권
- **대출** : 빌림. 돈이나 물건 등을 빌려주거나 빌림

30 P사는 퇴사자들이 많아 업무 효율이 낮다는 판단에 따라 직원의 퇴사 요인을 분석한 결과 그 요인을 A, B, C로 정리하였다. 아래의 각 사례들에 대한 다음 진술 중에서 참인 진술은?

[기출 문제 – 한국산업인력공단]

> • 퇴사한 철수는 A, B, C 요인을 모두 가지고 있었다.
> • 재직 중인 만수는 B 요인만 있고 A, C 요인은 없다고 한다.
> • 퇴사한 영희는 A, C 요인만 있고 B 요인은 없다고 한다.
> • 재직 중인 지희는 A, B 요인은 있고 C 요인은 없다고 한다.

① 재직 중인 사람은 C 요인을 가지고 있다.
② 만수와 지희를 제외하고 봤을 때 퇴사에는 B 요인이 작용한다.
③ B 요인은 퇴사에 가장 크게 영향을 미친다.
④ 퇴사에는 A, C 요인이 중요하게 작용한다.

• **퇴사** : 회사를 그만두고 물러남

• **재직** : 어떤 직장에 소속되어 근무하고 있음

• **작용** : 어떠한 현상을 일으키거나 영향을 미침

03
문제
해결

31 아래의 대화를 보았을 때, 다음 중에서 민기의 문제 해결을 방해하는 장애 요인으로 알맞지 않은 것은?

> 윤서 : 새로 개발한 메뉴에서 아무래도 비린내가 나는 것 같아요.
> 민기 : 그래요? 해산물이 싱싱하지 못했나 보죠.
> 윤서 : 분명 오늘 아침에 싱싱한 해산물을 구입해 왔어요. 조리법에 문제가 있는 것은 아닐까요?
> 민기 : 그럴 리가 없어요. 제 조리법은 절대로 문제가 없어요. 재료의 문제일 거예요.

① 현장 유지 심리
② 신중함이 지나침.
③ 고정관념에 얽매임.
④ 문제를 철저히 분석하지 않음.

• **조리법** : 음식 만드는 방법
• **재료** : 어떤 것을 하는 데 들어가는 거리
• **현장** : 일을 실제 진행하거나 작업하는 그곳
• **유지** : 어떤 상황을 변함없이 계속하여 지탱함

32 아래의 신문기사를 읽고 적절하게 추론한 학생을 [보기]에서 고른 것은?

> 정부는 ○○ 시장에서 영업하고 있는 4개 회사에 대해 가격 담합 혐의로 시정 명령과 함께 총 1,354억 원의 과징금을 부과하기로 결정했다. 시장 점유율 1위인 A사는 전체 과징금의 80%를 부과받았지만, 담합 사실을 처음으로 자진 신고한 B사는 과징금을 면제받았다. 정부는 기업들의 담합을 적발하기 힘들어지자 담합 사실을 처음 자진 신고하는 회사에게 과징금을 전액 면제해 주는 제도를 채택하고 있다.

보기

갑 : ○○ 시장에서 가격 기능이 원활하게 작동하고 있어.
을 : 기업들이 과징금 면제 제도를 악용할 소지가 있군.
병 : 이 제도는 담합이 발생할 가능성을 낮추는 효과가 있지.
정 : 담합을 통해 가장 큰 이익을 얻는 회사가 과징금을 가장 많이 부담하게 하려는 제도야.

① 갑, 을 　　　　② 갑, 병
③ 을, 병 　　　　④ 을, 정

- **담합** : 경쟁 입찰을 할 때에 입찰 참가자들이 미리 입찰 가격이나 낙찰자를 정하는 일
- **혐의** : 범죄를 저질렀을 가능성이 있다고 봄. 수사를 개시하게 되는 동기가 됨
- **시정** : 잘못된 것을 바로잡음
- **과징금** : 법 위반에 대한 처벌로 거둬들이는 돈
- **부과** : 세금이나 부담금을 매겨 부담하게 함
- **점유율** : 물건이나 영역, 지위 등 차지하고 있는 비율
- **적발** : 숨겨 있는 일을 들추어 냄
- **자진** : 스스로 나섬
- **전액** : 모든 금액(돈)
- **면제** : 책임이나 의무 따위를 지지 않게 해 줌
- **채택** : 작품, 의견, 제도 등을 골라서 뽑아 씀
- **원활** : 거침이 없이 잘되어 나감
- **소지** : 문제가 생기게 하는 원인이나 가능성
- **부담** : 어떠한 의무나 책임을 짐

CHAPTER 04 자기개발능력

[기초직업능력으로서의 자기개발능력 표준에 따른 성취 수준]

구분			성취 수준
자기개발능력		상	직장 생활에서 자신의 능력 및 적성을 종합하여 가치를 부여하고, 자신의 목표 성취를 위해 자신을 관리하고 통제하며, 경력 목표 성취에 필요한 역량을 개발한다.
		중	직장 생활에서 자신의 능력 및 적성을 파악하고, 스스로 역할 및 목표를 확인하고, 경력 목표를 수립한다.
		하	직장 생활에서 자신의 요구를 확인하고, 자신에게 지시된 역할 및 목표를 확인하며, 자신이 속한 조직 및 주위 환경의 특성을 확인한다.
하위능력	자아인식능력	상	직업인으로서 자신의 능력과 적성을 분석하고 종합하여 자신에게 가치를 부여한다.
		중	직업인으로서 자신의 능력과 적성을 파악한다.
		하	직업인으로서 자신의 요구를 확인한다.
	자기관리능력	상	직업인으로서 스스로 자신의 역할과 목표를 정립하고, 자신의 목표 성취를 위해 자신과 외부 상황을 관리하고 통제한다.
		중	직업인으로서 스스로 자신의 역할과 목표를 확인하고, 역할과 목표에 따라 실천한다.
		하	직업인으로서 자신에게 지시된 역할과 목표를 확인하고, 상사나 동료의 도움을 받아 실천한다.
	경력개발능력	상	직업인으로서 경력 목표를 성취하기 위해 필요한 역량을 확인하고 개발한다.
		중	직업인으로서 자신과 자신이 속한 조직 및 주위 환경의 특성을 고려하여 경력 목표를 수립한다.
		하	직업인으로서 자신과 자신이 속한 조직 및 주위 환경의 특성을 확인한다.

1 자기개발능력 이해하기

- 업무를 추진하는데 스스로를 관리하고 개발하는 능력
- 자신의 능력, 적성 및 특성 등에 있어서 강점과 약점을 찾고 확인하여 강점을 강화시키고, 약점을 관리하여 성장을 위한 기회로 활용하는 것

예제 아래의 ⓐ~ⓔ를 '자아인식(㉠)'과 '경력 개발(㉡)' 구분하여 바르게 나열한 것은?

> ⓐ 직업 흥미   ⓑ 일과 관련된 경험
> ⓒ 경력 계획   ⓓ 자기개발의 첫 단계
> ⓔ 표준화된 검사 척도 이용

	㉠	㉡
①	ⓐ, ⓔ	ⓑ, ⓒ, ⓓ
②	ⓒ, ⓓ	ⓐ, ⓑ, ⓔ
③	ⓐ, ⓑ, ⓓ	ⓒ, ⓔ
④	ⓐ, ⓓ, ⓔ	ⓑ, ⓒ

해설 자아인식은 자신의 직업 흥미(ⓐ), 적성, 장단점을 분석하고 인식하는 것으로, 자기개발의 첫 단계(ⓓ)이다. 자아를 인식하는 방법으로는 스스로를 돌아보거나, 다른 사람과의 대화를 통해서 또는 표준화된 검사 척도를 이용(ⓔ)하는 방법이 있다. 경력 개발은 일과 관련된 경험(ⓑ)인 경력을 계획(ⓒ)하고 관리하는 것이다.

정답 ④

---

① 자기개발의 이유

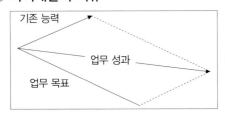 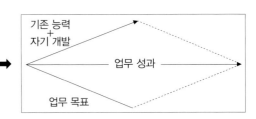

- 효과적인 업무 처리, 즉 업무의 성과를 향상시키기 위하여
- 변화하는 환경에 적응하기 위하여
- 주변 사람들과 긍정적인 인간관계를 형성하기 위하여
- 달성하고자 하는 목표를 성취하기 위하여

② 자기개발의 방법

- 자아인식 : 직업 생활과 관련하여 자신의 가치, 신념, 흥미, 적성, 성격 등 자신이 누구인지 아는 것

    ⓐ 내가 아는 나를 확인하는 방법

    ⓑ 다른 사람과의 대화를 통해 알아가는 방법

    ⓒ 표준화된 검사 척도를 이용하는 방법 등

• 자기 관리 : 자신을 이해하고 목표를 성취하기 위하여 자신의 행동 및 업무 수행을 관리하고 조정하는 것

• 자기개발의 절차 : 비전과 목표 수립 → 과제 발견 → 일정 수립·조정 → 반성 및 피드백

• 경력 개발 : 일생에 걸쳐서 이루어지는 일에 대한 경험으로 개인의 경력 목표와 전략을 수립하고 실행하며 피드백 하는 과정

    ⓐ 경력 계획 : 자신과 상황을 인식하고 경력 관련 목표를 설정하여 그 목표를 달성하기 위한 과정

    ⓑ 경력 관리 : 경력 계획의 준비 및 실행, 피드백

③ **자기개발 계획 세우기**

• 자기개발 설계 전략 : 장단기 목표 수립, 인간관계 고려, 현재의 직무 고려, 구체적인 방법으로 계획

• 자기개발 계획 수립의 어려움

  – 자기 정보 부족 : 자신의 흥미, 장점, 가치, 라이프 스타일을 충분히 이해하지 못함

  – 내부 작업 정보 부족 : 회사 내의 경력 기회 및 직무 가능성에 대해 충분히 알지 못함

  – 외부 작업 정보 부족 : 다른 직업이나 회사 밖의 기회에 대해 충분히 알지 못함

  – 의사결정시 자신감의 부족 : 자기개발과 관련된 결정을 내릴 때 자신감 부족

  – 일상생활의 요구 사항 : 개인의 자기개발 목표와 일상생활(가정) 간 갈등

  – 주변 상황의 제약 : 재정적 문제, 연령, 시간 등

④ **자신을 브랜드화하기**

• 자신을 브랜드화하기 위한 전제 조건 : 자기개발의 선행

• 자신을 브랜드화하기 위한 전략 : 차별성

• 자기 브랜드 PR 방법 : 블로그 이용, 인적 네트워크 활용, 자신만의 명함 만듦, 경력 포트폴리오 작성

!

사랑받는 브랜드의 요건
• 친근감(Intimacy) : 편안하고 친숙한 느낌.
• 열정(Passion) : 가지고 싶은 욕구
• 책임감(Commitment) : 관계 지속에 대한 약속

1. 자아인식능력

• 자신의 흥미, 적성, 특성 등을 이해하고, 이를 바탕으로 자신에게 필요한 것을 이해하는 능력

예제 아래는 자기개발과 자기개발능력에 대한 설명이다. 빈칸 ⓐ~ⓒ에 각각 들어갈 적절한 용어를 바르게 나열한 것은?

> 자기개발은 자신의 능력, 적성 및 특성 등에 있어서 (　　ⓐ　　)과 (　　ⓑ　　)을 찾고 확인하여 (　　ⓐ　　)을 강화시키고, (　　ⓑ　　)을 관리하여 성장을 위한 기회로 활용하는 것이며, 기초 직업능력으로서 자기개발능력은 직업인으로서 자신의 능력, 적성, 특성 등을 이해하고 (　　ⓒ　　)를 위해 스스로를 관리하며 개발해 나가는 능력이다.

	ⓐ	ⓑ	ⓒ
①	강점	약점	목표 성취
②	강점	목표 성취	강점
③	약점	강점	목표 성취
④	약점	목표 성취	강점

해설 '자기개발'은 자신의 능력, 적성 및 특성 있어서 강점(ⓐ)과 약점(ⓑ)을 찾고 확인하여, 강점을 강화시키고 약점을 관리하여 성장을 위한 기회로 활용하는 것이며, 기초직업능력으로서 '자기개발능력'은 자신에 대한 이해를 바탕으로 목표를 수립하고 이를 성취(ⓒ)하기 위해 자신을 관리하고 개발해 나가는 능력을 의미한다.

정답 ①

① 자아인식

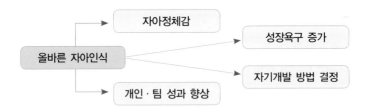

• 나를 안다는 것 : 자신의 가치, 신념, 가정, 태도 등을 아는 것을 넘어서 이것들이 자신의 행동에 어떻게 영향을 미치는 가를 아는 개념

• 자아 구성 요소 : 스스로의 자신의 존재를 인식하고, 타인과 자기 외부에 대해서 판단하고 행동하는 독립체

  ㉠ 내면적 자아 : 자신의 내면을 구성하는 요소. 측정하기 어려운 특징을 가짐. 적성, 흥미, 성격, 가치관 등

  ㉡ 외면적 자아 : 자신의 외면을 구성하는 요소. 외모, 나이 등

② **자아인식의 방법**

- 내가 아는 나를 확인하기
  - 나의 성격이나 업무수행에 있어서 장단점은 무엇일까?
  - 현재 내가 담당하는 업무를 수행하기에 부족한 능력은 무엇인가?
  - 내가 관심을 가지고 열정적으로 하는 일은 어떤 것이 있을까?
  - 나는 직장 생활에서 어떤 목표를 가지고 있는가? 이것들은 가치로운 것인가?
  - 내가 생각하는 바람직한 상사, 동료 및 부하직원은 어떻게 행동하는가?
  - 내가 오늘 하고 있는 일(직장, 학교 등)을 그만둔다면, 나는 어떤 일을 새로 시작할까?
- 다른 사람과의 커뮤니케이션
  - 직장 생활에서 저의 장단점을 뭐라고 생각하나요?
  - 저를 평소에 어떤 사람이라고 생각하나요?
  - 당신이 창업한다면, 저와 함께 일할 생각은 있는가요? 그 이유는 무엇인가요?
  - 당신은 나를 처음보고 어떤 느낌이 들었나요?

> **! 조해리의 창**
> - 자신이 아는 것과, 다른 사람이 아는 것이라는 두 관점으로 자신을 인식하는 모델
>
> | | 내가 아는 나 | 내가 모르는 나 |
> |---|---|---|
> | **타인이 아는 나** | 공개된 자아(Open Self) | 눈먼 자아(Blind Self) |
> | **타인이 모르는 나** | 숨겨진 자아(Hidden Self) | 아무도 모르는 자아(Unknown Self) |
>
> - 직업인의 공개된 자아, 눈먼 자아, 숨겨진 자아, 아무도 모르는 자아 모두 파악

③ **성찰의 필요성**
- 다른 일을 하는데 노하우가 축적된다.
- 지속적인 성장의 기회가 된다.
- 신뢰감을 형성할 수 있다.
- 창의적인 사고를 가능하게 한다.

2. 자기관리능력

- 업무에 필요한 자질을 지닐 수 있도록 스스로를 관리하는 능력
- 변화하는 환경 속에 적응하지 못하고 도태되지 않도록 자신의 행동 및 업무 수행을 통제하고 관리하며, 합리적이고 균형적으로 조정하는 능력

예제 다음의 업무들의 우선순위를 결정하려고 할 때, 두 번째에 해당되는 것은?

① 하찮은 일
② 빨리 해결해야 될 문제
③ 계획, 준비해야 될 문제
④ 제일 먼저 해결해야 될 긴급하고도 중요한 문제

해설 업무 처리의 우선순위를 결정할 때는 중요도와 긴급도를 따져 결정해야 한다. ①의 '하찮은 일'은 중요도도 없고 긴급도도 없기 때문에 4순위가 될 것이고, ②의 '빨리 해결해야 될 문제'는 중요도는 없는 대신에 긴급도가 있어 중요도 우선에 밀려 2순위가 아니라 3순위가 될 것이다. 또, ③의 '계획, 준비해야 될 문제'는 중요도는 있지만 긴급도는 없는 일이기 때문에 중요도를 우선으로 두어 2순위가 될 것이고, ④의 '제일 먼저 해결해야 될 긴급하고도 중요한 문제'는 긴급하고 중요한 문제이기 때문에 중요도나 긴급도가 있어 1순위가 될 것이다.

정답 ③

① 자기 관리의 절차

1단계 비전 및 목적 정립	▶	• 자신에게 가장 중요한 것 파악 • 가치관, 원칙, 삶의 목적 정립 • 삶의 의미 파악
2단계 과제 발견	▶	• 현재 주어진 역할 및 능력 • 역할에 따른 활동목표 • 우선순위 설정
3단계 일정 수립	▶	• 하루, 주간, 월간 계획 수립
4단계 수행	▶	• 수행과 관련된 요소분석 • 수행방법 찾기 → 시간, 능력, 돈, 물건, 감정, 대인관계, 건강 등
5단계 반성 및 피드백	▶	• 수행결과 분석 • 피드백

② 자기 관리의 방법

1. 감정 관리하기
   - 인내심 키우기

- 긍정적인 마음 가지기
  - 나만 업무가 너무 많아 → 내가 능력이 있어 남들보다 많은 일을 잘할 수 있어.
  - 나의 상사는 자기만 열심히 하면 되지 다른 사람들까지 너무 귀찮게 해 → 열정적인 상사를 만나서 배울 점이 참 많아. 팀의 수행 성과 향상은 개인의 수행 성과 향상을 가져오는 거니까 좋아.

2. 업무수행 성과를 높이기 위한 행동 전략
   - 자기자본이익률(ROE)을 높인다. (자기자본이익 = 자기자본 / 당기순이익)
   - 일을 미루지 않는다.
   - 업무를 묶어서 처리한다.
   - 다른 사람과 다른 방식으로 일한다.
   - 회사와 팀의 업무 지침을 따른다.
   - 역할 모델을 설정한다.

③ 합리적인 의사결정의 과정

1. 문제의 근원을 파악한다.
2. 의사결정 기준과 가중치를 정한다.
3. 의사결정에 필요한 정보를 수집한다.
4. 가능한 모든 대안을 탐색한다.
5. 각 대안을 분석 및 평가한다.
6. 최적안을 선택한다.
7. 의사결정 결과를 평가하고 피드백한다.

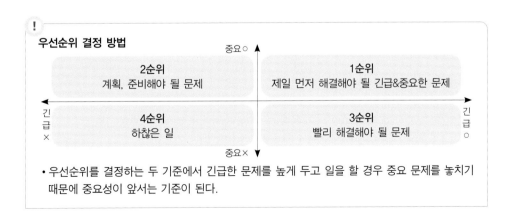

! 우선순위 결정 방법

	중요○
2순위 계획, 준비해야 될 문제	**1순위** 제일 먼저 해결해야 될 긴급&중요한 문제
4순위 하찮은 일	**3순위** 빨리 해결해야 될 문제
	중요×

(긴급× ← → 긴급○)

- 우선순위를 결정하는 두 기준에서 긴급한 문제를 높게 두고 일을 할 경우 중요 문제를 놓치기 때문에 중요성이 앞서는 기준이 된다.

3. 경력개발능력

• 끊임없는 자기개발을 위해서 동기를 갖고 학습하는 능력
• 현대 사회의 변화에 맞추어 자신의 진로에 대하여 단계적 목표를 설정하고 목표 성취에 필요한 역량을 개발해 나가는 능력

예제 아래의 ⓐ~ⓓ는 경력 개발과 관련된 최근 이슈인 '평생학습 사회(㉠)', '투잡스(㉡)', '청년 실업(㉢)'에 대한 설명이다. ㉠~㉢과 ⓐ~ⓓ를 바르게 연결한 것은?

> ⓐ 2개 혹은 그 이상의 직업을 동시에 가짐.
> ⓑ 2018년 5월 현재 10.5%에 해당됨.
> ⓒ 지식과 정보의 폭발적 증가로 개인의 학습 능력과 자기개발을 더욱 중요시함.
> ⓓ 주 5일제의 확산에 따라 더욱 증가함.

	㉠	㉡	㉢
①	ⓐ	ⓑ, ⓒ	ⓓ
②	ⓑ	ⓒ, ⓓ	ⓐ
③	ⓒ	ⓐ, ⓓ	ⓑ
④	ⓒ, ⓓ	ⓐ	ⓑ

해설 ⓐ의 '2개 이상의 직업을 동시에 가지는 것'을 '투잡스(㉡)'라고 한다. ⓑ의 '2018년 5월 현재 10.5%에 달한 것은 '청년 실업(㉢)'의 문제이다. ⓒ의 '지식과 정보의 폭발적 증가로 개인의 학습 능력과 자기개발을 더욱 중요시하게 된 것'으로 '평생학습 사회(㉠)'가 되었다. ⓓ의 '주 5일제의 확산에 따라 더욱 증가한 것'은 '투잡스(㉡)'이다. 따라서 정답은 ③이 된다.

정답 ③

---

① **경력 개발이 필요한 이유**

㉠ 환경 변화 : 1. 지식 정보의 빠른 변화. 2. 인력난의 심화. 3. 삶의 질 추구. 4. 중견 사원 이직의 증가

㉡ 조직 요구 : 1. 경영 전략 변화. 2. 승진 적체. 3. 직무 환경의 변화. 4. 능력주의 문화

㉢ 개인 요구 : 1. 발달 단계에 따른 가치관이나 신념의 변화. 2. 전문성 축적 및 성장 요구의 증가. 3. 고용 시장에서의 개인의 가치 증대

> **!**
>
> **경력 개발과 관련된 최근 이슈**
> • 평생학습 사회 : 세계의 급변에 맞게 직무 능력도 변하기 때문에 평생학습을 해야 함.
> • 투잡스(two-jobs) : 하나의 직업으로 경제생활이 어려워 두 가지 직업을 가짐.
> • 청년 실업 : 새로운 일자리가 줄어 청년들이 일자리 찾기가 어려워짐.
> • 창업 경력 : 정치 변화, 경제 변화, 회사 생활에 대한 불만 등으로 창업이 늘어남.
> • 일과 생활의 균형(WLB, Work-Life Balance) : 근로자가 삶에서 일과 생활이라는 두 축의 균형을 맞추어 안정된 삶을 바라는 현대인의 생각

② **경력 개발의 구분**

- 경력 계획 : 자신과 상황을 인식하고 경력 목표를 설정하여 달성하기 위한 과정
- 경력 관리 : 경력 계획에 따라서 준비하고 실행하며 피드백 하는 일

③ **경력 단계 및 경력 개발의 단계**

- 경력 단계

  ㉠ 직업 선택 : 적합한 직업을 탐색하여 선택한 후, 필요한 능력을 키우는 단계

  ㉡ 조직 입사 : 졸업 후 선택한 경력 분야에서 원하는 일자리를 얻어 직무를 선택하는 단계

  ㉢ 경력 초기 : 업무 파악, 조직의 규칙·규범·분위기 적응 및 승진에 관심 가지는 단계

  ㉣ 경력 중기 : 그동안의 성취를 재평가하고, 생산성을 그대로 유지하는 단계

  ㉤ 경력 말기 : 새로운 환경 변화의 대처에 어려움을 겪으며, 퇴직에 대한 고민과 함께 조직의 압력을 받는 단계

- 경력 개발의 단계

1단계 직무 정보 탐색	▶	• 관심 직무에서 요구하는 능력 ・ 고용이나 승진 전망 • 직무 만족도 등
2단계 자신과 환경 이해	▶	• 자신의 능력, 흥미, 적성, 가치관 • 직무 관련 환경의 기회와 장애 요인
3단계 경력 목표 설정	▶	• 장기 목표 수립: 5~7년 • 단기 목표 수립: 2~3년
4단계 경력 개발 전략 수립	▶	• 현재 직무의 성공적 수행 ・ 역량 강화 • 인적 네트워크 강화
실행 및 평가	▶	• 실행 • 경력 목표와 전략의 수정

> **!**
>
> **자신과 환경 이해의 방법**
>
> | 구분 | 탐색 방법 | |
> |---|---|---|
> | 자기 탐색 | • 자기 인식 관련 워크숍 참여
• 표준화된 검사 | • 평가 기관의 전문가 면담
• 일기 등을 통한 성찰 과정 |
> | 환경 탐색 | • 회사의 연간 보고서
• 전직 및 경력 상담 회사 및 기관 방문
• 직업 관련 홈페이지 탐색 | • 특정 직무와 직업에 대한 설명 자료
• 주변 지인과의 대화 |

01 아래의 ⓐ~ⓔ를 '자아인식(㉠)'과 '경력 개발(㉡)'로 바르게 구분한 것은?

> ⓐ 직업 흥미   ⓑ 일과 관련된 경험
> ⓒ 경력 계획   ⓓ 자기개발의 첫 단계
> ⓔ 표준화된 검사 척도 이용

	㉠	㉡
①	ⓐ, ⓑ, ⓒ	ⓓ, ⓔ
②	ⓐ, ⓓ, ⓔ	ⓑ, ⓒ
③	ⓐ, ⓑ	ⓒ, ⓓ, ⓔ
④	ⓐ, ⓒ	ⓑ, ⓓ, ⓔ

- **자아** : 자기 자신에 대한 의식이나 관념
- **경력** : 겪어 지내 온 여러 가지 일

- **표준화** : 자재나 제품의 종류, 품질, 모양, 크기 을 일정한 기준에 따라 통일함
- **척도** : 평가하거나 측정할 때의 기준

02 H씨는 외국어 능력을 키우기 위해서 영어 학원에 등록을 했지만 약속이 생기거나 몸이 안 좋은 등의 문제로 학원 참석을 못하고 있다. 다음 중에서 자기개발을 방해하는 요인이 H씨와 비슷한 사례로 알맞은 것은?   [기출 문제 – 한국산업인력공단]

① 진수는 외국계 회사로 이직했지만 이직 후 전 회사와는 다른 회사 분위기에 적응하느라 동호회에 모임에 나가지 못하고 있다.

② 혜수는 직장 선배에게 회사일도 중요하지만 개인적인 능력 개발도 중요하다는 이야기를 들었다. 하지만 혜수는 어디서부터 어떤 것을 시작해야 할지 혼란스럽다.

③ 강수는 정기적으로 봉사활동을 다니고 있지만 잦은 회식과 과음으로 최근엔 봉사활동에 나가지 못하고 있다.

④ 지수는 입사한지 3년이 되었어도 아직 자신이 잘하는 일이 무엇인지 알 수 없어 고민이다.

- **이직** : 직장을 옮기거나 직업을 바꿈
- **적응** : 일정한 조건이나 환경 등에 맞추어 알맞게 됨

- **회식** : 여러 사람이 모여 함께 음식을 먹는 모임
- **과음** : 술을 지나치게 마심

03 다음의 경력개발능력이 필요한 이유 중에서 개인 차원의 요구라고 할 수 없는 것은? [예시 문제 – NCS]

① 개인의 고용 시장 가치의 증대
② 지식 정보의 빠른 변화
③ 발달 단계에 따른 가치관 혹은 신념 변화
④ 전문성 축적 및 성장 요구의 증가

04 자기개발 계획을 수립하기 위한 전략에 대한 설명으로 맞는 것은?

① 장기 목표는 단기 목표를 수립하기 위한 기본 단계가 된다.
② 장·단기 목표 모두 반드시 구체적으로 작성한다.
③ 인간관계는 자기개발 목표를 수립하는데 고려해야 될 사항인 동시에 하나의 자기개발 목표가 될 수 있다.
④ 미래에 대한 계획이므로 현재의 직무를 고려할 필요가 없다.

05 아래 질문들로 확인할 수 있는 자기개발의 구성 요소로 알맞은 것은? [기출 문제 – 교통안전공단]

- 다른 사람과의 대인관계를 향상시키기 위한 방법은 무엇인가?
- 내가 업무를 수행할 때 생산성을 높이려면 어떻게 해야 할까?
- 나의 장점을 살리기 위해서는 나는 미래에 대한 어떤 비전과 목표를 수립해야 할까?

① 자아인식
② 자기 관리
③ 자기비판
④ 경력 개발

- **차원** : 어떤 생각이나 의견 등을 이루는 사상이나 학식의 수준
- **요구** : 받아야 할 것을 달라고 함

- **신념** : 굳게 믿는 마음
- **전문성** : 어떤 분야에 지식과 경험을 가지고 연구하거나 맡은 분야
- **축적** : 지식, 경험, 자금 등을 모아서 쌓음

- **수립** : 세움
- **전략** : 사회적 활동을 하는 데 필요한 방법
- **장기** : 오랜 기간
- **단기** : 짧은 기간

- **직무** : 맡은 일. 직업상에서 책임을 지고 담당하여 맡은 일

- **생산성** : 들어간 양[투입]과 만들어진 양[산출]의 비율
- **비전(vision)** : 전망. 내다보이는 장래의 상황

06 인내심과 긍정적인 마인드에 대한 설명으로 적절하지 않은 것은?

[예시 문제 - NCS]

① 인내심을 가진 사람은 신뢰감을 줄 수 있다.
② 자신의 목표를 분명하게 정립하면 인내심을 키우는 데 도움이 된다.
③ 인내심을 키우기 위해서는 일관되게 한 가지 시각으로 상황을 분석한다.
④ 자기 스스로 운명을 통제할 수 있다고 믿는 사람은 그렇지 않은 사람보다 더 성공할 확률이 높다.

• **정립** : 정하여 세움

• **일관** : 하나의 방법이나 태도로써 처음부터 끝까지 한결같음

07 다음은 성찰에 대한 설명들이다. 옳지 않은 것은?

[기출 문제 - 교통안전공단]

① 성장의 기회가 된다.
② 지속적인 연습의 과정이다.
③ 창의적인 사고를 가능하게 한다.
④ 과거의 일에 대한 반성이므로 현재의 부족한 부분을 알기는 어렵다.

• **성찰** : 자기의 마음을 반성하고 살핌

• **지속적** : 어떤 상태가 오래 계속되는

08 아래에서 설명하는 경력 개발의 단계로 알맞은 것은?

[기출 문제 - 한국산업인력공단]

> 이 단계는 조직의 규칙이나 규범, 분위기를 알고 적응해 나가는 것이 중요한 과제이다. 또한, 궁극적으로 조직에서 자신의 입지를 확고히 다져나가 승진하는데 많은 관심을 갖는 시기이다.

① 경력 초기
② 경력 중기
③ 조직 입사
④ 직업 선택

• **규범** : 인간이 행동하거나 판단할 때 따라야 할 가치 판단의 기준
• **적응** : 일정한 조건이나 환경 등에 맞추어 알맞게 됨
• **궁극적** : 더할 나위 없는 지경에 도달하는
• **입지** : 살아갈 장소의 환경

09 성찰과 관련된 아래의 설명 ⓐ~ⓓ 중에서 맞는 내용만을 짝지은 것은?

[예시 문제 - NCS]

> ⓐ 성찰을 하면 현재의 부족한 부분을 알 수 있다.
> ⓑ 성찰을 하더라도 한 번한 실수는 반복적으로 하게 되므로, 처음에 실수를 하지 않는 것이 중요하다.
> ⓒ 성찰은 과거에 있었던 일에 대한 반성이기 때문에 앞으로 일에는 영향을 주지 못한다.
> ⓓ 성찰은 지속적으로 연습해야 몸에 익혀진다.

① ⓐ, ⓒ
② ⓐ, ⓓ
③ ⓐ, ⓒ, ⓓ
④ ⓐ, ⓑ, ⓒ, ⓓ

10 다음 중에서 일일 시간 계획표를 작성하기 위한 유의 사항으로 옳은 것은?

① 자기만의 일일 계획을 세우는 시간을 정해 둔다.
② 다른 사람들과 함께 어울리며 작성해도 상관없다.
③ 모바일 시간 관리 도구가 가장 좋은 도구이다.
④ 친구들이 좋아하는 시간 관리 도구를 사용하는 것이 좋다.

• **유의** : 마음에 둠

11 다음은 업무 시행 시트 중의 하나인 체크리스트에 대한 설명들이다. 옳지 않은 것은?

[기출 문제 - 한국산업인력공단]

① 업무를 세부적인 활동들로 나누어 사용한다.
② 시간의 흐름을 표현하는 데에는 한계가 있다.
③ 각 활동별로 기대되는 수행수준을 달성했는지 확인한다.
④ 각 단계를 효과적으로 수행했는지 상사가 점검해 볼 수 있는 도구이다.

• **시트(sheet)** : 한 장의 종이. 기록

• **한계** : 사물이나 능력, 책임이 실제 작용할 수 있는 범위

• **점검** : 낱낱이 검사함

12 경력개발능력이 필요한 다음의 이유 중에서 개인 차원의 요구가 아닌 것은?

[예시 문제 – NCS]

① 중견 사원 이직의 증가
② 전문성 축적 및 성장 요구의 증가
③ 고용 시장에서의 개인의 가치 증대
④ 발달 단계에 따른 가치관이나 신념의 변화

• **중견** : 어떤 단체나 사회에서 중심이 되는 사람

• **증대** : 양을 늘리거나 규모를 크게 함

13 다음은 자기개발의 특징에 대한 설명이다. 그 설명이 옳은 것은?

① 자기개발은 일시적으로 이루어지는 과정이다.
② 자기개발은 일과 관련하여 이루어지는 활동이다.
③ 자기개발은 승진이나 이직을 원하는 사람만 하는 것이다.
④ 사람들은 모두 자기개발에 있어서 지향하는 바가 비슷하다.

• **일시적** : 짧은 한때의

• **지향** : 뜻이 어떤 목표로 향함

14 성찰과 관련된 다음의 설명 중에서 알맞은 것은?

① 성찰을 한다고 해도 현재의 부족한 부분을 알 수는 없다.
② 성찰을 하더라도 실수는 반복되므로, 처음부터 실수를 하지 않는 것이 중요하다.
③ 성찰은 과거에 있었던 일에 대한 반성이기 때문에 앞으로 일에는 영향을 주지 못한다.
④ 성찰은 지속적으로 연습해야 습관이 형성된다.

15 아래와 같은 상황에서 A씨가 신입사원에게 해 줄 말로 알맞지 않은 것은?

[기출 문제 변형 – 인천항만공사]

> A씨가 속한 팀은 하나의 프로젝트가 끝나면 언제나 프로젝트 전체에 대한 피드백을 한다. 이번에도 프로젝트가 마무리가 되자 팀장은 '내일 팀 성찰의 시간을 갖겠다.'고 말했다. 그러자 신입사원은 A씨에게 성찰의 시간이 무엇이냐고 질문했다.

① 프로젝트를 마친 후에 다시 한 번 프로젝트 진행에 대하여 피드백을 하는 거야.

② 프로젝트를 진행하면서 잘 진행된 점과 그렇지 못한 점을 정리하여 다음 프로젝트 때 참고하는 거야.

③ 진행된 프로젝트를 이야기하면서 팀 구성원들이 어떤 업무를 담당하고 수행했는지 잘 알 수 있는 시간이지.

④ 프로젝트를 진행할 때에는 처음부터 실수하지 않는 것이 중요하다는 것을 이식하는 과정이야.

- **프로젝트** : 연구 과제. 일감
- **피드백(feedback)** : 어떤 일의 결과를 통하여 일의 수정 사항을 찾는 일

04

자기 개발

- **이식** : 옮겨 영향을 미치게 함

16 성찰과 관련하여 할 수 있는 질문으로 알맞지 않은 것은?

① 지금 일이 잘 진행되거나 그렇지 않은 이유는 무엇인가?

② 이 일을 보다 빨리 끝내면서도 업무 성과를 내려면 어떻게 해야 할까?

③ 이 상태를 변화시키거나 혹은 유지하기 위하여 해야 하는 일은 무엇인가?

④ 나는 이번 일에서 다르게 수행했다면 더 좋은 성과를 냈을 일은 무엇인가?

- **성과** : 일이 이루어진 결과

17 아래는 중요성과 긴급성을 기준으로 과제의 우선순위를 4가지로 나누어 설명한 것이다. 과제의 우선순위 1~4에 해당하는 ㉠~㉣을 바르게 연결한 것은?

• **긴급성** : 중요하면서도 급한 성질

> 과제의 우선순위를 발견하는데 있어서 중요성과 긴급성은 두 가지 중요한 기준이 된다. 이에 따라 다음 그림과 같이 긴급하고 중요한 문제, 계획 및 준비해야 될 문제, 빨리 해결해야 될 문제, 하찮은 일의 4가지로 나누어 볼 수 있다.

우선순위	1	2	3	4
①	㉠	㉡	㉢	㉣
②	㉡	㉠	㉣	㉢
③	㉢	㉣	㉡	㉠
④	㉣	㉢	㉡	㉠

18 아래 내용을 참고했을 때, 다음 중에서 직업인이 자기개발을 해야 하는 이유로 알맞은 내용을 모두 고른 것은?

> 자기개발이란 직업인으로서 자신의 능력, 적성, 특성 등의 객관적 이해를 기초로 자기 발전 목표를 스스로 수립하고 자기관리를 통해 성취해 나가는 것을 의미한다.
> ㉠ 자기개발을 통해서 직장 생활에서 업무의 성과를 향상시킬 수 있다.
> ㉡ 자기개발을 통해 변화하는 환경에 더욱 효율적으로 적응할 수 있다.
> ㉢ 자기개발을 통해 업무에 대한 자신감을 얻고 삶의 질이 향상되고 보람된 삶을 살 수 있다.
> ㉣ 자기개발을 통해 더 높은 연봉을 받고 풍요로운 삶을 살 수 있다.

• **성취** : 목적한 것을 이루어 냄

• **효율적** : 들인 노력에 대해 얻은 결과의 비율이 높은
• **적응** : 일정한 조건이나 환경에 맞추어 잘 어울림
• **연봉** : 일 년을 기준으로 받는 봉급
• **풍요로운** : 매우 많아 넉넉한 느낌이 있는

① ㉠, ㉡   ② ㉠, ㉢   ③ ㉠, ㉡, ㉢   ④ ㉠, ㉡, ㉢, ㉣

19 자기개발 계획을 수립할 때 사용해야 될 전략에 대한 설명으로 알맞지 않은 것은?

① 장기 목표라고 하더라고 기간은 너무 길지 않은 5년 미만으로 하여야 한다.

② 직무 관련 경험이나 보유하고 있는 자격증 등을 고려하여 수립해야 한다.

③ 자기개발 계획을 수립할 때는 자신의 인간관계를 고려해야 한다.

④ 자기개발 방법은 구체적일수록 좋다.

20 사람들이 자기개발을 하려고 하지만 실패하는 경우가 많다. 다음 중에서 사람들이 자기개발에 실패하는 원인이라고 할 수 없는 것은?

① 자기실현에 대한 욕구보다 다른 욕구가 더 강해서

② 제한적으로 사고하기 때문에

③ 문화적인 차이 때문에

④ 자기개발 방법을 잘 몰라서

• **실현** : 실제로 나타나거나 이루어짐
• **제한적** : 일정한 범위를 넘지 못하도록 막는 것

21 아래와 같은 상황에서 D씨가 해야 할 행동으로 알맞은 것은?

[기출 문제 변형 – 한국산업인력공단]

> E 대리 : D씨 여기 있는 서류들을 정리하세요.
> F 과장 : D씨 H사에 보낼 서류를 작성해 오세요.
> D(신입사원) : ?

① E 대리에게 자신이 아닌 다른 사원에게 일을 부탁하라고 말한다.

② F 과장에게 자신이 아닌 다른 사원에게 일을 부탁하라고 말한다.

③ 둘 중 더 급한 업무를 먼저 처리하겠다고 E 대리와 F 과장에게 말한다.

④ 나에게 주어진 업무이니 야근을 해서라도 모두 완수한다.

• **야근** : 직장에서 퇴근 시간이 지나고 난 뒤에 일을 함
• **완수** : 어떤 일을 목적한 바대로 완전히 달성함

22 직장 생활에서 의사결정을 하다보면 거절의 의사를 표시해야 될 때가 있다. 다음 중에서 거절의 의사를 표현하기 위하여 유의해야 할 점으로 알맞지 않은 것은?

① 거절을 할뿐 대안을 제시할 필요는 없다.
② 거절할 때에 분명한 이유를 제시해야 한다.
③ 거절의 의사결정은 가능한 빠르게 해야 한다.
④ 거절의 의사결정은 상대방의 말을 주의 깊게 들어 문제의 본질을 파악한 뒤에 한다.

23 아래는 직업인의 업무 수행에 영향을 미치는 요인을 도식화한 것이다. ㉠~㉣에 들어갈 업무 수행 요인으로만 짝지어진 것은?

[기출 문제 변형 - NCS]

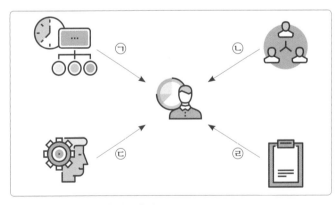

① 자원, 협동, 성실성, 성과
② 자원, 상사의 지지, 개인의 능력, 도전 정신
③ 자원, 동료의 지지, 팀의 단결력, 업무 지침
④ 자원, 상사/동료의 지지, 개인의 능력, 업무 지침

24 아래는 경력 개발의 단계를 나타낸 표이다. 각 단계에 대한 설명 ㉠~㉣ 가운데 알맞지 않은 것은?

1단계 직무 정보 탐색	▶	• ㉠고용이나 승진 전망 • 직무 만족도 등

↓

2단계 자신과 환경 이해	▶	• 자신의 능력, 흥미, 적성, 가치관 • ㉡직무 관련 환경의 기회와 장애 요인

↓

3단계 경력 목표 설정	▶	• 장기 목표 수립 : 5~7년 • 단기 목표 수립 : 2~3년

↓

4단계 경력 개발 전략 수립	▶	• ㉢현재 직무의 성공적 수행 • 역량 강화 • 인적 네트워크 강화

↓

실행 및 평가	▶	• 실행 • ㉣관심 직무에서 요구하는 능력 • 경력 목표와 전략의 수정

① ㉠ 　② ㉡ 　③ ㉢ 　④ ㉣

25 다음 중에서 목표 설정에 대한 설명으로 옳지 않은 것은?

① 장기 목표는 미래를 준비하는 데 필요하다.
② 막연한 목표가 구체적인 목표를 설정하는 것보다 좋다.
③ 직업뿐만 아니라 가정, 취미 생활 분야의 목표 설정도 중요하다.
④ 직업상의 목표와 개인적인 목표가 적절하게 조화를 이뤄야 한다.

• **적성** : 어떤 일에 알맞은 성질이나 소질

04
자기
개발

• **역량** : 어떤 일을 해낼 수 있는 힘이나 기량
• **강화** : 수준이나 정도를 더 높임

• **막연한** : 어떻게 할 수 없을 만큼 뚜렷하지 못한

• **적절하게** : 꼭 알맞게

26 다음 중에서 일을 미루지 않는 방법에 대한 설명으로 옳지 않은 것은?

① 최대한 즐기면서 일한다.
② 스스로에게 상을 주며 일한다.
③ 일을 잘게 나누어서 처리한다.
④ 가장 좋아하는 일을 먼저 처리한다.

27 아래는 합리적인 의사결정 과정에 대한 도식이다. ㉠~㉢에 들어갈 각 단계로 알맞지 않은 것은?

• **합리적** : 이치나 논리에 꼭 알맞은

• **근원** : 사물이나 현상 등이 비롯되는 본바탕

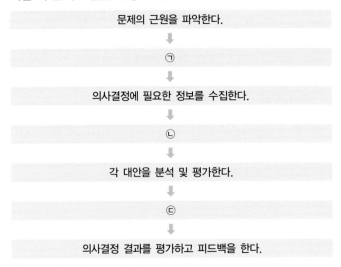

문제의 근원을 파악한다.
↓
㉠
↓
의사결정에 필요한 정보를 수집한다.
↓
㉡
↓
각 대안을 분석 및 평가한다.
↓
㉢
↓
의사결정 결과를 평가하고 피드백을 한다.

• **가중치** : 어떤 상품이 경제생활에서 차지하는 중요도

① ㉠ : 최적안을 선택한다.
　㉡ : 각 대안을 분석 및 평가한다.
　㉢ : 의사결정 기준과 가중치를 정한다.
② ㉠ : 각 대안을 분석 및 평가한다.
　㉡ : 의사결정 기준과 가중치를 정한다.
　㉢ : 최적안을 선택한다.
③ ㉠ : 의사결정 기준과 가중치를 정한다.
　㉡ : 각 대안을 분석 및 평가한다.
　㉢ : 최적안을 선택한다.
④ ㉠ : 최적안을 선택한다.
　㉡ : 의사결정 기준과 가중치를 정한다.
　㉢ : 각 대안을 분석 및 평가한다.

CHAPTER
05

자원관리능력

[기초직업능력으로서의 자원관리능력 표준에 따른 성취 수준]

구분			성취 수준
자원 관리 능력		상	업무를 수행하는데 필요한 자원을 확인하고 분석하며 확보하는 방법에 대한 안을 도출하고 활용 계획을 분석 · 평가하며 효과적으로 할당되었는지 판단하여 계획을 조정한다.
		중	업무를 수행하는데 필요한 자원을 검토하고 확보하는 방법을 분석하고 평가하며 활용계획을 구체화하여 효율적인 할당이 되었는지 파악한다.
		하	업무를 수행하는데 필요한 자원을 파악하고 확보하는 방법을 이해하며 활용 계획 수립을 위한 정보를 수집하며 계획에 따라서 할당한다.
하위 능력	시간 관리 능력	상	업무를 수행하는데 필요한 시간자원을 분석하고, 시간자원을 확보하는 방법을 도출하며, 계획을 분석 · 평가하고, 시간자원 계획을 조정한다.
		중	업무를 수행하는데 필요한 시간 자원의 양과 시기를 검토하고, 확보하는 방법을 분석하며, 구체적인 계획을 수립하고, 효율적인 시간 할당이 되었는지 파악한다.
		하	업무를 수행하는데 필요한 시간 자원을 파악하고 확보하는 방법을 이해하며, 계획을 수립하기 위한 정보를 수집하고, 계획에 따라 시간 자원을 할당한다.
	예산 관리 능력	상	업무를 수행하는데 필요한 예산을 확인하고 분석하며 예산 계획을 조정한다.
		중	업무를 수행하는데 필요한 예산을 검토하고 효율적인 할당이 되었는지 파악한다.
		하	업무를 수행하는데 필요한 예산을 파악하고 계획에 따라 할당한다.
	물적 자원 관리 능력	상	업무를 수행하는데 필요한 물적 자원을 확인하고 분석하며 물적 자원 계획을 조정한다.
		중	업무를 수행하는데 필요한 물적 자원의 양과 종류를 검토하고 효율적인 물적 자원 할당이 되었는지 파악한다.
		하	업무를 수행하는데 필요한 물적 자원을 파악하고 계획에 따라 할당한다.
	인적 자원 관리 능력	상	업무를 수행하는데 필요한 인적 자원을 확인하고 분석하며 인적 자원 계획을 조정한다.
		중	업무를 수행하는데 필요한 인적 자원의 양과 종류를 검토하고 효율적인 인적자원 할당이 되었는지 파악한다.
		하	업무를 수행하는데 필요한 인적 자원을 파악하고 계획에 따라 할당한다.

1 **자원관리능력 이해하기**

> • 업무를 수행하는데 시간, 자본, 재료 및 시설, 인적 자원 등의 자원 가운데 무엇이 얼마나 필요한지를 확인하고, 이용 가능한 자원을 최대한 수집하여 실제 업무에 어떻게 활용할 것인지를 계획하고, 계획대로 업무 수행에 이를 할당하는 능력

예제 **다음 중에서 자원 관리의 대상이 바른 것만으로 연결된 것은?**

① 예산 관리 - 차입금, 생산 공장 담보 채권, 제품 보관 창고 보험료 등
② 시간 관리 - 제품 설계 기간, 제품 운송 기간, 제품 판매비 등
③ 물적 자원 관리 - 제품 운송 수단, 제품 선적 인원, 제품 생산 원료 등
④ 인적 자원 관리 - 자재 구매팀, 제품 판매원, 제품 보관 창고 등

해설 '차입금'은 꾼 돈이고, '채권'은 자금을 차입할 때에 발행하는 증권이고, '보험료'는 사고로 인한 피해를 대비하여 보험 회사에 미리 지급한 돈이다. 따라서 이들은 모두 예산 관리 대상인 돈에 해당한다.

오답 ② '기간'은 어떤 일을 하는 데 걸리는 시간으로 시간 관리 대상이 되지만, '판매비'는 물건을 판매할 때 들어가는 돈이 므로 예산 관리 대상이 된다.
③ 차량이나 선박, 비행기 등의 '운송 수단'과 제품을 생산하는 '원료' 등은 모두 물적 자원 관리의 대상이 되지만, 제품 을 운송 수단에 싣는 사람인 '선적 인원'은 인적 자원 관리의 대상이다.
④ 자재를 구매하는 '구매팀'이나 물건을 판매하는 '판매원'은 인적 자원 관리의 대상이지만, '창고'는 물적 자원 관리의 대상이다.

정답 ①

---

① **자원관리능력별 낭비 요인**

• 시간관리능력 : 늦잠 자기, 무계획, 오늘 할 일을 다음으로 미루기 등
• 예산관리능력 : 무계획적 지출, '불필요한 물건 구입, 돈이면 다 된다는 생각 등
• 물적자원관리능력: 유행 따름, 1회용품 사용, 물품 재구입, 물품 부실 관리 등
• 인적자원관리능력 : 주변 사람과의 소원함, 주변 사람에 대한 미 파악 등

② **자원의 낭비 요인**

• 비계획적 행동   • 편리성 추구
• 자원에 대한 인식 부재   • 노하우 부족

③ **자원 관리의 기본 과정**

• 1단계 : 필요 자원의 종류와 양 확인하기 → 구체적으로 파악하는 것이 중요함
• 2단계 : 이용 가능한 자원 수집하기 → 여유 있게 수집하는 것이 바람직함
• 3단계 : 자원 활용 계획 세우기 → 업무의 우선순위를 고려해야 함
• 4단계 : 계획대로 수행하기

1. 시간관리능력

- 업무 수행에 필요한 시간 자원이 얼마나 필요한지를 확인하고, 이용 가능한 시간 자원을 최대한 수집하여 실제 업무에 어떻게 활용할 것인지를 계획하고 할당하는 능력
- 시간의 단축 → 생산성 향상, 가격 인하, 위험 요소 감소, 시장 점유율 증가

예제 다음의 요소들 가운데 기업이 '시간 단축'을 통해 볼 수 있는 효과로 알맞지 않은 것은?

① 생산성 향상　　　　② 가격 인상
③ 위험 요소 감소　　　④ 시장 점유율 증가

해설 기업의 입장에서 시간을 단축하게 되면 생산성이 향상되어(①) 상품을 더 빠르게 생산하여 제조 원가를 줄이게 되어, 상품의 가격을 인하할 수 있고, 이에 따라 시장에 상품을 더 많이 판매할 수 있어 시장 점유율을 증가시킬 수 있으며 (④), 이에 따라 이익도 높일 수 있다. 또한, 제품 생산이나 판매, 또는 기타 업무 시간이 단축됨으로 인해 제품 사용 시기를 놓치거나, 사업 실패의 가능성이 붙어 위험 요소를 감소시킬 수 있다(③). 따라서 가격 인상이라는 ②는 알맞지 않은 내용이다.

정답 ②

---

① 시간 계획 = 시간 관리

- 시간 자원을 최대한 활용하기

  ㉠ 가장 많이 반복되는 일에 가장 많은 시간 분배

  ㉡ 최단 시간에 최선의 목표 달성

- 시간 계획의 최대 이점 : 시간 활용 계획을 수립하면 시간을 창출하게 한다.
- 시간 계획의 기본 원리 [60 : 40 Rule]

계획된 행동(60%)		계획 외의 행동(20%)	자발적 행동(20%)
◀──────────── **총 시간** ────────────▶			

목표 설정을 위한 SMART 법칙	Specific	달성하려는 목표는 구체적이고 명확해야 한다. 예) 토익 점수 800점을 달성한다.
	Measurable	달성하려는 목표는 수치화 등 객관화시켜 측정 가능해야 한다. 예) 2시간 안에 보고서 작성 완료하기
	Achievable	달성하려는 목표는 생각만이 아닌 행동 중심적이어야 한다. 예) 부모님께 매일 전화 드린다(○). 효도한다(×).
	Realistic	목표가 실현 가능해야 한다. 예) 3달 안에 토익 점수 30점 올린다(○). 200점 올린다(×).
	Time-limited	목표를 달성하는 시간을 정해야 한다. 예) 1시간 안에, 오늘 안에, 이번 달 안에, 올해 안에…

② 시간관리능력이 부족한 사람의 특징

- 가장 생산성이 낮은 일을 가장 오래하는 경향이 있다.
- 최우선 업무보다는 가시적인 업무에 전력을 다하는 경향이 있다.
- 자신이 할 수 있는 일은 다른 사람에게 맡기지 않는 경향이 있다.
- 위기 상황에 과잉 대처하면서 침소봉대하는 경향이 있다.

2. 예산관리능력

- 업무 수행에 필요한 자본 자원이 얼마나 필요한지를 확인하고, 이용 가능한 자본 자원을 최대한 수집하여 실제 업무에 어떻게 활용할 것인지를 계획하고 할당하는 능력
- 예산관리는 활동이나 사업에 소요되는 비용을 산정하고, 예산을 편성하는 것뿐만 아니라 예산을 통제하는 것을 모두 포함하는 과정

예제 아래에 제시된 항목 ⓐ~ⓘ는 제품 생산이나 서비스 창출에 들어가는 '직접 비용(㉠)'과 '간접 비용(㉡)'의 여러 항목들이다. 이를 ㉠과 ㉡으로 바르게 구분한 것은?

ⓐ 컴퓨터 구입비	ⓑ 보험료	ⓒ 건물 관리비
ⓓ 광고비	ⓔ 통신비	ⓕ 빔 프로젝터 대여료
ⓖ 인건비	ⓗ 출장 교통비	ⓘ 건물 임대료

	㉠	㉡
①	ⓐ	ⓑ
②	ⓑ	ⓒ
③	ⓓ	ⓔ
④	ⓕ	ⓖ

해설 직접 비용은 제품 또는 서비스를 창출하기 위해 직접 소비되는 것으로 '컴퓨터 구입비(ⓐ), 빔 프로젝터 대여료(ⓕ), 인건비(ⓖ), 출장 교통비(ⓗ), 건물 임대료(ⓘ)' 등이 포함된다. 간접 비용은 제품 생산이나 서비스 창출에 관련되지 않는 비용으로 '보험료(ⓑ), 건물 관리비(ⓒ), 광고비(ⓓ), 통신비(ⓔ)'가 해당된다.

오답 ②와 ③은 모두 간접 비용들이고, ④는 직접 비용과 간접 비용이 바뀌었다.

정답 ①

---

① 예산 관리의 의미

- 예산 관리의 요소 : 사업에 소요되는 비용 산정과 예산 편성, 예산 통제

- 예산 관리의 필요성 : 예산이 한정되어 있기 때문에

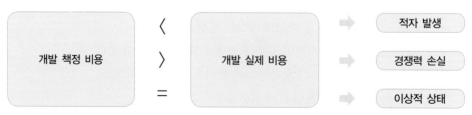

② 예산의 구성 요소

직접 비용 (Direct Cost)	제품 또는 서비스를 창출하기 위해 직접 소비된 것으로 여겨지는 비용	재료비, 원료와 장비비, 시설비, 인건비, 여행(출장) 및 잡비 등
간접 비용 (Indirect Cost)	과제를 수행하기 위해 소비된 비용 중에서 직접 비용을 제외한 비용으로 생산에 직접 관련되지 않은 비용	보험료, 건물 관리비, 광고비, 통신비, 사무 비품비, 각종 공과금 등

③ 예산 수립

• 예산 수립의 과정

필요한 과업 및 활동 구명 ⟹ 우선순위 결정 ⟹ 예산 배정

• 과업 세부도 : 과제 수행 활동을 구명하는 과제 및 활동 계획을 수립하는데 가장 기본적인 수단으로 활용되는 그래프

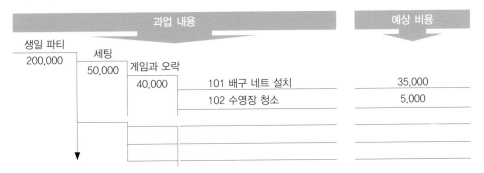

과업 내용				예상 비용
생일 파티 200,000	세팅 50,000	게임과 오락 40,000	101 배구 네트 설치	35,000
			102 수영장 청소	5,000

④ 효과적인 예산 관리

• 효과적인 예산 관리는 예산 집행 과정에 대한 관리이다.
  - 개인 차원 : 가계부 등의 작성
  - 프로젝트나 과제 : 예산 집행 실적의 워크시트 작성
• 예산 계획 및 집행에 대한 지속적 관심이 중요
• 자신만의 예산 관리 노하우 개발

가계부를 통해 효과적으로 관리하기 위해서는 명심해야 할 것
1. 하루도 빠뜨리지 말자.
2. 단돈 10원이라도 정확하게 기록하자.
3. 지출하기 전에 먼저 예정 지출액을 계산하자.
4. 지출 후 지출액을 예산과 비교 검토한 후에 차액을 파악하여 차후의 예산 설정에 참고하자.
5. 후회되는 지출항목은 실수를 반복하지 않도록 눈에 잘 띄게 표시하자.

3. 물적자원관리능력

• 업무 수행에 필요한 재료 및 시설 자원이 얼마나 필요한지를 확인하고, 이용 가능한 재료 및 시설 자원을 최대한 수집하여 실제 업무에 어떻게 활용할 것인지를 계획하고 할당하는 능력

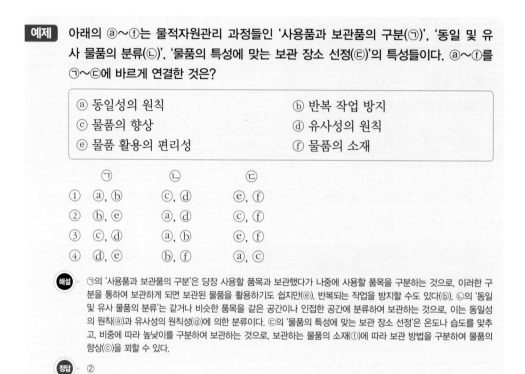

예제 아래의 ⓐ~ⓕ는 물적자원관리 과정들인 '사용품과 보관품의 구분(㉠)', '동일 및 유사 물품의 분류(㉡)', '물품의 특성에 맞는 보관 장소 선정(㉢)'의 특성들이다. ⓐ~ⓕ를 ㉠~㉢에 바르게 연결한 것은?

ⓐ 동일성의 원칙   ⓑ 반복 작업 방지
ⓒ 물품의 향상   ⓓ 유사성의 원칙
ⓔ 물품 활용의 편리성   ⓕ 물품의 소재

	㉠	㉡	㉢
①	ⓐ, ⓑ	ⓒ, ⓓ	ⓔ, ⓕ
②	ⓑ, ⓔ	ⓐ, ⓓ	ⓒ, ⓕ
③	ⓒ, ⓓ	ⓐ, ⓑ	ⓔ, ⓕ
④	ⓓ, ⓔ	ⓑ, ⓕ	ⓐ, ⓒ

해설 ㉠의 '사용품과 보관품의 구분'은 당장 사용할 품목과 보관했다가 나중에 사용할 품목을 구분하는 것으로, 이러한 구분을 통하여 보관하게 되면 보관된 물품을 활용하기도 쉽지만(ⓔ), 반복되는 작업을 방지할 수도 있다(ⓑ). ㉡의 '동일 및 유사 물품의 분류'는 같거나 비슷한 품목을 같은 공간이나 인접한 공간에 분류하여 보관하는 것으로, 이는 동일성의 원칙(ⓐ)과 유사성의 원칙성(ⓓ)에 의한 분류이다. ㉢의 '물품의 특성에 맞는 보관 장소 선정'은 온도나 습도를 맞추고, 비중에 따라 높낮이를 구분하여 보관하는 것으로, 보관하는 물품의 소재(ⓕ)에 따라 보관 방법을 구분하여 물품의 향상(ⓒ)을 꾀할 수 있다.

정답 ②

① 물적 자원 관리

• 물적 자원

㉠ 자연 자원 : 석탄이나 석유와 같이 자연 상태 그대로의 자원

㉡ 인공 자원 : 시설 및 장비 등 인위적으로 가공한 자원

• 물적 자원 활용의 방해 요인

㉠ 물적 자원의 보관 장소를 파악하지 못하는 경우

㉡ 물적 자원이 훼손된 경우

㉢ 물적 자원을 분실한 경우

• 물적 자원의 관리

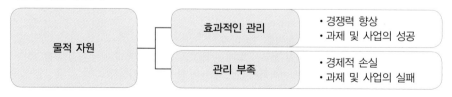

② 물적 자원 관리의 과정

사용품과 보관품의 구분	동일 및 유사 물품의 분류	물품의 특성에 맞는 보관 장소 선정
• 반복 작업 방지 • 물품활용의 편리성	• 동일성의 원칙 • 유사성의 원칙	• 물품의 향상 • 물품의 소재

③ 물적 자원 관리의 목표
- 소비자에게 최소의 비용으로 최고의 서비스를 제공하여 시장 능력 강화
  ㉠ 3S 1L의 원칙 : 물적자원관리의 목표를 실현하기 위해서 필요한 물품을 필요한 장소에, 필요한 때, 적정한 가격으로 전달하는 것

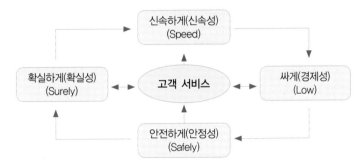

- ㉡ 7R의 원칙 : 물적 유통의 목표를 실현하기 위해서 적절한 상품을, 적절한 품질로, 적당한 양을 적절한 시간에, 적절한 장소로 좋은 인상을 주면서, 적절한 가격으로 전달하는 것

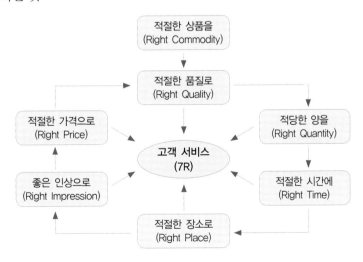

4. 인적자원관리능력

• 업무 수행에 필요한 인적 자원이 얼마나 필요한지를 확인하고, 이용 가능한 인적 자원을 최대한 수집하여 실제 업무에 어떻게 활용할 것인지를 계획하고, 할당하는 능력

예제 다음 중에서 인력 배치의 3원칙에 해당하지 않는 것은?

① 균형주의
② 능력주위
③ 인맥주의
④ 적재적소주위

해설 ③의 '인맥주의'는 선후배 관계인 학연이나 같은 고향 관계인 지연 등에 따라 인력을 배치하는 것이다. 이러한 인맥주의는 인력 배치에서 가장 경계해야 할 것이다.

오답 ① 하나의 제품을 생산하여 판매하는 업무를 수행하는 것을 예로 들 때, 제품 기획, 비용 계산 및 집행, 제품 설계, 자재 구매, 제품 생산, 제품 판매 등과 같은 여러 부문이 조화롭게 움직여야 한다. '균형주의'는 이러한 각 부문들에 맞는 인력들을 균형있게 배치해야 함을 의미한다.
② '능력주의'는 개인에게 능력을 발휘할 수 있는 기회와 장소를 부여하고 그 성과를 평가하여 보상하는 것을 의미한다.
④ '적재적소주의'는 팀의 효율성을 높이기 위해 팀원의 능력이나 성격 등과 가장 적합한 위치에 배치하는 것이다.

정답 ③

---

① 인적 자원의 특성

• 능동성 : 인적 자원의 욕구와 동기, 태도와 행동, 만족감 등에 의해 성과가 결정된다.
• 개발 가능성 : 잠재 능력과 자질을 보유하고 있다.
• 전략적 자원 : 다른 모든 자원을 활용하는 것이 바로 사람이기 때문에 전략적으로 매우 중요하다.

> **! 인맥 활용의 장점**
> • 각종 정보나 정보 소스의 획득
> • '나'의 사업을 시작할 수 있음.
> • '나'를 알 수 있고, 나의 인생에 탄력이 생김.
> • 참신한 아이디어의 획득
> • 일이 있을 때 도움이 됨.

② 인맥 관리의 방법

• 명함 관리(명함 정리법)
  - 언제, 어디서, 무슨 일로 만났는지
  - 소개자의 이름, 학력이나 경력
  - 전근, 전직 등의 변동 사항
  - 가족 사항, 거주지와 기타 연락처
  - 대화를 나누고 나서의 느낀 점이나 성향
  - 상대의 업무 내용이나 취미, 기타 독특한 점

- 인맥 관리 카드 작성 – 핵심 인맥 카드, 파생 인맥 카드

> **인맥 활용의 장점**
> - 신분을 증명한다.
> - 개인의 정보를 전달한다.
> - 대화의 실마리를 제공할 수 있다.
> - PR하는 도구로 사용할 수 있다.
> - 개인의 정보를 얻을 수 있다.
> - 후속 교류를 위한 도구로 사용할 수 있다.

③ 인적 자원 관리의 영역

- 인사 관리(Personnel Management) : 조직의 목표 달성을 위해서 필요한 인적 자원을 유지, 개발하여 이것을 활용하는 계획적이고 조직적인 관리 활동 체계로 인적 자원을 적재적소에 배치하고 동기 부여를 극대화하여 기업 능력을 최대화하고, 조직의 목표 달성을 위한 인적 자원을 계획, 조직, 지휘, 조정, 통제하는 관리 체계
- 노무 관리(Labor Management) : 경영자가 종업원의 종합 능력을 장기간에 걸쳐 유지 및 상승시키는 일련의 정책으로 노사 관계 관리를 중심으로 함.
- 인적 자원 계획(HRP, Human Resources Planning) : 조직의 발전과 직무 개선, 개인적 성장을 위하여 조직 내에서 개인의 학습 활동을 통하여 개인적 능력 향상뿐만 아니라 현재 수행하는 직무와 미래에 할당될 업무에 대한 수행 능력을 개발하는 일련의 활동
- 인적 자원 개발(HRD, Human Resources Development) : 미래에 필요한 인적 자원을 예측하고 그에 대한 적절한 채용, 충원, 선발, 훈련, 승진, 조직과 직무 설계 등을 계획하는 일련의 활동
- 인적 자원 활용(HRU, Human Resources Utilization) : 인적 자원을 조직 내에 배치하고 활용하는 것으로 승진, 부서 이동, 평가, 보상이 포함되며 구체적으로 업적 관리와 처우, 배치와 순환, 인사 고과 등 주로 인사 제도와 운영에 관련된 일련의 활동

④ 인력 배치

- 인력 배치의 원칙

  ㉠ 적재적소주의(right man for right place) : 팀원의 능력이나 성격 등과 적합한 위치에 배치한다.

  ㉡ 능력주의 : 개인에게 능력을 발휘할 수 있는 기회와 장소를 부여하고, 그 성과를 평가하여 그에 상응한 보상을 준다.

  ㉢ 균형주의 : 모든 팀원에 대해 평등하게 고려되어야 한다.

- 인력 배치의 유형

  ㉠ 양적 배치 : 업무에 맞는 적절한 소요 인원을 결정하여 배치해야 한다.

  ㉡ 질적 배치 : 업무에 맞는 인재를 적재적소에 배치해야 한다.

  ㉢ 적성 배치 : 팀원의 적성 및 흥미를 고려하여 배치해야 한다.

01 다음은 '시간관리능력이 부족한 사람의 특징'에 대한 설명들이다. 알맞지 않은 것은?

① 가장 생산성이 높은 일부터 한다.
② 최우선 업무보다는 가시적인 업무에 전력을 다한다.
③ 다른 사람에게 자신의 일을 맡기지 않는다.
④ 위기 상황에 과잉 대처하면서 침소봉대하는 경향이 있다.

- **최우선** : 어떤 일이나 대상을 다른 무엇보다 가장 앞세워 문제로 삼거나 다룸
- **가시적** : 눈으로 볼 수 있는
- **전력** : 가지고 있는 모든 힘
- **침소봉대** : 작은바늘을 큰 몽둥이라고 한다는 뜻. 작은 일을 크게 부풀려서 말함을 비유
- **경향** : 행동이나 현상에서 나타나는 일정한 방향성

02 아래의 ㉮~㉲는 '시간을 낭비하는 요인'을 정리한 내용의 일부이다. 알맞지 않은 내용만을 모두 고른 것은?

㉮ 목적이 불명확하다.
㉯ 여러 가지 일을 한 번에 많이 다룬다.
㉰ 1일 계획이 불충분하다.
㉱ 서류를 요약하여 발표한다.
㉲ 조정이나 팀워크가 부족하다.
㉳ 일을 끝내지 않고 남겨둔다.
㉴ 회의를 길게 한다.
㉵ 커뮤니케이션 능력이 부족하거나 결여되어 있다.
㉶ 기다리는 시간을 충분히 주지 않는다.
㉷ 권한 위양을 충분히 하지 않고 있다.
㉸ 우선순위가 매우 분명하다.
㉹ 일에 대한 의욕이 넘쳐 열정적이다.
㉺ 성격상 No라고 말하지 못한다.
㉻ 권한을 위양한 일에 대해 부적절하게 관리한다.

① ㉮, ㉲, ㉳, ㉶
② ㉰, ㉱, ㉸, ㉹
③ ㉱, ㉶, ㉸, ㉹
④ ㉰, ㉲, ㉶, ㉸, ㉹

- **조정** : 다툼을 조절하여 타협할 수 있도록 화해시킴

- **결여** : 있어야 할 것이 빠져서 없거나 모자람
- **권한** : 사람이나 기관이 행사할 수 있는 권리나 권력의 범위
- **권한 위양(權限委讓)** : 자신의 권한을 다른 이에게 부여하고 그것을 수행할 책임을 넘김

03 다음의 행동들 가운데 자원의 낭비 요인 4가지에 포함되어 있지 않은 것은?

① 계획적인 행동을 하지 않아 자원을 낭비한다.
② 편리성을 추구하느라 자원을 낭비한다.
③ 자원의 쓰임새를 몰라 사용하지 못해 자원을 낭비한다.
④ 자원을 효율적으로 사용하는 노하우가 부족하여 자원을 낭비한다.

• **쓰임새** : 쓰이는 용도나 정도
• **노하우(knowhow)** : 남이 알지 못하는, 자기만의 독특하고 효과적인 방법

04 다음 중에서 직장에서의 시간 낭비 요인으로 볼 수 없는 것은?

[예시 문제 – NCS]

① 불명확한 목적을 가진 긴 회의
② 많은 통지문서
③ 기다리는 시간
④ 점심시간

• **통지** : 어떤 사실이나 소식을 전하여 알게 함

05 자원 활용에 관한 다음 내용 중에서 알맞지 않은 것은?

[예시 문제 – NCS]

① 필요한 자원의 종류와 양을 구체적으로 확인해야 한다.
② 필요한 만큼의 자원만 확보하면 된다.
③ 자원 활용 계획을 세우는데 우선순위를 고려한다.
④ 가능하면 계획대로 수행한다.

06 아래의 ㉠~㉣은 자원 관리의 과정 4단계를 순서 구분 없이 나열한 것이다. 다음 중에서 자원 관리의 과정이 순서에 맞게 제시된 것은?

> ㉠ 자원 활용 계획 세우기
> ㉡ 계획대로 수행하기
> ㉢ 필요한 자원의 종류와 양 확인하기
> ㉣ 이용 가능한 자원 수집하기

① ㉠ → ㉡ → ㉢ → ㉣
② ㉠ → ㉢ → ㉡ → ㉣
③ ㉢ → ㉠ → ㉡ → ㉣
④ ㉢ → ㉣ → ㉠ → ㉡

07 아래에 제시된 비용 항목을 '직접 비용'과 '간접 비용'으로 적절하게 구분한 것은? [예시 변형 문제 - NCS]

> 컴퓨터 구입비, 보험료, 건물 관리비, 광고비, 통신비, 빔 프로젝터 대여료, 인건비, 출장 교통비, 건물 임대료

①

직접 비용	컴퓨터 구입비, 빔 프로젝터 대여료, 출장 교통비, 광고비
간접 비용	건물 임대료, 인건비, 보험료, 건물 관리비, 통신비

②

직접 비용	컴퓨터 구입비, 빔 프로젝터 대여료, 인건비, 출장 교통비, 건물 임대료
간접 비용	보험료, 건물 관리비, 광고비, 통신비

③

직접 비용	컴퓨터 구입비, 빔 프로젝터 대여료, 광고비, 통신비
간접 비용	인건비, 출장 교통비, 건물 임대료, 보험료, 건물 관리비

④

직접 비용	컴퓨터 구입비, 빔 프로젝터 대여료, 인건비, 출장 교통비, 건물 임대료, 건물 관리비
간접 비용	보험료, 광고비, 통신비

- **관리비** : 건물이나 시설 등을 관리하는 데 드는 비용
- **대여료** : 물건이나 장소를 빌려 쓰는 대가로 내는 돈
- **인건비** : 사람을 고용하여 쓰는 데 지출되는 비용
- **출장** : 일을 위해 원래 근무지에서 다른 곳으로 나감
- **임대료** : 남에게 물건이나 건물 등을 빌려준 대가로 받는 돈

08 다음 중에서 명함에 메모를 해 두면 좋은 정보가 아닌 것은?

[예시 문제 - NCS]

① 만난 날자와 장소 및 용건
② 상대의 업무 내용 및 취미
③ 상대방의 거주지 및 기타 연락처
④ 만나서 먹었던 음식

• **거주지** : 사람이 자리를 잡고 살아가는 장소

09 다음 중에서 시간 자원의 특징이라고 볼 수 없는 것은?

[예시 문제 - NCS]

① 시간은 매일 주어진다.
② 시간의 흐름은 멈추게 할 수 없다.
③ 시간은 가치가 똑같다.
④ 시간은 똑같은 속도로 흐른다

10 시간 관리를 하는데 있어서 사람들이 오해하는 것을 대체로 4가지로 구분할 수 있다. 다음 중에서 시간 관리에 대한 오해에 해당하지 않은 것은?

[예시 문제 - NCS]

① 시간 관리는 상식에 불과하다.
② 나는 시간에 쫓기면 일을 더 잘한다.
③ 나는 시간 관리를 충분히 잘하고 있다.
④ 나는 약속 표시 달력과 할 일 목록만으로 충분하다.

• **상식** : 일반적인 사람이 다 가지고 있거나 가지고 있어야 할 지식이나 판단력

05
자원
관리

11 아래의 ⓐ~ⓒ는 인력 배치의 유형인 '적성 배치(㉠), 양적 배치(㉡), 질적 배치(㉢)'에 대한 설명을 정리한 것이다. 연결이 적절하게 이루어진 것은?

> ⓐ 소요 인원을 결정하여 배치
> ⓑ 적재적소의 배치
> ⓒ 팀원의 적성 및 흥미에 따른 배치

	㉠	㉡	㉢
①	ⓐ	ⓑ	ⓒ
②	ⓐ	ⓒ	ⓑ
③	ⓒ	ⓐ	ⓑ
④	ⓒ	ⓑ	ⓐ

• 적성 : 어떤 일에 알맞은 성질이나 소질
• 양적 : 세거나 잴 수 있는 분량이나 수량과 관계된 것
• 질적 : 사물의 성질이나 바탕에 관계되는 것
• 소요 : 어떤 일에 필요한 것
• 적재적소 : 어떤 일을 맡기기에 알맞은 재능을 가진 사람을 알맞은 자리에 씀

12 물류 창고에 있는 상품의 재고에 대하여 정기적으로 일자를 지정하여 실제 수량을 파악하고자 한다. 물류 담당자가 수행할 프로세스로 옳은 것은?

① 기존 재고/조정 등록
② 재고 실사 등록
③ 재고 수불부 조회
④ 재고 명세서 조회

• 물류 : 필요한 물품을 가장 적은 경비로 빠르고 효율적으로 때맞춰 보내 가치를 창출하는 경제 활동
• 재고 : 팔기 위해 또는 팔다 남아 창고에 쌓아 둔 물품
• 프로세스 : 일이 진행되는 과정이나 진척되는 정도
• 조정 : 어떤 기준이나 실정에 맞도록 조절하여 정돈함
• 실사 : 실제 상황이나 실물을 조사하거나 검사함
• 수불 : 물건이나 돈 등을 받음과 내줌
• 수불부 : 물건이 들어오고 나감에 대한 기록
• 조회 : 어떤 사람의 인적 사항 따위를 관계 기관에 알아봄

13 아래의 ⓐ~ⓒ는 시간을 제대로 활용하기 위한 방법인 '권한 위양(㉠), 우선순위(㉡), Flexibility(㉢)'에 대한 설명이다. 해당하는 것끼리 바르게 연결한 것은?

> ⓐ 여러 일 중에 우선적인 일을 먼저 처리
> ⓑ 시간 계획을 유연하게 작성
> ⓒ 타인에게 일을 맡김

	㉠	㉡	㉢
①	ⓐ	ⓑ	ⓒ
②	ⓑ	ⓒ	ⓐ
③	ⓒ	ⓐ	ⓑ
④	ⓒ	ⓑ	ⓐ

• Flexibility(유연성) : 원리 원칙에 얽매이지 않고 형편과 상황에 따라 융통성 있게 대응하는 성질

14 다음 중에서 인맥을 활용할 때 주어지는 장점을 나타낸 내용으로 적절하지 않은 것은?

① 각종 정보나 정보 소스를 획득할 수 있다.
② '나' 자신을 알 수 있고, 나의 인생에 탄력이 생긴다.
③ '나'의 일을 나눌 수 있다.
④ 참신한 아이디어 획득할 수 있다.

15 일 중독자의 특징에 대한 아래의 설명 중에서 올바른 것만을 고른 것은?

일 중독자의 특징

㉠ 가장 생산성이 높은 일부터 한다.
㉡ 최우선 업무보다는 가시적인 업무에 전력을 다한다.
㉢ 다른 사람에게 자신의 일을 잘 맡긴다.
㉣ 위기 상황에 과잉 대처하면서 침소봉대하는 경향이 있다.

---

① ㉠, ㉡   ② ㉠, ㉢
③ ㉡, ㉢   ④ ㉡, ㉣

16 기업의 목적을 달성하기 위하여 기업 내·외부의 프로세스를 간소화하고, 모든 자원을 효율적으로 관리해야 한다. 다음 중에서 이와 같은 방법을 시행한 결과로 보기에 알맞은 것은?

① 매출의 최대화
② 비용의 최소화
③ 매입의 최소화
④ 이익의 최대화

17 아래 사례로 필요함을 알 수 있는 자원관리능력으로 알맞은 것은?

> 어느 날 K씨는 직장에서 하나의 과제 공모를 내는 포스터를 보게 되었다. 이 공모에서 입상하는 사람에게는 해외 유학의 기회가 제공되었다. K씨는 평소 유학에 대한 생각을 하고 있던 터라 매우 좋은 기회라고 생각하였다. 공모의 제출 마감 기한은 내달 12일이라 한 달간의 시간이 있었다. 그래서 K씨는 천천히 해도 되겠다는 생각으로 지냈다.
>
> 그렇게 시간은 흘러 다음 주에 과제 공모가 마감이라는 것을 뒤 늦게 깨닫게 되었다. 그때서야 다급해진 K씨는 1주일 동안 밤을 새워가면서 과제를 준비하였다. 마감 기간 내에 과제를 완성할 수 있었지만, 그 결과에 대한 확신이 서지 않았다.
>
> 하지만 기간을 놓치면 기회가 없기에 할 수 없이 제출할 수밖에 없었다. 그리고 시간이 흘러 결과가 발표되었다. 평소에 유학에 대한 생각이 간절했던 터라 꽤나 큰 기대를 하고 있었다. 하지만 기대와는 달리 K씨는 공모에서 떨어지고 말았다. 실망한 K씨는 친구인 P씨와 술을 마시게 되었고, 그 자리에서 P씨가 공모에 당첨되었다는 사실을 알게 되었다. 그 사실에 우울해진 K씨는 자신이 조금 더 준비를 했어야 했다는 생각과 함께 다시 기회가 준다면 잘 할 수 있을 것 같다는 말만 되새겼다. 그러자 친구인 P씨는 '다음에 또 기회가 오겠지'라고 위로하였다.

① 시간관리능력
② 예산관리능력
③ 물적자원관리능력
④ 인적자원관리능력

• **공모** : 공개 모집. 모든 사람들에게 널리 공개하여 모음
• **입상** : 상을 타게 되는 등수 안에 듦
• **기한** : 미리 기약하여 한정한 시기

18 아래 사례의 P군이 소홀히 한 자원 관리로 알맞은 것은?

> S고등학교 3학년 P군은 졸업을 앞두고 취업 준비를 열심히 하고 있었다. 그 중 자신이 가장 가고 싶었던 H 기업에 지원하기로 하였다. 우선 1차 서류 심사에 응해야 했기 때문에 자기 소개서 등 원서 작성을 하고 원서를 접수하는 날을 기다리고 있었다.
>
> 원서를 접수하는 날 집에서 출발하기 전에 혹시나 하고 H 기업 홈페이지에 들어가 필요한 서류를 확인하였다. 그러던 중 자신이 소개서에 작성하였던 자격증에 대한 사본을 제출해야 한다는 사실을 알았다. P군은 지금이라도 알아서 다행이라는 생각에 자격증을 찾기 시작하였다.
>
> 하지만 이게 웬일인가!! 자신이 소지하고 있었던 ○○ 자격증이 보이지 않는 것이었다. 분명 자신이 보관해 두었던 곳에는 자격증이 보이지 않았던 것이다. 다급해진 P군은 집안 구석구석 자격증을 찾기 시작하였고, 그러는 동안 점점 원서 접수 마감 시간이 다가오고 있었다. 어머니의 도움으로 마침내 자격증을 찾게 되었고, 그 시각 마감 시간을 40분 남겨두고 있었다.
>
> 다급해진 P군은 택시를 타고 접수 장소로 향하였고, 마감 시간 5분을 남겨두고 도착하여 간신히 원서 접수를 할 수 있었다. P군에게 있어 이 날은 정말 악몽 같은 하루였을 것이다.

① 시간 자원 관리
② 예산 자원 관리
③ 물적 자원 관리
④ 인적 자원 관리

- **사본** : 복사본. 원본을 사진으로 찍거나 복사하여 만든 책이나 서류

- **소지** : 몸에 지님

19 아래 사례의 문제점을 시정하기 위해 가장 시급하게 시행해야 할 자원 관리의 기본 과정으로 알맞은 것은?

> 광주시의회 신설 학교 조사위원회가 현장 조사를 벌인 결과 광주시 교육청이 신설 학교를 개교하면서 책걸상과 교탁, 수납장 등 18종의 비품과 기자재를 일괄 구매하면서 매년 수십억 원의 예산이 사장되는 결과를 낳고 있음을 확인하였다.
>
> 신설 학교 기자재는 학생 수가 100% 차는 완성 학급을 기준으로 구입하지만 개교 1~2년차에는 완성 학급수가 절반 수준에 불과한 학교가 상당수여서 기자재와 비품이 남아돌아 방치되는 경우가 많다.
>
> 광주시의회 조사위원회는 "지난 2004년 개교한 24개 학교의 교육청 일괄 구매 예산은 53억 3천여만 원이었으나 15억 원 규모에 달하는 비품이 사용되지 않고 방치되고 있다"고 밝혔다.
>
> 이와 함께 800만 원대의 냉온수기가 사용되지 않고 방치되는가하면 일부 학교에서는 컴퓨터 스피커, 헤드세트 수백 개가 개봉되지도 않고 방치되는 등 곳곳에서 예산이 낭비되는 사례가 발견됐다.

① 필요한 자원의 종류와 양 확인하기
② 이용 가능한 자원 수집하기
③ 자원 활용 계획 세우기
④ 계획대로 수행하기

· **시급하게** : 시각을 다투어야 할 만큼 몹시 급하게

· **비품** : 업무에 일상적으로 필요하여 늘 갖추어 두고 쓰는 물품
· **기자재** : 기계, 기구, 재료 등을 모두 이르는 말
· **일괄** : 낱낱의 것들을 하나로 묶음
· **사장** : 물건 등을 사용하지 않고 묵혀 둠

· **방치** : 그냥 내버려둠

20 개개인이 시간을 적절하게 관리함으로써 나타날 수 있는 효과를 설명한 것으로 알맞지 않은 것은?

① 스트레스가 줄어든다.
② 균형적인 삶을 살 수 있다.
③ 생산성을 향상시킬 수 있다.
④ 보다 많은 여가 시간을 가질 수 있다.

21 아래 사례에서 K 사장이 문제점을 바로잡기 위해 해야 할 일로 알맞은 것은?

> 작은 건축업을 하는 K 사장이 있었다. 그는 빌딩과 같은 큰 회사를 운영하는 것이 아니라 자신과 몇 명의 동료와 함께 가정집을 주요 대상으로 하는 작은 사무실을 운영하였다. 그래서 회사에서 비서가 있을 리 만무하고, 자신의 사무실은 자신이 정리해야 했다.
>
> 어느 날 사무실을 둘러보니 너무 어지러워 도저히 일을 할 수 없을 것 같아 사무실 정리하기 시작하였다. 곳곳에 널려있는 물건들을 모조리 캐비닛과 박스에 집어넣어 깔끔하게 정리하였다. 오랜만에 깔끔한 기분이 들어 매우 기뻐하고 있었다.
>
> 하지만 K 사장의 짜증은 다음 날부터 시작되었다. 일을 하려고 할 때, 필요한 서류가 보이지 않아 계속 서류를 찾다 결국은 캐비닛과 박스를 뒤지기 시작하였다. 결국 서류를 찾았고, 다시 일을 시작하려 하였지만, 서류뿐만 아니라 많은 물품이 캐비닛과 박스에 들어있어 필요한 물건을 찾아 다시 캐비닛을 뒤져야 했다.
>
> 몇 시간이 지나서야 필요한 물품을 다시 찾았지만, 사무실은 다시 난장판이 되어 있었다. 이를 본 K 사장은 허무할 수밖에 없었고, 다시 이를 정리하는데 오랜 시간이 소요되었다.

① 사용품과 보관품의 구분
② 동일 및 유사 물품의 분류
③ 물적 지원과 인적 자원의 구분
④ 물품의 특성에 맞는 보관 장소 선정

• 유사 : 서로 비슷함

22 아래 사례를 읽고 팀 및 조직 단위에서 효과적인 인적 자원 관리 방법으로 인력 배치를 하려고 할 때, 그 유형으로 알맞은 것은?

> 소방차도 있고 건물도 있지만 소방관이 없는 소방파출소가 있다. 지난 5월말 준공된 전주시 인후동 아중소방파출소와 준공을 앞둔 완주군의 고산소방파출소.
>
> 인구가 증가함에 따라 소방 수요가 늘어난 두 지역은 자체 소방파출소가 없어 화재 시 먼 거리에서 소방차가 출동해야 함에 따라 피해가 커지는 문제가 있었다. 이에 지난 2004년 두 지역에 소방파출소를 설치하기로 결정했고 공사는 순조롭게 진행됐다. 그러나 막상 준공은 됐지만 이곳에 근무할 소방 인력이 없어 골머리를 앓고 있다.
>
> 보통 한 소방파출소 근무 인원은 11~15명. 두 곳에는 소방관 2명이 인근 소방파출소에서 파견 나와 있지만 화재가 발생하면 예전처럼 먼 거리에서 출동을 하고 있어 유명무실한 상태다. 두 소방파출소가 텅 비어 있는 것은 공무원 총 정원제 때문. 도내 소방 인력은 현재 1,420명으로 정부가 제시한 표준에 비해 200여 명이 많은 수준이어서 소방 인력 증원에 어려움을 겪고 있다.
>
> 도 소방본부 관계자는 "인원 배치를 위한 증원 등 조정안이 이달 중 도의회에 상정될 것"이라며 "가능한 이른 시일 내에 인원이 배치될 것"이라고 말했다. 고산에 사는 주민 국모 씨(46)는 "인구가 밀집돼 있고 화재와 응급 상황 등 소방 수요가 많은 곳에 당연히 소방파출소와 소방관이 있어야 하는 것 아니냐"며 "시민이 필요로 하는 것은 덩치만 큰 공무원 조직이 아니라 필요한 곳에 있는 공무원"이라고 꼬집었다.

① 양적 배치
② 질적 배치
③ 적성 배치
④ 적재적소 배치

- **준공** : 공사를 다 마침

- **소방** : 불로 인한 재난을 방지하고 불이 났을 때 불을 끔

- **유명무실** : 이름만 있고 그 실속은 없음

- **정원제** : 일정한 규정에 의하여 정해진 인원으로 운영하는 제도

- **증원** : 인원을 늘림

- **상정** : 토의할 안건을 회의에 내어놓음

- **밀집** : 빈틈없이 빽빽하게 모임

CHAPTER
06

대인관계능력

[기초직업능력으로서의 대인관계능력 표준에 따른 성취 수준]

구분		성취 수준
대인 관계 능력	상	팀 구성원으로서 팀의 목표 달성을 점검하고, 팀의 업무에 도움이 되는 정보를 제공하며, 업무 수행 과정에서의 갈등 상황의 원인을 종합·분석하고, 최적의 협상 전략에 따라 협상에 임하며, 제공된 서비스에 대한 고객의 만족을 종합·분석하여 향후 고객 서비스에 반영한다.
	중	팀 구성원으로서 팀의 목표를 공유하고, 팀의 업무에 도움이 되는 정보를 확인하며, 업무 수행 과정에서의 갈등 상황의 원인을 파악하고, 일반적인 협상 전략에 따라 협상에 임하며, 제공된 서비스에 대한 고객의 만족을 확인한다.
	하	팀 구성원으로서 팀의 목표를 확인하고, 팀의 업무 특성을 파악하며, 업무 수행 과정에서의 갈등 상황을 확인하고, 지시받은 협상 전략에 따라 협상에 임하며, 고객의 요구에 따라 서비스를 제공한다.
하위 능력		
팀웍 능력	상	팀의 구성원으로서 팀의 목표 달성을 점검하고, 부족한 부분을 보완한다.
	중	팀의 구성원으로서 팀의 목표를 공유하고 자신의 역할 및 책임에 따라 업무를 수행한다.
	하	팀의 구성원으로서 팀의 목표를 확인하고, 자신의 역할 및 책임을 확인한다.
리더십 능력	상	팀 구성원들의 업무에 도움이 되는 정보를 제공하고, 팀 구성원들을 동기화시키고 이끌며, 팀의 목표 및 비전을 제시한다.
	중	팀 구성원들의 업무에 도움이 되는 정보를 확인하고, 팀 구성원들에 대한 논리적인 설득으로 업무를 할당하며, 팀의 목표 및 비전 설계 과정에 동참한다.
	하	팀 구성원들과 업무의 특성을 파악하고, 팀 구성원들에게 업무를 할당하며, 팀의 목표 및 비전을 인식한다.
갈등 관리 능력	상	팀 구성원들과 업무 수행 과정에서 발생한 갈등 상황의 원인을 종합, 분석하고, 최적의 갈등 해결 방법을 선택해서 적용한다.
	중	팀 구성원들과 업무 수행 과정에서 발생한 갈등 상황의 원인을 파악하고, 갈등 해결 방법을 팀원들과 공유한다.
	하	팀 구성원들과 업무 수행 과정에서 발생한 갈등 상황을 인식하고, 갈등 해결 방법을 탐색한다.
협상 능력	상	업무 수행과정에서 협상 쟁점 사항과 협상 상대의 전략을 평가하고, 목표와 상황을 종합해서 최적의 협상 전략을 선택하여 협상에 임한다.
	중	업무 수행 과정에서 협상 쟁점 사항과 협상 상대를 분석하고, 일반적인 협상 전략에 따라 협상에 임한다.
	하	업무 수행 과정에서 협상 쟁점 사항과 협상 상대를 확인하고, 지시된 협상 전략에 따라 협상에 임한다.
고객 서비스 능력	상	업무 수행 과정에서 다양한 고객의 요구에 대한 해결책을 마련하고, 제공된 서비스에 대한 고객의 만족을 분석·종합하여 향후 서비스에 반영한다.
	중	업무 수행 과정에서 다양한 고객의 요구를 분석, 종합하고, 제공된 서비스에 대한 고객의 만족을 확인한다.
	하	업무 수행 과정에서 다양한 고객의 요구를 확인하고, 서비스를 제공한다.

1 대인관계능력 이해하기

- 업무를 수행함에 있어 접촉하게 되는 사람들과 문제를 일으키지 않고 원만하게 지내는 능력
- 직장 생활에서 협조적인 관계를 유지하고, 조직 구성원들에게 도움을 줄 수 있으며, 조직 내부 및 외부의 갈등을 원만히 해결하고 고객의 요구를 충족시켜줄 수 있는 능력

예제 다음 사례로 알 수 있는 대인관계능력이 아닌 것은?

어느 부모가 자녀들의 출세와 성공에 관심을 갖지 않을까. 그러나 정작 무엇을 어떻게 해주면 그렇게 되는지에 대해선 정확하게 알지 못하는 부모가 적지 않다. 흔히들 가지고 있는 오해와 신화는 '공부 잘하면 출세하고 성공한다'는 믿음이다. 요즘 큰 사회 문제로 지적되고 있는 과외 열풍도 결국은 학교 공부를 잘해야 출세하고 성공한다는 믿음에서 나온 행동이다.

한 사람의 출세와 성공에 가장 큰 영향을 주는 변수는 학교 성적이 아니라 대인관계능력을 포함한 EQ 능력이다. 어떻게 이렇게 단정할 수 있을까? 즉 어떤 증거와 근거가 있길래 한 사람의 출세와 성공에 학교 성적보다 EQ가 더 중요하다고 말할 수 있나.

첫 번째 증거는 하버드 대학의 졸업생을 대상으로 한 연구에서 나온다. 95명을 선정해 그들의 졸업 당시 성적과 20년 후인 40대에서의 출세와 성공 순위를 매겨본 후 비교해 본 결과다. 출세와 성공의 기준으로 봉급, 지위, 인생 만족도, 친구, 가족, 배우자와의 관계 등 다양한 내용을 측정했다. 결론부터 말하면 학교 성적과 출세, 성공은 별 관련성이 없다는 것이다.

두 번째 증거는 이른바 '보스턴 40년 연구'라는 것에서 나온다. 헬즈만이라는 보스턴 대학 교수가 7살 된 아이 450명을 선정하고, 40년이 지난 후 그들의 사회경제적 지위를 조사해 본 것이다. IQ는 물론이고 부모들의 사회경제적 지위를 포함한 여러 변수들을 고려했다. 40년 후 이들의 출세 및 성공을 가장 잘 설명해 준 변수는 좌절을 극복하는 태도, 감정 통제 능력, 타인과 어울리는 능력 등으로 나타났다.

세 번째 증거는 일리노이고교 졸업자 연구에서 제시된다. 이 고등학교 수석과 차석 졸업자 81명을 대상으로 조사한 결과 그들의 사회적 출세와 성공은 성적이 낮은 집단과 비교했을 때 별다른 차이를 보이지 않았다는 것이다.

세 가지 증거는 모두 미국인을 대상으로 얻어진 것이다. 우리나라 사람을 대상으로 한 연구는 아직 없다. 그러나 출세와 성공에 있어서 EQ가 학교 성적보다 더 중요한 역할을 하리라는 예측은 우리나라에도 그대로 적용될 수 있으리라 생각된다.

① 고객의 요구 충족
② 조직 내부의 갈등 해결
③ 인력의 조직 내 배치와 활용
④ 조직 구성원들과의 협조적인 관계

해설 이 사례는 대인관계능력의 중요성에 대한 사례이다. 흔히 사람들은 한 사람의 출세와 성공에 가장 큰 영향을 주는 것은 학교 성적, 즉 공부 잘하는 것이라고 생각한다. 그러나 실제로 미국의 연구 결과를 보면, 대인관계능력이 높은 사람이 성공하는 경우가 더 많았다는 것을 말해 준다. 비록 미국의 사례이긴 하지만 출세와 성공에 대인관계능력이 미치는 영향은 매우 크다는 것을 알 수 있다.

직장 생활 중 대인관계능력의 의미는 조직 구성원들과의 협조적인 관계(④), 조직 구성원들에게 업무상의 도움, 조직 내부의 갈등 해결(②), 고객의 요구 충족(①) 등이 포함된다. 하지만 ③의 '인력의 조직 내 배치와 활용'은 '인적 자원을 조직 내에 배치하고 활용하는 것'으로 자원관리능력 가운데 인적자원관리능력을 말하는 것이다.

정답 ③

① 대인관계 형성의 중요 요소
- 무엇을 말하느냐, 어떻게 행동하느냐 보다는 우리의 사람됨
- 대인관계의 중요 기법이나 기술은 독립적 성품으로부터 자연스럽게 나오는 것
- 대인관계 향상의 방법 – 신뢰의 정도를 높임 : 공손하고 친절하며, 정직하고 약속을 지킨다.

② 대인관계능력의 종류
- 팀워크능력
- 리더십능력
- 갈등관리능력
- 협상능력
- 고객서비스능력

③ 대인관계 향상을 위한 감정은행계좌 적립 수단
- 상대방에 대한 이해심
- 약속의 이행
- 언행일치
- 사소한 일에 대한 관심
- 기대의 명확화
- 진지한 사과

④ 대인관계를 잘 유지하는 방법
- 상대방의 처지에서 생각한다.
- 진심으로 상대방의 장점을 칭찬한다.
- 상대방의 말을 경청한다.
- 효과적인 의사소통 방법을 활용한다.

> **!**
> **대인관계를 향상시키는 방법**
> - 동료들과 소통한다.
> - 남을 비난하거나 깎아내리지 않는다.
> - 자신이 할 수 있는 능력까지 조건 없이 다른 사람을 돕는다.
> - 사람을 진심으로 대한다.
> - 모자란 듯, 겸손한 듯한 태도를 가진다.

06
대인
관계

1. 팀워크능력

- 다양한 배경을 가진 사람들과 함께 업무를 수행하는 능력
- 팀워크(Teamwork = Team + Work)란 팀 구성원이 공동의 목적을 달성하기 위하여 상호 관계성을 가지고 협력하여 업무를 수행하는 것

예제 **다음 중에서 팀워크에 대한 설명으로 적절하지 않은 것은?**

① 팀 구성원이 공동의 목적 달성을 위해 서로 협력하여 일을 해 나감
② 집단에 머물게 하며, 그 멤버로서 계속 남아 있기를 원하게 만드는 힘
③ 팀워크의 유형은 보통 세 가지 기제 즉, 협력, 통제, 자율을 통해 구분
④ 효과적인 팀워크 형성은 명확한 팀 비전과 목표 설정 공유함

해설 팀워크란 팀 구성원이 공동의 목적을 달성하기 위하여 상호 관계성을 가지고 협력하여 일을 해 나가는 것을 의미한다. 팀워크의 유형은 협력, 통제, 자율의 세가지 기제에 따라 구분할 수 있으며, 효과적인 팀은 명확한 비전과 목표를 공유한다. ②는 사람들로 하여금 집단에 머물도록 하고 계속 남아 있기를 원하게 만드는 힘으로서 응집력에 대한 설명이다.

정답 ②

---

① 팀워크

- **팀워크** : 팀 구성원이 공동의 목적을 달성하기 위해 상호 관계성을 가지고 협력하여 일을 해 나가는 것
- **응집력** : 사람들에게 집단에 머물도록 만들고, 그 집단의 멤버로서 계속 남아 있기를 원하게 만드는 힘
- 팀워크의 유형

```
            협력
      유연성    시너지
   일관성          개인적 책임
  통제              자율
 전체적 / 조직      제한된 조합
 차원에서의 조합
```

! **효과적인 팀의 특징**

- 명확하게 기술된 사명과 목표를 가진다.
- 창조적으로 운영한다.
- 결과에 초점을 맞춘다.
- 역할과 책임을 명료화한다.
- 조직화되어 있다.
- 개인의 강점을 활용한다.
- 리더십의 역량을 공유한다.
- 팀 풍토가 발전적이다.
- 의견의 불일치를 건설적으로 해결한다.
- 개방적으로 의사소통을 한다.
- 객관적으로 의사결정을 한다.
- 팀 자체의 효과성 평가를 한다.

! **팀의 발달 4단계**

| 1단계 :
형성기(forming) | → | 2단계 :
격동기(storming) | → | 3단계 :
규범기(norming) | → | 4단계 :
성취기(performing) |

---

② 멤버십 유형별 특징

구분	소외형	순응형	실무형	수동형	주도형
자아상	• 자립적 사람 • 일부러 반대의견 제시 • 조직의 양심	• 기쁜 마음으로 과업 수행 • 팀플레이 함 • 리더나 조직을 믿고 헌신함	• 조직의 운영 방침에 민감 • 사건을 균형 잡힌 시각으로 봄 • 규정과 규칙에 따라 행동함	• 판단, 사고를 리더에 의존 • 지시가 있어야 행동	모범형 조직과 팀의 목적 달성을 위해 독립적/혁신적으로 사고하고, 역할을 적극적으로 실천하는 사람
동료/리더의 시각	• 냉소적 • 부정적 • 고집이 셈	• 아이디어 없음 • 인기 없는 일은 하지 않음 • 조직 위해 자신과 가족 요구 양보	• 개인 이익 극대화를 위한 흥정에 능함 • 적당한 열의와 평범한 수완으로 업무 수행	• 하는 일 없음 • 제몫 하지 못 함 • 업무 수행에 감독이 반드시 필요	
조직에 대한 자신의 느낌	• 자신을 인정 안 해줌 • 적절한 보상이 없음 • 불공정하고 문제가 있음	• 기존 질서를 따르는 것이 중요 • 리더의 의견을 거스르는 것은 어려운 일 • 획일적인 태도 행동에 익숙함	• 규정 준수 강조 • 명령과 계획의 빈번한 변경 • 리더와 부하 간의 비인간적 풍토	• 조직이 나의 아이디어 원치 않음 • 노력과 공헌을 해도 아무 소용이 없음 • 리더는 항상 자기 마음대로 함	

③ 팀워크 촉진 방법

동료 피드백 장려하기	– 1단계 : 명확하고 간명한 목표와 우선순위를 설정하라. – 2단계 : 행동과 수행을 관찰하라. – 3단계 : 즉각적인 피드백을 제공하라. – 4단계 : 뛰어난 수행에 대해 인정해 줘라.
갈등을 해결하기	– 내가 보기에 상대방이 꼭 해야만 하는 행동 – 상대방이 보기에 내가 꼭 해야만 하는 행동 – 내가 보기에 내가 꼭 해야만 하는 행동 – 상대방이 보기에 스스로 꼭 해야만 하는 행동
창의력 조성을 위해 협력하기	– 팀원의 말에 흥미를 가지고 대하라. – 상식에서 벗어난 아이디어에 대해 비판하지 말라. – 모든 아이디어를 기록하라. – 아이디어를 개발하도록 팀원을 고무시켜라. – 많은 양의 아이디어를 요구하라. – 침묵을 지키는 것을 존중하라. – 관점을 바꿔 일상적인 일에서 벗어나 보라.
참여적으로 의사결정하기	
결정의 질 높이기	– 쟁점의 모든 측면을 다루었는가? – 모든 팀원과 협의 하였는가? – 추가 정보나 조언을 얻기 위해 팀 외부와 협의할 필요가 있는가?
구성원의 동참 이끌어내기	– 모든 팀원이 결정에 동의하는가? – 팀원들은 결정을 실행함에 있어서 각자의 역할을 이해하고 있는가? – 팀원들은 결정을 열성적으로 실행하고자 하는가?

2. 리더십능력

- 업무를 수행함에 있어 다른 사람을 이끄는 능력
- 조직의 공통된 목적을 달성하기 위하여 개인이 조직원들에게 영향을 미치는 과정으로 변화에 대처하는 것

예제 **다음 중에서 리더십에 대한 설명으로 적절하지 않은 것은?**

① 모든 조직 구성원들에게 요구되는 역량
② 상사가 하급자에게 발휘하는 형태만을 의미함
③ 자신의 주장을 소신 있게 나타내고 다른 사람들을 격려하는 힘
④ 조직 성원들에게 조직 목표를 위해 자발적으로 노력하도록 영향을 주는 행위

해설 리더십의 발휘 구도는 산업 사회에서 정보화 사회로 바뀌면서 수직적 구조에서 전방위적 구조의 형태로 바뀌었다. 과거에는 상사가 하급자에게 리더십을 발휘하는 형태만을 리더십으로 보았으나, 오늘날은 리더십이 전방위적으로 발휘된다. 즉, 상사가 하급자에게 발휘하는 형태뿐만 아니라 동료나 상사에게까지도 발휘해야 되는 형태를 띤다.

정답 ②

---

① 리더십의 변화

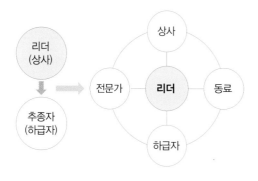

> **!**
> **'리더'와 '관리자'의 차이**
>
> | [리더] | [관리자] |
> |---|---|
> | • 새로운 상황 창조 | • 상황에 수동적 |
> | • 혁신 지향적 | • 유지 지향적 |
> | • 내일에 초점 | • 오늘에 초점 |
> | • 마음에 불을 지핌 | • 사람을 관리 |
> | • 사람 중시 | • 체제나 기구 중시 |
> | • 정신적 | • 기계적 |
> | • 계산된 리스크 취함 | • 리스크 회피 |
> | • '무엇을 할까?' 생각 | • '어떻게 할까' 생각 |

② 리더십의 유형

독재자 유형	• 정책 의사결정과 대부분의 핵심 정보를 그들 스스로에게만 국한하여 소유하고 고수하려는 경향을 지닌다. • 특징 : 질문은 금지, 모든 정보는 내 것, 실수를 용납하지 않음.
민주주의에 근접한 유형	• 그룹에 정보를 전달하려고 노력하고, 그룹 구성원 모두를 목표 방향 설정에 참여하게 함으로써 구성원들에게 확신을 심어주려고 노력한다. • 특징 : 참여, 토론의 장려, 거부권
파트너십 유형	• 리더가 조직에서 한 구성원이 되기도 한다. • 특징 : 평등, 집단의 비전, 책임 공유
변혁적 유형	• 개개인과 팀이 유지해 온 이제까지의 업무 수행 상태를 뛰어넘으려 전체 조직이나 팀원들에게 변화를 가져오려 한다. • 특징 : 카리스마, 자기 확신, 존경심과 충성심, 풍부한 칭찬, 감화

③ **코칭**

- 기본 원칙 : 관리는 만병통치약이 아님, 권한의 위임, 훌륭한 코치는 뛰어난 경청자, 목표 설정이 가장 중요
- 개인에 주는 혜택 : 코칭의 과정에서 리더는 직원들을 파트너로 인식하게 되고, 직원들은 문제를 스스로 해결하려고 노력하는 적극성을 보임
- 조직에 주는 혜택 : 동기를 부여받은 자신감 넘치는 노동력, 높은 품질의 제품, 철저한 책임감을 갖춘 직원들, 전반적으로 상승된 효율성 및 생산성

④ **임파워먼트(Empowerment, 권한 위임)**

- 임파워먼트의 충족 기준 : 여건의 조성, 재능과 에너지의 극대화, 명확하고 의미 있는 목적에 초점을 둠.
- 임파워먼트의 여건 : 도전적이고 흥미 있는 일, 학습과 성장의 기회, 높은 성과와 지속적인 개선을 가져오는 요인들에 대한 통제, 성과에 대한 지식, 긍정적인 인간관계, 개인들이 공헌하며 만족한다는 느낌, 상부로부터의 지원

> **❗ 임파워먼트의 장애 요인**
>
> - 개인 차원 : 주어진 일을 해내는 역량과 동기의 결여, 결의와 책임감 부족, 의존성
> - 대인 차원 : 약속 불이행, 성과를 제한하는 조직의 규범, 갈등 처리 능력 부족, 승패의 태도
> - 관리 차원 : 통제적 리더십 스타일, 효과적 리더십 발휘 능력 결여, 경험 부족, 정책 및 기획 실행 능력 결여, 비전의 효과적 전달 능력 결여
> - 조직 차원 : 공감대 형성이 없는 구조와 시스템, 제한된 정책과 절차

⑤ **변화에 대처하는 효과적인 방법 – 변화 관리**

- 1단계[변화 이해하기]
  - 변화가 왜 필요한가?, 무엇이 변화를 일으키는가?, 변화는 모두 좋은 것인가?
- 2단계[변화 인식하기]
  - 개방적인 분위기를 조성한다. 객관적인 자세를 유지한다. 직원들의 감정을 세심하게 살핀다. 변화의 긍정적인 면을 강조한다. 변화에 적응할 시간을 준다.
- 3단계[변화 수용하기]

> **❗ 동기부여의 방법**
>
> - 긍정적 강화법을 활용한다. → 보상 제공
> - 새로운 도전의 기회를 부여한다. → 새로운 업무 부여
> - 창의적인 문제 해결법을 찾는다. → 문제에 대한 해결책을 스스로 찾게 함.
> - 책임감으로 철저히 무장한다. → 업무에 대한 책임의식 강조
> - 몇 가지 코칭을 한다. → 지도 및 격려
> - 변화를 두려워하지 않는다. → 위험 요소를 감수하게 함.
> - 지속적으로 교육한다. → 지속적인 교육과 성장 기회 제공

3. 갈등관리능력

- 업무를 수행함에 있어 관련된 사람들 사이에 갈등이 발생하였을 경우 이를 원만히 조절하는 능력

예제 **다음 중에서 갈등을 확인할 수 있는 단서가 아닌 것은?**

① 상대방의 의견에 대한 지나치게 감정적인 논평과 제안
② 업무의 핵심을 이해한 업무 관계자들의 의견의 공유
③ 업무 관계자들이 서로 편을 가르고 타협을 기부하는 주장
④ 개인적인 수준에서의 미묘한 방식의 서로를 향한 공격

해설 갈등을 확인할 수 있는 단서에는 '지나치게 감정적인 논평과 제안(①)', '타인의 의견 발표가 끝나기 전에 타인의 의견 공격', '핵심을 이해하지 못한데 대한 서로 비난(②)', '편을 가르고 타협하기 거부(③)', '개인적인 수준에서의 미묘한 방식의 서로를 향한 공격(④)' 등이 있다. 따라서 ②는 갈등이 나타나지 않은 상태를 보여 주는 것이다.

정답 ②

① 갈등의 쟁점과 유형

- 갈등의 두 가지 쟁점

  ㉠ 핵심 문제 : 역할의 모호성, 방법 · 목표 · 절차 · 책임 · 가치 · 사실에 대한 불일치

  ㉡ 감정적 문제 : 공존할 수 없는 개인적 스타일, 통제나 권력 확보를 위한 싸움, 자존심에 대한 위협, 질투, 분노

- 갈등의 두 가지 유형 : 불필요한 갈등, 해결할 수 있는 갈등

> **!**
>
> **갈등을 확인할 수 있는 단서**
> - 지나치게 감정적인 논평과 제안
> - 타인의 의견 발표가 끝나기도 전에 타인의 의견에 대해 공격
>
> - 핵심을 이해하지 못한데 대해 서로 비난
> - 편을 가르고 타협하기를 거부
> - 개인적인 수준에서 미묘한 방식으로 서로를 공격하는 것 등

② 갈등 조정의 원칙

- 갈등 조정의 기본 원리

  - 자율성 : 조정 참여자는 모두 외부의 강요나 억압 없이 자율적으로 참여한다.

  - 자기 책임성 : 조정가는 조정 절차와 전개에 책임을 지고, 갈등 당사자는 조정 결과에 책임을 진다.

  - 기회 균등 : 조정에서 모든 갈등 당사자는 동등한 권한을 갖는다.

  - 승자−승자 해결책 : 조정의 목적은 갈등 당사자가 공동으로 갈등을 처리하여 모두가 승자가 되는 Win-Win의 해결책을 모색하는데 있다.

  - 관계 인식 : 조정에서는 갈등 당사자 간 관계가 장 · 단기적으로 유지되고 더 발전할 수 있도록 갈등을 사실의 측면뿐만 아니라 관계의 측면에서도 해결한다.

– 협력 : 조정자는 갈등 당사자가 서로에 대해 건설적이고 협력적인 태도로 조정에 임할 것을 지원한다. 이를 통해 갈등 당사자들은 조정을 통해 갈등 해결뿐 아니라 그밖에 대인관계, 대화 방법 등 많은 것을 학습하게 된다.

- 조직 갈등 최소화를 위한 기본 원칙
  - 다른 팀원의 성격 특성에 민감하라.
  - 교차 훈련을 실시하라.
  - 기본 원칙을 설정하라.

③ 갈등 해결의 5가지 유형

- 회피형(avoiding) : 나도 지고 너도 지는 방법(I lose - You lose)
- 경쟁형(competing, 지배형) : 나는 이기고 너는 지는 방법(I win - You lose)
- 수용형(accommodating) : 나는 지고 너는 이기는 방법(I lose-You win)
- 타협형(compromising) : 서로 주고받는 방법(Give and Take)
- 통합형(collaborating, 협력형) : 나도 이기고 너도 이기는 방법(I win-You win)

④ 갈등 관리 방법

- 갈등 관리 윈–윈(Win–Win) 방법

1단계	충실한 사전 준비	– 비판적인 패러다임 전환 – 자신의 위치와 관심사 확인 – 상대방의 입장과 드러내지 않은 관심사 연구
2단계	긍정적인 접근 방식	– 상대방이 필요로 하는 것을 생각해 보았다는 점 인정하기 – 자신의 '윈윈 의도' 명시 – 윈윈 절차, 즉 협동적인 절차에 임할 자세 알아보기
3단계	두 사람의 입장을 명확히 하기	– 동의하는 부분 인정하기 – 기본적으로 다른 부분 인정하기 – 자신이 이해한 바를 점검하기
4단계	윈윈에 기초한 기준에 동의하기	– 상대방에게 중요한 기준을 명확히 하기 – 자신에게 어떠한 기준이 중요한지 말하기
5단계	몇 가지 해결책을 생각해내기	
6단계	몇 가지 해결책 평가하기	
7단계	최종 해결책을 선택하고, 실행하는 것에 동의하기	

- 갈등 해결 방법을 모색할 때 명심해야 할 사항
  - 다른 사람들의 입장 이해하기, 어려운 문제는 피하지 말고 맞서기, 자신의 의견을 명확하게 밝히고 지속적으로 강화하기, 사람들과 눈을 자주 마주치기, 마음을 열어놓고 적극적으로 경청하기, 어느 한쪽으로 치우치지 않으면서 타협하려 애쓰기, 논쟁하고 싶은 유혹을 떨쳐내기, 존중하는 자세로 사람들을 대하기 등

4. 협상능력

- 업무를 수행함에 있어 다른 사람과 협상하는 능력
- 협상(negotiation)은 갈등상태에 있는 이해당사자들이 대화와 논쟁을 통해서 설득하여 문제를 해결하려는 정보 전달의 과정이자 의사결정의 과정

예제 협상 전략은 크게 '협력 전략(㉠)', '유화 전략(㉡)', '회피 전략(㉢)', '강압 전략(㉣)'으로 구분할 수 있다. ㉠~㉣을 아래의 협상 전략의 특징 ⓐ~ⓓ와 바르게 연결한 것은?

> ⓐ Lose-Lose 전략 - (I Lose, You Lose, We Lose)
> ⓑ Win-Win 전략 - (I Win, You Win, We Win)
> ⓒ Win-Lose 전략 - (I Win, You Lose)
> ⓓ Lose-Win 전략 - (I Lose, You Win)

	㉠	㉡	㉢	㉣
①	ⓐ	ⓑ	ⓒ	ⓓ
②	ⓑ	ⓐ	ⓓ	ⓒ
③	ⓒ	ⓐ	ⓑ	ⓓ
④	ⓓ	ⓒ	ⓐ	ⓑ

해설 ㉠ 협력 전략은 "Win-Win" 전략(I Win, You Win, We Win)이고(ⓑ), ㉡ 유화 전략은 "Lose-Lose" 전략(I Lose, You Lose, We Lose)이며(ⓐ), ㉢ 회피 전략은 "Lose-Win" 전략(I Lose, You Win)이고(ⓓ), ㉣ 강압 전략은 "Win-Lose" 전략(I Win, You Lose)이다(ⓒ).

정답 ②

① 협상의 단계와 과정

협상의 단계	협상 전 단계	– 기획 : 협상 과정(준비, 집행, 평가 등) 계획 – 준비 : 목표 설정, 환경 분석, 협상 형태 파악, 팀 선택, 정보 수집, 자기 및 상대방 분석, 전략과 전술 수립, 대표 훈련
	협상 진행 단계	– 진행 : 상호 인사, 정보 교환, 설득, 양보 등 협상 전략과 전술 구사 – 종결 : 합의 및 합의문 작성과 교환
	협상 후 단계	– 협의 내용 비준, 집행(실행), 분석 평가
협상의 과정	협상 시작	– 협상 당사자들 사이에 상호 친근감 쌓음. – 간접적인 방법으로 협상 의사 전달 – 상대방의 협상 의지 확인하고 협상 진행을 위한 체제를 짬.
	상호 이해	– 갈등 문제의 진행 상황과 현재의 상황 점검 – 적극적으로 경청하고 자기주장 제시 – 협상을 위한 협상 대상 안건 결정
	실질 이해	– 주장을 구분하여 실제로 원하는 것을 찾아 냄. – 분할과 통합 기법을 활용하여 이해관계를 분석함.

협상의 과정	해결 대안	– 협상 안건마다 대안들을 평가함. – 개발한 대안들을 평가하여 최선의 대안에 대해 합의하고 선택함. – 대안 이행을 위한 실행 계획을 수립함.	
	합의문서	– 합의문을 작성함. – 합의문 상의 합의 내용, 용어 등을 재점검한 뒤에 합의문에 서명함.	

② 협상 전략과 설득 전략

• 협상 전략

구분	특징	의미	협상 전술
협력 전략 (cooperative strategy)	Win–Win 전략 (I Win, You Win, We Win)	협상 참여자들이 협동과 통합으로 문제를 해결하고자 하는 문제 해결 전략	협동적 원인 탐색, 정보 수집과 제공, 쟁점의 구체화, 대안 개발, 개발된 대안들에 대한 공동 평가, 협동하여 최종안 선택 등
유화 전략 (smoothing strategy)	Lose–Win 전략 (I Lose, You Win)	양보 전략, 순응 전략, 화해 전략, 수용 전략, 굴복 전략	유화, 양보, 순응, 수용, 굴복, 요구 사항의 철회 등
회피 전략 (avoiding strategy)	Lose–Lose 전략 (I Lose, You Lose, We Lose)	무행동 전략이며, 협상으로부터 철수하는 철수 전략	협상 회피, 무시, 상대방의 도전에 대한 무반응, 협상 안건 타인에게 넘겨주기, 협상으로부터 철수 등
강압 전략 (forcing strategy)	Win–Lose 전략 (I Win, You Lose)	공격적 전략이며 경쟁 전략	위압적인 입장 천명, 협박과 위협, 협박적 설득, 확고한 입장에 논쟁, 협박적 회유와 설득, 상대방 입장에 대한 강압적 설명 요청 등

• 설득 전략

– See–Feel–Change 전략 : 시각화하여 직접 보게(See) 하여 스스로가 느끼게(Feel) 하여 변화시켜(Change) 설득에 성공하는 전략

– 상대 이해 전략 : 상대에 대한 이해를 바탕으로 갈등 해결을 용이하게 하는 전략

– 호혜관계 형성 전략 : 혜택들을 주고받은 호혜관계 형성을 통해 협상을 용이하게 하는 전략

– 헌신과 일관성 전략 : 협상 당사자 간에 기대하는 바에 일관성 있게 헌신적으로 부응하여 협상을 용이하게 하는 전략

– 사회적 입증 전략 : 논리보다 동료나 사람들의 행동에 의해 상대를 설득하는 전략

– 연결 전략 : 갈등 문제와 갈등 관리자를 연결시키는 것이 아니라 갈등을 야기한 사람과 관리자를 연결시킴으로서 협상을 용이하게 하는 전략

– 권위 전략 : 직위나 전문성, 외모 등을 활용하여 협상을 용이하게 하는 전략

– 희소성 해결 전략 : 인적 · 물적 자원 등의 희소성을 해결함으로서 협상 과정상의 갈등 해결을 용이하게 하는 전략

– 반항심 극복 전략 : 억압하면 할수록 더욱 반항하게 될 가능성이 높아지므로 이를 피함으로서 협상을 용이하게 하는 전략

5. 고객서비스능력

- 고객의 요구를 만족시키는 자세로 업무를 수행하는 능력
- 다양한 고객의 요구를 파악하고, 대응법을 마련하여 고객에게 양질의 서비스를 제공하는 것

예제 고객이 불만을 표현하는 유형은 '㉠ 거만형, ㉡ 의심형, ㉢ 트집형, ㉣ 빨리빨리형'의 네 가지가 있다. 고객 불만의 표현 유형 ㉠~㉣과 이에 따른 대응 지침 ⓐ~ⓖ가 알맞게 연결된 것은?

> ⓐ 이야기를 경청하고 맞장구쳐 주고 추켜 세워준다.
> ⓑ 정중하게 대하는 것이 좋다.
> ⓒ 자신의 과시욕이 채워지도록 내버려 둔다.
> ⓓ 애매한 화법을 사용하지 않는다.
> ⓔ 만사를 시원스럽게 처리하는 모습을 보인다.
> ⓕ 분명한 증거나 근거를 제시한다.
> ⓖ 책임자로 하여금 응대하게 한다.

	㉠	㉡	㉢	㉣
①	ⓐ	ⓑ, ⓒ	ⓔ, ⓕ	ⓓ, ⓖ
②	ⓑ, ⓒ	ⓕ, ⓖ	ⓐ	ⓓ, ⓔ
③	ⓒ, ⓕ	ⓐ, ⓑ	ⓓ, ⓔ	ⓖ
④	ⓓ	ⓐ, ⓒ	ⓑ, ⓔ	ⓕ, ⓖ

해설 ㉠ '거만형' 고객에게는 ⓑ나 ⓒ와 같이 정중하게 대하거나 자신의 과시욕이 채워지도록 내버려 두는 것이 좋다. ㉡ '의심형' 고객에게는 ⓕ와 같이 분명한 증거나 근거를 제시하거나 때로는 ⓖ와 같이 책임자로 하여금 응대하게 해야 한다. ㉢ '트집형' 고객에게는 ⓐ와 같이 이야기를 경청하고 맞장구쳐 주고 추켜 세워 주어야 한다. ㉣ '빨리빨리형' 고객에게는 ⓓ와 같이 애매한 화법을 사용하지 않고 ⓔ와 같이 만사를 시원스럽게 처리하는 모습을 보이는 것이 좋다.

정답 ②

---

① 고객 서비스의 목적

고품위 고객서비스 → (고객 감동) → 충성도 확인 → 성장과 이익

② 불만 고객의 유형(4가지)

거만형	• 정중하게 대하는 것이 좋다. • 자신의 과시욕이 채워지도록 뽐내든 말든 내버려 두는 것이다. • 단순한 면이 있으므로 호감을 얻으면 여러 면으로 득이 될 경우가 많다.
의심형	• 분명한 증거나 근거를 제시하여 스스로 확신을 갖도록 유도한다. • 때로는 책임자로 하여금 응대하는 것도 좋다.

트집형	• 경청하고, 맞장구치고, 추켜세우고, 설득해 가는 방법이 효과적이다. • 잠자코 고객의 의견을 경청하고 사과를 하는 응대가 바람직하다.
빨리빨리형	• "글쎄요?", "아마...", "저..." 등의 애매한 화법은 고객의 신경을 곤두서게 한다. • 만사를 시원스럽게 처리하는 모습을 보이면 응대하기 쉽다.

③ 고객 불만 처리 프로세스(8단계)

1단계	경청	− 고객의 항의에 경청하고 끝까지 듣는다. − 선입관을 버리고 문제를 파악한다.
2단계	감사와 공감 표시	− 일부러 시간을 내서 해결의 기회를 준 것에 감사를 표시한다. − 고객의 항의에 공감을 표시한다.
3단계	사과	− 고객의 이야기를 듣고 문제점을 인정하고 잘못된 부분에 대해 사과한다.
4단계	해결 약속	− 고객이 불만을 느낀 상황에 대해 관심과 공감을 보이며, 문제의 빠른 해결을 약속한다.
5단계	정보 파악	− 문제 해결을 위해 꼭 필요한 질문만 하여 정보를 얻는다. − 최선의 해결 방법을 찾기 어려우면 고객에게 어떻게 해주면 만족스러운지를 묻는다.
6단계	신속 처리	− 잘못된 부분을 신속하게 시정한다.
7단계	처리 확인과 사과	− 불만 처리 후 고객에게 처리 결과에 만족하는지를 물어본다.
8단계	피드백	− 고객 불만 사례를 회사 및 전 직원에게 알려 다시는 동일한 문제가 발생하지 않도록 한다.

④ 고객 만족 조사

• 목적 : 고객의 주요 요구를 파악하여 가장 중요한 고객 요구를 도출하고, 자사가 가지고 있는 자원을 토대로 경영 프로세스의 개선에 활용함으로써 경쟁력 증대 → 수익 증대, 품질 향상으로 인한 유형 및 무형의 가치 창출

• 고객 만족 조사 시 오류 유형 : 중요도 척도 오용, 포괄적 가치만 질문, 비전문가로부터 도움 받음, 고객이 원하는 것을 알고 있다는 생각, 적절한 측정 프로세스 없이 조사 시작, 모든 고객이 동일 수준의 서비스를 원하고 필요하다는 가정

• 고객 만족 조사 계획에 포함되어야 할 내용

  ㉠ 조사 분야 및 대상 설정 – 명확히 설정해야만 정확한 조사가 될 수 있음

  ㉡ 조사 목적 설정 – 전체적 경향의 파악, 고객에 대한 개별 대응 및 고객과의 관계 유지 파악, 평가, 개선 등의 목적

  ㉢ 조사 방법 및 횟수 – 설문 조사와 심층 면접법이 주로 활용됨. 연속 조사 권장

  ㉣ 조사 결과 활용 계획 – 조사 목적에 맞게 구체적인 활용 계획 작성

2 대인관계능력 확인하기

정답 및 해설 25쪽

01 다음 중에서 리더에 대한 설명으로 적절하지 않은 것은?

① 새로운 상황 창조자

② 혁신 지향적

③ 계산된 리스크를 취함.

④ '무엇을 할까?'보다 '어떻게 할까'에 초점을 둠.

> • **리스크(risk)** : 위험 요소. 위험성. 위험해질 가능성이 있는 성질
> • **초점** : 사람들의 관심과 흥미를 집중시키는, 사물의 가장 중요한 점

02 다음 중에서 인간관계에 있어서 가장 중요한 것?

① 어떻게 행동하느냐 하는 것

② 피상적인 인간관계 기법

③ 외적 성격 위주의 사고

④ 자신의 사람됨, 깊은 내면

> • **피상적** : 사물이나 일의 본질보다 겉으로 보이는 현상에만 관계하는
> • **기법** : 기교를 부리거나 보이는 방법

03 대인관계능력을 향상하기 위한 평소의 사소한 행동으로 알맞지 않은 것은?

① 상대방을 이해하려 노력하는 것

② 사소한 일에 관심을 보여주는 것

③ 상대방에게 기대하는 바를 명확하게 제시하는 것

④ 거절을 했더라도 상대방을 보고 긍정적인 행동을 하는 것

04 리더십 유형은 '독재자(㉠), 민주주의 근접(㉡), 파트너십(㉢), 변혁적(㉣)' 유형의 4가지로 구분할 수 있다. 아래의 ⓐ~ⓓ를 이들 4가지 유형을 가장 효과적으로 활용할 수 있는 상황으로 바르게 연결시킨 것은?

> ⓐ 조직에 있어서 획기적인 변화가 요구될 때
> ⓑ 소규모 조직에서 경험, 재능을 소유한 조직원이 있을 때
> ⓒ 통제 없이 방만한 상태, 가시적인 성과물이 안 보일 때
> ⓓ 혁신적이고 탁월한 부하 직원들을 거느리고 있을 때

	㉠	㉡	㉢	㉣
①	ⓐ	ⓒ	ⓑ	ⓓ
②	ⓑ	ⓓ	ⓒ	ⓐ
③	ⓒ	ⓓ	ⓑ	ⓐ
④	ⓓ	ⓐ	ⓑ	ⓒ

05 다음 중에서 갈등의 두 가지 쟁점 중의 하나인 '핵심 문제'에 대한 설명으로 적절하지 않은 것은?

① 역할 모호성
② 책임에 대한 불일치
③ 목표에 대한 불일치
④ 통제나 권력 확보를 위한 싸움

06 '임파워먼트(권한 위임)'와 관련된 설명으로 적절하지 않은 것은?

① 권한 위임과 업무 위임은 다른 의미를 지닌다.
② 임파워먼트 환경에서는 사람들이 현상을 유지하고 순응하게 만드는 경향이 있다.
③ 성공적인 임파워먼트를 위해서는 권한 위임의 한계를 명확하게 하여야 한다.
④ 임파워먼트에 장애가 되는 요인은 개인, 대인, 관리, 조직의 4가지 차원에서 생각해볼 수 있다.

• 리더십(leadership) : 단체의 지도자로서 갖추어야 할 자질
• 파트너십(partnership) : 둘 이상의 사람이나 집단이 짝이 되어 서로 힘을 합하여 돕는 관계에 있는 상태
• 변혁적 : 급격하게 바뀌어 아주 달라지는

• 방만한 : 하는 짓이나 일 등이 야무지지 못하고 맺고 끊음이 없는

06
대인관계

• 모호성 : 여러 뜻으로 받아들일 수 있어 흐리터분하고 알쏭달쏭한 말이나 태도의 성질

• 확보 : 확실하게 마련하거나 갖춤

• 위임 : 어떤 일을 다른 사람에게 맡김

• 순응 : 상황의 변화나 주위 환경에 잘 맞추어 부드럽게 대응함

07 다음 중에서 갈등 해결의 장애물을 극복하기 위한 팀원의 올바른 자세가 아닌 것은?

① 행동에 초점을 맞추기
② 상황을 기술하는 식으로 말하기
③ 개방적인 자세를 갖추기
④ 지원받는 입장에서 말하기

08 멤버십 유형은 '소외형(㉠), 순응형(㉡), 실무형(㉢), 수동형(㉣), 주도형(㉤)'으로 구분할 수 있다. 아래의 ⓐ~ⓔ를 멤버십 유형에 맞게 바르게 구분한 것은?

> ⓐ 자립적인 사람으로, 일부러 반대 의견 제시
> ⓑ 조직의 운영 방침에 민감하고, 사건을 균형 잡힌 시각으로 봄.
> ⓒ 가장 이상적인 멤버십 유형
> ⓓ 판단, 사고를 리더에 의존하며, 지시가 있어야 행동
> ⓔ 팀플레이를 하며, 리더나 조직을 믿고 헌신함.

	㉠	㉡	㉢	㉣	㉤
①	ⓐ	ⓔ	ⓑ	ⓓ	ⓒ
②	ⓑ	ⓓ	ⓐ	ⓔ	ⓒ
③	ⓒ	ⓓ	ⓑ	ⓐ	ⓔ
④	ⓒ	ⓔ	ⓓ	ⓑ	ⓐ

09 다음 중에서 대인관계능력 향상을 위한 감정은행계좌에 적립하는 행위가 아닌 것은? [예시 문제 - NCS]

① 다른 사람을 진정으로 이해하기 위해 노력하였다.
② 상대방의 사소한 일에도 관심을 기울였다.
③ 항상 약속을 지키려고 노력하였다.
④ 잘못한 일에 대해서 반복되는 사과를 하였다.

• 계좌 : 은행 등에서 고객의 저축이나 대출 상황을 기록한 것

10 다음 중에서 협력을 장려하는 환경을 조성하기 위한 노력으로 적절하지 않은 것은? [예시 문제 - NCS]

① 상식에서 벗어난 아이디어에 대해 비판하지 말라
② 많은 양의 아이디어를 요구하라
③ 사람들이 침묵하지 않도록 자극을 주어라
④ 관점을 바꿔 보라

• 장려 : 좋은 일에 힘쓰도록 권하여 북돋아 줌
• 조성 : 분위기 따위를 만듦

06
대인
관계

11 다음 중에서 갈등을 증폭시키는 원인이 아닌 것은? [예시 문제 - NCS]

① 승·패의 경기
② 승리하는 것보다 문제를 해결하려 함
③ 각자의 입장만을 고수
④ 자신의 입장에 감정적으로 묶임

• 증폭 : 범위를 넓혀 크게 번지게 함

12 '동기부여'와 관련된 설명으로 적절하지 않은 것은?

① 목표 달성을 높이 평가하여 조직원에게 곧바로 보상하는 행위를 긍정적 강화라고 한다.

② 단기적인 관점에서 보면 공포 분위기로 인해 직원들이 일을 적극적으로 할 수도 있지만, 장기적으로는 공포감 조성이 오히려 해가 될 수 있다.

③ 조직원들을 동기부여하기 위해서는 조직원 스스로 조직의 일원임을 느끼도록 일깨워주는 것이 가장 좋다.

④ 조직원들을 지속적으로 동기부여하기 위해 가장 좋은 방법은 금전적인 보상이나 편익, 승진 등의 외적인 동기 유발이다.

• **동기부여** : 어떤 특정한 자극을 주어 목표하는 행동을 불러일으키는 일

• **일원** : 어떤 단체나 회를 구성하고 있는 사람 중의 하나

• **편익** : 편리하고 유익함

13 다음 중에서 '코칭'과 관련된 설명으로 적절하지 않은 것은?

[예시 문제 – NCS]

① 코칭은 직원들이 업무를 수월하게 진행하고 그 성과에 대해 제대로 보상받을 수 있도록 돕는 커뮤니케이션 수단이다.

② 코칭은 모든 사람을 팀에 관여하도록 하고, 프로젝트 또는 업무를 훌륭하게 수행하도록 하는데 기여한다.

③ 코칭 활동은 다른 사람들을 지도하는 측면보다 이끌어주고 영향을 미치는데 중점을 둔다.

④ 코칭은 명령을 내리거나 지시를 내리는 것보다 적은 시간이 걸린다.

• **관여** : 어떤 일에 관계하여 참여함

14 다음은 '변화 관리'와 관련된 설명들이다. 적절하지 않은 것은?

① 조직 내부에서 변화는 위에서 아래로 이루어지며, 지위 고하를 막론하고 모두에게 영향을 미친다.

② 조직에서 일어나는 변화는 모두 바람직한 것이다.

③ 변화에 저항하는 직원들을 성공적으로 이끌기 위해 개방적인 분위기를 조성하는 것이 한 가지 방법이 될 수 있다.

④ 일반적인 변화 관리 3단계는 변화를 이해하기, 변화를 인식하기, 변화를 수용하기이다.

• **지위 고하** : 지위의 높음과 낮음

• **수용** : 받아들여서 자기 것으로 삼음

15 다음 중에서 고객 중심 기업의 특징이 아닌 것은?

[예시 문제 – NCS]

① 고객 만족에 중점을 둔다.

② 고객이 정보, 제품, 서비스 등에 쉽게 접근할 수 있도록 한다.

③ 기업이 실행한 서비스에 대한 평가는 한 번만 실시한다.

④ 보다 나은 서비스를 제공할 수 있도록 기업 정책을 수립한다.

06
대인
관계

16 '윈-윈(Win-Win) 갈등 관리법'에 대한 설명으로 적절하지 않은 것은?

[예시 문제 – NCS]

① 문제의 본질적인 해결책을 얻는 방법이다.

② 갈등을 피하거나 타협으로 예방하기 위한 방법이다.

③ 갈등 당사자 서로가 원하는 바를 얻을 수 있는 방법이다.

④ 긍정적인 접근 방식에 의거한 갈등 해결 방식이다.

• **당사자** : 어떤 일에 직접 관계가 있거나 관계한 사람

17 다음은 갈등 해결의 방법을 모색하는 행동들이다. 적절하지 않은 것은?

[예시 문제 - NCS]

① 다른 사람들의 입장을 이해한다.
② 어려운 문제는 우선 피한다.
③ 존중하는 자세로 사람들을 대한다.
④ 마음을 열고 적극적으로 경청한다.

• **모색** : 어떤 일을 해결할 수 있는 바람직한 방법이나 해결책 등을 생각하여 찾음
• **입장** : 어떤 관점의 기본을 이루는 기본적인 생각

• **경청** : 남의 말을 귀 기울여 주의 깊게 들음

18 아래의 ⓐ~ⓕ는 훌륭한 결정이 되기 위해 고려해야 하는 두 측면인 '결정의 질을 높이기 위한 질문(㉠), 구성원의 동참(㉡)'을 위한 질문들이다. ⓐ~ⓕ를 ㉠과 ㉡의 질문에 맞게 적절하게 연결한 것은?

ⓐ 모든 팀원과 협의하였는가?
ⓑ 쟁점의 모든 측면을 다루었는가?
ⓒ 모든 팀원이 결정에 동의하는가?
ⓓ 팀원들은 결정을 열성적으로 실행하고자 하는가?
ⓔ 추가 정보나 조언을 얻기 위해 팀 외부와 협의할 필요가 있는가?
ⓕ 팀원들은 결정을 실행함에 있어서 각자의 역할을 이해하고 있는가?

㉠	㉡
① ⓐ, ⓑ, ⓒ	ⓓ, ⓔ, ⓕ
② ⓐ, ⓑ, ⓔ	ⓒ, ⓓ, ⓕ
③ ⓒ, ⓓ, ⓕ	ⓐ, ⓑ, ⓔ
④ ⓓ, ⓔ, ⓕ	ⓐ, ⓑ, ⓒ

• **측면** : 사물이나 현상의 한 부분. 어떤 대상의 왼쪽이나 오른쪽 부위

• **열성적** : 열렬한 정성을 다하는

19 협상의 과정은 일반적으로 '협상 시작(㉠), 상호 이해(㉡), 실질 이해(㉢), 해결 대안(㉣), 합의문서(㉤)'의 5단계로 구분한다. 아래의 ⓐ~ⓔ를 ㉠~㉤에 연결시킨 것이 알맞은 것은?

> ⓐ 겉으로 주장하는 것과 실제로 원하는 것 구분하여 실제로 원하는 것을 찾아냄.
> ⓑ 합의문을 작성하고 서명함.
> ⓒ 협상 당사자들 사이에 상호 친근감을 쌓고, 협상 진행을 위한 체제를 짬.
> ⓓ 갈등 문제의 진행 상황과 현재의 상황을 점검함.
> ⓔ 협상 안건마다 대안들을 개발함.

	㉠	㉡	㉢	㉣	㉤
①	ⓐ	ⓓ	ⓒ	ⓔ	ⓑ
②	ⓑ	ⓓ	ⓐ	ⓔ	ⓒ
③	ⓒ	ⓓ	ⓐ	ⓔ	ⓑ
④	ⓓ	ⓒ	ⓐ	ⓔ	ⓑ

· **실질** : 형식이나 외모가 아닌 실제를 이루는 바탕

20 다음 중에서 고객 만족 조사 계획과 관련한 아래의 설명이 맞게 서술된 것만으로 짝지은 것은?

> ㄱ. 조사 분야와 범위는 명확하게 정의해야 한다.
> ㄴ. 고객 만족 조사는 평가를 위한 목적이다.
> ㄷ. 고객 만족 조사는 대부분 설문 조사만 실시한다.
> ㄹ. 조사 횟수는 연속 조사가 바람직하다.
> ㅁ. 조사 결과의 활용 계획은 굳이 세울 필요 없다.

① ㄱ, ㄴ   ② ㄱ, ㄹ
③ ㄴ, ㄷ   ④ ㄴ, ㄹ

· **서술** : 사물이나 사건의 사정이나 과정 등을 차례대로 기술함
· **정의** : 어떤 개념을 본질적인 속성을 제시하여 그 속에 담긴 뜻을 한정하는 일

21 아래는 협상의 단계와 각 단계에서 할 일을 보여주는 표이다. 다음 중에서 각 단계의 ㉠~㉣에 들어갈 내용으로 알맞지 않은 것은?

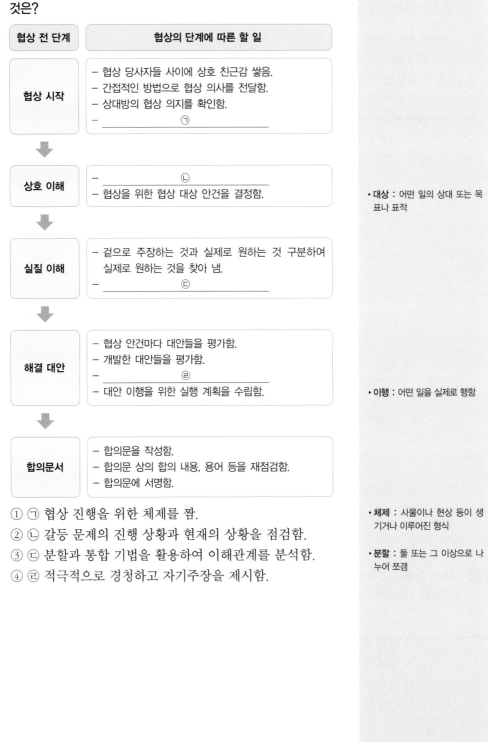

협상 전 단계	협상의 단계에 따른 할 일
협상 시작	− 협상 당사자들 사이에 상호 친근감 쌓음. − 간접적인 방법으로 협상 의사를 전달함. − 상대방의 협상 의지를 확인함. − ㉠
상호 이해	− ㉡ − 협상을 위한 협상 대상 안건을 결정함.
실질 이해	− 겉으로 주장하는 것과 실제로 원하는 것 구분하여 실제로 원하는 것을 찾아 냄. − ㉢
해결 대안	− 협상 안건마다 대안들을 평가함. − 개발한 대안들을 평가함. − ㉣ − 대안 이행을 위한 실행 계획을 수립함.
합의문서	− 합의문을 작성함. − 합의문 상의 합의 내용, 용어 등을 재점검함. − 합의문에 서명함.

① ㉠ 협상 진행을 위한 체제를 짬.
② ㉡ 갈등 문제의 진행 상황과 현재의 상황을 점검함.
③ ㉢ 분할과 통합 기법을 활용하여 이해관계를 분석함.
④ ㉣ 적극적으로 경청하고 자기주장을 제시함.

• **대상** : 어떤 일의 상대 또는 목표나 표적

• **이행** : 어떤 일을 실제로 행함

• **체제** : 사물이나 현상 등이 생기거나 이루어진 형식

• **분할** : 둘 또는 그 이상으로 나누어 쪼갬

22 고객이 불만을 표현하는 유형은 '거만형(㉠), 의심형(㉡), 트집형(㉢), 빨리빨리형(㉣)'의 네 가지가 있다. 다음 중에서 ㉠~㉣에 알맞은 대응 방안으로 보기 어려운 것은?

① ㉠ : 이야기를 경청하고 맞장구쳐 주고 추켜세워 준다.

② ㉡ : 자신의 과시욕이 채워지도록 내버려 둔다.

③ ㉢ : 만사를 시원스럽게 처리하는 모습을 보인다.

④ ㉣ : 정중하게 대한다.

23 다음은 어떤 사항을 보고하는 '보고 방법'에 대한 설명들이다. 바르지 않은 것은?

① 5W2H를 적용하여 보고한다.

② 가급적 과정부터 이야기한다.

③ 반드시 지시했던 당사자에게 보고한다.

④ 구두 보고를 했더라도 문서로도 보고한다.

CHAPTER
07

정보능력

[기초직업능력으로서의 정보능력 표준에 따른 성취 수준]

구분			성취 수준
정보 능력		상	업무와 관련된 정보를 다양한 매체와 방법을 통해 의미와 가치를 평가하여 활용 목적에 따라 신속하게 수집·분석하고 목적에 따라 활용될 수 있도록 DB화하여 조직하며 선택·활용을 용이하게 한다. 이를 컴퓨터가 필요한 모든 부분에서 활용한다.
		중	업무와 관련된 정보를 다양한 매체와 방법을 이용하여 수집하고 활용 목적에 따라 종합·관리하며 적절하게 선택·활용한다. 이러한 과정에서 컴퓨터가 필요한 대부분에서 컴퓨터를 활용한다.
		하	업무와 관련된 정보를 컴퓨터가 필요한 일부분에서 이용하여 수집하고 활용 목적에 따라 분석하며 제한된 방법으로 조직하고 필요한 정보를 활용한다. 이러한 과정에서 컴퓨터가 필요한 일부분에서 컴퓨터를 활용한다.
하위 능력	컴퓨터 활용 능력	상	컴퓨터 이론에 관한 전문적 지식을 업무에 적용하고 인터넷을 통해 필요한 정보를 효과적으로 검색하여 업무에 활용하며 소프트웨어를 사용하여 업무를 효과적으로 달성한다.
		중	컴퓨터 이론에 관한 전문적인 지식을 이해하고 인터넷을 통해 필요한 정보를 검색하고 관리하며 소프트웨어를 사용하여 문서 작성, 자료 정리, 자료 분석 등을 수행한다.
		하	컴퓨터 이론에 관한 기초적인 지식을 이해하고 인터넷을 통해 간단한 검색, 채팅, e-mail을 이용하며 간단한 문서를 작성할 수 있는 소프트웨어를 이용한다.
	정보 처리 능력	상	다양한 매체와 방법을 이용해서 정보를 신속하게 수집하고 활용 목적에 따라 평가하며 DB화하여 관리하고 정보를 목적에 맞게 활용하였는지 평가한다.
		중	다양한 매체와 방법을 이용해서 정보를 수집하고 활용 목적에 따라 종합하며 업무 목적에 맞게 관리하고 적절한 정보를 선택·활용한다.
		하	한두 가지의 방법을 이용해서 정보를 수집하고 목적에 따라 분석하며 관리하는 방법을 이해하고 필요한 정보를 수집한다.

1 정보능력 이해하기

- 컴퓨터를 사용하여 업무와 관련된 정보를 수집하고 분석하여 의미 있는 정보를 찾아내 업무 수행에 적절하도록 조직하고 관리하며, 활용하는 능력
- 직장 생활에서 기본적인 컴퓨터를 활용하여 필요한 정보를 수집, 분석, 활용하는 능력

예제 아래의 설명 ㈀~㈂에 해당하는 용어를 바르게 나열한 것은?

> ㈀ 정보 작성을 위하여 필요한 자료를 말하는 것으로, 이는 '아직 특정의 목적에 대하여 평가되지 않은 상태의 숫자나 문자들의 단순한 나열'을 뜻한다.
> ㈁ 데이터를 일정한 프로그램에 따라 컴퓨터가 처리 · 가공함으로써 '특정한 목적을 달성하는데 필요하거나 특정한 의미를 가진 것으로 다시 생산된 것'을 뜻한다.
> ㈂ '어떤 특정의 목적을 달성하기 위해 과학적 또는 이론적으로 추상화되거나 정립되어 있는 일반화된 정보'를 뜻하는 것으로, 어떤 대상에 대하여 원리적 · 통일적으로 조직되어 객관적 타당성을 요구할 수 있는 판단의 체계를 제시한다.

① ㈀ 자료 ㈁ 정보 ㈂ 지식   ② ㈀ 자료 ㈁ 지식 ㈂ 정보
③ ㈀ 정보 ㈁ 자료 ㈂ 지식   ④ ㈀ 지식 ㈁ 정보 ㈂ 자료

해설 정보 작성을 위하여 필요한 것으로, '아직 특정의 목적에 대하여 평가되지 않은 상태의 숫자나 문자들의 단순한 나열'을 '자료(㈀)'라 한다. '데이터를 일정한 프로그램에 따라 컴퓨터가 처리·가공함으로써 특정한 목적을 달성하는데 필요하거나 특정한 의미를 가진 것으로 다시 생산된 것'을 '정보(㈁)'라 한다. '어떤 특정의 목적을 달성하기 위해 과학적 또는 이론적으로 추상화되거나 정립되어 있는 일반화된 정보'로, '어떤 대상에 대하여 원리적·통일적으로 조직되어 객관적 타당성을 요구할 수 있는 판단의 체계를 제시한 것'을 '지식(㈂)'이라 한다.

정답 ①

---

① 정보화 시대

- **정보화 사회** : 정보통신 기술의 발전과 다양한 소프트웨어의 개발에 의해 네트워크화가 이루어져, 전 세계를 하나의 공간으로 여기는 수평적 네트워크 커뮤니케이션의 사회
- **부가가치 창출 요인의 변화** : 토지, 자본, 노동 → 지식 및 정보 생산 요소
- **정보 생산 요소(미래 사회의 6T)** : [정보 기술(IT), 생명공학(BT), 나노 기술(NT), 환경 보전 기술(ET), 문화 산업(CT), 우주항공 기술(ST)]
- **지식의 폭발 적인 증가** :

- **정보화 사회에서 필수적인 것** : 정보 검색, 정보 관리, 정보 전파

② 정보, 자료, 지식

자료 (data)	• 객관적 실제의 반영이며, 그것을 전달할 수 있도록 기호화한 것	• 고객의 주소, 성별, 이름, 나이, 휴대폰 기종, 휴대폰 활용 횟수 등
정보 (information)	• 자료를 특정한 목적과 문제해결에 도움이 되도록 가공한 것	• 중년층의 휴대폰 기종 • 중년층의 휴대폰 활용 횟수
지식 (knowledge)	• 정보를 집적하고 체계화하여 장래의 일반적인 사항에 대비하여 보편성을 갖도록 한 것	• 휴대폰 디자인에 대한 중년층의 취향 • 중년층을 주요 타깃으로하여 신종 휴대폰 개발

③ 정보화 사회와 컴퓨터 활용

- 컴퓨터 활용
  - 기업 경영 분야 : 생산, 회계, 재무, 인사 및 조직 관리 등
  - 행정 분야 : 사무 자동화에 따른 민원 처리
  - 산업 분야 : 제품 수주, 설계, 제조, 검사, 출하의 전 공정 과정 자동화
  - 기타 분야 : 교육, 연구소, 출판, 가정, 도서관, 예술 분야 등
- 정보 활용의 절차 : 정보 기획 → 정보 수집 → 정보 관리 → 정보 활용
- 정보 기획의 5W2H
  - WHAT(무엇을) : 입수 정보 대상 명확히 파악
  - WHERE(어디서) : 정보 소스(정보원) 파악
  - WHEN(언제) : 정보 요구(수집) 시점 고려
  - WHY(왜) : 정보의 필요 목적 고려
  - WHO(누가) : 정보활동의 주체 확정
  - HOW(어떻게) : 정보의 수집 방법 검토
  - HOW MUCH(얼마나?) : 정보 수집의 비용성(효용성) 중시
- 정보 관리의 3원칙
  - 목적성 : 사용 목적을 명확히 설명해야 한다.
  - 용이성 : 쉽게 작업할 수 있어야 한다.
  - 유용성 : 즉시 사용할 수 있어야 한다.
- 개인정보 유출 방지 방법
  - 회원 가입 시 이용 약관을 읽어라!
  - 이용 목적에 부합하는 정보를 요구하는지 확인하라!
  - 비밀번호는 정기적으로 교체하라!
  - 정체불명의 사이트는 멀리하라!
  - 가입 해지 시 정보 파기 여부를 확인하라!
  - 뻔한 비밀번호를 쓰지 말라!

07

정보

1. 컴퓨터활용능력

- 컴퓨터를 사용하여 업무와 관련된 정보를 수집, 분석, 조직, 관리, 활용하는 능력

예제 아래 설명의 빈칸 ㉠과 ㉡에 들어갈 적절한 용어로 알맞은 것은?

> 파일 시스템에서는 하나의 파일은 독립적이고 어떤 업무를 처리하는데 필요한 모든 정보를 가지고 있다. 파일도 데이터의 집합이므로 데이터베이스라고 볼 수도 있으나 일반적으로 데이터베이스라 함은 여러 개의 서로 연관된 파일을 의미한다. 이런 여러 개의 파일이 서로 연관되어 있으므로 사용자는 여러 개의 파일에 있는 정보를 한 번에 검색해 볼 수 있다. (㉠) 시스템은 데이터와 파일, 그들의 관계 등을 생성하고, 유지하고 검색할 수 있게 해 주는 소프트웨어이다. 반면에 (㉡) 시스템은 한 번에 한 개의 파일에 대해서 생성, 유지, 검색을 할 수 있는 소프트웨어다.

	㉠	㉡		㉠	㉡
①	유틸리티	파일	②	데이터베이스	인터넷
③	유틸리티	인터넷	④	데이터베이스	파일

해설 '데이터베이스' 시스템은 한 개의 파일에 대해서 생성, 유지, 검색을 할 수 있는 '파일' 시스템에 비해서 여러 개의 파일이 서로 연관되어 있으므로 사용자는 여러 개의 파일에 있는 정보를 한 번에 검색해서 볼 수 있는 이점이 있다. 따라서 정답은 ④이다.

정답 ④

① 컴퓨터 활용

- 인터넷 서비스 : 전자우편(E-mail), SNS, 웹디스크/웹하드/클라우드(웹드라이브), 전자상거래 등
- 정보 검색 : 여러 곳에 분산되어 있는 수많은 정보 중에서 특정 목적에 적합한 정보만을 신속하고 정확하게 찾아내어 수집, 분류, 축적하는 과정
  - 정보 검색의 단계 : 검색 주제 선정 → 정보원 선택 → 검색식 작성 → 결과 출력
  - 키워드 검색 : 키워드만 입력하여 간단하게 정보 검색
  - 주제별 검색 : 주제별로 분류된 내용을 선택하여 원하는 정보를 정확하게 검색
- 정보 검색 연산자

기호	연산자	검색 조건
*, &	AND	두 단어가 포함된 문서 검색 예 인공위성 and 자동차, 인공위성 * 자동차
|	OR	두 단어가 모두 포함되거나, 두 단어 중에서 하나만 포함된 문서를 검색 예 인공위성 or 자동차, 인공위성 | 자동차
–, !	NOT	'–'나 '!' 기호 다음에 오는 단어는 포함하지 않는 문서를 검색 예 인공위성 not 자동차, 인공위성 ! 자동차
~, near	인접 검색	앞/뒤 단어가 인접해 있는 문서 검색 예 인공위성 near 자동차

② 컴퓨터 응용 소프트웨어

- 워드프로세서 : 문서의 내용을 화면으로 확인하면서 쉽게 수정 가능, 문서 작성 후 인쇄 및 저장 가능, 글이나 그림의 입력 및 편집 등
  - 주요 기능 : 입력, 표시, 저장, 편집, 인쇄 기능 등
  - 프로그램 : HWP, MS-Word, Google 워드프로세서, 네이버 워드프로세서 등
- 스프레드시트 : 쉽게 계산을 수행하여 줌, 계산 결과를 차트로 표시하여 줌
  - 주요 기능 : 계산, 수식, 차트, 저장, 편집, 인쇄 기능 등
  - 프로그램 : MS-Excel, 한셀, Google 스프레드시트, 네이버 스프레드시트 등
- – 프레젠테이션 : 각종 정보를 사용자 또는 대상자에게 쉽게 전달해 줄 수 있음
  - 주요 기능 : 저장, 편집, 인쇄, 슬라이드 쇼 기능 등
  - 프로그램 : MS-PowerPoint(PPT), 한쇼, Google 프레젠테이션, 네이버 프레젠테이션, Slideshow Presentation Maker 등

> **!**
>
> **유틸리티 프로그램**
> - 파일 압축 프로그램 : ALzip, 밤톨이, 반디집, Winzip 등
> - 바이러스 백신 프로그램 : V3, 알약, 다잡아, 터보 백신, 네이버 백신 등
> - 동영상 프로그램 : 곰플레이어, 알쇼, 다음팟 플레이어, 1그램 플레이어 등

③ 데이터베이스의 필요성

- 데이터베이스의 활용 : 매출 실적, 경쟁 업체의 제품과 서비스, 생산 공정 등의 정보인 데이터를 서로 연관되게 정리한 정보
- 데이터베이스 관리 시스템 : 데이터와 파일의 관계 등을 생성하고, 유지하고 검색할 수 있게 해 주는 소프트웨어
- 데이터베이스의 필요성
  - 데이터 중복을 줄인다.   - 데이터의 무결성을 높인다.
  - 검색을 쉽게 해 준다.   - 데이터의 안정성을 높인다.
  - 개발 기간을 단축한다.
- 데이터베이스의 특성
  - 실시간 접근성 : 사용자의 요구에 대해 데이터베이스의 데이터들을 실시간으로 접근 처리
  - 계속적인 변화 : 데이터베이스 내의 데이터들은 삽입, 삭제, 갱신 등이 가능하여 언제나 최신 정보가 정확하게 저장되어 처리
  - 동시·공용 : 다수 사용자가 서로 다른 곳에서 동시 동일 데이터를 공유하여 사용
  - 내용에 의한 참조 : 데이터베이스 내의 데이터를 주소나 위치로 검색하는 것이 아니라 사용자가 원하는 데이터 내용의 일부분만 가지고도 원하는 데이터 찾음.

2. 정보처리능력

- 업무와 관련된 정보를 수집하고, 이를 분석하여 의미 있는 정보를 찾아내며, 의미 있는 정보를 업무 수행에 적절하도록 조직하고, 조직된 정보를 관리하며, 업무 수행에 이러한 정보를 활용하는 능력

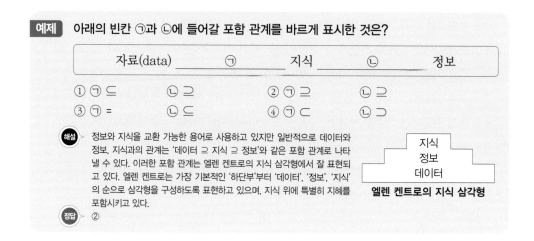

예제 아래의 빈칸 ㉠과 ㉡에 들어갈 포함 관계를 바르게 표시한 것은?

| 자료(data) | ㉠ | 지식 | ㉡ | 정보 |

① ㉠ ⊆   ㉡ ⊇
② ㉠ ⊇   ㉡ ⊇
③ ㉠ =   ㉡ ⊆
④ ㉠ ⊂   ㉡ ⊃

해설 정보와 지식을 교환 가능한 용어로 사용하고 있지만 일반적으로 데이터와 정보, 지식과의 관계는 '데이터 ⊇ 지식 ⊇ 정보'와 같은 포함 관계로 나타낼 수 있다. 이러한 포함 관계는 엘렌 켄트로의 지식 삼각형에서 잘 표현되고 있다. 엘렌 켄트로는 가장 기본적인 '하단부'부터 '데이터', '정보', '지식'의 순으로 삼각형을 구성하도록 표현하고 있으며, 지식 위에 특별히 지혜를 포함시키고 있다.

지식
정보
데이터

엘렌 켄트로의 지식 삼각형

정답 ②

① 정보의 분류

- 1차 자료 : 단행본, 학술지와 학술지 논문, 학술회의 자료, 연 구보고서, 학위논문, 특허 정보, 표준 및 규격 자료, 레터, 출판 전 배포 자료, 신문, 잡지, 웹 정보 자원 등
- 2차 자료 : 사전, 백과사전, 편람, 연감, 서지 데이터베이스 등

② 정보 관리 방법

- 목록 · 색인 · 분류를 이용

> **분류 기준별 정보 관리**
> - 시간적 : 발생 시간에 따라 ⑩ 2002년 봄, 7월
> - 주제적 : 내용에 따라 ⑩ 정보사회, 서울대학교
> - 기능(용도)별 : 이용 용도나 기능에 따라 ⑩ 참고자료용, 강의용, 보고서 작성용
> - 유형적 : 유형에 따라 ⑩ 도서, 비디오, CD, 한글파일, 파워포인트 파일

③ 정보 분석

- 정보 분석의 절차 : [분석 과제의 발생] → [과제(요구)의 분석] → [조사 항목의 선정] → [관련 정보의 수집] → [기존 자료 조사] · [신규 자료 조사] → [수집 정보의 분류] → [항목별 분석] → [종합 · 결론] → [활용 · 정리]
- 적절한 정보의 특징
  - 정보의 적시성 : 정보는 시간의 흐름에 따라 가치가 달라지기 때문에 적절한 시점에 제공되어야 한다.

- 정보의 정확성 : 정보가 정확하지 않을 경우 피해가 발생할 수 있기 때문에 신뢰할 수 있는 정보를 채택해야 한다.
- 정보의 최신성 : 정보는 최신의 내용을 담고 있어야 한다.
- 정보의 희소성 : 공개된 정보보다 덜 공개된 정보의 가치가 높아진다.
- 정보의 상대성 : 같은 정보도 사용자가 누구냐에 따라 가치가 달라진다.

• 정보 분석 모델

• 정보 구분

정보 구분	정보 매체	물건
동적	뉴스프로그램, 신문기사, 이메일 등	오래된 식료품, 화장실용 휴지, 구멍 난 양말 등
정적	잡지, 책, CD-ROM 등	컴퓨터, 자가용, 집 등

④ 컴퓨터를 이용한 자료 처리의 과정과 방법

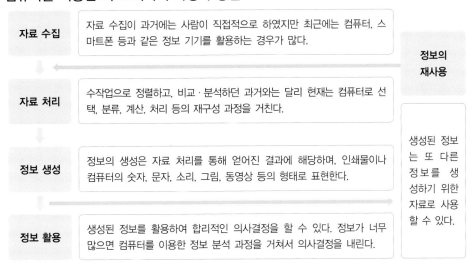

01 다음 중에서 업무 처리를 실시간 시스템으로 처리할 필요가 없는 것은?

① 은행 창구에서 발생하는 입출금 거래 시스템
② 고객 명단 자료를 월 단위로 묶어 처리하는 시스템
③ 적의 네트워크 다중 공격에 대비하여 동시에 여러 지점을 감시하는 시스템
④ 교통 관리, 비행 조정 등과 같은 외부 상태에 대한 신속한 제어를 목적으로 하는 시스템

• **제어** : 기계나 설비가 목적에 알맞은 동작을 하도록 조절함

02 정보를 수집, 관리, 활용하기에 앞서 효과적인 정보 활용을 위한 전략적 기획을 하는 것이 중요하다. 보통은 5W2H에 의해 기획을 하게 된다. 아래의 ㉠~㉣에 해당하는 사항의 연결이 적절하지 못한 것은?

> • WHAT(무엇을?) ········· ㉠
> • WHERE(어디에서?) ········· ㉡
> • WHEN(언제까지) ········· ㉢
> • WHY(왜?) ········· ㉣
> • WHO(누가?)
> • HOW(어떻게)
> • HOW MUCH(얼마나?)

① ㉠ 정보의 입수 대상을 명확히 한다.
② ㉡ 정보의 필요 목적을 염두에 둔다.
③ ㉢ 정보의 요구(수집) 시점을 고려한다.
④ ㉣ 정보활동의 주체를 확정한다.

• **염두** : 마음의 속

• **시점** : 시간의 흐름 위의 어느 한 순간

03 아래 내용에서 말하는 밑줄 친 '예방책'으로 알맞지 않은 것은?

> 최근 중국을 비롯한 여러 해외 사이트에서 한국인 다수의 주민등록번호의 거래 내역이 여러 차례 발견되었다. 이는 심각한 문제로서, 국민 모두가 경각심을 갖고 개인 정보가 유출되지 않도록 주의해야 할 뿐만 아니라, 각 정보 보호 기관들은 국민들에게 '예방책'을 마련하여 알릴 필요가 있다.

① 각 사이트의 비밀번호는 정기적으로 교체한다.
② 검색 엔진으로 정보 검색을 하여 제시된 사이트는 모두 신뢰할 수 있다.
③ 어떤 사이트에 가입하더라도 이용 약관은 모두 읽는다.
④ 한번 가입한 사이트를 해지할 때는 가입할 때 등록했던 정보의 파기 여부를 확인한다.

- **예방책** : 탈이 나기 전에 미리 막기 위한 방책

- **내역** : 명세. 내용의 일본어 투. 사물이나 사건 등의 내면이나 내막
- **유출** : 중요한 내용이 외부로 새어 나감

- **교체** : 사람이나 사물을 다른 사람이나 사물이 대신하여 바꿈
- **검색 엔진(engine)** : 쌓이고 정리된 정보를 이용자가 필요로 하는 정보를 찾아내어 신속하게 제공하는 장치
- **약관** : 계약 따위에서 약속하여 정한 하나하나의 조항
- **해지** : 계약 당사자 한쪽의 의사 표시에 의하여 계약의 관계를 없앰
- **파기** : 계약이나 약속 등을 일방적으로 깨뜨려 무효로 만듦
- **여부** : 함과 하지 않음

04 정보를 수집할 수 있는 원천을 정보원이라고 하고, 정보원은 크게 '1차 자료(㉠)'와 '2차 자료(㉡)'로 구분된다. 다음 중에서 아래의 자료 ⓐ~ⓕ를 ㉠과 ㉡으로 바르게 구분한 것은?

- **원천** : 사물의 근원

> ⓐ 단행본   ⓑ 백과사전   ⓒ 논문
> ⓓ 편람   ⓔ 신문   ⓕ 연감

	㉠	㉡
①	ⓐ, ⓑ, ⓒ	ⓓ, ⓔ, ⓕ
②	ⓐ, ⓒ, ⓔ	ⓑ, ⓓ, ⓕ
③	ⓑ, ⓒ, ⓔ	ⓐ, ⓓ, ⓕ
④	ⓓ, ⓔ, ⓕ	ⓐ, ⓑ, ⓒ

05 아래에서 설명하고 있는 운영 체제의 처리 방식으로 옳은 것은?

> • 본사와 대리점의 작업 처리를 예로 들 수 있다.
> • 여러 대의 컴퓨터 시스템을 컴퓨터 네트워크로 연결하여 하나의 작업을 처리하는 방식이다.

① 일괄 처리 방식
② 분산 처리 방식
③ 다중 처리 방식
④ 시분할 처리 방식

06 소프트웨어 개발 도구에 대한 설명으로 옳은 것은?

① 디버거는 프로그램 오류의 추적, 탐지에 사용된다.
② 로더는 각각 컴파일된 목적 프로그램들과 라이브러리 프로그램들을 묶어서 로드 모듈이라는 실행 가능한 한 개의 기계어로 통합한다.
③ 인터프리터는 원시 프로그램을 목적 프로그램 또는 기계어로 변환하는 번역기이다.
④ 프리프로세서는 고급 언어로 작성된 프로그램을 실행 가능한 기계어로 변환하는 번역기이다.

07 Windows에서 프린터 설정에 대한 설명으로 옳지 않은 것은?

[기출 문제 – 인천항만공사]

① 기본 프린터는 오직 1대만 설정할 수 있다.
② 네트워크 프린터는 기본 프린터로 설정할 수 없다.
③ 한 대의 프린터를 여러 대의 컴퓨터에서 네트워크로 공유 가능하다.
④ 네트워크, 무선 또는 Bluetooth 프린터를 설치할 수 있다.

• **운영 체제** : 컴퓨터의 하드웨어 시스템을 쉽고 효율적으로 운영하기 위한 소프트웨어. operating system(OS)

• **일괄** : 낱낱의 것들을 하나로 묶음
• **분산** : 따로따로 나누어 흩어짐
• **다중** : 두 개 이상의 처리기를 사용하여 프로그램을 동시에 수행시킴
• **시분할** : 고속 처리 기능을 시간으로 나누어 여러 동작이 동시에 이루어지는 것과 같은 효과를 올리는 방법

• **디버거** : 프로그램이 정확하게 작동이 안 되는 원인(버그)을 없애기 위한 툴(도구)
• **오류** : 컴퓨터의 연산 처리 결과가 장치나 소프트웨어의 잘못으로 원하지 않은 결과가 되는 것
• **기계어** : 컴퓨터가 바로 해독할 수 있는 0과 1의 조합으로 구성된 프로그램 언어
• **컴파일** : 자연어에 가까운 고급 프로그래밍 언어로 작성된 원시 프로그램을 기계어로 된 목적 프로그램으로 변환시키는 일
• **모듈** : 기능별 단위로 분할한 부분

08 워드프로세서는 글이나 그림을 입력하여 편집하고, 작업한 문서를 저장하고 인쇄할 수 있다. 아래와 같이 워드프로세서의 주요 기능을 요약할 때, 각각의 기능에 해당하는 내용으로 적절하지 않은 것은?

㉠ 입력 기능	
㉡ 표시 기능	
㉢ 저장 기능	
㉣ 편집 기능	
㉤ 인쇄 기능	

① ㉠ : 키보드나 마우스를 통하여 한글, 영문, 한자 등 각 국의 언어, 숫자, 특수문자, 그림, 사진, 도형 등을 입력할 수 있는 기능
② ㉡ : 입력한 내용을 표시 장치를 통해 화면에 나타내주는 기능
③ ㉢ : 입력된 내용을 저장하여 필요할 때 사용할 수 있는 기능
④ ㉣ : 작성된 문서를 프린터로 출력하는 기능

09 아래 표는 정보원을 두 가지로 분류하여 설명한 것이다. ㉠의 예시로 들기에 알맞은 것은?

분류	1차 자료	2차 자료
설명	원래의 연구 성과가 기록된 자료	1차 자료를 효과적으로 찾아보기 위한 자료 혹은 1차 자료에 포함되어있는 정보를 압축·정리하여 제공하는 자료
예시	학술지 논문 연구 보고서	㉠

① 학술지 논문
② 연구 보고서
③ 백과사전
④ 특허 정보

CHAPTER
08

기술능력

[기초직업능력으로서의 기술능력 표준에 따른 성취 수준]

구분		성취 수준
기술 능력	상	업무에 필요한 복잡한 기술을 이해하고, 자신의 객관적 판단에 따라 기술을 선택하고, 다양한 상황에 기술을 적용한다.
	중	업무에 필요한 기본적인 기술을 이해하고, 상사의 지시에 자신의 생각을 적용하여 기술을 선택하고, 업무와 관련된 상황에 기술을 적용한다.
	하	업무에 필요한 간단한 기술을 이해하고, 상사의 지시에 따라 기술을 선택하여, 한 가지 상황에 기술을 적용한다.
하위 능력	기술 이해 능력 상	업무 수행에 필요한 복잡한 기술의 원리 및 절차를 확실하게 이해한다.
	기술 이해 능력 중	업무 수행에 필요한 기본적인 기술의 원리 및 절차를 대략적으로 이해한다.
	기술 이해 능력 하	업무 수행에 필요한 단순한 기술의 원리 및 절차를 부분적으로 이해한다.
	기술 선택 능력 상	업무 수행에 필요한 기술을 자신이 비교·분석한 후 장·단점을 파악하여 선택한다.
	기술 선택 능력 중	업무 수행에 필요한 기술을 기존에 적용된 것 중에서 자신이 선택한다.
	기술 선택 능력 하	업무 수행에 필요한 기술을 상급자의 지시대로 선택한다.
	기술 적용 능력 상	업무 수행에 필요한 기술을 실제로 여러 가지 상황에 적용하고, 그 결과를 분석한다.
	기술 적용 능력 중	업무 수행에 필요한 기술을 실제로 몇 가지 상황에 적용하고, 그 결과를 이해한다.
	기술 적용 능력 하	업무 수행에 필요한 기술을 실제로 한 가지 상황에 적용하고, 그 결과를 있는 그대로 확인한다.

1 기술능력 이해하기

- 업무를 수행함에 있어 도구, 장치 등을 포함하여 필요한 기술에는 어떠한 것들이 있는지 이해하고, 적절한 기술을 선택하여 적용하는 능력
- 일상적으로 요구되는 수단, 도구, 조작 등에 관한 기술적인 요소들을 이해하고, 적절한 기술을 선택하며, 적용하는 능력

예제 다음 중에서 기술능력이 뛰어난 사람의 특징으로 옳지 않은 것은?

① 실질적 해결이 필요한 문제를 인식하고, 인식된 문제를 위한 다양한 해결책을 개발하고 평가한다.

② 실제적 문제를 해결하기 위해 지식이나 자원을 선택하여 최적화시켜 적용한다.

③ 부과된 한계 속에서 제한된 자원을 가지고 일한다.

④ 기술적 해결에 대한 문제점을 평가한다.

해설 기술능력이 뛰어난 사람은 실질적 해결을 필요로 하는 문제를 인식하고 인식된 그 문제를 위한 다양한 해결책을 개발하고 평가하며(①), 실제적 문제를 해결하기 위해 지식이나 기타 자원을 선택하여 최적화시키며 적용하며(②), 주어진 한계 속에서 제한된 자원을 가지고 일하나(③) 기술적 해결에 대한 효과성을 평가하지 문제점을 평가하는 것은 아니다. 따라서 ④는 잘못된 설명이다.

정답 ④

① 기술능력 = 기술 교양

- 기술 : 지적인 도구를 특정한 목적에 사용하는 지식 체계, 또는 제품이나 용역을 생산하는 원료 생산 공정, 자본재 등에 관한 지식의 집합체
- 기술능력이 뛰어난 사람의 특징
  - 실질적 해결을 필요로 하는 문제를 인식한다.
  - 인식된 문제를 위한 다양한 해결책을 개발하고 평가한다.
  - 실제 문제를 해결하기 위해 지식이나 기타 자원을 선택, 최적화시키며, 적용한다.
  - 주어진 한계 속에서, 그리고 제한된 자원을 가지고 일한다.
  - 기술적 해결에 대한 효용성을 평가한다.
  - 여러 상황 속에서 기술의 체계와 도구를 사용하고 배울 수 있다.

> **!**
> **기술의 특징**
> - 하드웨어나 인간에 의해 만들어진 비자연적인 대상, 혹은 그 이상을 의미한다.
> - 기술은 '노하우'를 포함한다. 즉, 기술을 설계, 생산, 사용하기 위해 필요한 정보, 기술, 절차를 갖는데 노하우가 필요하다.
> - 기술은 하드웨어를 생산하는 과정이다.
> - 기술은 인간의 능력을 확장시키기 위한 하드웨어와 그것의 활용을 뜻한다.
> - 기술은 정의 가능한 문제를 해결하기 위해 순서화되고 이해 가능한 노력이다.

② 지속 가능한 발전과 기술

- 지속 가능한 발전 : 지금 우리의 현재 욕구를 충족시키지만, 동시에 후속 세대의 욕구 충족을 침해하지 않는 발전
- 지속 가능한 기술
  - 이용 가능한 자원과 에너지 고려, 자원이 사용되고 그것이 재생산되는 비율의 조화 추구, 이러한 자원의 질 생각, 자원이 생산적인 방식으로 사용되는가에 주의 기울인 기술

③ 산업 재해

- 산업 재해의 원인

기본적 원인	교육적	안전 지식 불충분, 안전수칙 오해, 경험·훈련의 불충분, 작업관리자의 작업 방법 및 유해 위험 작업 교육 불충분 등
	기술적	건물·기계 장치 설계 불량, 구조물 불안정, 재료 부적합, 생산 공정 부적당, 점검·정비·보존 불량 등
	작업 관리상	안전관리 조직 결함, 안전수칙 미제정, 작업 준비 불충분, 인원 배치 및 작업 지시 부적당 등
직접적 원인	불안전 행동	위험 장소 접근, 안전장치 기능 제거, 보호 장비 미착용 및 잘못 사용, 운전 중인 기계 속도 조작, 기계·기구의 잘못 사용, 위험물 취급 부주의, 불안전 상태 방치, 불안전 자세와 동장, 감독 및 연락 잘못 등
	불안전 상태	시설물 자체 결함, 전기 시설물의 누전, 구조물 불안정, 소방기구 미확보, 복장·보호구 결함, 시설물 배치 및 장소 불량, 안전 보호 장치·작업 환경·생산 공정·경계 표시 설비 결함 등

- 산업 재해가 개인과 기업에 끼치는 영향
  - ㉠ 개인에게 끼치는 영향 : 재해 개인 및 가족의 정신적·육체적 고통, 일시적 또는 영구적인 노동력 상실, 본인과 가족의 생계에 대한 막대한 손실
  - ㉡ 기업에 끼치는 영향 : 근로자 보상 부담, 노동 인력 결손으로 인한 작업 지연, 건물·기계·기구 등 파손, 근로 의욕 침체와 생산성 저하
- 산업 재해의 예방 대책 5단계
  1. 안전관리 조직 : 경영자는 사업장 안전 목표 및 안전관리 책임자 선정, 안전관리 책임자는 안전 계획 수립과 시행·후원·감독
  2. 사실 발견 : 사고 조사, 안전 점검, 현장 분석, 작업자의 제안 및 여론 조사, 관찰 및 보고서 연구, 면담 등을 통해 발견
  3. 원인 분석 : 재해 발생 장소, 재해 형태, 재해 정도, 관련 인원, 직원 감독의 적절성, 공구 및 장비의 상태 등 분석
  4. 시정책 선정 : 원인 분석을 토대로 기술적 개선, 인사 조정 및 교체, 교육, 설득, 호소, 공학적 조치 등의 시정책 선정
  5. 시정책 적용 및 뒤처리 : 안전교육 및 훈련 실시, 안전시설과 장비 결함 개선, 안전 감독 실시 등 시정책 적용

1. 기술이해능력

• 업무 수행에 필요한 기술적 원리를 올바르게 이해하는 능력

예제 '기술 혁신'의 특성에 대한 다음 설명 중에서 옳지 않은 것은?

① '기술 혁신'은 노동 집약적인 활동이다.
② '기술 혁신'은 조직의 경계를 넘나드는 특성을 갖고 있다.
③ '기술 혁신'은 그 과정 자체가 매우 불확실하고 장기간의 시간을 필요로 한다.
④ '기술 혁신' 과정의 불확실성과 모호함은 기업 내에서 논쟁과 갈등을 유발할 수 있다.

해설 '기술 혁신'은 노동 집약적이 아니라 기술 혁신이 이루어지는 그 시점까지의 최첨단의 지식이 담긴 지식 집약적인 활동이다(①). 이러한 기술 혁신은 새로운 기술로 인해 기존의 조직이 사라지거나 통합되는 등의 조직의 경계를 넘나드는 특성을 갖고 있다(②). 이러한 기술 혁신은 처음으로 이루어지는 것이기 때문에 그 과정 자체가 매우 불확실하고 그 기술이 정착되기까지 장기간의 시간을 필요로 하다(③). 또한 혁신 과정의 이러한 불확실성과 모호함은 기업 내에서 많은 새로운 기술을 받아들이느냐에 대한 많은 논쟁과 갈등을 유발할 수 있다(④).

정답 ①

① 창의적 사고

• 기술 시스템의 정의 : 인공물의 집합체만이 아니라 회사, 투자회사, 법적 제도, 정치, 과학, 자연 자원을 모두 포함하는 것
• 기술 시스템의 특성 : 기술적인 것 + 사회적인 것 → 사회 기술 시스템(sociotechnical system)이라고도 함
• 기술 시스템의 필요성 : 다양하고 깊이 있게 기술이 발달한 현대는 개인이 모든 기술을 다 알 수 없기 때문에 기술의 특성인 기술 시스템을 이해하여 기술을 이해할 수 있다.
• 기술 시스템의 발전 4단계

  1. 발명, 개발, 혁신 단계 : 기술 시스템의 탄생과 성장 - 기술자의 역할 중요
  2. 기술 이전 단계 : 성공적인 기술이 다른 지역으로 이동함. - 기술자의 역할 중요
  3. 기술 경쟁 단계 : 기술 시스템 사이의 경쟁 - 기업가의 역할 중요
  4. 기술 공고화 단계 : 경쟁에서 승리한 기술 시스템의 관성화 - 자문 엔지니어, 금융 전문가의 역할 중요

> **!**
> **기술 시스템의 예**
> • 석탄 수요의 증가 → 광산의 필요성 증대 → 갱도의 물 제거를 위한 증기기관의 개발 보급 → 증기기관으로 석탄 생산 증대 → 다른 공장에 수력 대신 이용 → 많은 물량 이동을 위한 운송 기술로 증기기관 탄생

② 기술 혁신의 특성

- 과정 자체가 매우 불확실하고 장기간의 시간을 필요로 한다.
- 지식 집약적인 활동이다.
- 과정의 불확실성과 모호함은 기업 내에서 많은 논쟁과 갈등을 유발할 수 있다.
- 조직의 경계를 넘나드는 특성을 갖고 있다.

③ 기술 혁신의 과정과 역할

기술 혁신 과정	혁신 활동	필요한 자질과 능력
아이디어 창안 (idea generation)	• 아이디어를 창출하고 가능성 검증 • 일을 수행하는 새로운 방법 고안 • 혁신적인 진보를 위한 탐색	• 각 분야의 전문지식 추상화 와 개념화 능력 • 새로운 분야의 일을 즐김
챔피언 (entrepreneuring or championing)	• 아이디어의 전파 • 혁신을 위한 자원 확보 • 아이디어 실현을 위한 헌신	• 정력적이고 위험을 감수함 • 아이디어의 응용에 관심
프로젝트 관리 (project leading)	• 리더십 발휘 • 프로젝트의 기획 및 조직 • 프로젝트의 효과적인 진행 감독	• 의사결정 능력 • 업무 수행 방법에 대한 지식
정보 수문장 (gate keeping)	• 외부 정보를 내부 구성원들에게 전달 • 조직 내 정보원 기능	• 높은 수준의 기술적 역량 • 원만한 대인 관계 능력
후원 (sponsoring or coaching)	• 혁신에 대한 격려와 안내 • 불필요한 제약에서 프로젝트 보호 • 혁신에 대한 자원 획득을 지원	• 조직의 주요 의사결정에 대 한 영향력

④ 실패에서 배움

- 실패의 원인 : 무지, 부주의, 차례 미준수, 오만, 조사 · 검토 부족, 조건의 변화, 기획 불량, 가치관 불량, 조직 운영 불량, 미지
- 실패 관련 10가지 교훈
  - 성공은 99%의 실패로부터 얻은 교훈과 1%의 영감으로 구성된다.
  - 실패는 어떻게든 감추려는 속성이 있다.
  - 방치해 놓은 실패는 성장한다.
  - 실패의 하인리히 법칙 - 엄청난 실패는 29건의 작은 실패와 300건의 실수를 저지른 뒤에 발생한다.
  - 실패는 전달되는 중에 항상 축소한다.
  - 실패를 비난, 추궁할수록 더 큰 실패를 낳는다.
  - 실패 정보는 모으는 것보다 고르는 것이 더 중요하다.
  - 실패에는 필요한 실패와 일어나선 안 될 실패가 있다.
  - 실패는 숨길수록 병이되고 드러낼수록 성공한다.
  - 좁게 보면 성공인 것이 전체를 보면 실패일 수 있다.

08

기술

2. 기술선택능력

- 도구, 장치를 포함하여 업무 수행에 필요한 기술을 선택하는 능력
- 기술 선택 : 기업이 어떤 기술을 외부로부터 도입하거나 자체 개발하여 활용할 것인가를 결정하는 것

예제 다음의 사례들 중에서 기술을 적용하는 모습으로 가장 바람직한 것은?

① 외국 기업의 기술은 항상 좋은 것이기 때문에 있는 그대로 받아들인다.
② 자신의 업무 환경, 발전 가능성, 업무의 효율성 증가, 성과 향상 등에 도움을 줄 수 있는 기술인지 판단해 보고 선택한다.
③ 기술을 적용할 때 불필요한 부분이 있을 수 있지만 검증된 기술이라면 그대로 받아들인다.
④ 지금 내가 하고 있는 기술이 가장 좋은 기술이기 때문에 다른 기술은 굳이 받아들일 필요가 없다.

해설 이미 검증된 기술이라면 그 기술을 적용할 때 기존의 시스템 때문에 불필요한 부분이 있을 수도 있지만, 먼저 그대로 받아들인 뒤에 그 기술을 사용하면서 조정하는 것이 좋다.

오답 ① 외국의 선진 기술이라고 할지라도 반드시 자신이 활용할 수 있도록 개선하여 활용해야 한다.
② 아무리 앞선 기술이라고 할지라도 자신의 업무 환경, 발전 가능성, 효율성 증가, 성과 향상 등에 도움을 주지 못하면 좋은 기술이라고 할 수 없다.

정답 ③

① 기술 선택

- 기술 선택을 위한 절차

외부환경 분석	중장기 사업목표 설정	내부역량 분석
수요 변화 및 경쟁자 변화, 기술 변화 등 분석	기업의 장기 비전, 중장기 매출목표 및 이익목표 설정	기술 능력, 생산 능력, 마케팅/영업 능력, 재무 능력 등 분석

사업전략 수립 — 사업영역 결정, 경쟁 우위 확보 방안 수립

요구기술 분석 — 제품 설계/디자인 기술, 제품 생산 공정, 원재료/부품 제조기술 분석

기술전략 수립 — 기술획득 방법 결정

핵심기술 선택

- 기술 선택을 위한 우선순위 결정
  - 제품의 성능이나 원가에 미치는 영향력이 큰 기술
  - 기술을 활용한 제품의 매출과 이익 창출 잠재력이 큰 기술

- 쉽게 구할 수 없고 기업 간에 모방이 어려우며 진부화될 가능성이 적은 최신 기술
- 기업이 생산하는 제품 및 서비스에 보다 광범위하게 활용할 수 있는 기술
- **기술 선택을 위한 의사결정**
  - 상향식 기술 선택(bottom up approach) : 기업 전체 차원에서 필요한 기술에 대한 체계적 분석이나 검토 없이 연구자나 엔지니어들이 자율적으로 선택하는 것
  - 하향식 기술 선택(top-down approach) : 기술 경영진과 기술 기획 담당자들에 의한 체계적 분석을 통해 기업이 획득해야 하는 대상 기술과 목표 기술 수준을 결정하는 것

② **새로운 기술 선택의 방법 – 벤치마킹**
- **정의** : 특정 분야에서 뛰어난 업체나 상품, 기술, 경영 방식 등을 배워 합법적으로 응용하는 것
- **벤치마킹의 종류**
  - ㉠ 비교 대상에 따른 분류 : 내부 벤치마킹, 경쟁적 벤치마킹, 비경쟁적 벤치마킹, 글로벌 벤치마킹
  - ㉡ 수행 방식에 따른 분류 : 직접적 벤치마킹, 간접적 벤치마킹
- **벤치마킹의 주요 단계들**
  - 범위 결정 : 벤치마킹 상세 분야와 목표와 범위를 결정하며 수행 인력들을 결정
  - 측정 범위 결정 : 상세 분야에 대한 측정 항목을 결정하고, 목표 달성 적정성 검토
  - 대상 결정 : 벤치마킹 최종적 대상 및 대상별 수행 방식 결정
  - 벤치마킹 : 직접 또는 간접적인 벤치마킹을 진행
  - 성과 차이 분석 : 벤치마킹 결과를 바탕으로 성과 차이의 측정 항목별 분석
  - 개선 계획 수립 : 성과 차이 원인 분석, 개선 성과 목표 결정, 성과 목표 달성 개선 계획 수립
  - 변화 관리 : 목표 달성 변화 사항의 지속적 관리와 개선 후 변화 사항과 예상 변화 사항 비교

③ **매뉴얼의 종류**
- **제품 매뉴얼** : 소비자가 알아야할 제품의 특징, 기능, 사용 방법, 고장 조치 방법, 유지 보수 및 A/S, 폐기 등 제품의 모든 서비스 정보를 제공하는 것
- **업무 매뉴얼** : 어떤 일의 진행 방식, 지켜야할 규칙, 관리상의 절차 등을 일관성 있게 여러 사람이 보고 따라할 수 있도록 표준화하여 설명하는 지침서

3. 기술적용능력

• 업무 수행에 필요한 기술을 업무 수행에 실제로 적용하고 결과를 확인하는 능력

예제 다음 중에서 기술관리자에게 요구되는 능력이 아닌 것은?

① 기술팀을 세부적으로 분화할 수 있는 능력
② 공학적 도구나 지원 방식에 대한 이해 능력
③ 기술이나 환경 변화의 추세에 대한 이해 능력
④ 기술적, 사업적, 인간적인 능력을 통합할 수 있는 능력

해설 기술경영자는 기술팀을 세부적으로 분화하는 것이 아니라 분화된 팀을 통합할 수 있는 능력이 있어야 한다.

오답 ② 기술경영자는 기술을 이해하여 필요한 도구나 지원할 방식을 파악할 수 있어야 한다.
③ 기술경영자는 기술이나 환경 변화의 추세에 대해 이해하여 그에 대한 대응 방안을 수립할 수 있어야 한다.
④ 기술경영자는 기술을 이해하여 이를 사업적으로 적용하고, 인간들이 이를 쉽게 이용할 수 있게 통합시키는 것을 고민해야 한다.

정답 ①

① 기술 적용

기술 적용 형태	– 선택한 기술을 그대로 적용한다. – 선택한 기술을 그대로 적용하되, 불필요한 기술은 과감히 버리고 적용한다. – 선택한 기술을 분석하고, 가공하여 활용한다.
기술 적용 시 고려 사항	– 기술 적용에 따른 비용이 많이 드는가? – 기술의 수명 주기는 어떻게 되는가? – 기술의 전략적 중요도는 어떻게 되는가? – 잠재적으로 응용 가능성이 있는가?

② 기술경영자의 능력

• 기술경영자가 갖추어야 할 능력

 - 기술을 기업의 전반적인 전략 목표에 통합시키는 능력

 - 빠르고 효과적으로 새로운 기술을 습득하고 기존의 기술에서 탈피하는 능력

 - 기술을 효과적으로 평가할 수 있는 능력

 - 기술 이전을 효과적으로 할 수 있는 능력

 - 새로운 제품 개발 시간을 단축할 수 있는 능력

 - 크고 복잡하고 서로 다른 분야에 걸쳐 있는 프로젝트를 수행할 수 있는 능력

 - 조직 내의 기술 이용을 수행할 수 있는 능력

 - 기술 전문 인력을 운용할 수 있는 능력

• 기술관리자(중간관리자)에게 요구되는 능력

 - 기술을 운용하거나 문제 해결을 할 수 있는 능력

 - 기술직과 의사소통을 할 수 있는 능력

- 혁신적인 환경을 조성할 수 있는 능력
- 기술적, 사업적, 인간적인 능력을 통합할 수 있는 능력
- 시스템적인 관점
- 공학적 도구나 지원 방식에 대한 이해 능력
- 기술이나 추세에 대한 이해 능력
- 기술팀을 통합할 수 있는 능력

• 그밖에 갖추어야 할 능력
- 다기능적인 프로그램을 계획하고 조직할 수 있는 능력
- 우수한 인력을 유인하고 확보할 수 있는 능력
- 자원을 측정하거나 협상할 수 있는 능력
- 타 조직과 협력할 수 있는 능력
- 업무의 상태, 진행 및 실적을 측정할 수 있는 능력
- 다양한 분야에 걸쳐 있는 업무를 계획할 수 있는 능력
- 정책이나 운영 절차를 이해할 수 있는 능력
- 권한 위임을 효과적으로 할 수 있는 능력
- 의사소통을 효과적으로 할 수 있는 능력

③ 네트워크 혁명

• 네트워크 혁명의 특징
- 전 세계의 사람들과 이들의 지식, 활동이 연결되면서 나의 지식과 활동이 지구 반대편에 있는 사람에게 미치는 영향의 범위와 정도가 증대되고, 반대로 지구 저쪽에서 내려진 결정이 내게 영향을 미칠 수 있는 가능성도 커졌다.
- 네트워크 혁명의 사회는 연계와 상호의존으로 특징 지워지는 사회이다. 원자화된 개인주의나 협동을 배제한 경쟁만으로는 성공을 꿈꾸기 힘들기 때문이다. 기업과 기업 사이에, 개인과 공동체 사이에, 노동자와 기업가 사이에 새로운 창조적인 긴장 관계가 만들어지는 것이다.

• 네트워크 혁명의 3가지 법칙
- 무어의 법칙 : 컴퓨터의 파워가 18개월마다 2배씩 증가한다는 법칙. 인텔의 설립자 고든 무어가 처음으로 주장했고, 지금까지도 들어맞고 있다.
- 메트칼피의 법칙 : 네트워크의 가치는 사용자 수의 제곱에 비례한다는 법칙으로, 근거리 통신망 이더넷(ethernet)의 창시자 로버트 메트칼피에 의해 주장되었다. 네트워크에 기반한 경제활동을 하는 사람들이 특히 주목해야 할 법칙이다.
- 카오의 법칙 : 창조성은 네트워크에 접속되어 있는 다양한 지수함수로 비례한다는 법칙으로 경영 컨설턴트 존 카오가 주장한 법칙이다.

01 다음 중에서 간접적 벤치마킹의 특징으로 알맞지 않은 것은?

① 벤치마킹 대상을 직접 방문하여 수행하는 방법

② 인터넷 및 문서 형태의 자료를 통해서 수행하는 방법

③ 벤치마킹 대상의 수에 제한이 없고 다양함

④ 비용 또는 시간적 측면에서 상대적으로 많이 절감됨

• **벤치마킹(bench marking)**: 기업들이 특정 분야에서 뛰어난 업체를 선정해서 상품이나 기술, 경영 방식을 배워 자사의 경영과 생산에 합법적으로 응용하는 것

• **절감**: 돈이나 물건을 아끼어 줄임

02 아래의 각 산업 분야별에 유망하다고 판단되는 기술을 [보기]에서 찾아 연결한 것이 적절한 것은?

> ㉠ 전기 · 전자 · 정보 공학 분야
> ㉡ 기계 공학 분야
> ㉢ 건설 · 환경 공학 분야
> ㉣ 화학 · 생명 공학 분야

• **유망**: 희망이나 전망이 있음

> 보기
> ⓐ 지속 가능한 건축 시스템 기술
> ⓑ 재생 에너지 기술
> ⓒ 지능형 로봇 기술
> ⓓ 하이브리드 자동차 기술

• **지속**: 어떤 상태가 끊이지 않고 오래 계속되거나 유지됨

• **하이브리드(hybrid)**: 두 가지 이상의 요소가 하나로 합쳐짐

	㉠	㉡	㉢	㉣
①	ⓐ	ⓑ	ⓒ	ⓓ
②	ⓐ	ⓓ	ⓒ	ⓑ
③	ⓑ	ⓐ	ⓓ	ⓒ
④	ⓒ	ⓓ	ⓐ	ⓑ

03 산업 재해의 기본적인 원인 중에서 아래의 예에 해당하는 것은?

> • 건물의 기계 장치 설계의 불량
> • 구조와 재료의 부적합
> • 생산 공정의 부적당
> • 점검 · 정비 · 보존의 불량

① 교육적 원인
② 기술적 원인
③ 작업 관리상 원인
④ 불안전한 상태

• **산업 재해** : 작업 환경이나 행동 등으로 노동자의 업무상 신체적, 정신적 피해
• **부적합** : 어떤 조건이나 정도에 알맞게 들어맞지 않음
• **공정** : 작업이나 제조 과정
• **부적당** : 알맞지 않은 상태

04 네트워크 혁명의 역기능에 대한 설명으로 옳지 않은 것은?

① 디지털 격차(digital divide)
② 정보화에 따른 실업의 문제
③ 인터넷 게임과 채팅 중독
④ TV 중독

• **역기능** : 원래의 목적과는 달리 나타나는 바람직하지 못한 기능
• **디지털 격차** : 정보를 소유한 계층과 소유하지 못한 계층 간의 격차

08
기술

05 다음 중에서 매뉴얼 작성을 위한 방법으로 옳지 않은 것은?

① 내용이 정확해야 한다.
② 작성자가 알기 쉽게 쉬운 문장으로 쓰여야 한다.
③ 사용자의 심리적 배려가 있어야 한다.
④ 사용자가 찾고자 하는 정보를 쉽게 찾을 수 있어야 한다.

• **심리** : 마음의 작용과 의식의 상태
• **배려** : 여러 가지로 마음을 써서 보살피고 도와줌

06 기술에 대한 아래 설명의 ㉮와 ㉯에 들어갈 용어를 바르게 나열한 것은?

> 기술은 흔히 특허권을 수반하지 않는 과학자, 엔지니어 등이 가지고 있는 체화된 기술인 (㉮)와, 어떻게 기술이 성립하고 작용하는가에 관한 원리적 측면에 중심을 둔 개념인 (㉯)로 나눌 수 있다.

㉮	㉯
① know-why	know-how
② know-how	know-why
③ technology	engineering
④ technology	art

- **수반** : 어떤 현상이 다른 현상에 따름
- **엔지니어(engineer)** : 기술자
- **체화** : 지식이나 기술, 사상 따위가 직접 경험을 통해 자기 것이 됨

07 기술의 특징에 대한 다음 설명에서 알맞은 것은?

① 기술은 하드웨어를 생산하는 과정이다.
② 기술은 소프트웨어를 생산하는 과정이다.
③ 기술은 인간의 능력을 확장시키기 위한 하드웨어와 그것의 활용이다.
④ 모든 직업 세계에서 필요로 하는 기술적 요소들로 이루어지는 것은 기술의 협의의 개념이다.

- **하드웨어(hardware)** : 컴퓨터를 구성하고 있는 기계 장치 전부
- **소프트웨어(software)** : 하드웨어를 움직이게 하여 원하는 작업을 하게 하는 프로그램. 예 OS, 스프레드시트, 워드프로세스 등
- **협의** : 좁은 뜻

08 다음 중에서 지속 가능한 기술의 특징으로 볼 수 없는 것은?

① 이용 가능한 자원과 에너지를 고려하는 기술
② 자원이 사용되고 그것이 재생산되는 비율의 조화를 추구하는 기술
③ 자원이 생산적인 방식으로 사용되는가에 주의를 기울이는 기술
④ 석탄 에너지와 같이 고갈되는 자연 에너지를 활용하며, 낭비적인 소비 형태를 지양하고, 기술적 효용만을 추구한다.

- **고갈** : 물자나 자금, 자원 등이 부족해져서 귀중하거나 없어짐
- **지양** : 더 높은 단계로 오르려는 행위를 하지 않음

09 다음 중에서 산업재해로 볼 수 없는 것은? [예시 문제 – NCS]

① 건설 공사장에서 근로자가 추락하는 벽돌에 맞아 부상 당한 경우
② 아파트 건축 현장에서 근로자가 먼지 등에 의해 질병에 걸린 경우
③ 선반 작업 시 근로자의 손이 절단된 경우
④ 근로자가 휴가 중 교통사고에 의하여 부상당한 경우

· **선반** : 각종 금속 재료를 회전 시켜서 바이트로 깎아 내는 공작 기계
· **절단** : 자르거나 베어서 끊음

10 다음 중에서 직접적 벤치마킹의 특징으로 잘못 설명된 것은?
[예시 문제 – NCS]

① 벤치마킹 대상을 직접 방문하여 수행하는 방법
② 인터넷 및 문서 형태의 자료를 통해서 수행하는 방법
③ 필요로 하는 정확한 자료의 입수 및 조사가 가능
④ Contact Point의 확보로 벤치마킹 이후에도 계속적으로 자료의 입수 및 조사가 가능

· **Contact Point** : 접촉. 어떤 것이 다른 것과 만나 영향을 주고 받음
· **입수** : 손에 들어옴

11 다음 중에서 기술을 적용할 때 고려해야 할 사항이 아닌 것은?
[예시 문제 – NCS]

① 기술의 수명 주기는 어떻게 되는가?
② 기술 적용에 따른 비용이 많이 드는가?
③ 기술 매뉴얼은 있는가?
④ 기술의 전략적 중요도는 어떻게 되는가?

· **적용** : 맞추거나 해당시켜 씀
· **수명** : 사물이 사용될 수 있는 기간
· **주기** : 같은 현상이나 특징이 한 번 나타난 뒤 다시 되풀이되기까지의 기간

12 위성 통신 서비스에 대한 설명으로 옳지 않은 것은?

① 대량의 정보를 고속으로 전달한다.

② 보안성이 높으나 전파 지연이 발생한다.

③ 통신 위성을 기지국으로 하여 전파를 중계한다.

④ GPS, LBS 위성 인터넷 등의 서비스를 한다.

13 아래 글의 빈칸 ㉮~㉰에 들어갈 말을 순서대로 나열한 것은?

> 임베디드 시스템의 하드웨어는 실행 소프트웨어와 소프트웨어가 처리해야 할 데이터를 저장하는 [㉮   ]와(과), 임베디드 시스템의 구성 요소 중 가장 필수적인 것으로서 개인용 컴퓨터의 중앙 처리 장치와 같은 역할을 하는 [㉯   ]와(과), 임베디드 시스템에 부착된 터치스크린과 같이 컴퓨터의 키보드와 마우스, 모니터와 같은 역할을 수행 하는 [㉰   ]와(과), 그 밖의 기타 장치로 구분할 수 있다.

	㉮	㉯	㉰
①	마이크로프로세서	메모리	입출력 단자
②	메모리	마이크로프로세서	입출력 단자
③	메모리	입출력 단자	마이크로프로세서
④	입출력 단자	메모리	마이크로프로세서

14 아래는 임베디드 시스템 소프트웨어의 특징을 기술한 것이다. (가), (나)에 해당하는 임베디드 시스템 소프트웨어의 특징을 바르게 짝지은 것은?

> (가) 사용자가 요구한 동작이 오류 없이 이루어질 수 있도록 프로그램의 결점이 없도록 설계해야 한다.
> (나) 하드웨어와 소프트웨어 간의 호환성이 매우 낮다.

	(가)	(나)
①	독립성	무결성
②	기밀성	독립성
③	무결성	기밀성
④	무결성	독립성

- **호환성** : 기능이나 적합성을 유지하면서 장치나 기계의 부분품 따위를 다른 부분품과 서로 바꾸어 쓸 수 있는 성질
- **무결성** : 데이터의 정보가 변경되거나 오염되지 않도록 하는 원칙
- **기밀성** : 어떤 정보에 제약을 두거나 접근을 제한하는 약속이나 일련의 규칙

08

기술

15 다음 중에서 기술 경영자에게 요구되는 능력이 아닌 것은?

[예시 문제 – NCS]

① 기술을 기업의 전반적인 전략 목표에 통합시키는 능력
② 빠르고 효과적으로 새로운 기술을 습득하고 기존의 기술에서 탈피하는 능력
③ 기술을 효과적으로 평가할 수 있는 능력
④ 새로운 제품 개발 시간을 연장할 수 있는 능력

- **탈피** : 낡은 습관이나 양식, 사고방식에서 벗어나서 새로운 방향으로 나감
- **연장** : 공간적 길이나 시간을 일정 기준보다 늘림

CHAPTER
09

조직이해능력

[기초직업능력으로서의 조직이해능력 표준에 따른 성취 수준]

구분		성취 수준
조직 이해 능력	상	직장 생활에서 업무와 관련된 국제 동향을 업무에 적용하고, 전반적인 조직 체제에 대해 설명하며, 조직의 경영을 평가한다.
	중	직장 생활에서 업무와 관련된 국제 동향을 파악하고, 자신이 속한 조직의 체제를 설명하며, 조직의 운영을 설명한다.
	하	직장 생활에서 일반적인 국제 동향을 이해하고, 자신이 속한 조직 체제를 이해하며, 조직의 운영을 이해한다.
하위 능력	경영 이해 능력 상	조직 전체의 경영 목표와 경영 방법을 이해하고, 이를 바탕으로 업무를 수행한다.
	경영 이해 능력 중	자신이 속한 부서와 관련 부서의 목표와 운영 방법에 대해 이해하고, 이를 바탕으로 업무를 수행한다.
	경영 이해 능력 하	자신이 속한 부서의 목표와 운영 방법에 대해 이해하고, 이를 바탕으로 업무를 수행한다.
	체제 이해 능력 상	조직 전체의 목표와 구성을 이해하고, 조직의 전체적인 규칙, 규정을 파악하여, 이를 바탕으로 업무를 수행한다.
	체제 이해 능력 중	자신이 속한 부서와 관련 부서의 목표와 구성을 이해하고, 자신이 속한 부서 구성원들에게 적용되는 규칙, 규정을 파악하고, 이를 바탕으로 업무를 수행한다.
	체제 이해 능력 하	자신이 속한 부서의 목표와 구성을 이해하고, 자신에게 해당하는 규칙, 규정을 파악하여, 이를 바탕으로 업무를 수행한다.
	업무 이해 능력 상	조직 전체의 업무에 대해 이해하고, 자신에게 주어진 업무를 분석하여 업무 처리 계획 및 절차를 수립한다.
	업무 이해 능력 중	자신이 속한 부서와 관련 부서의 업무에 대해 이해하고, 자신에게 주어진 업무를 이해하여 업무를 처리하기 위한 계획과 절차를 이해한다.
	업무 이해 능력 하	자신이 속한 부서의 업무에 대해 이해하고, 자신에게 주어진 업무를 확인하여 업무를 처리하기 위한 간단한 절차를 확인한다.
	국제 감각 상	직장 생활에서 관련된 국제적인 동향을 분석하여, 이를 대부분의 업무상황에서 활용한다.
	국제 감각 중	직장 생활에서 일반적인 국제 동향을 이해하여, 이를 특정한 업무 상황에서 활용한다.
	국제 감각 하	직장 생활에서 특정한 국제 동향을 이해하여, 이를 한 가지 업무 상황에서 활용한다.

- 업무를 원활하게 수행하기 위해 국제적인 추세를 포함하여 조직의 체제와 경영에 대해 이해하는 능력
- 직업인이 자신이 속한 조직의 경영과 체제를 이해하고, 직장 생활과 관련된 국제감각을 가지는 능력

예제 '조직의 유형'에 대한 다음 설명 중에서 알맞지 않은 것은?

① 최근 다국적 기업과 같은 대규모 조직이 증가하고 있다.
② 공식 조직 내에서 비공식 조직들이 새롭게 생성되기도 한다.
③ 기업은 영리 조직, 병원이나 대학은 비영리 조직에 해당한다.
④ 조직의 역사를 보면 공식 조직에서 자유로운 비공식 조직으로 발전해 왔다.

해설 조직의 유형은 공식화, 영리성, 조직의 규모에 따라 구분할 수 있으며, 공식화 정도에 따라 공식 조직과 비공식 조직으로 나뉜다. 공식 조직은 조직의 구조, 기능, 규정 등이 조직화되어 있는 조직이며, 비공식 조직은 개인들의 협동과 상호작용에 따라 형성된 자발적인 조직이다. 조직이 발달해 온 역사를 보면 비공식 조직으로부터 공식화가 진행되어 공식 조직으로 발전해 왔다.

정답 ④

---

① **조직**

- 조직 : 두 사람 이상이 공동의 목표를 달성하기 위해 의식적으로 구성된 상호작용과 조정을 행하는 행동의 집합체
- 조직의 구성 요소 : 외부로부터 끊임없이 영향을 받으며, 목적, 체제, 구조와 같은 다양한 요소로 구성됨 → 직업인은 직장 생활을 하면서 여러 국면에서 조직을 이해해야 조직 전체의 경영 효과를 높이는데 기여할 수 있다.
- 조직 사회에서의 직업인
  - 조직 전체의 체제에서 자신이 속한 위치를 확인할 수 있어야 한다. 따라서 체제를 구성하는 조직 목표, 조직 구조, 조직 문화, 조직의 규칙이나 규정을 이해하고 전체 조직의 목적 달성에 합목적적으로 행동할 수 있어야 함
  - 조직의 목적 달성을 위한 전략, 관리, 운영 활동인 경영을 이해해야 함
- 조직의 유형

공식성	공식 조직	조직의 규모, 기능, 규정이 조직화된 조직
	비공식 조직	인간관계에 따라 형성된 자발적 조직
영리성	영리 조직	이익 추구가 목적인 조직 예 사기업
	비영리 조직	이익 이외의 목적을 추구하는 조직 예 정부 조직, 병원, 대학, 시민단체
조직 규모	소규모 조직	적은 인원의 조직 예 1인 상점, 자족 소유의 상점
	대규모 조직	수백, 수천, 수만 인원의 조직 예 대기업

- 조직과 환경의 관계
  - 환경의 변화에 따라 조직은 변화해야 생존할 수 있으므로 직업인들은 조직을 변화시키기 위해 제품과 서비스, 전략, 구조, 기술, 문화 등의 측면을 개선시킬 수 있어야 할 것

정치적·법적 환경	정치 체제의 구조와 과정, 조직과 관련된 법적 규범 체제 – 조직 관련 법 : 중소기업육성법, 정부조직법, 기업구조조정촉진법, 사회적기업육성법, 비영리민간단체지원법 등 – 직업인이 알아야 할 조직 관련 법 : 근로기준법, 근로자복지기본법 등
경제적 환경	조직이 속해있는 경제 체제 상태
문화적 환경	조직 구성원들의 가치와 신념을 결정하게 되는 조직의 설계와 형태
기술적 환경	새로운 기술이 개발되는 환경

- 조직과 개인의 관계
  - 직업인들은 조직에게 지식, 기술, 경험 등을 제공하고 조직으로부터 연봉, 성과급, 인정, 칭찬, 만족감 등을 얻으며 서로 영향을 주고받는다.

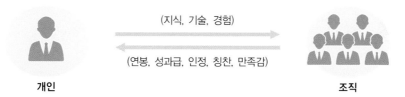

개인 　　(지식, 기술, 경험) →　　(연봉, 성과급, 인정, 칭찬, 만족감)　　 조직

② 조직이해능력의 종류

- 경영이해능력
  - 경영 : 경영 목적, 인적 자원, 자금, 전략의 4요소로 이루어지며 경영자가 하는 활동으로, 직업인은 조직 전체의 체제에서 자신이 속한 위치를 확인할 수 있어야 함
- 조직체제이해능력
  - 기업 : 노동, 자본, 물자, 기술 등을 투입하여 최소의 비용으로 최대의 효과인 제품이나 서비스를 산출하려는 기관
  - 직장 : 일을 하는데 필요한 물리적 장소이며 심리적 공간. 직업인들은 직장에서 업무를 처리하는 것 외에 만족감을 얻기도 하고, 좌절감을 경험함
- 업무이해능력
  - 조직 생활은 조직이 개인에게 부여한 의무이자 책임인 업무를 수행하는 것이 기초가 됨 → 직업인은 전체 조직에서 주어진 업무의 역할을 확인하고 업무 특성에 따라 체계적인 계획을 수립하여 이를 효과적으로 수행해야 함
- 국제감각
  - 조직의 활동 범위가 점차 세계로 확대되고 있으므로 직업인은 업무를 효과적으로 수행하기 위해서는 관련 국제 동향을 파악해야 함

09
조직
이해

1. 경영이해능력

• 직업인이 자신이 속한 조직의 경영 목표와 경영 방법을 이해하는 능력

예제 경영의 내용과 구성 요소에 대한 다음 설명에서 알맞지 않은 것은?

① 최근 경영을 둘러싼 환경이 급변하면서 관리와 운영 활동이 더욱 중요해지고 있다.

② 경영 전략은 조직의 목적에 따라 전략 목표를 설정히고 조직의 내·외부 환경을 분석하여 도출된다.

③ 경영의 내용은 전략, 관리, 운영으로 구분될 수 있으며 실제 경영 활동에서도 구분되어 이루어진다.

④ 관리 활동은 투입되는 자원을 최소화하거나 주어진 자원을 이용하여 목표를 최대한 달성하는 것이다.

해설 경영은 전략, 관리, 운영 활동으로 구분할 수 있으며, 최근 조직을 둘러싼 환경이 급변하면서 이에 적응하기 위한 전략이 중요해지고 있다. 즉, 전략이란 변화하는 환경에 적응하기 위하여 경영 활동을 체계화하는 것으로 목적에 따라 전략 목표를 설정하고 조직 내·외부 환경을 분석하여 도출하게 된다.

정답 ①

---

① 경영

• 경영의 의미 : 조직의 목적을 달성하기 위한 전략, 관리, 운영 활동

• 경영의 구성 요소

변화하는 환경에 적응하기 위한 경영 활동 체계화		조직의 목적을 달성하기 위한 과정이나 방법 – 구체적 제시
경영전략	경영	**경영목적**
자금		**인적자원**
경영 활동에 요구되는 돈. 경영의 방향과 범위 한정		조직의 구성원. 인적 자원의 배치와 활용

• 경영의 과정

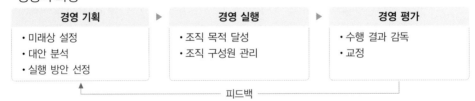

경영 기획 ▶	**경영 실행** ▶	**경영 평가**
• 미래상 설정 • 대안 분석 • 실행 방안 선정	• 조직 목적 달성 • 조직 구성원 관리	• 수행 결과 감독 • 교정

피드백

• 경영 활동의 유형

– 외부 경영 활동 : 대외적 이윤 추구 활동 예 마케팅 활동

– 내부 경영 활동 : 조직 내부 인적 · 물적 자원 및 생산 기술 관리 예 인사 관리, 재무 관리, 생산 관리 등

② 의사결정

- 의사결정의 과정

확인 단계	의사결정이 필요한 문제를 확인하고 구체화하기 위한 정보를 얻는 단계
개발 단계	조직 내 기존 해결 방법을 찾거나 새로운 해결안을 설계하는 단계
선택 단계	실행 가능한 해결안을 선택하고 이를 승인하는 단계

- 집단 의사결정의 장단점
  - 의사결정 참여자들이 해결책을 수월하게 수용하고, 의사소통의 기회도 된다. 하지만 의견이 불일치하면 의사결정이 오래 걸리며, 의사결정이 독점될 가능성이 있다.
- 브레인스토밍
  - 여러 명이 한 가지 문제에 아이디어를 제시하여 최선책을 찾아내는 방법.

> **브레인스토밍의 규칙**
> - 다른 사람이 아이디어를 제시할 때에는 비판하지 않는다.
> - 문제에 대한 제안은 자유롭게 이루어질 수 있다.
> - 아이디어는 많이 나올수록 좋다.
> - 모든 아이디어들이 제안되고 나면 이를 결합하고 해결책을 마련한다.

③ 경영 전략

- 경영 전략의 의미 : 조직이 환경 변화에 적응하기 위해 경영 활동을 체계화하는 것
- 경영 전략의 추진 과정

전략 목표 설정 ▶	환경 분석 ▶	경영 전략 도출 ▶	경영 전략 실행 ▶	평가 및 피드백
• 비전 설정 • 미션 설정	• 내부 환경 분석 • 외부 환경 분석 (SWOT 분석 기법)	• 조직 전략 • 사업 전략 • 부문 전략	• 경영 목적 달성	• 경영 전략 결과 평가 • 전략 목표 및 경영 전략 재조명

- 경영 전략의 유형

	전략적 우위 요소		
	제품 특징	원가 우위	전략적 목표
산업 전체	차별화 전략	원가 우위 전략	
산업 특정 부문	(차별화+집중화)	(원가 우위+집중화)	
	집중화 전략		

④ 경영참가제도

- 목적 : 경영의 민주성 제고
- 유형 : 경영 참가, 이윤 참가, 자본 참가
- 문제점 : 근로자들이 조직에 소속감을 느끼고 몰입하게 되어 발전적 협력이 가능하지만, 의사결정이 늦거나 비합리적이 될 수 있고, 경영자의 경영권을 약화시킬 수 있다.

2. 조직체제이해능력

- 업무 수행과 관련하여 조직의 체제를 올바르게 이해하는 능력
- 조직의 구조와 목적, 체제 구성 요소, 규칙, 규정 등을 이해하는 능력

예제 조직 변화의 유형에 대한 다음 설명 중에서 알맞지 않은 것은?

① 조직의 목적과 일치시키기 위해 문화를 변화시키기도 한다.

② 조직 변화는 기존의 조직 구조나 경영 방식 하에서 환경 변화에 따라 제품이나 기술을 변화시키는 것이다.

③ 조직 변화는 환경 변화에 따른 것으로 어떤 환경 변화가 있느냐는 어떻게 조직을 변화시킬 것인가에 지대한 영향을 미친다.

④ 제품이나 서비스에 대한 변화는 기존 제품이나 서비스의 문제점이 발생할 때뿐만 아니라 새로운 시장을 확대하기 위해서도 이루어진다.

해설 조직 변화 과정은 환경의 변화를 인식하는 데에서 출발한다. 따라서 조직 변화는 환경 변화에 따른 것으로 환경 변화가 경제적인 것인지, 기술적인 것인지, 정치적 혹은 문화적인 것인지에 따라 조직 변화의 방향도 달라진다(③). 즉, ②의 설명과는 달리 제품이나 기술의 변화로 인해 조직 변화를 가져온다는 말이다. 또한 조직 변화 유형 중 제품이나 서비스 변화는 기존 제품이나 서비스의 문제가 발생했을 때에도 이루어지지만 새로운 시장을 확대하기 위하여 신기술을 도입하기도 한다(④). 조직 변화 중 전략이나 구조의 변화는 조직의 구조나 경영 방식을 개선하기도 한다. 문화의 변화는 조직의 목적과 일치시키기 위하여 조직 문화를 변화시키는 것이다(①).

정답 ②

---

① 조직 목표의 특징과 분류

- 조직 목표의 특징
  - 가변적 속성을 지녔으며, 다수의 조직 목표 추구가 가능하다.
  - 조직 목표 간에는 위계적 상호관계가, 조직의 구성 요소와는 상호관계가 있다.
  - 공식적 목표와 실제적 목표가 다를 수 있다.
- 조직 목표의 분류 : 전체 성과, 자원, 시장, 인력 개발, 혁신과 변화, 생산성

② 조직 구조

- 조직 구조의 결정 요인

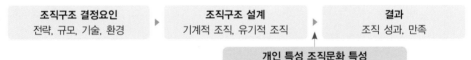

| 조직구조 결정요인
전략, 규모, 기술, 환경 | ▶ | 조직구조 설계
기계적 조직, 유기적 조직 | ▶ | 결과
조직 성과, 만족 |

개인 특성 조직문화 특성

- 조직 구조의 구분
  - 기계적 조직 : 업무가 분명하고 규칙·규제가 많으며, 의사소통이 공식 경로로 이루어지며, 상하 간 위계질서가 엄격하다. 예) 군대
  - 유기적 조직 : 의사결정 권한이 하부 구성원들에게 많이 위임되며, 업무도 고정되지 않고 공유 가능한 조직. 비공식적인 상호 의사소통이 원활히 이루어지며, 규제나 통제의 정도가 낮아 변화에 따라 쉽게 변할 수 있다.

- 조직 구조의 형태
  - 기능별 : 단계적 배열, 안정적 · 일상적 기술, 조직 내부 효율 중시
  - 사업별 : 급변하는 환경에 효과적 대응, 제품 · 지역 · 고객별 차이에 신속 대응, 분권화된 의사결정 → 개별 제품 · 서비스 · 제품 그룹 · 주요 프로젝트나 프로그램 등에 따라 조직화

③ **조직 변화**
- 조직 변화의 과정
  - 환경 변화 인지 → 조직 변화 방향 수립 → 조직 변화 실행 → 변화 결과 평가
- 조직 변화의 유형
  - 제품이나 서비스 : 고객을 늘리거나 새로운 시장을 확대하기 위해 기존 제품이나 서비스의 문제점을 인식하고 고객의 요구에 부응하기 위한 변화
  - 전략이나 구조의 변화 : 조직의 경영과 관계되며, 조직 구조, 경영 방식, 각종 시스템 등을 조직의 목적을 달성하고 효율성을 높이기 위한 개선
  - 기술 변화 : 신기술이 발명되었을 때나 생산성을 높이기 위해신기술 도입
  - 문화의 변화 : 조직의 목적과 일치시키기 위해 문화를 유도하여 구성원들의 사고방식이나 가치 체계를 변화시킴

④ **조직 문화**
- 조직 문화의 기능 : 조직 구성원으로서 생활양식을 공유
  - 조직 구성원들에게 일체감, 정체성 부여
  - 조직 몰입 향상
  - 조직 구성원들의 사회화 및 일탈 행동 통제
  - 조직의 안정성 유지

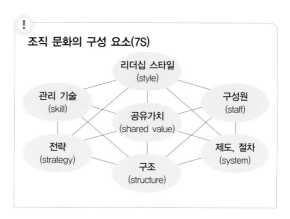

조직 문화의 구성 요소(7S)

리더십 스타일 (style)

관리 기술 (skill)

구성원 (staff)

공유가치 (shared value)

전략 (strategy)

제도, 절차 (system)

구조 (structure)

⑤ **집단**
- 집단 간 관계 – 집단 간 경쟁
  - 긍정적 : 내부 응집성이 강화되고 활동이 더욱 조직화되지만
  - 부정적 : 경쟁 과열로 발생한 갈등은 자원 낭비, 업무 방해, 비능률 등의 문제 초래
- 팀의 역할과 성공 조건
  - 팀의 역할 : 팀은 생산성을 높이고 의사결정을 신속하게 내리며 구성원들의 다양한 창의성 향상 도모
  - 팀의 성공 조건 : 조직 구성원들의 협력 의지와 관리자층의 지지 필요

09
조직
이해

3. 업무이해능력

• 직업인이 자신에게 주어진 업무의 성격과 내용을 알고 그에 필요한 지식, 기술, 행동을 확인하는 능력

예제 다음 중에서 업무에 대한 설명이 알맞지 않은 것은?

① 업무는 조직의 목적 아래 통합된다.
② 업무에 따라 다른 업무와의 독립성의 정도가 다르다.
③ 직업인들은 자신의 업무를 자유롭게 선택할 수 있다.
④ 업무는 상품이나 서비스를 창출하기 위한 생산적인 활동이다.

해설 조직에서 업무는 상품이나 서비스를 창출하기 위한 생산적인 활동으로(④) 조직의 전체 체제 내에서 이해하는 것이 중요하다. 따라서 업무는 조직의 목적 아래 통합되며(①), 직업인들은 자신의 업무를 자유롭게 선택하기보다 조직에 의해 주어지게 된다(③). 업무는 요구되는 지식, 기술, 도구가 다양하고 독립성, 자율성, 재량권의 정도도 각기 다르다 (②). 따라서 ③의 설명은 적절하지 못하다.

정답 ③

① 업무

• 의미 : 상품이나 서비스를 창출하기 위한 생산적인 활동
• 업무 수행의 절차
  ㉠ 업무 지침 확인
    - 조직의 업무 지침 : 개인이 임의로 업무를 수행하지 않고 조직의 목적에 부합될 수 있도록 안내
    - 나의 업무 지침 : 조직의 업무 지침을 토대로 개인의 업무 지침을 작성할 수 있으며, 이는 업무 수행의 준거가 되고 시간을 절약하는데 도움이 됨
  ㉡ 활용 자원 확인(업무와 관련된 자원)
    - 물적 자원 : 시간, 예산, 기술
    - 인적 자원(인간관계) : 조직 내·외부에서 공동으로 일을 수행
  ㉢ 업무 수행 시트 작성
    - 간트 차트 : 단계별로 업무를 시작해서 끝나는데 걸리는 시간을 바 형식으로 표시할 때 사용. 전체 일정을 한 눈에 볼 수 있고, 단계별로 소요되는 시간과 각 업무활동 사이의 관계를 보여줌.

업무		6월	7월	8월	9월
설계	자료 수집	▨▨			
	기본 설계		▨▨		
	타당성 조사 및 실시 설계				
시공	시공			▨	
	결과 보고				▨▨

– 워크플로 시트 : 일의 흐름을 동적으로 보여주는데 효과적

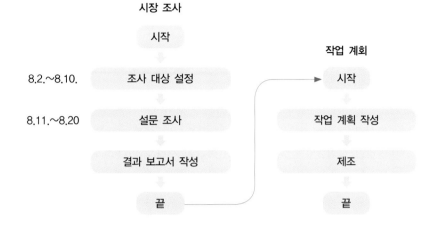

– 체크리스트 : 업무의 각 단계를 효과적으로 수행했는지 자가 점검해 볼 수 있는 도구

업무		체크	
		YES	NO
고객 관리	고객 대장을 정비하였는가?		
	3개월에 한 번씩 고객 구매 데이터를 분석하였는가?		
	고객의 청구 내용 문의에 정확하게 응대하였는가?		
	고객 데이터를 분석하여 판매 촉진 기획에 활용하였는가?		

② 업무 수행의 방해 요인

- 방문, 인터넷, 전화, 메신저 등
  - 해결 방안 : 시간을 정해놓는 등의 자신만의 원칙 설정
- 갈등
  - 갈등의 효과적인 관리 방법 : 갈등 상황을 받아들이고 객관적으로 평가, 갈등 유발 요인 파악, 장기적인 해결책 고민
- 스트레스
  - 스트레스 유발 요인 : 새로운 기술 도입, 과중한 업무, 인간관계, 경력 개발 등에 대한 부담 등
  - 스트레스 관리 방법 : 시간 관리, 명상과 같은 긍정적인 사고, 전문가의 도움 등
  - 업무 스트레스를 관리하여 적정수준의 스트레스 유지

09
조직
이해

4. 국제감각

- 주어진 업무에 관한 국제적인 추세를 이해하는 능력

예제 직장 생활을 하면서 해외 바이어를 만나는 경우도 있다. 다음 중에서 알아두고 있어야 할 국제매너로 옳지 않은 것은? [기출 문제 – 한국산업인력공단]

① 악수를 한 이후 명함을 건네는 것이 순서이다.
② 러시아, 라틴아메리카 사람들은 포옹으로 인사를 하는 경우도 많다.
③ 이라크 사람들은 상대방이 약속 시간이 지나도 기다려 줄 것으로 생각한다.
④ 미국인들과 악수를 할 때에는 손끝만 살짝 잡아서 해야 한다.

해설 미국인들과 악수를 할 때에는 손끝만 살짝 잡아서는 안 되며, 오른손으로 상대방의 오른손을 잠시 힘주어서 잡아야 한다.

정답 ④

① 국제감각

- 세계화 : 경제나 산업 등에서 벗어나 문화, 정치와 다른 영역까지 확대되는 개념
- 국제적 식견과 국제감각이 필요한 이유 : 세계화로 조직은 해외에 직접 투자할 수 있으며, 원자재를 보다 더 싼 가격에 수입할 수 있고, 수송비가 절감되며, 무역장벽이 낮아져 시장이 확대되는 경제적인 이익을 얻을 수 있기 때문

② 이문화 커뮤니케이션

- 문화 충격(culture shock) : 한 문화권에 속한 사람이 다른 문화를 접하게 되었을 때 체험하는 충격
- 이문화 커뮤니케이션(intercultural communication) : 서로 상이한 문화 간 커뮤니케이션 → 국가 간의 커뮤니케이션으로 직업인이 업무를 수행하는 가운데 문화 배경을 달리하는 사람과 커뮤니케이션을 하는 국제 커뮤니케이션과는 다름.
  - 이문화 커뮤니케이션 = 언어적 커뮤니케이션 + 비언어적 커뮤니케이션

③ 국제 동향

- 국제 동향의 파악 방법
  - 관련 분야 해외 사이트를 방문해 최신 이슈를 확인한다.
  - 매일 신문의 국제면을 읽는다.
  - 업무와 관련된 국제 잡지를 정기구독 한다.
  - 고용노동부, 한국산업인력공단, 산업통상자원부, 중소벤처기업부, 대한상공회의소, 산업별인적자원개발협의체 등의 사이트를 방문해 국제 동향을 확인한다.
  - 국제 학술대회에 참석한다.

- 업무와 관련된 주요 용어의 외국어를 알아둔다.
- 해외 서점 사이트를 방문해 최신 서적 목록과 주요 내용을 파악한다.
- 외국인 친구를 사귀고 대화를 자주 나눈다.
• 국제적인 법규나 규정 숙지하기
- 우리나라에서는 합법이 다른 나라에서는 불법일 수 있음을 알고, 국제적인 업무 수행 전에 국제적인 법규나 규정을 알아보는 노력을 기울여야 한다.

④ **국제 매너**
• 인사하는 법
- 악수(영미권) : 일어서서, 상대방의 눈이나 얼굴을 보면서, 오른손으로 상대방의 오른손을 잠시 힘주어서 잡았다가 놓아야 한다.
- 이름 부르기, 대화(미국) : 이름이나 호칭을 어떻게 부를지 먼저 물어보는 것이 예의이며, 인사를 하거나 이야기할 때에 너무 다가가서 말하지 않고 상대방의 개인 공간(personal space)을 지켜줘야 한다.
- 대화(아프리카) : 오히려 상대방과 시선을 마주보며 대화하면 실례이므로 코 끝 정도를 보면서 대화하도록 한다.
- 포옹(러시아, 라틴아메리카) : 포옹을 주로 하는데, 우리나라 사람들은 어색해하는 경우가 많지만 친밀함의 표현이므로 자연스럽게 받아주는 것이 좋다.
- 명함(영미권) : 업무용 명함에는 성명, 직장 주소, 직위를 표시하며, 악수를 한 이후 교환한다. 아랫사람이나 손님이 먼저 오른손으로 주고, 받는 사람은 두 손으로 받는 것이 예의이다. 받은 명함은 한 번 보고 탁자 위에 보이게 놓거나, 명함 지갑에 넣는다. 명함을 꾸기거나 계속 만지는 것은 예의에 어긋나는 일이다.
• 시간 약속 지키기
- 미국인 : 시간을 돈과 같이 생각해 시간을 지키지 않는 사람과는 같이 일하려고 하지 않는다.
- 라틴아메리카, 동부 유럽, 아랍 인 : 시간 약속은 형식적일뿐이며, 상대방이 으레 기다려 줄 것으로 생각하므로 이 지역 사람들과는 인내를 가지고 기다려야 한다.
• 식사 예절
- 스프는 숟가락을 몸 쪽에서 바깥쪽으로 사용하여 소리 내지 않고 먹는다.
- 뜨거운 스프는 입으로 불지 않고 숟가락으로 저어서 식힌다.
- 빵은 스프를 먹은 다음에 디저트 직전 식사가 끝날 때까지 먹는다.
- 빵은 칼로 자르거나 입으로 베어 먹지 않고, 손으로 떼어 먹는다.
- 생선은 뒤집어 먹지 않는다.
- 스테이크는 처음에 한꺼번에 자르지 않고 먹을 때 하나씩 자르는 것이 좋다.

01 다음 중에서 경영에 대한 설명으로 옳지 않은 것은?

① 경영자는 조직의 목적과 필요에 부합하는 인적 자원을 채용하여 적재적소에 배치·활용해야 한다.

② 경영의 전략은 조직이 가지고 있는 자원의 효율적 운영을 통한 조직의 수행 과제의 제시가 아니라, 제시된 조직의 수행 과제의 달성 목표를 말한다.

③ 경영의 목적은 조직의 목적을 어떤 과정과 방법을 택하여 수행할 것인가를 제시하는 것이다.

④ 경영 활동에 사용할 수 있는 금전을 자금이라고 한다.

- **부합** : 사물이나 현상이 서로 꼭 들어맞음
- **적재적소** : 어떤 일을 맡기기에 알맞은 재능을 가진 사람을 알맞은 자리에 씀
- **배치** : 사람이나 물건을 적당한 자리나 위치에 나누어 둠

02 아래는 직장 동료들 간에 점심시간에 오간 휴가 계획에 대한 이야기들이다. 국제 상황에 대해 옳지 않게 말한 사람은?

[기출 문제 – 한국산업인력공단]

> **철수** : 오늘 뉴스를 보니까 엔화가 계속해서 하락하고 있다고 하더라.
>
> **만수** : 환율이 많이 떨어져서 일본으로 휴가 가기에는 정말 좋겠다.
>
> **영수** : 요즘 100엔에 900원 정도 밖에 안하지?
>
> **희수** : 나는 여름휴가로 미국을 가려고 했는데 전자 여권으로 ESTA를 신청해야 하더라.
>
> **정수** : 아니야! 미국은 무조건 비자를 받아서 가야하지 않아?

① 철수　　　　　　② 정수

③ 영수　　　　　　④ 희수

- **동료** : 같은 직장이나 동아리에서 함께 일하거나 활동하는 사람

- **ESTA(Electronic System for Travel Authorization)** : 전자 여행 허가 시스템. 미국 여행자의 방문 자격을 자동으로 결정하는 시스템

03 아래의 ㉠~㉣은 조직을 이해하기 위해 설명한 조직의 체제를 구성하는 요소들이다. 맞는 것으로만 짝지은 것은?

> ㉠ 조직의 목표는 조직이 달성하려는 장래의 상태이다.
> ㉡ 조직의 규칙과 규정은 조직 구성원들의 행동 범위를 정하고 일관성을 부여하는 역할을 한다.
> ㉢ 조직의 구조는 조직 내의 부문 사이에 형성된 관계로 조직 구성원들의 공유된 생활양식이나 가치이다.
> ㉣ 조직도는 조직 내적인 구조뿐만 아니라 구성원들의 임무, 수행 과업, 일하는 장소들을 알아보는데 유용하다.

① ㉠, ㉡   ② ㉡, ㉢
③ ㉡, ㉣   ④ ㉢, ㉣

• 유용 : 쓸모가 있음

04 다음 중에서 업무 수행 계획의 수립과 관련된 설명으로 잘못된 것은?

① 조직에는 다양한 업무가 있으며, 이를 수행하는 절차나 과정이 다르다.
② 개인 업무 지침은 제한 없이 자유롭게 작성한다.
③ 업무 수행 시 활용 가능한 자원으로는 시간, 예산, 기술, 인적 자원 등이 있다.
④ 업무 수행 시트는 업무를 단계별로 구분하여 작성한다.

• 예산 : 국가나 단체에서 한 회계 연도(보통 12개월)의 수입과 지출을 계산하여 정한 계획

05 다음의 조직 목표의 개념 및 특징에 대한 설명으로 내용이 적절한 것은?

① 조직 구성원들이 자신의 업무를 성실하게 수행하면 전체 조직 목표는 자연스럽게 달성된다.
② 조직 목표 중 공식적인 목표인 사명은 측정 가능한 형태로 기술되는 단기적인 목표이다.
③ 조직은 한 개의 목표를 추구하는데, 조직 목표는 조직 구성원들의 의사결정 기준이 된다.
④ 조직 목표는 환경이나 조직 내의 다양한 원인들에 의해 변동되거나 없어지기도 한다.

09

조직
이해

• 측정 : 사람의 능력 또는 사회 현상의 수준 따위를 상대적으로 잼

• 변동 : 바뀌어 달라짐

06 다음 중에서 팀에 대한 설명으로 틀린 것은?

① 팀은 구성원 간 서로 기술을 공유한다.
② 팀은 개인적 책임뿐만 아니라 공동의 책임을 강조한다.
③ 팀은 의사결정을 지연시키는 문제가 있다.
④ 팀이 성공적으로 운영되기 위해서는 관리자층의 지지가 요구된다.

07 아래의 빈칸 ⓐ~ⓓ에 들어갈 말로 알맞지 않은 것은?

> SWOT 분석에서 조직 내부 환경으로는 조직이 우위를 점할 수 있는 (ⓐ)와/과 조직의 효과적인 성과를 방해하는 자원, 기술, 능력 면에서의 (ⓑ)이/가 있다. 조직의 외부 환경으로 (ⓒ)은/는 조직 활동에 이점을 주는 환경 요인이고, (ⓓ)은/는 조직 활동에 불이익을 미치는 환경 요인이다.

① ⓐ 장점 ② ⓑ 약점
③ ⓒ 기회 ④ ⓓ 강점

08 세계화에 대한 설명으로 옳지 않은 것은?

① 여러 나라의 시장에 발을 들이고 있는 다국적 내지 초국적 기업이 등장하였다.
② 자신이 주로 경험했던 문화와는 다른 문화로 인한 문화 충격을 받을 수 있다.
③ 다른 문화에 속한 사람들과 커뮤니케이션을 하기 위해서는 외국어 사용 능력만 있으면 된다.
④ 업무와 관련된 국제적인 법규나 규정을 제대로 숙지해야 큰 피해를 방지할 수 있다.

09 민츠버그는 경영자의 역할을 '대인적 역할(㉠), 정보적 역할(㉡), 의사 결정적 역할(㉢)'의 3가지로 구분하였다. 다음 중에서 ㉠~㉢과 이에 대한 설명 ⓐ~ⓒ를 적합한 것끼리 바르게 연결한 것은?

> ⓐ 외부 환경을 모니터링하고 변화 전달
> ⓑ 분쟁 조정자, 자원 배분자
> ⓒ 조직의 대표자 및 리더

• 분쟁 : 서로 시끄럽게 다툼
• 배분자 : 일정하게 갈라서 나누는 자

	㉠	㉡	㉢
①	ⓐ	ⓑ	ⓒ
②	ⓐ	ⓒ	ⓑ
③	ⓑ	ⓐ	ⓒ
④	ⓒ	ⓐ	ⓑ

10 전략의 각 유형인 '차별화 전략(㉠), 원가 우위 전략(㉡), 집중화 전략(㉢)'에 대한 설명 ⓐ~ⓒ를 바르게 연결한 것은?

> ⓐ 대량 생산, 새로운 생산 기술 개발
> ⓑ 생산품이나 서비스 차별화
> ⓒ 산업의 특정 부문 대상

• 원가 우위 전략 : 동종 산업 내의 다른 기업보다 원가의 우위를 확보함으로써 기업의 경쟁력을 갖추기 위한 전략

	㉠	㉡	㉢
①	ⓐ	ⓑ	ⓒ
②	ⓑ	ⓐ	ⓒ
③	ⓑ	ⓒ	ⓐ
④	ⓒ	ⓑ	ⓐ

09
조직이해

11 다음 중에서 조직의 경영 전략을 가장 높은 수준부터 낮은 수준의 3단계로 알맞게 나열한 것은?

① 부문 전략 → 사업 전략 → 조직 전략
② 사업 전략 → 조직 전략 → 부문 전략
③ 조직 전략 → 부문 전략 → 사업 전략
④ 조직 전략 → 사업 전략 → 부문 전략

12 다음 중에서 세계화와 국제감각에 대한 설명으로 알맞지 않은 것은?

[예시 문제 – NCS]

① 세계화가 진행됨에 따라 직업인들은 직·간접적으로 영향을 받게 된다.
② 세계화 시대에 업무를 효과적으로 수행하기 위해서는 국제 동향을 파악해야 한다.
③ 이문화 이해는 다른 문화를 자기 문화 중심으로 이해하는 것이다.
④ 직업인이 외국인과 함께 일을 하기 위해서는 국제매너를 갖춰야 한다.

- **동향** : 사람이나 일이 움직이거나 돌아가는 형편이나 사정
- **이문화** : 자신이 살아가는 곳의 문화와는 다른 지역의 문화

13 경영의 과정에 대한 다음 설명 중에서 알맞지 않은 것은?

[예시 문제 – NCS]

① 경영의 과정은 경영 계획, 경영 실행, 경영 평가의 단계로 이루어진다.
② 경영 계획 단계에서는 조직의 미래상을 결정하고 목표를 수립한다.
③ 경영 실행 단계에서는 구체적인 실행 방안을 선정하고 조직 구성원을 관리한다.
④ 경영 평가 단계에서는 수행 결과를 감독하고 교정한다.

14 다음 중에서 조직 구조에 영향을 미치는 요인 4가지에 해당되지 않는 것은?

① 규모　　　　　　　② 기술
③ 전략　　　　　　　④ 전술

15 업무 수행 시트인 '간트 차트(㉠), 워크플로 시트(㉡), 체크리스트(㉢)'의 종류별 설명 ⓐ~ⓒ를 바르게 연결한 것은?

> ⓐ 단계별로 업무의 시작과 끝 시간을 바 형식으로 표현
> ⓑ 수행 수준 달성을 자가 점검
> ⓒ 일의 흐름을 동적으로 보여줌

	㉠	㉡	㉢
①	ⓐ	ⓑ	ⓒ
②	ⓐ	ⓒ	ⓑ
③	ⓑ	ⓐ	ⓒ
④	ⓒ	ⓐ	ⓑ

• 간트 차트(Gantt chart) : 프로젝트 일정 관리를 위한 바(bar) 형태의 도구. 각 단계별로 이 단계 전 어떤 업무가 완료되어야 하는지와 이 단계가 끝난 후 어떤 업무가 진행되는지를 쉽게 알 수 있다.
• 워크플로 시트(Workflow sheet) : 업무의 절차 또는 활동을 작업의 순서나 흐름을 알기 쉽게 그림으로 나타낸 시트
• 체크리스트(check list) : 작업이나 설비, 제품 등을 기준과 대조하여 올바른 처리 또는 관리, 품질 유지의 여부를 확인하여 기입하는 알람표

16 다음은 조직 문화에 대한 맥킨지의 7S 모형이다. 모형의 구성 요소 가운데 빈칸 ㉠과 ㉡에 해당하는 내용으로 알맞은 것은?

	㉠	㉡
①	공유 가치	전략
②	전술	전략
③	환경	전술
④	환경	공유 가치

17 조직 내 의사결정 과정에 대한 다음 설명 중에서 잘못된 것은?

[예시 문제 – NCS]

① 진단 단계는 문제의 심각성에 따라서 체계적 혹은 비공식적으로 이루어진다.
② 개발 단계는 확인된 문제에 대하여 해결 방안을 모색하는 단계이다.
③ 설계 단계에서는 조직 내의 기존 해결 방법을 검토한다.
④ 실행 가능한 해결안의 선택은 의사 결정권자의 판단, 분석적 방법 활용, 토의와 교섭으로 이루어질 수 있다.

• **심각성** : 어떤 일의 상태나 정도가 매우 심하거나 중대한 성질

• **교섭** : 어떤 일을 이루기 위하여 서로 의논하고 절충함

18 아래의 글에서 설명하는 의사결정 방법으로 알맞은 것은?

[기출 문제 – 한국산업인력공단]

> 조직에서 의사결정을 하는 대표적인 방법으로 여러 명이 한 가지의 문제를 놓고 아이디어를 비판 없이 제시하여 그 중에서 최선책을 찾아내는 방법이다. 다른 사람이 아이디어를 제시할 때 비판하지 않고, 아이디어를 최대한 많이 공유하고 이를 결합하여 해결책을 마련하게 된다.

① 만장일치
② 다수결
③ 브레인스토밍
④ 의사결정 나무

• **최선책** : 더할 나위 없는 최선의 방법

19 다음 중에서 조직이 가지고 있는 조직 문화의 기능이 아닌 것은?

[기출 문제 – 한국산업인력공단]

① 조직 구성원들에게 일체감, 정체감 등을 부여한다.
② 조직 몰입을 방해한다.
③ 조직 구성원들의 행동 지침이 된다.
④ 조직의 안정성을 유지한다.

• **정체감** : 그 자신의 본질에 대하여 갖는 느낌
• **몰입** : 어떤 대상에 깊이 파고들거나 빠짐
• **지침** : 방향과 목적 등을 가리켜 이끄는 길잡이나 방침

20 회사 내에서의 갈등은 개인적인 갈등이 아니라고 하더라도 여러 경우에 발생할 수 있다. 갈등에 대한 설명으로 옳은 것은?

[기출 문제 – 한국산업인력공단]

① 갈등은 항상 부정적인 결과를 초래한다.
② 갈등을 해결하기 위해서는 자신의 생각을 강력하게 주장해야 한다.
③ 때로는 조직의 침체를 예방해 주기도 한다.
④ 갈등에서 벗어나는 회피 전략은 갈등을 해결하는 최악의 방법이다.

• **초래** : 어떤 결과를 가져오거나 이끌어 냄

• **침체** : 발전하지 못하고 제자리에 머묾
• **회피** : 어떤 일이나 상황에 대하여 직접 하거나 부딪치기를 꺼리고 피함

21 다음의 조직의 유형에 대한 설명 중에서 내용이 적절하지 못한 것은?

① 조직이 발달해온 역사를 보면 공식 조직에서 자유로운 비공식 조직으로 발전해왔다.
② 공식 조직 내에서 비공식 조직들이 새롭게 생성되기도 한다.
③ 기업은 대표적인 영리 조직이지만, 병원, 대학은 비영리 조직에 해당한다.
④ 최근 다국적 기업과 같은 대규모 조직이 증가하고 있다.

• **영리** : 재산상의 이익을 꾀함

22 업무 방해 요소의 특징과 극복 방법에 대한 다음의 설명으로 잘못된 것은?

① 인터넷, 전화, 메신저 등을 효과적으로 활용하기 위해서 시간을 정해놓는 등 자신만의 기준을 세운다.
② 조직 내 갈등은 개인 간 갈등, 집단 간 갈등, 조직 간 갈등 등이 있다.
③ 갈등을 해결하는데 가장 중요한 것은 대화와 협상이다.
④ 업무 스트레스는 없을수록 좋으므로 잘 관리해야 한다.

09

조직
이해

23 조직 구조의 유형인 '기계적 조직(㉠)', '유기적 조직(㉡)'과 관련된 아래의 특징 ⓐ~ⓔ를 서로 연결한 것이 알맞은 것은?

> ⓐ 분명하게 규정된 구성원들의 업무
> ⓑ 비공식적인 상호 의사소통
> ⓒ 엄격한 상하 간 위계질서
> ⓓ 급변하는 환경에 적합한 조직
> ⓔ 다수의 규칙과 규정 존재

	㉠	㉡
①	ⓐ, ⓒ, ⓔ	ⓑ, ⓓ
②	ⓐ, ⓑ, ⓓ	ⓒ, ⓔ
③	ⓑ, ⓓ, ⓔ	ⓐ, ⓒ
④	ⓒ, ⓓ, ⓔ	ⓐ, ⓑ

24 갈등의 효과로 옳지 않은 것은?

① 문제를 바라보는 새로운 시각이 형성된다.
② 업무 시간이 지체된다.
③ 다른 업무에 대한 이해가 증진된다.
④ 정신적 스트레스는 발생하지 않는다.

- **지체** : 일의 진행이나 시간 따위를 질질 끌거나 늦춤
- **증진** : 더하여 좋아짐

25 집단 의사결정의 특징에 대한 설명으로 옳지 않은 것은?

① 각자 다른 시각으로 문제를 바라봄에 따라 통일된 한 가지 견해를 가지고 접근할 수 있다.
② 여러 사람이 함께 의사 결정을 함으로써 의사소통의 기회가 향상된다.
③ 모두에게 발언권이 주어지지만, 의견을 강력하게 피력하는 특정 구성원에 의해 의사결정이 독점될 가능성도 있다.
④ 한 사람이 가진 지식보다 집단이 가지고 있는 지식과 정보가 더 많아 효과적인 결정을 할 수 있다.

- **견해** : 사물이나 현상을 바라보는 생각이나 입장

- **모두** : 말이나 글의 첫머리
- **피력** : 평소 마음에 품은 생각이나 감정을 모조리 털어놓음

26 국제감각에 대한 아래의 설명 내용이 맞는 것만을 모두 고른 것은?

> ㄱ. 국제감각은 세계화가 진행됨에 따라 중요한 능력이 되고 있다.
> ㄴ. 국제감각은 영어만 잘하면 길러질 수 있다.
> ㄷ. 국제감각은 자신의 업무와 관련하여 국제적인 동향을 파악하고 이를 적용할 수 있는 능력이다.

① ㄱ   ② ㄱ, ㄴ
③ ㄱ, ㄷ   ④ ㄴ, ㄷ

•**동향** : 사람이나 일이 움직이거나 돌아가는 형세

27 조직 문화의 개념과 기능에 대한 아래 설명의 빈칸 ㉠과 ㉡에 해당하는 내용으로 알맞은 것은?

> 조직 문화는 조직 구성원들의 (㉠   ) 혹은 가치이다. 즉, 조직 문화는 조직 구원성원들에게 일체감과 정체성을 부여하고, (㉡   )을/를 높여 조직에 소속감을 느끼고 조직의 목표를 달성하기 위하여 자신의 노력과 능력을 기울이도록 한다.

	㉠	㉡
①	조직 목표	조직 구조
②	조직 몰입	조직 목표
③	생활양식	조직 몰입
④	조직 구조	생활양식

09
조직
이해

CHAPTER

10 직업윤리

[기초직업능력으로서 직업윤리 표준에 따른 성취 수준]

구분		성취 수준
직업 윤리	상	근로자에게 요구되는 기본적인 윤리를 준수하고 있는가? 공동체의 유지·발전에 필요한 기본적인 윤리를 준수하고 있는가?
	중	
	하	
하위 능력	근로 윤리	근면성	직장 생활에 있어 부지런하고 꾸준한 자세를 유지하고 있는가?

하위 능력	근로 윤리	근면성	직장 생활에 있어 부지런하고 꾸준한 자세를 유지하고 있는가?
		정직성	직장 생활에 있어 속이거나 숨김이 없이 참되고 바르게 행동하는가?
		성실성	맡은 업무에 있어서 자신의 정성을 다하여 처리하는가?
	공동체 윤리	봉사 정신	자신의 이해를 먼저 생각하기보다는 국가, 기업 또는 남을 위하여 애써 일하는 자세를 가졌는가?
		책임 의식	주어진 업무 또는 하기로 하고 맡은 업무는 어떠한 일이 있어도 하는 자세를 가졌는가?
		준법성	직장에서 정해진 규칙이나 규범 등을 지키고 따르는가?
		직장 예절	직장 생활과 대인관계에서 절차에 맞는 공손하고 삼가는 말씨와 몸가짐을 가졌는가?

1 직업윤리 이해하기

• 업무를 수행함에 있어 원만한 직업 생활을 위해 필요한 태도, 매너, 올바른 직업관

예제 다음 중에서 '일과 인간의 삶과의 관계'에 대한 설명이 아닌 것은?

① 인간은 일을 통해 경제적 욕구 충족을 한다.

② 다른 사람에 의해서 억지로 하는 것은 일이 아니다.

③ 원시 시대부터 나무의 열매를 다는 등의 일을 시작했다.

④ 일은 사람이 살기 위해서 필요한 것이며, 행복하게 하는 원천이다.

해설 '직업'을 규정할 때, 다른 사람에 의해 억지로 하는 일은 '직업'으로서의 일로 하지 않는다. 하지만 다른 사람에 의해서 강제로 하는 행위 또한 '일'인 것은 분명하다. 이러한 일은 행복하지 않을 뿐이다.

정답 ②

---

① 윤리란?

• 윤리적 가치의 중요성

   – 사람들이 윤리적 가치보다 자기 이익을 우선한다면 사회 질서가 붕괴되기 때문이다.

   – 나 혼자 비윤리적 행동을 하면 큰 이익을 얻을 수 있는데도 윤리적 규범을 지켜야 하는 이유는, 어떻게 살 것인가 하는 가치관의 문제와도 관련이 있기 때문이다.

     * 윤리적 인간 : '공동의 이익을 추구'하고, '도덕적 가치 신념'을 기반으로 형성되는 것

• 윤리 규범의 형성 : 윤리의 형성은 '공동생활'과 '협력'을 필요로 하는 인간 생활에서 형성되는 '공동 행동의 룰'을 기반으로 윤리적 규범이 형성된다.

• 윤리(倫理)의 의미 : 윤리라는 것은 '인간과 인간 사이에서 지켜져야 할 도리를 바르게 하는 것'으로서 이 세상에 두 사람 이상이 있으면 존재하고, 반대로 혼자 있을 때는 의미가 없는 말이 되기도 한다.

• 일과 인간의 삶의 관계 : 인간은 일을 통해 '경제적 욕구 충족, 원만한 인간관계, 건강,

자아실현 등을 성취할 수 있다.

- **직업의 의미** : 생활에 필요한 경제적 보상을 주고, 평생에 걸쳐 물질적인 보수 외에 만족감, 명예 등 자아실현의 중요한 기반이 되는 것이다.

- **우리나라의 직업관** : 우리는 종래 직업 활동의 결과를 소위 '출세'라는 '부의 축적'에 비중을 두는 경향이 있었다. 반면 '3D 기피 현상'으로 힘들고(Difficult), 더럽고(Dirty), 위험한(Dangerous) 일은 하지 않으려고 하는 현상까지 생겨 노동력은 풍부하지만 생산 인력은 부족하다는 파행적 모습을 보여, 실업자 증가와 외국 노동자들의 불법 취업이라는 새로운 사회 문제가 대두되게 되었다.

  * 입신출세론 : 각자의 분야에서 땀 흘리며 본분을 다하는 노동을 경시하는 측면이 강하고, 과정이나 절차보다는 결과만을 중시하는 경향을 낳게 되었다.

- **직업윤리의 의미** : 직업인이라면 반드시 지켜야 할 공통적인 윤리 규범

- **개인윤리와 직업윤리의 조화**

  - 업무상 개인의 판단과 행동이 사회적 영향력이 큰 기업 시스템을 통하여 다수의 이해 관계자와 관련되게 된다.

  - 수많은 사람이 관련되어 고도화 된 공동의 협력을 요구하므로 맡은 역할에 대한 책임완수가 필요하고, 정확하고 투명한 일 처리가 필요하다.

  - 규모가 큰 공동의 재산, 정보 등을 개인의 권한 하에 위임, 관리하므로 높은 윤리의식이 요구된다.

  - 직장이라는 특수 상황에서 갖는 집단적 인간관계는 가족관계, 개인적 선호에 의한 친분 관계와는 다른 측면의 배려가 요구된다.

  - 기업은 경쟁을 통하여 사회적 책임을 다하고, 보다 강한 경쟁력을 키우기 위하여 조직원 개개인의 역할과 능력이 경쟁상황에서 적절하게 꾸준히 향상되어야 한다.

  - 각각의 직무에서 오는 특수한 상황에서는 개인적 덕목차원의 일반적인 상식과 기준으로는 규제할 수 없는 경우가 많다.

- **개인윤리와 직업윤리의 충돌** : 상황에 따라 개인윤리와 직업윤리가 서로 충돌하거나 배치되는 경우 → <u>직업인은 직업윤리를 우선하여야 함</u>

!

직업윤리의 기본 원칙

- **객관성의 원칙** : 업무의 공공성을 바탕으로 공사 구분을 명확히 하고, 모든 것을 숨김없이 투명하게 처리하는 원칙
- **고객 중심의 원칙** : 고객에 대한 봉사를 최우선으로 생각하고 현장 중심, 실천 중심으로 일하는 원칙
- **전문성의 원칙** : 자기 업무에 전문가로서의 능력과 의식을 가지고 책임을 다하며, 능력을 연마하는 것
- **정직과 신용의 원칙** : 업무와 관련된 모든 것을 숨김없이 정직하게 수행하고, 본분과 약속을 지켜 신뢰를 유지하는 것
- **공정 경쟁의 원칙** : 법규를 준수하고, 경쟁 원리에 따라 공정하게 행동하는 것

10

**직업
윤리**

1. 근로윤리

• 업무에 대한 존중을 바탕으로 근면하고 성실하고 정직하게 업무에 임하는 자세

예제 '직업윤리'에 대한 다음 설명 중에서 알맞지 않은 것은?

① '직업윤리'는 'ㅇㅇ' 회사 직원이냐를 구분하는 그 회사의 특수한 윤리이다.
② '직업윤리'에는 공과 사의 구분, 동료와의 협조, 전문성, 책임감 등이 포함된다.
③ '직업윤리'는 직업을 가진 사람이라면 반드시 지켜야 할 공통적인 윤리 규범이
다.
④ '직업윤리'는 인간의 윤리 관계에서 직업의 특수 상황에서 요구되는 별도의 덕
목과 규범이다.

해설 ①의 'ㅇㅇ' 회사 직원이냐를 구분하는 그 회사만의 특수한 윤리는 직업윤리가 아닌 직장 윤리라고 한다.
정답 ①

① 근면과 정직

• 근면의 의미
  - 직장에서 정해진 시간을 준수하며 생활하고, 보다 부지런하고 능동적이며 적극적
    인 자세로 행동함
  - 게으르지 않고 부지런한 것
  - 성공을 이루게 되는 기본 조건
• 근면의 종류
  - 외부로부터 강요당한 근면 : 소극적 수동적 근면
  - 스스로 자진해서 하는 근면 : 적극적 능동적 근면

! 직장인으로서의 근면
  • 나는 출근 시간을 엄수한다.
  • 나는 업무 시간에는 개인적인 일을 하지 않는다.
  • 나는 일이 남았으면 퇴근 후에도 일을 한다.
  • 나는 항상 일을 배우는 자세로 임하여 열심히 한다.
  • 나는 술자리를 적당히 절제하여, 다음 생활에 지장이 없도록 한다.
  • 나는 일에 지장이 없도록 항상 건강관리를 유의한다.
  • 나는 오늘 할 일을 내일로 미루지 않는다.
  • 나는 주어진 시간 내에는 최선을 다 한다.
  • 나는 사무실 내에서 메신저 등을 통해 사적인 대화를 나누지 않는다.
  • 나는 회사에서 정해진 시간(예, 점심시간)을 지킨다.

- 정직의 의미
  - 신뢰를 형성하고 유지하는데 가장 기본적이고 필수적인 규범
  - 사람과 사람 사이에 함께 살아가는 사회 시스템을 유지하게 하는 바탕
- 정직과 신용을 구축하기 위한 4가지 지침
  - 정직과 신뢰의 자산을 매일 조금씩 쌓아가자.
  - 잘못된 것도 정직하게 밝히자.
  - 타협하거나 부정직을 눈감아 주지 말자.
  - 부정직한 관행은 인정하지 말자.

② **부패**
- 부패의 의미 : 정부, 사회단체, 기업 등 공적인 입장에 있는 사람이, 자신의 권한과 권력을 이용하여 개인적인 이득을 취하는 것
- 부패의 결과 : 수행해야 할 업무를 공적인 목적과 부합되는 기준으로만 판단하지 않고 사적인 이익과 결부시켜 판단하고 실행함으로써, 전체 시스템의 정상적인 가동을 방해하고 이로 인하여 막대한 사회적 비용을 수반하게 되어 사회 구성원 전체를 피해자로 만듦

③ **성실**
- 성실의 의미 : 일관하는 마음과 정성의 덕. 자식에 대한 어머니의 정성이 대표적인 한국인의 '정성스러움'
- 정성스러움 : 진실하여 전연 흠이 없는 완전한 상태에 도달하고자 하는 사람이 선을 택하여 굳게 잡고 놓지 않는 태도
- 성실과 관련된 관용 표현
  - 최고보다는 최선을 꿈꾸어라.
  - 성실은 기본이기도 하지만 세상을 살아가는데 있어 가장 큰 무기
  - 아무리 뛰어나더라도 성실이 뒷받침되지 못하면 그 관계는 오래갈 수 없고 신뢰는 깨어진다.
  - 천재는 1퍼센트의 영감과 99퍼센트의 노력으로 만들어진다.
- 성실의 가치
  - 단기적으로 생각했을 때 성실한 사람이 손해를 보는 것 같지만, 장기적으로 볼 때는 그렇지 않다. 例 일단 부정직하고 불성실한 자세로 벌은 돈은 또 유흥업소 등과 같은데서 쉽고 무가치하게 써 버릴 가능성이 높기 때문에, 결과적으로 남지 않지만, 성실하게 번 돈은 성실한 만큼 가치 있게 쓰기 때문에, 결과적으로 남는 것이 크다.

2. 공동체윤리

- 인간 존중을 바탕으로 봉사하며, 책임있고, 규칙을 준수하며 예의 바른 태도로 업무에 임하는 자세

예제 다음 중에서 '윤리적 인간'에 대한 설명이 아닌 것은?

① 공동의 이익보다는 저기 자신의 이익을 우선으로 행동하는 사람
② 다른 사람의 행복을 고려하며 원만한 인간관계를 유지할 수 있도록 하는 사람
③ 눈에 보이는 육신의 안락을 추구하기보다는 삶의 가치와 도덕적 신념을 존중하는 사람
④ 인간은 결코 혼자 살아갈 수 없는 사회적 동물이기 때문에, 다른 사람을 배려하면서 행동하는 사람

해설 사람으로서 마땅히 지키거나 행해야 할 도리나 규범을 말하는 '윤리'는 기본적으로 사람과 사람 사이의 관계에 대한 사항을 규정한다. 그러므로 윤리는 개인의 선(善)이 아닌 공동의 선(善)을 추구한다. 이로 보았을 때, 윤리적 인간은 자신의 이익보다는 공동의 이익을 우선하는 사람이라고 할 수 있다.

정답 ①

---

① 공동체윤리

- 봉사(서비스) 정신 : 자신보다는 고객의 가치를 최우선으로 하는 서비스 개념
  - 고객 접점 서비스 : 고객과 서비스 요원 사이의 15초 동안의 짧은 순간에서 이루어지는 서비스로서 이 순간을 진실의 순간(MOT : moment of truth) 또는 결정적 순간이라고 한다.

> **SERVICE의 7가지 의미**
> - S(Smile & Speed) : 서비스는 미소와 함께 신속하게 하는 것
> - E(emotion) : 서비스는 감동을 주는 것
> - R(respect) : 서비스는 고객을 존중하는 것
> - V(value) : 서비스는 고객에게 가치를 제공하는 것
> - I(image) : 서비스는 고객에게 좋은 이미지를 심어 주는 것
> - C(courtesy) : 서비스는 예의를 갖추고 정중하게 하는 것
> - E(excellence) : 서비스는 고객에게 탁월하게 제공되어져야 하는 것

- 책임감과 준법 의식
  - 책임 : 모든 결과는 나의 선택으로 말미암아 일어난 것이라는 태도
  - 책임에 필요한 자세 : 삶을 바라보는 데 긍정적인 태도
  - 준법 : 민주 시민으로서 기본적으로 지켜야 하는 의무이며 생활 자세. 우리나라 준법 의식의 부재는 아직까지 큰 편이다.
  - 불명예스러운 세계 1위 예 : 교통사고, 코스닥 단타 매매, 제왕절개(의료수가 수입을 노린 의료 기관의 부추김 때문)를 들 수 있다.

② 성 예절

- 성희롱의 법률적 기준 : 가해자가 '의도적으로 성희롱을 했느냐'가 아니라 피해자가 '성적 수치심이나 굴욕감을 느꼈느냐, 아니냐'가 중요한 기준임
- 성 예절을 지키기 위한 자세
  - 여성의 직업 참가율이 비약적으로 높아졌다. 직장에서 여성과 남성이 대등한 동반자 관계로 동등한 역할과 능력 발휘를 한다는 인식을 가질 필요가 있다.
  - 직장 내에서 여성이 남성과 동등한 지위를 보장 받기 위해서 그만한 책임과 역할을 다해야 하며, 조직은 그에 상응하는 여건을 조성해야 한다.
  - 성희롱 문제가 법정으로까지 연결되고, 사회적인 문제가 되기보다는 사전에 예방하고 효과적으로 처리하는 방안이 필요하다.
  - 우리 사회에는 뿌리 깊은 남성 위주의 가부장적 문화와 성 역할에 대한 과거의 잘못된 인식이 아직도 남아 있어 남녀 공존의 직장 문화를 정착하는데 남다른 노력이 필요하다.
  - 직장 내 직원들은 상스러운 언어, 모욕적이고 타인을 비하하는 언어 등 부적절한 언어와 행동을 하여 회사의 명예와 임직원으로서의 품위를 손상시켜서는 안 된다.
- 직장 내 성희롱이 성립되기 위한 조건
  - 성희롱의 당사자 요건
  - 지위를 이용하거나 업무와의 관련성이 있을 것
  - 성적인 언어나 행동, 또는 이를 조건으로 하는 행위일 것
  - 고용상의 불이익을 초래하거나 성적 굴욕감을 유발하여 고용 환경을 악화시키는 경우일 것

ⓘ 직장에서의 인사

- 첫인사 : 외부인이 사무실을 방문하게 되었을 때 자리에서 일어나 악수를 청하며 손님을 맞는 것이 예우의 표현이다.
- 소개의 순서
  - 나이 어린 사람을 연장자에게, 신참을 고참에게, 동료 임원을 고객, 손님에게, 비임원을 임원에게, 내 회사의 관계자를 타 회사의 관계자에게 소개한다.
  - 소개받는 사람의 별칭이 비즈니스에서 사용되는 것이 아니라면 사용하지 않는다.
  - 반드시 성과 이름을 함께 말하되 Dr. 또는 Ph. D. 등의 칭호를 함께 언급한다.
  - 정부 고관의 직급명은 퇴직한 경우라도 항상 사용한다.
  - 천천히 그리고 명확하게 말한다.
  - 각각의 관심사와 최근의 성과에 대하여 간단한 언급을 한다.

2 직업윤리 확인하기

정답 및 해설 36쪽

01 아래는 개인윤리와 직업윤리에 대한 설명들이다. 알맞은 내용의 설명만으로 짝지은 것은?

> ㉠ 개인윤리를 기반으로 공동의 협력을 추구한다.
> ㉡ 팔은 안으로 굽는다는 속담이 있듯이, 직장 내에서도 활용된다.
> ㉢ 규모가 큰 공동의 재산, 정보 등을 개인의 권한 하에 위임하는 것이다.
> ㉣ 각 직무에서 오는 특수한 상황에서는 개인윤리와 충돌하는 경우도 있다.
> ㉤ 업무상 개인의 판단과 행동은 직장 내 다수의 이해관계자와 관련되게 된다.

① ㉠, ㉡, ㉢, ㉣
② ㉠, ㉡, ㉢, ㉤
③ ㉠, ㉢, ㉣, ㉤
④ ㉠, ㉡, ㉢, ㉣, ㉤

• **추구** : 달성할 때까지 좇아 구함

02 근면에 대한 다음 설명 중에서 바르지 않은 것은?

[예시 문제 – NCS]

① 근면한 것은 성공을 이루게 되는 기본 조건이 된다.
② 근면과 관련해서 「탈무드」에는 "이 세상에서 가장 한심한 것은 할 일이 없는 것이다"라고 하였다.
③ 근면과 관련해서 「시편」에는 "눈물을 흘리며 씨를 뿌리는 자는 기쁨으로 거두리로다"라고 노래하고 있다.
④ 근면과 게으름은 습관보다는 원래부터 타고난 성품이다.

03 근면에는 '외부로부터 강요당한 근면(㉠)'과 '스스로 자진해서 하는 근면(㉡)'의 두 종류가 있다. 아래의 ⓐ~ⓓ를 ㉠과 ㉡으로 알맞게 구분한 것은?

> ⓐ 상사의 명령에 의해 잔업 하는 일
> ⓑ 회사 내 진급 시험을 위해 외국어를 열심히 공부하는 일
> ⓒ 세일즈맨이 자신의 성과를 높이기 위해서 노력하는 일
> ⓓ 가난했을 때 논밭이나 작업장에서 열악한 노동 조건 하에서 기계적으로 삶을 유지하기 위해 하는 일

	㉠	㉡
①	ⓐ, ⓑ	ⓒ, ⓓ
②	ⓐ, ⓒ	ⓑ, ⓓ
③	ⓐ, ⓓ	ⓑ, ⓒ
④	ⓐ, ⓑ, ⓒ	ⓓ

• **열악한** : 질이나 조건, 환경 등이 몹시 떨어지고 나쁜

04 아래는 윤리적 규범에 대한 설명이다. ㉠~㉢에 들어갈 말로 바르게 짝지어진 것은?

> "윤리적 규범이란 (㉠)과 (㉡)을 기반으로 (㉢)을 반복하여 형성되는 것이다."

① ㉠ 공동생활
　㉡ 공동의 이익 추구
　㉢ 도덕적 가치 신념
② ㉠ 공동생활
　㉡ 협력의 필요
　㉢ 공동 협력의 룰
③ ㉠ 도덕적 가치 신념
　㉡ 윤리적 인간
　㉢ 사회적 인간
④ ㉠ 협력의 필요
　㉡ 공동 협력의 룰
　㉢ 사회적 인간

• **룰(rule)** : 지키기로 되어 있는 규칙

10

**직업
윤리**

05 아래는 윤리에 대한 설명을 모은 것이다. 바른 내용을 모두 묶은 것은?

> ㉠ 윤리는 바로 인간 사회의 결과 같다.
> ㉡ 인륜은 선천적으로 인간 사회에서 맺는 관계를 말한다.
> ㉢ '윤리'는 인간과 인간 사이에서 지켜져야 할 도리를 바르게 하는 것이다.
> ㉣ 동양 사회에서는 예로부터 인간관계를 천륜과 인륜 두 가지로 나누어 왔다.
> ㉤ 천륜은 인간으로서는 생명과 같이 필연적인 부자 관계와 같은 관계를 말한다.

① ㉠, ㉡, ㉢, ㉣
② ㉠, ㉡, ㉢, ㉤
③ ㉠, ㉢, ㉣, ㉤
④ ㉠, ㉡, ㉢, ㉣, ㉤

• **결** : 나무, 돌, 살갗, 비단 등의 조직이 굳고 무른 부분이 모여 일정하게 켜를 지으면서 짜인 바탕의 상태나 무늬
• **인륜** : 사람으로서 지켜야 할 순서라는 뜻으로, 임금과 신하, 부모와 자식, 남편과 아내, 어른과 아랫사람, 벗과 벗 사이에 지켜야 할 도리를 이르는 말
• **선천적** : 태어날 때부터 이미 갖추고 있는 것
• **도리** : 마땅히 행동으로 옮겨야 할 바른길
• **천륜** : 부모와 자식 간에 하늘의 인연으로 정하여져 있는 사회적, 혈연적 관계

06 아래는 근면에 대해 설명하고 있다. ( ) 안에 들어갈 내용으로 알맞은 것은?

> 동일한 일을 하다라도 어떤 사람은 즐겁게 일을 하지만 어떤 사람은 그 일을 마지못해 억지로 하기도 한다. 이는 (   ) 자세 유무 때문인데 이러한 자세를 지니느냐 지니지 못하느냐에 따라 동일한 일을 즐기기도 하고, 고통스러워하기도 한다.

① 능동적인
② 수동적인
③ 우울한
④ 소극적인

07 다음 중에서 회사 내에서의 인사 예절을 설명한 것으로 알맞지 않은 것은?
[기출 문제 – 한국산업인력공단]

① 외부 인사가 사무실을 방문할 경우 악수를 청하는 것이 예우의 표현이다.
② 악수를 할 때는 왼손을 사용하고 힘 있게 하되 너무 강하게 잡지는 않는다.
③ 우리 회사 관계자를 다른 회사 관계자에게 먼저 소개한다.
④ 명함을 받았을 때는 바로 주머니에 넣지 않고 명함에 대해 한두 마디 대화를 나눈다.

• **예우** : 예의를 다하여 정중히 대우함

08 다음 중에서 '성실'에 대한 설명으로 옳지 않은 것은?
[기출 문제 – 한국산업인력공단]

① 성실은 기본이기도 하지만, 세상을 살아가는데 있어 가장 큰 무기이기도 하다.
② 현대 사회에서는 빨리 큰돈을 벌어야 한다고 성급하게 생각하기 때문에, 성실하지 않은 삶을 찾게 된다.
③ 성실하면 사회생활을 하는 데 있어서 바보 소리 듣고, 실패하기 쉽다.
④ 어떠한 종류의 직업에 종사하는 경우든, 정직하고 성실한 태도로 일하는 사람들이 국가와 사회에 이바지하는 바가 크다.

09 다음 중에서 SERVICE의 단어 속에 숨겨진 의미로 옳지 않은 것은?
[기출 문제 – 한국산업인력공단]

① R : Respect
② C : Courtesy
③ E : Excellence
④ I : Impact

10 다음 중에서 개인윤리와 직업윤리의 관계에 대한 설명이 알맞지 않는 것은?

[예시 문제 - NCS]

① 직업윤리는 개인윤리를 바탕으로 각 직업에서 요구되는 특수한 윤리이다.

② 개인적인 삶보다 직업의 규모가 더 크므로 개인윤리가 직업윤리에 포함된다.

③ 모든 사람은 직업의 성격에 따라 각각 다른 직업윤리를 지닌다.

④ 개인윤리에는 폭력이 금지되어 있지만, 경찰관에게는 허용된다.

• **허용** : 허락하여 받아들임

11 다음 설명 중에서 3D 기피 현상과 관련이 없는 것은?

[기출 문제 - 한국산업인력공단]

① 외국인 노동자의 비율이 높아진다.

② 노동력은 풍부하지만 생산 인력은 부족한 모습을 보인다.

③ 노동을 경시하는 측면이 강하고 과정보다는 결과만을 중요시한다.

④ 교육과 소득 수준이 높을수록 기피 현상이 더 늘어난다.

• **기피** : 어떤 대상이나 일 따위를 직접 하거나 부딪치기를 꺼리어 피함
• **현상** : 나타나 보이는 현재의 상태
• **인력** : 인간의 노동력
• **경시** : 대수롭지 않게 깔보거나 업신여김

12 우리나라 직장에서의 인사 예절에 대한 다음 설명 중에서 바르지 않은 것은?

[예시 문제 – NCS]

① 왼손잡이는 악수를 왼손으로 해야 한다.
② 나이 어린 사람을 연장자에게 소개한다.
③ 반드시 성과 이름을 함께 말한다.
④ 내가 속해 있는 회사의 관계자를 타 회사의 관계자에게 소개한다.

• 연장자 : 서로 비교하였을 때 나이가 많은 사람

• 타 : 다른. 해당되는 것 이외의

13 휴대전화 예절에 대한 다음 설명 중에서 바르지 않은 것은?

[예시 문제 – NCS]

① 직장에 있는 상대방에게 그의 휴대전화로 전화를 할 때는 휴대전화이기 때문에 통화를 강요할 수 있다.
② 상대방이 장거리 요금을 지불하게 되는 휴대전화의 사용은 피한다.
③ 운전하면서나 운전하는 사람에게는 휴대전화를 되도록 하지 않는다.
④ 다른 사람에게 휴대전화를 빌려 달라고 부탁하지 않는다.

14 직장에서의 명함 교환에 대한 다음 설명 중에서 바르지 않은 것은?

① 상대방에게 받은 명함은 받은 즉시 호주머니에 넣는다.
② 명함을 받으면 한두 마디 대화를 건네 본다.
③ 쌍방이 동시에 명함을 꺼낼 때는 왼손으로 서로 교환하고 오른손으로 옮겨진다.
④ 명함은 하위에 있는 사람이 먼저 꺼낸다.

• 쌍방 : 어떤 일에 관계되는 두 쪽

• 하위 : 낮은 순위나 지위

10

직업
윤리

15 직장에서의 이메일 예절에 대한 다음 설명 중에서 바르지 않은 것은? [예시 문제 - NCS]

① 이메일 메시지를 보낼 때에는 제목과, 보내는 사람의 이름을 적어야 한다.
② 모든 이메일 메시지는 형식에 따라 모든 내용이 포함되도록 정교하게 작성해야 한다.
③ 올바른 철자와 문법을 사용해야 한다.
④ 요점을 빗나가지 않는 제목을 잡도록 해야 한다.

• **정교** : 정확하고 치밀함

• **요점** : 가장 중요한 점

16 아래에서 설명하고 있는 현상으로 알맞은 것은?

> 현재 우리나라에서 힘들고(Difficult), 더럽고(Dirty), 위험한(Dangerous) 일은 하지 않으려고 하는 현상으로, 노동력은 풍부하지만 생산 인력은 부족하다는 파행적 모습을 보여, 실업자 증가와 외국인 노동자들의 불법 취업이라는 새로운 사회 문제를 야기 시키는 현상

① 3D 기피 현상   ② 청년실업 현상
③ 아노미 현상   ④ 님비 현상

• **실업자** : 일자리를 잃은 사람과 아직 일자리를 얻지 못한 사람을 통틀어 이르는 말
• **파행적** : 일이 순조롭지 않거나 불균형하게 진행되는 것

• **아노미(anomie)** : 공통된 가치관이 붕괴되고 목적의식이나 이상이 상실됨에 따라 사회나 개인에게 나타나는 혼돈 상태
• **님비(NIMBY, not in my backyard)** : 쓰레기장이나 원자력발전소 등과 같이 공해나 위험의 가능성이 있는 사회적 시설물의 설치에 대해서, 그 필요성은 원칙적으로 인정하면서도 자기 주거 지역에서만은 안 된다고 하는 자기중심적인 태도나 경향

17 정직에 대한 다음 설명 중에서 바르지 않은 것은?

① 사람은 혼자서는 살아갈 수 없으므로, 다른 사람과의 신뢰가 필요하다.
② 정직한 것은 성공을 이루게 되는 기본 조건이 된다.
③ 다른 사람이 전하는 말이나 행동이 사실과 부합된다는 신뢰가 없어도 사회생활을 하는데 별로 지장이 없다.
④ 신뢰를 형성하기 위해 필요한 규범이 정직이다.

• **지장** : 어떤 일을 하거나 유지하는 데에 거치적거리며 방해가 되는 장애

18 책임에 대한 설명 다음 중에서 바르지 않은 것은?

① 책임이란 모든 결과는 나의 선택으로 말미암아 일어났다고 생각하는 태도이다.

② 어떤 문제의 상황을 책임지기 위해서는 먼저 그 상황을 회피하는 것이 중요하다.

③ '내가 모든 책임을 진다'는 말로 유명한 트루먼 미국 대통령의 책임의식은 본받을 만하다.

④ 책임을 지기 위해서는 부정적인 사고방식보다 긍정적인 사고방식이 필요하다.

• ~으로 말미암아 : ~을 원인이나 근거가 되어

19 직장에서의 전화 예절에 대한 다음 설명 중에서 바르지 않은 것은?

① 전화를 걸기 전에 미리 메모하여 준비한다.

② 전화는 정상 업무가 이루어지고 있는 근무 시간에 걸도록 한다.

③ 전화를 해달라는 메시지를 받았다면 가능한 한 빨리 해주려고 노력한다.

④ 상대방의 대답을 듣기 전에 먼저 자신이 준비한 말을 빨리 한다.

20 다음은 우리나라의 정직성이 어느 수준에 있는지를 보여 주는 예들이다. 그 예가 알맞지 못한 것은? [예시 문제 - NCS]

① 아직까지 융통성이라는 이유로 정해진 규칙을 잘 지키는 사람은 고지식하고 답답하다고 하는 사람들이 많이 있다.

② 아직까지 부정직한 사람이 정치인도 되고, 기업인도 되고, 성공하는 일이 비일비재하다.

③ 교통신호를 위반해도 크게 양심의 가책을 느끼지 않는다.

④ 거짓말하는 사람은 이 땅에 발도 못 부칠 정도로 가혹하게 처벌한다.

• 융통성 : 형편이나 경우에 따라서 일을 이리저리 막힘없이 잘 처리하는 재주나 능력

• 비일비재 : 어떤 현상이나 사실이 한두 번이 아니고 많음
• 위반 : 법이나 약속 따위를 어기거나 지키지 않음
• 가책 : 자신의 잘못이 후회되어 스스로 뉘우치고 꾸짖음
• 가혹 : 매우 모질고 악함

10

직업 윤리

21 아래의 ㉠~㉤은 직장 내에서 종종 들을 수 있었던 대화들이다. ㉠~㉤ 가운데 직장 내 성희롱과 관련된 대화가 아닌 것만을 모은 것은?

> ㉠ 여자는 치마를 입고 다녀야 좋지.
> ㉡ 예쁘고 일도 잘해서 귀여워 해줬는데?
> ㉢ 집에 애가 있으니까, 빨리 집에 가야지.
> ㉣ 오늘 입은 옷은 화사하니 잘 어울리네.
> ㉤ 그런 것은 아무래도 여자가 해야 어울리지, 분위기 좀 살려봐.

① ㉠, ㉡ ② ㉠, ㉢
③ ㉢, ㉣ ④ ㉡, ㉢, ㉤

22 성실한 사람과 성실하지 못한 사람의 '돈벌이'에 대한 설명으로 알맞지 않은 것은?

① 성실한 사람은 성실하게 돈을 벌어 알뜰하게 살아가기 때문에 얼마든지 생활을 유지할 수 있다.

② 성실한 사람은 성실하여 일만 하면 얼마든지 돈을 벌 수 있게 되기 때문에 쉽게 쓰게 된다.

③ 성실하지 못한 사람은 일은 안 하고 돈을 벌 욕심으로 사기나 횡령 등을 하게 되어 자칫 패가망신할 수도 있다.

④ 성실하지 못한 사람은 현대 사회와 같이 돈을 중요시하는 곳에서는 빨리 큰돈을 벌어야 한다고 생각하기 때문에 도박이나 복권 등을 찾으며 성실하지 않은 삶을 찾게 된다.

- **횡령** : 공적인 돈인 공금이나 남의 재물을 불법으로 차지하여 가짐
- **패가망신** : 집안의 재산을 다 써 없애고 신세를 망침

23 우리나라의 준법 의식에 대한 다음 이야기들 중에서 그 내용이 적절하지 않은 것은?

① 준법의 사전적 의미는 말 그대로 법과 규칙을 준수하는 것이다.

② 준법 의식이 해이해지면, 사회적으로 부패가 싹트게 된다.

③ 선진국들과 경쟁하기 위해서는 개인의 의식 변화와 이를 뒷받침할 시스템 기반의 확립도 필요하다.

④ 우리나라 준법 의식 수준은 세계 최고이기 때문에, 부패 지수가 0이다.

- **준법** : 법률이나 규칙 등을 그대로 좇아서 지킴
- **준수** : 규칙이나 명령, 법률 등을 규정대로 따르거나 좇아서 지킴
- **해이** : 정신 상태나 태도 따위가 긴장이 풀어져서 느슨해짐
- **기반** : 기초가 되는 바탕

23 우리나라 및 외국의 준법 의식 수준에 대한 다음 설명 중에서 적절하지 않은 것은?
[예시 문제 - NCS]

① 미국인의 준법 의식은 정의감에서 나온다.

② 일본인의 준법 의식은 수치심에서 나온다.

③ 한국인은 싱가포르나 핀란드 등의 국가에 비해 준법 의식의 수준이 낮은 편이다.

④ 준법 의식은 국가 경쟁력과 직결되기 때문에, 우리나라 국가 경쟁력은 최하위 수준이다.

- **직결** : 직접적으로 연결됨

10

직업 윤리

III
직업기초 능력 평가
- 응용 및 심화 문제

01 아래의 기사 내용을 고려한 신생아 돌보기 방법으로 적절한 것만을 [보기]에서 있는 대로 고른 것은?

> 호주의 한 산모는 임신 6개월 만에 아들, 딸 쌍둥이를 조산하였다. 조산 후유증으로 인하여 아들은 얼마 후 의사로부터 사망 선고를 받았다. 엄마는 아들을 꼭 안고 마지막 인사를 나누며 눈물을 흘렸다. 그러자 얼마 후 기적 같은 일이 일어났다. 사망했던 아들은 엄마 품에서 숨을 쉬었고 2시간 만에 모유를 빨 수 있을 정도로 원기를 회복하였다.
>
> 산모는 인터뷰에서 "아이를 그대로 떠나보낼 수가 없어서 계속 안고 있었어요. 아이는 저의 심장 소리를 듣고 살아난 것 같아요."라고 말했다.
>
> ─○○신문, 2010. 8. 30.

> 보기
>
> ㄱ. 흔들침대에서 편안하게 재운다.
> ㄴ. 목욕시킨 후 온 몸을 마사지 해준다.
> ㄷ. 수유할 때 아이를 안고 말을 걸어준다.

① ㄱ ② ㄱ, ㄴ
③ ㄴ, ㄷ ④ ㄱ, ㄴ, ㄷ

02 아래에서 잘못 쓰인 말들을 고치려고 한다. 틀린 말의 개수로 알맞은 것은?

> ㉠ 민법에서는 만 20세 이상을 성년으로 인정한다.
> ㉡ 국민학교 입학 현재 만 6세로 규정되어 있다.
> ㉢ 고졸 이상의 학력으로 만 18세 이상이면 군 입대가 가능하다.
> ㉣ 형법에서 미성년자는 만 14세 이하로, 만 14세가 되면 형법상 발생하는 모든 행위에 대한 책임을 본인이 지게 된다.

① 3개 ② 4개
③ 5개 ④ 6개

우리는 식인 풍습의 긍정적인 형태들(그 기원이 신비적이거나 주술적인, 또는 종교적인 것들이 대부분 여기에 포함됨)을 고찰해 볼 필요가 있다. 식인종은 조상의 신체 일부분이나 적의 시체의 살점을 먹음으로써 죽은 자의 덕을 획득하려 하거나 또는 그들의 힘을 중화시키고자 한다. 이러한 의식은 종종 매우 비밀스럽게 거행된다. 식인종들은 인간의 살점을 다른 음식물과 섞어 먹거나 가루로 만든 유기물 약간과 함께 먹는다. 오늘날 식인 풍습의 요소가 보다 공개적으로 인정받고는 있으나, 그러한 풍습은 여전히 비도덕적이라는 이유로 비난 받기도 한다. 하지만 식인종들의 풍습은 시체가 물리적으로 파괴되면 육체적 부활이 위태로워진다는 생각에서 비롯된 것이거나, 또는 영혼과 육체의 연결과 여기에 따르는 육체와 영혼의 이원론에 대한 확신에서 비롯된 것이라는 점을 인정해야만 한다. 이러한 확신들은 의식적인 식인 풍습의 의미로 시행되고 있는 것에 나타나는 것과 동일한 성격을 지닌다. (㉠) 우리는 어느 편이 더 나은 것이라고 말할 수 있는 어떠한 정당한 이유도 지니고 있지 못하다. 뿐만 아니라 우리는 죽음의 신성시함을 무시한다는 이유에서 식인종을 비난하지만, 어찌 보면 식인종들의 풍습은 우리가 해부학 실습을 용인하고 있다는 사실과 별반 다를 것이 없다. (㉡) 무엇보다도, 만약 우리와 다른 사회에서 살아온 관찰자가 우리를 연구하게 된다면 우리에게는 자연스러운 어떤 풍습이, 그에게는 우리가 비문명적이라고 여기는 식인 풍습과 비슷한 것으로 간주될 수 있다는 점을 인식해야만 한다.

03　다음 중에서 윗글에 나타난 저자의 견해와 일치하지 않는 것은?

① 각 사회는 나름대로의 합리성에 의한 문화를 갖는다.
② 하나의 기준으로 특정 문화의 옳고 그름을 판단할 수 없다.
③ 문화의 열등함과 우등함을 구분하는 것은 부적절한 일이다.
④ 도덕적 규범은 관습에 기초하는 절대 불변의 보편타당한 원리이다.

04　다음 중에서 (㉠)과 (㉡)에 들어갈 접속어를 순서대로 바르게 나열한 것은?

㉠	–	㉡
① 그리고	–	따라서
② 그리고	–	그러나
③ 그러므로	–	따라서
④ 더불어	–	그로 인해

05 다음 중에서 저자가 지양하는 태도에 해당하지 않는 것은?

① 음식을 손으로 먹다니, 인도 사람들은 여전히 미개해.
② 범죄자들을 감옥에 격리시키다니, 사형보다 더 잔인하군.
③ 애벌레를 먹는다니, 아프리카 사람들은 너무 야만적이야.
④ 이렇게 일 처리가 느리다니, 동남아시아 사람들은 너무 게을러.

06 아래 사례에서 A 과장이 고치려고 노력해야 할 태도가 아닌 것은?

> 매주 수요일 업무 보고 시간에 참석하는 홍보팀의 팀원들은 A 과장이 입을 열자 서로 눈치를 보며 한숨을 쉰다. A 과장은 매번 회의에서 똑같은 말만 반복하기로 유명해진지 오래되었고, 회사에서 A 과장만 모르는 그의 별명은 '앵무새'이다.
> 그는 그에게 익숙한 말들만 고집스레 반복하여 사용하기 좋아하는 대표적인 상사이다.
> 기업 이미지 홍보 전략을 위한 회의에서도 A 과장은 별다른 전략적 제안 없이 무조건 부하직원들에게 '그럼 기대하겠네.'라는 말을 하고, 직원 사기 증진을 위한 홍보 전략 회의에서도 역시나 A 과장은 별다른 전략적 제안 없이 무조건 부하직원들에게 '그럼 기대하겠네.'라는 말만 반복했을 뿐이다.
> 이제 A 과장과 함께하는 홍보팀 회의는 A 과장이 말을 꺼내기 시작하면 하품을 하거나, 지루한 표정을 짓는 부하직원들이 많아졌다. A 과장도 좀처럼 잡히지 않는 회의 분위기를 의식한 듯 어떻게든 회의를 가다듬어 보려고 하지만 자신은 왜 그러는지 이유를 몰라 답답하기만 하다.

① 자신이 자주 사용하는 표현을 찾아내 다른 표현으로 바꿔 본다.
② 언제나 '다른 표현은 없을까?'하고 생각하고, 새로운 표현을 검토해 본다.
③ 언제나 주위의 언어 정보에 민감하게 반응하고, 자신이 활용할 수 있도록 노력한다.
④ 자신이 자주 사용하는 표현을 찾아내 상황에 따라서 다른 표현과 함께 잘 섞어 쓰도록 노력한다.

07 아래의 밑줄 친 문구를 어법에 맞게 수정한 내용으로 적절하지 않은 것은? [예시 문제 – 철도청]

> A : 지속가능보고서를 2007년 창간 이래 <u>매년 발간에 의해</u> 이해 관계자와의 소통이 좋아졌다.
> B : 2012년부터 시행되는 신재생에너지 공급 의무제는 회사의 <u>주요 리스크로</u> 이를 기회로 승화시키기 위한 노력을 하고 있다.
> C : 전력은 필수적인 에너지원이므로 과도한 사용을 <u>삼가야 한다.</u>
> D : <u>녹색 기술 연구 개발 투자 확대 및</u> 녹색 생활 실천 프로그램을 시행하여 온실가스 감축에 전 직원의 역량을 결집하고 있다.
> E : 녹색경영위원회를 설치하여 전문가들과 함께하는 토론을 주기적으로 하고 있으며, 내외부 <u>전문가의 의견 자문을 구하고 있다.</u>

① A : '매년 발간에 의해'가 어색하므로 문맥에 맞게 '매년 발간함으로써'로 고친다.
② B : '주요 리스크로'는 조사의 쓰임이 어울리지 않으므로, '주요 리스크이지만'으로 고친다.
③ C : '삼가야 한다'는 어법상 맞지 않으므로 '삼가해야 한다'로 고친다.
④ D : '및'의 앞은 명사구로 되어 있고 뒤는 절로 되어 있어 구조가 대등하지 않으므로, 앞부분을 '녹색 기술 연구 개발에 대한 투자를 확대하고'로 고친다.
⑤ E : '전문가의 의견 자문을 구하고 있다'는 어법에 맞지 않으므로, '전문가들에게 의견을 자문하고 있다'로 고친다.

08 아래 자료는 ○○기관 디자인팀의 주간 회의록이다. 다음 중에서 자료에 대한 내용으로 옳은 것은?

[예시 문제 - 철도청]

주간 회의록

회의 일시	2017. 07. 03.(월)	부서	디자인팀	작성자	D 사원
참석자	김 과장, 박 주임, 최 사원, 이 사원				
회의 안건	1. 개인 주간 스케줄 및 업무 점검 2. 2017년 회사 홍보 브로슈어 기획				

회의 내용	내 용	비 고
	1. 개인 스케줄 및 업무 점검 • 김 과장: 브로슈어 기획 관련 홍보팀 미팅, 외부 디자이너 미팅 • 박 주임: 신제품 SNS 홍보 이미지 작업, 회사 영문 서브페이지 2차 리뉴얼 작업 진행 • 최 사원: 2017년도 홈페이지 개편 작업 진행 • 이 사원: 7월 사보 편집 작업	• 7월 8일 AM 10:00 디자인팀 전시회 관람
	2. 2017년도 회사 홍보 브로슈어 기획 • 브로슈어 주제: '신뢰' − 창립 ○○주년을 맞아 고객의 신뢰로 회사가 성장했음을 강조 − 한결같은 모습으로 고객들의 지지를 받아왔음을 기업 이미지로 표현 • 20페이지 이내로 구성 예정	• 7월 5일까지 홍보팀에서 2017년도 브로슈어 최종 원고 전달 예정

결정 사항	내 용	작업자	진행 일정
	브로슈어 표지 이미지 샘플 조사	최 사원, 이 사원	2017. 07. 03. ~ 2017. 07. 04
	브로슈어 표지 시안 작업 및 제출	박 주임	2017. 07. 03. ~ 2017. 07. 07

특이 사항	다음 회의 일정: 7월 10일 • 브로슈어 표지 결정, 내지 1차 시안 논의

① ○○기관은 외부 디자이너에게 브로슈어 표지 이미지 샘플을 요청하였다.

② 디자인팀은 이번 주 금요일에 전시회를 관람할 예정이다.

③ 김 과장은 이번 주에 내부 미팅, 외부 미팅이 모두 예정되어 있다.

④ 이 사원은 이번 주에 7월 사보 편집 작업만 하면 된다.

⑤ 최 사원은 2017년도 홈페이지 개편 작업을 완료한 후, 브로슈어 표지 이미지 샘플을 조사할 예정이다.

09 아래는 A화재보험주식회사 자동차보험증권의 주요 내용이다. 이에 대한 설명으로 옳은 것은?

🚗 자동차 보험 증권

- 피보험자: 홍길동
- 계 약 자: 홍길동
- 계 약 일: 2019년 12월 31일
- 차량 번호: 40조 90**
- 보험 기간: 2020년 1월 1일 00:00부터 2020년 20월 31일 24:00까지
- 보 험 료: 942,290원(연간 적용 보험료)
- 보장 범위: 대인 배상(1억), 대물 배상(3억),
  자기 신체 사고(1억) 한정
- 특   약: 24시간 긴급 출동 서비스 5회

A화재보험주식회사
대표이사 나보험

① 보험 만기 시 납부한 보험료를 전액 환급받는다.
② 보험자는 사고 발생 시 재산상의 손해를 보장받는다.
③ 보험 사고 발생 시 타인에게 입힌 손해를 보장받는다.
④ 피보험자가 사고 유발 시 자기 차량의 파손에 대해 보장받는다.

10 K 기업의 상품 매입을 위한 매매 계약서가 (가)에서 (나)로 변경되었을 때, K 기업에 나타날 수 있는 현상으로 적절한 것을 [보기]에서 고른 것은?

(가)

[매매 계약서]

- **품명**: 복숭아
- **품질**: FAQ
- **수량**: 100kg
- **인도 시기**: 즉시 인도
- **대금 결제**: 인도와 동시에 현금 결제

↓

(나)

[매매 계약서]

- **품명**: 복숭아
- **품질**: 현품
- **수량**: 50box
- **인도 시기**: 근일 인도
- **대금 결제**: 분할급

보기

ㄱ. 복숭아를 받는 시기가 빨라질 것이다.
ㄴ. 구매 대금 지급 시기가 늦춰질 것이다.
ㄷ. 계량 단위에 의해 수량을 결정하게 될 것이다.
ㄹ. 실제로 복숭아를 보고 품질을 결정할 수 있을 것이다.

① ㄱ, ㄴ ② ㄱ, ㄷ
③ ㄴ, ㄷ ④ ㄴ, ㄹ

11 [보기]의 '논리적이고 설득력 있는 의사 표현에 대한 20가지 지침' 중에서 아래의 ㉠~㉢ 상황에 맞는 지침을 바르게 나열한 것은?

> ㉠ 한 사람은 열심히 말을 하는데, 전혀 맞장구도 치지 않고 관심을 보이지 않는 사람이 있다. 말하는 사람이 집요하게 매달릴수록 상대방은 더 무시하는 태도를 보이는 상황
>
> ㉡ '어차피 당신은 알아주시지 않겠지만', '어차피 받아들이지 않을 것이므로 말씀드리지 않겠습니다.'라고 말하는 등 상대방의 성격을 어느 정도 건드려야 하는 상황
>
> ㉢ 요구를 하는 상대방보다 훨씬 비참한 사람, 불행한 사람으로 보이는 상황임. "지금 한 달에 들어가는 보험료를 내지 못 해서, 두 달간 연체하고 있는 실정이에요. 보험이 좋다는 건 알고 있고, 지금 설명 들은 보험 너무너무 가입하고 싶지만, 어찌할 수 없네요."라고 말해야 하는 상황

보기

(1) 'Yes'를 유도하여 미리 설득 분위기를 조성하라.
(2) 대비 효과로 분발심을 불러 일으켜라.
(3) 침묵을 지키는 사람의 참여도를 높여라.
(4) 여운을 남기는 말로 상대방의 감정을 누그러뜨려라.
(5) 하던 말을 갑자기 멈춤으로써 상대방의 주의를 끌어라.
(6) 호칭을 바꿔서 심리적 간격을 좁혀라.
(7) 끄집어 말하여 자존심을 건드려라.
(8) 정보 전달의 공식을 이용하여 설득하라.
(9) 상대방의 불평이 가져올 결과를 강조하라.
(10) 권위 있는 사람의 말이나 작품을 인용하라.
(11) 약점을 보여 주어 심리적 거리를 좁혀라.
(12) 이상과 현실의 구체적 차이를 확인시켜라.
(13) 자신의 잘못도 솔직하게 인정하라.
(14) 집단의 요구를 거절하려면 개개인의 의견을 물어라.
(15) 동조 심리를 이용하여 설득하라.
(16) 지금까지의 노고를 치하한 뒤 새로운 요구를 하라.
(17) 담당자가 대변자 역할을 하도록 하여 윗사람을 설득하게 하라.
(18) 겉치레 양보로 기선을 제압하라.
(19) 변명의 여지를 만들어 주고 설득하라.
(20) 혼자 말하는 척하면서 상대의 잘못을 지적하라.

① ㉠ → (1)　　㉡ → (8)　　㉢ → (11)
② ㉠ → (2)　　㉡ → (15)　　㉢ → (20)
③ ㉠ → (5)　　㉡ → (7)　　㉢ → (9)
④ ㉠ → (11)　　㉡ → (2)　　㉢ → (14)

12 아래 내용을 통하여 알 수 있는 [보기]의 그림과 같은 현상이 일어나는 계절은?

　사계절이 뚜렷한 온대 지역의 깊은 호수에서는 계절에 따라 물의 상하 이동이 다른 양상을 보인다. 호수의 물은 깊이에 따라 달라지는 온도 분포를 기준으로 세 층으로 나뉘는데, 상층부는 표층, 바로 아래는 중층, 가장 아래 부분은 심층이라고 한다.

　여름에는 대기의 온도가 높기 때문에 표층수의 온도도 높다. 따라서 표층수의 하강으로 인한 중층수나 심층수의 이동은 일어나지 않는다. 중층수나 심층수의 온도가 표층수보다 낮고 밀도가 상대적으로 높기 때문이다. 겨울에는 여름과 반대로 표층수의 온도가 중층수나 심층수보다 낮다. 하지만 밀도는 중층수와 심층수가 더 높기 때문에 여름철과 마찬가지로 물의 전도 현상이 일어나지 않는다.

　물의 전도 현상은 봄이 되면 다시 관찰할 수 있다. 대기의 온도가 올라가면서 얼음이 녹고 표층수의 온도가 섭씨 4도까지 오르게 되면 표층수는 아래쪽으로 가라앉는다. 반면에 아래쪽의 물은 위로 올라오게 된다. 이것을 '봄 전도'라고 부른다. 이러한 전도 현상을 통해 호수의 물이 자연스럽게 순환하게 되는 것이다.

　가을이 되면 대기의 온도가 낮아지면서 표층수의 온도가 떨어진다. 그래서 물이 최대 밀도가 되는 섭씨 4도에 가까워지면 약한 바람에도 표층수가 아래쪽으로 가라앉으면서 상대적으로 밀도가 낮은 아래쪽의 물이 위쪽으로 올라오게 된다. 이런 현상을 '가을 전도'라고 부른다.

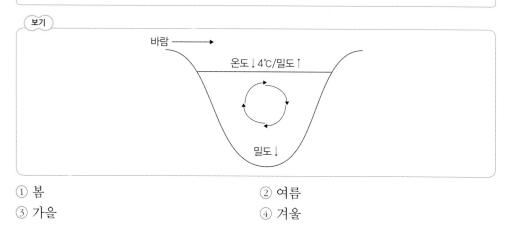

① 봄　　　　　　　　　　　② 여름
③ 가을　　　　　　　　　　④ 겨울

13 아래 글을 읽은 사람들의 반응으로 적절하지 않은 것은?

> 우리는 말 속에서 살아간다. 그런데 어떤가, 그 말들이 모두 가치가 있는 말일까?
>
> 모두들 '벌거벗은 임금님' 이야기를 잘 알고 있을 것이다. 재단사는 임금님을 속여서 벌거벗은 채 사람들 앞에 나서게 한다. 임금님은 아름다운 옷을 입은 듯 뻐기고 있지만 사실은 부끄럽기 짝이 없는 행동을 하고 있는 것이다. 바로 이때 한 꼬마가 "임금이 벌거벗었다!"라고 외친다. 꼬마의 이 말을 듣고 사람들은 비로소 진실을 깨닫게 된다.
>
> 이 이야기에는 두 가지 유형의 말이 나온다. 바로 재단사의 말과 '꼬마의 말'이다. 재단사의 말은 거짓된 말이고 꼬마의 말은 진실된 말이다. 그런데 이 이야기에 나오는 임금님처럼, 우리도 세상을 현혹하는 재단사의 말과 진실을 깨우치는 꼬마의 말 속에서 살아간다. 이런 일들을 듣기도 하고 또 하기도 하면서 말이다. 그러면 과연 '나는 어떤 말을 하면서 살고 있을까? 어떤 말을 하면서 살아야 할까?
>
> '벌거벗은 임금님' 이야기는 아이들을 위한 우화일 뿐이라고 할 사람도 있을지 모르겠다. 그러나 그렇지 않다. 소크라테스는 말을 화려하게 꾸며대는 '법률가의 말'과 장터에서 회자되는 '환전상의 말' 두 가지로 나누었다. 그는 꾸밈없는 환전상의 말로 대화를 펼치며 세상을 현혹하고 있는 사람들을 벌거벗겼다. 소크라테스는 그로 인해 사형 판결을 받고 죽어가는 순간까지 환전상의 말을 포기하지 않았다.
>
> 우리는 늘 말을 하면서 살아가고 있다. 친구와 가벼운 대화를 하기도 하고, 어떤 내용을 사실이라고 알려 주기도 하고, 자기 생각이 옳다고 강변하기도 한다. 그런데 어떤가? 혹시 내가 하는 일이 재단사의 말, 법률가의 말은 아닌가? 자, 모두들 스스로에게 물어보자.

① 글의 내용에 쉽게 수긍이 갈 수 있도록 적절한 사례를 들고 있다.
② 대비적인 진술을 통해 내용을 선명하게 제시하고 있다.
③ 설득력을 높이기 위하여 물음을 던지는 방식을 사용하였다.
④ 논지가 쉽게 파악되도록 내용을 연역적으로 전개하였다.

14 아래의 글을 도식화한 [보기] 표의 ⓐ~ⓒ에 들어갈 내용이 알맞게 짝지어진 것은?

레비-스트로스는 현재 서구인들의 사회처럼 진보적이며 발명과 업적을 중요시하는 사회를 '과열된 혹은 동적 사회'라고 부르며, 종합의 재능과 인간적 교환의 가능성이 반복적으로 지속되는 사회를 '냉각된 혹은 정적 사회'라고 부른다.

'냉각된 사회'는 기술적 진보에서 하나의 척도가 되는 개인당 에너지의 양을 거의 증가시키지 않는다는 점에서 기계적이다. 이 사회는 원초적 상태를 여전히 유지하고 있고 또 기록된 전통이나 역시를 가지고 있지 않다. 또 이 사회들은 매우 민주적이며, 거기에는 위계의 서열에 의한 인간적 파괴가 존재하지도 않는다.

한편 '과열된 사회'는 열역학적이다. 왜냐 하면 이 사회는 하나의 스팀 엔진처럼 에너지를 산출하고 소비하면서 갈등을 통하여 발전하여 왔고, 기술적 비약을 이룩해 왔다. 따라서 우리들이 진보라는 것을 개인당 가용(可用) 에너지의 양에 의하여 측정한다면 서구 사회가 훨씬 진보한 사회이겠지만, 만약 그 기준이 불리한 지리적 조건을 성공적으로 극복했는가에 주어진다면 에스키모 족이 첫째일 수도 있고 만약 진보라는 것이 가족 및 사회집단의 조화로운 유지에 있는 것이라면 오스트레일리아의 어떤 원주민 사회가 가장 으뜸이 될 수도 있다. 이처럼 현대의 서구 사회가 다른 사회보다 낮거나 우월한 것이 아니고, 단지 이것은 보다 유동적이기 때문에 더욱 축적적일 뿐이다.

보기

	에너지의 변화	사회의 성격	사회 질서
냉각된 사회	증가하지 않음	ⓐ	민주적
과열된 사회	ⓑ	기술적 비약	ⓒ

	ⓐ	ⓑ	ⓒ
①	기초 사회	매우 큰 증가	열역학적
②	원초적 상태	급속한 산출과 소비	갈등적
③	원시적 상태	매우 큰 감소	갈등적
④	미개 상태	급격한 소비	민주적

15 '벤치마킹의 장점과 활용의 필요성'에 대한 [가]~[라]의 중심 화제로 적절하지 않은 것은?

[가] '벤치마크(benchmark)'라는 말은 고저 측량을 할 때 표고(標高)의 기준을 가리키거나, 또는 다른 것들을 상대적으로 비교하여 측정할 수 있는 표준점을 가리키는 말인데 1970년대에 들어서 '벤치마킹(benchmarking)'의 개념이 비즈니스 분야로 도입되어 '비교를 목적으로 한 측정 과정'을 나타내게 되었다. 기업 경영의 측면에서 사용하는 '벤치마킹'은 어느 특정 분야에서 자기보다 우수한 비교 상대를 찾아 그들의 성과 및 그들과 자기와의 차이를 확인하고 그 차이를 극복하기 위해 그들의 운영 방식을 배우면서 부단하게 자기 혁신을 추구하는 기법을 의미한다.

[나] 벤치마킹은 다음과 같은 장점으로 인해 효율적인 경영 혁신의 방법으로 각광을 받고 있다. 그 첫째 점은 문제를 객관적으로 파악할 수 있게 해 준다는 것이다. 즉 벤치마킹을 활용하면 문제를 진단할 때 자기 논리만을 갖고 문제를 보거나 문제가 터지기 전까지는 움직이지 않는 소극적인 자세에서 벗어날 수 있다. 둘째는 보다 현실적이고 구체적인 목표 설정이 가능하다는 점이다. 작년 대비 몇 % 향상, 몇 % 절감이라는 목표는 한편으로 생각하면 자기 편의적이다. 따라서 목표를 달성한다고 해도 의미는 제한된다. 그러나 벤치마킹을 활용하면 실제로 존재하는 경쟁자 혹은 비교 상대와의 차이를 극복하려는 현실적인 목표를 가질 수 있다. 셋째는 목표를 세우고 실행해 가는 데 있어 조정 과정에서의 낭비나 기업 내부에서의 냉소적인 분위기를 최소한으로 줄일 수 있다는 점이다. 실제로 어떤 목표를 설정하고 추진하는 과정에서는 수없이 많은 문제점들이 드러나게 마련이고 그때마다 대안 도출을 위한 조정 과정을 겪게 된다. 또 성공 기능성에 대한 의문도 제기된다. 실행하기 쉬운 대안만을 찾으려는 조직의 타성도 작용하게 된다. 그러나 벤치마킹을 활용하게 되면 신속한 합의와 근본적인 문제 해결이 가능하다. 넷째는 벤치마킹의 방법을 활용하여 어떤 목표를 세웠을 때 그 목표에 권위가 부여된다는 점이다. '이 목표를 달성하지 못하면 우리는 이류(二流)가 될 수밖에 없다.'라는 실행 의지가 확산될 수 있다.

[다] 최근 경영 혁신을 위한 여러 가지 기법이 소개되고, 또 그런 기법들에 관심이 쏠리고 있다. 기업을 둘러싼 환경의 변화가 심각하기 때문일 것이다. 세계의 강력한 초일류 기업들이 우리나라에 몰려오고 있으며, 또 우리 기업들은 세계 시장으로 나가려 하고 있다. 경쟁은 더욱 치열해지고 불확실성은 가속적으로 증가하는 상황에서 이제 기업은 단순한 인원 감축이나 경비 절감만으로는 살아남기 어려워지고 있다. 경영 전반에 걸친 혁신이 요구되고 있는 것이다. 혁신은 기본적으로 환경의 변화에 대응하기 위해 과거의 조직 운영 형태나 방향을 바꿔 보자는 시도이다.

[라] 기업 환경의 변화에 대응해서 기업이 살아남기 위해서는 조직 구성원들이 변화에 대응할 수 있는 능력을 키우는 방법 외에는 없다. 벤치마킹을 비롯한 경영 혁신 기법은 바로 조직 구성원들의 의식을 깨우고 능력을 키우도록 자극을 주기 위한 것이다.

① [가] : 기업 경영에서 벤치마킹의 개념
② [나] : 벤치마킹 기법의 장점
③ [다] : 벤치마킹을 통한 경영 혁신의 사례
④ [라] : 경영 혁신 기법이 필요한 이유

[16] 다음 신문기사를 읽고 물음에 답하시오.

○○일보

○○일보 제1233호 | 20○○년 ○○월 ○○일 화요일 　　　　안내전화 : 02-000-000 | www.cmass21.co.kr

콜레스테롤의 유래

콜레스테롤이 대중의 관심사로 등장한 것은 60년쯤 전이다. 1956년 미국심장협회(AHA)가 심장 건강을 위해 콜레스테롤과 총 지방, 포화지방 섭취량을 줄이라고 촉구하고 나선 것이 계기가 됐다. AHA는 음식에 든 콜레스테롤이 체내 콜레스테롤 수치를 높이고, 이것이 심장병으로 연결된다고 했다. 5년 후 나온 프레밍엄 심장 연구 보고서는 '콜레스테롤은 나쁜 것'이란 대중들의 인식에 쐐기를 박았다. 콜레스테롤 수치가 높은 50대 이하 남성의 경우 심장병을 앓을 확률이 커진다는 보고서였다. 여기에 흡연과 체 중 과다까지 겹치면 가능성은 훨씬 커진다고 봤다.

보고서가 나오자 콜레스테롤 함량이 가장 높은 달걀 업체의 타격이 제일 컸다. 매출이 30%나 뚝 떨어졌다. 달걀노른자는 한 개 평균 250㎎의 콜레스테롤을 함유하고 있다. 하나만 먹어도 미국식생활지침자문위원회(DGAC)가 내놓은 하루 콜레스테롤 섭취 권장량인 300㎎에 육박한다. 세계보건기구도 콜레스테롤 섭취량을 하루 300㎎ 이하로 유지하도록 권장하고 있다.

이하 중략

---

16 아래는 사원들이 위 신문기사를 읽고 나눈 대화이다. 대화의 흐름상 빈칸에 들어갈 말로 가장 적절한 것은?

> S씨 : 하지만 콜레스테롤이 '공공의 적'이라 생각하면 오산이야. 콜레스테롤은 세포막을 만드는 데 꼭 필요한 성분이라고 해.
> T씨 : 뇌나 척수, 말초신경 같은 신경계 막을 구성하는 필수 요소기도 하지.
> V씨 : 하지만 (　　　　　　　　?　　　　　　　　　).
> G씨 : 맞아. 콜레스테롤이 높은 음식을 먹으면 체내 콜레스테롤 수치가 높아질 가능성이 발생하기 때문이지.

① 콜레스테롤은 칼로리가 높아서 되도록이면 피하는 것이 좋아
② 콜레스테롤은 흡연과 체중 과다를 일으키는 직접적인 원인이야
③ 콜레스테롤이 우리 몸의 구성성분을 만드는 역할만 하는 것은 아니야
④ 콜레스테롤이 심장 질환을 앓고 있는 사람들에게 해로운 것은 사실이야

화폐의 기원 문제를 거론할 때, 일반적으로 가장 흔히 동원되는 설명 모델은 아마도 아담 스미스가 주장한 다음과 같은 내용이 아닌가 한다. 사람들이 필요로 한 모든 것을 자급자족을 통해 해결할 수 있는 것은 아니었을 테고 자신이 노동한 결과로 얻게 된 생산물로만 삶을 영위하는 것이 어차피 불가능하다면, 생산물 중 일부 잉여가 발생하는 부분에 대해서는 다른 사람과의 교환을 통해 그러한 문제점을 해결하려 들었을 것이다. 이때 교환 과정에서의 불편을 덜기 위한 현실적인 목적에서, 무언가 공동체 내에서 통용될 수 있는 생산물에 대한 객관적 가치 기준이 필요하게 되었는데, 그 결과 등장하게 된 것이 화폐라는 것이다.

그러나 이제껏 우리가 상식처럼 알고 있는 이런 식의 화폐 기원설에 대해, 지난 세기 사회학자와 경제학자들의 상당수는 비판적인 생각을 가지고 있다. 그들의 주장은 의외에도, 일반적인 교환 수단으로서의 화폐가 공동체 내부의 자연스러운 필요에 의해 창출된 것이 아닐 수도 있다는 점을 강조한다. 오히려 그것은 공동체의 내부가 아닌 공동체의 바깥, 좀 더 엄밀히 말하면 공동체와 공동체 '사이'에서 이루어지는 거래 과정에서 파생된 결과물일 가능성이 높다는 것이다.

공동체 내부에서의 재화의 분배란 화폐와 같은 별도의 매개물이 개입되지 않더라도, 오랜 세월에 걸쳐 형성된 그들만의 고유한 안전장치나 질서 체계에 의해 유지되고 발전될 수 있었을 것으로 판단되기 때문이다. 반면에, 그러한 내부적 교환 규칙이나 코드 자체가 통용되지 않는 타 공동체와의 거래 시에 있어서는 문제가 전혀 다르다. 이른바 원격지 교역이나 역외 교역의 경우에는 상호 간의 서로 다른 교환 규칙을 매개해줄 수 있는 제3의 완충 장치가 요구되었는데, 그러한 필요성의 결과로 탄생한 것이 바로 화폐 거래 시스템이라는 설명이다.

① 공동체 내부에는 시간의 흐름에 따라 자연스럽게 형성된 그들만의 교환 규칙이 있었을 것이다.
② 아담 스미스는 화폐가 공동체 내의 교환을 위해 등장하게 되었다고 주장하였다.
③ 원격지 교역이나 역외 교역이 활성화되기 전에는 화폐 거래 시스템이 필요하지 않았다.
④ 화폐는 공동체 내부보다 외부와의 거래를 위해 필요했을 것이라는 주장이 있다.

18 [보기]를 참고하여 '반대 측'에서 '찬성 측'을 반박한다고 할 때, 그 반박할 내용으로 가장 적절한 것은?

> **반대 측** : 관련 보고서에 따르면 갯벌의 개발로 인한 환경 파괴가 심각하다고 합니다. 실제로 갯벌은 바다에 흘러드는 오염 물질을 정화해 줍니다. 공장이나 가정에서 발생한 오염 물질이 바다로 흘러갈 때 갯벌의 퇴적층은 거름종이처럼 오염 물질을 걸러 냅니다. 이렇게 걸러진 오염 물질은 갯벌에 사는 각종 동식물에 의해 분해되고 정화됩니다. 그런데 갯벌을 개발하면 갯벌의 정화 기능이 사라지는데다가 새로운 토지 이용으로 인한 각종 폐수와 쓰레기까지 추가되기 때문에 환경 파괴는 가속화될 수밖에 없습니다.
>
> **찬성 측** : 반대 측은 갯벌의 개발로 인한 환경 파괴를 강조합니다. 즉 결과만을 가지고 이야기합니다. 하지만 환경 관리 시설 설치, 천연 동식물 보호 대책 수립, 동식물들을 위한 깨끗한 서식처 제공, 인간과 자연이 공존하는 습지 생태 공원 건설 등의 예방 대책을 통해 환경 파괴를 최소화할 수 있습니다. 반대 측은 너무 환경 파괴에 초점을 맞추고 있는 것 같습니다.

보기
> 반론 단계에서는 앞에서 다룬 모든 쟁점을 다시 언급하기보다는 쟁점 중에서 자신의 주장을 강화할 수 있는 쟁점을 선택하여 상대 측 주장의 약점을 드러내야 한다.

① 갯벌의 개발로 관광객을 유치할 수 있다고 말씀하셨는데요, 어떻게 유치할 것인지 구체적으로 말씀해 주십시오.

② 갯벌의 개발에 따른 경제적 이득을 말씀하셨는데요, 그 이득이 어느 정도인지 구체적 수치를 활용해서 말씀해 주십시오.

③ 갯벌의 개발을 통해 경제 발전과 환경 보존이 상충할 수 있습니다. 경제와 환경을 모두 생각할 수 있는 대책을 수립해야 합니다.

④ 환경 파괴를 최소화할 수 있다고 말씀하셨는데요, 이 말은 갯벌의 개발로 인한 환경 파괴를 막을 수는 없다는 뜻입니다. 그러므로 찬성 측은 갯벌의 개발에 따른 환경 파괴를 인정하고 있습니다.

> 유통업체 고객 서비스 센터에서 일하고 있는 A는 홈페이지 관리와 고객 문의 응대 업무를 담당하고 있다.
>
> ### 자주 하는 질문과 답
>
> | Q1 | 주문한 상품을 취소하고 싶어요. 어떻게 하면 되나요? |
> |---|---|
> | Q2 | 내 주문 내역 확인은 어디에서 가능한가요? |
> | Q3 | 주문 완료 후 배송지를 변경할 수 있나요? |
> | Q4 | 발송 완료 상태인데 아직 상품을 받지 못했어요! |
> | Q5 | 현금영수증 발급 내역은 어디에서 확인 하나요? |
> | Q6 | 전자세금계산서는 신청 후 바로 발급이 가능한가요? |
> | Q7 | 이미 결제한 주문건의 결제 수단을 변경할 수 있나요? |
> | Q8 | 취소 요청한 상품의 취소 여부는 언제 어디를 통해 확인해 볼 수 있나요? |
> | Q9 | 반품하기로 한 상품을 아직도 회수해 가지 않았어요! |
> | Q10 | 발송 완료 SMS를 받았는데 언제쯤 상품을 받을 수 있는 건가요? |
> | Q11 | 결제하는데 오류가 나는데 어떻게 하나요? |
> | Q12 | 당일 주문하면 받을 수 있는 상품이 있나요? |

19 상사의 조언에 따라 메뉴를 변경하려고 할 때, [메뉴] – [키워드] – 질문의 연결로 옳지 않은 것은?

> 상사 : 정보를 잘 분류해 놓긴 했는데, 고객들이 보다 손쉽게 정보를 찾을 수 있도록 질문을 키워드 중심으로 정리했으면 좋겠어요.

BEST FAQ

주문/결제	반품/교환	배송	영수증
			세금계산서 발급
			현금영수증 발급

① [배송] – [배송지변경] – Q3
② [배송] – [배송확인] – Q4
③ [주문/결제] – [주문취소] – Q8
④ [주문/결제] – [주문접수] – Q9

20 A는 홈페이지 개편에 따라 기존 정보를 분류하여 정리하려고 한다. ㉠~㉣에 들어갈 수 있는 질문으로 적절한 것은?

BEST FAQ			
주문/결제	반품/교환	배송	영수증
㉠	㉡	㉢	㉣

① ㉠: Q1, Q5
② ㉡: Q3, Q9
③ ㉢: Q4, Q10
④ ㉣: Q5, Q7

21 아래 글을 읽고 내용과 일치하지 않는 것은?　　　　　　　　　　　　　　　　　[기출 문제 – 코레일]

어떤 음악이 좋은 것이고 어떤 음악이 나쁜 것일까? 이러한 문제와 관련하여 음악학자인 달하우스는 주관과 객관의 문제에 관심을 기울였다. 그는 미적 판단은 주관적일 수밖에 없어서 객관적 검증이 필요 없다는 통설적 미학의 견해에 이의를 제기하였다.

달하우스는 음악을 판단하거나 평가는 과정에서 이루어지는 주관적 판단이 집단에 의한 판단에서 비롯한다고 보았다. 예컨대, 비발디의 '사계'가 좋은 음악이라고 평하는 사람에게는 비발디의 '사계'에 대한 그 사회의 집단적 호감이 반영되어 있다는 것이다. 그는 주관적 판단의 가치를 부정하지는 않되, '집단에 의한 판단에 기초하면서도 그 판단을 몰개성적으로 따르지는 않는 주관적 판단'을 추구하였는데, 이는 집단에 의한 판단을 고려하면서도 이를 개성화된 반응이 가능할 정도로 확대시키는 것이다. 달하우스는 이러한 판단이야말로 미적 대상에 대한 올바른 미적 평가를 가능하게 한다고 보았다. 이를 위해 그는 객관적 판단의 필요성을 옹호하였는데, 객관적 판단은 단순히 주관의 배제를 의미하는 것이 아니라 주관적 판단을 검증하고 검토하는 도구로서 기능한다고 보았다. 그는 음악에 대한 미적 평가가 근거가 없는 것이 아니려면 최소한의 사실 판단에 기초해야 한다고 보았다. 음악에 대한 판단이나 평가가 어디까지나 작품 자체에 대한 면밀한 분석에 근거해야 한다고 본 것이다.

① 객관적 판단을 배제하고서는 올바른 미적 평가가 이루어지지 않는다.
② 미적 판단에 관한 달하우스와 통설적 미학의 견해는 전혀 상반된다.
③ 참된 미적 평가가 가능하려면 집단에 의한 판단에만 이끌려서는 안 된다.
④ 개성화된 미적 판단을 위해서는 작품에 대한 자세한 분석이 필요하다.

이사 전문 회사의 법무 팀에서 근무하고 있는 K는 주요 약관을 요약하여 정리하고 고객에게 상세하게 고지하는 업 무를 담당하게 되었다.

주요 약관

1. **위험품 등의 처분 (제16조)** 사업자는 화물이 위험품 등 다른 화물에 손해를 끼칠 염려가 있는 것임을 운송 중 알았을 때에는 고객에게 연락해서 자기 책임 하에 화물을 내리거나 기타 운송 상의 손해를 방지하기 위한 처분을 할 수 있으며 이 처분에 요하는 비용은 고객의 부담으로 한다.

2. **운송 거절 화물 (제29조)** 이사 화물이 다음 각 호에 해당될 때에는 이사 화물 운송이 불가하다.
   - 현금, 유가증권, 귀금속, 예금통장, 신용카드, 인감 등 고객이 휴대할 수 있는 귀중품
   - 위험품, 불결한 물품 등 다른 화물에 손해를 끼칠 염려가 있는 물건
   - 동식물, 미술품, 골동품 등 운송에 특수한 관리를 요하기 때문에 다른 화물과 동시에 운송하기에 적합하지 않은 물건

3. **화물의 포장 (제31조)** 고객은 화물의 성질, 중량, 용적 운송 거리 등에 따라 운송에 적합하도록 포장하여야 하며 화물의 포장이 운송에 적합하지 아니할 경우 사업자는 화물의 성격, 중량, 용적, 운송 거리 등을 고려하여 운송에 적합하도록 포장하여야 한다.

4. **운임 등의 수수 (제33조)** 사업자는 이사 화물을 인도하였을 때에 고객으로부터 계약서에 의하여 운임들을 수수한다.
   - 사업자가 실제로 지출한 운임 등의 합계액이 계약서에 기재한 운임 등의 합계액과 다르게 될 경우에는 다음의 각 호에 의한다.
   - 실제로 지출한 운임 등의 합계액이 계약서에 기재한 운임 등의 합계액 보다 적은 경우는 실제로 소요된 운임 등의 합계액으로 본다.
   - 실제로 지출한 운임 등의 합계액이 계약 운임 등의 합계액을 넘는 경우에는 고객의 책임 있는 사유로 의해 계약 운임 등의 산출의 기초에 변화가 생길 때에 한하여 실제 지출된 운임 등의 합계액으로 본다.

5. **해약 수수료 (제34조, 제37조)**
   - 계약금은 총 운임 요금의 10%로 한다.
   - 고객이 사업자에게 약정 운송일의 전까지 취소 통보 시 해약 수수료율은 계약금의 100%, 약정 운송일 당일에 취소 통보 시 계약금의 200%로 정한다.
   - 사업자의 고의 및 과실로 계약서에 약정한 운송일의 2일 전까지 취소 통보 시 계약금 환급 및 계약금의 2배액, 1일 전에 통보 시 계약금 환급 및 계약금의 3배액, 당일 통보 시 계약금의 4배액, 당일에 통보가 없는 경우 계약금 환급 및 계약금의 5배액을 배상할 책임이 있다.

22 K는 주요 약관을 바탕으로 아래와 같이 작성된 질의응답을 검토했다. 답변 내용 ⓐ~ⓓ 중에서 옳지 않은 것은?

> Q 우리 집 고양이 나비도 이사할 때 같이 옮겨 주실 수 있나요?
> A 고양이와 같은 동물의 경우 특수한 관리를 요하기 때문에 운송이 불가합니다. ·········· ⓐ
> Q 원래 내일 이사하기로 했는데 사정이 생겨서 못할 것 같아요. 계약금을 돌려받을 수 있나요?
> A 계약금은 돌려받으실 수 없으며 운송일의 1일 전에 통보하셨으므로 계약금의 3배액을 회사에 납입해 주셔야 합니다. ──────── ⓑ
> Q 이사하기 전에 제가 직접 다 포장을 해야 하나요?
> A 우선 고객님께서 먼저 이사 거리 및 화물의 성질 등을 고려하여 포장해 주셔야 합니다. 만약 적합하지 않게 포장되어있을 경우에는 저희가 당일에 다시 포장할 수 있습니다. ──────── ⓒ
> Q 총 운임 요금이 50만 원 정도면 계약금은 얼마나 내야 하나요?
> A 총 운임 요금이 50만 원일 경우 계약금은 5만 원입니다. ──────── ⓓ

① ⓐ   ② ⓑ
③ ⓒ   ④ ⓓ

23 K는 아래와 같은 상황이 발생해 적용되는 약관을 찾아보려고 한다. 적용되는 약관의 조항과 실제로 고객이 지불해야 하는 비용으로 올바른 것은?

> 고객 윤 씨는 서울 중구에서 경기도 수원으로 이사를 했다. 윤 씨는 이사 당일 서울 중구에서 이삿짐을 실은 후 신촌에 위치한 본인의 학교로 가달라고 부탁했다. 그곳에서 윤 씨는 잠시 친구에게 몇 가지 물건을 받아 실은 후 경기도 수원의 새 집으로 향했다. 이 과정에서 새로 실은 화물의 포장과 이동 등이 포함된 실제 운임 비용을 정산하였더니 계약 운임 78만 원보다 많은 80만 원이 발생한 것을 알 수 있었다.

	적용 약관	지불 비용
①	제29조	78만 원
②	제31조	78만 원
③	제33조	80만 원
④	제34조	80만 원

인간이 만들어낸 수학에 비해 자연은 훨씬 복잡할 수도 있고 오히려 단순할 수도 있다. 그럼에도 수학은 자연을 묘사하고 해석하는 데 가장 뛰어난 방법적 도구로서 건재함을 과시한다. 이는 학문이 효용성을 발휘하는 모든 영역에서 오직 수학만이 거둘 수 있는 성과이다.

인간이 만들어낸 수학 덕분에 자연과학의 일부 영역에서 인간은 기대를 훨씬 웃도는 큰 진보를 이루었다. 실재 세계와 동떨어진 추상화가 그런 엄청난 성과를 내놓았다는 점은 역설적이기도 하다. 수학은 세상을 꿈으로 채색한 동화일지 모른다. 하지만 교훈을 지닌 동화이다. 설명되지는 않지만 강력한 힘을 지닌 이성이 이 동화를 쓴 것이다.

하지만 수학이 이룩한 성공은 응분의 대가를 치른 후에 가능했다. 그 대가란 세계를 질량, 시간과 같은 개념들로 단순하게 설명하는 것이다. 이런 설명은 풍부하고 다양한 경험을 완벽하게 반영 하지 못한다. 이는 한사람의 키를 바로 그 사람의 본질이라고 말하는 것과 마찬가지이다. 수학은 기껏해야 자연의 특수한 과정을 묘사할 따름이며, 과정 전체를 온전히 담아내지 못한다.

더욱이 수학은 인간이 아닌, 생명 없는 대상을 다룬다. 이런 대상은 반복적으로 움직이는 것처럼 보이며 수학이야말로 그런 반복적 현상을 잘 다룰 수 있는 것처럼 보인다. 하지만 과연 그런가? 마치 접선이 독선의 한 점만을 스치고 지나가듯 수학은 물리적 실체의 표피만을 건드린다. 지구는 태양을 완전한 타원 궤도를 그리면서 도는가? 그렇지 않다. 지구와 태양을 모두 점으로 간주하고 다른 항성이나 행성을 모두 무시할 때에만 그런 결론이 나온다. 지구의 사계절은 영원히 변함없이 되풀이될까? 전혀 그렇지 않다. 인간이 파악할 수 있는 매우 낮은 수준의 정확도에서만 반복이 예측될 따름이다.

그러나 수학이 이와 같은 한계를 지님에도 기대 이상의 성과를 거둔 것은 분명하다. 어떻게 이러한 성과가 가능했는지를 이해하지 못한다는 이유로 과연 수학을 버려야 하는가? 어떤 수학자는 소화 과정을 이해하지 못한다고 해서 저녁 식시를 거부해야 하느냐고 반문한 적이 있다. 수학은 분명 성공적인 지식 체계이다. 이는 수학이 엄밀한 내적 일관성을 지닌 체계라는 데 기인한다. 그러나 그뿐만이 아니다. 수학적 지식은 천문 현상의 예측에서, 그리고 실험실에서 일어나는 수많은 사건들에서 끊임없이 입증되고 있다.

24 위 글의 내용과 일치하지 않는 것은?

① 수학은 자연을 해석하는 가장 뛰어난 도구이다.

② 수학은 세계를 시간과 질량 같은 개념들로 단순하게 설명하는 대가를 치른 후에 성공을 이룩하였다.

③ 수학은 자연의 과정 전체를 담아낼 수 없다.

④ 수학은 여러 한계로 인해 기대에 미치지 못하는 성괴를 거두었다.

25 위 글의 주제로 가장 적절한 것은?

① 수학은 자연의 과정을 담아내는 학문이다.
② 수학은 완벽하지 않은 학문이다.
③ 수학은 성공적인 학문이다.
④ 수학의 성공은 과대평가되었다.

[26] 다음 글을 읽고 물음에 답하시오.

어떤 도형이 한 붓 그리기가 가능하다면 그 도형에 있는 모든 점들은 다음 세 가지로 분류될 수 있다. '한붓그리기를 시작하는 점', '한붓그리기가 끝나는 점', '한붓그리기를 하는 동안 통과하는 점'이 그것이다. 그런데 '시작하는 점과 끝나는 점이 다를 경우' 한붓그리기를 시작하는 점은 그 점을 중심으로 볼 때 연결되어 있는 선의 개수가 홀수여야 한다. 이런 점을 홀수점이라고 한다. 마찬가지로 생각하면 '한붓그리기가 끝나는 점' 또한 홀수점이어야 한다. 반면에 '통과한 점들은 모두 짝숫점'들이다. 통과점이란 결국엔 이 점으로 선이 들어왔다가 나가는 점이기 때문이다. 이것을 정리해 보면 한붓그리기가 가능한 도형은 홀수점이 두 개만 있고, 나머지는 모두 짝숫점이어야 한다.

그런데 한붓그리기가 가능하지만 홀수점들이 하나도 없는 경우도 있다. 그것은 시작하는 점과 끝나는 점이 같기 때문이다. 이럴 경우 시작하는 점과 끝나는 점도 모두 짝수점이 된다. 따라서 우리는 '한붓그리기가 가능한 도형은 홀수점이 하나도 없거나 두 개만 있어야 한다.'는 결론을 내릴 수 있다.

26 위 글의 밑줄 친 부분의 내용에 해당하는 도형으로 알맞은 것은?

①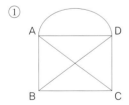

②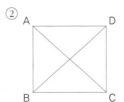

③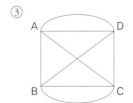

④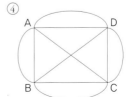

[27~28] 다음 글을 읽고 주어진 문제를 해결해 보시오.

    토인비는 『역사의 연구』 9부에서 '문명들의 공간적 접촉'이라는 문제를 다루고 있다. 같은 시대에 한두 문명이 빈번히 문화적으로 접촉할 때 사건이 일어난다. 이 같은 형태의 접촉이 특히 중요시되는 점은 고도의 수준 높은 대부분의 종교는 문명이 서로 엇갈려 있는 장소에서 발생했기 때문이다. '공격적'인 문명은 그 희생자에게 문화적이자 종교적인 것은 물론, 인종적으로 열등자라는 낙인을 찍는 경향을 지닌다. 그 희생자인 공격을 받는 쪽은 이질적 문화에 자기 자신을 강제로 동화시키려고 노력하든가 과도한 방어적 자세로서 이에 대응하게 된다.

    토인비는 이 같은 두 가지 반응 모두 현명하지 않다고 간주하고 양자의 공존이라는 더 큰 문제를 직시하면서 의식적으로 상호 조정을 시도하는 것이 중요하다고 말한다. 그는 "이것이 바로 고도의 수준 높은 종교가 문제에 해답을 제시해 온 방법이다. 오늘날 우리의 세계에서는 서로 다른 문화는 인류의 공통적 운명을 이미 서로 나누어 짊어지고 있기 때문에, 적대적 경쟁을 통한 상호 대결이 아닌 서로의 경험을 공유하고자 노력하는 일이 진정한 지상의 명령이 된다."라고 주장하고 있다. 여기에서 그리스 문명에서 영감을 받은 그리스도교에는 그리스 문명이 만든 요람이 깃들어 있으며, 또 박트리아 인이 그리스 제국을 계승해 세운 야만의 쿠산 왕국에는 주로 인도 문명에서 감명을 받은 대승 불교에 역시 그리스 문명의 요람이 깃들어 있음이 거론되고 있다.

    또한 토인비는 근대 서유럽과 러시아 및 동아시아의 '접촉'에 관해서는 그 무렵 러시아와 동아시아가 보인 수용주의의 대비를 생생하게 묘사하고 있다. 시리아 문명과 그리스 문명은 서로 영향을 주고받은 결과 궁극적으로는 쌍방이 모두 해체된 뒤 복합 문명이 탄생했다. 곧 삼위일체의 그리스도교는 유대적 일신교의 입장에서 볼 때에는, 그리스적인 종교의 두 가지 착오(인간 숭배와 다신교)에 대한 놀랄 정도의 타협을 뜻한다. 그리스도교가 그리스화 되어 유대적 일신교에서 멀어져 간 데 대한 의식적인 신중한 반작용으로 탄생한 이슬람교도의 신학적 목적에서는 그리스 철학에 의존하고 있기 때문에 유대교의 비그리스적인 전설로 되돌아가지는 않았다. 이런 문제와 관련하여 토인비는 동시대의 문명 접촉이 가져 온 사회적이고 심리적인 결과에 대해서도 흥미로운 많은 사실들을 설명해 주고 있다.

    제10부는 '문명들의 시간적 접촉'을 테마로 삼고 있다. 동시대의 문명 접촉만이 한 문명이 다른 문명과 마주치는 유일한 방법은 아니다. 현존하는 문명이 죽은 문명을 르네상스[재생]라는 형태로 살려내며 그와 접촉한다. 토인비가 사용한 '르네상스'라는 말은 이탈리아에서 그리스 문명을 재생시킨 사실에만 한정되는 것은 아니다. 그보다 넓은 의미에서 다른 많은 사회에서도 르네상스적 현상은 공통된 것으로 파악하고 있다. 토인비는 대부분의 사람들이 이탈리아의 르네상스를 놀랄만한 문화적 재생으로 간주하지만 본질적으로 망령은 살아있는 것보다 가치가 적다고 지적하고 있다. 한 사회가 고대 문명의 재생을 전적으로 새로운 창조적 출발의 대용물로 받아들인다면 그 사회는 숨이 멈추게 될 것이라고 말하고 있다.

    토인비는 결코 모든 사실이 시간적 순서에 따라 일어나는 것이 역사라고 생각하지 않았다. 또 역사 기술 역시 이들 사실을 있는 그대로 이야기하는 것이라고 생각하지 않았다. 그가 생각한 역사가는 다른 모든 인간에 대한 관찰자들과 마찬가지로 실재를 이해 가능한 것으로 만들어 내는 역할이 주어진 것으로 보았다. 그리고 이 같은 사고방식은 역사가로 하여금 '무엇이 진실인가, 무엇이 의미를 부여하고 있는가'라는 연속적 판단을 하도록 요구하고 있으며, 역사가는 이를 위해 모든 사실의 연구를 개관하며 분류 비교하지 않으면 안 된다고 강조하고 있다.

27 위 글의 특성에 대한 설명으로 옳지 않은 것은?

① 토인비라는 학자의 저서인 〈역사의 연구〉 일부를 소개하고 있다.

② 책의 내용을 요약하여 제시하는 데 주안점을 두고 있다.

③ 글쓴이는 설명하는 대상에 대해 매우 긍정적이다.

④ 저서에 대한 독자들의 충실한 이해를 돕기 위한 글로 볼 수 있다.

28 다음은 역사에 대한 학자들의 정의이다. 위 글의 내용과 관련지어 보았을 때 알맞지 않은 것은?

① 역사는 아(我)와 비아(非我)의 투쟁이다. - 신채호

② 역사는 과거와 현재의 끊임없는 대화이다. - 카

③ 역사는 도전과 응전의 과정이다. - 토인비

④ 역사는 있었던 그대로의 과거이다. - 랑케

29 신상품을 기획한 뒤 아래 글의 내용을 참고하여 마케팅 전략 구상을 하려고 할 때 빈칸에 들어갈 적절한 내용으로 알맞지 않은 것은?

> 마케팅은 문화적 규준, 관습, 활동을 상품 형태로 번역하는 자본주의 체제의 기술이다. 예술과 의사소통 전략을 동원하여 마케팅 전문가는 상품, 서비스, 체험에 문화적 가치를 부여하고 우리의 구매 행위에 문화적 의미를 불어넣는다. 사람들이 연락하는 데 점점 많이 쓰고 있는 정보와 통신 기술을 장악함으로써 마케팅 전문가는 예전에 학교, 교회, 동회, 주민회, 시민 단체가 문화적 표현의 해석과 재생산, 문화적 범주의 유지를 위해 했던 역할을 맡게 되었다.
>
> 이제 마케팅 산업에서 문화노동자의 일차적 임무는 대중문화로부터 의미의 단편을 뽑아내고, 음악·영화·디자인·광고 같은 예술의 힘을 빌려 특정한 문화적 범주에 어울리는 정서적 반응을 소비자에게 불러일으킬 수 있도록 제품을 포장하는 것이다. 제품을 파는 활동은 '체험'을 파는 활동의 뒷전으로 밀려난다. 나이키는 운동화를 파는 것이 아니라 그 운동화를 신으면 어떻게 보일까 하는 이미지를 파는 것이라는 사실을 기억하자. 애리조나주립 대학에서 마케팅을 가르치는 푸아트피라트 교수와 캘리포니아 대학경영 대학원에서 마케팅을 가르치는 알라디 벤카테시 교수는 새로운 마케팅 시대에는 '이미지가 제품을 표현'하는 것이 아니라 '제품이 이미지를 표현'한다고 강조한다.
>
> 문화 생산이 경제의 주역으로 떠오르면서 제품은 점점 무대의 소도구와 같은 성격을 띠게 된다. 제품은 정교한 문화적 의미가 그 위에서 공연되는 발판 내지는 배경이 된다. 제품은 물질적 의미를 상실하고 상징적 의미를 띤다. 제품은 물체로서의 성격을 점점 잃고 체험의 공연을 지원하는 도구에 가까워진다. 재산에 대해 보통 그 자체에 목적이 있는 자율적 실제라고 사람들은 받아들이지만 이제는 공연을 창조하는 데 쓰이는 수단으로 인식된다.
>
> 광고주는 이제 대중을 단순한 제품의 소비자가 아니라 무엇보다 상징의 소비자로 대해야 한다는 사실을 깨닫고 있다. 자연히 광고는 문화적 의미를 해석하는 역할을 떠맡게 된다. 광고는 개인이 스스로 떠올리는 삶의 줄거리를 사회 전체를 구성하는 좀 더 원대한 줄거리로 끊임없이 이어 주는 교량의 역할을 한다. 따라서 고도 자본주의의 본질은 단순한 제품의 생산도 아니고 서비스의 수행도 아니고 정보의 교환도 아니다. 그것은 정교한 문화 상품의 창조이다.

> | |
> | --- |

⬇

> | |
> | --- |

⬇

> | |
> | --- |

① 소비자의 정서적 반응 유도
② 소비자의 문화적 요구나 생활 패턴 분석
③ 제품에 어울리는 문화적 이미지 결정
④ 정교한 문화 상품의 창조

30 아래 내용의 입장에서 [보기]에 나타난 언어 표현을 비판한 것으로 가장 적절한 것은?

"꿈은 무의식을 알 수 있는 왕도다."라고 말했던 프로이트에 따르면 사실 말이야말로 무의식을 알 수 있는 '왕도'라고 말할 수 있겠다. 왜냐 하면 우리의 행위가 결여될수록 그만큼 우리의 '말이 결여' 되기 때문이다. 그런데 이 '결여된 말'은 우리가 깊은 생각을 해석하려 할 때 가장 큰 중요성을 지닌다. 말의 실수, '빗나간 언어' 등은 우리로 하여금 다음 사실을 알게 만드는 그만큼의 지표가 된다. 우리가 정말 말하고 싶은 것을 말할 수 없는 것은, 우리의 무의식이 우리가 자백하는 것을 막기 때문이다 한편 재치 있는 말들, 일회들, 농담들과 같은 특별한 발언들은 그만큼의 가면을 쓰고 있는 것들로서 그 가면 속의 우리의 무의식은 자신의 진정한 생각을 타인에게 감추는 역할을 한다.

> [보기]
>
> 사람이 벌이나 혹은 다른 군거 동물들의 집단생활보다 더 높은 차원의 정치 공동체를 이루는 이유는 명백하다. 자연은 어떤 사물이든 아무 뜻 없이 만들지는 않는다. 그런데 동물 중에 유독 사람만이 언어 능력을 구비하고 있다. 고통이나 쾌락을 소리로 표현하는 능력은 동물에게도 다 있다. 그러나 언어는 무엇이 유리하고 무엇이 유리하지 않은지, 따라서 무엇이 올바르고 무엇이 올바르지 않은지를 말할 수 있게 한다. 나머지 다른 동물들과 비교해 볼 때 독특한 점은 사람만이 선과 악, 정의와 불의 같은 성질들을 인식할 수 있는 능력이 있다는 것이다. 그리고 사람이변 누구나 이런 인식을 할 수 있기 때문에 가족이나 국가가 형성되는 것이다.

① 외부로 발화되지 않은 것도 언어의 한 양상임을 고려하지 않고 있다.
② 인간의 언어를 동물과 구별되는 지표 정도로만 단순하게 생각하고 있다
③ 말에 담기는 인간의 의식이 매우 복잡한 양상을 띠는 것임을 간과하고 있다.
④ 언어를 사용하는 주체의 의식과 언어의 발현 양상의 관련성을 부정하고 있다.

[31] 다음 글을 읽고 물음에 답하시오.

조선왕조실록 환수위원회는 도쿄대학교에 보관된 조선왕조실록 오대산 사고본 47책을 돌려받기 위해 올해 3월부터 도쿄대학교와 수차례 협상을 벌였다.

처음에 환수위원회의 노력에 별다른 반응을 보이지 않던 도쿄대학교는, 1913년 이루어진 조선왕조실록 반출이 국제법상 불법이었다는 주장을 내세우며 일본 법원에 소송도 불사하겠다는 환수위원회의 강경한 자세에 부담감을 느끼고 잠정적으로 반환을 결정했다. 하지만 한국 측 압력에 굴복했다는 인상을 줄 경우 일본 내 우익 세력이 강력히 반발할 것으로 우려해, 도쿄대학교는 최근까지도 문부과학성, 문화재청, 외무성 등 관계 당국과의 협의에 상당한 시일이 요구된다는 원론적이고 신중한 입장을 밝히는 데 그치고 있었다.

고민을 거듭하던 환수위원회와 도쿄대 관계자는 마침내 묘안을 찾아냈다. 개교 60주년을 맞은 서울대학교가 양국의 대표적 국립 대학교 간의 학술 교류 협력 차원에서 고문서를 기증받는 형식을 통해 조선왕조실록을 돌려받는 방법이었다. 이 방법은, 우리는 소중한 문화재를 돌려받고 도쿄대학교는 기증 형식으로 체면을 살리는 절묘한 '윈-윈(win-win)' 해법이었다.

이번 조선왕조실록 반환 결정은 독도 문제나 일본 역사 교과서 문제, 야스쿠니 신사 참배 문제 등으로 양국의 정치적 관계가 경색된 상황에서 이루어졌다는 점에서 한·일 양국이 최근 수년간 꾸준히 추진해 온 '비정치적 교류 협력'의 성공적인 사례라 할 수 있을 것이다.

31 다음 중에서 위 글의 내용을 이끌어내는 질문으로 가장 적절한 것은?

① 조선왕조실록의 반환 배경과 그 의의는?
② 한일 간에 '윈-윈' 해법이 적용되는 범위는?
③ 문화재 반환 과정에서 국제법이 중요한 이유는?
④ 조선왕조실록의 문화적 가치에 대한 국제적인 평가는?

[32] 다음 문서를 보고 물음에 답하시오.

전세계약서

☐ 임대인용
☐ 임차인용
☐ 사무소보관용

NO.____

부동산의 표지	소재지				
	구조		용도		면적
					m³ 평

전세보증금	금	원정(₩	)

제1조 위 부동산의 임대인과 임차인 합의하에 아래와 같이 계약함.
제2조 위 부동산의 임대차에 있어 임차인은 전세보증금을 아래와 같이 지불기로 함.

계약금	원정은 계약 시에 지불하고
중도금	원정은 20XX년 X월 X일 지불하며
잔 금	원정은 20XX년 X월 X일 중개업자 입회 하에 지불함.

제3조 위 부동산 명도는 20XX년 X월 X일로 함.
제4조 임대차 기간은 20XX년 X월 X일로부터 XX개월로 함.
제5조 임차인은 임대인의 승인 하에 개축 또는 변조할 수 있으나 계약 대상물을 명도 시에는 임차인이 일절 비용을 부담하여 원상복구하여야 함.
제6조 임대인과 중개업자는 별첨 중개물건 확인설명서를 작성하여 서명 날인하고 임차인은 이를 확인 수거함 다 만 임대인은 중개물건 확인설명에 필요한 자료를 중개업자에게 제공하거나 자료수집에 따른 법녕에 규정한 설비를 지급하고 대행케 하여야 함.
제7조 본 계약을 임대인이 위약 시는 계약금의 배액을 변상하며 임차인이 위약 시는 계약금을 무효로 하고 반환을 청구할 수 없음.
제8조 부동산 중계업법 제20조 규정에 의하여 중계료는 계약 당시 쌍방에서 중계수수료를 중개인에게 지불하여야 함.
단 :

_____

_____

위 계약조건을 확실희 하고 훗일에 증하기 위하여 본 계약서를 작성하고 각 1통씩 보관한다.

20XX년 X월 X일

임대인	주소					
	주민등록번호	–	전화번호		성명	㉑
임차인	주소					
	주민등록번호	–	전화번호		성명	㉑
중개업자	주소				허가번흐	
	주민등록번호	–	전화번호		성명	㉑

32 위 서식에서 잘못 쓰인 글자는 모두 몇 개인가?

① 6개   ② 7개
③ 8개   ④ 9개

33 아래 사례에서 A 영농조합의 성공 요인으로 적절한 것을 [보기]에서 고른 것은?

> A 영농조합은 수박을 소비자에게 택배로 배송하여 큰 수익을 올리고 있다. 일반적으로 수박은 쉽게 깨질 수 있어 택배 배송을 하지 않았다. 그러나 이 조합에서는 수박을 에어백으로 포장하여 배송 중에 수박이 파손되는 것을 최대한 줄였다. 또한 추가 비용만 지불하면 수박 표면에 레이저를 활용하여 고객이 원하는 문구와 문양을 새겨주고 있다.

> **보기**
> ㄱ. 마케팅 전략　　　　　　　　ㄴ. 저장 기술 개발
> ㄷ. 생산비용의 절감　　　　　　ㄹ. 포장 기술 개발

① ㄱ, ㄴ　　　　　　　　　　② ㄱ, ㄹ
③ ㄴ, ㄷ　　　　　　　　　　④ ㄴ, ㄹ

34 아래는 철수가 화훼를 다루는 A 농업회사에 지원하면서 제출한 자기소개서의 내용 가운데 진로를 결정하게 된 동기를 서술한 부분이다. 철수가 자신의 진로를 결정하는데 영향을 미친 요인으로 적절한 것을 [보기]에서 고른 것은?

> 처음에는 '내가 왜 현장 실습을 가야 되는 걸까?' 하는 회의감이 많이 들었습니다. 하지만 지금은 현장 실습을 통해 정말 좋은 경험을 하게 되었다는 생각을 하고 있습니다. 식물을 키우는 것은 힘이 들고 돈도 많이 벌지 못한다고 생각했었는데, 장미 재배 농가에서 현장 실습을 하게 되면서 생각이 바뀌게 되었습니다. 땀을 흘리며 일하는 것에 보람을 느꼈고 적성에도 맞았을 뿐만 아니라, 재배 시설도 자동화되어 있어 일하는 것도 힘들지 않았고, 장미 재배 농가 사장님이 생각보다 많은 돈을 벌고 계셨기 때문입니다. 그래서 이 실습을 통해 화훼 작물 재배자가 되기로 결심하였습니다.

> **보기**
> ㄱ. 직업의 미래 전망　　　　　　ㄴ. 직업 세계의 변화
> ㄷ. 직업에 대한 가치관　　　　　ㄹ. 직업 선택을 위한 자신에 대한 이해

① ㄱ, ㄴ　　　　　　　　　　② ㄴ, ㄷ
③ ㄴ, ㄹ　　　　　　　　　　④ ㄷ, ㄹ

35 아래 그래프는 체험 활동에 필요한 농촌 마을의 자원 현황을 나타낸 것이다. A, B 마을의 발전 방향으로 적절한 것만을 [보기]에서 있는 대로 고른 것은?

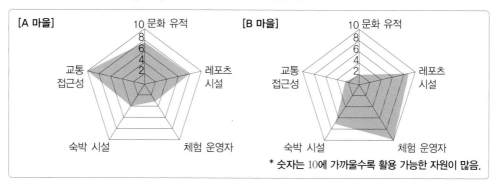

* 숫자는 10에 가까울수록 활용 가능한 자원이 많음.

> 보기
>
> ㄱ. A 마을은 문화재 해설가를 양성한다.
> ㄴ. B 마을은 1일 체험 프로그램을 운영한다.
> ㄷ. A, B 마을 모두 자연 속 스포츠 프로그램을 개발한다.

① ㄱ   ② ㄱ, ㄷ

③ ㄴ, ㄷ   ④ ㄱ, ㄴ, ㄷ

36 아래는 두 기업의 특징을 비교한 것이다. A 기업과 비교한 B 기업의 특징을 추론한 것으로 적절한 것을 [보기]에서 고른 것은?

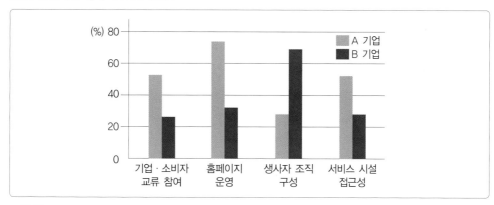

> 보기
>
> ㄱ. 기업 상품 홍보에 불리할 것이다.
> ㄴ. 생산품 판매 협상이 유리할 것이다.
> ㄷ. 기업 직거래 장터의 운영이 활발할 것이다.
> ㄹ. 복지를 위한 인프라 구축이 잘 되었을 것이다.

① ㄱ, ㄴ   ② ㄱ, ㄹ

③ ㄴ, ㄷ   ④ ㄴ, ㄹ

37 아래 내용을 통하여 '빙산의 유입이 어떻게 하여 지구를 거의 뒤덮는 기후 변화를 촉발했을까?'라는 물음에 대한 답을 도출한 것을 도식화하였다. ⓐ～ⓒ에 들어갈 내용이 아닌 것은?

> 온난화로 인해 빙산이 서서히 녹으면 주변 바닷물을 희석시키게 된다. 이로 인해 바닷물의 염분도가 낮아지고 동시에 밀도가 낮아지게 된다. 그렇게 되면 올라오던 난류의 침강 속도가 현저하게 떨어지게 된다. 이것은 해류의 열순환 시스템의 작동에 문제를 일으킨다. 결국 북쪽으로 열을 실어 나르는 과정이 차단되어 버렸고 이로 인해 한파가 몰려왔다고 볼 수 있다. 요컨대 기후의 안정추로 여겨졌던 바다는 순환이 조금만 흐트러져도 기후의 안정을 깨뜨리는 요소로 작용할 수 있음을 여실히 보여 준 사례이다.

빙산의 유입이 어떻게 하여 지구를 거의 뒤덮는 기후 변화를 촉발했을까?

⬇

ⓐ

⬇

ⓑ

⬇

ⓒ

① 빙산이 녹으면서 주변 바닷물의 염분을 낮게 한다.
② 적도에서 올라오던 해류가 빙산 주변에서 급속히 가라앉는다.
③ 적도에서 올라오던 해류가 빙산 주변에서 침강의 속도가 떨어진다.
④ 순환성이 떨어져 따뜻한 난류가 북쪽으로 잘 올라오지 않는다.

정답 및 해설 46쪽

01 아래 이야기에서 맨 처음에 꼬마가 가졌던 끈의 길이는? [예시 문제 변형 - NCS]

> "끈을 또 달라고?"
>
> 침대보가 담겨있는 대야에서 손을 빼면서 엄마가 물었다.
>
> "넌 엄마가 무슨 끈 공장인줄 아냐? 끈 줘, 끈 줘, 왜 허구한 날 끈을 달라는 거냐? 어제도 한 무더기의 끈을 줬잖아. 무얼 하는데 그렇게 많은 끈이 필요하냐? 도대체 어디다 쓰는데?"
>
> "끈을 어디다 썼냐고요?"
>
> 꼬마가 대답했다.
>
> "첫째, 어제 준 끈은 엄마가 도로 반을 가져갔잖아요."
>
> "아니, 그럼 난 침대보를 어디다 널란 말이냐?"
>
> "그리고 남아 있는 것 중에서 반은 낚시를 할 때 필요하다면서 형이 가져갔어요."
>
> "그건 잘 했구나. 너희는 형제니까 서로 양보해야지."
>
> "그래서 양보했잖아요. 그런데 이렇게 조금밖에 안 남았는데 아빠가 교통사고 난걸 보고 웃다가 끊어진 멜빵을 고친다고 반을 또 가져갔어요. 그것뿐인 줄 알아요. 머리 묶어야 한다며 누나가 3/5을 남기고 또 가져갔어요."
>
> "남은 끈으로는 뭘 했냐?"
>
> "남은 끈이라고요? 남은 끈의 길이는 겨우 30cm였어요. 그걸로 뭘 할 수 있겠어요."

① 10m ② 8m
③ 4m ④ 2m

02 아래 집단 A와 B의 평균과 평균편차, 분산과 표준편차를 바르게 나타낸 것은?

> A = [1, 2, 8, 9]
> B = [3, 4, 6, 7]

	집단	평균	평균편차	분산	표준편차
①	A 집단	5	3.5	2.5	156.25
②	A 집단	5	1.5	12.5	6.25
③	B 집단	5	1.5	2.5	6.25
④	B 집단	5	3.5	12.5	156.25

03 아래 사례의 L사 기초 학력 Test 답안지 가운데 정답이 잘못된 것은? [예시 문제 변형 – NCS]

우리나라의 대표적 기업 중 하나인 L사는 몇 해 전부터 신입사원들을 대상으로 기초 학력 Test를 실시하고 있다. L사에서는 전문계 고등학교 졸업생의 경우 상위 50% 이내의 학생들을 신입사원으로 채용하고 있다.

그러나 L사에서는 기초 학력 Test 결과 초등학교 수준의 계산 문제를 풀지 못하는 인원도 상당수이고, 1분 30초를 90초가 아닌 130초로 입력해 대규모 불량을 발생시킨 사례도 있어 이려움올 호소히고 있다.

L사의 인사 관계 담당자는 기초 학력이 매우 부족하여 회사에서 일하는데 기본적으로 필요한 사항을 충족하고 있는 인재는 점차 희소해지고 있다는 어려움을 토로하고 있다. 이에 따라 기초 학력 중에서도 수리능력에 대한 재교육을 실시하는데 막대한 비용이 들며, 업무상 error가 매우 빈번하게 발생하고 있음을 그 사례로 제시하고 있다.

다음은 L사에서 실제로 실시하고 있는 기초 학력 Test 중에서 수리능력과 관련된 일부 문제의 답안지 가운데 하나이다.

◎ 다음을 계산하여라.

1. $1/2 + 2/3$ = ㉠(6/5) 2. $3271 - 697$ = ㉡(2574)
3. 3.5×15 = (52.5) 4. $150 \div 6$ = (25)
5. $(-11) + (+17)$ = ㉢(28)

◎ 아래 도량형에 맞게 빈칸을 채우시오.

6. 온도(섭씨)를 측정하는 단위 (℃)
7. 1kg = (1,000)g 8. 1cm = (10)mm
9. 1kℓ = (1,000) ℓ 10. 1 ℓ =㉣(1,000)cc
11. 1분 = (60)초 12. 1시간= (60)분

문제에서 볼 수 있듯이 대부분의 문제의 수준은 초등학교 수준을 벗어나지 않고 있음을 볼 수 있다. 그러나 더욱 놀라운 것은 신입사원들의 기초 학력 Test의 평균 점수가 2006년도에 100점 만점에 71점에 불과하다는 사실이다. L사에서는 고등학교까지 졸업하였더라도 초등학교 수준의 학력도 안 되는 인원이 발생함에 따라 업무 수행을 위한 직무 교육은 사실상 불가능하다고 한다.

① ㉠

② ㉡

③ ㉢

④ ㉣

[04~05] 다음에 주어진 자료를 보고 물음에 답하시오.

A 지역에 있는 어떤 회사가 자기 회사의 새로운 프로젝트를 설명하기 위해 B, C, D, E 지역에 있는 다른 회사들에 모두 들리려고 한다. 다음 그래프는 각 지역 사이에 있는 숫자는 모든 길(선)의 길이를 나타내고 있다.

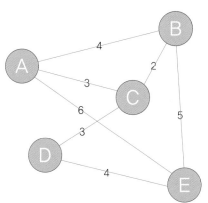

04 다시 A 지역으로 돌아오는 것을 고려하지 않고 네 지역을 들리려 할 때 최단 경로의 길이는?

① 12
② 13
③ 14
④ 15

05 A 지역과 D 지역 사이에 길이 2의 길이 새로 생겼다. 이때 네 지역을 모두 들리기 위한 최단 경로의 길이는?

① 12
② 13
③ 14
④ 15

06 아래는 라운드 로빈(Round Robin) CPU 스케줄링 기법을 적용한 자판기 [이용 규칙]이다. 이에 따라 자판기를 이용할 때, 9번째로 이용하는 사람은? (단, 희망 개수만큼 모두 구입한다.)

[이용 규칙]
• 도착한 순서대로 이용한다.
• 구매 개수는 반드시 1회 2개이다.
• 구매 희망 개수가 2개를 초과할 경우 2개를 구입한 후 맨 뒤로 가서 순서를 기다린다.

[구매]
　A 8개　　B 2개　　C 6개　　D 2개　　E 4개

① A
② B
③ C
④ D

07 아래 기사 내용을 통해 유추할 수 있는 청소년 건강 행태의 문제점으로 적절한 것을 [보기]에서 고른 것은?

질병관리본부의 '청소년 건강 행태 온라인 조사' 결과에 따르면 남자의 79.6%, 여자의 82.1%가 정상 체중으로 나타났다. 그 정상 체중 학생을 대상으로 '신체 이미지 왜곡'과 '다이어트 경험'을 조사하였더니 다음과 같은 결과를 보였다.

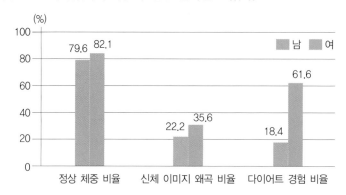

※신체 이미지 왜곡 비율은 정상 체중임에도 자신이 살찐 상태라고 생각하는 비율임

－ ○○신문, 2013. 5. 20.

보기

ㄱ. 남학생은 여학생에 비해 마른 몸매를 선호한다.
ㄴ. 남학생은 여학생에 비해 신체에 대한 불만이 많다.
ㄷ. 여학생은 남학생보다 신체 이미지 왜곡 비율이 높다.
ㄹ. 여학생은 남학생에 비해 불필요한 다이어트를 많이 한다.

① ㄱ, ㄴ ② ㄴ, ㄷ
③ ㄴ, ㄹ ④ ㄷ, ㄹ

08 아래 그래프는 우리나라의 연령 계층별 인구 구성비 전망 자료이다. 이를 통해 유추할 수 있는 내용으로 가장 적절한 것은? (단, 총 인구 수는 변화가 없는 것으로 가정한다.)

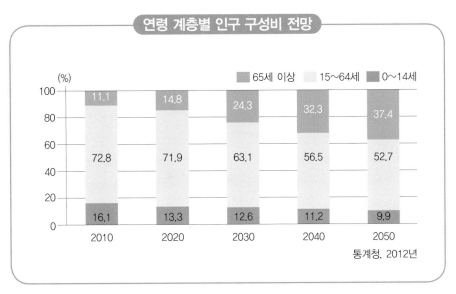

① 유아·아동용품 수요 인구가 증가할 것이다.
② 의료·실버산업 수요 인구가 증가할 것이다.
③ 유소년 인구가 고령 인구보다 많아질 것이다.
④ 생산 가능 인구 1인당 부양해야 할 고령 인구가 감소할 것이다.

09 아래 그래프로 보았을 때, 우리나라 공업별 수출 변화 추이에 대한 설명으로 옳은 것만을 [보기]에서 있는 대로 고른 것은?

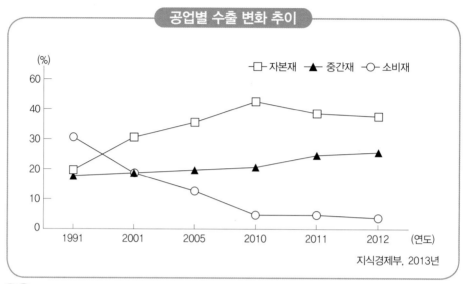

공업별 수출 변화 추이

지식경제부, 2013년

보기

ㄱ. 2012년의 전체 수출에서 생산재 공업의 비중이 80% 이상을 차지한다.

ㄴ. 철강, 시멘트 등 관련 산업에 기초 소재를 제공하는 공업의 수출 비중은 지속적으로 증가하고 있다.

ㄷ. 섬유, 신발, 식품 등 일상생활에 필요한 제품을 생산하는 공업의 수출 비중은 지속적으로 감소하고 있다.

ㄹ. 1991년부터 2010년까지 산업용 기계 및 설비 등의 제품을 생산하는 공업의 수출 비중이 가장 큰 폭으로 변화하였다.

① ㄱ, ㄴ
② ㄷ, ㄹ
③ ㄱ, ㄴ, ㄷ
④ ㄴ, ㄷ, ㄹ

10 아래는 국내산 밀의 생산 및 가격 동향에 대한 그래프이다. 이에 대한 분석 내용으로 옳은 것을 [보기]에서 고른 것은?(단, 제시된 자료만을 근거로 분석할 것)

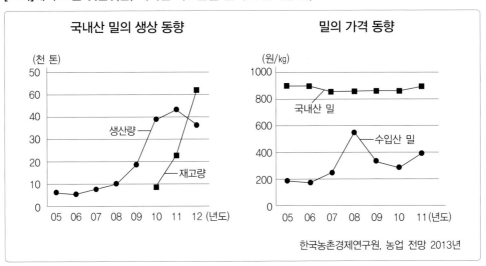

한국농촌경제연구원, 농업 전망 2013년

보기

ㄱ. 밀 생산량은 국내산 밀 가격의 영향을 크게 받는다.
ㄴ. 밀 재고량 증가는 국내산 밀의 높은 가격이 주요인 중 하나다.
ㄷ. 국내산 밀 가격은 해외 시장 변화에 민감하게 반응하고 있다.
ㄹ. 2012년도에 재고량이 생산량보다 많은 것은 재고가 누적되었기 때문이다.

① ㄱ, ㄴ   ② ㄱ, ㄹ
③ ㄴ, ㄷ   ④ ㄴ, ㄹ

11 아래 그래프와 같은 환율 변동 추세가 지속될 때, 국내 경제에 미치는 효과로 적절한 것을 [보기]에서 고른 것은? (단, 환율을 제외한 다른 요인은 고려하지 않는다.)

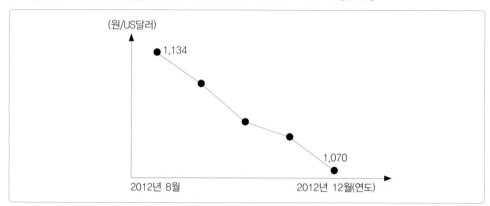

보기

ㄱ. 미국 여행 비용이 증가한다.
ㄴ. 미국에 대한 수출이 둔화된다.
ㄷ. 기업의 달러 외채 상환 부담이 감소된다.
ㄹ. 미국으로부터 수입하는 원자재 가격이 상승한다.

① ㄱ, ㄴ   ② ㄱ, ㄷ
③ ㄴ, ㄷ   ④ ㄷ, ㄹ

12 아래 그래프는 A, B 두 기업의 상품 판매 가격 구성 요소를 나타낸 것이다. 이를 비교하여 설명한 것으로 옳은 것은? (단, 동일한 상품 1단위를 기준으로 하고, 제시된 자료 외에는 고려하지 않는다.)

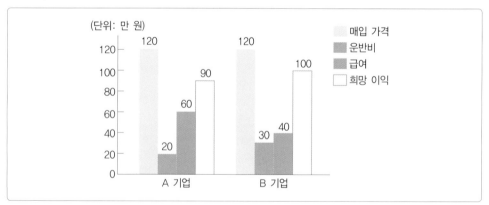

① 이폭은 A 기업이 더 적다.
② 영업비는 A 기업이 더 적다.
③ 매입 원가는 B 기업이 더 많다.
④ 판매 원가는 B 기업이 더 많다.

13 아래 그래프는 국가별 산업 종사자 비율을 나타낸 것이다. 이를 통해 알 수 있는 내용으로 옳은 것만을 [보기]에서 있는 대로 고른 것은?

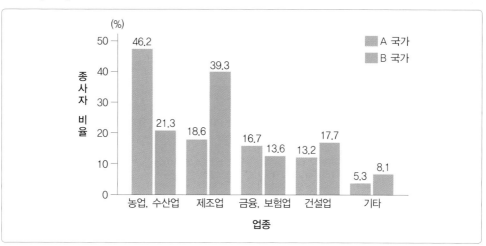

ㄱ. A 국가는 무형의 서비스를 제공하는 업종의 종사자 비율이 가장 높다.

ㄴ. A 국가는 B 국가보다 클라크의 분류 방법에 따른 1차 산업 종사자의 비율이 높다.

ㄷ. B 국가는 A 국가보다 공업 분야의 산업 종사자 비율이 높다.

① ㄱ

② ㄱ, ㄷ

③ ㄴ, ㄷ

④ ㄱ, ㄴ, ㄷ

[14~16] 사업체 분포를 나타낸 다음 자료를 보고 물음에 답하시오.

다음은 2014년도 특별시와 광역시에 따른 사업체의 분포를 나타낸 도표이다. 사업체는 크게 단독 사업체(A)와 본사, 본점(B) 그리고 공장, 지사, 영업소(C)로 구분된다. 다음의 물음에 답하여라.

사업체 구분	사업체 수							
	전체	서울	부산	대구	인천	광주	대전	울산
(A) 단독 사업체	3,468,399	736,700	256,806	186,214	169,010	102,110	99,255	72,741
(B) 본사, 본점	44,236	14,597	2,739	1,646	1,824	1,066	1,071	678
(C) 공장, 지사, 영업소	164,241	33,797	12,438	7,857	7,156	5,632	5,350	3,574

14 전국에 있는 본사, 본점 중에 특별시와 광역시에 있는 본사, 본점의 비율에 가장 가까운 것은?

① 51%　　　　　　　　　　　② 52%

③ 53%　　　　　　　　　　　④ 54%

15 위 자료에 대한 다음 설명 중에서 옳지 않은 것은?

① (A)는 서울이 다른 6대 광역시를 합친 것보다 더 많다.

② (C)는 전체 도시 중에 울산에 가장 많이 존재한다.

③ (A), (B), (C)는 서울에 가장 많이 존재한다.

④ (A), (B), (C)는 대구가 인천보다 더 많이 존재한다.

16 아래는 위의 통계 자료를 보고 그려낸 단독 사업체의 비율 그래프이다. 다음 중에서 이 그래프에 대한 설명으로 옳지 않은 것은?

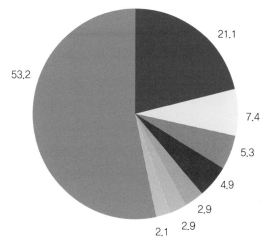

① 원그래프는 전체에 대한 비율을 시각적으로 보여주는데 효과적이다.
② ㄱ은 특별시와 광역시를 제외한 나머지 도시들의 비율이다.
③ ㄴ은 서울특별시이다.
④ ㄹ은 인천광역시이다.

17 아래에 제시된 자료들에서 최솟값은 100이고, 최댓값은 400이다. 중앙값과 하위 25%값·상위 25%값을 바르게 나타낸 것은?

> 100 107 110 112 118 122 124 130 132 136
> 140 144 148 149 149 151 164 168 172 176
> 180 184 200 205 219 225 235 245 255 400

	중앙값	하위 25%값	상위 25%값
①	100	124	184
②	150	130	200
③	170	132	203
④	200	136	205

18 S씨가 [조건]에 따라 도시 3곳을 여행할 때, 여행한 도시를 순서대로 바르게 나열한 것은?

[조건]
• 출발지는 대전이다.
• 출발지와 여행한 도시는 다시 방문하지 않는다.
• 이동 방법은 디스크 스케줄링 기법 SSTF(Shortest Seek Time First)를 활용한다.

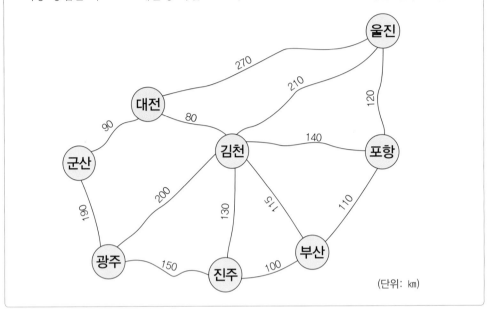

① 군산 – 광주 – 김천
② 군산 – 광주 – 진주
③ 김천 – 부산 – 진주
④ 울진 – 김천 – 광주

19 아래의 표는 2013년 창업된 회사의 업종별 공동 창업 여부를 나타내는 것이다. 다음 중에서 옳지 않을 것은?

분야	사업체 수	공동 창업(%)	개인 창업(%)
제조업	45,805	0.5	99.5
출판, 영상, 방송통신, 정보 서비스업	4,636	0.2	99.8
전문, 과학, 기술 서비스업	14,912	0.0	100.0
사업 시설 관리, 사업 지원 서비스업	8,077	1.1	98.9
교육 서비스업	587	0.8	99.2
예술, 스포츠, 여가 관련 서비스업	2,992	0.0	100.0

① 공동 창업을 한 사업체 수가 가장 많은 업종 분야는 '제조업' 분야이다.
② '전문, 과학, 기술 서비스업' 분야와 '예술, 스포츠, 여가 관련 서비스업' 분야에서는 공동 창업이 없다.
③ 공동 창업 비율이 0%인 '예술, 스포츠, 여가 관련 서비스업' 분야가 '출판, 영상, 방송통신, 정보 서비스업' 분야의 개인 창업 사업체 수보다 더 많다.
④ '출판, 영상, 방송통신, 정보 서비스업' 분야의 공동 창업 사업체 수는 '교육 서비스업' 분야의 공동 창업 사업체 수 보다 많다.

[20~21] 다음은 6대 광역시의 경제 활동 참가율 및 고용률 현황에 대한 자료이다. 자료를 보고 이어지는 질문에 답하시오.

[예시 문제 - NCS]

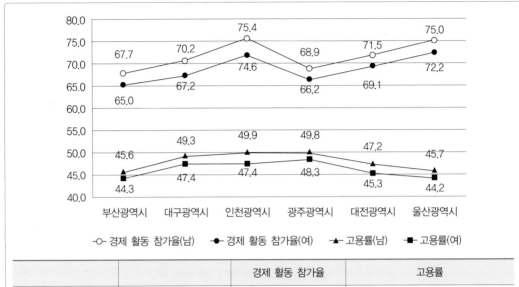

		경제 활동 참가율	고용률
전국	남성	73.0	70.1
	여성	49.4	47.8
서울특별시	남성	73.0	69.1
	여성	51.2	49.2

[출처 : 경기도 성별 경제활동현황추이]

20 다음 중에서 위 자료의 내용을 잘못 설명한 것은?

① 인천의 고용률은 남녀 모두 서울보다 높다.
② 6대 광역시 중 여성의 고용률이 가장 낮은 도시는 울산이다.
③ 6대 광역시 중 여성 경제 활동 참가율이 50%를 넘는 도시는 없다.
④ 6대 광역시 중 남녀 간에 경제 활동 참가율의 차이가 가장 큰 도시는 울산이다.

21 6대 광역시 중에서 여성 경제 활동 참가율이 전국보다 높고 서울보다 낮은 도시를 바르게 나열한 것은?

① 대구광역시, 대전광역시
② 인천광역시, 광주광역시
③ 대구광역시, 인천광역시, 광주광역시
④ 인천광역시, 광주광역시, 대전광역시

22 아래 표는 서울특별시의 보유 재산 항목과 그 평가액을 나타낸 것이고, [보기]는 이를 막대그래프로 나타낸 것이다. [보기]의 'ㄱ-ㄴ-ㄷ-ㄹ'을 순서대로 바르게 배열한 것은?

분류	평가액
토지	71,427,827
건물	4,330,764
기계기구	405,259
선박	18,395
입목	203,870
공작물	17,666,830
기타	11,996,475

보기

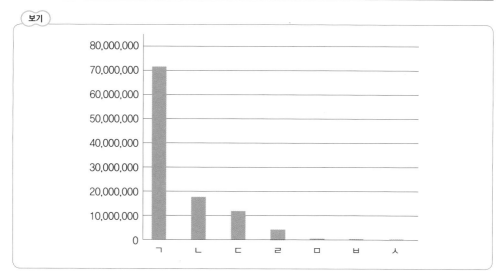

① 토지 - 건물 - 기계기구 - 선박
② 토지 - 기타 - 공작물 - 건물
③ 토지 - 공작물 - 기타 - 건물
④ 토지 - 공작물 - 건물 - 기타

23 아래의 표는 매년 연령대별 기업 대표자의 수를 나타낸 것이다. 다음 중에서 [보기]의 그래프 'ㄱ-ㄴ-ㄷ-ㄹ'을 올바른 순서대로 배열한 것은?

	2008	2009	2010	2011	2012	2013
30대 미만	145,474	149,401	139,379	135,240	125,555	117,031
30대	835,400	831,222	787,556	784,151	758,422	724,181
40대	1,632,384	1,658,728	1,613,794	1,632,922	1,631,685	1,602,232
50대	1,342,322	1,485,886	1,577,762	1,677,480	1,734,828	1,756,198
60대 이상	1342,322	895,612	934,354	1,035,604	1,107,837	1,165,766

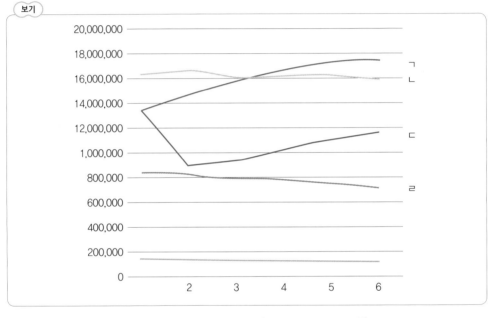

	ㄱ	ㄴ	ㄷ	ㄹ
①	60대 이상	50대	40대	30대
②	50대	60대 이상	40대	30대
③	50대	40대	60대 이상	30대
④	60대 이상	40대	50대	30대

24 아래의 표는 2007년부터 2012년까지 신생 기업과 소멸 기업의 수를 나타낸 것이다. [보기]의 ㉠~㉢ 중 옳은 것을 모두 고른 것은?

연도	신생 기업 수	소멸 기업 수
2007	847,825	616,382
2008	796,018	637,817
2009	759,996	662,045
2010	773,226	650,197
2011	809,426	683,099
2012	769,878	741,111

보기

㉠ 매년 기업의 수는 늘어난다.
㉡ 2007년에 가장 많은 수의 기업이 늘어났다.
㉢ 신생 기업의 소멸 비율이 가장 높은 해는 2012년이다.

① ㉡
② ㉠, ㉡
③ ㉡, ㉢
④ ㉠, ㉡, ㉢

25 아래의 표는 한국, 중국, 일본 3국의 1998년부터 2003년까지 반도체 수출과 수입의 규모를 백만 달러 단위로 나타낸 것이다. 옳은 것은?

		1998	1999	2000	2001	2002	2003
한국	수출	16,945	18,749	21,114	11,999	13,109	16,377
	수입	11,832	15,709	19,270	15,102	16,945	20,603
중국	수출	1,892	3,191	4,490	4,006	6,152	9,013
	수입	6,579	10,400	17,394	20,736	32,320	49,390
일본	수출	27,800	32,404	36,621	25,719	30,636	36,305
	수입	11,729	14,646	18,399	14,286	15,881	18,557

① 중국의 반도체 수출은 매해 증가하고 있다.
② 2002년에서 2003년이 될 때 중국의 반도체 수출액 증가량이 가장 크다.
③ 한국과 일본은 매년 반도체 시장에서 무역 흑자를 내고 있다.
④ 일본은 매년 한국보다 많은 액수의 반도체를 수입한다.

26 아래의 표는 2011년부터 2013년까지 제조업 분야의 대기업과 중소기업의 성장성에 관한 지표이다. [보기]의 ㉠~㉢ 중 옳은 것을 모두 고른 것은?

증가율 항목	2011			2012			2013		
	대기업	중소기업	종합	대기업	중소기업	종합	대기업	중소기업	종합
총자산	10.70	10.62	10.92	4.62	3.63	7.63	5.55	4.55	8.57
유형자산	9.80	9.45	10.66	6.39	5.32	9.40	4.75	3.09	9.33
유동자산	12.06	12.73	10.68	2.70	1.29	6.12	6.55	5.88	8.18
재고자산	17.84	19.36	14.61	−1.44	−4.17	5.48	0.99	−1.18	6.22
자기자본	10.19	9.68	12.16	9.09	8.06	13.58	9.05	8.21	12.76
매출액	13.55	14.33	11.69	4.21	4.09	4.54	0.51	−1.15	5.18

보기

㉠ 대기업의 총자산은 매년 증가하고 있다.
㉡ 중소기업의 매출액은 매년 증가하고 있다.
㉢ 2013년의 재고자산은 2010년의 재고자산보다 높다.

① ㉠
② ㉢
③ ㉠, ㉢
④ ㉠, ㉡, ㉢

27 아래의 표는 2013년 창업자 연령별 창업 자금의 조달 방법을 나타낸 것이다. (단, 두 가지 이상의 자금에 의존할 수도 있다.) [보기]에서 표를 통해 알 수 있는 것을 모두 고른 것은?

(단위 : %)

	정부 금융	민간 금융	캐피탈, 엔젤 투자	자기자본	기타
20대	6.4	11.8	0.0	90.2	4.9
30대	9.1	19.4	0.4	94.2	2.8
40대	8.6	19.6	0.6	96.2	1.3
50대	6.2	13.8	0.2	96.5	1.8
60대 이상	2.5	10.7	0.3	97.7	1.6

> **보기**
> ㉠ 모든 연령에서 두 가지 이상의 자금에 의존하는 창업자가 반드시 있다.
> ㉡ 연령대가 높을수록 자기자본에 의존하는 창업자가 늘어난다.
> ㉢ 40대가 민간 금융으로부터 가장 많은 자금을 조달받았다.

① ㉠   ② ㉡
③ ㉠, ㉡   ④ ㉡, ㉢

28 아래의 표는 2007년부터 2012년까지 벤처기업들의 재무 현황을 나타낸 것이다. 다음 설명 중에서 옳지 않은 것은?

(단원 : 만 원)

	2007	2008	2009	2010	2011	2012
자본	213,269	243,662	260,048	257,341	207,285	228,490
부채	290,378	380,440	400,806	368,239	308,495	333,922
자산	503,647	624,102	660,854	625,580	515,780	562,412

① 2010년과 2011년 벤처기업의 자산 규모가 가장 크게 감소하였다.
② 위의 표를 그래프로 나타냈을 때 가장 효과적인 것은 원그래프이다.
③ 전체 자산 중 자본의 비율이 가장 큰 해는 2007년이다.
④ 부채와 자본의 차이가 가장 큰 해는 2009년이다.

29 다음 중에서 아래 자료에 대한 분석으로 옳은 것은?

갑은 푸드 트럭을 임차하여 하루 동안 ○○ 축제에서 음식을 판매하고자 한다. 갑이 푸드 트럭을 임차하면 운영 시간에 관계없이 푸드 트럭 임차료 5만 원을 내야 한다. 표는 푸드 트럭 운영 시간에 따른 운영 비용과 총수입을 나타낸다. 총비용은 푸드 트럭 임차료와 운영 비용의 합계이다.

운영 시간(시간)	1	2	3	4	5
운영 비용(만 원)	6	10	13	15	25
총수입(만 원)	7	14	21	28	35

① 갑이 4시간 운영할 때 이윤은 8만 원이다.
② 갑이 5시간 운영할 때 이윤이 극대화된다.
③ 갑이 운영 시간을 1시간씩 늘릴 때마다 추가적으로 발생하는 운영 비용은 증가한다.
④ 푸드 트럭 임차료가 7만 원이라면 이윤이 극대화되는 운영 시간은 줄어든다.

30 식품회사인 K는 A 지역에 진출하기 위해 시장 조사를 하는 과정에서 아래와 같은 대화를 나누게 되었다. 아래 대화에 대한 분석으로 옳은 것은? (단, A 지역에서 갑은 숙박 서비스를, 을은 한우를 독점적으로 공급하고 있다.)

갑 : 숙박 서비스 요금을 10% 인상했더니 판매 수입이 10% 감소했어요.
을 : 한우 판매 가격을 10% 인하했더니 판매량이 5% 증가했어요.

① A 지역에서 숙박 서비스 요금 인상으로 숙박 서비스 수요량이 증가하였다.
② A 지역에서 숙박 서비스에 대한 수요의 가격 탄력성은 1이다.
③ A 지역에서 한우 판매 가격 인하로 한우 판매 수입이 증가하였다.
④ A 지역에서 숙박 서비스에 대한 수요의 가격 탄력성보다 한우에 대한 수요의 가격 탄력성이 더 작다.

31 아래는 주식 시세표의 일부이다. 이에 대한 설명으로 옳은 것은? (단, 제시된 자료 외의 것은 고려하지 않는다.)

주식 시세표

2018년 XX월 XX일 종가

KOSPI 지수 2,367.65(▲8.50)

(단위 : 원)

종목	시가	종가	저가	고가	등락
A	9,000	11,000	8,000	12,000	▲ 1,000
B	21,000	18,000	16,000	22,000	▽ 2,000
C	300,000	330,000	290,000	360,000	▲30,000

① A 종목의 전일 폐장 시 가격은 9,000원이다.
② B 종목의 당일 중 처음 형성된 가격은 전일 종가와 같다.
③ C 종목의 최소 주문 단위는 10주이다.
④ 당일 가격 변동 폭은 A 종목이 4,000원, B 종목은 6,000원이다.

32 아래는 A 제품의 제품 구조도(BOM)이다. A 제품 10개를 생산하고자 할 때 C 부품의 총 소요량을 계산한 것으로 옳은 것은? (단, 그림의 ( )의 숫자는 상위 품목 1단 위 생산을 위해 필요한 해당 품목의 소요량을 나타냄.)

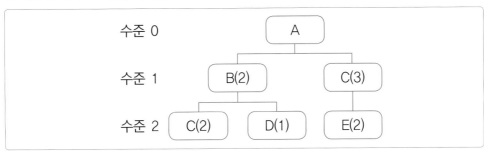

① 30개
② 40개
③ 50개
④ 70개

33 아래는 A, B 유통회사의 동일한 상품에 대한 판매 가격의 구성 비중을 나타낸 것이다. 이에 대한 설명으로 옳은 것은? (단, 판매 가격은 10,000원으로 동일하다.)

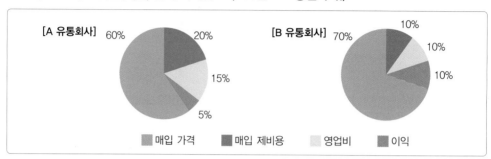

① A 유통회사의 매입 가격은 7,000원이다.
② B 유통회사의 매입 제비용은 2,000원이다.
③ A 유통회사와 B 유통회사의 이폭은 동일하다.
④ B 유통회사가 A 유통회사보다 매입 원가가 높다.

34 아래는 운송의 종류에 따라 속도, 수송량, 운송 비용과의 관계를 나타낸 것이다. (가), (나) 운송에 대한 특징으로 옳은 것을 [보기]에서 고른 것은?

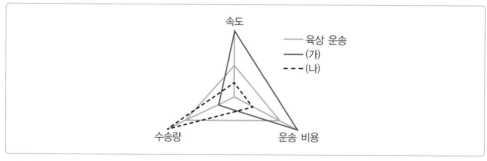

> **보기**
>
> ㄱ. (가)는 Door to Door 배송이 가능하다.
> ㄴ. (나)는 기상의 영향을 많이 받는다.
> ㄷ. (가)는 (나)보다 화물의 크기 제한이 적다.
> ㄹ. (나)는 (가)보다 벌크 화물 운반에 유리하다.

① ㄱ, ㄴ   ② ㄱ, ㄷ
③ ㄴ, ㄷ   ④ ㄴ, ㄹ

35 아래는 A 무역회사에서 직원 교육 후 실시한 평가 문제와 직원 K의 답안지이다. 채점 결과 K가 받은 점수의 합으로 옳은 것은?

※ 다음은 A국의 경제 통합 체결 전후의 경제 상황을 나타낸 것이다. 이를 바탕으로 질문 내용에 대하여 답안 란에 ∨표 하시오. (단, '수입 가격 = 수입 단가 + 관세'이며, 제시된 자료 외에는 고려하지 않는다.)

국가	갑 상품 수입 단가	[경제 통합 체결 전]	[경제 통합 체결 후]	
		수입 단가 기준 관세 부과율	수입 단가 기준 관세 부과율	(경제 통합 유형)
B국	US$ 100	50%	0%	(관세동맹 체결)
C국	US$ 110	50%	0%	(공동 시장 체결)
D국	US$ 80	50%	50%	

번호	질문 내용	답안 ○	답안 ×	배점
1	A국은 경제 통합 체결 전 D국에서 가장 저렴한 수입 가격으로 갑 상품을 수입할 수 있었다.	☐	☑	1점
2	A국은 경제 통합 체결 후 B국에서 가장 저렴한 수입 가격으로 갑 상품을 수입할 수 있게 되었다.	☑	☐	2점
3	A국은 경제 통합 체결 후 D국에 비해 C국과의 생산 요소 이동이 더 자유롭다.	☑	☐	3점

① 1점   ② 2점
③ 4점   ④ 5점

36 아래 제시된 자료는 ○○기관 직원의 교육비 지원에 대한 내용이다. 다음 중 A~D 직원 4명의 총 교육비 지원 금액은 얼마인가?

[예시 문제 – 철도청]

교육비 지원 기준

- ■임직원 본인의 대학 및 대학원 학비: 100% 지원
- ■임직원 가족의 대학 및 대학원 학비
  - 임직원의 직계 존·비속: 90% 지원
  - 임직원의 형제 및 자매: 80% 지원
    (단, 직계 존·비속 지원이 우선되며, 해당 신청이 없을 경우에 한하여 지급함.)
  - 교육비 지원 신청은 본인 포함 최대 3인에 한한다.

교육비 신청 내역

A 직원	본인 대학원 학비 3백만 원, 동생 대학 학비 2백만 원
B 직원	딸 대학 학비 2백만 원
C 직원	본인 대학 학기 3백만 원, 아들 대학 학비 4백만 원
D 직원	본인 대학원 학비 2백만 원, 딸 대학 학비 2백만 원, 아들 대학원 학비 2백만 원

---

① 15,200,000원

② 17,000,000원

③ 18,600,000원

④ 26,200,000원

⑤ 28,700,000원

37 아래는 우리나라 1차 에너지 소비량을 그래프로 나타낸 자료이다. 자료 분석 결과로 옳은 것은?

[예시 문제 – 철도청]

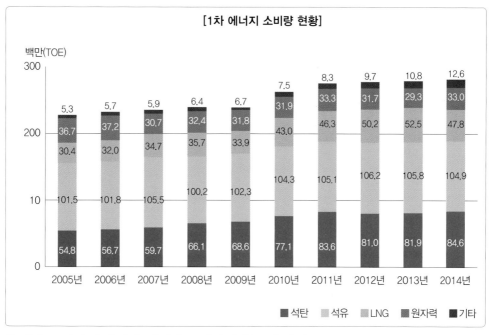

① 석유 소비량이 나머지 에너지 소비량의 합보다 많다.
② 석탄 소비량이 완만한 하락세를 보이고 있다.
③ 기타 에너지 소비량이 지속적으로 감소하는 추세이다.
④ 원자력 소비량은 증감을 거듭하고 있다.
⑤ 최근 LNG 소비량의 증가 추세는 그 정도가 심화되었다.

[38~39] 다음은 한 건설 회사에서 담당한 대학교 건물 신축에 대한 자료이다. 물음에 답하시오.

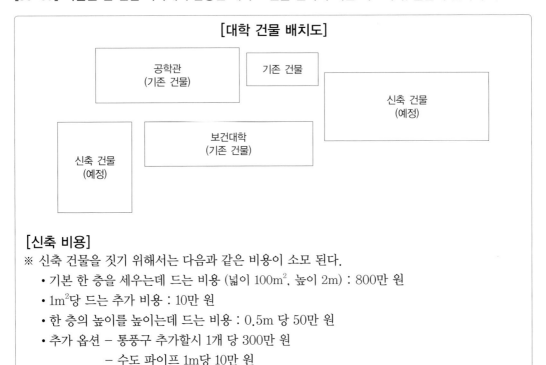

[대학 건물 배치도]

공학관
(기존 건물)

기존 건물

신축 건물
(예정)

신축 건물
(예정)

보건대학
(기존 건물)

[신축 비용]
※ 신축 건물을 짓기 위해서는 다음과 같은 비용이 소모 된다.

- 기본 한 층을 세우는데 드는 비용 (넓이 $100m^2$, 높이 2m) : 800만 원
- $1m^2$당 드는 추가 비용 : 10만 원
- 한 층의 높이를 높이는데 드는 비용 : 0.5m 당 50만 원
- 추가 옵션 – 통풍구 추가할시 1개 당 300만 원
            – 수도 파이프 1m당 10만 원

38 신축 건물 한 동을 다음과 같이 지을 때 들어가는 총 비용으로 알맞은 것은?

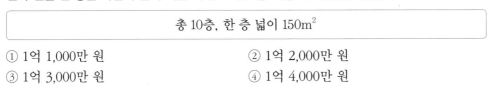

총 10층, 한 층 넓이 $150m^2$

① 1억 1,000만 원　　　　　　② 1억 2,000만 원

③ 1억 3,000만 원　　　　　　④ 1억 4,000만 원

39 건설회사에 학교 측에서 다음과 같은 전화를 했다. 총 비용은? (단, 꼭대기 층까지의 거리는 층 수 곱하기 층의 높이로 따진다.)

학교 : 건물은 총 12층으로 짓는데, 한 층당 넓이는 $200m^2$, 높이는 3m로 부탁합니다. 그 리고 3층, 6층, 8층에는 통풍구를 하나씩 더 설치하시고, 꼭대기 층에는 물을 저장 하려고 하니 수도 파이프를 꼭 연결해 주어야 합니다.

① 2억 2천 50만 원　　　　　　② 2억 4천 60만 원

③ 2억 6천 60만 원　　　　　　④ 2억 8천 70만 원

[40] 다음은 한 대학교에서 학술대회를 홍보하기 위해 광고를 계획하는 자료를 나타낸 것이다. 물음에 답하시오.

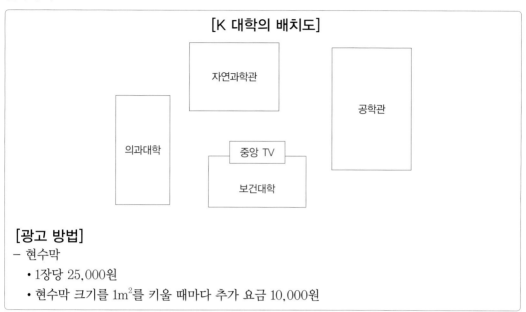

[K 대학의 배치도]

자연과학관

공학관

의과대학

중앙 TV

보건대학

[광고 방법]

– 현수막
- 1장당 25,000원
- 현수막 크기를 $1m^2$를 키울 때마다 추가 요금 10,000원

40 현수막을 [보기]와 같이 걸려고 했을 때 들어갈 총 비용으로 알맞은 것은?

보기

공학관 $5m^2$ 추가	한 장
자연과학동	한 장
보건대학	한 장
의과대학	한 장

① 140,000원 ② 150,000원
③ 160,000원 ④ 170,000원

어떤 판매자가 A, B, C, D, E 다섯 개의 제품들을 직접 팔러 다니려고 한다. 다음 표는 각 제품 1개당 이윤과 부피, 판매자가 보유한 제품 개수를 나타낸다. 그가 가지고 있는 가방의 부피가 100일 때, 다음의 물음에 답하여라.

	제품 1개당 수익	제품 1개당 부피	보유 제품 개수
A	25만 원	20	1
B	15만 원	15	6
C	13만 원	10	4
D	9만 원	8	8
E	6만 원	5	10

41 다음 중에서 위 자료를 분석한 내용으로 올바른 것은?

① 가방 부피가 제한되어 있으므로 부피가 작은 제품을 우선적으로 넣어야한다.
② 제품 하나의 이윤이 높은 제품을 우선적으로 넣어야한다.
③ 부피가 제한되어 있으므로 부피 당 이윤이 높은 제품을 우선적으로 넣어야한다.
④ 개수가 적은 제품일수록 가치 있는 제품이므로 적게 있는 제품을 우선적으로 넣어야한다.

42 판매자의 가방은 한정된 부피로 인하여 많은 제품을 담을 수 없다. 가장 이상적으로 가방에 제품을 담았을 때, 판매자가 얻을 최대 이윤으로 알맞은 것은?

① 120만 원   ② 125만 원
③ 130만 원   ④ 135만 원

43 판매자가 더 많은 수익을 내기 위해서 보조 가방을 하나 더 준비하였다. 이 가방의 부피가 50일 때, 판매자가 얻을 최대 수익으로 알맞은 것은?

① 180만 원   ② 182만 원
③ 184만 원   ④ 186만 원

01 아래 사례에서 퍼실리테이션을 하고 있는 퍼실리테이터는?

[예시 문제 변형 – NCS]

경영관리부장	: 책임이 어디에 있는가는 나중에 살펴보기로 하고, 우선 서로가 어떻게 하면 이 문제를 해결할 수 있는가에 초점을 맞추어 논의하도록 합시다. 먼저 판매부서에 물어보겠습니다. 무엇 때문에 판매가 부진하게 되었습니까?
판매부장	: 예상치 못한 강력한 경쟁 상품이 출시되면서 완전히 시장을 잠식해버렸기 때문입니다.
경영관리부장	: 국내 시장뿐만 아니라 국제 시장에서도 그런 상황이 벌어졌습니까?
판매부장	: 국내 시장에서는 이미 상황이 역전되면서 이제는 어떻게 해 볼 도리가 없군요. 미국 시장에서도 거의 비슷한 상황이지만, 일부 우리에게 강점이 있는 유통망이 남아 있습니다. 유럽 시장에서는 아직 경쟁 상품이 진출하지 않은 상황이라 다소 시간적인 여유가 있습니다.
경영관리부장	: 조금이라도 판매율을 높일 수 있도록 생산 현장에서 무언가 협력할 수 있는 방안은 없을까요?
공장장	: 유럽 시장에서는 아직 해볼만하다면 국내 시장용으로 생산한 제품의 디자인을 유럽용으로 변경해서 생산하면 어떨까요? 생산 라인에 있는 사람들을 놀려야 할 정도라면 조금이라도 재고를 줄이기 위해 철야를 해서라도 만들어놓겠습니다.
경영관리부장	: 상당히 좋은 제안이군요. 당장 시작하죠. 그런데 여기서 생산을 중단하면 어느 정도의 부품이 남게 됩니까?
공장장	: 확정 주문량이 3개월분은 처리가 가능하지만, 앞서서 주문해 놓은 그 후의 3개월분은 남게 됩니다.
경영관리부장	: 판매부서에서 뭔가 좋은 아이디어가 없나요?

① 경영관리부장 ② 판매부장
③ 공장장 ④ 없음

> [사례 1] A 회사는 국제 금융 위기를 맞이하여, 기업의 위기 상황에 처해 있다. 이러 한 상황을 타개하기 위해서 중국에 있는 시장을 철수해서 비용을 절감하려고 하였다. 그러나 A 회 사가 중국에서 철수한 후 A 회사의 제품이 중국에서 인기를 끌게 되었고, 결국 A 회사 는 비용을 절감한 게 아니라 수익을 버린 결과를 초래하게 되었다.
>
> [사례 2] C는 영업부서의 신입사원이다. C가 입사한 회사는 보험업에서 다른 기업에 비해 성과가 뒤떨어지는 회사였고, 그 기업에 근무하는 사람들은 모두 현실을 받아들이고 있었다. C 는 이러한 상황에 불만을 느끼고 다른 기업과 자신의 기업과의 차이를 분석하게 되었다. 그 결과 C는 자신의 회사가 영업사원의 판매 교육이 부족하다는 것을 알게 되었고, 이를 문제, 원인, 해결안을 보고서로 제출하였지만, 결국 회사의 전략으로 채택되지 못했다.
>
> [사례 3] 정수기를 판매하는 B 회사는 중소 규모이다. B 회사에 근무하는 K 과장은 '포트형 정수 기'라는 새로운 아이디어 상품을 생각하였고, 이를 상품으로 개발하기 위해서 계획서를 제출하였다. 그러나 회사 측에서는 "정수기 시장은 대기업들이 차지하고 있기 때문에 진입이 어렵다", "개발 비용이 너무 많이 든다"라는 이유로 신상품 개발에 미온적인 반 응이었다.
>
> [사례 4] 설계, 기술, 영업, 서비스 각 부문의 핵심 인력들이 모여 최근에 경합하고 있는 B사에 추월당할 우려가 있다는 상황에 대해 회의가 열렸다. 설계부서에서는 우리 회사의 기술 이 상대적으로 뒤처져 있는 것을 지적하였으며, 영업부서에서는 제품의 결합이 문제라 고 지적하였다. 서비스 부서에서는 매상 목표를 달성할 수 없다는 문제를 지적하였으 며, 설계부서에는 고객의 클레임에 대한 대응이 너무 느리다는 지적이 있었다. 결국 이 회의에서는 회사 내의 내·외부적인 자원을 활용하지 못한 채 서로의 문제만을 지적하 고 특별한 해결책을 제시하지 못한 채 끝나고 말았다.

02 위의 각 사례에 해당하는 부족한 사고의 내용으로 알맞지 않은 것은?

① [사례 1] : A 회사가 현재 당면하고 있는 문제에만 집착한 나머지, 전체적인 틀에서 문제 상황을 분석하고 있지 않다.

② [사례 2] : C가 전체 요소를 나누어 각 요소마다 의미를 도출한 후 문제를 해결하려 는 사고가 부족하다.

③ [사례 3] : 대기업이 사전에 진출했다는 이유만으로 틈새시장을 공략한다든가 하는 새로운 관점에서 사물을 바라보는 능력이 부족하다.

④ [사례 4] : 각 부문에서 다른 부서의 문제점을 지적하고, 각각 자신들의 주장 내용만 이 맞다고 하고 있다.

03 위 사례에서 문제 해결에 필요한 사고[전략적 사고, 분석적 사고, 발상의 전환, 내·외부 자원의 활용]가 알맞은 것은?

① [사례 1] – 내·외부 자원의 활용
② [사례 2] – 전략적 사고
③ [사례 3] – 발상의 전환
④ [사례 4] – 분석적 사고

04 창의적 사고에 대해서 사람들이 가지고 있는 아래와 같은 생각 중에서 맞는다고 생각되는 것들을 모두 나열한 것은?   [예시 문제 변형 – NCS]

> ㉠ 창의적 사고력은 선천적으로 타고난 사람들에게만 있다.
> ㉡ 지능이 뛰어나거나 현실에 적응을 잘하지 못하는 사람들이 일반인보다 창의적이다.
> ㉢ 창의적 사고는 후천적 노력에 의해 개발이 가능하다.
> ㉣ 창의적 사고를 하는데 어느 정도의 전문 지식은 필요하지만 너무나 많은 지식은 오히려 창의력을 저해할 수 있다.
> ㉤ 창의적으로 문제를 해결하기 위해서는 문제의 원인이 무엇인가를 분석하는 논리력이 매우 뛰어나야 한다.
> ㉥ 사람의 나이가 적을수록 창의력이 높다.
> ㉦ 어떤 사람이 자신의 일을 하는데 요구되는 지능수준을 가지고 있다면 그는 그 분야에서 어느 누구 못지않게 창의적일 수 있다.
> ㉧ 사람이 상대로부터 신뢰를 받게 된다면 더욱 더 창의적이 된다.
> ㉨ 창의적 사고란 아이디어를 내는 것으로 그 아이디어의 유용성을 따지는 것은 별개의 문제이다.
> ㉩ 창의적 사고를 하기 위해서는 고정관념을 버리고, 문제의식을 가져야 한다.

① ㉠ ㉡ ㉢ ㉣ ㉤ ㉥ ㉦ ㉧
② ㉠ ㉡ ㉣ ㉧ ㉨ ㉩
③ ㉡ ㉢ ㉣ ㉦ ㉧ ㉨ ㉩
④ ㉢ ㉣ ㉤ ㉦ ㉧ ㉩

자동차 제조업체인 Q사에 근무하는 K 과장은 해외 시장 개척을 위해서 새로운 제품을 개발하여 하나의 사업으로 육성하는 과제를 맡게 되었다. 이에 사내 공모를 통해 활력이 넘치는 인재들을 선발하여 의욕적으로 신제품 개발에 착수하였다. 그러나 조직을 만드는 것까지는 순조로웠지만, 사업 추진에 탄력을 받지 못한다는 문제에 봉착하게 되었다. K 과장은 부서원들과의 회의에서 이러한 문제를 절감하게 되었는데, 어느 날 개발 회의에서 다음과 같은 대화 내용이 오갔다.

A : 제가 어제 인터넷을 통해서 20가지의 아이디어를 모아왔어요. 이 아이디어들을 검토해서 제품 개발 방향을 수정하는 게 어떨까요?
B : 아니에요. 제가 아는 유럽 친구들은 가격보다는 성능을 우선시 한다구요. 그러니까 유럽 시장에 진출하기 위해서는 성능을 높이는데 주력해야 해요.
C : 제가 갑자기 아이디어가 떠올랐는데, 가격이 싼 차는 젊은 층을 대상으로 개발하고, 가격이 비싼 차는 중년층을 대상으로 개발하는 게 어떨까요?

회의가 끝난 후에 K 과장은 오늘도 특별한 소득이 없었다는 것을 깨닫게 되고, 구성원들 각자의 문제가 무엇인지를 더욱 고민하게 되었다.

05 위에 제시된 사례의 A, B, C가 겪는 문제를 효과적으로 해결을 방해하는 데 장애 요소가 되는 사항을 아래에서 찾아 모두 바르게 연결한 것은?

ⓐ 고정관념에 얽매이는 경우
ⓑ 쉽게 떠오르는 단순한 정보에 의지하는 경우
ⓒ 너무 많은 정보를 수집하려고 노력하는 경우

① A - ⓐ　　B - ⓑ　　C - ⓒ
② A - ⓑ　　B - ⓒ　　C - ⓐ
③ A - ⓒ　　B - ⓑ　　C - ⓐ
④ A - ⓒ　　B - ⓐ　　C - ⓑ

06 아래의 설명을 보고 [보기]에 제시된 각 상황들을 '보이는 문제', '찾는 문제', '미래 문제'로 나누어 해당되는 문제에 'O' 표시를 하고, 그 이유를 적은 것이다. ⊙~② 중에서 그 이유가 알맞지 않은 것은?

[예시 문제 변형 – NCS]

> 기업이 당면한 문제에 대응하는 방식에는 현재 겪고 있는 문제만을 인식하는 기업과, 미래에 발생할 지도 모르는 문제도 인식하는 기업의 차이가 있다. 문제의 유형은 현재 직면하고 있는 '보이는 문제', 현재 상황은 문제가 아니지만 현재 상황을 개선하기 위한 '찾는 문제', 장래의 환경 변화에 대응해서 앞으로 발생할 수 있는 '미래 문제'의 세 가지로 구분할 수 있다.

보기

[상황 A] 제조부서의 부장 K에게 제품 불량에 대한 고객들의 클레임이 발생했다.
[상황 B] 생산부서의 L에게 생산성을 15% 높이라는 임무가 떨어졌다.
[상황 C] 기획부서의 J에게 자동차 생산 분야로 진출하는데 있어서 발생 가능한 문제를 파악하라는 지시가 내려왔다.
[상황 D] 생산부서의 M은 중국에 생산 라인을 설치할 때 고려해야 하는 문제들이 무엇인지를 판단해야 하는 상황에 처해 있다.
[상황 E] 경쟁사의 품질 수준이 자사의 품질 수준보다 높다는 신문 기사가 발표된 후 자사 상품의 판매 부진이 누적되고 있다.
[상황 F] 자사의 자금 흐름이 이대로 두면 문제가 발생할 지도 모른다는 판단 하에 향후 1년간 제품 판매에 따른 자금 흐름에 대한 예측이 요구되었다.

	보이는 문제	찾는 문제	미래 문제	이유	
상황 A	O			현재 직면하고 있으면서 여유를 가지고 확실하게 해결해야 되는 문제이므로	⊙
상황 B		O		현재 상황은 문제가 아니지만 상황 개선을 통해서 더욱 효과적인 수행을 할 수 있으므로	ⓛ
상황 C	O			현재 직면하고 있으면서 바로 해결해야 되는 문제이므로	ⓒ
상황 D			O	환경 변화에 따라 앞으로 발생할 수 있는 문제이므로	
상황 E		O		현재 상황은 문제가 아니지만 상황 개선을 통해서 더욱 효과적인 수행을 할 수 있으므로	②
상황 F			O	환경 변화에 따라 앞으로 발생할 수 있는 문제이므로	

① ⊙
② ⓛ
③ ⓒ
④ ②

07 흔히 사람들은 비판적 사고를 부정적인 것으로 보는 경향이 있다. 비판적 사고를 부정적으로 보려는 경향은 어떤 특정 주제나 주장 등을 단순히 수동적이고 무비판적으로 받아들이기를 강요하는 분위기 때문이다. 이러한 비판적 사고에 대해서 흔히 가지고 있는 아래 생각 ㉠~㉤에 대해서 '참'으로 판단되는 것만을 모두 나열한 것은?

[예시 문제 변형 - NCS]

> ㉠ 비판적 사고의 주요 목적은 어떤 주장의 단점을 파악하려는 데 있다.
> ㉡ 비판적 사고는 타고 나는 것이지 학습할 수 있는 것이 아니다.
> ㉢ 비판적 사고를 하려면 우리의 감정을 철저히 배제해야 한다.
> ㉣ 맹목적이고 무원칙적으로 사고하는 것은 비판적으로 사고하는 것이 아니다.
> ㉤ 비판적으로 사고하는 것은 어떤 주제나 주장에 대해서 적극적으로 분석하는 것이다.

① ㉠ ㉡ ㉢   ② ㉠ ㉢ ㉤
③ ㉡ ㉢ ㉣   ④ ㉢ ㉣ ㉤

08 다음 중에서 아래 사례의 '혜경'의 문제를 해결하는 데 꼭 필요한 기본적 사고로 가장 알맞은 것은?

> 혜경은 이번에 팀장으로 승진하여 직원들을 이끌고 처음으로 팀을 맡게 되었다. 팀에서 해결해야 할 과제는 모두 세 가지로, 회사에서 발행하는 사보를 편집하는 일, 소비자 관련 통계 자료를 분석하는 일, 지난달 작업한 문서들을 백업하는 일이었다. 혜경은 이 일들에 대해 잘 알고 경험도 있기 때문에 별로 어렵지 않을 것이라고 생각하고 문서를 백업하는 일을 제외한 나머지 일을 자신이 맡았다. 그러나 생각보다 일의 양이 많아서 혜경은 시일을 맞추려고 야근을 하다 병이 나고 말았다. 그러나 일을 적게 받은 부하 직원들은 할 일이 없어 시간만 때우는 상황이었다.

① 전략적 사고   ② 분석적 사고
③ 발상의 전환   ④ 내·외부 자원의 효과적 활용

[09~10] **다음 프로젝트에 관한 자료를 보고 물음에 답하시오.**

어떤 회사에서 새로운 프로젝트에 10억 원을 투자하려고 한다. A, B, C, D, E, F 6개의 프로젝트가 있는데 예상 수익률과 최저 투자금, 최대 투자금, 리스크 척도는 다음 표와 같다. 리스크 척도란 1억 원 당 리스크를 숫자화 한 것이다. 따라서 A에 1억 원을 투자하면 리스크는 6이고 2억 원을 투자한다면 12이다. 다음의 물음에 답하여라.

	예상 수익률	최저 투자	최대 투자	리스크 척도
A	10%	0	10	10
B	8%	1	6	5
C	6%	1	8	3
D	3%	2	5	1

09 리스크를 전혀 신경 쓰지 않고 최대 예상 수익을 내고자 할 때, 예상 수익으로 알맞은 것은?

① 7,600만 원
② 8,000만 원
③ 8,600만 원
④ 9,200만 원

10 회사에서 이윤보다는 안정성을 택하여 리스크를 최소화하여 투자를 하려고 할 때, 예상 수익으로 알맞은 것은?

① 4,300만 원
② 4,500만 원
③ 4,700만 원
④ 4,900만 원

[11~13] 공장 세우기에 관한 다음의 자료를 보고 물음에 답하시오.

어떤 회사에서 제철 사업을 시작하려고 한다. 이 회사는 철 매장지로부터 철을 캐서 1차 공정을 거쳐 본부로 보낸다. 다음 그림은 이 절차를 간략하게 나타낸 그림이다. 1번부터 10번까지 색칠된 원이 철의 매장지이다. 이 철을 캐고 나서 A, B, C, D, E, F 여섯 개의 공장에서 1차 제련을 해서 본부로 철을 보낸다. 각 매장지에서 걸칠 수 있는 공장은 아래의 화살표로 표시되어 있다.

예를 들어 1번 매장지는 A 또는 B 공장에서 1차 제련을 할 수 있다. 이 회사는 6개의 공장 지역 중 선택적으로 공장을 건설하여 모든 철 매장지를 처리하려고 한다. 본부와 공장지역을 이은 선 위에 쓰인 숫자가 공장을 건설할 때 드는 비용이라 할 때, 다음의 물음에 답하여라.

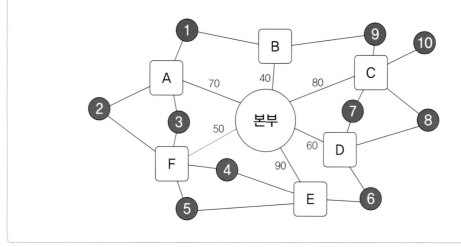

11 처리 가능 공정이 하나뿐인 매장지가 있다면 그 공정은 반드시 건설되어야 한다. 다음 중에서 처리 가능 공정이 하나뿐인 매장지의 개수는?

① 0개   ② 1개

③ 2개   ④ 3개

12 10개의 매장지에서 가져온 모든 철을 제련할 수 있도록 공장들을 건설하려고 한다. 최소 비용으로 공장들을 건설 할 때, 그 비용으로 알맞은 것은?

① 150   ② 210

③ 230   ④ 240

13 B 공장 지역 주위에는 광케이블이 매립되어 있어 이 지역에 공장을 건설하려면 20의 추가 비용이 발생하게 된다. 최소 비용으로 10개 매장 지역의 철을 모두 제련하기 위한 공장들을 건설하려고 할 때 소요되는 비용으로 알맞은 것은?

① 210
② 230
③ 240
④ 260

[14] 인구의 구성비를 나타내는 다음 표를 보고 물음에 답하시오.

구분 연도	구성비(%)		
	0~14세	15~64세	65세 이상
2005	19.1	71.8	9.1
2017	13.2	73.0	13.8
2018	13.0	72.7	14.3
2026	11.6	67.6	20.8
2030	11.2	64.7	24.1

(자료: 통계청, 「장래 인구 특별 추계 결과」, 2005)

14 위 표와 같은 추세가 계속될 때, 예상되는 현상으로 적절한 것은?

① 잠재 성장률이 낮아질 것이다.
② 정부의 재정 부담이 감소할 것이다.
③ 저출산 고령화 현상이 약화될 것이다.
④ 생산 가능 인구의 조세 부담률이 낮아질 것이다.

[15~18] 다음 자료를 보고 물음에 답하시오.

도심에서 절도 사건이 일어났다. 경찰은 범인을 잡기 위해 용의자 네 명을 잡아들였다. 다음은 경찰이 잡은 네 명의 용의자에 대한 특성을 설명한 것이다.

네 명의 용의자는 각각 독특한 특징을 가지고 있다.

용의자 1 : 거짓말을 절대 하지 못한다.
용의자 2 : 거짓말을 절대 하지 못한다. 말을 하지 못해 글씨로 진술한다. 학교 교육을 제대로 받지 못해 글씨를 쓸 때 받침을 자주 틀린다. 특히, 삼과 사를 한글로 쓰면 구분하지 않고 적는다. 343을 쓸 때, 삼사삼, 사사사, 삼삼삼, 사사삼 등으로 적는다.
용의자 3 : 귀가 좋지 않아 칠과 일을 혼동하여 반대로 인식한다. 즉, 일은 칠로, 칠은 일로 듣고 말한다.
용의자 4 : 이가 빠져서 발음이 잘 구별되지 않는 경우가 있다. 특히 삼과 사는 발음이 제대로 구별되지 못하여 똑같이 들린다.

절도 사건이 일어난 시간은 오후 네 시 사십 분으로 추정되며, 절도 사건이 일어난 가게는 37-14번지이다. 절도 사건이 일어난 가게에서 30분 거리에 식당이 있고, 이 식당은 31-74번지로 버스 정류장에서 10분 거리이다.

15 경찰의 조사에서 용의자들의 진술이 아래와 같았을 때 범인이라고 추론된 자로 알맞은 사람은?

용의자 1 : 나는 정확히 오후 네 시 사십 분에 절도 사건이 일어난 가게에서 삼십 분 정도 거리에 있는 식당에서 밥을 먹고 있었어요.
용의자 4 : 맞아요. 나도 오후 두 시 사십 분에 그 가게에서 밥을 먹고 있었어요. 그리고 오후 네 시 삼십 분에는 우리 집에 있었어요. (오후 네 시 삼십 분에는 집에 있는 증거가 정확히 확인됨.)
용의자 2 : (글씨로 적은 진술) 나는 항상 오후 네 삼십 분에 버스가 정류장에 멈출 때 버스에서 내리는 용의자 삼을 보았습니다.
용의자 3 : 저는 네 시 삼십 분에 31-74번지에 있는 식당에서 밥을 먹고 있었어요.

① 용의자 1
② 용의자 2
③ 용의자 3
④ 용의자 4

16 아래는 '용의자 1~4'가 '용의자 4'가 타고 온 버스 번호에 대하여 이야기를 하는 내용이다. 용의자들이 말하는 버스 번호로 알맞은 것은?

> 용의자 4 : 그러니까 내가 여기 올 때 버스를 타고 움직이는데 말이야. 버스 번호가 도통 기억이 안 나. 첫 번째 숫자가 사였는데... (용의자 2에게) 우리 버스에서 만났잖아. 기억 안 나?
> 용의자 2 : (글씨로) 네 번째 숫자가 삼인 것만 기억나요.
> 용의자 3 : 아까 당신들 내리는 버스 번호 보니까 가운데 두 숫자가 일칠인 것만 기억나요.
> 용의자 1 : 첫 번째 숫자와 네 번째 숫자는 같았고, 각 져 있는 숫자였어요.

① 4714

② 4174

③ 3713

④ 3173

03

문제
해결

17 아래는 '용의자 3'이 자신의 휴대전화 번호와 집 전화의 번호를 진술하고 있는 내용이다. '용의자 3'의 휴대전화 번호로 알맞은 것은?

> 용의자 3 : 07074970000, 01021010100이에요.
> 경   찰 : 그러니까 휴대전화 번호에는 1이 총 3번 들어가고, 집 전화에는 7이 총 4번 들어가는 것이군.

① 01021010100

② 01014910000

③ 01027010100

④ 01021070100

18 아래는 '용의자 3'이 말한 진술 가운데 일부이다. 다음 중에서 '용의자 3'이 말하려고 하는 내용으로 알맞은 것은?

> 내가 칠칠히 다 했어. 일일맞지 못한 칠꾼들이 얼마나 칠을 못하는지.

① 용의자 3은 알차게 익은 곡식들을 다 거두었다.

② 일꾼들이 페인트칠을 잘 못하였다.

③ 일꾼들은 일일 노동자였다.

④ 일꾼들이 일을 잘하지 못하였다.

> 　P사는 10개의 중소 업체를 통합해서 만든 기업으로, 최근 곤란한 상화에 빠졌다. 지난 수년간 직원 교체율이 높았던 탓에 고객 만족도 및 조직 효율성이 눈에 띄게 감소하였던 것이다. P사는 이러한 문제를 해결하기 위해서 관리팀의 K 대리에게 이 문제를 조사하고, 개선 방안을 모색하라는 과제를 주었다. K 대리는 우선 관련 데이터를 수집하고, 분석한 결과 이직률은 젊은 직원층과 중간층인 중년 직원들 사이에서 가장 많은 것을 밝혔다. K 대리는 이 결과를 토대로 젊은층 직원들이 이적하게 된 원인들을 조사하기 시작했다. 이를 통해 다음과 같은 원인늘을 도출하게 되었다.
>
> 　– 낮은 임금 체계
> 　– 부족한 교육 기회
> 　– 낮은 직업 만족도
> 　– 스트레스 많은 작업 환경
> 　– 부족한 승진 기회
>
> 　K 대리는 이 중 가장 핵심적인 원인들을 찾기 위해 이직한 직원들에 대한 전화 조사를 실시하였고, 결국 낮은 임금 체계와 부족한 승진 기회가 가장 중요한 원인임을 알 수 있게 되었다.

19　위 [사례]로 설명할 수 있는 문제 해결 과정의 절차로 알맞은 것은?

① 문제 인식의 단계의 의미와 절차
② 문제 도출의 단계의 의미와 절차
③ 원인 분석의 단계의 의미와 절차
④ 해결안 개발의 단계의 의미와 절차

[20] 다음의 현금흐름표를 보고 물음에 답하시오.

〈식료품 사업 분야 2018년도 현금흐름표〉

(단위 : 백만 원)

내용	액수	세부 내용	액수	세부 내용	액수
I. 영업 활동으로 인한 현금 흐름	6,551	1. 당기순이익	5,034		
		2. 현금의 유출이 없는 비용 등의 가산	6,398		
		3. 현금의 유입이 없는 수익 등의 차감	−1,830		
		4. 영업 활동으로 인한 자산, 부채의 변동	−3,052		
II. 투자 활동으로 인한 현금 흐름	−6,779	1. 투자 활동으로 인한 현금 유입액	15,505	가. 유동자산의 증가	10,320
				나. 투자자산의 증가	3,459
				다. 유형자산의 증가	815
				라. 기타	911
		2. 투자 활동으로 인한 현금 유출액	−22,284	가. 유동자산의 감소	−11,077
				나. 투자자산의 감소	−4,790
				다. 유형자산의 감소	−5,266
				라. 기타	−1,151
III. 재무 활동으로 인한 현금 흐름	−280	1. 재무 활동으로 인한 현금 유입액	35,29	가. 유동부채의 증가	25,385
				나. 비유동부채의 증가	9,097
				다. 자본의 증가	672
				라. 기타	140
		2. 재무 활동으로 인한 현금 유출액	−35,574	가. 유동부채의 감소	−31,204
				나. 비유동부채의 감소	−2,972
				다. 자본의 감소	−1,304
				라. 기타	−93
IV. 순현금 흐름 (I+II+III)	−509				
V. 기초 현금	7,149				
VI. 기말 현금	6,640				

20 위 현금흐름표에 대한 다음 설명 중에서 옳지 않은 것은?

① I~III 활동 중 투자 활동을 통해서 가장 많은 돈을 잃었다.
② 투자 활동 중 유동자산에 의한 손해가 가장 크다.
③ 재무 활동 중 유동부채에서만 유출이 유입보다 크다.
④ 투자 활동은 모든 분류에서 유출이 유입보다 크다.

[21~22] 다음에 주어진 자료를 보고 물음에 답하시오.

어떤 공장에서 제품 A, B, C, D를 만들어야 한다. 이때 이 제품들을 만들 수 있는 기계 1, 2, 3 이 있다. 시간을 아끼기 위해서 세 개의 기계는 적어도 하나의 제품들을 만들어야 한다. 각 기계 가 각각의 제품을 만드는데 소요되는 비용은 다음과 같다.

(단위 : 만 원)

	기계 1	기계 2	기계 3
제품 A	70	90	80
제품 B	90	60	85
제품 C	90	110	120
제품 D	140	110	130

21 제품 생산을 위한 소요 비용을 최소화하기 위해서 기계 1, 2, 3이 생산해야 하는 제품을 바르게 짝지은 것은?

	기계 1	기계 2	기계 3
①	제품 A, C	제품 B	제품 D
②	제품 C	제품 D	제품 A, B
③	제품 C	제품 B, D	제품 A
④	제품 C	제품 B	제품 A. D

22 '기계 1'이 반드시 '제품 A'를 만들어야 한다고 할 때, 모든 제품을 생산하기 위한 최소 소요 비 용으로 알맞은 것은?

① 320만 원　　　　　② 330만 원
③ 340만 원　　　　　④ 350만 원

[23] 다음은 2010년도 6월과 2015년 6월의 연령대별 실업률을 나타낸 도표이다. 주어진 물음에 답하시오.

연도별 실업률 연령대	2010. 06		2015. 06	
	경제 활동 인구(천 명)	실업률(%)	경제 활동 인구(천 명)	실업률(%)
20~24	1330	9.9	1623	12.0
25~29	2751	6.4	2486	8.6
30~39	6069	3.4	5874	3.3
40~49	6769	2.2	6855	2.3
50~59	4982	2.0	6207	2.7
60~	3033	2.0	3935	2.1

23 다음 중에서 위 도표를 통해서 알 수 있는 문제점을 가장 잘 파악한 것은?

① 20대와 50대 이상의 경제 활동 인구는 늘어난 반면 실업률은 증가하였다.
② 노후 복지제도가 개선되어서 사람들이   50대 이후에는 일을 하지 않으려고 한다.
③ 20대 초반의 경제 활동 인구가 늘어난 반면 20대 후반의 경제 활동 인구가 줄어들었다.
④ 20대 후반과 30대 경제 활동 인구는 줄어들고 50~60대 경제 활동 인구가 늘어난 것으로 보아 인구 고령화가 심화되고 있다.

공공기관의 신도시 계획 팀에서 근무하는 S는 신도시의 한복판에 위치한 사거리의 신호등 체계를 정립하는 일을 맡아 진행 중이다.

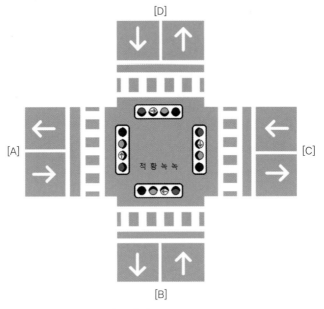

* 신호등은 전부 '횡형 4색 신호등'을 설치한다.
* 차량용 신호등은 '직진 후 좌회전', '좌회전 후 직진', '동시신호(직진 및 좌회전)'의 세 가지 체계를 따른다.
  1) '직진 후 좌회전'의 점등 순서 : 녹색 → 황색 → 적색 및 녹색 화살표 → 적색 및 황색 → 적색
  2) '좌회전 후 직진'의 점등 순서 : 적색 및 녹색 화살표 → 녹색 → 황색 → 적색
  3) '동시신호(직진 및 좌회전)'의 점등 순서 : 녹색 화살표 및 녹색 → 황색 → 적색

24 S는 [A]를 포함한 2곳에 동시신호 신호등을 설치하려고 한다. [A]에서 '녹색 화살표 및 녹색'이 점등되었을 때 다른 곳에서도 동일한 신호가 점등되게 하려고 할 때, 동시신호 신호등을 설치할 수 있는 곳은?

① 없다   ② [B]
③ [C]   ④ [D]

25 S는 계획을 변경하여 [B]와 [D]에 '좌회전 후 직진' 신호등을 설치하기로 하였다. [B]와 [D]에서 적색 및 녹색 화살표를 1분 점등하고 뒤이어 녹색을 1분 점등한다고 할 때, [A]와 [C]의 횡단보도를 이용하는 보행자들이 건널 수 있는 최대 시간으로 알맞은 것은?

① 건널 수 없다
② 30초
③ 60초
④ 120초

26 S는 아래와 같은 신호 체계 안을 상사에게 검토 요청을 했을 때 "차량이 언제 U턴을 할 수 있는지 검토해서 보고하라."는 답변을 받았다. S가 보고할 내용으로 가장 적절한 것은?

> **〈신호 체계 안〉**
>
> 작성자 : S
>
> [B]와 [D]에서 동시에 좌회전 후 직진 신호
> (녹색 신호 시 [A]와 [C]에서 횡단보도 이용 가능)
>
>
>
> [A]와 [C]에서 동시에 좌회전 후 직진 신호
> (녹색 신호 시 [B]와 [D]에서 횡단보도 이용 가능)

① [A]와 [C]에서 직진 신호 시 [A]와 [C]에서 U턴 가능합니다.
② [A]와 [C]에서 좌회전 신호 시 [B]와 [D]에서 U턴 가능합니다.
③ [B]와 [D]에서 직진 신호 시 [A]와 [C]에서 U턴 가능합니다.
④ [B]와 [D]에서 좌회전 신호 시 [A]와 [C]에서 U턴 가능합니다.

27 아래는 A 씨의 금융 자산 보유 비중이다. [변경 전] 대비 [변경 후]의 금융 자산 보유 비중에 대한 설명으로 옳은 것을 [보기]에서 고른 것은? (단, 제시된 자료 외의 것은 고려하지 않는다.)

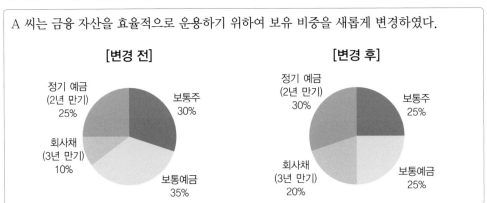

A 씨는 금융 자산을 효율적으로 운용하기 위하여 보유 비중을 새롭게 변경하였다.

> 보기
>
> ㄱ. 자본 증권에 해당하는 금융 자산의 총비중이 증가하였다.
> ㄴ. 요구불 예금에 해당하는 금융 자산의 총비중이 감소하였다.
> ㄷ. 배당을 받을 수 있는 금융 자산의 총비중이 증가하였다.
> ㄹ. 장기 금융 상품에 속하는 금융 자산의 총비중이 감소하였다.

① ㄱ, ㄴ ② ㄱ, ㄷ
③ ㄴ, ㄷ ④ ㄴ, ㄹ

28 아래 대화에 나타난 A 회사의 상품 유통 경로 정책에 대한 설명으로 옳은 것만을 [보기]에서 있는 대로 고른 것은?

> 팀장 : 우리 회사의 샴푸와 린스에 대하여 실시하고 있는 유통 경로 정책의 효과가 어떻습니까?
> 사원 : 우리 회사의 샴푸와 린스를 취급하고자 하는 전국의 모든 판매처에 제한 없이 공급하여 매출이 증가하고 있습니다.

> 보기
>
> ㄱ. 경쟁 회사 제품의 판매를 금지한다.
> ㄴ. 개방적 유통 경로 정책에 해당한다.
> ㄷ. 다른 유통 경로 정책에 비해 판매처 통제가 어렵다.

① ㄱ ② ㄴ
③ ㄱ, ㄷ ④ ㄴ, ㄷ

29 아래는 K 의류회사의 SWOT 분석 자료이다. 분석 결과를 토대로 향후 채택할 수 있는 무역 형태로 가장 적절한 것은?

강점(S)	약점(W)
• 의유 생산 설비 및 우수 디자인 인력 보유 • 제품 생산 설비 완비 및 직접 제조 능력 보유 • 우수 연구 개발 능력 및 기술 특허 보유로 원가 절감 가능	• 유통과 무역의 경험 부족 • 자사 브랜드의 해외 인지도 매우 낮음 • 해외 판매망 확보가 곤란한 자금력 부족
기회(O)	**위협(T)**
• 한국 의류 제조 기술력에 대한 해외 기업의 높은 평가 • 해외 기업들의 제품 개발 및 제조 위탁 관련 주문 증가	• 유가 상승 및 원자재 가격 상승 • 유행에 민감하고 짧은 제품 수명 주기로 빈번한 상품 브랜드 교체 비용 발생

① 플랜트 수출
② 스위치 무역
③ 주문자 개발 생산[ODM] 수출
④ 녹다운(knock down) 수출

30 아래는 마케팅 활동 중 STP 전략에 관한 ○, × 퀴즈에 답한 것이다. 이 답안지를 채점하였을 때, 학생이 받은 점수의 합으로 옳은 것은?

퀴즈 내용	답안 ○	답안 ×	배점
• 시장 세분화는 자사 제품 혹은 경쟁 제품을 살 가능성이 있는 사람들 중에 비슷한 사람들끼리 집단을 이루어 놓은 것이다.	☑	☐	1점
• 표적 시장은 세분화된 시장 중 기업의 마케팅 활동을 통해 고객과 기업에게 가장 유리한 성과를 제공해 주는 매력적인 시장을 선정하는 것이다.	☐	☑	2점
• 포지셔닝은 경쟁 제품과는 다른 자사 제품의 차별화적 요소를 표적 시장 내 표적 고객의 마음속에 인식시키는 것이다.	☑	☐	3점

① 1점
② 2점
③ 4점
④ 5점

31 아래 표는 ○○ 농촌 마을의 SWOT 분석 자료이다. 이 마을의 소득 향상 방안으로 적절한 것만을 [보기]에서 있는 대로 고른 것은?

	S 강점	W 약점	
• 다년간의 농작물 재배로 농장의 재배 여건이 양호함.	S 강점	W 약점	• 도시로부터 멀고 교통이 좋지 않음.
• 영농 기술 지원 마을로 선정됨.	O 기회	T 위협	• 값싼 농산물의 수입이 증가하고 있음.

보기

ㄱ. 신품종 재배로 차별화된 농산물 생산
ㄴ. 인터넷 쇼핑몰 제작을 통한 농산물 판매
ㄷ. 순환 농법 기술을 이용한 농산물 생산비 절감
ㄹ. 지역 특산품을 이용한 전통 식품 만들기 체험교실 운영

① ㄱ, ㄴ   ② ㄱ, ㄹ
③ ㄱ, ㄴ, ㄷ   ④ ㄴ, ㄷ, ㄹ

32 아래는 A 섬유회사에 대한 SWOT 분석 자료이다. 분석에 따른 대응 전략으로 적절한 것을 [보기]에서 고른 것은?

	강점 S	약점 W	
• 첨단 신소재 관련 특허 다수 보유	강점 S	약점 W	• 신규 생산 설비 투자 미흡 • 브랜드 파워의 인지도 부족
• 고기능성 제품에 대한 수요 증가 • 정부 주도의 문화 콘텐츠 사업 지원	O 기회	T 위협	• 중저가 의류용 제품의 공급 과잉 및 수요 둔화 • 풍부한 저임금의 노동력을 바탕으로 하는 개발도상국과의 경쟁 심화

보기

ㄱ. SO 전략으로 첨단 신소재를 적용한 고기능성 제품을 개발한다.
ㄴ. ST 전략으로 첨단 신소재 관련 특허를 개발도상국의 경쟁업체에 무상 이전한다.
ㄷ. WO 전략으로 문화 콘텐츠와 디자인을 접목한 신규 브랜드 개발을 통해 적극적 마케팅을 실시한다.
ㄹ. WT 전략으로 기존 설비에 대한 재투자를 통해 대량생산 체제로 전환한다.

① ㄱ, ㄷ   ② ㄱ, ㄹ
③ ㄴ, ㄷ   ④ ㄴ, ㄹ

33 아래 그림은 기업 환경을 분석하기 위한 '3C & FAW 분석 기법' 모형이다. (가)를 분석한 내용에 해당하는 것은?

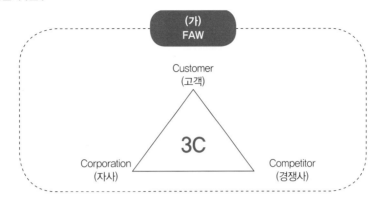

① 주 고객의 특성과 속성
② 기업의 주요 제품, 매출 및 이익
③ 모델이 되는 선진 기업의 성공 요인
④ 기업에 영향을 미치는 사회 문화적 환경 요인

34 아래에서 A씨가 겪고 있는 소비자 피해 문제를 해결할 수 있는 보호 제도로 알맞은 것은?

> A씨는 인터넷 쇼핑몰에서 마음에 드는 옷을 발견하였다. 세일 상품이라 교환, 환불이 불가능하다는 고지를 확인했지만 신경 쓰지 않고 구매했다. 그러나 도착한 물건은 쇼핑몰 홈페이지에서 본 것과 색상도 다르고 품질도 좋지 않아 환불 받고 싶다고 판매업자에게 요청하였다. 하지만 판매업자는 홈페이지 고지를 이유로 환불이 불가능하다고 알려왔다.

① 리콜 제도   ② 품질 보증
③ 청약 철회   ④ 제조물 책임법

35 아래는 물적 유통과 관련된 문제 상황을 해결하기 위한 과정이다. 이에 따라 선택한 대안을 실행하는 방법으로 적절한 것을 [보기]에서 고른 것은?

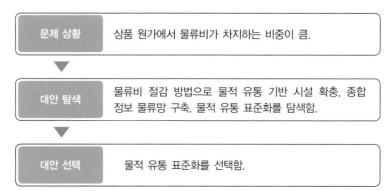

보기

ㄱ. 단위 운송 방식을 구축한다.
ㄴ. 팔레트나 컨테이너를 활용한다.
ㄷ. 도로, 철도, 항만 시설을 정비한다.
ㄹ. 위성 위치 정보 시스템을 활용한다.

① ㄱ, ㄴ   ② ㄱ, ㄷ
③ ㄴ, ㄷ   ④ ㄷ, ㄹ

36 아래 신문기사와 같은 문제 상황에서 우리나라 마늘 생산 농가의 대처 방안으로 적절한 것만을 [보기]에서 있는 대로 고른 것은?

> 우리나라는 중국에서 MMA(최소 시장 접근)로 신선 냉장 마늘을 수입하고 있다. 깐마늘은 현지에서 철저한 품질 관리를 거쳐 수입되는데, 손상·변질·변색의 결점구가 없고 크기가 균일하여 수입량이 점점 증가하고 있다. 현재 우리나라에 수입되고 있는 중국산 마늘 가격은 국내산의 80~90% 수준이며, 관세가 사라지면 20% 수준까지 떨어질 것으로 전망된다.
>
> −○○신문, 2013. 7. 19.

보기

ㄱ. 다양한 국내산 마늘 가공품을 개발한다.
ㄴ. 품질을 고급화하여 명품 브랜드를 육성한다.
ㄷ. 마늘 재배 면적을 확대하여 생산량을 늘린다.

① ㄱ   ② ㄷ
③ ㄱ, ㄴ   ④ ㄴ, ㄷ

37 아래는 병아리 사육에 대한 과학적 탐구 과정을 나타낸 것이다. ㉮~㉰에 대한 설명으로 옳은 것만을 [보기]에서 있는 대로 고른 것은?

| 부화된 병아리들의 활력이 저하되는 현상을 발견 |

▼

| 온도 관리 미흡으로 생각하고 ㉮**온도를 높여주면 해결될 수 있을 것**이라 판단 |

▼

- 검증을 위해 100마리 중 50마리는 기존의 사육장에 그대로 두고 ㉯**나머지 50마리는 옆 사육장으로 옮긴 후 온도를 높여 주기로 계획**
- ㉰**실험 기간 중 온도를 제외한 다른 환경 조건을 동일하게 맞추어 사육하기로** 계획

▼

| 계획했던 대로 실시함 |

▼

| 1일 2회 건강 상태를 확인하고 일지에 기록함 |

보기

ㄱ. ㉮는 문제의 인식 단계이다.
ㄴ. ㉯는 실험군에 해당된다.
ㄷ. ㉰는 변인 통제에 해당된다.

① ㄱ
② ㄷ
③ ㄱ, ㄴ
④ ㄴ, ㄷ

38 아래는 (가) 기업의 판매 방식과 관련된 대안을 탐색하고 선택하여 실행하는 과정을 나타낸 것이다. 이 자료의 대안 실행 결과에서 A 공기업이 물품을 구매하기 위해 실시한 경쟁 매매에 대한 설명으로 적절한 것을 [보기]에서 고른 것은?

문제 상황	• 전통적인 점포 판매 방식만으로는 매출액 확대를 기대하기가 어려움. • 경쟁 업체들은 정부 및 공공 기관을 대상으로 한 판매를 추진하여 매출액을 확대하고 있음.
⇩	
대안 탐색	[1안] 인터넷 쇼핑몰을 구축하여 개인 소비자들을 대상으로 상품을 판매하는 방안 [2안] 정부 및 공공 기관에서 구입하려는 물품 구매 공고를 확인하고, 입찰에 참가하여 낙찰받는 방안
⇩	
대안 선택	[2안]을 선택하기로 함.
⇩	
대안 실행 결과	• 조달청을 통해 A 공기업의 물품 구매 공고를 확인하고, 입찰에 참가하여 다른 업체들과 경쟁을 통해 낙찰을 받음.

> **보기**
>
> ㄱ. 구두나 손짓에 의해 가격을 제시한다.
> ㄴ. 최저 가격으로 신청한 자에게 낙찰된다.
> ㄷ. 증권 거래소, 상품 거래소에서 주로 이용한다.
> ㄹ. 한 사람의 구매자와 다수의 판매자 간의 거래이다.

① ㄱ, ㄴ   ② ㄱ, ㄷ
③ ㄴ, ㄷ   ④ ㄴ, ㄹ

39 ○○기관 가~라 직원 4명은 둥그런 탁자에 둘러앉아 인턴 사원 교육 관련 회의를 진행하고 있다. 가~라 직원들은 각자 인턴 A~D를 한 명씩 맡아 교육하고 있다. 아래에 제시된 조건에 따른다고 할 때, 직원과 인턴이 알맞게 짝지어진 한 쌍은? [예시 문제 - 철도청]

> - B 인턴을 맡고 있는 직원은 다 직원의 왼편에 앉아 있다.
> - A 인턴을 맡고 있는 직원 맞은편에는 B 인턴을 맡고 있는 직원이 앉아 있다.
> - 라 직원은 다 직원 옆에 앉아 있지 않으나, A 인턴을 맡고 있는 직원 옆에 앉아 있다.
> - 나 직원은 가 직원 맞은편에 앉아 있으며, 나 직원의 오른편에는 라 직원이 앉아 있다.
> - 시계 6시 방향에는 다 직원이 앉아있으며, 맞은편에는 D 인턴을 맡고 있는 사원이 있다.

① 가 직원 - A 인턴
② 나 직원 - D 인턴
③ 라 직원 - A 인턴
④ 다 직원 - C 인턴
⑤ 라 직원 - B 인턴

03
문제
해결

40 아래에 제시된 자료만을 근거로 보았을 때, 다음 중에서 진위 판결(참 또는 거짓)이 옳은 것은? [예시 문제 - 철도청]

> '문화 지체(cultural lag)'는 광의의 문화 요소들 사이에 변화의 속도가 달라 그 사이에 괴리가 생기는 현상을 말한다. 테크놀로지, 경제, 사회 조직, 가치 등 네 가지 요소를 놓고 말하자면, 이들의 변동 속도가 각기 다르다는 것이다. 이들을 변동 속도가 빠른 순서대로 보자면, 테크놀로지, 경제, 사회 조직, 가치 순이다. 이들 변동 속도의 차이가 낳기 마련인 상호간 심한 부조화는 문화적 갈등과 사회적 혼란의 요인이 된다.
> 일부 국가의 경우엔 '문화 지체'에 '역사 지체'까지 가세했다. '압축적 성장'과 더불어 관습적 사회 체제가 인위적으로 특정 부문은 억누르고 특정 부문은 키웠기 때문에 그렇게 하지 않았어도 발생했을 '문화 지체'가 훨씬 더 증폭된 형태로 나타났다는 것이다.

① [참] 문화 지체는 문화적 갈등과 사회적 혼란의 요인이 된다.
② [참] 경제의 변동 속도는 가치의 변동 속도보다 느리다.
③ [거짓] 테크놀로지의 변동 속도는 가치의 변동 속도보다 빠르다.
④ [거짓] 문화 지체는 문화 요소들 간의 변화 속도 차이로 발생한다.
⑤ [거짓] 문화 지체는 문화 요소들 간의 괴리로 인하여 생기는 현상이다.

41 아래는 개인정보보호법의 일부이다. 제시된 자료를 참고할 때, 상법상 공공기관에 속하지 않는 기업에서 근무하는 개인정보 처리자의 행위로 적법하다고 보기 어려운 것은? [예시 문제 - 철도청]

> **제15조(개인정보의 수집 · 이용)**
> 개인정보 처리자는 다음 각 호의 어느 하나에 해당하는 경우에는 개인정보를 수집할 수 있으며 그 수집 목적의 범위에서 이용할 수 있다.
>
> 제1호 정보 주체의 동의를 받은 경우
> 제2호 법률에 특별한 규정이 있거나 법령상 의무를 준수하기 위하여 불가피한 경우
> 제3호 공공기관이 법령 등에서 정하는 소관 업무의 수행을 위하여 불가피한 경우
> 제4호 정보 주체와의 계약의 체결 및 이행을 위하여 불가피하게 필요한 경우
>
> 개인정보 처리자는 제1항 제1호에 따른 동의를 받을 때에는 다음 각 호의 사항을 정보 주체에게 알려야 한다. 다음 각 호의 어느 하나의 사항을 변경하는 경우에도 이를 알리고 동의를 받아야 한다.
>
> 제1호 개인정보의 수집 · 이용 목적
> 제2호 수집하려는 개인정보의 항목
> 제3호 개인정보의 보유 및 이용 기간
> 제4호 동의를 거부할 권리가 있다는 사실 및 동의 거부에 따른 불이익이 있는 경우에는
>   그 불이익의 내용
>
> **개인정보보호법 시행 규칙**
> **제2조(공공기관에 의한 개인정보의 목적외이용 또는 제3자 제공의 공고)**
> 공공기관은 개인정보를 목적 외의 용도로 이용하거나 제3자에게 제공(이하 "목적외이용 등"이라 한다)하는 경우에는 「개인정보보호법」(이하 "법"이라 한다) 제18조 제4항에 따라 개인정보를 목적외이용등을 한 날부터 30일 이내에 다음 각 호의 사항을 관보 또는 인터넷 홈페이지에 게재하여야 한다. 이 경우 인터넷 홈페이지에 게재할 때에는 10일 이상 계속 게재하되, 게재를 시작하는 날은 목적외이용등을 한 날부터 30일 이내여야 한다.
>
> 제1호 목적외이용등을 한 날짜
> 제2호 목적외이용등의 법적 근거
> 제3호 목적외이용등의 목적
> 제4호 목적외이용등을 한 개인정보의 항목

① 정보 주체의 동의를 받아 개인정보를 수집한다.
② 개인정보를 제3자에게 제공하면 동 사항을 인터넷에 반드시 게재한다.
③ 법률에 따라 개인정보를 수집하고 이용한다.
④ 개인정보의 이용 목적이 변경된 경우 정보 주체에게 알린다.
⑤ 입찰 공고에 따른 낙찰자와의 계약을 체결하기 위하여 개인정보를 수집한다.

01 아래 사례에 나타난 H씨의 자기개발의 내적·외적 장애 요인을 바르게 정리한 것은?

[예시 문제 변형 – NCS]

> H씨는 국제화 시대에 발맞추기 위해 외국어 능력을 키우기로 결심하고 한 달 전에 영어 학원에 등록하였다. 그런데 무슨 회식이 그렇게 많은지 오늘도 회식에 참석하느라 영어 학원에 가지 못하였다.
> 생각해보니 영어 학원에 간지가 벌써 일주일이나 되었다. '어제는 무슨 일 때문에 빠졌더라. … 그저께는?' 어제는 영어 학원에 가려고 일찍 회사를 나섰지만 감기 기운이 있는지 몸이 으슬으슬해서 집으로 향했던 것이 생각났다.
> 그저께는 친한 친구가 술 한 잔 하자고 불러내는 바람에 학원에 가지 못하였고, 4일 전에는 아버지 생신이라 가족들이 같이 저녁식사를 하느라 가지 못했던 것이 생각났다.
> '처음 시작할 때 열정은 넘쳤었는데….'
> 갑자기 위기감을 느낀 H씨는 자신이 영어 학원에 가지 못했던 원인을 적어보고 앞으로 다시 열심히 다니리라 다짐하였다.

	내적 장애 요인	외적 장애 요인
①	감기 기운	회식
②	회식	감기 기운
③	친한 친구와 술 한 잔	아버지 생신(가족과 저녁식사)
④	아버지 생신(가족과 저녁식사)	친한 친구와 술 한 잔

02 다음 중에서 아래 사례의 S부장의 성공에서 찾을 수 있는 자기개발 전략으로 알맞지 않은 것은?

[예시 문제 변형 - NCS]

> 한 의류회사의 판매부서에서 근무하고 있는 S 부장은 이 회사에서 가장 젊은 나이에 부장으로 승진한 유명 인사다. 회사 내에는 한동안 S 부장의 부장 승진을 두고 낙하산 인사라느니 말이 많았지만, 그의 일하는 모습을 알고 있는 사람들은 그가 부장으로 승진할 만한 충분한 이유가 있다고 생각한다.
>
> S 부장은 철저하게 계획을 세우고 행동하는 사람으로 무슨 일을 하던지 장단기 계획을 수립하고, 자신의 인생 계획에 있어서도 자신이 쌓아야 할 직무 지식이나 인간관계에 대한 장단기 플랜을 가지고 있다.
>
> 또한 S 부장은 인간관계가 좋기로 유명하다. 한 번 그와 관계를 맺은 사람은 그를 신뢰하고 지속적으로 관계를 맺으려고 한다. 부하 직원을 대할 때에도 명령 하달식의 관계가 아니라 부하 직원의 의사를 존중해 주려고 노력한다.
>
> 그리고 S 부장은 계획을 세우는데 그치거나, 인간관계만을 쌓아서 이를 통해 쉽게 일하려는 사람이 아니라 자신의 일도 열심히 하는 사람이다. 그는 판매부서에서 이루어지는 모든 일에 대해서는 이미 잘 알고 있음에도 불구하고 끊임없이 관련 서적을 읽고 자신의 업무 수행성과를 향상하기 위해 노력한다.

① 장단기 계획 세우기
② 인간관계 고려하기
③ 현재의 직무 고려하기
④ 구체적인 방법으로 계획하기

03 아래 사례는 사원 교육 강연에서 예로 든 애용이다. 이 사례로 보았을 때 강연자가 사원들에게 전달하고자 하는 강연 내용으로 알맞은 것은? [예시 문제 변형 – NCS]

> 소규모 제조 회사의 생산관리팀의 K씨는 오늘 사장으로부터 한 가지 놀라운 제의를 받았다. 소규모 제조회사연합회에 이사를 맡지 않겠냐는 것이었다. K씨는 자신에게 그렇게 중요한 자리를 왜 맡기는지와 실제로 무슨 일을 해야 하는 자리인지 물었고, 사장은 이렇게 대답했다.
>
> "뭐, K씨 정도면 충분히 할 수 있는 일이예요. 실제로 아무 일도 할 필요 없이 사무실을 지켜주기만 하면 되요."
>
> K씨는 좀 의문이 들기는 했지만, 자신의 회사 사장이 부탁하는 일이라 거절하기가 어려워 그 자리에 대하여 정확히 알아보지 않고 선뜻 yes라는 결정을 내렸다.
>
> 며칠이 지나고 제조회사연합회 회장이 K씨를 부르더니 협회 간부회의가 있다는 얘기를 하였다. K씨는 다른 일도 있어서 시간을 내기 어려웠고, 간부회의가 있다고 하니 뭔가 새로운 일을 해야 될 것 같았지만, 이사를 맡았기 때문에 어쩔 수 없이 나가게 되었다.
>
> 그런데 간부회의에 참석한 K씨는 자신이 제조회사연합회에 소속된 회사 간부 모임을 주최하고, 제조회사연합회의 홍보 활동을 담당하고, 신입 회원사를 모집하는 등 많은 책임을 가지고 있다는 것을 알게 되었다.
>
> 결국 K씨는 후회하며, 그제야 자신이 맡은 역할과 그에 따라 앞으로 일어날 손실을 따져보기 시작했다.

① 일과 생활의 균형
② 자신과 작업 환경의 이해
③ 합리적인 의사결정의 중요성
④ 업무 수행의 성과를 높이기 위한 행동 전략

04 아래 자료를 접한 직장인이 궁극적으로 취해야할 행동으로 알맞은 것은? [예시 문제 변형 - NCS]

HR코리아가 현재의 직장과 직위를 언제까지 유지할 수 있다고 보는지를 묻는 질문에 실무자인 과장급은 2~5년이 33.7%, 6~10년이 39%를 차지했다. 반면 부장급 이상은 2~5년이 36.5%, 6~10년이 27%로 나타났다. 절반이 넘는 응답자가 10년 이내에 회사를 그만둘 것으로 생각하고 있는 것으로 나타났다.

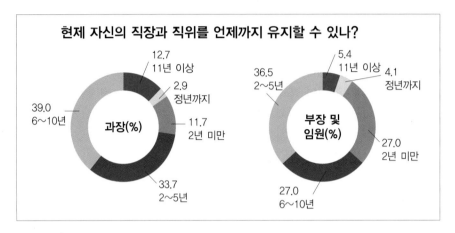

현제 자신의 직장과 직위를 언제까지 유지할 수 있나?

불안감의 원인을 묻는 질문에 과장급은 33.2%가 '현재의 조직을 떠나 선택할 수 있는 진로가 불투명하다'고 답했다. 이어 22.4%는 자신이 속한 기업의 경영 위기를 꼽았고 21.5%는 자신의 전문능력 부족을 들었다.

반면 부장급 이상은 35.1%가 불안정한 '사회 및 경제적 환경'을 꼽았고 '진로의 불투명성'은 31.1%를 차지했다. 자신이 속한 기업의 경영 위기는 25.6%였다.

－○○**일보**

① 자아 인식   ② 경력 개발
③ 환경 탐색   ④ 직무 정보 탐색

아래에 제시된 사례의 경력 단계로 알맞은 것은?

인생은 고해라지만 40대야말로 그 클라이맥스가 아닐까 한다. 40대는 의무와 권리 사이에서 의무 쪽으로 가장 심하게 기울어진 연령일 것이다. 직장에서는 어떤가. 잘나가는 일부를 제외하고는 중간쯤에서 위아래의 요구에 짓눌려 칭찬은 고사하고 욕먹는 일만 많은 자리에 있기 쉽다. 그런 자리마저도 보전하기 어려워 잠재적인 실업을 두려워하며 전전긍긍하는 나날을 보내기 십상이다. '인생의 후반전을 준비하는 대한민국 아저씨들을 위한 인생 업그레이드 제안'이란 부제에 맞게 구체적인 지침도 소개하고 있다.

첫째, 자신과의 관계이다. 사람들은 실제로 자신에 대한 지식과 정보에 어두운 편이다. 특히 지금의 40대가 살아온 시대는 '자기'라는 게 존재하는 것조차 모르고, 몰라야만 적응할 수 있었던 그런 때가 아닌가 싶다. 무엇보다 자기와의 관계를 복구하지 않는다면 지금 이상의 진전이나 자기만의 브랜드를 갖기 어려울 것이다.

두 번째, 가족과의 관계이다. 이 책의 큰 미덕은 저자의 가족이 어려운 시기를 겪어가는 과정을 기록했다는 데 있다. 책에서는 아내와 딸의 육성으로 가족에게 닥친 어려움을 이기고 더욱 단단해지기까지의 과정을 소상하게 들려준다.

세 번째, 타인과의 관계이다. 저자의 주장은 간단하다. 존중하고 배려하라는 것이다. 지금 어떤 자리에서 어떤 역할을 하든지 고객, 동료, 친구, 상사, 부하직원과 예의바르고 친밀한 관계를 맺는 것이야말로 측정할 수 없는 큰 사회적 자산으로 되돌아온다는 것을 알려주고 있다.

－○○일보

① 직업 선택   ② 경력 초기

③ 경력 중기   ④ 경력 말기

P씨는 금년에 45세이며, 자산관리 회사에서 경리직으로 일하고 있다. P씨의 꿈은 재테크 전문가가 되는 것이다. 그가 자신의 회사에서 일하는 재테크 전문가를 살펴보니, 개인이 노력한 만큼 이상의 높은 보수를 받고 자유롭게 시간을 쓸 수도 있는 것 같아서 좋았다. 또한 평상시에 부동산 정책이나 시세에 관심이 많고 다른 사람과의 대화를 좋아하는 자신의 성격에도 맞을 것 같았다. P씨는 자신이 일찍부터 재테크 전문가의 목표를 가지지 못한 것을 후회했지만 지금에 와서는 경리직 일이 너무 바빠서 다른 공부를 할 수 없으며, 그렇다고 일을 그만 두고 재테크 전문가를 준비하기에는 자금이 부족했다.

그래도 P씨는 날이 갈수록 재테크 전문가가 되고 싶다는 욕구가 확실해짐에 따라 P씨는 좀 더 장기적으로 접근하기로 했다. 먼저 재테크 전문가가 되기 위해서는 경영학 지식이 많이 필요하며, AFPK(Associate Financial Planner Korea) 자격증을 딴 후에, CFP(Certified Financial Planner)의 자격 심사 시험에 합격해야 된다는 것을 알았다. 따라서 장기적으로 5년을 내다보다 CFP 취득을 목표로 삼았으며, 2년 동안 경영학을 공부한 후 3년 내에 AFPK를 취득하기로 결심하였다.

이를 위하여 회사를 마치는 저녁 시간을 이용하여 사설 학원에 등록하는 것은 물론, 자신의 회사에서 일하는 재테크 전문가들의 소모임에 참여를 하고 그들의 이야기에 귀를 기울이며 대인관계를 돈독히 쌓아감에 따라 자격증 시험에 대한 정보를 얻을 수 있었다.

① 자신과 환경의 이해
② 경력 목표의 설정
③ 경력 개발 전략의 수립
④ 경력 개발 전략의 실행 및 평가

[07~08] A와 담임 선생님 B의 다음 상담 내용을 읽고 물음에 답하시오.

A는 OO 고등학교에서 손에 꼽힐 정도로 성적도 좋고 성실하기로 유명하다. 특히 수학, 과학 분야에서는 전교를 넘어 시에서도 인정받을 정도로 두각을 나타내고 있다. 학교 선생님부터 학교 친구들까지 주위의 대부분은 A가 커서 이공계로 진학할 것이라 생각하였다. 하지만 A의 꿈은 모두의 생각과는 달리 작가였다.

A : 많이 놀라셨겠지만 제 꿈은 작가입니다.

B : 정말 놀랍구나. 선생님은 A 네가 수학과 과학을 정말 잘하기에 당연히 이공계로 진학할거라 생각했는데 글을 쓰고 싶은가보구나.

A : 네, 선생님. 수학, 과학을 잘하는 편이긴 하지만 제가 정말로 좋아하는 건 글을 쓰는 것입니다. 꼭 작가가 되고 싶습니다.

B : 네 뜻이 정 그렇다면 나도 당연히 응원해주고 싶구나. 혹시 작가가 되기 위해서 계획이 있니?

A : [㉮   ]

B : 정말 대단하구나. 자신의 꿈을 갖고 노력하는 모습이 정말 보기 좋아. 선생님이 항상 응원할게.

07 위 글로 보았을 때, 다음 중에서 자기개발을 하려는 A의 모습으로 볼 수 없는 것은?

① A는 수학과 과학 분야에서 뛰어난 능력을 가지고 있다.
② A는 글을 쓰는데 뛰어난 재능을 가지고 있다.
③ A는 글을 쓰는 것을 좋아하고 작가가 되고자 한다.
④ A는 작가가 되기 위해 어떤 노력을 해야 하는지 알고 있다.

08 다음 중에서 [㉮]에 들어갈 A의 자기개발 활동으로 옳지 않은 것은?

① 자신의 블로그에 자신이 쓴 글들을 게시하여 많은 사람들이 보도록 한다.
② 유명 작가들의 글들을 읽어보고 궁금한 점을 물어본다.
③ 좋아하는 글쓰기도 하지만 잘하는 수학, 과학도 더 열심히 공부한다.
④ 많은 공모전에 참여해보고 자신의 글을 많은 사람들이 보도록 한다.

[09~10] 자기개발을 위한 의사결정에 대한 다음 내용을 읽고 물음에 답하시오.

> 이제 막 사회에 첫발을 디딘 A는 통역사가 꿈이다. 그래서 A는 자신의 꿈을 이루기 위해서 어떤 노력을 해야 할지를 고민 중이다. 하지만 좀처럼 어떤 방법이 가장 좋을지 결론이 나지 않았다. 인터넷을 찾아보다가 A는 합리적인 의사결정 과정이라는 글을 보게 되었다. A가 찾은 합리적인 의사결정 과정은 아래에 있다. A가 이 과정을 따르면서 의사결정을 하려고 할 때, 다음의 물음에 답하여라.
>
> Ⓐ 문제의 특성이나 유형을 파악한다.
> Ⓑ 의사결정의 평가 기준과 가중치를 정한다.
> Ⓒ 의사결정에 필요한 정보를 수집한다.
> Ⓓ 가능한 모든 대안을 탐색한다.
> Ⓔ 각 대안을 분석 및 평가한다.
> Ⓕ 가장 최적의 안을 선택하거나 결정한다.
> Ⓖ 의사결정 결과를 분석, 평가한다.

09 다음 중에서 각 단계에서 A가 가져야 할 행동이나 생각으로 옳지 않은 것은?

① Ⓐ - 통역사가 꿈이지만 통역사가 되기 위해서 어떤 노력을 해야 할까?
② Ⓑ - 대안은 현실적이어야 하고 통역사가 되기 위한 노력이어야 해.
③ Ⓒ - 유명한 통역사들의 경우를 통하여 통역사가 되는 방법들에 대해 알아봐야지.
④ Ⓓ - 해외 유학은 비용이 많이 들고 비현실적이니 대안이 될 수 없겠네.

10 다음 중에서 A의 의사결정 결과가 합리적이지 못한 것은?

① 외국인이 많은 동네에 가면 외국인을 자주 볼 수 있으니까 외국인들과 대화를 시도해본다.
② 비교적 저렴한 외국어 학습서를 통해 듣기 능력과 해석 능력을 향상시킨다.
③ 비용이 많이 필요하겠지만 외국어로 말해야만 하는 해외로 떠나서 현지에서 그 언어를 배워나간다.
④ 체계적으로 외국어를 학습할 수 있는 외국어 관련 교육 기관을 찾아 배워나간다.

[11] 다음 도식은 '기존의 능력, 자기개발, 업무 목표'의 세 요소와 업무 성과와의 관계를 나타내는 모델이다. 이를 보고 주어진 물음에 답하시오.

[예시 문제 변형 - NCS]

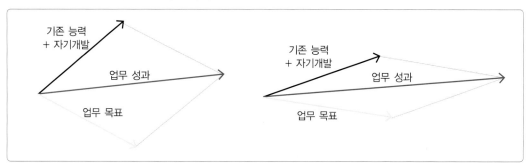

11 처한 상황과 그 상황에 대한 그들의 대처를 말해주는 아래의 A, B, C 세 사람을 위 업무 성과 모델의 관점에서 평가한 것으로 옳지 않은 것은?

> A : 인턴 생활을 하는데 프로그래밍에 어려움을 겪었다. 그래서 정직원이 되기 전까지 프로그래밍을 익히고 정직원이 되어 자신이 맡은 프로젝트에서 큰 성공을 거두었다.
>
> B : 화학과를 졸업하여 로봇을 연구하는 연구소에 연구원으로 취직하였다. 그러나 이 직업이 자신의 적성에 맞지 않다고 느끼던 그는 상사에게 꾸지람을 듣고 홧김에 회사를 그만두었다.
>
> C : 의과 대학을 다니다가 의과 대학을 졸업한 후 가지는 의사라는 직업이 자신이 바라는 미래의 삶과 맞지 않다고 판단되어 약학 대학으로 편입하였다.

① A는 자기개발을 통해서 업무 성과를 향상시켰다.
② B는 자기개발과 업무 목표 조정을 통해서 업무 성과를 변화시켰다.
③ C는 업무 목표 조정을 통해서 업무 성과를 변화시켰다.
④ 업무 성과는 기존 능력과 자기개발, 업무 목표의 설정에 따라 크게 달라진다.

[12~14] 다음에 주어진 자료를 보고 물음에 답하시오.

다음은 B라는 기업을 인수하려는 A 회사에 다니는 B 기업 인수 담당 직원의 메모 자료이다.

	내용
1. 목적	B 회사 인수
2. 방해 요소	인수 금액에 대한 의견 차이　　　　　　300억 원 인수 금액 부족　　　　　　　　　　　350억 원
3. 해결책	Ⓐ
4. 결과	인수 성공
5. 반성 및 피드백	Ⓑ

12 다음 중에서 위 메모에 대한 평가로 옳지 않은 것은?

① 철수 : 복잡한 일을 할 때는 이렇게 간단하게 정리해 보는 게 좋다고 생각해.

② 영희 : 인수에 성공했는데 반성과 피드백을 할 필요는 없다고 생각해.

③ 민수 : 방해 요소들을 잘 정리하면 그에 따른 좋은 해결책들을 많이 생각해볼 수 있을 거야.

④ 영민 : 이렇게 매번 노트를 작성하면 다음에는 똑같은 실수를 하지 않을 수 있을 거야.

13 다음 중에서 Ⓐ에 들어갈 해결책 내용으로 적절한 것은?

① 인수하는 데 부족한 금액 50억 원을 은행에서 대출을 받아 B 기업의 인수 자금으로 삼는다.

② 인수 금액에 대한 의견 차이 금액 300억 원을 B사의 직원들을 계속 고용하는 조건으로 감액하고, 부족한 금액 50억 원은 채권으로 지급하기로 한다.

③ B사의 경쟁 기업을 지원하는 등의 방법으로 경영을 방해하여 B사의 가치를 떨어뜨려 인수 금액의 부족분을 없앤다.

④ B 기업을 인수하는 데 대한 방해 요소를 해결할 방안을 찾지 못해 B 기업과의 인수 협상을 미룬다.

14 다음 중에서 ⑧에 들어갈 반성 및 피드백으로 적당하지 않은 것은?

① 다음부터는 나의 주장이 보다 더 반영될 수 있도록 노력해야겠다.

② 방해 요소를 극복하려면 그 요소 자체보다는 협상 대상자와 가지는 협상에 더 집중해야 하므로 협상론을 공부해 봐야겠다.

③ 협상 상대방이 원하는 바가 무엇인지를 파악하기 위하여 상대방과의 대화의 자리를 많이 가지도록 노력한다.

④ 다음 협상 때는 상대에 대한 것뿐만 아니라 다양한 다른 협상 사례들도 더 많이 찾아보고 협상에 참여해야겠다.

04

자기
개발

15 아래의 조직의 구성원으로써 행동 전략 ㄱ~ㅂ 가운데에서 올바른 것만을 모두 고른 것은?

> ㄱ. 일을 미루지 않는다.
> ㄴ. 회사와 팀의 업무 지침을 따른다.
> ㄷ. 남의 성공 사례를 참고한다.
> ㄹ. 남의 방식을 무조건 따라한다.
> ㅁ. 본인의 역할을 파악한다.
> ㅂ. 무조건 새로운 방식을 추구한다.

① ㄱ, ㅁ

② ㄱ, ㄴ, ㅁ

③ ㄱ, ㄴ, ㄷ, ㅁ

④ ㄱ, ㄴ, ㄷ, ㅁ, ㅂ

16 A의 꿈은 금융업계에서 일하는 것이다. Ⓐ~Ⓔ 중에서 A가 꿈을 이루기 위해 관심을 가지고 해야 하는 일을 모두 고른 것은?

> Ⓐ 금융 관련 칼럼들을 많이 읽는다.
> Ⓑ 화학과에 진학한다.
> Ⓒ 금융업계에 종사하는 사람들을 만나본다.
> Ⓓ 직접 주식 투자를 해본다.
> Ⓔ 해외 봉사활동을 다닌다.

① Ⓐ, Ⓒ
② Ⓐ, Ⓒ, Ⓓ
③ Ⓐ, Ⓒ, Ⓓ, Ⓔ
④ Ⓐ, Ⓑ, Ⓒ, Ⓓ, Ⓔ

[01~02] 다음에 주어진 자료를 보고 물음에 답하시오.

어떤 섬나라에서 Ⓐ, Ⓑ, Ⓒ, Ⓓ, Ⓔ, Ⓕ 지역 중 임의의 지역으로부터 다른 모든 지점으로 갈 수 있도록 다리를 놓으려고 한다. 다음 그림에서 다리를 놓을 수 있는 경로는 선으로, 다리의 건설 비용은 숫자로 나타내었다.

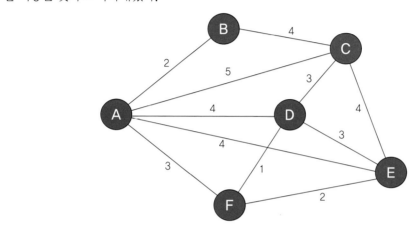

01 위 자료와 같이 다리를 건설하여 모든 섬을 연결한다고 할 때, 소요되는 비용이 가장 적은 것은?

① 11
② 12
③ 13
④ 14

02 위 자료에 섬 Ⓑ와 Ⓓ 사이에 비용이 2인 다리를 추가하게 되었을 때, 모든 섬을 연결하는 다리를 건설하는 최저 비용으로 알맞은 것은?

① 10
② 11
③ 12
④ 13

[03~05] (가)와 (나)는 사업 다각화에 관한 두 견해를 정리한 글이다. 이 글을 읽고 물음에 답하시오.

[가] 첫째, 다양한 제품들을 생산하는 기술들이나 그 제품들을 구매하는 소비자들 사이의 공통성을 활용함으로써 범위의 경제가 발생한다고 보는 견해가 있다. 각각의 제품을 생산하여 판매하는 일을 서로 다른 기업들이 따로 하는 것보다 한 기업이 전담하는 방법을 통해 비용의 효율성을 높일 수 있다는 것이다. 둘째, 기업이 충분히 활용하지 못하고 있는 인적·물적 자원을 새로운 영역에 확대 사용함으로써 범위의 경제가 발생한다고 보는 견해가 있다. 예를 들어 경영자가 가지고 있는 경영 재능이나 기업의 생산 및 유통 시스템을 여러 사업 분야에 확산시키는 방법을 통해 자원을 보다 효율적으로 활용할 수 있다고 보는 것이다. 셋째, 기업 내부의 자본 운용 효율성을 높임으로써 범위의 경제가 발생한다고 보는 견해가 있다. 여유 자금이 있는 사업부문에서 벌어들인 돈을 이용하여 새로운 사업 부문의 투자 기회를 잘 살리는 방법을 통해 수익성을 높일 수 있다는 것이다. 이러한 설명들은 다각화를 통해 효율성을 높이면 기업의 수익 구조가 개선되어 주주들의 이익이 증진된다고 본다.

[나] 첫째, 경영자들의 비금전적 동기를 강조하는 설명으로서 경영자들이 더 큰 이윤보다 더 큰 권력을 선호한다는 견해가 있다. 경영자들의 권력은 대체로 자신들이 경영하는 기업의 규모에 비례하기 때문에 더 큰 제국을 지배하고 싶은 이유에서 다각화를 추구한다는 것이다. 둘째, 경영자들의 보수도 일반적으로 기업의 규모에 비례하기 때문에 금전적 동기에서도 다각화를 통한 기업 규모의 확대를 선호한다는 견해가 있다. 셋째, 경영자들은 어지간히 성과가 나쁘지 않다면 쉽게 교체되지 않는다. 이 때문에 경영자들로서는 더욱 좋은 성과를 내기위해서가 아니라 다양한 사업에 분산 투자함으로써 기업 전체의 성과가 크게 나빠지지 않도록 하기 위해 다각화를 추진한다는 견해가 있다. 기업의 경영자가 실적이 나빠질 가능성에 대비하여 경영자의 지위가 흔들릴 위험을 분산하기 위해 다각화를 추진한다는 것이다.

03 아래는 위 글의 '주주들의 이익을 위해 다각화한다.'를 한 문장으로 표현한 것이다. 다음 중에서 주주들의 이익을 위한 다각화의 이유라고 할 수 없는 것은?

> 범위의 경제로 기업의 효율성이 증진된다고 보는 공통점이 있지만, 범위의 경제가 발생하는 원천은 각기 다르게 분석하고 있다.

① 생산과 판매의 일원화를 통한 기업의 효율성 제고
② 인적·물적 자원의 효율적 활용을 통한 기업의 효율성 제고
③ 기업의 규모를 키워 규모의 경제성을 통한 기업의 효율성 제고
④ 기업 내부의 자본 운용 효율성의 제고를 통한 기업의 효율성 제고

04 위 글에서 글쓴이가 말하고자 하는 핵심으로 알맞은 것은?

① 다각화의 의미
② 다각화의 전개 방법
③ 다각화의 이점
④ 다각화를 통한 이익 수혜의 주체

05 위 글로 보았을 때, 아래에 대해 보인 반응으로 적절한 것은?

> 안정적인 수익 구조를 유지하는 ○○ 전자의 새로운 경영자는 최근의 나아지는 경기 상황에 주목하여 그동안 축적해 온 여유 자금으로 ◎◎ 유통·판매 회사를 인수하였다. 이후 ○○ 전자는 자사뿐만 아니라 다른 여러 회사의 다양한 물품들을 납품받아 공급·판매하였다. 그 결과 기업의 수익에는 변화가 없었지만 매출이 전년도보다 10% 증가하여 기업 규모뿐만 아니라 소비자들의 인지도도 높아졌다. 이에 이 경영자는 주주총회에서 이러한 사실을 부각하여 성과급을 받았다

① ○○ 전자는 새로운 사업 부문에 투자하기 위하여 그동안 자금을 축적한 것이군.
② ○○ 전자는 유통·판매업에 진출하는 다각화를 통해 기업의 수익을 확장하였다고 할 수 있군.
③ ○○ 전자의 경영자는 실적 악화로 인해 자신의 지위가 흔들릴 위험을 분산하기 위해 다각화를 추진했군.
④ ○○ 전자의 다각화는 결과적으로 다각화를 추진한 경영자의 금전적 이익을 확대한 셈이군.

[06~08] 다음은 우리나라의 연령별 인구 추이에 관한 통계 자료이다. 물음에 답하시오.

[기출문제 – 코레일]

[표 1] 연령 계층별 인구 추이

구분 / 연도	인구(천 명)				구성비(%)		
	계	유년 인구 (0~14세)	생산 가능 인구 (15~64세)	노인 인구 (65세 이상)	유년 인구 (0~14서])	생산 가능 인구 (15~64세)	노인 인구 (65세 이상)
1970	32,241	13,709	17,540	991	42.5	54.4	3.1
1980	38,124	12,951	23,717	1,456	34.0	62.2	3.8
1990	42,869	10,974	29,701	2,196	25.6	69.3	5.1
2000	47,008	9,911	33,702	3,395	21.1	71.7	7.2
2006	48,297	8,996	34,715	4,586	18.6	71.9	9.5
2017	49,332	6,395	36,119	6,818	13.0	73.2	(가)
2018	49,340	6,286	35,979	7,075	12.7	72.9	(나)
2026	49,039	5,721	33,099	10,218	11.7	67.5	(다)
2030	48,635	5,525	31,299	11,811	11.4	64.4	(라)
2040	46,343	4,777	26,525	15,041	10.3	57.3	(마)

[표 2] 노년 부양비 및 노령화 지수

항목 / 연도	1970	1980	1990	1995	2000	2005	2010	2020	2030
노년 부양비(%)	5.6	6.1	7.4	8.3	10.1	12.6	14.9	21.8	37.7
노령화 지수	7.2	11.2	20.0	25.2	34.3	47.4	㉠	㉡	㉢
노인 1명당 생산 가능 인구(명)	17.7	16.3	13.5	12.0	9.9	7.9	6.7	4.6	㉣

※ 노년 부양비 = (65세 이상 인구 ÷ 15~64세 인구) × 100
※ 노령화 지수 = (65세 이상 인구 ÷ 0~14세 인구) × 100
※ 노인 1명당 생산 가능 인구 = 15~64세 인구 ÷ 65세 이상 인구

06 UN이 정한 기준에 따르면 전체 인구 중 65세 이상 노령인구 비율이 7% 이상 14% 미만일 때는 '고령화 사회'라 하고, 14% 이상 20% 미만일 때는 '고령 사회'라고 정의한다. 우리나라가 고령 사회로 접어드는 연도는 언제인가?

① 2017년   ② 2018년
③ 2026년   ④ 2030년

05
자원
관리

07 노령화 지수는 유년 인구 100명당 노인 인구를 가리킨다. 다음 중에서 노령화 지수가 100을 넘는 시점으로 알맞은 연도는?

① 2006년   ② 2017년
③ 2018년   ④ 2026년

08 다음 중에서 [표 2]의 ⓔ에 들어갈 알맞은 수는? (단, 소수점 둘째 자리에서 반올림한다.)

① 1.8   ② 2.3
③ 2.6   ④ 3.2

[09~10] 다음의 제시 상황을 보고 이어지는 질문에 답하시오. [예시 문제 – NCS]

휴대폰 부품 제조업체 생산 관리팀에서 근무하는 P는 비용 절감을 위해 최근 개선된 생산 공정의 기능성 평가를 진행하려고 한다.

(단, 주문 접수된 부품은 1회의 공정 과정에서 모두 만들어진다.)

〈단계별 불량률〉

단계	1회 공정당 불량률(%)
CAW	–
EOQ TEST	20
PACKAGE ASSEMBLY	–
FINAL TEST	10
포장	–

〈단계별 투입 비용〉

단계	부품 1단위 생산 시 투입 비용(원)	
	개선 전	개선 후
CAW	2,500	1,500
EOQ TEST	3,500	3,500
PACKAGE ASSEMBLY	4,000	3,000
FINAL TEST	5,500	2,000
포장	4,500	1,000

09 P는 기능성 평가를 마치고 평가서를 작성하려고 한다. 비용 평가 항목에 들어갈 것으로 적절한 것은?

〈공정 평가서〉

주요 공정 평가

공정 단계	성능	불량률(%)	단위당 투입 비용(원)	비용 평가
CAW	C	–	1,500	㉮
EOQ TEST	A	20	3,500	㉯
PACKAGE ASSEMBLY	B	–	3,000	㉰
FINAL TEST	A	10	2,000	㉱
포장	A	–	1,000	

비용 평가 기준(원)

0(이상)~1,000(미만)	A+
1,000~1,500	A-
1,500~2,000	B+
2,000~3,000	B-
3,000~3,500	C+
3,500~4,000	C-
4,000 이상	D

※ 불량률이 발생하는 공정 단계는 [단위당 투입 비용 + (단위당 투입 비용 × 불량률)]을 기준으로 평가한다.

① ㉮ — A-   ② ㉯ — C-
③ ㉰ — B-   ④ ㉱ — B-

10 P의 평가서를 본 상사는 기존 공정과 비교했을 때 부품 1단위 생산 시 총 투입 비용이 얼마나 절감되었는지를 비교하라고 지시했다. 새로운 공정에서 총 비용의 감소율로 알맞은 것은? (단, 불량은 발생하지 않는다고 가정한다.)

① 37.5%   ② 45%
③ 50%   ④ 89%

[11~14] 다음에 주어진 자료를 보고 물음에 답하시오.

> 어떤 나라에 Ⓐ, Ⓑ, Ⓒ, Ⓓ, Ⓔ, Ⓕ, Ⓖ 7개의 지역을 운행하는 기차가 있다. 기차의 종류는 일반, 급행, 특급 세 종류가 있고, 종류별로 각각 다음 그래프에 나타난 것과 같이 운행을 한다. 각 기차별 평균 속력과 연비는 다음과 같고 각 지역 사이의 거리는 72㎞로 일정하다. 기름의 가격은 L당 10,000원이다. 다음의 물음에 답하여라.
>
> **〈기차 종류별 운행표〉**
>
>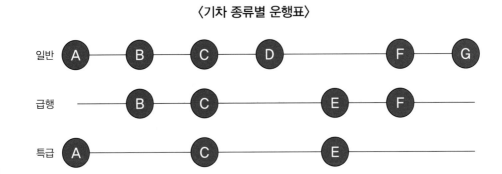
>
> **〈기차별 평균 속력과 연비 일람〉**
>
> | | 평균 속력 (km/h) | 연비(km/L) |
> |---|---|---|
> | 일반 | 120 | 12 |
> | 급행 | 180 | 8 |
> | 특급 | 240 | 6 |

11 Ⓐ 지역에서 Ⓖ 지역으로 최저 비용으로 갈 때의 비용과 시간을 올바르게 짝지은 것은?

	비용	시간
①	36만 원	2.4시간
②	36만 원	3.6시간
③	54만 원	3.6시간
④	72만 원	1.8시간

12 Ⓐ 지역에서 Ⓖ 지역으로 최단 시간으로 갈 때의 비용으로 알맞은 것은?

① 63만 원

② 64만 원

③ 65만 원

④ 66만 원

13 어떤 사업자가 Ⓐ 지역에서 Ⓖ 지역으로 이동을 하려고 한다. 그런데 출발 5분 전에 갑자기 Ⓑ 지역에 가서 서류를 받아야 한다는 사실을 알게 되었다. Ⓐ 지역에서 Ⓑ 지역을 들렀다가 Ⓖ 지역으로 가는 최단 시간으로 알맞은 것은?

① 2.3시간

② 2.4시간

③ 2.5시간

④ 2.6시간

14 위 문제에서 열차를 갈아탈 때마다 환승 시간이 12분이 걸린다면, Ⓐ 지역에서 Ⓑ 지역을 들렀다가 G 지역으로 가는 전체 최단 시간으로 알맞은 것은?

① 2.8시간

② 3.0시간

③ 3.2시간

④ 3.4시간

[15~17] 다음에 주어진 자료를 보고 이어지는 질문에 답하시오.

어떤 회사에서 자기 회사의 제품 A, B, C, D를 판매하려고 한다. 각 제품의 이윤과 하나의 제품을 판매하는데 소요되는 시간, 재고의 수는 아래의 표와 같다. 이 회사가 제품을 팔 시간이 330만큼 있을 때 다음 물음에 답하여라.

	예상 이윤	소요 시간	재고
A 제품	8	15	5
B 제품	12	25	10
C 제품	6	10	7
D 제품	8	10	4

15 A~D 네 종류의 제품 중에서 판매를 위해 소요되는 시간에 비해 예상 이윤이 가장 큰 제품은?

① A   ② B
③ C   ④ D

16 모든 조건이 위와 같을 때 최대 이윤을 낼 수 있는 제품의 조합으로 알맞은 것은?

	A 제품	B 제품	C 제품	D 제품
①	3	7	7	4
②	4	6	7	4
③	5	5	7	4
④	5	6	6	4

17 '제품 B'가 많은 인기를 얻으면서 '제품 B' 하나를 판매하는 데 필요한 시간이 25분에서 20분으로 줄었을 때, 최대 이윤을 낼 수 있는 제품의 조합으로 옳은 것은?

	A 제품	B 제품	C 제품	D 제품
①	2	9	7	4
②	3	10	6	4
③	4	7	7	4
④	5	6	6	4

18 아래는 물적자원관리의 과정을 도식화한 것이다. ㉠~㉣ 중에서 각 과정에 해당하는 내용이 적절하지 않은 것은? [예시 문제 변형 - NCS]

```
┌─────────────────────────┐        • 재고 관리의 편리성 ─────── ㉠
│   사용품과 보관품의 구분    │        • 물품 활용의 편리성 ─────── ㉡
└─────────────────────────┘
            ↓
┌─────────────────────────┐        • 동일성의 원칙
│   동일 및 유사 물의 분류    │        • 유사성의 원칙 ─────────── ㉢
└─────────────────────────┘
            ↓
┌─────────────────────────┐        • 물품의 향상 ──────────── ㉣
│ 물품의 특성에 맞는 보관 장소 선정 │        • 물품의 소재
└─────────────────────────┘
```

① ㉠

② ㉡

③ ㉢

④ ㉣

[19~20] 다음의 제시 상황을 보고 이어지는 질문에 답하시오.　　　[예시 문제 – NCS]

　자원 회사 인사팀에서 근무하는 N은 20XX년도에 새롭게 변경된 사내 복지 제도에 따라 경조사 지원 내역을 정리하고 공시하는 업무를 담당하게 되었다.

〈20XX년도 변경된 사내 복지 제도〉

구분	세부 사항
주택 지원	사택 지원 (A~G 총 7동 175가구) 최소 1년 최장 3년
지원 대상	– 입사 3년 차 이하 1인 가구 사원 중 무주택자(A~C동 지원) – 입사 4년 차 이상 본인 포함 가구원이 3인 이상인 사원 중 무주택자(D~G동 지원)
경조사 지원	본인/가족 결혼, 회갑 등 각종 경조사 시 경조금, 화환 및 경조 휴가 제공
학자금 지원	대학생 자녀의 학자금 지원
기타	상병 휴가, 휴직, 4대 보험 지원

〈20XX년도 1/4분기 지원 내역〉

이름	부서	직위	내역	변경 전	변경 후	금액(천 원)
김재식	인사팀	부장	자녀 대학 진학	지원 불가	지원 가능	2,000
박가현	총무팀	차장	장모상	변경 내역 없음		100
정희진	연구 A	차장	병가	실비 지급	금액 지원 추가	50(실비 제외)
윤병국	홍보팀	사원	사택 제공(A-102)	변경 내역 없음		–
유현영	연구 B	대리	결혼	변경 내역 없음		100
김희훈	영업 1팀	차장	부친상	변경 내역 없음		100
이민지	인사팀	사원	사택 제공(F-305)	변경 내역 없음		–
김도윤	보안팀	대리	모친 회갑	변경 내역 없음		100
하정열	기획팀	차장	결혼	변경 내역 없음		100
이동식	영업 3팀	과장	생일	상품권	기프트 카드	50
최제민	전략팀	사원	생일	상품권	기프트 카드	50

19 N은 상사의 지시를 받고 지원 구분에 따라 20XX년도 1/4분기 복지 제도 지원을 받은 사원을 정리했다. 다음 중에서 잘못 구분된 사원은?

지원 구분	이름
주택 지원	윤병국, 이민지
경조사 지원	김도윤, 박가현, 유현영, 이동식, 최제민, 하정열
학자금 지원	김재식
기타	김희훈, 정희진

① 김희훈   ② 박가현
③ 이민지   ④ 정희진

20 N은 20XX년도 1/4분기 지원 내역 중 변경 사례를 참고하여 새로운 사내 복지 제도를 정리해 추가로 공시하려 한다. 다음 중에서 N이 정리한 내용으로 옳지 않은 것은?

① 복지 제도 변경 전후 모두 생일에 현금을 지급하지 않습니다.
② 복지 제도 변경 후 대학생 자녀에 대한 학자금을 지원해드립니다.
③ 변경 전과 달리 미혼 사원의 경우 입주 가능한 사택동 제한이 없어집니다.
④ 변경 전과 같이 경조사 지원금은 직위와 관계없이 동일한 금액으로 지원됩니다.

[21~22] 다음에 주어진 자료를 보고 물음에 답하시오.

어떤 회사에서 회사 보안을 위해서 경비원들을 고용하려고 한다. 시간대별 필요한 경비 인력과 근무 수칙은 다음과 같다.

[시간대별 필요 경비 인력]

시간	0~4	4~8	8~12	12~16	16~20	20~24
필요 인력	15	10	20	25	20	30

[근무 수칙]

1. 경비원은 최고 8시간까지 연속으로 근무를 한다.
2. 인수인계 시간은 고려하지 않는다.

21 다음 중에서 [근무 수칙]을 준수하면서 경비를 할 수 있는 최소 필요 인력으로 알맞은 것은?

① 60명   ② 65명
③ 70명   ④ 75명

22 새벽 경비의 보안을 강화하기 위하여 0~4시 사이의 경비 인력을 10명 늘리려고 한다. 이 조건으로 최소 인력을 고용하려고 할 때, 추가로 고용해야 할 경비 인력으로 알맞은 것은?

① 추가 인력 5명   ② 추가 인력 10명
③ 추가 인력 15명   ④ 추가 인력 없음

[23~24] **다음에 주어진 자료를 보고 물음에 답하시오.**

Y 회사에서 10억 원을 기업 A, B, C, D에 투자를 하려고 한다. 이때 예상 수익률은 다음과 같고 회사의 투자 지침도 아래와 같다. 다음 물음에 답하여라.

[기업별 예상 수익률]

기업	예상 수익률
A	10%
B	7%
C	6%
D	4%

[투자 지침]

1. 기업 A는 투자 위험이 크기 때문에 전체 투자액의 40%를 초과하지 않는다.
2. 투자 위험을 최소화하기 위해서 반드시 모든 기업에 각각 전체 투자액의 10% 이상을 투자한다.
3. 기업 D에는 적어도 전체 투자액의 20% 이상을 투자한다.

23 다음 중에서 투자 지침을 모두 지키고 10억 원을 투자했을 때 예상되는 최대 이윤은?

① 6,500만 원   ② 7,000만 원
③ 7,500만 원   ④ 8,000만 원

24 Y 회사에서 새로운 투자처를 찾았는데, 수익률이 8%인 새로운 기업 E를 발견하였다. 위의 투자 지침을 그대로 준수한다고 할 때, 예상되는 최대 이윤은?

① 7,500만 원   ② 7,600만 원
③ 7,700만 원   ④ 8,000만 원

25 아래는 (주)YA가 받은 컨설팅 보고서의 일부이다. 이에 따라 (주)YA가 개선해야 할 경영 관리 부문으로 적절한 것을 [보기]에서 고른 것은?

컨설팅 보고서

[평가 의견]

• 자동화 설비의 안정화로 전체 공정이 전문적으로 관리되어 높은 품질의 제품을 제조하고 있음.
• 휴게실 설치, 통근 버스 운영, 교육비 지원 등 사원의 복리 후생 제도가 필요함.
• 소비자의 구매 행동을 유발하기 위한 광고, 홍보, 인적 판매 등 촉진 전략을 제품의 종류에 따라 관리할 필요가 있음.

보기

ㄱ. 생산 관리   ㄴ. 회계 관리
ㄷ. 마케팅 관리   ㄹ. 인적 자원 관리

① ㄱ, ㄴ   ② ㄱ, ㄷ
③ ㄴ, ㄷ   ④ ㄷ, ㄹ

26 아래는 기업 D의 회의 내용이다. 이와 관련된 인사 관리 원칙으로 적절한 것을 [보기]에서 고른 것은?

부장 : 이번 신입 사원 연수에서 강조해야 할 인사 제도 내용으로 무엇이 좋을까요?
과장 : 회사에 대한 공헌도에 따라 대가를 공평하게 받고, 그에 합당한 대우를 받을 수 있다는 내용이 좋겠습니다.
대리 : 해당 분야의 업무를 잘 수행할 수 있도록 적성 및 능력을 고려하여 직무 수행에 가장 적합한 부서에서 근무하도록 한다는 내용도 좋겠습니다.

보기

ㄱ. 공정 보상의 원칙   ㄴ. 창의력 개발의 원칙
ㄷ. 종업원 안정의 원칙   ㄹ. 적재적소 배치의 원칙

	과장	대리		과장	대리
①	ㄱ	ㄴ	②	ㄱ	ㄹ
③	ㄴ	ㄷ	④	ㄴ	ㄹ

27 아래는 AB(주)의 구매 전략 보고서이다. 이를 통해 알 수 있는 매입 방식의 장점으로 적절한 것만을 [보기]에서 있는 대로 고른 것은?

구매 전략 보고서

작성자 : 김○○

A 상품의 매입 방식에 대한 전략 회의 결과를 다음과 같이 보고합니다.

○회의 내용 :
  – A 상품은 변질의 우려가 거의 없다는 의견이 대부분임.
  – 상품 매입 1회당 매입량과 보관 비용을 고려하여 유리한 매입 방식을 선택하기로 함.

○결정 사항 :
  – (가)의 매입 방식을 선택함.

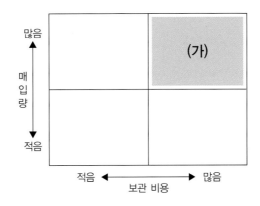

보기

ㄱ. 매입 가격의 할인 혜택이 가능하다.
ㄴ. 급속한 수요 증가에 대비가 가능하다.
ㄷ. 갑작스런 시세 하락에 의한 손실을 막을 수 있다.

① ㄱ   ② ㄷ
③ ㄱ, ㄴ   ④ ㄴ, ㄷ

28 아래 그래프에 나타난 인구 구조의 변화로 인하여 확대될 것으로 전망되는 생활 서비스 산업 분야로 알맞은 것을 [보기]에서 고른 것은?

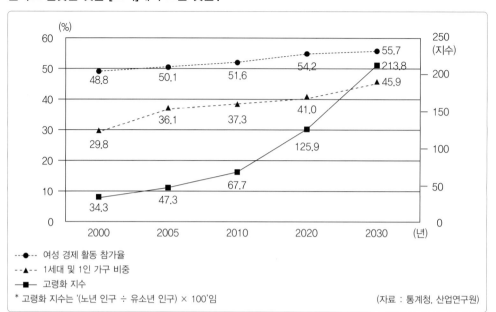

(자료 : 통계청, 산업연구원)

* 고령화 지수는 '(노년 인구 ÷ 유소년 인구) × 100'임

--●-- 여성 경제 활동 참가율
--▲-- 1세대 및 1인 가구 비중
--■-- 고령화 지수

> **보기**
>
> ㄱ. 재가 노인이나 재가 장애인 등의 집을 방문하여 간호, 목욕, 가사 지원 따위를 제공해 주는 사회적 서비스인 '재가 복지 서비스업'
>
> ㄴ. 노인들을 위한 '실버(silver) 주택 건설업'
>
> ㄷ. 촉감이 부드럽고 따뜻하며 가볍고 드레이프성이 좋아 겨울철 의류나 침구, 재킷, 스포츠 의류, 코트의 안감, 숄, 카시트, 의자용 천 등에 널리 이용되는 '피치 스킨(peach skin) 가공 산업'
>
> ㄹ. 태양의 열이나 빛을 주된 에너지원으로 이용하는 '솔라 시스템(solar system) 활용 산업'

① ㄱ, ㄴ   ② ㄱ, ㄷ

③ ㄴ, ㄷ   ④ ㄴ, ㄹ

01 '감정은행계좌'란 사람이 인간관계에서 어느 정도의 신뢰를 가졌는지에 척도를 비유로 표현한 것이다. 다음 중에서 아래의 사례를 통하여 감정은행계좌의 사용에 대해 바르게 설명한 것은?

> ※ A는 회사의 상사가 없는 곳에서 상사에 대한 험담을 자주 하는 편이다.
> ※ 평소에 약속시간을 잘 지키지 않아 평균 30분 정도씩 늦던 B가 어느 날부터인가 약속 시간에 5분 정도만 늦기 시작했다.
> ※ 술을 먹으면 난폭해지기로 유명한 C는 매번 자기가 난폭해졌다는 이야기를 듣고 다시는 술을 먹지 않겠다고 주위 사람들에게 약속했지만 회식 자리에 가면 늘 과음을 한다.
> ※ D는 부하 직원들뿐만 아니라 청소부 아주머니들에게도 친절하게 인사한다.

① A는 회사 상사들의 잘못된 점을 지적했으므로 감정은행계좌의 예입 행위를 한 것이다.
② B는 평소에 약속시간을 잘 지키지 않았으나 이제는 약속시간을 그럭저럭 잘 지키는 편이므로 감정은행계좌의 예입 행위를 한 것이다.
③ C는 회식 자리에 참여하기 때문에 감정은행계좌의 예입 행위를 한다.
④ D는 사람들에게 좋은 인상을 남기므로 감정은행계좌의 예입 행위를 한다.

02 다음 중에서 아래의 사례 속에서 나타난 A 회사의 상대방을 설득하는 전략으로 옳은 것은?

> 매연 저감 장치를 공급하는 A 회사는 최근 동종의 장치를 판매하는 B 회사에게 매출이 계속 밀리고 있다. 이는 A 회사의 주요 거래처인 C 회사가 B 회사의 제품을 더 많이 사고 있기 때문이다. A 회사는 이를 극복하기 위해 최근에 연구를 거듭하여 매연을 더 저감할 수 있는 장치를 개발하였다. 그러나 C 회사의 반응은 시큰둥했고, 결국 A 회사는 다음 입찰 때 C 회사의 주요 간부들에게 그동안 연구해온 논문을 발표하고 실제 장치의 시연을 선보였다. 이 발표에서 A 회사는 자신들이 더 경쟁력 있는 물건을 만들려고 노력하고 있으며, 시연을 통하여 그 실적이 나타나고 있다고 강조하였다. 그 결과, C 회사는 A 회사의 제품의 매입 비율을 늘리기로 결정했다.

① See-Feel-Change 전략
② 사회적 입증 전략
③ 연결 전략
④ 호혜 관계 형성 전략

03 협상의 의미는 '의사소통 차원(㉠), 갈등 해결 차원(㉡), 지식과 노력 차원(㉢), 의사결정 차원(㉣), 교섭 차원(㉤)'의 다섯 가지 차원에서 살펴볼 수 있다. 각 차원 ㉠~㉤과 각 차원의 과정(ⓐ~ⓔ)에 해당하는 내용의 연결이 알맞지 않은 것은?

ⓐ 갈등 관계에 있는 이해 당사자들이 대화를 통해서 갈등을 해결하고자 하는 상호작용의 과정

ⓑ 이해 당사자들이 자신들의 욕구를 충족시키기 위해 상대방으로부터 최선의 것을 얻어내기 위해 상대방을 설득하는 커뮤니케이션의 과정

ⓒ 둘 이상의 이해 당사자들이 여러 대안들 가운데서 이해 당사자들 모두가 수용 가능한 대안을 찾기 위한 의사결정의 과정

ⓓ 서로 선호하는 것이 다른 협상 당사자들이 합의에 도달하기 위해 공동으로 의사결정을 하는 과정

ⓔ 우리가 얻고자 하는 것을 가진 사람의 호의를 쟁취하기 위한 것에 관한 지식이며 노력의 분야

---

① ㉠ – ⓑ

② ㉡ – ⓐ

③ ㉢ – ⓒ

④ ㉣ – ⓓ

04 '효과적인 팀의 특성'과 그 특성이 가지는 '의미'의 연결이 바르지 못한 것은?

효과적인 팀의 특성	의미
팀의 사명과 목표를 명확하게 한다.	목표와 목적을 공유하게 되면 팀원들의 팀에 대한 헌신을 높일 수 있다. ………… ㉠
창조적으로 운영한다.	새로운 프로세스 기법을 실행할 수 있는 기회를 추구할 수 있고, 유연하고 창조적으로 문제를 해결할 수 있다. ………… ㉡
개방적으로 의사소통한다.	'간접적인 대화, 팀원에 대한 명령, 통일된 의견 반영, 아이디어의 즉각적인 활용'등을 할 수 있다. ………… ㉢
객관적인 결정을 내린다.	합의를 통한 의사결정, 내려진 결정에 대한 지원, 의사결정에 대한 명확한 이해 및 수용, 상황별 대응 계획 마련
팀 자체의 효과성을 평가한다.	자체 운영 방식에 대한 점검, 지속적인 개선 및 전향적 관리 ………… ㉣

① ㉠

② ㉡

③ ㉢

④ ㉣

05 다음 중에서 아래의 사례들에 나타난 고객들의 불만 표현 유형을 바르게 연결한 것은?

[예시 문제 변형 - NCS]

> **사례 1** : 가전제품 대리점에서 한 고객이 텔레비전을 사려고 한다. 하지만 그 대리점을 찾은 고객이 많아서 상담원이 조금 지체하자 빨리 좀 해 주라고 불평하였다.
>
> **사례 2** : 식당을 찾은 손님 중 한 사람이 식당의 서비스가 마음에 들지 않는다고 불만을 토로하고 있다. 이를 시정해 주었지만 또 이것저것 트집을 잡아가면서 불평하고 있다.
>
> **사례 3** : 한 매장에 손님이 옷을 사기 위해 찾았다. 하지만 이 손님은 이 매장의 옷이 너무 싸구려 같다고 불평하고 있다.
>
> **사례 4** : 한 학생이 무선 미니 스피커를 사기 위해 전자제품 매장을 찾았다. 상담원이 이 학생에게 친절하게 설명을 해주었지만, 이 학생은 상담원의 말을 잘 믿지 않고 의심을 많이 한다.

① 사례 1 : 트집형
② 사례 2 : 의심형
③ 사례 3 : 거만형
④ 사례 4 : 빨리빨리형

06 다음 중에서 아래와 같은 상황에 처한 은진이의 해결 방법을 가장 적절하게 설명한 것은?

> 은진이는 어렵게 은행에 입사하였고, 주변 사람들로부터 많은 축하 인사를 받았다. 그래서 행복했고 즐거운 마음으로 출근하였다. 그런데 요즘은 자꾸만 지쳐가고 힘들어지고 있다. 그 이유는 은행 창구에서 만나는 고객들과 관련이 있다. 대부분의 고객은 안 그러는데 일부 고객은 순서도 안 지키고 나이가 어리다고 너무 심하게 말한다.

① 상황을 선배에게 설명하고 조언을 구하여 대처한다.
② 다른 고객들에게 고약하게 구는 고객의 흉을 본다.
③ 심하게 말하는 고객에게 그렇게 말하지 말라고 항변한다.
④ 손님에게 순서를 지키라고 말하고 지킬 때까지 일을 처리해 주지 않는다.

07 ㉠~㉣ 중에서 맞게 설명된 것만으로 짝지어진 것은?

㉠ MBTI 성격 유형 중 내향형은 깊이 있는 대인 관계를 유지, 조용하고 신중하며 이해한 다음에 행동한다.

㉡ 직업기초능력은 문서 작성, 프레젠테이션, 문제 해결, 대인 관계 등과 같이 직업에서 직무를 성공적으로 수행하는 데 필요한 기본적이고 공통적인 능력이다.

㉢ 직업의 유형과 구분에 상관없이 지켜야 할 직업윤리는 모두 같다.

㉣ 직상이라는 공동생활을 위해 필요한 자세 중 친질은 자기 일에 대한 사명감과 책임감을 갖고 모든 결과가 나의 선택으로 인해 일어난 것이라고 생각하는 자세를 말한다.

① ㉠, ㉡
② ㉡, ㉢
③ ㉡, ㉣
④ ㉢, ㉣

08 다음 중에서 아래와 같은 상황에 처한 김 대리가 취해야할 행동으로 가장 적절한 것은?

직장에서 김 대리에게 가장 어려운 일은, 과장님과 생각의 차이로 부딪치고, 자신이 잘못되었다고 생각하는 일들이 자주 벌어지는 것이다. 그럴 때마다 많이 지치고 당장 회사를 그만두고 싶다는 생각이 든다. 하지만 어렵게 회사에 들어왔고 다른 회사에 들어가도 똑같은 상황이 벌어질 것 같아 회사를 그만두지 못하고 있다.

① 내 생각이 옳다고 과장님에게 계속 주장한다.
② 내 생각을 말하고 과장님의 의견에 무조건 동의한다.
③ 내 생각을 말하지 않고 과장님의 의견에 무조건 동의한다.
④ 나만 옳다는 생각에 사로잡혀 있는 것이 아닌지 돌이켜 본다.

[09~10] 다음 글을 읽고 물음에 답하시오.

로봇 등과 같은 기계 제작 판매 회사의 CEO인 아버지는 자신의 아들에게 사업을 물려주려고 한다. 하지만 아들의 꿈은 의사이기 때문에 의과대학교에 진학하였다. 다음은 아버지와 아들의 대화이다.

아버지 : 아들아, 나는 네가 이 사업을 물려받았으면 하는구나.

아　들 : 하지만 아버지…, 저는 의사가 되고 싶고 의과대학교에 진학하였습니다. 제가 로봇 회사를 경영할 수 있을까요?

아버지 : 로봇 전문가가 아니더라도 충분히 회사를 운영할 수 있단다. 의사의 꿈을 접으라고 하진 않겠다만, 경영에 대해서도 조금 배워보는 게 어떻겠니?

아　들 : 자세히 설명해주시겠습니까?

아버지 : ┌──────────────────── Ⓐ ────────────────────┐

아　들 : 알겠습니다. 제가 할 수 있는 데까지 노력하겠습니다.

---

09 위 상황으로 보았을 때, 다음 중에서 회사의 CEO인 아버지와 아들이 갈등을 겪는 이유로 가장 적절한 것은?

① 사업을 물려받는 것에 대한 의견 차이가 있기 때문에
② 아들의 대학 진학에 대한 의견 차이가 있기 때문에
③ 회사 경영에 대한 견해의 차이가 있기 때문에
④ 로봇 사업의 장래에 대한 의견 차이가 있기 때문에

10 아버지와 아들의 위 대화로 보았을 때, Ⓐ에 알맞은 아버지의 말로 적절하지 않은 것은?

① 의과대학 졸업 후 경영대학원에 진학해 경영 공부를 한다.
② 의과대학을 그만두고 경영대학에 진학해 경영을 배운다.
③ 아버지 회사에 인턴으로 들어가 일을 처음부터 배워나간다.
④ 경영 관련 서적을 많이 읽고 경영에 대해 알아나간다.

[11~12] 다음은 B 운송 측의 기술 (가)를 구매하고자 하는 A 전자 대표와 B 운송 대표의 대화이다. 다음에 주어진 자료를 보고 물음에 답하시오.

A 대표 : 안녕하세요. A 전자 대표 김OO입니다. B 운송 측의 (가) 기술을 2억 원에 사고 싶습니다.

B 대표 : 저는 3억 원 이하로는 절대로 기술을 팔 생각이 없습니다.

A 대표 : 죄송하지만 저희 회사 사정상 3억 원이나 되는 금액을 지불할 수 없습니다. 다시 한 번 생각해 주실 수 있을까요?

B 대표 : 그렇다면 더 이상 협상을 할 이유가 없군요. 이만 일어나보겠습니다.

A 대표 : 아 대표님 그렇다면 저희 회사의 (나) 기술을 이용할 수 있도록 해드릴 테니 2억 원에 판매하시면 안 되겠습니까? 대표님의 회사에도 큰 도움이 될 만한 기술입니다.

B 대표 : 그 제안 참 흥미롭군요. 더 말씀해주시겠습니까?

(중략)

B 대표 : 대표님의 제안을 받아들이도록 하겠습니다.

---

11 위 대화로 보았을 때, B 운송 대표가 A 전자 대표의 처음 제안을 받아들이지 않은 이유로 알맞은 것은?

① A, B 두 회사가 서로 경쟁 관계에 있는 회사이기 때문에
② A 전자 대표의 제안 액수가 B 운송의 요구 조건을 충족시키지 못했기 때문에
③ A 전자의 신용 등급이 낮아 차액을 채권으로 제시했기 때문에
④ B 운송 대표가 기술 (가)를 팔고 싶어 하지 않았기 때문에

12 다음 중에서 A 전자 대표가 협상을 성공시킨 방법을 바르게 설명한 것은?

① A 전자 대표는 자신의 주장을 끝까지 꺾지 않았다.
② A 전자 대표는 처음부터 끝까지 강압적인 자세로 협상에 임했다.
③ A 전자 대표는 B 운송의 니즈를 잘 파악하고 B 운송이 필요로 하는 것을 제안했다.
④ A 전자 대표는 B 운송 대표의 태도와 무관하게 인간적이고 이성적인 모습을 유지했다.

[13~14] 다음은 통신회사 대리점의 직원과 고객 사이의 대화이다. 다음 대화를 읽고 물음에 답하시오.

고객 : 안녕하세요. 제가 여기 가게에서만 10년째 폰을 구매하여 이용하고 있는 중인데 부가 서비스에 대한 할인을 받고 싶은데 가능한가요?

직원 : 안녕하세요. 고객님. 우선 저희 가게를 오랫동안 이용해 주셔서 감사합니다. 하지만 부가 서비스에 대한 할인은 회사 원칙 상 불가능합니다.

고객 : 혹시 대리점 사장님과 얘기할 수 있을까요?

직원 : 네 사장님은 저기 앉아있습니다.

고객 : 네, 감사합니다.

(중략)

사장 : 그럼 저희가 컬러링과 무료 벨소리, 캐치콜 서비스를 무료로 제공해 드리겠습니다. 앞으로도 저희 가게 자주 이용해 주세요.

고객 : 네 감사합니다. 또 올게요.

---

13 위의 대화에서 고객이 협상에 성공한 이유로 알맞은 것은?

① 대리점 사장과 친분이 있었기 때문에
② 끝까지 자신의 고집을 꺾지 않았기 때문에
③ 협상의 대상을 잘 파악하고 그와 협상을 했기 때문에
④ 앞으로는 다른 대리점을 이용하겠다고 협박을 했기 때문에

14 대리점 사장이 이 협상을 통해 얻을 수 있는 것으로 보기 어려운 것은?

① 협상에 만족한 고객이 장기적으로 대리점을 이용할 가능성을 확보했다.
② 고객이 원하는 추가적인 부가 서비스를 이용하게 하여 고객을 통한 수익을 높일 수 있었다.
③ 추가적인 서비스를 받은 고객을 통한 입소문을 통해 추가 고객을 확보할 수 있다.
④ 고객에게 친절하게 대하여 친절한 대리점이라는 명성을 얻을 수 있다.

15 아래는 A 회사와 B 회사 대표가 만나 두 회사가 공동으로 협력하여 진행하게 된 신사업 프로젝트에 대한 의견을 나누기 위한 대화이다. 이 대화에서 알 수 있는 좋은 첫인상을 남기는 방법으로 알맞은 것은?

> A 대표 : 안녕하세요, 대표님. 신문기사 잘 읽었습니다. C 회사를 인수하셨다고요? 정말 대단하시네요.
> B 대표 : 아 신문기사를 보셨습니까? 쑥스럽군요. 그럼 이번에 두 회사가 공동으로 진행할 신사업 프로젝트에 대해 얘기해볼까요?
>
> (중략)
>
> A 대표 : 같이 잘해 봅시다.
> B 대표 : 네 잘 부탁드립니다.

① 겉모습을 최대한 꾸미고 온다.
② 자기 회사의 능력을 과시하며 갑의 입장임을 강조한다.
③ 상대방에 대한 관심을 표현한다.
④ 일상적이고 사소한 얘기를 한다.

16 아래 대화는 신입사원 김영수 씨가 갑자기 몸이 아파서 회사에 출근하기 어려워 전화로 결근하게 된 것을 설명하는 상황이다. ㉠~㉣ 중에서 전화 통화의 예절로 보았을 때, 올바른 것은?

> 김명수 : 안녕하십니까? 신입사원 김명수입니다. 박 과장님 부탁드립니다.
> 박 과장 : 안녕하세요? 박 과장입니다. 김명수 사원님 무슨 일인가요?
> 김명수 : 네, 제가 갑자기 몸이 아파서 병원에 왔습니다. 오늘 결근할게요. ┄┄┄┄ ㉠
> 김명수 : 아 그렇군요. 어디가 많이 아픈가 보군요. 그런데 오늘 11시에 예정되어 있는 A 협력사와의 회의 준비는 어떻게 되었는지요?
> 김명수 : 과장님, 회의는 내일이에요. 잘못 알고 계시는군요. ┄┄┄┄ ㉡
> 박 과장 : 아, 그래요. 다행이군요. 오늘인줄 알았어요.
> 김명수 : 그럴 수도 있죠. 과장님도 사람인데요. ┄┄┄┄ ㉢
> 박 과장 : 네, 잘 알겠습니다. 몸조리 잘하세요. 내일은 출근할 수 있을지요?
> 김명수 : 네, 내일은 출근할 수 있도록 노력하겠습니다. ┄┄┄┄ ㉣

① ㉠ 　　　　　　　② ㉡
③ ㉢ 　　　　　　　④ ㉣

17 다음 중에서 아래의 사례에 해당하는 기업의 인사 원칙으로 가장 적절한 것만을 [보기]에서 고른 것은?

> **A 기업** : 근로자에게 경기 침체에 따른 고용 불안을 없애주고 근로 의욕을 고취시키고자 '노력하는 사원은 평생 동반자'라는 경영 방침을 발표하였다.
>
> **B 기업** : 근로자를 대상으로 교육과 훈련을 실시하여 소질, 능력에 맞게 원하는 부서로 이동할 수 있는 기회를 제공한 결과, 이직률과 불량률이 크게 낮아져서 매출액이 증가되었다.

> **보기**
> ㄱ. 단결의 원칙
> ㄴ. 공정 보상의 원칙
> ㄷ. 종업원 안정의 원칙
> ㄹ. 적재적소 배치의 원칙

	A 기업	B 기업
①	ㄱ	ㄴ
②	ㄱ	ㄹ
③	ㄴ	ㄱ
④	ㄷ	ㄹ

06
대인
관계

18 전자 회사 생산부에 근무하는 사원 이우현은 부서장으로부터 A 제품 라인의 문제점을 1주일 안에 조사하여 보고하라는 지시를 받았다. 다음 중에서 이우현의 보고 요령으로 옳은 것은?

① 업무는 되도록 길고 자세하게 보고한다.
② 최종 결과가 나올 때까지 기다렸다가 문서로 정리하여 보고한다.
③ 최종 결과가 나오지 않더라도 중간 중간에 현재 상황에 대해 보고한다.
④ 중요한 문제점이 발견되었는데, 업무를 지시한 부장이 출장 중이라면 다른 부서 부장에게 보고한다.

> **사례 A** : 야구를 매우 좋아하는 아들을 둔 친구가 있었다. 그러나 이 친구는 야구에 전혀 관심이 없었다. 어느 해 여름, 그는 아들을 데리고 프로야구를 보기 위해 여러 도시를 다녔다. 야구 구경은 6주일 이상이 걸렸고 비용 역시 엄청나게 많이 들었다. 그러나 이 여행이 부자간의 인간관계를 강력하게 결속시키는 계기가 되었다. 내 친구에게 "자네는 그 정도로 야구를 좋아하나?"라고 물었더니 그는 "아니, 그렇지만 내 아들을 그만큼 좋아하지."라고 대답했음을 마련해 왔다는 것을 알게 되었다.
>
> **사례 B** : 나는 몇 년 전에 두 아들과 함께 저녁시간을 보낸 적이 있다. 체조와 레슬링을 구경하고 영화를 관람하고 돌아오는 길에, 날씨가 몹시 추웠기 때문에 나는 코트를 벗어서 어린 아이를 덮어 주었다. 큰 아이는 보통 재미있는 일이 있으면 수다스러운 편인데, 그날따라 유난히 계속 입을 다물고 있었고 돌아와서는 곧장 잠잘 채비를 하였다. 그 행동이 이상해서 큰 아이의 방에 들어가서 아이의 얼굴을 보니 눈물을 글썽이고 있었다. "애야 무슨 일이니? 왜 그래?" 하니, 큰 아이는 고개를 돌렸고 나는 그 애의 떨리는 눈과 입술 그리고 턱을 보며 그 애가 약간 창피함을 느끼고 있음을 눈치 챘다. 큰 아이는 "아빠, 내가 추울 때 나에게도 코트를 덮어 줄 꺼에요?"라고 말했다. 그날 밤의 여러 프로그램 중 가장 중요한 것은 바로 그 사소한 친절 행위였다. 작은 아이에게만 보여준 순간적이고 무의식적인 애정이 문제였던 것이다.
>
> **사례 C** : 나는 지키지 못할 약속은 절대로 하지 않는다는 철학을 가지고 이를 지키기 위해 노력해왔다. 그러나 이 같은 노력에도 불구하고 약속을 지키지 못하게 되는 예기치 않은 일이 발생하면 그 약속을 지키든가, 그렇지 않으면 상대방에게 나의 상황을 충분히 설명해 연기한다.
>
> **사례 D** : 업무 설명서를 작성하는 것이 당신과 상사 중 누구의 역할인지에 대해 의견 차이가 발생하는 경우를 생각해 보자. 거의 모든 대인관계에서 나타나는 어려움은 역할과 목표 사이의 갈등이다. 누가 어떤 일을 해야 하는지의 문제를 다룰 때, 예를 들어 딸에게 방 청소는 시키거나 대화를 어떻게 해야 하는지, 누가 물고기에게 먹이를 주고 쓰레기를 내놓아야 하는지 등의 문제를 다룰 때, 우리는 불분명한 기대가 오해와 실망을 불러온다는 것을 알 수 있다.

① '사례 A'는 '언행일치'
② '사례 B'는 '사소한 일에 대한 관심'
③ '사례 C'는 '약속의 이행'
④ '사례 D'는 '기대의 명확화'

20 아래 사례에 알맞은 효과적인 팀의 특성으로 적절한 것은? [예시 문제 변형 – NCS]

수요일 저녁, 카네기홀은 훌륭한 음악회에 대한 기대로 가득 차 있다. 오르페우스 실내 악단이 따뜻한 박수갈채를 받으며 무대에 자리를 잡았으며, 연주자는 모두 자신에 차 있었다. 이 오케스트라는 다른 점이 있다. 바로 지휘자가 없다는 점이다.

1972년 첼리스트 줄리안 파이퍼(Julian Fifer)가 창립한 오르페우스 악단은 구성원 모두에게 음악을 지휘할 권한을 준다. 오르페우스 지휘자의 단일 지도력에 의존하기보다 구성원의 기술, 능력, 정열적인 신뢰에 의존하도록 만들어졌다. 음악을 연주하는 사람에게 권한을 주려는 결정은 위계질서를 기본으로 하는 전통적인 오케스트라와는 근본적으로 다른 구조를 필요로 했다. 창립 멤버는 민주적 가치를 기반으로 하는 실내악에서 영감을 찾았는데, 작은 앙상블은 (일반적으로 10명 이내) 자율지도 팀처럼 움직이면서, 권한, 책임, 리더십, 그리고 동기부여를 함께 한다.

① 창조적으로 운영된다.
② 결과에 초점을 맞춘다.
③ 리더십 역량을 공유한다.
④ 역할과 책임을 명료화시킨다.

21 아래 사례의 L 팀원의 멤버십 유형으로 알맞은 것은? [예시 문제 변형 – NCS]

K 팀장 : 좋은 아침입니다. 어제 말씀드린 보고서는 완성이 됐나요?
L 팀원 : 네, 아직 완성은 못했습니다. 솔직히 시간이 많이 부족했습니다.
K 팀장 : 보고서를 준비하는데 어려운 점은 없었나요?
L 팀원 : 팀장님이 지시해 주신 대로 하니 그다지 큰 어려움은 없었습니다만, 주신 자료 중에 팀장님이 잘못 생각하고 계신 부분이 있는 것 같습니다.
K 팀장 : 저도 몰랐던 부분이네요. 잘못된 점이 무엇인지 말씀해 주시겠습니까?
L 팀원 : 주신 자료 중에 일부 통계 자료가 정확하지 않은 것 같습니다. 전년도 자사의 여성용품 매출액과 브랜드 선호도의 자료가 특히 그렇더군요.
K 팀장 : 아, 그렇습니까? L씨가 보완해 주실 수 있으시겠습니까?
L 팀원 : 네, 그렇게 하도록 하겠습니다. 대신 기한을 주말까지 연장해 주시면 안 되겠습니까?
K 팀장 : 네, 그러도록 합시다. 부족한 부분까지 세심하게 처리해 주어서 고맙습니다. 그럼 수고하십시오.

① 순응형 멤버
② 실무형 멤버
③ 소외형 멤버
④ 주도형 멤버

22 사원 교육을 담당하는 ○○기업의 L 부장은 다양한 팀워크 촉진 방법을 설명하기 위한 사례를 찾고 있다. 아래 사례에 대한 팀워크 촉진 방법의 연결이 알맞은 것은? [예시 문제 변형 – NCS]

> **사례 A :** J는 견적서와 주문 양식 건이 어떻게 진행되고 있는지를 묻기도 하면서 팀원들의 행동을 주의 깊게 지켜보았다. S와 N은 곧바로 견적서를 작성하기 시작했다. J는 그들의 업무 진행을 주기적으로 살펴보면서, 그들이 부품을 분류하고 가격 순으로 목록을 작성하는 업무 과제를 기대 이상으로 잘 하고 있는 것에 대해 기쁨을 감추지 못했다. 또한, S와 N은 부품 하나하나를 조사하여 영업 마케팅 팀을 위해 간단한 설명을 붙여 놓았다. J는 그들의 도움에 대해 다시 한 번 감사를 표하였다.
>
> **사례 B :** 팀 회의에서 J는 N과 S가 견적서에 대해 이룩한 진전 사항을 공표하였다. 그들은 K가 교정을 본 명세서 복사본을 나누어 주었으며, 다른 팀원들이 추가한 사항들을 주의 깊게 검토하였다. 팀원들은 견적서 때문에 일을 쉽게 할 수 있게 되었다는 점에 동의하였다. J는 M과 A에게 "주문 양식은 어떻게 되어가고 있습니까?"하고 물었다. M은 A를 가리키면서 "A에게 물어봐야 할 것입니다. A는 자기가 맡은 일을 제대로 못하고 있습니다."라고 말하자, A는 변명하였다. "그것은 사실이 아닙니다." J는 즉각 두 사람의 말을 가로막았다. "회의가 끝난 후에 함께 이야기해 보는 게 어떻겠소." 회의가 끝난 후 J는 두 사람에게 의견 조사지를 건네준 후, 의견 조사지를 취합하여 구체적인 문제점을 발견하였다.
>
> **사례 C :** 팀 회의를 시작하면서 J는 비눗방울이 든 병을 팀원들에게 하나씩 나누어주고는 긴장을 풀도록 하였다. 팀이 일상사에서 벗어나는 행동을 한 것은 어느 정도 팀에 성공적인 결과를 가져다주었다. 실습을 통해서 팀은 새로운 각도에서 생각할 수 있게 되었으며, 팀원들은 많은 아이디어를 내놓았다.
>
> **사례 D :** 팀원들은 각자의 강점과 약점을 정리해 볼 필요가 있다고 결정했다. 팀원을 2인 1조로 짝지은 후, 어느 한 영역에서 강점을 가진 구성원은 그 영역에서 취약한 다른 구성원과 짝을 이루었다. 이따금씩 짝을 바꿈으로써 팀원들을 교차 훈련을 주고받을 수 있었다. 이러한 결정은 모두에게 이익을 주었으며, 모든 팀원은 결정을 실행하는데 적극적으로 동참하였다.

① 사례 A : 참여적으로 의사결정 하는 것
② 사례 B : 갈등을 해결하는 것
③ 사례 C : 동료 피드백을 장려하는 것
④ 사례 D : 창의력 조성을 위해 협력하는 것

아래 사례에서 리더십의 유형 가운데 민주주의에 근접한 유형으로 알맞은 것은?

[예시 문제 변형 - NCS]

> **사례 1** : 기획부장 K씨는 부하 직원들의 생각을 듣기보다는 자신의 생각에 도전이나 반항 없이 순응하도록 요구한다. 이에 따라 부하 직원들은 자신에게 주어진 업무만을 묵묵히 수행하며, 조직에 대한 정보를 잘 알지 못하고 있다.
>
> **사례 2** : Y씨는 아침마다 정규 직원회의를 개최한다. 직원회의에서 그녀는 그 날의 협의 내용에 대한 개요 자료를 부하 직원들에게 나누어준다. 그러면 직원들은 자신의 의견을 제시하거나 완전히 새로운 안을 제시할 수도 있다. Y씨는 이러한 부하 직 원들의 생각에 동의하거나 거부할 권한을 가진다.
>
> **사례 3** : 팀장 J씨는 자신은 팀원 중 한 명일뿐이라는 생각을 가지고 있다. 이에 따라 자신 이 다른 팀원들보다 더 비중 있다고 생각하지 않으며, 모든 팀원들은 팀의 성과 및 결과에 대한 책임을 공유하고 있다.
>
> **사례 4** : 팀장 L씨는 그동안 자신의 팀이 유지해온 업무 수행 상태에 문제가 있다고 생각 하고 있었다. 이를 개선하기 위해 그는 팀에 명확한 비전을 제시하고, 팀원들로 하여금 업무에 몰두할 수 있도록 격려하였다.

① 사례 1
② 사례 2
③ 사례 3
④ 사례 4

24 다음 중에서 아래의 대화에 나타난 '상사'의 행위를 나타내기에 가장 알맞은 것은?

[예시 문제 변형 - NCS]

> **상사** : 철수씨, 좋은 아침입니다. 당신이 작성한 지난달 보고서를 검토해 보았는데, 수집한 데이터와 최종 보고서에 아무래도 문제가 있는 것 같습니다. 이 문제에 대한 의견이나 해결 방안이 있습니까?
>
> **철수** : 연구를 바탕으로 한 설문지 내용이 포괄적입니다. 전체 보고서에 설문 내용을 반영하는 과정에서 적절하게 조정하지 못한 것 같습니다.
>
> **상사** : 물론 그런 일이 일어날 수도 있습니다. 하지만 철수씨의 보고서는 고객들의 구매 결정뿐 아니라, 철수씨 부서의 다른 직원들이 영향을 받는다는 사실을 알고 있습니까?
>
> **철수** : 예, 죄송합니다. 미처 그 생각은 하지 못했습니다. 보고서가 정확하지 않으면 비즈니스를 망칠뿐 아니라 고객으로부터 신뢰를 잃고 말 것입니다. 이런 일이 벌어질 것이라고는 미처 생각하지 못했습니다.
>
> **상사** : 보고서를 정확하게 작성하는 일이 얼마나 중요한 것인가를 지금이라도 이해하셔서 정말 다행입니다. 철수씨의 업무가 얼마나 중요한지, 그리고 그것이 전체 부서의 성공에 어떠한 영향을 미치는지에 대해서 자세히 살펴봅시다. 어떤 문제가 가장 어렵다고 생각하십니까?
>
> **철수** : 질문들이 구체적인 작업 유형에 맞지 않고, 다른 기준에 의해 평가되고 있다는 느낌입니다.
>
> **상사** : 지금까지의 경험에 비추어볼 때, 어떤 문제들을 바꿔야 해결에 도움이 될 것 같습니까?
>
> **철수** : 특별한 상황에서 사용할 수 있는 단계별 인터뷰 절차를 비롯해, 보고서 형식을 바꾸는 것이 좋을 것 같습니다. 포괄적인 보고서 형식에 결론을 결합한다면 훨씬 정확한 최종 보고서를 작성할 수 있을 것 같습니다.
>
> **상사** : 철수씨가 문제의 중요성을 충분히 이해하고 있어 정말 다행입니다. 그렇다면 이와 같은 새로운 방법을 실현하는데 도움이 될 만한 계획을 세워봅시다. 매주 진행된 상황에 관한 보고서를 제출해 주었으면 합니다. 그리고 많은 질문을 해서 우리가 하고 있는 일을 완전히 이해할 수 있었으면 하는 바람이 간절합니다.

① 성공적인 코칭
② 협상의 과정
③ 갈등 해결 방법
④ 고객 불만 처리 방법

25 아래는 고객 불만 처리 프로세스 8단계이다. 빈칸에 들어갈 단계가 순서대로 잘 짜인 것은?

1단계	[ⓐ]
2단계	감사와 공감 표시
3단계	사과
4단계	[ⓑ]
5단계	[ⓒ]
6단계	신속 처리
7단계	저리 확인과 사과
8단계	[ⓓ]

	ⓐ	ⓑ	ⓒ	ⓓ
①	[경청]	[해결 약속]	[정보 파악]	[피드백]
②	[경청]	[피드백]	[정보 파악]	[해결 약속]
③	[경청]	[정보 파악]	[피드백]	[해결 약속]
④	[경청]	[해결 약속]	[피드백]	[정보 파악]

사례 A : 철수는 자신의 집에 페인트칠을 하려고 하였으나, 여유 돈이 부족하였다. 그리하여 여러 사람을 수소문해 본 결과 자신의 학교에 페인트칠을 하여 학비를 대고 있는 동료를 발견하였다. 그의 정보를 알아본 결과 그는 작문에 자신이 없어 항상 고민하는 것으로 나타났다. 따라서 철수는 그에게 페인트칠을 싸게 해주는 대가로 작문 개인교습을 해 주는 것을 제안하였다. 그는 만족해하며 철수의 제안을 받아들였다. 결국 철수는 훨씬 저렴한 가격으로 자신의 집에 페인트칠을 할 수 있었다.

사례 B : 중소기업 K사의 대리인 철수는 기업 L에서 부품을 구매하는 역할을 담당하고 있다. K사는 절대적으로 중요한 부품인 스위치를 항상 개당 3,000원에 L사로부터 구입해왔다. 그런데 L싸는 어느 날 스위치의 가격을 개당 3,500원으로 올리겠다는 의사를 보였다. 이에 철수는 곰곰이 생각해 본 후, L사의 제안을 기꺼이 받아들였다. 철수는 단기적으로는 약간 자신의 회사가 손해를 보더라도, 장기적으로 L사와의 관계를 생각해 볼 때 L사의 제안을 받아들이는 것이 훨씬 이익이라고 생각하였다.

사례 C : 대기업 영업부장인 L씨는 신제품 출시 가격에 대해서 도매업체 T와 가격 협상을 하고 있었다. 그런데 도매업체 T는 새로 출시된 신제품에 별반 관심을 보이지 않았고, 적극적이지 않았다. 또한, L씨는 시간과 노력을 투자하여 T와 협상할 가치도 낮다고 느끼는 중이었다. 따라서 L씨는 과감하게 협상을 포기하였다.

사례 D : 대기업 영업부장인 L씨는 기존의 재고를 처리할 목적으로 업체 T와 협상 중이다. 그러나 T는 자금 부족을 이유로 이를 거절하였다. 그러나 L씨는 자신의 회사에서 물품을 제공하지 않으면 업체 T는 매우 곤란한 지경에 빠진다는 사실을 알고 있었으며, 앞으로 T와 거래하지 않을 것이라는 엄포를 놓았다. 이에 따라 L씨는 성공적인 협상을 이끌어낼 수 있었다.

① 사례 A : 유화 전략
② 사례 B : 강압 전략
③ 사례 C : 회피 전략
④ 사례 D : 협력 전략

01 주위에서 컴퓨터가 활용되고 있는 분야는 아래 표와 같이 기업 경영 분야, 행정 분야, 산업 분야 등 헤아릴 수 없을 정도로 많다. 다음 중에서 컴퓨터 활용 분야에 대한 구체적인 활용 사례로 알맞지 않은 것은?

활용 분야	활용 사례
기업 경영 분야	• 회계, 재무, 인사 및 조직 관리 • •
행정 분야	• 민원 처리 • •
산업 분야	• 공장 자동화 • •

① 기업 경영 분야 : 의사결정 지원 시스템
② 기업 경영 분야 : 전자상거래
③ 행정 분야 : 각종 행정 통계
④ 산업 분야 : 데이터베이스 구축

02 아래 기사에 나타난 것과 같은 피해를 예방하기 위한 방법으로 적절한 것만을 [보기]에서 있는 대로 고른 것은?

> 명절 전후로 '택배배송조회', '택배접수확인' 등과 같이 택배업체를 사칭한 E-mail이 급증하고 있다. 이러한 E-mail은 첨부 파일 없이 인터넷 주소를 클릭하게 하고, 이름, 전화번호, 패스워드 등과 같은 정보를 입력하게 하여 개인 정보가 유출되는 피해가 발생할 수 있다.
>
> − ○○신문, 2018. 2. 13.

보기
ㄱ. 애드웨어와 스파이웨어를 설치한다.
ㄴ. P2P로 제공하는 자신의 공유 폴더에 개인 정보를 저장한다.
ㄷ. 발신인이 불분명한 E-mail에 포함된 링크는 클릭하지 않는다

① ㄱ ② ㄷ
③ ㄱ, ㄴ ④ ㄴ, ㄷ

03 아래는 패션 업체에서 3D 그래픽 작업을 위한 컴퓨터 구매 계획서의 일부이다. (가)~(다)에 대한 설명으로 옳은 것만을 [보기]에서 있는 대로 고른 것은?

컴퓨터 구매 계획서

수량	3대	단가	₩1,100,000
구매일	20XX년 3월 26일	금액	₩3,300,000
컴퓨터 사양	• (가) : 쿼드코어 3.8GHz CPU • 주기억 장치 : 16GB RAM		
	• (나) : 1TB 하드디스크(HDD)		
	• 그래픽 카드 : 고성능 VGA		
	• 디스플레이 : 27인치 LED		
	• (다) : Windows 10		

보기

ㄱ. (가)는 명령어를 해석하고 실행한다.
ㄴ. (나)는 보조 기억 장치에 속한다.
ㄷ. (다)의 종류에는 유닉스(Unix), 리눅스(Linux) 등이 있다.

① ㄱ
② ㄱ, ㄷ
③ ㄴ, ㄷ
④ ㄱ, ㄴ, ㄷ

04 아래 기사의 밑줄 친 ㉮와 ㉯에 대한 설명으로 옳은 것만을 [보기]에서 있는 대로 고른 것은?

△△백신 개발 업체는 ㉮전자 서명이 탑재된 ㉯악성 코드가 해외에서 유포되고 있다고 밝혔다. 이 업체에 따르면 지난달에 제작된 악성 코드 변종 2개에서 유효한 전자 서명이 발견되었으며, 이것은 악성 코드를 PDF 파일로 위장하기 위한 수단으로 사용되어 주의가 요구된다고 밝혔다.

－○○신문, 2017. 8. 6.

보기

ㄱ. ㉮는 서명자를 확인하기 위해 사용된다.
ㄴ. ㉮는 전자문서의 위·변조 확인을 위한 암호화된 전자적 형태의 정보이다.
ㄷ. ㉯를 예방하기 위해 백신 프로그램을 사용하여 주기적으로 점검한다.

① ㄷ
② ㄱ, ㄴ
③ ㄴ, ㄷ
④ ㄱ, ㄴ, ㄷ

05 아래 사례에서 그 중요성을 확인할 수 있는 정보 처리의 과정으로 알맞은 것은?

[예시 문제 변형 – NCS]

(가) 수 년 전 일본의 한 종합상사의 원목 담당자는 구소련의 농산물 작황이 부진하다는 정보를 입수하였다. 이러한 정보는 누구나 쉽게 알 수 있는 단순한 정보에 불과하였다. 그러나 그는 이 정보를 논리적으로 분석하여 업무에 활용함으로써 큰 효과를 얻었다. 그는 우선 소련의 농산물 작황이 부진하니 당연히 외국으로부터 곡물을 도입할 것이고, 이러한 곡물 도입을 위해 자금이 필요한 데 보유 외환이 부족하기 때문에 자국에 보유하고 있는 금을 매각하지 않을 수 없을 것이라는 점을 쉽게 유추할 수 있었다. 소련의 곡물 도입을 위한 보유금의 국제 시장 매각은 일시에 국제금 시장에 다량의 금이 공급되는 것을 의미하므로 이는 곧 금의 공급 과잉, 즉 국제 금 시세 하락으로 이어질 것이라는 사실을 짐작할 수 있었다. 이러한 금 시세의 하락은 소련으로 하여금 더 이상 금 매각을 통한 자금 조달을 어렵게 만들 것이므로 다른 자원인 원목의 매각이 불가피하게 될 것이며, 이에 따라 결국 국제 원목 가격이 하락할 것이라는 시나리오를 그릴 수 있었다. 이에 따라 원목 가격이 하락하기 전에 자사 보유 원목을 제 값에 국제 시장에 매각함으로써 적정 이윤을 확보할 수 있었다. 이는 농산물 작황이라는 단순 정보보다 이의 분석이 영업에 더 중요함을 보여주는 예이다.

(나) 세계 제2차 대전 시 소련은 무인 장거리 로켓포 개발의 핵심 기술인 비행 추진 연료 기술을 습득하려고 하였다. 이를 위해 소련의 한 물리학자가 독일을 방문하여 무인 로켓 제작 공장을 견학하였으나 현지 공장에서는 기술 노출을 기피하였으므로 비행 추진 연료 기술의 입수에 실패하였다. 그는 이 기술을 입수하기 위한 방법을 생각한 끝에 그 무인 로켓 제작 공장으로 향하는 화물 운송 열차의 궤도와 운송 화물을 점검하기로 하였다. 그리고 또한 철도 정류장에서 운송 화물 리스트를 입수하였다. 그 후 그는 소련으로 귀국하여 화물 운송 리스트를 분석하고 열차 궤도 등을 분석하여 사용된 원료의 배합비 등을 알아냄으로써 동 비행 추진 연료를 개발할 수 있었다.

(다) 경쟁 전략 등의 효과적인 수행을 위해 상대 기업의 조직 구조 등에 관한 정보가 필요한 경우가 매우 많다. 이때 상대 기업에서 사내 조직 구조를 외부에 쉽게 노출시키지 않고 있다면 그 정보를 몰래 빼내 오기 위한 여러 방법이 강구될 수 있을 것이다. 그러나 이는 엄연히 불법적인 경우이므로 공개적인 정보원을 통해 입수된 정보를 통해 상대 기업의 기구표 등을 작성할 수도 있다. 흔히 기업들의 전화번호부는 공개되어 있는 경우가 많고 이를 입수하는 데 별 어려움이 없을 때가 많다. 이 경우 그 기업의 전화번호부를 분석함으로써 상세한 기구표를 작성할 수 있다. 사실 몇몇 기업의 조직도와 전화번호부를 유심히 관찰하게 되면 특정 회사의 전화번호부만 입수하더라도 상세한 기구표를 작성할 수 있는 방법을 그리 어렵지 않게 발견할 수 있을 것이다. 즉, 약간의 훈련을 통해 이러한 분석 능력을 습득할 수 있을 것이다. 또한 이를 통해 당해 회사의 예산까지도 추정할 수 있다.

① 정보 수집   ② 정보 분류
③ 정보 구분   ④ 정보 분석

06 아래는 [조건]에 따라 자동차의 위치를 옮기는 게임을 설명한 것이다. [문제]를 1부터 차례대로 모두 풀었을 때 자동차의 이동 경로를 순서대로 바르게 배열한 것은?

[조건]
- 자동차의 처음 위치는 Ⓐ이다.
- 자동차는 [문제]가 참이면 실선(→), 거짓이면 점선(→)을 따라 한 지점만 이동한다.

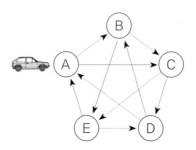

[문제]
1. 1KB(킬로바이트)는 1,024byte와 동일하다.
2. 상용 소프트웨어는 저작권 보호 대상에 해당하지 않는다.
3. 웹 브라우저는 웹 페이지를 볼 수 있게 해 주는 소프트웨어이다.
4. 아이핀은 인터넷상에서 본인을 확인하기 위한 수단 중 하나이다.

① Ⓐ - Ⓑ - Ⓒ - Ⓓ - Ⓐ
② Ⓐ - Ⓑ - Ⓒ - Ⓓ - Ⓑ
③ Ⓐ - Ⓑ - Ⓔ - Ⓐ - Ⓒ
④ Ⓐ - Ⓒ - Ⓔ - Ⓐ - Ⓒ

07 다음 중에서 문서 작성 과정에서 가장 올바른 행동을 하는 사람은? [예시 문제 – 철도청]

① A 사원 : 파일 손실을 줄이기 위해서 원본 파일을 계속해서 저장하면서 수정한다.
② B 사원 : 전달받은 Word 파일을 쉽게 가공하기 위해 다른 형태의 파일로 변환하여 작성한다.
③ C 사원 : 업무의 편의를 위하여 문서 작업 시 가공 가능한 상태로 타 부서와 파일을 공유한다.
④ D 사원 : 이메일로 전달받은 문서가 열리지 않을 경우 상대방에게 전달받은 그대로 회신을 하고 문의한다.
⑤ E 사원 : 효율성 증대를 위해 개인적으로 익숙한 프로그램을 설치하여 문서 작성을 한다.

08 영희 씨는 아래와 같은 회사 전화번호부를 1대의 핸드폰에 저장했다. 핸드폰 전화번호부에서 검색을 했을 때 나타나는 결과로 옳은 것은? ('2'를 누르면 '2353', '4452' 등이 뜨고 'ㅊ'을 누르면 '김철수 생산 1팀', '박환철 총무팀' 등이 뜬다.)

[기출 문제 – 한국산업인력공단]

구분	이름	번호
생산 1팀	김철수	0513745985
총무팀	박철환	0516584521
마케팅팀	백주희	0518964572
인사팀	노한경	0514746944
재무팀	강승재	0519685733
기술 2팀	이미희	0512336745
기술 3팀	이성준	0515484348
해외사업팀	배근화	01054834745
영업팀	신희정	01048525483

① 'ㄱ'을 누르면 모든 사람이 나온다.
② '33'을 누르면 2명이 뜬다.
③ 'ㅎ'을 누르면 5명이 뜬다.
④ '5483'을 누르면 한 사람이 뜬다.

09 아래 글의 밑줄 친 ㉠에 대한 설명으로 적절하지 않은 것은?

> [가] 우리는 수원(水源)이 풍부하여 물에 대한 고마움을 많이 느끼지 못하지만, 수원이 부족한 중동 국가들에게 물은 매우 귀중한 것이다. 그들은 해수(海水)로부터 담수(淡水)를 추출하여 물을 얻고 있다. 해수로부터 담수를 얻는 방법으로 기존에 많이 사용되어온 것은 연료를 연소시켜 해수를 증발시킴으로써 염분과 물을 분리하는 ㉠다단플래시 증발법이다.
>
> [나] 다단플래시 증발법은 순간적으로 증기를 방출하는 플래싱(flashing) 현상을 이용해 해수를 증기로 만들어 준 후에 응축시켜서 담수를 생산하는 방법을 말한다. 여러 단계를 순차적으로 거친 후 증발이 이루어지는데, 각 단계를 지나며 순차적으로 가열된 해수는 염수 가열기에서 추가 열원을 공급받아 최고 염수 온도까지 가열된 이후 순간적으로 증기를 방출하는 플래시 증발이 일어나게 된다. 이렇게 발생된 증기가 열 교환기에서 응축되어 담수로 생산된다. 한편 이 과정에서 발생한 응축열은 다시 해수를 가열하는 데 사용된다. 다단플래시 증발 시설은 해수 가열에 사용되는 열원을 주로 발전소로부터 공급받는다. 그렇기 때문에 발전소와 함께 지어지는 경우가 많으며 대용량화가 가능하다. 그러나 이 방법은 연료를 때어 담수를 얻기 때문에 투입하는 비용 대비 효율이 떨어지는 단점이 있다.

① 순간적으로 증기를 방출하는 플래싱 현상을 이용한다.
② 해수 가열에 사용되는 열원을 주로 발전소로부터 공급받는다.
③ 연료를 때어 염분과 물을 분리시키기 때문에 비용이 많이 든다.
④ 해수가 가열되면서 여러 단계에 걸쳐 반복적으로 증발이 일어난다.

10 아래 사례를 통해 알 수 있는 정보의 특징으로 알맞은 것은?

> 민희는 아침 뉴스에서 오늘 오후에 비가 내릴 확률이 95% 이상이라는 일기 예보를 듣고 우산을 준비하여 출근을 하였다. 예보는 적중하여 오후부터 비가 오기 시작하였으며, 미처 일기 예보를 확인하지 못한 일부 직원들은 우산을 준비하지 못하여 비를 맞을 수밖에 없었다.

① 누적된 정보는 가치가 없다.
② 모든 사람에게 알려진 정보는 가치가 없다.
③ 정보는 서로 공유하거나 쉽게 전달할 수 없다.
④ 정보는 일반적으로 시간이 지나면 가치가 떨어진다.

11 컴파일러와 인터프리터에 대한 설명으로 옳지 않은 것은?

① 수행 속도는 컴파일러가 생성한 코드가 대체적으로 빠르다.

② 컴파일러로 번역된 프로그램은 컴파일러 없이 실행할 수 있다.

③ 요구되는 메모리 측면에서 볼 때 컴파일러가 인터프리터보다 더 많은 메모리를 요구한다.

④ 프로그래밍 실습 과정처럼 오류를 많이 포함한 짧은 프로그램을 빈번히 실행해야 하는 환경에서는 컴파일러가 인터프리터보다 더 적합하다.

12 아래는 디지털 헬스 케어 관련 정보 처리 과정을 나타낸 것이다. [보기]에서 (가), (나)에 대한 설명으로 적절한 것만을 있는 대로 고른 것은?

칼로리 소모 분석 결과

당신은 지금까지 걸음 수 ○○보, 이동 거리 □□m로, 총 ◎◎kcal를 소모하였습니다.

걸음 수, 이동 거리

(가)   (나)

보기

ㄱ. (가)에서 측정한 걸음 수와 이동 거리는 정보를 체계화하고 일반화한 지식에 해당한다.

ㄴ. (나)는 이용하는 사람에 상관없이 동일한 가치를 갖는다.

ㄷ. (나)는 (가)에서 측정한 걸음 수와 이동 거리를 가공 · 처리해서 얻은 결과물로서 정보에 해당한다.

① ㄱ   ② ㄷ

③ ㄱ, ㄴ   ④ ㄴ, ㄷ

13 직원 연수 교육의 강사로 초빙을 받은 A씨는 연수 교육을 위하여 다음과 같은 사례를 준비하였다. 강사 A씨가 연수 교육에서 전달하려고 하는 내용으로 알맞은 것은? [예시 문제 변형 – NCS]

> 2000년 이후 신사복 시장은 의류의 전반적인 캐주얼화 경향과 브랜드 난립 때문에 저성장 추세로 접어들었다. 업체 간 경쟁도 '120수'니 '150수'니 하는 원단 고급화 쪽으로 모아져 수익성마저 악화되고 있는 실정이었다. 이런 상황에서 L사는 2004년부터 30년 이상 경력의 패턴사들로 구성된 태스크포스 팀을 구성, 세계 최고라고 평가받는 해외 선진 신사복 브랜드인 제냐 카날리 등의 패턴을 분석하는 한편 기존 고객들의 체형도 데이터베이스화했다. 이 자료를 바탕으로 '뉴 패턴'을 연이어 개발하고 상품화를 위해 공장의 제작 공정까지 완전히 새롭게 편성했다.
>
> 이런 노력이 결실을 맺어 원단 중심이던 신사복 업계의 패러다임을 착용감과 실루엣으로 바꿨다. L사의 '뉴 패턴' 라인이 출시된 이후 다른 업체들도 서둘러 실루엣을 강조한 제품 라인을 내놨지만 착실히 준비해 온 L사의 제품을 쉽게 넘보지 못하고 있다. L사의 신제품은 2005년 7월 말 기준 6.3% 신장(전년 동기 대비)하는 기염을 토했다. 백화점에 입점한 전체 남성복 매출이 3.4% 정도 역신장한 것에 비하면 눈부신 성과가 아닐 수 없다.

① 회사의 문제 상황 진단의 중요성
② 경쟁 업체 분석의 중요성
③ 데이터베이스 구축의 중요성
④ 소비 패러다임 변화 파악의 중요성

14 아래 그림은 크래커가 특정 웹사이트를 마비시키는 과정을 나타낸 것이다. (가) 컴퓨터의 예방법으로 옳은 것을 [보기]에서 고른 것은?]

크래커 → 악성코드 전파 및 원격 조종 → (가) → 디도스 공격 → 웹사이트 마비

> **보기**
> ㄱ. 공인 인증서는 컴퓨터에 저장하여 사용한다.
> ㄴ. 윈도우 운영 체제의 최신 보안 패치를 적용한다.
> ㄷ. 신뢰할 수 있는 웹사이트의 액티브X만 설치한다.
> ㄹ. 발신이 불분명한 이메일은 열어 보고 바로 삭제한다.

① ㄱ, ㄴ   ② ㄱ, ㄷ
③ ㄴ, ㄷ   ④ ㄷ, ㄹ

아래는 [조건]에 따라 동작하는 LED 숫자 표시 장치이다. [명제]를 모두 판단하여 표시되는 결과로 옳은 것은?

> **[조건]**
> - LED 표시 장치는 7개로 구성되어 있다.
> - A, B, C는 항상 켜진다.
> - D, E, F, G는 각각 해당 [명제]를 판단하여 참이면 켜지고, 거짓이면 켜지지 않는다.
>
>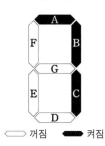
>
> ⬚ 꺼짐 ⬛ 켜짐
>
> | 명제 | LED 표시 장치 |
> |---|:---:|
> | 1. 미용 국가기술자격의 등급은 2단계로 구분된다. | D |
> | 2. 작업 중지권은 노동 3권에 해당된다. | E |
> | 3. 클라크(Clark, C. G.)의 산업 분류에 의하면 제조업은 2차 산업에 속한다. | F |
> | 4. 고용 보험은 4대 사회 보험에 해당한다. | G |

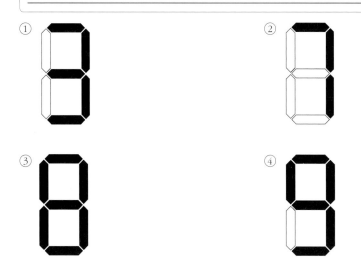

16 '토요 방과 후 학교 프로그램'을 담당하는 교사 철수는 아래와 같이 작업한 스프레드시트(엑셀)의 오류를 해결하려고 한다. 이를 위해 (나)의 빈 곳 A에 들어갈 수식으로 옳은 것은?

철수는 '토요 방과 후 학교 프로그램 현황' 표에서 [A4:D7]셀에 조건부 서식을 이용하여 총금액이 400만 원 이상인 경우에 [굵은 기울임꼴, 채우기]의 서식을 적용하였다. 그러나 (가)의 [A5:D5]셀에서 서식이 적용되지 않은 오류를 발견하였다. 이를 해결하기 위해 (나)의 A에 들어갈 수식을 수정하였다.

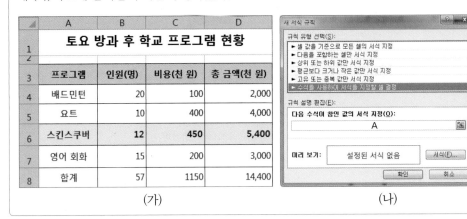

(가) (나)

① $D4〉4000000
② $D4〉=4000000
③ =$D4〉4000000
④ =$D4〉=4000000

17 아래는 A 기업 신입사원들의 정보능력에 대한 ○ X 문제 평가지와 답안지이다. 답안지를 배점에 따라 채점하였을 때, 최고 득점자와 최저 득점자가 바르게 연결된 것은?

〈A 기업 정보능력 평가지〉

문 제	배점
1. 각주는 본문 내용에 대한 보충 자료를 구체적으로 제시할 때 사용된다.	3점
2. 메일머지는 한 사람에게 여러 가지 내용의 편지를 보낼 때 사용된다.	2점
3. 캡션 달기는 그림이나 표 등에 제목이나 간단한 설명을 붙이는 기능이다.	1점

〈A 기업 정보능력 평가지〉

문항	A	B	C
1	○	○	×
2	×	○	○
3	○	×	○
합계	점	점	점

	(최고 득점자)	(최저 득점자)
①	B	A
②	B	C
③	C	A
④	C	B

07 정보

01 아래 글은 '크리스탈리즘'에 관한 강의를 하려고 준비한 내용이다. 이 강연의 주제에 대한 사례로 들기 어려운 것은?

> 기업의 모든 상품은 소비자를 위한 것이다. 소비자가 상품을 사지 않으면 기업이 만들 이유가 없다. 결국 소비자는 모든 제품의 생산과 유통, 판매를 주도하는 힘을 가질 수밖에 없다. 그러나 이런 기본 철칙이 지켜지지 않는 경우가 많다. 생산자가 보유한 정보를 공개하지 않기 때문이다.
>
> 최근 생산자를 뜻하는 프로듀서(producer)와 소비자를 뜻하는 컨슈머(consumer)의 합성어 '프로슈머(prosumer)'란 말이 다시 거론되고 있다. 이 말은 1971년 앨빈 토플러가 '미래의 충격'이란 책에서 '생산자 같은 역할을 맡는 소비자'라는 뜻으로 사용했다. 실제로 많은 기업들이 생산과 유통 과정에 소비자들을 참여시키고 있다. 소비자들이 제품 생산 과정에 참여하고자 하는 욕구를 충족시키고, 기업은 신뢰를 얻으며 고객들에 대한 친밀도를 높일 수 있기 때문이다. 이는 넓은 의미에서 소비자에게 기업의 경영 과정을 공개해 투명성을 제공하는 것이다.
>
> 소비자에게 기업 활동을 투명하게 공개하는 것은 소비자를 단지 생산과 유통에 참여시키는 것에 국한되는 것은 아니다. 1982년 7명이 숨진 타이레놀 독극물 투입 사건이 일어났을 때 존슨앤존슨은 매우 적극적으로 자사의 제조 과정을 공개했다. 그리고 회사 차원에서 앞으로 어떠한 대책을 마련할 것인지 소비자들에게 투명하게 공개했다. 사건 이후 존슨앤존슨의 타이레놀 판매량은 소비자들의 신뢰로 오히려 늘어났다. 그러나 일본의 유키지루시 유업은 그렇게 하지 않았다. 이 회사에서는 제조 공정의 문제로 인해 15,000명이나 되는 고객이 집단으로 식중독 증세를 보인 사건이 있었는데, 경영진은 원인 규명이나 피해 보상보다는 자사의 입장을 방어하는 데 급급했다. 사건이 종결된 뒤 유키지루시 유업은 소비자들의 외면으로 결국 도산했다.
>
> 이 같은 사례에서 알 수 있듯이, 기업의 투명성은 선택이 아니라 필수 사항이다. 시대 조류는 모든 것을 공개할 수 있어야 하는, 그리고 모든 것이 공개되어야만 하는 상황으로 흐르고 있는 것이다. 상품의 모든 것을 소비자들에게 투명하게 내보이는 것, 이것이 '크리스탈리즘'이다. 기업이 크리스탈리즘을 적극 반영할 때 미래를 이끄는 또 하나의 핵심 역량을 획득할 수 있다.

① 주택을 공급하는 기업은 주택 분양가의 원가를 공개한다.
② 자사 제품의 우수성을 알리기 위해 소비지들에게 기업 홍보 상품을 준다.
③ 자동차에 결함이 발견되면 어느 부분에서 문제가 생겼는지 소비자들에게 공개한다.
④ 수입 상품의 경우, 눈에 잘 띄는 위치에 해당 상품의 생산 국적을 명확하게 표시한다.

[02~06] 다음은 R 컴퓨터 회사의 PC 코드이다. 표를 보고 이어지는 질문에 답하시오.

[예시 문제 - NCS]

[예시] PC 완성품목

2013년 2월에 완성된 코어2 듀오 울프데일 DDR1 1기가 17895대의 코드 1302-1A-01002-17895

1302	–	1A	–	01002	–	17895

완성 연월	CPU			RAM		완성품 수량

완성 연월	제품명		코드명	분류 코드		용량 번호		완성품 수량
• 2011년 2월 – 1102 • 2012년 8월 – 1208 • 2013년 2월 – 1302 • 2013년 8월 – 1308	1	코어2 듀오	A 울프데일	01	DDR1	001	512MB	• 00001부터 시작하여 완성품 수량만큼 5자리의 번호가 매겨짐
			B 콘로			002	1기가	
	2	코어2 익스트림	C 요크필드			003	2기가	
			D 켄츠필드	02	DDR2	004	1기가	
			E 콘로			005	2기가	
	3	펜티엄 듀얼코어	F 노스울드	03	씽크 RAM	006	512MB	
			G 울프데일			007	1기가	
	4	코어i3	H 스미스 필드			008	2기가	
			I 프레스캇	04	DDR3	009	1기가	
	5	코어i5	J 프레슬러			010	2기가	
			K 시더밀	05	씽크 RAM2	011	512MB	
	6	코어i7	L 블룸필드			012	1기가	
			M 린필드			013	2기가	
			N 프레스캇	06	씽크 RAM3	014	512MB	
	7	애슬론 X-2	O 레고르			015	1기가	
			P 쿠마			016	2기가	

02 2012년 8월에 완성된 펜티엄 듀얼코어 울프데일 DDR2 2기가 25,600대의 완성된 PC 코드로 알맞은 것은?

① 1208 - 3G - 02004 - 25600

② 1208 - 3G - 01002 - 25600

③ 1208 - 3G - 02005 - 25600

④ 1204 - 1A - 02005 - 25600

03 2013년 2월에 완성된 코어i3 스미스필드 씽크 RAM2 1기가 14,578대의 완성된 PC 코드로 알맞은 것은?

① 1308 - 4H - 03006 - 14578
② 1302 - 4H - 05012 - 14578
③ 1302 - 4H - 03007 - 14578
④ 1302 - 4I - 03007 - 14578

04 상품 코드 1208 - 5J - 04009 - 94885에 대한 설명으로 옳지 않은 것은?

① 9만대 이상 완성되었다.
② 2012년 8월에 완성되었다.
③ 코어i5 프레슬러가 부착되어 있다.
④ DDR3 2기가가 PC에 장착되어 있다.

05 상품 코드 1102 - 7P - 02005 - 35469에 대한 설명으로 옳은 것은?

① 4만대 이상 완성되었다.
② 2012년 2월에 완성되었다.
③ 애슬론 X-2 쿠마가 부착되어 있다.
④ DDR2 1기가가 PC에 장착되어 있다.

06 상품 코드가 1308 - 5K - 06015 - 55302으로 기입되었다. 이 코드를 읽고 잘못 해석한 정보는 무엇인가?

① 완성품의 개수는 50,302개이다.
② 2013년 2월 이후에 완성되었다.
③ 코어 i5 시더밀이 포함되어 있다.
④ 씽크RAM3 1기가가 PC에 장착되어 있다.

A 상사의 인사팀에서 사원 교육을 담당하는 K는 신입사원 교육을 위한 사무실 내 전화 관련 매뉴얼을 항목별로 만들어 상사에게 피드백을 받기로 하였다.

1. 일반 전화 걸기
: 회사 외부에 전화를 걸어야 하는 경우
→ 수화기를 들고 0번을 누른 후 (지역번호) + 전화번호를 누른다.

2. 전화 당겨 받기
: 다른 직원에게 전화가 걸려왔으나 사정상 받을 수 없어 내가 받아야 하는 경우
→ 수화기를 들고 *(별표)를 누른다.
※ 전화 당겨 받기는 같은 팀 내에서만 가능하다. 만약 다른 팀 전화도 당겨 받으려면 인사팀 내 시스템 관리 담당자를 통해 받을 수 있는 부서 범위를 지정해야 한다.

3. 회사 전화를 내 핸드폰으로 받기
: 외근 나가 있는 상황이나 퇴근 후에 급한 전화가 올 예정인 경우
→ 외근 나가기 전 또는 퇴근 전에 미리 사무실 내 전화기로 1번과 3번을 연달아 누르고 난 후 신호음이 울리면 내 핸드폰 번호를 누르고 #(우물정자)를 누른다.
→ 내 핸드폰의 회사 전화 수신을 해지하려면 사무실 내 전화기로 2번과 3번을 연달아 누르고 난 후 신호음이 울리면 수화기를 내려놓는다.
※ 불가피하게 전화를 받지 못하는 경우, 수화기를 들고 전화기의 자동 응답 버튼을 누른 후 1을 누르고 자동 응답 멘트를 녹음한 뒤, #(우물정자)를 눌러 녹음을 완료한다.

5. 회사 내 직원과 전화하기
→ 수화기를 들고 내선번호를 누르면 자동으로 연결이 된다.

6. 전화 넘겨주기
: 다른 직원에게 걸려온 전화를 사정상 내가 먼저 받은 후 해당 직원에게 넘겨줄 때
→ 통화 중 상대에게 양해를 구한 뒤 *(별표)를 누르고 해당 직원의 내선번호를 누른다.
: 전화를 넘겨준 뒤에 신호음이 들리니, 반드시 신호음을 듣고 수화기를 내려놓아야 한다.

07 K는 기능이 중복되어 사용되는 버튼은 기능별 설명을 첨부한 삽화를 그려 매뉴얼에 포함시키려 한다. 다음 중 설명을 첨부할 필요가 없는 버튼은?

① 3 ③ 자동 응답

② * ④ #

08 K가 정리한 표를 본 상사가 매뉴얼에 추가할 내용들을 더 고민해 보라는 피드백을 남겼다. 이에 따라 K가 추가할 내용으로 가장 적절하지 않은 것은?

	상황	추가할 내용
①	일반 전화 걸기	지역번호 없이 070으로 시작하는 인터넷 전화에 전화를 거는 방법
②	회사 전화를 내 핸드폰으로 받기	핸드폰으로도 전화 받기 어려운 상황을 대비한 내선 전화 자동 응답 기능의 활성화 방법
③	회사 내 직원과 전화하기	빠르고 편리한 연결을 위한 직원 내선번호의 단축 번호 저장 방법
④	전화 넘겨주기	회사의 품위를 지키는 공손한 전화 응대 방법

09 K는 전화 관련 정보들을 신입사원이 이해하기 쉽도록 표에 정리하였다. K가 정리한 내용 중에서 올바르지 않은 내용이 포함된 항목은?

상황	눌러야 하는 버튼	항목
회사 외부로 전화 걸 때	0 + (지역번호) + 전화번호	일반 전화 걸기 ·············· ①
다른 직원에게 걸려온 전화를 내가 먼저 받았을 때	*	전화 당겨 받기
회사 외부에서 업무 관련 전화를 받아야 할 때	2 + 3 + 내 핸드폰 번호 + #	회사 전화를 내 핸드폰으로 받기 ·············· ②
회사 내 다른 직원과 전화할 때	해당 내선번호	회사 내 직원과 전화하기 ·············· ③
다른 직원에게 걸려온 전화를 내가 먼저 받은 후 넘겨 줄 때	* + 내선번호	전화 넘겨주기 ·············· ④

10 각 항목에 대한 예시를 넣으면 좋겠다는 상사의 피드백을 받고 K가 전화 매뉴얼에 예시를 추가하였다. 다음 중에서 적절하지 않은 예시는?

일반 전화 걸기 예시	협력사 직원의 핸드폰에 전화를 걸기 위해 수화기를 들고 0번을 누른 후 한국 국가번호인 82를 누른 후 해당 협력사 직원의 핸드폰 번호(010-3555-5555)를 누르면 됩니다. ········ ①
	택배 서비스를 요청하기 위해 택배 업체(서울)에 전화를 걸 때, 수화기를 들고 0번을 누른 후 서울의 지역번호 02를 누르고 택배 업체 전화번호(255-5555)를 누르면 됩니다. ········ ②
전화 당겨 받기 예시	잠시 자리를 비운 같은 부서 직원의 전화가 울릴 때, 내 수화기를 들고 *(별표)를 누른 후 받으면 됩니다. ········ ③
	타 부서의 전화를 당겨 받기 위해서는 미리 시스템관리 담당자에게 이야기하여 당겨 받을 수 있는 부서의 범위를 지정합니다. 이후 타 부서의 전화를 당겨 받으려면 수화기를 들고 *(별표)를 누른 후 받으면 됩니다. ········ ④

11 K가 매뉴얼 작성을 마무리하던 중 회사 메신저로 단체 공지가 왔다. 공지의 내용이 아래와 같을 때, 전화 사용 매뉴얼에 아래의 내용을 새롭게 추가하기에 가장 적절한 항목은?

보낸 이 : IT팀 ○○○
제목 : 사내 메신저를 통한 통화 연결 방법에 대한 안내

내용 : 사내 메신저를 통한 통화 연결 방법에 대해 다음과 같이 안내드립니다.

1. 회사 메신저 창에서 전화를 걸 상대의 성명 위에 커서를 올리고 마우스 오른쪽 버튼을 누르면 '전화 걸기' 메뉴가 나타납니다.
2. 이때 '전화 걸기' 메뉴를 클릭하면 자신의 사무실 전화로 신호음이 울립니다.
3. 신호음이 울린 후 수화기를 들고 전화를 받으면 바로 상대방과 통화를 할 수 있습니다.
4. 이와 같은 방법으로 착신이 안 될 시에는 IT팀 ○○○(내선번호 : 2333)에게 문의 바랍니다.

① 일반 전화 걸기
② 전화 넘겨주기
③ 회사 내 직원과 전화하기
④ 회사 전화를 내 핸드폰으로 받기

12 아래 글을 토대로 [보기]에 대해 설명한 내용으로 적절하지 않은 것은?

전문가들은 에너지 비용을 줄이면서 담수를 얻을 수 있는 방법을 연구하던 중, 역삼투 현상에 주목했다. 역삼투 현상은 삼투 현상과 반대되는 것이다. 미세한 구멍이 수없이 뚫린 반투막으로 칸막이를 한 탱크에 저농도 용액과 고농도 용액을 따로따로 넣어두면, 일정한 시간이 경과한 뒤 저농도 용액의 용매가 고농도 용액 쪽으로 이동하여 수위 차가 발생하는 현상이 일어난다. 이를 삼투 현상이라고 한다. 이와 같은 삼투 현상은 막의 양쪽에 동일한 압력을 가할 때 일어난다. 해수의 경우 막의 양쪽에 압력을 동일하게 가하면, 막의 미세한 구멍이 용매인 물 분자는 통과시키지만 용질인 염분은 통과시키지 않는다.

그런데 삼투 현상과 달리 용매가 저농도 쪽으로 이동하는 현상도 있다. 펌프를 이용하여 고농도 용액에 삼투압 이상의 압력을 가하면 반대로 저농도 용액 쪽으로 용매가 이동하게 되는데, 이 현상을 역삼투 현상이라고 한다. 이것을 몇 번이고 반복하면 저농도 용액 쪽에 담수에 가까운 물만이 고인다. 이 역삼투법을 이용하여 해수로부터 담수를 얻을 때 쓰이는 반투막을 역삼투막이라 하는데, 이를 이용하면 다단플래시 증발법에 비해 해수 담수화의에너지 비용을 4분의 1로 줄일 수 있다.

보기

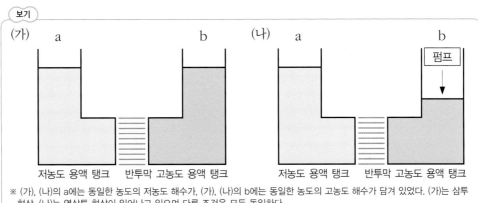

※ (가), (나)의 a에는 동일한 농도의 저농도 해수가, (가), (나)의 b에는 동일한 농도의 고농도 해수가 담겨 있었다. (가)는 삼투 현상, (나)는 역삼투 현상이 일어나고 있으며 다른 조건은 모두 동일하다.

① (가)에서 a와 b의 수위 차가 발생한 것은 저농도 용액의 용매가 고농도 용액 쪽으로 이동했기 때문이다.
② (가)와 같은 결과가 나타나기 위해서는 (가)의 a와 b에 가해지는 압력이 동일해야 한다.
③ (가)의 a와 (나)의 a의 농도를 비교해 보면 (나)의 a의 농도가 (가)의 a에 비해 상대적으로 짙다.
④ (나)의 방법을 이용해 해수로부터 담수를 얻기 위해서는 펌프로 b에 삼투압 이상의 압력을 가해야 한다.

13 아래는 기술 혁신의 과정과 역할을 정리한 표이다. ㉠~㉣에 들어갈 내용이 알맞지 않은 것은?

기술 혁신 과정	혁신 활동	필요한 자질과 능력
아이디어 창안	• 아이디어를 창출하고 가능성 검증 • 일을 수행하는 새로운 방법 고안 • 혁신적인 진보를 위한 탐색	• ㉠ • 새로운 분야의 일을 즐김
챔피언	• 아이디어의 전파 • 혁신을 위한 자원 확보 • ㉡	• 정력적이고 위험을 감수함 • 아이디어의 응용에 관심
프로젝트 관리	• 프로젝트의 기획 및 조직 • 프로젝트의 효과적인 진행 감독	• 의사결정 능력 • ㉢
정보 수문장	• 조직 외부의 정보를 내부 구성원들에게 전달 • 조직 내 정보원 기능	• 높은 수준의 기술적 역량 • 원만한 대인관계능력
후원	• 혁신에 대한 격려와 안내 • 혁신에 대한 자원 획득을 지원 • ㉣	• 조직의 주요 의사결정에 대한 영향력

① ㉠ – 각 분야의 전문 지식 추상화와 개념화 능력
② ㉡ – 리더십 발휘
③ ㉢ – 업무 수행 방법에 대한 지식
④ ㉣ – 불필요한 제약에서 프로젝트 보호

14 중장기 사업 목표 설정에 대한 아래 도식의 ㉠~㉣에 들어갈 말을 순서대로 바르게 나열한 것은?

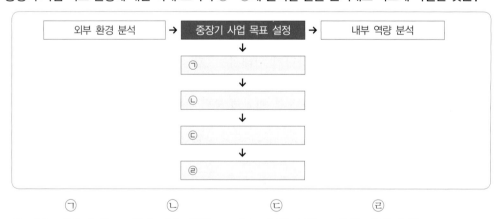

① 기술 전략 수립 → 핵심 기술 선택 → 기술 전략 수립 → 사업 전략 수립
② 요구 기술 분석 → 사업 전략 수립 → 기술 전략 수립 → 핵심 기술 선택
③ 사업 전략 수립 → 요구 기술 분석 → 기술 전략 수립 → 핵심 기술 선택
④ 핵심 기술 선택 → 사업 전략 수립 → 요구 기술 분석 → 기술 전략 수립

15 아래의 ㉮~㉰는 사무용 컴퓨터의 업그레이드가 필요하여 그 항목을 조사한 내용이다. ㉮~㉰에서 취급한 부품을 [보기]에서 골라 바르게 짝지은 것은?

> ㉮ 기억 용량이 부족하여 1TB의 보조 기억 장치가 필요하다.
> ㉯ 사내 교육용 DVD를 보기 위해 새로운 미디어 재생기가 필요하다.
> ㉰ 컴퓨터 속도가 낮아 생산성이 떨어져 주기억 장치의 교체가 필요하다.

보기

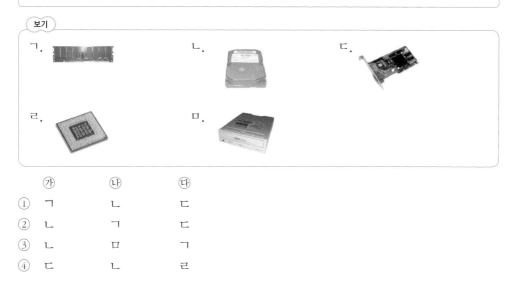

	㉮	㉯	㉰
①	ㄱ	ㄴ	ㄷ
②	ㄴ	ㄱ	ㄷ
③	ㄴ	ㅁ	ㄱ
④	ㄷ	ㄴ	ㄹ

16 아래는 자재 관리를 맡길 직원을 채용하기 위하여 지원자에게 하드웨어 장치에 대한 설명을 요구한 것이다. 각 지원자가 설명하는 장치를 바르게 나타낸 것은?

> A : 이것은 컴퓨터 내부에서 데이터를 실어 나르는 공동 통로입니다.
> B : 이것은 연산의 중간 결과를 임시로 저장하는 장치입니다.
> C : 이 장치는 명령어를 해독해서 다른 장치를 동작시키기 위해 이것을 발생시킵니다.
> D : 컴퓨터 주변 장치는 중앙 처리 장치의 지시를 해석하기 위해 각자 이것을 가지고 있습니다.

	A	B	C	D
①	누산기	제어기	버스	제어 신호
②	버스	누산기	제어기	제어 신호
③	버스	누산기	제어 신호	제어기
④	제어기	버스	누산기	제어 신호

17 아래는 컴퓨터 메인보드의 구성도이다. (가), (나)에 대하여 옳게 설명한 것을 [보기]에서 고른 것은?

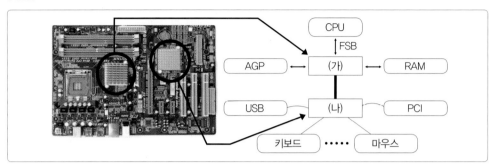

보기

ㄱ. (가)는 그래픽과 메모리 확장카드슬롯을 제어한다.
ㄴ. (가)는 CPU와 보조기억장치를 연결하는 버스이다.
ㄷ. (나)는 저속 확장 장치들의 입·출력을 제어한다.
ㄹ. (나)는 CPU와 데이터 처리를 빠르게 하는 역할을 한다.

① ㄱ, ㄴ   ② ㄱ, ㄷ
③ ㄴ, ㄷ   ④ ㄴ, ㄹ

18 LOVE.mp3 파일의 등록 정보에 관한 아래 내용에 대한 설명으로 옳은 것을 [보기]에서 모두 고른 것은?

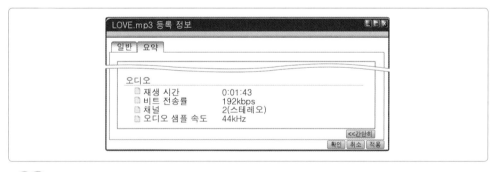

보기

ㄱ. 파일의 재생 시간은 143초이다.
ㄴ. 샘플링 횟수는 1초에 44,000번이다.
ㄷ. 초 당 전송되는 데이터양은 192kbyte이다.
ㄹ. 파일의 소리는 두 개의 스피커에서 서로 다르게 출력된다.

① ㄱ, ㄴ   ② ㄱ, ㄷ
③ ㄴ, ㄷ   ④ ㄴ, ㄹ

19 아래 글은 새로운 제품을 생산하기 위한 표준 작업을 설정하기 위한 생산직원에 대한 교육 자료의 일부이다. 이 자료를 바탕으로 [보기]에 대해 설명한 내용으로 적절하지 않은 것은?

> 디지털 카메라의 핵심 기술은 광전 효과의 원리를 토대로 만들어진 광전 변환 센서에 있다. 광전 변환 센서는 카메라에 들어온 빛의 세기를 판별해 전기 신호로 바꿔주는 역할을 한다. 광전 변환 센서에 빛이 닿으면 순간적으로 전하가 생성되고, 입사된 빛의 양이나 세기에 따라 발생하는 전하의 양 역시 변하게 된다. 빛을 받는 동안 만들어진 전하는 축적되고, 셔터를 누르는 순간 축적된 전하의 양을 측정해 디지털 값으로 변환시킨다.
>
> 광전 변환 센서는 빛의 양만 측정한다. 그런 까닭에 광전 변환 센서 앞에 색상 정보를 얻기 위한 컬러 필터가 있다. 각각의 컬러 필터는 빛의 삼원색인 빨강 녹색 파랑 중 어느 한 종류의 빛깔만을 개별적으로 광전 변환 센서에 입사시킨다. 빨강 필터는 빨강색 빛만 통과시켜 그것을 광전 변환 센서에 전달하는 것이다. 그러면 광전 변환 센서는 빛 알갱이를 전기 신호로 바꾸는데, 이 신호를 CCD에서 모두 모아 모자이크 형태의 이미지를 만든다. 그런데 이 과정을 통해 얻은 이미지는 각 픽셀 당 한 종류의 색깔만을 갖기 때문에 자연스럽지가 않다. 그래서 관측에 의해 얻은 값으로부터 관측하지 않은 점의 값을 추정하는 보간법을 사용해 각 픽셀당 세 가지의 컬러가 조합된 자연색을 갖게 함으로써 이미지를 자연스럽게 만든다. 이렇게 생성된 이미지는 전기 신호를 0과 1의 조합인 디지털 신호로 바꿔주는 ADC라는 장치를 거쳐 메모리에 저장된다.

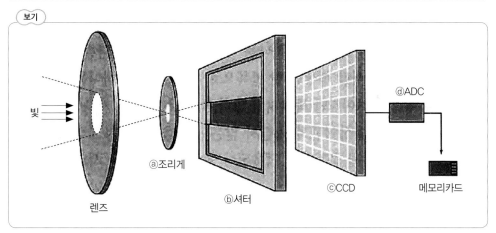

① ⓐ를 많이 열수록 ⓒ에 부착되어 있는 광전 변환 센서에서 생성되는 전하의 양이 증가하게 된다.

② ⓑ가 작동되는 순간 빛을 받아 만들어져 축적된 전하의 양이 측정되고 그 측정값을 토대로 이미지가 생성된다.

③ ⓑ와 ⓒ 사이에 있는 각각의 컬러 필터로 들어간 빛은 그 속에서 빨강색, 녹색, 파랑색 빛으로 나누어져 개별적으로 광전 변환 센서에 입사된다.

④ ⓓ는 전기 신호로 완성된 이미지를 0과 1의 조합인 디지털 신호로 바꾸어 정보가 디지털 형식으로 메모리카드에 저장될 수 있도록 해 준다.

20 다음 중에서 아래의 A시 자전거 대여 시스템과 데이터베이스 자료에서 주어진 [조건]을 만족하는 자전거 대여 시스템(Y)의 논리식으로 옳은 것은?

[대여] 테이블 (기본키: 회원 번호)

회원 번호	성명	대여 여부
11	김철수	미대여
12	홍길동	대여
13	박미라	미대여
14	최영희	대여

조건

- 회원 가입 여부(A)는 비회원이면 0, 회원이면 1이다.
- 자전거 유무(B)는 자전거가 없으면 0, 있으면 1이다.
- 자전거 대여 시스템(Y)은 회원이고 자전거가 있으면 1, 이외의 경우에는 0이 된다.
- 자전거 대여 시스템(Y)이 1이면 자전거를 대여하고, 0이면 대여하지 않는다.

① $Y = A' \cdot B'$
② $Y = (A \cdot B)'$
③ $Y = A + B$
④ $Y = (A' + B')'$

[01~02] 다음은 어느 신입사원의 회사 생활을 보여 주는 이야기이다. 글을 읽고 이어지는 물음에 답하시오.

> 올해 대학을 졸업하고 K 상사에 입사한 박철수는 총무부에 발령을 받아 근무하는 사원이다. 이 회사의 총무부에는 지홍수 총무부장을 중심으로 김민희 대리, 그리고 이번에 발령받은 박철수가 같은 사무실에서 함께 일하고 있다. 박철수는 김민희 대리와는 대학교 동기이기 때문에 사적으로 친구로 지낸다. 하지만 입사 선배이기 때문에 회사에서는 선후배로 지내고 있다.

01 다음 중에서 사무실 내에서의 바람직한 인간관계를 유지하기 위한 설명으로 적절하지 않은 것은?

① 박철수는 모든 업무에 관한 보고를 총무부장에게 직접 한다.

② 박철수는 김민희와 대학 동기이지만 입사 선배이므로 선배의 지시가 있을 때는 특별한 사유가 있지 않은 한 지시에 따른다.

③ 박철수는 선배인 김민희의 업무 처리 방식이 자신의 방식과 다르지만 선배이기 때문에 그녀의 스타일에 맞추려고 노력한다.

④ 김민희 대리는 박철수를 입사 후배라고 해서 무시하거나 업무 진행 시 자신만의 스타일을 고집하지 않는다.

02 박철수는 최근에 선배이지만 대학 동기인 김민희가 다른 사원에게 자신의 험담을 하는 것을 듣게 되어 그녀에게 실망감을 느꼈다. 이때 박철수가 둘 사이의 갈등을 해결하기 위한 방법으로 가장 적절한 것은?

① 업무 시간이 끝난 후 회식 등의 모임에서 선배에게 다가가려고 노력하여 친구로 지낸다.

② 선배가 나에 대해 부정적이라는 것을 알았으므로 되도록 공동의 업무를 줄여나간다.

③ 선배가 가입한 사내 모임에 가입하여 자연스럽게 오해를 풀도록 노력한다.

④ 다른 사원에게 오해를 적극적으로 해명하고 선배와의 관계를 설명해 준다.

03 '의사결정' 교육에 관한 아래 내용과 가장 어울리는 교육 방식은?

> P 기업의 C 인사부장은 '의사결정' 교육의 참가자들에게 모의 상황을 제시한 뒤에 그에 맞춰 역할을 주고, 참가자가 스스로 그 상황과 역할에 맞게 행동하며 의사결정을 하도록 하는 방식으로 부하직원들을 훈련시키고 있다.

① 인 바스켓 훈련(In-basket Training) - 관리자의 의사결정 능력을 제고하기 위해서 훈련 참가자들에게 가상의 기업에 대한 모든 정보를 제공하고 특정 상황에서 문제 해결을 위한 의사결정을 하게 하는 교육 방식
② 비즈니스 게임(Business Game) - 교육 대상자들이 상호 경쟁 관계에 있는 모의 기업의 책임자로 참가하여 경쟁에서 서로 이기기 위한 경영상의 의사결정을 하게 한 후, 그 결과를 컴퓨터로 분석하여 게임의 참가자들에게 피드백 시키는 교육 방식
③ 역할 연기법(Role Playing) - 특정 주제와 관련된 실제의 역할을 수행하게 하는 교육 방식
④ 행동 모델법(Behavior Modeling) - 비디오테이프에 이상적인 행동을 담아 행동 이유와 과정 등을 이해시킨 뒤에 반복, 연습하게 하여 행동 변화를 유도하는 교육 방식

04 A는 H 건설 비서실에서 사장 비서로 근무하고 있다. 회의실에서 방송 기자와 사장의 인터뷰가 예정되어있을 때, A가 업무를 처리하는 데 있어서 준비 우선순위가 가장 낮은 것은?

① 총무팀에 연락하여 인터뷰 당일 회의실 사용을 회의실 관리자에게 미리 통보·확인해놓는다.
② 인터뷰에 깔끔한 회의실 배경이 나타나도록 회의실 주변 정리를 신경 써서 점검한다.
③ 인터뷰 당일에 가급적 사장님의 점심식사 약속이 잡히지 않도록 한다.
④ 기자에게 인터뷰의 방영 일자를 확인하여 인터뷰 영상 내용을 자료로 보관하도록 한다.

05 아래는 지수의 하루 일과를 정리한 것이다. 다음 중에서 이 일과표를 통해 알 수 있는 사실로 옳은 것은?

[기출 문제 – 한국산업인력공단]

> 지수는 취업을 준비하는 학생으로 화요일에 학교 수업, 아르바이트, 스터디, 봉사활동 등을 한다. 다음은 지수의 화요일 일과이다.
>
> - 지수는 오전 11시부터 4시까지 수업이 있다.
> - 수업이 끝나고 학교 앞 프랜차이즈 카페에서 아르바이트를 3시간 동안 한다.
> - 아르바이트를 마친 후, NCS 공부를 하기 위해 스터디를 2시간 동안 한다.
> - 스터디 후에는 전국적으로 운영되는 유기견 보호단체와 함께 봉사활동을 1시간 동안 한다.

① 비공식적이면서 소규모 조직에서 3시간 있었다.
② 하루 중 공식 조직에서 9시간 있었다.
③ 비영리 조직이며 대규모 조직에서 6시간 있었다.
④ 영리 조직에서 2시간 있었다.

06 아래는 사업 관리에 관한 글이다. '프로젝트 전반의 계획 수립 및 수행'에 대한 설명으로 적절하지 않은 것은?

> 프로젝트 전반의 계획을 수립 및 수행하기 위해 사업주와 기술선, 협력사 등 주요 이해 관계자들은 물론, 설계, 조달, 시공 등 사내 유관 부서들의 업무를 효과적으로 조율하는 역할을 수행합니다. 특히 사업주의 VOC에 대한 적시적이고 최적화된 대응과 함께 수행 과정상 발생할 수 있는 각종 Risk를 최소화하여 프로젝트를 성공적으로 완수할 수 있도록 조율합니다. 프로젝트 실행 예산 수립과 지속적인 원가 관리 및 손익 분석을 하는 Cost 관리, 프로젝트 일정 계획 수립 및 모니터링 하는 Schedule 관리, 프로젝트 관련 모든 Contract 및 Claim 관리, Document 관리 등의 세부 직무를 포함합니다.

① 집단 의사결정이라고 할 수 있다.
② 의견이 불일치하는 경우 의사결정을 내리는데 시간이 많이 소요되며 특정 구성원에 의해 의사결정이 독점될 가능성이 있다.
③ 한 사람이 가진 지식보다 집단이 가지고 있는 지식과 정보가 더 많아 효과적인 결정을 할 수 있다.
④ 각자 같은 시각으로 문제를 바라봄에 따라 다양한 견해를 가지고 접근할 수 있다.

[07~08] 다음 글을 읽고 물음에 답하시오.

글로벌 화학회사 C 케미칼의 아시아 · 태평양 사상은 "한국은 C 케미칼의 전자 재료 사업 중심 국가이며, 아태지역 사업 포트폴리오 성장 전략의 핵심"이라며 "앞으로도 한국에 대한 투자를 지속해 나갈 것"이라고 밝혔다. 최근 한국을 방문한 C 케미칼 사장은 "최근 10년 동안 한국에 4억 달러 이상을 투자 했고 앞으로도 투자 우선순위를 높여나갈 것"이라며 이같이 밝혔다.

그는 "한국에는 글로벌 시장 선도 기업들이 있을 뿐 아니라 정부도 외국 투자 기업에 다양한 지원을 하고 있기 때문에 주요국 가운데서도 가상 매력적인 시장으로 꼽는다."며 이같이 밝혔다. 현재 C 케미칼은 한국에 전자 소재 부문에서 500여 명의 직원들이 근무 중이며 차세대 기술 개발 전략에 맞춰 연구 인력을 추가로 고용하는 방안을 검토 중이다. 한국에 법인이나 지사를 둔 글로벌 화학회사 가운데 가장 활발한 투자와 고용을 하고 있는 셈이다. C 케미칼 사장은 이어 "C 케미칼은 2020년까지 올림픽 공식 후원 기업으로 활동할 예정인데 2018년 한국에서 개최되는 평창 동계 올림픽이 성공할 수 있도록 솔루션과 기술 지원을 아끼지 않겠다."며 한국에 대한 친근감을 내비쳤다.

C 케미칼 사장은 이어 "C 케미칼이 100년 이상 존속할 수 있었던 이유는 끊임없는 기술혁신과 함께 환경에 대한 다양한 관심으로 회사를 발전시켜 왔기 때문"이라고 설명했다. 그는 "환경에 대한 정책과 규율을 바탕으로 화학, 전기 재료 등 다양한 사업을 전개하고 있으며 C 케미칼이 진출해 있는 각 국가의 환경 규제, 법률을 준수하는데 우선순위를 두고 있다."고 소개했다.

C 케미칼은 지난 1897년 설립된 다국적 화학 기업으로 아시아 · 태평양 지역의 사업을 위해 1957년 홍콩에 첫 영업 사무소를 개소했고 현재 태국 합작회사를 포함해 총 6000여 명이 아태 지역에서 근무하고 있다. 한국에는 지난 1975년 화학업계 최초로 100% 외국 투자 기업인 한국 C 케미칼을 설립했다. C 케미칼은 글로벌 시장에서 지난해 기준 총 91억 달러의 매출 실적을 기록했는데 이 가운데 아태 지역에서 약 16%의 매출이 발생한 것으로 집계됐다.

07 위 글에 나타난 조직에 대한 다음의 설명 중에서 옳지 않은 것은?

① '4억 달러'는 경영 활동에 사용할 수 있는 금전을 의미하며, 사기업에서 새로운 이윤을 창출하는 기초가 된다.

② '최근 10년 동안 한국에 4억 달러 이상을 투자'한 것은 C 케미칼의 국제화를 위한 노력이다.

③ C 케미칼이 '각 국가의 환경 규제, 법률을 준수하는데 우선순위를 두는' 것과 같은 노력을 하는 이유는 업무와 관련된 국제적인 법규나 규정을 제대로 숙지하지 못할 경우 큰 피해를 받을 수 있기 때문이다.

④ 둘째 단락의 첫 번째 문장의 인용된 말을 봤을 때, C 케미칼이 한국에의 투자를 확대하는 이유는 투입된 자원 대비 산출량을 증가시키기 위해서이다.

08 C 케미칼과 같은 글로벌 회사에 대한 설명으로 적절하지 않은 것은?

① 세계화를 필요로 하는 이유는 경쟁이 세계적인 수준에서 더욱 치열해짐으로써 국제적인 감각으로 세계화 대응 전략 마련이 시급하기 때문이다.

② 다른 문화와 마주했을 경우 문화 충격을 겪을 수 있기 때문에 이에 대비하는 준비가 필요하다.

③ 타국의 사람들과의 의사소통을 위해 외국어 사용 능력 및 고유문화 이해 능력이 필요하다.

④ 타국 사람들과의 교섭에서 그들의 의견을 존중하더라도 우리의 가치관과 다른 점까지 받아들여 존중할 수는 없다.

[09~11] 다음 글을 읽고 물음에 답하시오.

탈모 전문 한의원 P 한의원의 두피 탈모 전문 제품들이 'ABC 홈 케어'라는 이름으로 '2015년 라스베이거스 코스모프로프 국제미용박람회' 참가하여 한국의 미용 분야 기술을 널리 알렸다는 긍정적인 평가를 받고 있다.

'2015 라스베이거스 코스모프로프 국제미용전시회'는 7월12일~7월14일까지 3일 동안 미국 라스베이거스에서 성공적으로 열렸으며 주요 전시 품목은 화장품, 전문 헤어, 네일 관련 기기 및 액세서리, 웰니스 & 스파 제품 등으로 심사 기준은 수출 유망, 시장성 평가에 많은 비중을 둬 6개 업체 이내로 선정하는 세계 3대 미용 전시회로 가장 큰 규모와 영향력을 자랑한다.

이에 중소기업진흥공단 서울 지역 본부는 강남구청과 함께 강남구 소재 수출 유망 중소기업의 해외 시장 진출을 지원하기 위해 강남구 소재 미용 분야 수출 유망 중소기업 중 '2015년 라스베이거스 코스모프로프 국제미용박람회' 참가 기업을 지난 3월 모집한 바 있다.

탈모 전문 P 한의원(P 코리아)는 치열한 경쟁을 뚫고 6개 중 1개의 업체로 선정되어 강남구와 중소기업진흥공단의 지원을 받아 참가해 한국의 미용 분야 기술을 널리 알리고 돌아왔으며, 세계적인 탈모 치료 제품 브랜드로 이름을 올리게 되었다.

끊임없는 분석과 연구로 차별화된 미용분야 기술력으로 탈모 분야에서 인정받고 있는 P 한의원은 라스베이거스 코스모프로프에 'ABC 홈 케어'로 참가해 다양한 제품들과 특허된 치료제를 현장에서 선보여 각국 뷰티 업종 바이어들과 고객들의 시선을 사로잡았다.

해외에서는 아직 탈모 분야의 제품이 다양하지 않아 각국 바이어들의 관심이 높았으며, 특히 한의학 박사가 임상 실험과 직접 연구 개발한 기능성 제품들이 호평을 받으면서 유력 바이어들과의 수출 상담이 활발히 진행되었다고 전해왔다.

P 한의원 원장은 이번 "2015 라스베이거스 코스모프로프 국제미용박람회 참가는 강남구와 중소기업진흥공단의 전폭적인 지원으로 더 의미 있는 자리였으며 P 한의원의 두피 탈모 전문 제품의 기술을 세계적으로 널리 알릴 수 있어서 좋은 기회가 되었다고 전하면서 앞으로도 P 한의원만의 기술 노하우로 전 세계 시장에서 많은 소비자가 경험할 수 있도록 해외 유통 및 마케팅을 강화하고 다양한 국제 전시회에 지속적으로 참가할 예정이다"라고 전했다.

앞서 P 한의원은 지난 '2014년 타이베이 한국문화관광대전' 행사에도 참여하여 의료에 관광을 접목시키는 의료 관광 인기 상품을 소개하면서 큰 관심을 끌어왔다. 타이베이 한국문화관광대전 행사에서 중국인 관광객들의 시선을 사로잡았던 상품은 헤어 미용을 접목시킨 여성을 타깃으로 한 '헤드스파 + 미용'으로 중국인 관광객들에게 가장 인기 있는 상품으로 손꼽혔다.

09 위 글에 나타난 P 한의원의 국제 동향 파악 방법으로 알맞은 것은?

① 관련 분야 해외 사이트 방문을 통한 최신 이슈 확인
② 업무와 관련된 국제 잡지 정기 구독
③ 국제 대회의 참여
④ 해외 서점 사이트 방문을 통해 최신 서적 목록과 주요 내용 파악

10 위 글을 통해 생각할 수 있는 것으로 가장 적절한 것은?

① 조직의 시장이 세계로 확대되는 것에 맞춰 세계 수준의 의식과 태도, 행동 함양의 노력이 필요하다.
② 과중한 스트레스는 정신적 불안감을 조성하여 조직에 부정적인 결과를 초래한다.
③ 조직 목표에는 인력 개발 및 시장에서의 지위 향상이 포함되어 있다.
④ 조직 기구는 CEO가 조직의 최상층이고 조직 구성원들이 단계적으로 배열되는 구조이다.

11 '헤드스파 + 미용' 관련 제품을 중국에 출시하고자 한다. 관련된 내용으로 적절하지 않은 것은?

① 다른 문화권과 접촉함으로써 문화 충격을 체험할 수도 있다.
② 의사 전달을 위한 외국어 사용 능력이 갖춰져야 한다.
③ 관련 분야의 중국 사이트 방문을 통해 최신 이슈를 확인한다.
④ 우리나라를 알리기 위하여 반드시 우리나라의 가치관을 고집한다.

12 A 회사 사장은 B 대학교와의 산학 협력 사업을 진행하려 한다. 아래 글로 보았을 때, 다음 설명 중에서 옳지 않은 것은?

> 산학 협력이라 함은 산업 교육 기관(고등기술학교, 실업계 고등학교, 실업계 학과/과정을 설치한 일반계 고등학교 또는 대학)과 국가, 지방자치단체, 정부 출연 연구 기관 및 산업체 등이 상호 협력하여 행하는 활동으로, 산업체의 수요와 미래의 산업 발전에 부응하는 인력의 양성, 새로운 지식기술의 창출 및 확산을 위한 연구 개발, 산업체 등으로의 기술 이전 및 산업 자문 등을 의미한다. 그러나 과거의 산학 협력이 대학이나 정부 연구 기관에서의 인력 양성과 산업 기술 개발에 관심을 가졌다면, 최근에 국가균형발전위원회에서 제시하고 있는 새로운 산학 협력은 인력과 기술을 활용하여 실제 사업을 수행하는 수요자인 기업 중심으로 산학 협력의 중심을 바꾸고, 지원 범위에 있어서도 기존의 프로젝트나 학부·전공별로 부분적인 지원에서 벗어나 학생·교수·산업체 인력을 아우르는 종합적 지원과 총괄적 참여를 이루어나가고 있다.

① A 회사 사장은 의사결정을 위해 집단 의사결정을 해야 한다.
② 구체적으로 어떤 사업을 진행할 것인지 아이디어를 내기 위해 브레인스토밍을 사용할 수 있다.
③ 산학 협력으로 인해 이루어진 집단은 비공식적인 집단에 속한다.
④ 집단 의사결정은 결정된 사항에 대해 의사결정에 참여한 사람들이 해결책을 수월하게 수용할 수 있다는 장점이 있다.

13 국제 매너와 관련된 아래의 설명 중에서 그 내용이 올바른 것으로만 짝지어진 것은?

> ㉠ 미국 사람과 인사할 때에는 눈이나 얼굴을 보면서 왼손으로 상대방의 왼손을 힘주어서 잡았다가 놓아야 한다.
> ㉡ 러시아와 라틴아메리카 사람들은 친밀함의 표시로 포옹을 한다.
> ㉢ 명함을 꾸기거나 계속 만지는 것은 예의에 어긋나는 일이다.
> ㉣ 미국인이나 동부 유럽 사람들은 약속 시간에 늦을 경우 으레 기다려줄 것으로 생각한다
> ㉤ 스프는 바깥쪽에서 몸 쪽으로 숟가락을 사용한다.
> ㉥ 생선 요리는 뒤집어 먹지 않는다.
> ㉦ 빵은 아무 때나 먹어도 관계없다.

① ㉠, ㉢, ㉥   ② ㉡, ㉢, ㉥
③ ㉢, ㉣, ㉦   ④ ㉣, ㉤, ㉥

14 다음 중에서 아래의 'AB 인재 양성소를 위한 새로운 운영 전략'을 설명한 것으로 바른 것은?

> 최근 패션 기업 AB에 인수된 패션스쿨 YB가 AB와의 산학 협력 방안을 21일 발표했다. YB는 지난 5월 AB에 인수된 후 'AB 인재 양성소'로 거듭나기 위한 새로운 운영 전략을 구상해 왔으며, 이번 산학 협력 발표는 그 일환이다. 산학 협력은 YB 학생들에게 다양한 경험과 실질적인 혜택을 제공할 수 있는 내용으로 구성됐다.
>
> 특히 YB 출신이 AB에 입사할 때는 가산점을 부여하고, 정규 과정(2년) 성적 우수자들에게 인턴 디자이너 선발의 기회를 제공하는 등 직접적인 혜택을 명시하고 있어 눈길을 끈다. YB 패션디자인과 박지영 학과장은 "AB는 글로벌 TOP 10을 목표로 끊임없이 성장하는 회사이며, 디자이너 지망생들에게는 꿈의 일자리와 같다"며, "AB에 취업하고자 하는 학생이라면 YB 입학을 고려하는 것이 유리할 수 있다"고 설명했다.

① 경영의 구성 요소 중 자금을 위한 것이다.
② 경영자의 경영권에 영향을 미치기도 한다.
③ 경영자가 조직의 목적과 필요에 부합하는 인적 자원을 채용하여 이를 적재적소에 배치·활용하기 위한 것이다.
④ 제안된 아이디어를 결합하여 해결책을 제시할 수 있어야 한다.

15 아래 글에서 '시중 은행들이 인터넷전문은행에 관심을 보이고 있는 이유'로 제시한 내용과 관련된 조직 관계의 효과로 옳지 않은 것은?

> A 은행, B 은행, C 은행 등 시중 은행들이 '블루오션'인 인터넷전문은행에 눈독을 들이고 있다.
>
> 금융위원회가 은행법상 현행 4%인 산업 자본의 은행 지분 보유 한도를 인터넷전문은행에 한해 50%까지 보유할 수 있도록 하는 인터넷전문은행 도입 방안을 확정한데 이어 금감원도 사업 계획의 혁신성과 사업 모델의 안정성 등 인터넷 은행 인가 고려 항목 등 구체적인 인터넷전문은행 설립 내용을 발표했다.
>
> 시중 은행들이 인터넷전문은행에 관심을 보이고 있는 이유는 '저금리 시대' 수익 구조가 악화된 상황에서 경쟁 은행이 인터넷전문은행에 진출할 경우 고객을 빼앗길 수 있기 때문이다. 현재 시중 은행들은 상대방이 앞으로 손에 쥘 패에 대해 예의 주시하는 탐색전을 펼치고 있는 상태다.

① 집단 내부의 응집성이 강화될 수 있다.
② 이러한 관계 속에 있는 조직들의 자원이 낭비될 수 있다.
③ 집단의 활동이 더욱 조직화될 수 있다.
④ 상대 조직과 자신의 조직 모두에게 능률적이지 못한 관계이다.

16 아래는 D 기업의 조직 구조 변화를 나타낸 것이다. [변경 전]과 비교하여 [변경 후] 조직에 대한 설명으로 적절한 것을 [보기]에서 고른 것은?

> D 기업은 기업 규모가 커지고 상장을 추진하면서 조직 구조를 다음과 같이 변경하였다.
>
> 〈변경 전〉 〈변경 후〉
>
> 사장
>
> 생산부　　　　　영업부
>
> 생산1과｜생산2과　　영업1과｜영업2과
>
> ➡
>
> 사장
>
> 기획 조정실
>
> 총무부　영업부　생산부
>
> 인사과　영업과　생산과

보기

㉠ 문제 발생 시 부문 간 조정이 어렵다.
㉡ 독단적인 의사 결정을 완화할 수 있다.
㉢ 조직 운영을 위한 간접 비용이 감소한다.
㉣ 조직 내 명령 체계에 혼란이 발생할 수 있다.

① ㄱ, ㄴ　　　　　　　　　　② ㄱ, ㄷ
③ ㄴ, ㄷ　　　　　　　　　　④ ㄴ, ㄹ

17 아래 글에 대한 설명으로 옳은 것은?

> H 기업은 독일 바스프와 합작한 'H바스프' 등 엔지니어링 플라스틱 관련 계열사를 1997년 외환위기 직후 모두 팔아 이 사업에서 손을 뗐다. 아쉬움이 컸던 H 기업 회장은 2004년 연구진에 "세상에 없는 완전히 새로운 신소재를 개발하라."고 지시했다. 이에 H 연구진은 10년간 500억 원 가량의 자금을 투자한 끝에 2013년 신소재를 개발했다. 이것이 기존 플라스틱보다 가볍고 강한 폴리케톤이다.

① H 기업이 투자한 '500억 원 가량'은 경영의 구성 요소 중 인적 자원에 속한다.
② H 기업은 회장의 지시 이후 계획 없이 곧바로 연구에 착수했다고 추측할 수 있다.
③ '폴리케톤'과 같은 신소재를 개발한 것은 경영 전략상 차별화 전략이라고 할 수 있다.
④ 경영 참가 제도에 근거한 경영 방침으로 인해 연구의 여부가 결정되었다.

18 아래는 경영 컨설팅 회사의 게시판에 탑재된 내용이다. 답변 내용을 통해 알 수 있는 조직 형태로 가장 적절한 것은?

> **Q** 우리 회사는 기존의 조직 구조가 경직되어 있어 급변하는 경영 환경 변화에 대한 대응이 미흡하고, 규모가 커지면서 기업 내에서 모든 업무를 감당하기가 어려워졌습니다. 이를 해결하기 위한 적절한 조직 형태는 없을까요?
>
> **A** 각 개인 또는 부문이 계층에 관계없이 동등한 입장으로 각자 가진 전문적 지식과 개별 자원을 활용하고 협력하되, 일시적으로 구성된 조직이 아닌 새로운 조직 형태를 제안합니다. 귀사는 핵심 역량에 집중하고, 부수적인 부문은 필요에 따라 아웃 소싱 및 타 기업과의 업무적 제휴가 가능할 것입니다. 이는 신축적인 조직 구조로서 급변하는 경영 환경에서 최선의 성과를 달성할 수 있을 것입니다.

① 라인 조직
② 기능식 조직
③ 네트워크 조직
④ 프로젝트 조직

19 네트워크 조직의 효용성으로 볼 수 없는 것은? [기출 문제 - 공무원 7급]

① 네트워크 조직은 조직망 속의 중심점들(nodes)간의 지속적인 교환 관계에서 정보의 새로운 종합과 지식의 산출을 증진시킴으로써 학습이 촉진된다.
② 네트워크 조직은 시장 형태의 조직보다 커뮤니케이션을 더욱 촉진시킴으로써 환경 변화에 적응이 쉽다.
③ 네트워크 조직이 계층제 형태의 조직에 비해 변화에 대한 대응 과정에서 조직구조를 수정하기 쉽다.
④ 네트워크 조직은 고도의 정보 기술을 활용하여 밀접한 감독과 통제가 용이하다.

20 다음 중에서 아래 사례의 K씨가 L씨의 행동을 보고 깨달은 내용으로 알맞은 것은?

[예시 문제 변형 - NCS]

> 의류회사에 근무하는 K씨는 매일 허둥지둥 일을 하느라 바쁘다. 항상 업무 마감일에 쫓기기 때문이다. 반면에 같은 사무실에 근무하는 L씨는 언제나 그렇듯 차분하게 일을 하고 있다. K씨는 L씨에 비해 자신이 야근도 더 많이 하고 점심도 거를 정도로 더 열심히 하는 것 같은데, 정작 회사에서 인정을 받는 사람은 L씨인 것이 마음에 걸렸다.
>
> 그래서 K씨는 오늘 L씨의 일과를 유심히 관찰해 보기로 했다. 우선, L씨는 회사에 오자마자 다이어리에 무언가를 열심히 적는다. 가까이 가서 보니, 동그라미, 네모, 세모로 그림을 그리고 있는 게 아닌가! '아니 뭐야? 왜 이런 사람이 인정을 받는 거지?'
>
> L씨가 다이어리를 펴 놓고 잠깐 자리를 비운 사이, K씨는 이를 자세히 보았다. 이것은 단순한 그림이 아닌 업무 추진도였다. 언제 일을 시작해서, 언제 누구를 만나고, 세부적으로 언제까지 무슨 일을 끝내고 등등의 일정이 자세하게 적혀 있었다.

① L씨에 비해 업무를 할 때 메모를 하지 않아 업무 성과도 낮다는 것을 깨달았다.

② L씨에 비해 업무를 할 때 차분하지 못하여 업무 성과도 낮다는 것을 깨달았다.

③ L씨에 비해 업무에 대해 체계적으로 계획을 수립하지 못하여 업무 성과도 낮다는 것을 깨달았다.

④ 항상 업무 마감일이 다가와야 업무를 시작해 L씨에 비해 업무를 늦게까지 많이 하면서도 업무 성과가 낮다는 것을 깨달았다.

21 아래의 ㉠~㉣ 중에서 경영의 구성 요소와 관련이 없는 것은? \

> S사는 인재와 기술을 바탕으로 최고의 제품과 서비스를 창출하여 인류사회에 음악을 알리는 것을 ㉠목표로 하는 음향제품 회사이다. ㉡5명의 인원으로 자그마한 사무실에서 시작해 치밀한 조사를 통해 현 뮤지션들이 필요로 하는 기능과 주 소비자층이 원하는 기능을 분석하였으며, 이를 기반으로 ㉢뮤지션들과 일반인들을 위한 제품을 분리하여 제작, 판매하였다. 매출 1억으로 시작한 이 회사는 현재 ㉣국내 음악 시장을 뒤흔들고 있다고 해도 과언이 아니다.

① ㉠

② ㉡

③ ㉢

④ ㉣

22 아래는 국제 비즈니스 중에 이루어지는 인사하는 법, 시간 약속 지키기, 식사 예절 등에 대해 예시를 제시한 것이다. 이들 예시 가운데 틀린 부분을 수정한 ⓐ~ⓕ 중에서 알맞은 내용을 모두 나열한 것은?

예시	수정 사항
오늘은 미국인 바이어를 만나 상담을 했다. 처음 만나는 날이라 긴장이 되었다. 나는 만나자마자 내 소개를 위해 명함을 내밀었는데 그는 반갑게 악수를 청했다. 긴장해서인지 손에 땀이 조금 났기 때문에 눈을 마주치면서 예의상 손끝만 살짝 잡았다. 악수를 한 후, 그가 명함을 주었다. 명함에서 이름을 확인한 후 명함 지갑에 넣었다.	ⓐ 소개를 위해 명함을 먼저 내밀어서는 안 되며 명함은 악수를 한 이후 주어야 한다. ⓑ 미국인들과 악수할 때에는 오른손으로 상대방의 오른손을 살짝만 잠시 잡아야 한다.
회사를 대표로 이라크에 출장을 나오게 되었다. 상대편 회사 담당 직원과 오후 1시에 대사관 앞에서 만나기로 했으나 아직까지 깜깜 무소식이다. 시계를 보니 오후 2시가 다되어 간다. 약속이 잘못된 것인가? 슬슬 기다리는 게 지루해지고 화가 나기 시작한다. 오늘은 그냥 들어가고 다시 연락을 취해야겠다.	ⓒ 이라크 사람들은 시간 약속을 할 때 정각에 나오는 법이 없으며 상대방이 으레 기다려 줄 것으로 생각하므로 좀 더 여유를 가지고 기다리는 인내심이 필요하다.
오늘은 협력 업체에 다니는 영국인으로부터 저녁식사 초대를 받았다. 멋지게 정장을 차려입고 집을 방문하였다. 오늘의 식사는 비프스테이크. 먼저 스프가 나왔다. 내가 좋아하는 양송이크림스프라 식기도 전에 입으로 불어가면서 먹었다. 주요리인 비프스테이크가 나와서 입에 넣기 알맞게 모두 자른 후 먹기 시작했다. 주요리가 끝나고 디저트가 나왔다. 배가 너무 고팠던 것일까? 아직까지 배가 다 차지 않아서 빵을 조금 잘라 먹었다.	ⓓ 스프를 먹을 때에 입으로 불어서 식히지 않고 숟가락으로 저어서 식혀야 한다. ⓔ 스테이크는 처음에 다 자른 후 먹는 것이 좋다. ⓕ 빵은 수프를 먹고 난 후부터 디저트 직전까지 먹으며, 칼이나 치아로 자른 뒤 포크로 먹어야 한다.

① ⓐ, ⓒ, ⓓ
② ⓑ, ⓓ, ⓔ
③ ⓑ, ⓔ, ⓕ
④ ⓒ, ⓔ, ⓕ

정답 및 해설 80쪽

01 다음 중에서 직업윤리와 일반윤리와의 차이점에 대한 설명으로 알맞지 않은 것은?

[기출 문제 – 한국산업인력공단]

① 직업윤리는 일반윤리에 비해 더 구체적이다.
② 직업윤리와 일반윤리는 서로 반하지 않는다.
③ 일반윤리와 달리 직업윤리는 직업에 따라서 다양하다.
④ 직업윤리는 일반윤리에 비해 특수성을 갖고 있다.

02 다음 중에서 직업에 종사하는 과정에서 요구되는 특수한 윤리 규범인 직업윤리에 대한 설명으로 옳지 않은 것은?

[기출 문제 – 한국산업인력공단]

① 직업윤리와 개인윤리가 충돌할 때에는 직업인이라도 개인윤리에 우선해야 한다.
② 직업을 가진 사람이라면 반드시 지켜야 할 공통적인 윤리 규범이다.
③ 어느 직장에 다니느냐를 구분하지 않는다.
④ 직업윤리와 개인윤리는 서로 충돌하거나 배치되는 경우도 발생한다.

03 다음 중에서 부패의 특성으로 옳지 않은 것은?

[기출 문제 – 한국산업인력공단]

① 부패를 밝힘으로써 발생하는 혼란을 막기 위해 부패는 방치되거나 처벌을 약하게 받는다.
② 개인의 이득을 위해 정직하지 못한 행위는 부패로 이어질 수 있다.
③ 부패는 국가와 사회의 정상적인 발전을 가로막고 있다.
④ 불완전한 경쟁 상황 하에 부패와 같은 문제가 나타난다.

동정심은 철저히 수동적인 정념으로서 그때그때마다 나에게 주어지는 감각과 상황 그리고 그 것이 만들어 내는 감성적 느낌과 기분에 의존한다. 요컨대 그것은 나에게 주어지는 감성적 자극 에 대한 수동적 반응이다. 연민 역시 동정심과 마찬가지로 감정이 철저히 의존적이고 수동적인 까닭에 그것은 순응적인 정념이다. 칸트는 이를 '감미로운 동정'으로 보았다. 그리고 루소는 동 정심 혹은 연민이 '괴로워하고 있는 사람의 입장에 자신을 두고 자신은 그 사람처럼 괴롭지 않다 는 기쁨을 느끼게 하기 때문에' 달콤한 것이라고 보았다. 이처럼 동정심을 달콤한 정념이라 본 까닭에 루소는 여기에 뿌리박고 있는 인간의 도덕감을 아무런 어려움 없이 인간의 '자기 사랑'으 로 환원시킬 수 있었다. 칸트 역시 동정심과 연민을 달콤한 정념으로 보았지만, 그것이 욕구 능 력이 감각에 얽매이는 심리적 경향으로서 발생하는 한, 결코 참된 도덕적 가치를 갖지 못한다고 하였다. 도덕은 자기 사랑이 아니라 자기 부정에 존립하는 것이기 때문이다.

그런데 이처럼 동정심이 수동적이고 순응적인 정념으로서 그때그때의 감각과 마음의 경험적 상태에 의존하는 까닭에 그것은 어떠한 고유의 원칙도 없는 맹목적 정념에 머무른다. 그리하여 내가 어떤 사람에게 연민을 느끼느냐 그리고 얼마나 강한 연민을 느끼느냐 하는 것은 도덕적으 로 정당화될 수 있는 어떤 보편적 원리에 따르는 것이 아니라 때마다 우연적 조건들 예를 들어 어떤 사람의 고통이 얼마나 강렬하게 나의 감각을 자극하느냐에 관한 것들에 따라 결정된다. 그 리고 이러한 무원칙과 맹목성 때문에 많은 사람들이 도덕성의 근거라고 소박하게 믿는 동정심은 실제로는 도리어 치명적 악덕의 원천으로 기능하기도 한다.

우리가 느끼는 연민의 크기는 원칙적으로 우리가 느끼는 고통스런 자극의 크기에 비례한다. 그리하여 동정심은 우리로 하여금 때마다 눈앞에 보이는 연민의 대상에 집착하도록 한다. 이런 의미에서 칸트는 동정심 많은 사람의 도덕적 감정이 '눈앞의 대상에 언제나 직접 얽매인다'고 말 한바 있다. 연민과 동정은 그것이 강렬해지면 격정이 되는데 일단 욕구 능력이 감각에 얽매이는 경향성이 격정으로 변해버리면 그것은 이성의 제어를 벗어나게 되며 언제나 악덕에 떨어질 수밖 에 없다. 만약 어떤 남자가자기 눈앞에 있는 모든 여자에게 강렬한 동정심과 사랑을 느끼고, 그 때마다 이러한 정념이 통제 불가능한 격정으로 나타난다면, 그의 사랑이 아무리 아름답고 감미 로운 것이라 하더라도 결코 의로운 것이 될 수는 없을 것이다.

04 위 글의 내용을 참고하여 아래의 ㉠~㉢에 알맞은 말을 채우려고 한다. ㉠~㉢들어갈 말로 알맞 지 않은 것은?

칸트와 루소는 동정심 혹은 연민이 [㉠] 것이라고 보았는데 루소는 동정 혹은 연민의 바탕을 이루는 도덕감을 인간의 [㉡]으로 본 반면 칸트는 동정 혹은 연민이 참된 [㉢] 가치를 갖기 어렵다고 본다.

① 달콤한   ② 연민

③ 도덕적   ④ 자기 사랑

05 위 글을 참고했을 때, 아래의 말을 말하기 위한 이유로 알맞은 것은?

> 사랑은 누가 누구를 사랑하든, 그 자체로서는 언제나 아름다운 것이지만 이성적 제약 아래 종속하지 않을 때에는 불륜과 불의에 빠지게 된다.

① 모든 사랑의 감정은 항상 이성적이어야 함을 말하기 위해
② 동정심은 우리로 하여금 때마다 눈앞에 보이는 연민의 대상에 집착하도록 하기 때문에
③ 연민과 동정이 이성의 제어에서 벗어나게 되면 악덕에 떨어질 수밖에 없음을 말하기 위해
④ 동정심이라는 수동적이고 순응적인 정념으로서 그때그때의 감각과 마음의 경험적 상태에 의존하기 때문에

06 아래는 직업에 대한 설명들이다. 바른 내용들을 모두 묶은 것은?

> ㉠ 경제적인 보상이 있어야 한다.
> ㉡ 본인의 자발적 의사에 의한 것이어야 한다.
> ㉢ 취미 활동, 아르바이트, 강제 노동 등도 포함된다.
> ㉣ 장기적으로 계속해서 일하는 지속성이 있어야 한다.
> ㉤ 다른 사람들과 함께 인간관계를 쌓을 수 있는 기회가 된다.

① ㉠, ㉡, ㉢
② ㉠, ㉡, ㉢, ㉤
③ ㉠, ㉡, ㉣, ㉤
④ ㉠, ㉡, ㉢, ㉣, ㉤

07 영어의 'SERVICE'란 단어에 아래와 같은 의미가 담겨 있다고 할 때, [보기]의 내용에 해당하는 것은?

> ㉠ S → Smile & Speed
> ㉡ E → Emotion
> ㉢ R → respect
> ㉣ V → value
> ㉤ I → image
> ㉥ C → courtesy
> ㉦ E → excellence

보기

서비스는 감동을 주는 것

① ㉡　　　　　　　　　　　　　② ㉢

③ ㉤　　　　　　　　　　　　　④ ㉦

08 근면의 특성에 대한 다음 설명 중에서 나머지와 다른 한 가지는?　[기출 문제 – 한국산업인력공단]

① A는 다니는 회사가 매달 말 영어 시험을 시행하여 점수가 낮으면 승진에 불이익을 주기 때문에 승진을 위해 매일 학원에 간다.

② B는 중국으로 여행을 갈 계획을 짜고 있었다. 즐거운 여행을 위해 중국어 학원에서 중 국어를 배우고 있다.

③ C는 퇴근 전 상사가 내일 오전까지 완료해야 하는 업무를 주었기 때문에 늦은 시간까지 근무를 하였다.

④ D는 사장이 매주 일요일마다 등산을 가면서 직원　중 등산을 좋아하면 같이 가자고 하는데 등산이 건강에도 좋고 자주 했었기 때문에 사장과 함께 등산을 자주 간다.

09 아래 글을 읽고 이러한 사건이 벌어진 현대의 사회상에 대하여 한마디로 정의할 때 가장 알맞게 정의한 것은?

'버스 아저씨'는 홍콩의 어느 버스 안에서 시끄럽게 통화를 하다 승객과 시비를 벌인 중년 남자를 말한다. 그 남자는 조용히 해 달라는 사람에게 "나 스트레스 받고 있거든 너도 스트레스 받고 있지? 그런데 왜 나를 건드려? 너도 전화 통화하면 되잖아."라며 고래고래 소리를 질러대다가, 이런 행동에 질린 승객이 "이제 그만 두자."라고 하니까 "그만 두자고? 난 아직 안 됐어. 아직 풀리지 않았거든 아직 풀리지 않았다고!"라며 고함을 질렀다. 이 장면을 주변에 있던 다른 승객이 동영상으로 찍어 인터넷에 올려 이 이야기가 화제가 되었다.

홍콩의 네티즌은 이 남성의 동영상이 공개된 후 다운로드 횟수가 500만 회를 넘어설 정도로 뜨거운 반응을 보였다. 게다가 그 남성에게 '버스 아저씨'라는 별명까지 붙인 후, 그 남성의 모습이 그려진 티셔츠 배너 광고까지 등장할 정도였다.

그런데 비슷한 사건을 일으킨 우리나라의 한 여성은 네티즌들로부터 좋지 않은 어감의 별명으로 불렸는데 비해 홍콩의 '버스 아저씨'라는 별명은 오히려 친근감마저 든다. 이는 그 남성의 행동은 비록 홍콩의 공중도덕에 위배되는 것이지만 빠르게 움직이고 있는 홍콩 사회에서 누구나 느낄 수 있는 각박함과 짜증을 보여 준 것이라는 평가를 받고 있기 때문이다. 이런 점 때문에 그 사람이 비난을 받아야 할 행동을 했음에도 동정과 관심을 받고 있는 것이라고 판단된다. 오히려 이 남성이 내뱉은 "너도 스트레스 있지? 나도 스트레스 있어."라는 말이나 "아직 풀리지 않았어."라는 말은 홍콩 주민들 사이에 일종의 유행어가 됐다고 한다.

① '버스 아저씨'는 현대 홍콩인의 자화상을 보여 준다.
② '버스 아저씨' 이야기는 홍콩인의 공중도덕에 대한 태도를 보여 준다.
③ '버스 아저씨' 사건에 대한 홍콩 네티즌들의 태도를 알 수 있다.
④ '버스 아저씨' 이야기는 빠르게 움직이는 홍콩의 일상을 보여 준다.

10 전통 사상의 이상적 인간상을 말한 아래의 (가)와 (나)에 대해 [보기]에서 바르게 설명한 것만을 고른 것은?

> **[가]** 부귀(富貴), 이것은 모든 사람들이 원하는 것이다. 하나, 올바른 방법으로 얻은 것이 아니거든 자기 것으로 삼지마라. 반면, 빈천(貧賤)은 누구나 싫어하는 것. 그러나 자기 잘못이 아닌데 빈천하게 되었더라도 남을 탓하지 말라. 인(仁)에서 벗어나고서야 어찌 그 이름을 이루랴. 밥 먹는 짧은 시간에도 인을 벗어나지 않으며, 황당하고 당혹한 때에도 인을 실천한다.
>
> **[나]** 옛날에 그는 역경이 닥쳐도 그것을 억지로 거역하지 않았다. 그는 성공을 자랑하지도 않았고 어떠한 일도 꾀하질 않았다. 이러한 분은 잘못을 해도 결코 후회하지 않았으며 잘되어도 잘되었다고 우쭐하지 않는다. 이러한 분은 높은 곳에 올라가도 무서워하지 않으며 물속에서도 젖지 않으며 불 속에서도 뜨거워하지 않는다. 이는 세속의 앎을 넘어 자연의 도리에 이르렀음을 말한다.

> **보기**
>
> ㉠ (가)는 사욕(私欲)을 극복하여 도덕적 본성을 실현하는 사람이다.
> ㉡ (나)는 참선을 통해 모든 잡념을 없애는 삼매(三昧)의 경지에 도달한 사람이다.
> ㉢ (가)와 달리 (나)는 무조건적인 사랑을 중생에게 베푸는 사람이다.
> ㉣ (가)와 (나)는 수양을 통해 타고난 본성을 실현하는 사람이다.

① ㄱ, ㄷ   ② ㄱ, ㄹ

③ ㄴ, ㄹ   ④ ㄷ, ㄹ

11 다음 중에서 아래의 내용이 강조하고자 하는 것으로 가장 적절한 것은?

> • 전 세계 기업들은 지속 가능한 세상을 확보하기 위한 책임을 져야 한다. 이러한 기업의 전략은 것은 결과적으로 기업의 사업상에 큰 이득을 만들어낸다.
> • 기업은 책임 있는 환경 윤리의 실천을 위한 변화를 만들어 내야 경쟁력을 가지게 될 것이며, 이러한 효과를 만들어내지 못한 기업은 살아남지 못할 것이다.
> • 기업의 친환경적 활동을 증가시키면 이익이 발생한다는 사실을 발견하는 다국적 기업들이 늘고 있다. 따라서 어떻게 기업을 운영하면 환경에 긍정적 영향을 줄 수 있는지를 유심히 관찰하여 비용을 절감하고 주가를 올리고 있다.

① 기업이 사회적 책임을 수행하는 데에는 어떤 조건이나 이유가 필요 없다.
② 기업이 사회적 책임을 수행한다는 것은 이윤 극대화라는 기업 설립 목적을 훼손한다.
③ 기업이 사회적 책임을 수행하는 것이 곧 기업의 경쟁력 확보이며 동시에 기업을 생존하게 한다.
④ 기업이 사회적 책임을 수행해야 소비자들이 존재하며, 소비자들이 존재해야 기업이 생존할 수 있다.

12 아래는 어떤 질문에 대해 A와 B가 말하고 있는 것이다. 다음 중에서 아래와 같은 내용의 답변을 이끌어 낼 질문으로 알맞은 것은?

> A : 기업의 소유주나 주주들의 권익 보호 및 극대화라는 기업 경영자의 의무를 제대로 이행하지 못하도록 방해하기 때문에 기업의 임직원들에게 주주들의 이윤을 극대화하는 것 이외의 사회적 책임을 요구하는 현상은 자유 사회의 원리를 근본부터 위협하는 위험한 것이다.
> B : 기업이 사회에 미치는 영향력이 점점 더 커지고 있으며, 오늘날 이윤 극대화라는 경제적 진보 못지않게 삶의 질에 관련된 사회적 진보도 동등하게 고려해야 한다는 인식이 널리 퍼지고 있기 때문에 기업은 기본적으로 이윤을 추구해야 하지만 이윤 창출에 도움이 되지 않더라도 사회적 책임을 수행하는 일에 소홀해서는 안 된다.

① 기업의 설립 목적은 무엇인가?
② 기업의 이윤 추구의 한계는 무엇인가?
③ 기업은 이윤 추구 이외의 사회적 책임 수행에도 힘써야 하는가?
④ 기업은 이윤 추구 보다 사회적 책임을 다하는 단체가 되어야 하는가?

13 아래는 이기심에 바탕을 둔 인간의 의사결정이 어떻게 이루어지며 그 결과가 어떠한가를 이해하는데 도움이 되는 '죄수의 딜레마 게임'에 대한 내용이다. 두 범인은 각각 상대방의 선택을 모르는 가운데 '고백(배신)'과 '침묵(협조)'이라는 두 가지 가운데 한 가지를 선택해야 한다. [보기 1]의 내용을 참고했을 때, 두 범인이 선택할 경우를 정리한 [보기 2]에서 가장 높은 확률을 가지는 경우는?

범죄를 저지른 두 명의 공범자가 경찰에 잡혔다. 이들은 구속되기 전에 서로 범행에 대해 침묵하기로 합의했다. 다른 증거가 없기 때문에 서로가 범행에 대해 자백하지 않으면 둘 다 무죄 석방될 수밖에 없다는 것을 알고 있다. 경찰은 이들이 의사소통을 못하도록 각각 다른 방에 가두고 심문을 하였다. 경찰에게는 다른 증거가 없으므로 이들이 고백하지 않으면 다른 죄목으로 극히 가벼운 처벌만 할 수밖에 없다.

경찰은 자백을 유도하기 위하여 두 범인에게 각각 "네가 범행을 고백하고 네 동료가 고백하지 않으면 너는 무죄 방면이 되고 네 동료는 무거운 형을 받는다. 그러나 네 동료가 고백하고 너는 침묵한다면 네 동료는 무죄 방면이 되고 너는 중형에 처해진다."라고 하였다. 범인은 침묵(협력), 자백(배반) 중 어떤 행동을 취하게 될까?

보기 1

첫째는 상대방이 어떠한 방법을 선택하든 내게 유리한 방법이 있으면 그것을 선택하는 것이다(게임 이론에서는 '지배 전략 균형'이라고 함). 둘째는 상대방이 행동을 바꿀 필요가 없고, 그에 따라 자신도 행동을 바꾸지 않아도 되는 조합을 선택하는 것이다(게임 이론에서는 '내시 균형'이라 함). 이 게임의 경우는 이기심에 기초한 인간의 의사결정이 어떻게 이루어지며 그 결과가 어떠한가를 이해하는 데 도움을 둔다.

보기 2

ⓐ 범인 A가 고백하고 범인 B는 침묵 → 범인 A는 무죄, 범인 B는 20년 형
ⓑ 범인 A가 고백하고 범인 B도 고백 → 범인 A, B 둘 다 10년 형
ⓒ 범인 A는 침묵하고 범인 B가 고백 → 범인 A는 20년 형, 범인 B는 무죄
ⓓ 범인 A가 침묵하고 범인 B도 침묵 → 범인 A, B 둘 다 1년 형

① ⓐ   ② ⓑ
③ ⓒ   ④ ⓓ

14 아래의 글은 '기업의 사회적 책임'에 대한 내용이다. 이를 [보기]와 같이 한 문장으로 요약했을 때, 뒤에 이어질 내용으로 가장 적절한 것은?

> 기업의 사회적 책임과 기업 윤리를 생각할 때에 가장 고려해야 할 점은 기업이란 장기적 성장에 필요한 적절한 이윤을 창출해야 하고, 이러한 이윤은 장기적인 관점에서 보아야 하며, 사회와 공생하지 않는 기업은 사회로부터 외면당하여 살아남을 수 없다는 생각이 확고해져야 한다는 것이다. 이렇게 생각하면 기업의 장기적인 성장을 위해서는 기업이 윤리적 경영을 해야 하며, 그러자면 개인 시민과 마찬가지로 기업 시민으로서의 사회적 책임을 철저히 수행해야 한다.

> **보기**
> 기업의 사회적 책임은 _____.

① 기업의 법적 책임 수행에만 한정되는 것이다.
② 기업의 장기적인 이익에도 부합한다는 것이다.
③ 주주와 근로자들의 이익 실현에 전념하는 것이다.
④ 자선 단체로의 궁극적인 전환을 뜻한다는 것이다.

IV

직업기초 능력 평가
실전모의고사

제1회 (4지선다형)

제2회 (5지선다형)

NCS 직업기초능력 평가 실전모의고사
(능력통합형)

제1회

평가영역	문항 수	응시 시간	평가 유형
직업기초능력 10개 영역	60문항	70분	객관식 (4지선다형)

정답 및 해설 84쪽

[1] 다음 문서를 보고 물음에 답하시오.

신정 당일(휴일) OO은행 거래 일시 중지 업무 공지

    고객님, 늘 고객님께 더 많은 혜택을 드리고자 노력하는 OO은행입니다. 보다 편리하고 안전한 금융 서비스 제공을 위한 당행 전산시설 확장 작업으로 인하여 부득이하게도 신정 당일 은행 업무를 아래와 같이 일시 중지할 예정이오니 고객님의 넓은 양해 부탁드립니다.

  – 거래 중지 일시 및 시간 : 1월 1일(화) 00:00 ~ 24:00
  – 일시 중지 업무
    • 현금 입출금기(ATM, CD) 이용 거래
    • 인터넷뱅킹, 폰뱅킹, 모바일/스마트폰 뱅킹, 펌뱅킹 등 모든 전자 금융거래
    • 체크카드, 직불카드를 이용한 물품 구입, 인출 등 모든 거래(외국에서의 거래 포함)
    • 타 은행 ATM, 제휴CD기(지하철, 편의점 등)에서 OO은행 계좌 거래
    ※ 인터넷뱅킹을 통한 대출 신청/실행/연기 및 지방세 처리 ARS 업무는 1월 4일(금) 12:00시(정오)까지 계속해서 중지됩니다.

    단, 신용카드를 이용한 물품 구입, 고객센터 전화를 통한 카드/통장 분실 신고(외국에서의 신고 포함) 및 자기앞 수표 조회 같은 사고 신고는 정상 이용 가능하다는 점 참고하시기 바랍니다.
    항상 저희 OO은행을 이용해 주시는 고객님께 늘 감사드리며, 이와 관련하여 더 궁금하신 점이 있다면 아래 고객센터 번호로 문의 부탁드리겠습니다.

  OO은행 1234-0000/2345-0000
  OO은행 카드사업부 9876-0000

---

1   다음 중에서 은행 홈페이지에 게시된 위 안내 사항을 올바르게 이해한 것은?

  ① 1월 4일 내내 OO은행의 지방세 처리 ARS 업무를 이용할 수 없다.
  ② OO은행에 대출 신청이 필요하더라도, 1월 4일 12시까지는 이용이 불가능하다.
  ③ 1월 1일 물건을 사기 위해 OO은행 계좌에서 현금을 출금할 수는 없지만 신용카드 결제는 할 수 있다.
  ④ 1월 1일 친구의 OO은행 계좌로 돈을 입금하기 위해서는 다른 은행의 ATM기를 이용해야 한다.

[2~3] 다음 글을 읽고 물음에 답하시오.

은은 일반 항생 물질과는 달리 장기간 사용에 따른 내성이 없어 어린아이에게 사용해도 극히 안전하다고 알려져 있다. 은은 미세한 양이라도 물과 섞이면 물속의 미생물을 죽이는 살균작용을 한다. 따라서 1리터의 물을 소독하는 데는 수백만 분의 1그램만 있어도 충분하다. 또한 은과 접촉해 6분 이상 생존할 수 있는 세균은 없다고 알려졌다. 은이 병균의 신진대사를 막는 살균 작용과 더불어 금속의 은(Metalic silver)이 방출하는 은이온($Ag+$)의 전기적 부하는 병균의 생식 기능을 제거하는 역할을 하기 때문이다.

은은 주변 환경의 오염도(유황, 가스, 콜레스테롤 등)에 따라 민감하게 변화하는 반응을 나타낸다. 예를 들어 은은 복어 알이나 독버섯처럼 인체에 해로운 독소가 함유된 음식물에서는 변색이 되어 독소 유무를 판별할 수 있다. 또한 은은 사용자의 건강 상태에 따라 변색되는 반응을 나타내기 때문에 건강의 체크 포인트가 되는 것이다.

현재 은을 어떻게 이용하는 것이 인체에 가장 효과적인가에 대해서는 의견이 분분하지만 대다수의 과학자들이 연구한 결과 이온 상태로 콜로이드(은 용액)화하여 사용하는 것이 가장 바람직한 것으로 알려지고 있다. 그러나 이것은 어디까지나 연구 결과일 뿐, 일반인들이 함부로 은 용액을 음용하는 것은 절대 금물이다. 요즘 은을 물에 녹여 사용할 수 있는 은이온수 발생기가 인기를 끌고 있지만 식약청에서는 은 용액 제품과 관련해 어떤 허가도 내준 적이 없기 때문에 안전성이 검증될 때까지는 좀 더 기다리는 것이 현명한 선택이다.

아무튼 은에 대한 과학적 연구가 심화되어 그 결과물이 우리 생활 속에서 잘 활용된다면 귀중품으로서의 금의 가치 못지않게 건강 도우미로서의 은의 역할이 두드러질 것으로 기대된다. 아울러 전문가의 조언이 뒷받침되는 건강한 은 사용법의 선택이야말로 현대인이 갖춰야 할 생활의 지혜라 할 수 있겠다.

2 위 글에서 글쓴이가 말하고자 하는 바로 알맞은 것은?

① 건강을 위해 금보다는 은을 귀하게 여겨야 한다.
② 은은 많이 사용할수록 좋으므로 반드시 가지고 있어야 한다.
③ 은을 통하여 우리 환경의 오염도를 파악해야 한다.
④ 은에 대한 올바른 사용을 위해서는 이해가 필요하다.

3 위 글에서 언급한 은의 성질이 아닌 것은?

① 병균의 생식 기능을 제거한다.
② 살균 및 균 배양 작용을 한다.
③ 장기간 사용을 해도 내성이 없다.
④ 주변 환경의 오염도에 따라 변색 등 민감한 반응을 보인다.

4 아래 글의 논지를 가장 잘 반영한 표제와 부제는?

> 괴테는 기존의 식물 생태학에 하나의 새로운 개념을 추가하였다. 남다른 감수성과 직관으로 자연을 관찰한 그는 식물의 생장에는 수직 방향과 나선 방향이라는 두 가지 뚜렷한 경향이 있다는 사실을 알았다. 다윈이 이와 같은 문제에 접근하게 된 것은 괴테의 발견 이후 약 30년이나 지나서이다. 시인으로서의 감각을 가지고, 괴테는 수직의 경향이 식물을 지탱하는 원리라는 점에서 남성적이라고 했고, 생장기에는 나타나지 않지만 꽃이 피고 열매를 맺을 때 강해지는 나선 경향을 여성적이라고 했다.
>
> 그리고 괴테는 수직 구조를 남성적, 나선 구조를 여성적이라고 하면 모든 식물의 뿌리 부분에서는 자웅(雌雄)이 일체가 된다고 생각했다. 성장하고 변해 가는 도중에 두 가지 구조는 분리되어 반대의 방향을 취하지만 보다 높은 차원에서 양자는 서로 맺어지는 것이라고 본 것이다. 이 남녀의 원리를 우주에 있어서의 정신적 대립성으로 괴테는 포착했던 것이다.

① 진화론의 난제 해결 - 생물에 내재된 생명 원리 발견
② 식물 생태학 분야의 새로운 발견 - 직관을 통한 과학적 발견의 중요성
③ 우주의 생성 과정 발견 - 위대한 시인의 통찰력 인정
④ 우주의 대립적 원리 발견 - 생전에 평가 받지 못한 괴테의 업적

5 다음 중에서 아래 글의 밑줄 친 ㉠의 예에 해당하는 것은?

> 노동자 측에서는 노동 시간의 양보다 질적 성과가 더 중요하다는 점을 들어 노동 시간의 단축을 강력히 주장하고 있다. 반면에 기업 측에서는 법정 노동 시간의 단축이 실제로 노동 시간을 줄이기보다는, 시간 외 일에 대한 초과 임금 지급으로 인건비 부담만 가중시킴으로써 기업의 경쟁력을 저하시킬 것이라고 주장한다. 이러한 상황에서 노사 양측의 대립을 조정해야 하는 입장에 있는 정부는 노동 시간의 단축이 초래할 사회 경제적 파급 효과를 검토하고 있다. 정부는 실업 문제의 해소를 노동 시간 단축의 가장 긍정적인 효과로 기대하고 있다. 노동 시간이 단축되면 일자리가 늘어나 고용 창출이 이루어질 것으로 보고 있기 때문이다. 또한 주당 노동 시간이 44시간에서 40시간으로 줄어든다는 것은 결국 토요일 휴무에 의한 주 5일제 근무를 의미하기 때문에, 여가문화 교육 관련 산업이 활성화됨으로써 고용이 창출되고 경기가 부양될 것을 기대하고 있다. 그러나 다른 한편으로 정부는 노동 시간 단축으로 인해 ㉠사회 집단이나 계층 간 갈등이 유발될 수 있다는 점을 우려하고 있다. 그 결과 사회적 단절이 확산되면 국민 통합이 이루어질 수 없기 때문이다.

① 노동 시간 단축의 혜택을 받지 못하는 농어민의 불만이 증폭된다.
② 관광객 수의 증가에 따라 여가 관련 기업들 간의 경쟁이 심화된다.
③ 관광지의 환경이 파괴되어 기업과 환경 단체 사이의 대립이 늘어난다.
④ 주 5일 근무제를 시행하지 못하는 영세 기업 노동자의 박탈감이 커진다.

6 다음 중에서 아래 글의 밑줄 친 ㉠에 담겨 있는 의미로 적절하지 않은 것은?

> 사회 속에 살고 있는 각 개인들은 추구하는 목적이나 이해관계가 서로 일치하는 경우도 있으나 서로 상충하기도 한다. 사람들 사이에 목적이나 이해관계가 다를 경우에는 대립과 투쟁이 생겨나게 된다. ㉠공동의 목적이나 이익을 추구하기 위해서 우리가 사회를 이루고 사는 것이라면 서로 상충하는 목적이나 이해관계는 조정되어야 하며 이러한 조정의 원리로서 우리는 사회 규범이나 공공 규칙을 갖게 된다. 외딴 섬에서 홀로 사는 로빈슨 크루소와 같은 사람에게는 규칙이 필요 없을 것이다. 또한 동물의 세계에는 오로지 약육강식의 냉혹한 법칙만이 있을 것이다. 다행스럽게도 우리 인간은 사회생활을 하면서 자신의 안정과 이익을 보장하기 위해, 협의에 의해 규칙을 만들고 이를 스스로 지키는 슬기로운 이성을 지니고 있다.

① 사회생활을 하다가 보면 이해관계가 상충하기도 한다.
② 인간은 사회를 이루어 공동의 목적이나 이익을 추구한다.
③ 사회가 이루어지면 상충하는 이해관계는 저절로 조정된다.
④ 공동의 목적을 저해하면 사회규범의 제재를 받을 수 있다.

7 밑줄 친 ㉠의 의미를 가장 잘 이해한 반응은?

> 세계는 우리가 태어나는 순간부터 우리에게 작용하기 시작하여 우리를 단순한 생물적 통일체에서 사회적 통일체로 바꾸어 간다. 역사 시대거나 선사 시대거나 어떤 단계의 인간이든 태어나면서 하나의 사회 속으로 던져지는 것이며, 그 순간부터 벌써 이 사회에 의해 만들어지는 것이다.
> ㉠인간이 구사하는 언어는 개인적인 유전이 아니라 그가 성장한 집단으로부터의 사회적 획득이다. 말과 환경은 상호간에 그의 사상적 성격을 결정하는 데 기여하고, 그가 유년기에 품는 관념은 타인에게서 획득한 것이다.

① 영수 : 인간의 언어 습득 능력은 정말로 이해하기 어려울 정도로 신비하다.
② 민수 : 언어는 기본적으로 인간 상호간의 의사소통을 위한 기호의 체계이다.
③ 희수 : 우리말은 수직적 신분 구조의 영향으로 인해 다른 언어에 비해 높임법이 발달해 있다.
④ 진수 : 인간은 언어를 사용하여 문자 그대로 무한(無限)에 가까운 생각들을 표현할 수가 있다.

[8~9] 다음 글을 읽고 물음에 답하시오.

(가) 이러한 사회적 사물이 권력과 노동력과 창조력으로 생성되는 데는 반드시 발생기가 있고, 생장기가 있고, 쇠퇴가 있다. 괴멸기가 있고, 괴멸기에 이르면 또 ㉠새로운 사물이 발생된다. 이리하여 사회는 성장과 쇠퇴의 순환적 반복을 통해 영원히 그 존재성이 유지된다.

(나) 한 예를 들면, 신라에 발생기가 있고, 성장기가 있고, 쇠퇴기가 있고, 멸망기가 있고, 멸망기에 이르러서는 신라 아닌 신흥 국가, 그러면서도 동일한 민족 공동체를 지평으로 한 고려가 일어난 것과 같다. 고려 역시 그러하였고, 조선 역시 그러하였다. 이러한 역사적 파동이 있을 때마다 역류하는 정치권력에 항거하는 역사적 사명을 띤 인물이 출현한다.

(다) 나는 이제 조선 이래 이러한 인간 유형에 속하는 몇몇 인물들의 모습을 묘사함으로써 역사적 압력에 의한 인간 부정사를 모색하려고 한다.

(라) 나는 생성학적(生成學的) 사회학의 관점에서 이 사회는 인간의 행위 즉, 정치적 권력과 경제적 노동력과 문화적 창조력에 의하여, 모든 사건과 모든 상품과 모든 창작물이 생성된다고 본다. 다시 말하면 정치적(법률을 포함한) 권력을 근거점으로 하여, 모든 사건, 예를 들면 소송, 재판, 데모, 외교, 혁명 운동 같은 것이 발생되고, 경제적으로 노동력을 근거점으로 하여 모든 상품, 예를 들면 의상·식물·가옥·전등·라디오·책상·기차·로켓 같은 것을 생산하고, 또 문화적 창조력을 근거점으로 하여 모든 창작물, 예를 들면, 철학·도덕·문학·예술품 같은 것이 창조된다고 본다.

(마) 예를 들면, 석가모니, 공자, 노자, 소크라테스, 예수와 같은 이러한 인물은 대거 현실에 아첨하지 않고, 그것을 부정 또는 타파하려고 하였기 때문에, 도리어 그 당시의 정치적 압력에 의하여 부정되는 수가 많았다. 그러나 그들의 정신은 민족 또는 인류와 같이 영구히 머물러 있다.

8 다음 중에서 위 글의 순서를 바르게 배열한 것은?
① (다) – (나) – (마) – (가) – (라)
② (다) – (라) – (가) – (나) – (마)
③ (라) – (나) – (가) – (마) – (다)
④ (라) – (가) – (나) – (마) – (다)

9 위 글에서 밑줄 친 ㉠으로 설명된 것은?
① 민족 공동체
② 고려, 조선
③ 역사적 사명
④ 정치적 권력

10 아래 글의 내용으로 보아, 로크 이후 19세기까지의 유럽인이 생각하였던 유럽과 비유럽의 역사 발전 과정을 그래프로 가장 잘 나타낸 것은?

> 유럽인은 유럽을 비유럽, 곧 '다른 세계'를 통해 정의하여 왔다. 유럽보다는 '유럽 이외의 사람들'이 언제나 중요한 문제였으며, 이들은 유럽인과 기원이 같지 않기 때문에 무능할 뿐 아니라 영원히 정치적인 혼란을 지속할 것이라고 보았다. 유럽인은 자신들의 기원을 그리스·로마에 두었다. 시간이 지날수록 유럽 이외의 세계는 유럽의 과거를 비추어 준다고 생각하였다. 수세기 동안 유럽이 거쳐 왔던 과거가 다른 세계를 통해 유럽인들에게 더욱 분명하게 인식되었다.
>
> 유럽인은 아메리카와 같은 새로운 세계를 발견하면서 선사 시대를 알게 되었다. 아메리카 등은 그리스·로마 시대(고대)에는 알려지지 않았으며, 성서에도 기록되지 않았고, 상상으로만 그려지던 지역이었다. 탐험가들이 석기만을 사용하는 민족들이 아메리카나 태평양 지역에 살고 있다는 사실을 발견하자, 퇴보론(退步論)이라는 관념이 주목받게 되었다. 이것은 유럽이라는 세계 중심지에서 멀리 떨어져 있는 사람들이 예전의 문명 단계에서 더 낮은 단계로 퇴보하였다는 생각이다. 그러나 로크(J. Locke, 1632~1704)가 전 세계에 석기 시대가 존재하였고, 아직도 석기를 쓰는 사람들은 퇴보의 산물이라기보다는 그 상태에 머물러 잔존한 사람들이라고 주장하자 로크의 의견을 따르게 되었다.

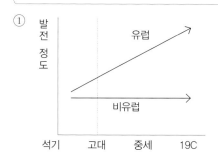

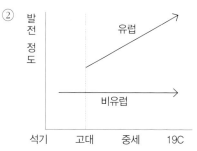

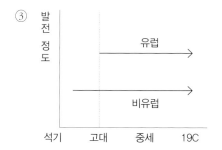

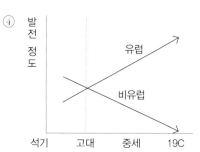

11 아래 글의 내용을 바탕으로 그래프를 그렸을 때, 가장 옳은 것은?

온도계에 나타난 추위와, 몸이 느끼는 추위가 다르듯 잘 먹고 잘 입고 산다는 객관적 행복과 스스로가 행복하다고 느끼는 주관적 행복은 같지가 않다. 그래서 체감 온도라는 말이 있듯이 체감 행복이라는 말도 있을 수 있는 것이다. 독일 슈피겔지가 보도한 세계 여러 나라의 행복 체감도를 조사한 것을 보면 놀랍게도 재해와 분쟁으로 무척 어렵게 살고 있는 것으로 인식되어 온 방글라데시가 1위로 조사되어 있다. 그 외에도 나이지리아 인도 순으로 대체로 잘 살지 못하는 나라들이 상위권에 속해 있다. 반면에 돈 많고 잘 사는 나라인 스위스 독일 일본이 41에서 46위까지로 하위권에 속해 있으며 우리나라는 23위로 중위권에 속한다. 이로써 미루어보면 행복은 반드시 객관적 행복인 물질적 부와 일치하는 것은 아니란 것을 알 수 있다. 우리 주변을 돌아보더라도 가난한 생활 속에서도 가족들 사이에 사랑과 우애를 나누며 무한한 행복감을 누리고 사는 사람들이 있는 반면에 누구나 부러워하는 풍요 속에서도 갈등과 분쟁의 나날을 보내야 하는 불행한 가정도 얼마든지 찾아 볼 수 있다.

행복이란 말의 복(福)이라는 한자를 풀어보면 하늘에서 내려진 속이 꽉 찬 단지라는 뜻을 지니고 있다고 한다. 곧 행복은 사람의 힘으로 채우는 재물의 단지가 아니라 정신적 풍요를 이룬 자에게 신이 내리는 축복의 단지이다. 취업 등 경제의 어려움을 겪고 있는 우리들이, 그래서 불행한 시기를 살고 있다고 많은 이들이 생각하는 이 시대에 한번쯤 새겨 보아야 할 행복 체감도의 교훈이 아닐 수 없다.

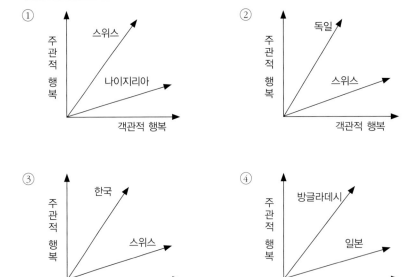

12 연차 휴가를 규정할 사원 규약집을 작성하고 있다. 아래에서 잘못된 곳의 개수는?

[예시 문제 변형 – 국민건강보험공단]

제29조(연차 휴가)

가. 직전 연도에 월간 8할 이상 출근한 직원에게는 15일의 연차 유급 휴가를 준다.

나. 3년 이상 근속한 직원에 대하여는 최초 1년을 초과하는 근속 년수 매 2년에 연차 유급 휴가에 1일을 감산한 휴가를 준다. 여기서 소수점 단위는 절사하고, 가산 휴가를 포함한 총 휴가 일수는 25일을 한도로 한다.

다. 연차 휴가는 직장의 자유 의사에 따라 분할하여 사용할 수 있다. 반일 단위(09시~14시, 14시~18시)로 분할하여 사용할 수 있으며 반일 연차 휴가 2회는 연차 휴가 1일로 계산한다.

라. 연차 휴가를 줄 수 없을 때에는 연봉 및 복리후생관리규정에 정하는 바에 따라 부상금을 지급한다.

---

① 2곳   ② 4곳   ③ 5곳   ④ 6곳

13 그래프는 자본시장의 금융 상품을 기대 수익과 예상 위험에 따라 구분한 것이다. (가)에 대한 설명으로 적절한 것을 [보기]에서 고른 것은?

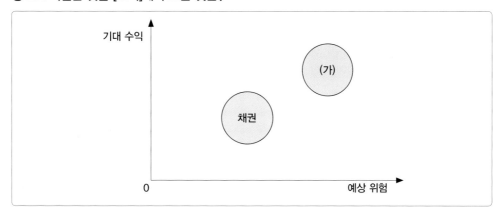

보기

ㄱ. 자기 자본의 성격을 갖는다.

ㄴ. 기한부 증권의 성격을 갖는다.

ㄷ. 기업의 경영 성과에 따라 이익을 배당한다.

ㄹ. 정부 및 공공 단체, 지방자치단체 등이 발행한다.

① ㄱ, ㄴ   ② ㄱ, ㄷ   ③ ㄴ, ㄷ   ④ ㄷ, ㄹ

14 아래 글의 밑줄 친 ㉮와 같은 방법으로 표현된 통계 지도의 유형으로 가장 적절한 것은?

> 1850년대 영국 런던을 중심으로 콜레라 환자가 급격하게 늘어났다. 당시 사람들은 콜레라가 공기에 의해 전염된다고 믿었다. 그러나 존 스노 박사는 이런 생각에 의문을 품고 콜레라의 원인을 밝히고자 ㉮콜레라 사망자 616명이 살던 집들의 위치를 각각 지도에 표시했다. 이를 통해 사망자가 런던 브로드 가의 한 펌프 주변에 집중적으로 분포한다는 것을 발견했다. 그래서 이 펌프의 오염된 물에 의해 콜레라가 전염되었음을 알아냈다.

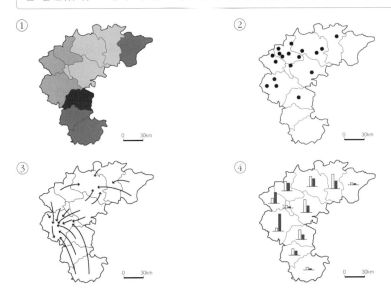

15 그래프는 서울 지하철 구간에서 승·하차한 인원의 상위 3개 역을 나타낸 것이다. 지역 (나)에 비해 (가)의 상대적 특성에 대한 옳은 설명을 [보기]에서 고른 것은?

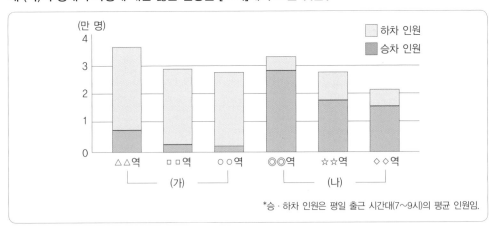

*승·하차 인원은 평일 출근 시간대(7~9시)의 평균 인원임.

보기

ㄱ. 평균 지가가 낮다.　　　　　　　　ㄴ. 중심 업무 기능이 발달해 있다.
ㄷ. 생산자 서비스업이 집중되어 있다.　ㄹ. 주간 인구에 비해 야간 인구 밀도가 높다.

① ㄱ, ㄴ　　　② ㄱ, ㄷ　　　③ ㄴ, ㄷ　　　④ ㄷ, ㄹ

16 아래는 어느 지역 지리 분석의 일부를 나타낸 것이다. 상점의 계층별 특성 분석으로 옳지 않은 것은?

① (가) ② (나) ③ (다) ④ (라)

17 아래 자료에 대한 옳은 분석 및 추론을 [보기]에서 고른 것은?

〈다문화 가정 자녀의 취학 현황〉
(단위 : 명, %)

연도	다문화 가정의 취학 학생 수			전체 취학 학생 대비 비율
	국제결혼 가정	외국인 근로자 가정	계	
2006	7,998	836	8,834	0.11
2007	13,445	1,209	14,654	0.19
2008	18,778	1,402	20,180	0.26
2009	24,745	1,270	26,015	0.35
2010	30,040	1,748	31,788	0.44

*국제결혼 가정은 한국인 배우자와 외국인 배우자로 구성된 가정을, 외국인 근로자 가정은 취업을 위해 일시적으로 국내에 거주하는 외국인으로 구성된 가정을 의미함.

> 보기

ㄱ. 2006년보다 2010년의 전체 취학 학생 수가 더 적다.
ㄴ. 다문화 가정 자녀의 교육에 대한 지원 필요성이 증가했을 것이다.
ㄷ. 2009년에 비해 2010년에 다문화 가정의 취학 학생 수는 0.09% 증가하였다.
ㄹ. 다문화 가정의 자녀 취학에서 외국인 근로자 가정의 자녀 취학이 차지하는 비중은 지속적으로 증가하였다.

① ㄱ, ㄴ ② ㄱ, ㄷ ③ ㄴ, ㄷ ④ ㄴ, ㄹ

18 아래 기사에 나타난 농산물 재배 환경 변화의 원인으로 가장 적절한 것은?

> 미래에는 우리 식탁에 오르는 채소나 과일의 종류가 바뀔 가능성이 크다. 환경부의 시나리오 보고서에 따르면, 오는 2020년에는 고랭지 배추 재배 면적은 급격하게 줄어드는 반면 난지형 마늘은 재배 면적이 늘어날 것으로 예상된다. 또한 작물을 재배할 수 있는 한계선은 더욱 북상할 것이다.
>
>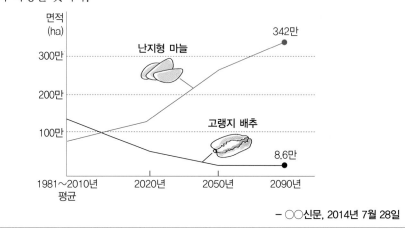
>
> − ○○신문, 2014년 7월 28일

① 온실 효과를 일으키는 기체의 발생량이 증가하였기 때문이다.
② 농약의 남용으로 중금속이 수자원으로 유입되었기 때문이다.
③ 아열대성 외래 해충의 유입이 늘어났기 때문이다.
④ 봄철 모래와 미세 먼지로 인해 일조량이 감소하였기 때문이다.

19 아래는 19세 이상 남녀의 여가 활동 참여율 및 참여 유형을 정리한 표이다. 이 표의 분석으로 옳은 것은?

구분		2012년	2013년	2014년
여가 활동 참여율		78.5%	81.6%	85.4%
여가 활동 참여 유형	창작적 취미 활동	16.7%	8.2%	7.3%
	영화 관람	12.1%	15.4%	6.9%
	스포츠 활동	7.2%	14.4%	14.3%
	종교 활동	13.0%	5.1%	8.2%
	여행	11.4%	11.6%	11.6%
	TV 시청	39.6%	45.3%	51.7%
	계	100%	100%	100%

*한 사람이 하나의 여가 활동만 참여함.

① 2013년과 2014년에 여행을 선택한 사람의 수는 동일하다.
② 2014년에는 국민의 과반수가 TV 시청 형태로 여가 활동에 참여했다.
③ 2013년 영화 관람 참여자 수는 종교 활동 참여자 수의 3배 이상이다.
④ 2012년 대비 2013년에는 스포츠 활동에 참여한 사람 수가 2배로 증가했다.

20 다음 표는 A 기획사의 2019년 봄부터 시작할 발레 공연의 예약 판매를 대행하기 위해서 소셜커머스인 B에서 A 기획사로 보낸 할인율과 판매량에 대한 자료이다. 아래 자료를 토대로 A 기획사의 담당 직원들이 나눈 대화로 옳은 것은? [기출 문제 변형 – 한국산업인력공단]

공연 명	정가	할인율	판매 기간	판매량
호두까기 인형	87,000원	50%	2015.12.02.~2015.12.08	1,405장
세레나데 & 봄의 제전	60,000원	55%	2015.03.10.~2015.04.10	1,299장
라 바야데르	55,000원	60%	2015.06.27.~2015.08.28	1,356장
한여름 밤의 꿈	65,000원	65%	2015.09.10.~2015.09.20	1,300장
백조의 호수	80,000원	67%	2016.02.05.~2016.02.10	1,787장

※ 할인된 티켓 가격의 5%가 수수료로 추가된다.
※ 2월 초에는 설 연휴가 있었다.

① A 사원 : 아무리 설 연휴 공연이라고 하더라도 기본 50% 이상 할인을 하는 건 할인율이 너무 큰 것 같아요.
② B 팀장 : 표가 잘 안 팔려서 싸게 판다는 이미지를 줘 공연의 전체적인 질이 낮다는 부정적 인식을 줄 수도 있지 않을까요?
③ C 주임 : '세레나데 & 봄의 제전'의 경우 총 수익금이 3,700만 원 이상이겠어요.
④ D 사원 : '백조의 호수'인 연인 두 명의 관람료가 52,800원으로 부담이 없겠어요.

21 아래는 가 도시의 기업들이 서로 주고받는 이득을 나타낸 표이다. 이 표는 A 기업이 D 기업으로부터 이익 5를, D 기업이 A 기업으로부터 이익 9를 얻는다는 것을 나타내고 있다. 이 표로 보았을 때, A 기업에게 가장 큰 이익을 주는 기업과 D 기업이 시장에서 퇴출되었을 때, 가장 큰 타격을 입는 기업을 순서대로 바르게 나열한 것은? [기출 문제 변형 – 한국중부발전]

To \ From	A 기업	B 기업	C 기업	D 기업	E 기업	F 기업
A 기업		9	8	5	3	4
B 기업	3		5	2	6	9
C 기업	5	7		8	7	6
D 기업	9	6	7		9	5
E 기업	7	5	6	9		8
F 기업	6	4	4	7	4	

① B 기업 – A 기업
② C 기업 – A 기업
③ B 기업 – E 기업
④ C 기업 – F 기업

22 어떤 회사에서 제품 A를 생산하여 판매하려고 한다. 공장 가동을 위해 필요한 비용이 500만 원이고 제품 하나를 팔기 위해 드는 원가 비용과 광고 비용 등을 모두 합쳐 4만 원이다. 제품 A의 판매 가격이 5만 원일 때 손익분기점을 이루는 제품 A의 개수로 알맞은 것은?

① 100개
② 125개
③ 250개
④ 500개

23 장난감 낙하산을 지상에서 60cm 떨어진 공중에서 바닥으로 떨어뜨렸다. 2초 후에 바닥에 떨어졌다. 낙하산이 2초 동안 이동한 속력은?

① 20cm/s
② 30cm/s
③ 40cm/s
④ 60cm/s

24 A 공장의 작년 직원 수는 640명이었다. 올해는 작년의 15%에 해당하는 직원을 새로 뽑았고, 작년의 2/5가 퇴직을 했다. A 공장의 올해 직원의 수는?

① 290명
② 360명
③ 395명
④ 480명

25 아래는 일정한 규칙으로 배열한 숫자들이다. ( ) 안에 들어갈 숫자는?

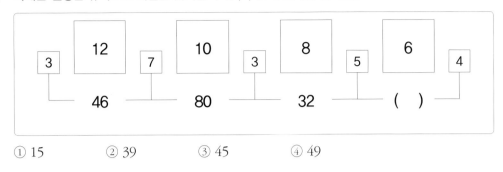

① 15　　　② 39　　　③ 45　　　④ 49

26 아래는 일정한 규칙으로 배열한 숫자들이다. ( ) 안에 들어갈 숫자는?

1,　4,　9,　( ),　25,　36,　49,　64

① 12　　　② 16　　　③ 18　　　④ 20

27 A와 B는 4월 1일부터 도서관을 가기로 하였다. A와 B가 4월에 도서관에 함께 가는 날짜는?

A : 난 4일마다 도서관에 갈 거야.
B : 난 6일마다 갈 거야.

① 11일　　　② 13일　　　③ 15일　　　④ 17일

28 현재 삼촌과 조카의 나이의 차이는 26살이다. 지금부터 20년 후에 삼촌의 나이는 조카의 나이의 2배가 된다고 한다. 현재 삼촌과 조카의 나이는?

① 삼촌 - 36살, 조카 - 10살
② 삼촌 - 32살, 조카 - 6살
③ 삼촌 - 39살, 조카 - 13살
④ 삼촌 - 33살, 조카 - 13살

29 예람이가 슈퍼마켓에서 700원짜리 음료수 1개를 사려고 한다. 10원짜리 동전 5개, 50원짜리 동전 6개, 100원짜리 동전 7개를 가지고 있을 때, 음료수 값을 지불하는 방법의 수는?

① 1가지   ② 3가지
③ 5가지   ④ 7가지

30 벼락이 칠 때 빛의 속력은 30만km/s이고, 소리의 속력은 350m/s이다. 번개를 보고 다은이는 3초, 은솔이는 3.7초, 나은이는 5.3초, 한솔이는 5초 뒤에 각각 천둥소리를 들었다. 번개가 친 장소로부터 가장 먼 곳에 있었던 사람은?

① 한솔   ② 나은
③ 다은   ④ 은솔

31 A 기업은 최근 퇴직자가 증가하여 업무 진행에 어려움을 겪고 있다. 그래서 조사된 직장인 퇴사 사유를 참고하여 '직장 생활 조언 프로그램'을 시작하였다. 조언자가 직장인 퇴직 사유를 나타낸 아래 그래프에서 (가)와 같은 사유로 퇴직을 고려하는 사람들에게 조언할 내용으로 적절한 것만을 [보기]에서 있는 대로 고른 것은?

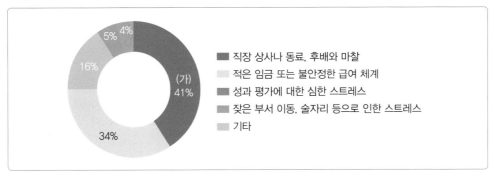

직장 상사나 동료, 후배와 마찰
적은 임금 또는 불안정한 급여 체계
성과 평가에 대한 심한 스트레스
잦은 부서 이동, 술자리 등으로 인한 스트레스
기타

보기

ㄱ. win-win 전략을 통해 팀워크 능력을 기르세요.
ㄴ. 취미를 공유할 수 있는 사내 동아리에서 활동해 보세요.
ㄷ. 갈등을 해결하기 위해 멘토-멘티 프로그램을 활용하세요.
ㄹ. 과업을 달성하기 위해 개인의 역량 발휘에 초점을 맞추세요.

① ㄱ, ㄴ　　② ㄷ, ㄹ　　③ ㄱ, ㄴ, ㄷ　　④ ㄴ, ㄷ, ㄹ

32 아래는 세계화에 대응하는 지역화 전략의 사례이다. 이에 대한 설명으로 옳지 않은 것은?

해발 700m 자연환경을 활용해 지역 브랜드를 개발한 평창군

지역 특산품 녹차를 지리적 표시제로 등록해 인증 받은 보성군

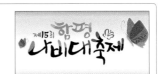

청정 지역 이미지를 살려 친환경 나비 축제를 개최하는 함평군

① 지역 간의 동질성을 추구한다.
② 지역 주민의 역할이 중요하다.
③ 지역의 가치와 고유성을 보존한다.
④ 지역 주민의 소득 증대에 기여한다.

33 A 기업의 판매 방식과 관련된 대안을 탐색하고 선택하여 실행하는 과정을 나타낸 아래 자료의 대안 탐색에서 [2안] 대신에 밑줄 친 [1안]을 선택하여 실행할 경우의 전자상거래 유형으로 옳은 것은?

문제 상황	• 전통적인 점포 판매 방식만으로는 매출액 확대를 기대하기가 어려움. • 경쟁 업체들은 정부 및 공공 기관을 대상으로 한 판매를 추진하여 매출액을 확대하고 있음.

↓

대안 탐색	• [1안] 인터넷 쇼핑몰을 구축하여 개인 소비자들에게 판매하는 방안 • [2안] 정부 및 공공 기관의 물품 구매 입찰에 참가하는 방안

↓

대안 선택	• [2안]을 선택하기로 함.

↓

대안 실행 결과	• 조달청을 통해 A 공기업의 물품 구매 공고를 확인하고, 입찰에 참가하여 다른 업체들과 경쟁을 통해 낙찰을 받음.

① B to B (기업과 기업)
② B to C (기업과 개인)
③ B to G (기업과 정부)
④ C to C (개인과 개인)

34 아래 그래프는 A~C 국가별 1인당 연간 푸드 마일리지를 나타낸 것이다. 이에 대한 옳은 분석을 [보기]에서 고른 것은?

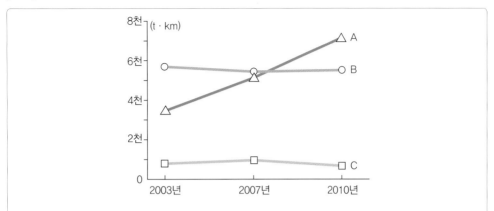

*푸드 마일리지: 식품의 생산에서 소비자의 섭취에 이르기까지 소요된 거리를 의미하는 것으로 이동 거리에 수송량을 곱하여 나타냄.

> 보기
>
> ㄱ. A는 B보다 1인당 연간 푸드 마일리지 증가율이 높다.
> ㄴ. 2003년 1인당 연간 푸드 마일리지는 A가 C의 2배 이상이다.
> ㄷ. 2010년 1인당 연간 푸드 마일리지는 B가 A보다 높다.
> ㄹ. B는 C보다 식품 운송 관련 온실가스 배출량이 적을 것이다.

① ㄱ, ㄴ　　　② ㄱ, ㄷ　　　③ ㄴ, ㄷ　　　④ ㄴ, ㄹ

35 아래는 A 마트의 물건 구매에 대한 보고서이다. (가)~(다)에 해당하는 상품 매입 방법에 대한 설명으로 적절한 것을 [보기]에서 고른 것은?

상품군별 물건 구매 방법 보고서

작성자 : ○○○

- 작성 목적 : 상품별로 이익을 극대화할 수 있는 방안 알아보기
- 상품 매입 방법
  - (가) 방법에 의한 구매 상품 : A 상품군
    - → 매월 판매할 수 있는 양만큼 대량으로 매입함.
  - (나) 방법에 의한 구매 상품 : B 상품군
    - → 매주 판매할 수 있는 양만큼 소량으로 매입함.
  - (다) 방법에 의한 구매 상품 : C 상품군
    - → 매일 판매할 수 있는 양만큼 매입함.
- 매입 방법 결정 시 고려 사항
  - 상품별 특성과 수요를 고려함.
  - 상품군별로 매입 방법의 다양성을 고려함.

> **보기**
> ㄱ. (가) 방법은 시세 하락에 의한 손실을 방지할 수 있다.
> ㄴ. (다) 방법은 상품의 신선도 유지가 필요한 경우에 적합하다.
> ㄷ. (가) 방법은 (나) 방법보다 매입 가격의 할인 가능성이 높다.
> ㄹ. (나) 방법은 (가) 방법보다 보관 비용이 높다.

① ㄱ, ㄴ   ② ㄱ, ㄷ   ③ ㄴ, ㄷ   ④ ㄴ, ㄹ

36 아래는 세계 곡물 시장에서 옥수수의 가격 변동 추이에 대한 기사이다. 다음 중에서 밑줄 친 ㉮에 대한 옳은 설명을 [보기]에서 고른 것은?

옥수수는 사료 및 의약품 소재, 친환경 산업 소재까지 쓰이는 농산물로 그 활용도가 높아지면서 국제 가격이 가파르게 오르고 있다.

세계 최대 옥수수 생산국이며 수출국인 미국에서 바이오 연료 산업의 발전으로 옥수수 수요가 급증하면서 애그플레이션(agflation)*에 대한 우려가 커지고 있다고 파이낸셜타임스(FT)는 전했다.

애그플레이션이 일어나는 원인을 알아보기 위해서는 농산물의 공급 측면과 ㉮농산물의 수요 측면에서 살펴보아야 한다.

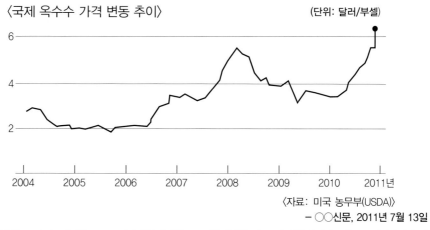

〈국제 옥수수 가격 변동 추이〉 (단위: 달러/부셀)

〈자료: 미국 농무부(USDA)〉
- ○○신문, 2011년 7월 13일

* 애그플레이션(agflation) : 농업(agriculture)과 인플레이션(inflation)을 합성한 것으로 농산물의 가격 급등으로 일반 물가가 상승하는 현상

보기

ㄱ. 생명공학(BT)의 발전
ㄴ. 바이오 연료 산업의 성장
ㄷ. 농지 감소 및 농촌의 고령화 증가
ㄹ. 국제 유가 상승으로 농업 생산비 부담 증가

① ㄱ, ㄴ   ② ㄱ, ㄷ   ③ ㄴ, ㄷ   ④ ㄴ, ㄹ

37 개발에 필요한 예산을 아래와 같이 책정하였을 때, 발생할 수 있는 효과 ㉠~㉢이 바르게 연결된 것은?

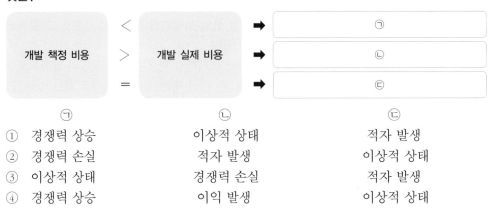

	㉠	㉡	㉢
①	경쟁력 상승	이상적 상태	적자 발생
②	경쟁력 손실	적자 발생	이상적 상태
③	이상적 상태	경쟁력 손실	적자 발생
④	경쟁력 상승	이익 발생	이상적 상태

38 아래 그래프는 성별·연령별 경제 활동 참가율을 나타낸 것이다. (가) 시기에서 여성 경제 활동 참가율이 변화한 원인을 해결하기 위한 지원 정책으로 알맞은 것을 [보기]에서 고른 것은?

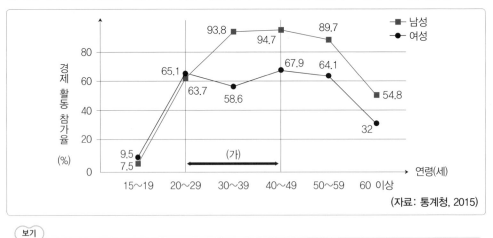

보기

ㄱ. 건강 보험 제도   ㄴ. 탄력 근무 제도
ㄷ. 보육 및 돌봄 제도   ㄹ. 국민 기초 생활 보장 제도

① ㄱ, ㄴ   ② ㄱ, ㄷ   ③ ㄴ, ㄷ   ④ ㄴ, ㄹ

39 B는 인터넷을 통해 이번 휴가를 보낼 지역에 대한 여행 안내 자료를 살펴보는 중이다. 다른 사람이 블로그에 올려 놓은 아래의 자료를 보려고 하는데 일부 내용을 확인하기가 어려웠다. 확인하기 어려운 A~D에 들어갈 내용으로 적절한 것을 [보기]에서 고른 것은?

여러분을 신비로운 세계로 초대합니다.

암석 아랫부분이 윗부분보다 더 침식된 지형 [A]의 신비를 경험해 보세요.

◎ **여행 일정**
　　– 1일차 : ○○ 사막으로 이동 → [B] 체험 → 야영
　　– 2일차 : 오아시스 방문 → 전통 가옥인 [C] 관찰
◎ **여행 시 유의할 점**
　　– 필수 준비물 : 선크림, 선글라스, 모자, [D]
　　– 길을 잃을 수 있으므로 개인행동 절대 금지

> **보기**
> ㄱ. A – 버섯바위　　　　　　　ㄴ. B – 순록 썰매 타기
> ㄷ. C – 흙벽돌집　　　　　　　ㄹ. D – 비옷

① ㄱ, ㄴ　　　② ㄱ, ㄷ　　　③ ㄴ, ㄷ　　　④ ㄴ, ㄹ

40 기업들이 원하는 인재상에 대한 아래 내용과 이를 정리한 [보기]가 바르게 연결된 것은?

> ㄱ. 잘못된 것은 고치도록 당당히 말하는 용기가 있는 사람, 더불어 사는 삶을 실할 수 있는 따뜻한 사람, 집단과 개인 이기주의를 버리고 서로를 격려하며 이끌어 주는 진정한 동료애를 발휘할 줄 아는 사람, 동료 · 고객 · 사회 · 국가 및 인류를 향해 활짝 열린 마음을 갖고 있는 사람
>
> ㄴ. 단정한 용모와 깔끔한 매너, 따뜻한 가슴으로 고객을 몸 배려하며 주인 정신과 프로 정신을 갖춘 사람
>
> ㄷ. 도덕성과 투명성을 갖추고 팀워크 능력 및 원활한 대인 관계로 파벌, 온정, 이기, 권위, 맹목적 장유유서를 배격하여 공정한 게임의 규칙을 통해 회사의 더 큰 성과를 이루어 낼 수 있는 사람
>
> ㄹ. 자신의 미래에 대해 뚜렷한 목표를 가지고 전문 지식과 다양한 상식을 겸비하여 자기 분야에서 세계 최고의 경쟁력을 갖춘 전문가가 되겠다는 포부와 이를 행동으로 실천하는 지율적인 사람

> **보기**
>
> (가) 프로 정신, 전문성   (나) 인간미와 도덕성
> (다) 인화와 단결   (라) 서비스 정신과 예절

① ㄱ- (가)   ② ㄴ- (라)
③ ㄷ- (나)   ④ ㄹ- (다)

41 아래에 나타나는 상황이 지속될 때 그래프에서 균형점(E)의 이동 방향으로 옳은 것은?

> 곰치는 예전에는 흔하게 잡혔고, 괴상하게 생겨 재수 없다며 공짜로 줘도 안 가져가는 물고기였다고 한다. 하지만 최근에는 곰치로 만든 해장국의 인기가 높아지는데 반해, 어획량은 줄어들어 이제 곰치는 귀한 물고기가 되었다.

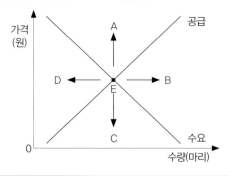

① A   ② B   ③ C   ④ D

42 Y 기업은 새로이 공장을 지으려고 내·외부 조사 및 검토를 거쳐 아래와 같은 [조건]을 정하였다. 아래의 [자료]를 참고하였을 때, '입지 예정 지역' A~D 중에서 아래 [조건]을 만족하는 공장의 입지 예정 지역으로 알맞은 것은?

[조건]
- 사면 경사도가 6° 이하인 곳
- 지가가 8만 원 이하인 곳
- 도로에서 2km 이내인 곳

[자료]

사면 경사도(°)

6	6	6	6	6	6
6	3	6	6	6	6
3	3	3	3	6	6
3	3	3	6	6	9
3	3	3	6	9	9
3	3	6	9	9	9

지가(만 원)

8	8	8	8	8	8
8	12	12	8	8	8
12	12	12	12	12	12
12	12	12	12	8	8
12	12	8	8	4	4
4	4	8	8	4	4

도로 분포
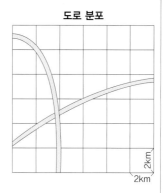

[입지 예정 지역]
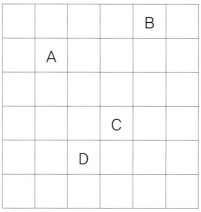

① A   ② B   ③ C   ④ D

43 아래는 공업의 최적 입지 선정을 위한 그림이다. 완제품을 만들기 위한 총 운송비와 관련된 옳은 설명만을 [보기]에서 있는 대로 고른 것은?

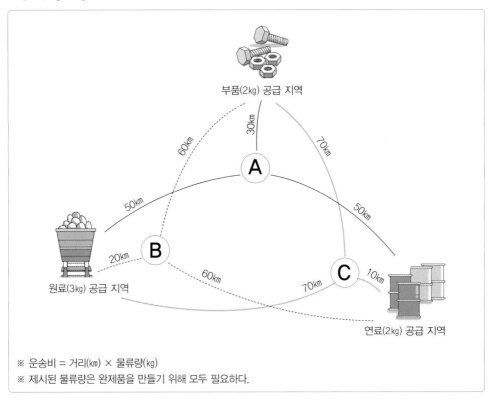

※ 운송비 = 거리(㎞) × 물류량(㎏)
※ 제시된 물류량은 완제품을 만들기 위해 모두 필요하다.

ㄱ. A 지역은 다른 두 지역에 비해 총 운송비가 가장 적다.
ㄴ. B 지역의 총 운송비는 300원이다.
ㄷ. C 지역은 총 운송비 측면에서 가장 불리한 공업 입지이다.

① ㄱ   ② ㄷ   ③ ㄱ, ㄴ   ④ ㄴ, ㄷ

44 아래 사례들에서 찾을 수 있는 협상에서의 설득 전략이 알맞지 않은 것은?

> **사례 A** : 벤처기업을 하려면 힘든 일이 많다. 당장 큰 매상이 오르는 것도 아니고 자금도 적다. 그렇게 되면 아무리 큰 꿈을 가진 사람이라도 다소 의기소침해질 수밖에 없다. 그럴 때는 내가 그 사장님에게 걸고 있는 기대가 얼마나 큰 지 힘을 주어 말하곤 한다. "사장님이 하지 않으면 누가 하겠어요? 사장님밖에 할 분이 없습니다." 그러면 신기하게도 상대방의 눈빛이 바뀐다. 방금 전까지 기가 푹 죽어 있던 사람이 "그래, 내가 하지 않으면 누가 하겠어."라고 하기도 한다.
>
> **사례 B** : "이 제안은 A씨께서 전에 말씀하신 ○○라는 의견에 토대를 두고 작성한 것입니다." 이렇게 설득하면 상대방은 고개를 끄덕이지 않을 수 없다. 애초에 자기가 한 말이 아닌가? 사람은 상대방이 자기 의견을 참고로 하거나 인용해주면 '나를 인정해주었다'는 생각에 기분이 좋아지게 마련이다.
>
> **사례 C** : 미국이나 일본에서는 핵폐기물처리장 건설에 대한 갈등 문제 해결을 위한 협상에서 이해관계 주민이나 당사자들을 그 안정성이 확인된 시설이나 장치들이 있는 곳을 직접 방문하여 눈으로 보게 하여 이를 이해시켰다.
>
> **사례 D** : 대기업 K는 노사관계의 갈등을 겪고 있었다. 이에 사장은 노사가 모두 자신들의 기업의 실제 사정을 스스로 보게 하여 이해시켰다. 투명하게 보면 비밀이 없어지게 마련이며 신뢰가 형성되어 서로를 이해하여 갈등이 순조로이 해결되었다.

① 사례 A : 상대방 이해 전략 　　　② 사례 B : 헌신과 일관성 전략
③ 사례 C : See-Feel-Change 전략 　④ 사례 D : 반항심 극복 전략

45 아래는 세계 곡물 시장에서 옥수수의 가격 변동 추이에 대한 기사이다. 다음 중에서 밑줄 친 ㉮에 대한 옳은 설명을 [보기]에서 고른 것은?

> 커피는 아프리카에 위치한 에티오피아의 한 목동에 의해 ㉠발견된 것으로 알려져 있으며, ㉡졸음을 쫓고 피곤함을 덜어주는 효능 때문에 서남아시아 지방의 이슬람교 수행자들이 애호하였다. 이후 ㉢커피는 나침반을 활용한 항해술의 발달과 더불어 상인들에 의해 세계 여러 지역에 보급되었다. 우리나라에는 구한말에 소개되었는데, 고종 황제는 러시아인을 통해 처음으로 커피를 접한 이후 커피 애호가가 되었다. 최근 ㉣커피 전문점(카페)이 급증하고 있는데, 코피스족*에게는 일터로, 카페브러리족*에게는 학습 공간으로 활용되고 있다.
>
> * 코피스(coffee + office)족 : 카페를 일하는 공간으로 활용하는 사람들
> * 카페브러리(cafe + library)족 : 카페를 도서관처럼 활용하는 사람들

> ┌─ 보기 ─
> ㄱ. ㉠은 문화 변동의 외재적 요인에 해당한다.
> ㄴ. ㉡은 자발적 수용에 의한 문화 변동 사례이다.
> ㄷ. ㉢은 대중 매체에 의한 문화 전파 사례이다.
> ㄹ. ㉣은 동일 문화 요소라도 사람에 따라 다양하게 활용될 수 있음을 보여준다.

① ㄱ, ㄴ 　　② ㄱ, ㄷ 　　③ ㄴ, ㄷ 　　④ ㄴ, ㄹ

46 아래 사례에 해당하는 대인관계 향상 방법이 바르게 짝지어진 것은?

> **사례 ⓐ** : 나는 지키지 못할 약속은 절대로 하지 않는다는 철학을 가지고 이를 지키기 위해 노력해왔다. 그러나 이 같은 노력에도 불구하고 약속을 지키지 못하게 되는 예기치 않은 일이 발생하면 그 약속을 지키든가, 그렇지 않으면 상대방에게 나의 상황을 충분히 설명해 연기한다.
>
> **사례 ⓑ** : 업무 설명서를 작성하는 것이 당신과 상사 중 누구의 역할인지에 대해 의견 차이가 발생하는 경우를 생각해 보자. 거의 모든 대인관계에서 나타나는 어려움은 역할과 목표 사이의 갈등이다. 누가 어떤 일을 해야 하는지의 문제를 다룰 때, 예를 들어 딸에게 방 청소는 시키거나 대화를 어떻게 해야 하는지, 누가 물고기에게 먹이를 주고 쓰레기를 내놓아야 하는지 등의 문제를 다룰 때, 우리는 불분명한 기대가 오해와 실망을 불러온다는 것을 알 수 있다.
>
> **사례 ⓒ** : 직장 동료 K는 상사에게 매우 예의가 바른 사람이다. 그런데 어느 날 나와 단 둘이 있을 때, 상사를 비난하기 시작하였다. 나는 순간 의심이 들었다. 내가 없을 때 그가 나에 대한 악담을 하지 않을까?
>
> **사례 ⓓ** : 직장 동료 H는 업무상의 문제로 나와 자주 갈등을 빚곤 한다. 처음에는 H가 "제 잘못이었습니다."라는 식으로 사과를 하여 좋은 관계를 유지해왔다. 하지만 같은 일이 반복되면서 그가 사과를 하더라도 이제는 별로 신뢰가 가지 않는다.

① '사례 ⓐ'는 '언행일치'
② '사례 ⓑ'는 '기대의 명확화'
③ '사례 ⓒ'는 '진지한 사과'
④ '사례 ⓓ'는 '약속의 이행'

47 다음은 신입 사원들이 모여 회사 이야기를 하는 장면이다. 동료 간 좋은 관계를 유지하는 대화를 하는 사원은?

> **정원** : 오늘 날씨가 참 좋으네요. 저는 지난 주말에 남해로 여행을 다녀왔어요. 요즘 어떻게들 지내셨어요?
> **다혜** : 반갑습니다. 저는 요즘 직속 상사인 김 대리 때문에 피곤해 죽겠어요.
> **준성** : 그래요? 저도 마찬가지입니다. 언제부터 상사라고 사사건건 트집을 잡지 뭐예요.
> **민수** : 난 재있어요. 인사부에 있으니까 다른 사람의 인사를 조금 먼저 알게 되죠. 다혜 씨 부서의 그 김 대리 아마 다른 부서로 옮겨지는 것 같아요.

① 정원   ② 다혜   ③ 준성   ④ 민수

48 워드프로세서[흔글]를 이용하여 아래와 같이 [편집 작업]을 하려고 한다. (가)~(다)에 해당하는 것을 [입력 메뉴]에서 고른 것은?

[편집 작업]
(가) 특정 단어에 필요한 추가 내용의 요점을 간단히 적어 넣는다.
(나) 해당 페이지의 아래에 번호를 매겨 본문에서 인용한 자료의 출처를 밝힌다.
(다) 본문의 중요한 내용에 표시를 해두었다가 현재 커서의 위치에 상관없이 표시해 둔 곳으로 이동한다.

[입력 메뉴]

	(가)	(나)	(다)
①	㉠	㉡	㉢
②	㉠	㉢	㉡
③	㉡	㉠	㉢
④	㉡	㉢	㉠

49 아래와 같은 상황에서 (가)에 들어갈 스프레드시트의 데이터 분석으로 옳은 것은?

A사 인사과 근무하는 P는 스프레드시트(엑셀)를 이용해서 입사지원자들의 성적을 [Sheet1]과 같이 작성하였다. P는 지원자들의 성적을 지원 부서별로 나타내고 합계와 평균을 분석하기 위해 셀 'A1:H7'을 활성화한 뒤에 [　(가)　]을/를 실행하여 [Sheet2] 가 출력되도록 작업하였다.

[Sheet1]

	A	B	C	D	E	F	G	H
1	지원 부서	이름	의사소통	수리	문제해결	자원개발	합계	평균
2	기획	김민수	92	85	88	95	360	90
3	생산	이규리	95	87	80	81	343	86
4	총무	김호	79	70	84	88	321	80
5	총무	고은아	79	84	82	78	323	81
6	기획	김유림	95	85	88	96	364	91
7	생산	박수영	68	79	85	74	306	77

[Sheet2]

	A	B	C	D	E	F	G
1	행레이블	합계:의사소통	합계:수리	합계:문제해결	합계:자원개발	합계:합계	합계:평균
2	⊟ 생산	163	166	165	155	649	162.25
3	박수영	68	79	85	74	306	77
4	이규리	95	87	80	81	343	86
5	⊟ 총무	158	154	166	166	644	161
6	고은아	79	84	82	78	323	81
7	김호	79	70	84	88	321	80
8	⊟ 기획	187	170	176	191	724	181
19	김유림	95	85	88	96	364	91
10	김민수	92	85	88	95	360	90
11	총합계	508	490	507	512	2017	504.25

① [데이터] – [필터]

② [데이터] – [부분합]

③ [삽입] – [피벗 차트]

④ [삽입] – [피벗 테이블]

50 아래 그림은 스프레드시트(엑셀)를 이용하여 진급 대상자 명단을 작성한 것이다. 옳은 설명만을 [보기]에서 있는 대로 고른 것은? (단, 순위[E4:E8]은 '자동채우기' 기능을 사용함)

> **보기**
> ㄱ. 차트는 '가로 막대형'으로 나타냈다.
> ㄴ. 부서명을 기준으로 '오름차순' 정렬을 하였다.
> ㄷ. 순위 [E4]셀의 함수식은 '=RANK(D4,$D$4:$D$8,0)'이다.

① ㄱ   ② ㄴ   ③ ㄱ, ㄷ   ④ ㄱ, ㄴ, ㄷ

51 '정보의 전략적 기획' 중에서 5W2H에 관한 아래 설명 중에서 바르지 못한 것만으로 나열된 것은?

> 정보의 전략적 기획이란 정보활동의 가장 첫 단계로서 정보 관리의 가장 중요한 단계이며 보통 5W2H에 의해 기획한다.
>
> ㉠ WHAT : 정보의 입수 대상을 명확히 한다.
> ㉡ WHERE : 정보의 수집 방법을 검토한다.
> ㉢ WHO : 정보활동의 주체를 확정한다.
> ㉣ HOW MUCH : 정보 수집의 비용성을 중시한다.
> ㉤ HOW : 정보의 소스(정보원)를 파악한다.
> ㉥ WHY : 정보의 필요 목적을 염두에 둔다.
> ㉦ WHEN : 정보의 요구(수집) 시점을 고려한다.

① ㉠, ㉢   ② ㉡, ㉤   ③ ㉢, ㉣   ④ ㉣, ㉤

52 아래 그림은 센서를 이용하여 물품을 검색하는 시스템이다. 입·출력 조건이 다음과 같이 주어졌을 때 (가)~(다)에 대한 설명으로 옳은 것만을 [보기]에서 있는 대로 고른 것은?

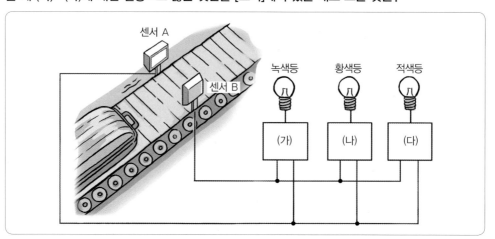

조건	
입력	• 센서 A와 센서 B에 검색 물체가 감지되면 '1', 그렇지 않으면 '0'이 입력된다.
출력	• 출력이 '1'이면 전구가 켜지고, '0'이면 꺼진다. • 센서 A와 센서 B가 모두 감지되지 않으면 '녹색등(G)', 센서 A와 센서 B 중 어느 하나만 감지되면 '황색등(Y)', 센서 A와 센서 B 모두 감지되면 '적색등(R)'이 켜진다.

보기

ㄱ. (가) 회로는 OR 회로로 만들 수 있다.
ㄴ. (나) 회로의 논리식은 Y=A⊕B이다.
ㄷ. (다) 회로에 사용되는 논리 게이트는 ⊐D─이다.

① ㄱ   ② ㄴ   ③ ㄷ   ④ ㄱ, ㄴ

53 아래는 유통 경로의 유형을 나타낸 것이다. (가)와 (나)에 대한 설명으로 옳은 것은?

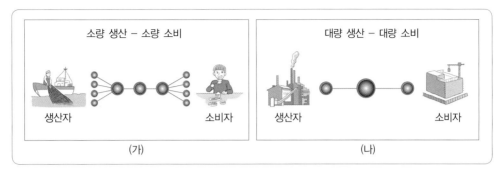

① (가)는 수집, 중계, 분산 기관이 발달되어 있다.
② (가)는 농산물 가공업에 적합한 유통 경로이다.
③ (나)는 공장에서 생산되는 생활필수품에 적합한 유통 경로이다.
④ (가)와 (나)는 전속적 유통 경로 정책에 적합하다.

54 조직 변화의 유형에 대한 다음 설명이 알맞지 않은 것은?

① 조직 변화는 환경 변화에 따른 것으로 어떤 환경 변화가 있느냐는 어떻게 조직을 변화시킬 것인가에 지대한 영향을 미친다.
② 제품이나 서비스에 대한 변화는 기존 제품이나 서비스의 문제점이 발생할 때뿐만 아니라 새로운 시장을 확대하기 위해서도 이루어진다.
③ 조직 변화는 기존의 조직 구조나 경영 방식 하에서 환경 변화에 따라 제품이나 기술을 변화시키는 것이다.
④ 조직의 목적과 일치시키기 위해 문화를 변화시키기도 한다.

55 아래 설명에서 말하는 일곱 가지 요인(7S)에 해당하지 않는 것은?

> 포춘(Fortune)지는 매년 미국의 대기업을 대상으로 한 기업평판조사를 통해 '가장 존경받는(most admired)' 회사를 선정하고 있다. Fortune은 가장 존경받는 회사를 판단하기 위한 지표로 경영의 질, 제품 서비스의 질, 혁신성, 장기투자가치, 재무건전도, 인재유치·개발·보유능력, 지역사회와 환경에 대한 책임감, 회사자산의 적절한 운용 등을 들고 있다. 또한 피터스와 워터만(T. Peters & R. Waterman)은 초우량기업이 되기 위해 핵심적으로 고려해야 할 일곱 가지 요인(7S)를 도출하였다.

① 공유 가치(Share) ② 구성원(Staff)
③ 생존(Survive) ④ 관리 기술(Skill)

56 기업 A는 조직의 문제점을 해결하기 위해 전문가를 초빙하여 교육을 받기로 하였다. 전문가가 해결책을 제시하기 위해 아래와 같은 사례를 말했다고 한다면, 다음 중에서 전문가가 조직의 문제점을 해결하기 위한 방안으로 제시한 해결책으로 알맞지 않은 것은?

> GE는 세계에서 가장 큰 다원화된 서비스회사로 우수한 품질의 하이테크 공업재와 소비재를 제공한다. 뛰어난 CEO로 평가받고 있는 잭웰치는 노동자들이 자신의 일에 대해 사장보다 더 잘 알고 있다고 생각하여 '전 직원 공동 결정 제도'를 만들어 직원들과 중간 관리자들에게도 정책 결정에 참여할 수 있는 기회를 제공하였다.
>
> GE의 기업 문화를 대표하는 것 가운데 하나가 바로 의사소통이다. 위에서 아래로, 아래에서 위로의 수직적인 대화와 동료들 간의 수평적 대화도 원활하게 이루어지고 있다. 또한, 의사소통의 경계를 없애고 공식적인 의사소통 외에 비공식적인 의사소통 문화를 이룩하였다. 잭웰치는 사전 약속 없이 부하 매니저와 오찬을 함께 하기도 하며 공장과 사무실을 방문한다. 잭웰치는 가끔 직접 손으로 쓴 메모를 책임자부터 파트타임 직원에게 보내기도 한다. 그에게 있어 의사소통은 언제 어디서라도 가능한 일이다. 그는 회사의 직원들과 가족 같은 관계를 유지하기 위해 노력하며, 직원들과 이야기하는데 하루의 절반을 쓴다.
>
> GE에서는 다원화 기업으로 하나의 전략을 통일적으로 적용하기 어려웠기 때문에 목표를 간단하게 '1등 혹은 2등'으로 정하였다. 이러한 목표에 따라 잭웰치는 GE에 속하는 모든 기업들이 업계에서 1등이나 2등을 차지하도록 노력했고 그렇지 않으면 매각해 버렸다. 이를 통해 경쟁력 있는 분야에 자원을 집중하고 강력한 경쟁 우위를 점할 수 있었다.

경영 전략	우리 조직의 경영 전략과 비교
전 직원 공동 결정 제도	우리 조직은 수평적인 대화는 어느 정도 이루어지지만 수직적인 대화가 원활히 이루어지지 못하고 있다
원활한 의사소통	
1등이나 2등 전략	
해결안	

① 경영자 층을 대상으로 한 리더십 교육
② 비공식적인 의사소통 문화를 만들기 위한 사내 인트라넷 구축
③ 대화방 마련이나 제안 제도 도입
④ 의견의 통일을 위한 강력한 리더십

57 다음 중에서 다른 나라의 문화를 이해하는 것과 관련된 설명으로 잘못된 것은?

① 한 문화권에 속하는 사람이 다른 문화를 접하게 될 때 체험하게 되는 불일치, 위화감, 심리적 부적응 상태를 문화 충격이라고 한다.

② 문화 충격에 대비해서 가장 중요한 것은 자신이 속한 문화를 기준으로 다른 문화를 객관적으로 평가하는 일이다.

③ 외국 문화를 이해하는 것은 많은 시간과 노력이 요구된다.

④ 직업인은 외국인과 함께 일을 할 때에 커뮤니케이션이 중요하며 이처럼 상이한 문화 간 커뮤니케이션을 이문화 커뮤니케이션이라고 한다.

58 다음 중에서 아래 사례의 현 과장이 직업윤리에 따라 취해야할 행동으로 알맞은 것은?

중소기업 영업부에서 수주 업무를 담당하는 현 과장은 충실한 직업인이다. 그런데 최근 몇 개월째 수주가 저조하여 회사는 어려움을 겪게 되었고, 모든 영업사원은 각각 고객(회사)을 방문하여 적극적으로 유치하리고 하였다. 현 과장은 거래처 한 곳에서 큰 프로젝트를 수주할 좋은 기회를 얻게 되었고 이 일을 위하여 전 기술부 직원과 영업부 직원이 며칠 밤을 새우며 프로젝트를 추진했다. 드디어 입찰하는 날(계약일) 현 과장은 뿌듯한 기분으로 운전을 하며 입찰 장소로 향하고 있었다. 그런데 앞에서 달리고 있던 승용차 한 대가 사람을 친 후 뺑소니를 치는 것을 목격했다. 현 과장이 보기에 사고를 당한 환자는 출혈도 심하고 의식이 없어 그대로 두면 거의 사망할 것 같았다. 그런데 환자를 구하면 입찰 장소에 제 시간 안에 도착할 수 없어 입찰을 할 수 없게 된다.

① 사람의 생명이 우선이므로 환자를 차에 태워 병원으로 가서 의료진에게 넘긴 뒤에 입찰 장소로 간다.

② 환자의 생명이 중요하긴 하지만 직업인으로 회사의 일을 하는 것이 중요하므로 사고를 무시하고 입찰 장소로 향한다.

③ 환자의 생명이 중요하긴 하지만 직업인으로 회사의 일을 하는 것이 중요하므로 경찰에 신고만 하고 입찰 장소로 향한다.

④ 환자의 생명이 중요하긴 하지만 교통사고 환자를 함부로 손댈 수 없으므로 경찰에 신고를 한 뒤 경찰이 도착하여 환자를 구조하는 것을 확인한 뒤에 입찰 장소로 향한다.

59 아래 강령에서 강조하는 원칙을 [보기]에서 고른 것은?

> 인간을 대상으로 실험을 할 때에는 실험자가 피험자에게 어떠한 폭력, 기만, 협박, 술책, 강요가 없는 가운데 스스로 자유롭게 선택할 수 있어야 한다. 이를 위해서 피험자에게 실험의 성격, 기간, 목적, 방법, 예상되는 불편과 위험, 건강상의 영향 등에 대하여 알려 주어야 한다.

> 보기
> ㄱ. 피험자의 개인 정보를 대중에게 공개해야 한다.
> ㄴ. 사회적 약자만을 대상으로 피험자를 모집해야 한다.
> ㄷ. 실험에 대한 피험자의 자발적 동의가 있어야 한다.
> ㄹ. 피험자에게 실험에 대한 충분한 정보를 제공해야 한다.

① ㄱ, ㄴ   ② ㄱ, ㄷ   ③ ㄴ, ㄷ   ④ ㄷ, ㄹ

60 아래의 각 사례들은 성희롱에 해당한다. (가)~(라)가 성희롱이 되는 각각의 근거가 적절하게 연결되지 않은 것은?

> (가) A 사원은 평소 농담을 잘 하는 성격이다. 농담의 주 내용은 대부분 성적인 것이라 신입사원 B는 옆에서 듣고 있기에 불편하고 기분이 나쁘다. 하지만 신입사원이기에 불쾌함을 말하지 못하고 늘 참는다.
> (나) C 부장은 커피 심부름을 잘 시키기로 유명하다. 남자 동기와 함께 있을 때도 굳이 여사원을 지목하며 커피 심부름을 시키는 C 부장은 "커피는 여자가 타야 맛있지~"라는 말을 입에 달고 산다.
> (다) 평소 패션에 관심이 많은 D 대리가 새 옷을 입고 온 신입사원 E를 한 번 훑어본 뒤 몸매가 좋아서 그런지 옷이 잘 어울린다고 말하였다. 신입사원 E는 기분이 좋으면서도 한편으로는 부끄러움을 느꼈다.
> (라) G 부장은 회식 자리에서 H 사원에게 "요새 운동을 다녀서 그런지 몸이 좋아졌네, 애인 있어?"라고 말하며 E 사원이 애인이 없다고 대답하자 그 몸매에 애인이 없는 게 말이 되냐며 애인을 숨겨 놓은 게 아니냐고 계속 질문을 해 H 사원을 당황스럽게 하였다.

① (가) : 신입사원 B는 농담임을 알지만 성적 수치심을 느꼈다.
② (나) : 여사원은 업무 이외에 심부름을 자주 시켜 기분이 나빴다.
③ (다) : 외모에 대한 가벼운 평가나 발언이 신입사원 E의 수치심을 유발했다.
④ (라) : 사생활에 대한 지나친 관심과 외모에 대한 발언이 H 사원의 수치심을 유발했다.

NCS 직업기초능력 평가 실전모의고사
(능력통합형)

제2회

평가영역	문항 수	응시 시간	평가 유형
직업기초능력 10개 영역	60문항	70분	객관식 (5지선다형)

정답 및 해설 92쪽

1 아래 글의 밑줄 친 ㉠에 담겨 있는 의미로 적절하지 않은 것은?

> 사회 속에 살고 있는 각 개인들은 추구하는 목적이나 이해관계가 서로 일치하는 경우도 있으나 서로 상충하기도 한다. 사람들 사이에 목적이나 이해관계가 다를 경우에는 대립과 투쟁이 생겨나게 된다. ㉠공동의 목적이나 이익을 추구하기 위해서 우리가 사회를 이루고 사는 것이라면 서로 상충하는 목적이나 이해관계는 조정되어야 하며 이러한 조정의 원리로서 우리는 사회 규범이나 공공 규칙을 갖게 된다. 외딴 섬에서 홀로 사는 로빈슨 크루소와 같은 사람에게는 규칙이 필요 없을 것이다. 또한 동물의 세계에는 오로지 약육강식의 냉혹한 법칙만이 있을 것이다. 다행스럽게도 우리 인간은 사회생활을 하면서 자신의 안정과 이익을 보장하기 위해, 협의에 의해 규칙을 만들고 이를 스스로 지키는 슬기로운 이성을 지니고 있다.

① 사회생활을 하다가 보면 이해관계가 상충하기도 한다.
② 인간은 사회를 이루어 공동의 목적이나 이익을 추구한다.
③ 사회가 이루어지면 상충하는 이해관계는 저절로 조정된다.
④ 공동의 목적을 저해하면 사회 규범의 제재를 받을 수 있다.
⑤ 사회 규범이나 공공규칙에 의해 이해관계를 조정할 수 있다.

2 밑줄 친 ㉠에 관해 신문 기사문을 작성한다고 할 때, 다음 중에서 아래 글의 논지를 가장 잘 반영한 표제와 부제는?

> 1976년에 ㉠미국의 수학자 아펠(K. Appel)과 하켄(W. Haken)은 지도(地圖)의 채색과 관련된 '사색(四色) 문제'를 증명했다고 발표했다. 사색문제는 한 세기 이상 수학자들을 괴롭혀 오던 문제로, 어떠한 지도라도 네 가지 색만 있으면 지도상의 모든 지역(국가, 도, 시, 군 등)을 구별하여 나타낼 수 있음을 증명하는 문제이다. 예를 들어, 아래에서 〈그림 1〉은 세 가지 색만 있으면 각 지역을 구별하여 나타낼 수 있다. 그러나 〈그림 2〉는 네 가지 색이 있어야 한다. 그렇다면, 〈그림 2〉보다 더 복잡한 지도의 경우에는 몇 가지 색이 필요할까? 이에 대한 답이 '어떠한 경우라도 네 가지 색이면 충분하다.'임을 증명하라는 것이 사색문제의 요구이다.

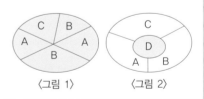

〈그림 1〉　　〈그림 2〉

① 수학계의 난제 해결 – 백 년을 끌어 온 '4색문제' 증명
② 컴퓨터, 수학계의 난제 해결 – 백 년을 끌어 온 '4색문제' 증명
③ 컴퓨터, '사색(四色) 문제' 증명 – 수학의 실용성 입증
④ 컴퓨터의 개가 – 수학자와의 대결에서 승리
⑤ '사색(四色) 문제' 증명에 성공 – 수학의 새로운 발전 방향 제시

3 아래 글의 순서를 뜻이 가장 잘 통하도록 바로잡은 것은?

(가) "아빠, 밥 먹어." 흔히 아이들이 가정에서 하는 한 마디다. "아버님, 진지 잡수십시오."가 이렇게 변했다. "아빠, 진지 드세요." "아버지, 밥 잡수세요." … 하여간 존댓말이 사라져 가고 있다. 말의 품위가 떨어지고 있다. 가정에 한정된 것이 아니다. 학교와 사회에서도 일반적인 현상이 되어 버린 느낌이다.

(나) 몇 백 년 다져 온 전통적인 언어 의식을 근거로 본다면 이것은 용납할 수 없는 '말의 혼돈'이 아닐 수 없다. 50년대에서 60년대를 거쳐 70년대에 이르는 30년, 격동하는 시기에 언어생활의 기초를 닦은 계층은, 우리말을 새로운 외국어로 배우는 외국인처럼, 말의 격과 존칭어에 일단 거부 반응을 보인다.

(다) 아이들의 말버릇을 들어 보면, 그 집안의 분위기가 가풍을 알 수 있듯이, 요즘의 사회 통용어를 통하여 어렵지 않게 지금의 사회 분위기나 사회 기풍을 짚어 볼 수가 있다. 말은 시대 상황의 표현이기 때문이다. 대가족 제도가 핵가족으로 분화된 뒤 두드러지게 표면화된 것 가운데 존대법이 줄어드는 경향을 들 있다.

(라) 말의 격에 따라 달리 쓰이는 존댓말의 구별이나 선택에 익숙해지려면 전통 의식에 근거한 사회와 과정이 필요하다. 외국인들에게는 대단히 어려운 과정이지만 우리는 적응해 갈 수 있다. 지속적으로 안정된 사회에서는 말의 혼란이 생기지 않는다. 뒤집으면, 흔들렸던 사회의 틀이 아직 제자리를 못 잡았다는 증거이다. 사회는 유동하면서 발전하나 기반까지 흔들리면 정돈이 오래 걸려 힘겨워진다. 결국 '말' 만의 문제가 아니다.

(마) 이런 경향을 우리말의 타락으로 한탄하는 이가 있는가 하면, 다른 한편으로는 말의 평준화 또는 단순화로 보는 이들도 없지 않다. 말버릇이 없다고 야단을 치면 오히려 의아해 하는 계층이 후자에 속한다. 그들은 존경의 표시보다 친근감의 표시를 더 중히 여긴다고 항변한다. 여기에서 사고의 차이가 드러나며 가치 판단의 차이가 엿보인다.

① (가) – (다) – (마) – (나) – (라)
② (가) – (마) – (다) – (라) – (나)
③ (가) – (다) – (나) – (라) – (마)
④ (가) – (나) – (다) – (라) – (마)
⑤ (가) – (마) – (라) – (나) – (다)

4 아래 글의 내용을 참고했을 때, [보기]의 그림에 대한 설명으로 적절한 것은?

밤하늘이 왜 어두운지 알기 위해서는 우선 우주의 나이와 별의 평균 수명을 따져 봐야 한다. 우주 도처에서 별들이 빛을 내기 시작한 때부터 현재까지 t라는 시간이 흘렀다고 하자. 그리고 별의 평균 수명을 T라고 표시해 보자. 그렇다면 빛의 속도 c에 우주의 나이 t를 곱한 값 ct는 우주 탄생 이후 빛이 움직인 거리가 된다. 만약 t ⟨ T라면, 즉 아직까지 죽은 별이 하나도 없다면 ct보다 가까운 거리에 있는 별들에서 나온 빛은 모두 관측자에게 도달할 수 있다. 그러나 ct보다 먼 곳에서 출발한 빛은 이 관측자에게 아직 도착하지 않은 셈이다. 그러므로 반지름이 ct인 구(球) 내부에 있는 별들만이 밤하늘에 보이는 것이다.

만약 t ⟩ T, 즉 우주의 나이가 별의 평균 수명보다 긴 경우라면 관측자로부터 거리 cT인 구 내부에 있는 별들은 대부분 더 이상 빛을 낼 수 없는 암체(暗體)*로 변해 버렸을 것이다. 그러므로 지금 관측자에게 도달한 빛을 발하고 있는 별은 cT와 ct 사이에 있는 제한된 공간의 별일 따름이다. 그리고 cT와 ct 사이에서 출발한 빛이 우리에게 도착한 순간에 이 지역에도 죽은 별이 생길 수도 있다. 따라서, 우주의 나이가 별의 평균 수명보다 길든 짧든, 유한한 부피 내부에 있는 별들만이 우리의 하늘을 밝혀 줄 수 있다는 결론에 이르게 된다. 그러므로 밤하늘의 밝기 역시 유한하게 될 것이고, 왜 밤하늘이 어두운지 설명할 수 있게 된다.

* 암체(暗體) : 스스로 빛을 발하지 못하는 물체

보기

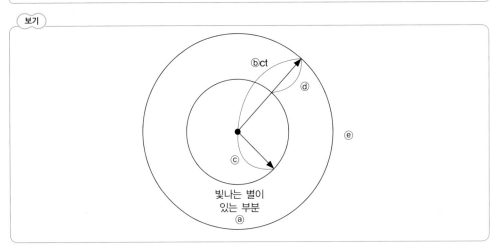

빛나는 별이
있는 부분
ⓐ

① ⓐ는 빛의 속도에 우주의 나이를 곱한 값이다.
② ⓑ는 우주 탄생 이후 별빛이 움직인 거리이다.
③ ⓒ는 빛의 속도에 별의 평균 수명을 곱한 값이다.
④ ⓓ에 있는 별에서 나온 빛은 아직 관측자에게 도달하지 않았다.
⑤ ⓔ 부분에 있는 별은 이미 죽은 것이다.

5 아래 글의 밑줄 친 ㉠의 사례로 제시할 수 있는 것은?

> 새로운 과학적 이론은 분명 과학 기술 문명으로 인한 여러 문제들을 해결할 수 있는 가능성을 가지고 있다. 근대 과학적 방법의 한계가 밝혀지면서 근대 과학에서는 객관적 관찰이 어렵다는 이유로 배제되었던 인간의 사유와 감정이 그 가치를 인정받게 되었으며, 유기체적 세계관은 자연에 대해 새로운 관점을 갖게 함으로써 환경 문제 해결의 실마리를 제공하였다.
>
> 그러나 이러한 가능성 때문에 근대 과학을 전면적으로 부정하는 것은 바람직하지 않다. 무엇보다도 근대 과학은 사물과 현상에 대한 정확하고 객관적인 이해를 가능하게 하였으며, 여전히 특정 분야에서 큰 성과를 보이고 있다. 근대 과학의 이러한 성과를 부정하면서 새로운 과학적 이론의 가능성만 강조하는 것은 한때 근대 과학이 그러했던 것처럼 다양한 과학 활동들을 무시하면서 또 다른 획일성을 강조하는 결과를 가져올 위험이 있다. 더구나 과학 기술 문명이 발생시킨 문제들의 원인이 근대 과학의 이론에 내재되어 있는 것은 분명하지만 다른 한편, ㉠과학 기술을 오용하고 악용하는 인간의 비도덕적이며 무책임한 태도에도 상당 부분 문제가 있을 수 있는 것이다.

① 지구 온난화가 기상 이변의 원인인가와 관련하여 과학자들의 입장이 통일되어 있지 않다.

② 난치병 치료 기술인 배아 복제가 상업적 목적으로 이용되어 생명 경시 풍조를 조장하고 있다.

③ 컴퓨터 공학의 발전으로 인간의 마음이나 고차원적인 사고 과정까지 과학적 논리에 의해 설명되고 있다.

④ 정보 과학 기술의 발달로 인한 급격한 사회 변화 때문에 세대 간의 갈등이 심화되어 사회 문제가 되고 있다.

⑤ 안락사와 관련하여 자신의 신체와 죽음에 대한 인간의 권리는 어디까지인가가 사회적 쟁점으로 등장하였다.

6 아래 글의 밑줄 친 ⊙의 사례로 제시할 수 있는 것은?

지금까지 남아 있는 유물 중 황금 분할을 적용한 가장 오래된 예는 기원전 4700년 경에 건설된 피라미드이다. 이로 미루어 보아 인류가 황금 분할의 개념과 효용 가치를 안 것은 훨씬 그 이전부터라고 추측할 수 있다. 이집트인들이 발견한 황금 분할의 개념과 효용 가치는 그 뒤 그리스로 전해져, 파르테논 신전의 전면에 나타나는 직사각형의 변들처럼 그리스의 조각, 회화, 건축 등에 철저히 적용되었다. '황금 분할'이라는 명칭도 그리스의 수학자 에우독소스에 의해 붙여지게 되고, 이를 나타내는 파이(∅, 1.61803)도 이 비율을 조각에 이용하였던 피디아스라는 사람의 그리스어 머리글자에서 따 왔다.

이 황금 분할을 수학적으로 표현하면 다음과 같다.

A ──── a ──── P ──────── b ──────── B

한 선분을 AB라고 하자. 어떤 비율로 선분 AB를 나누고자 한다. 즉, 얻어지는 길이가 특별한 관계를 가지게 되는 선분 AB상의 점 P를 찾고 싶다. 계산을 쉽게 하기 위해서 선분 AB의 길이를 단위 길이 1로 가정하자. 여기서 선분 AB의 길이에 대한 선분 PB의 길이의 비가, 선분 PB의 길이에 대한 선분 AP의 길이의 비와 같도록 점 P가 결정될 때, 황금 분할은 이루어진다. 즉, 어떤 주어진 선분에서 (a+b) : b = b : a의 등식이 이루어지게 나눌 수 있는 점을 황금 분할의 점(전체 길이의 61.8%에 해당하는 점)이라 한다.

이것이 바로 황금 분할의 등식이며 일반적으로 황금 분할을 이루는 비율을 말할 때는 0.618 또는 1.618을 의미한다. 그러므로 황금 분할이라 함은 전체 속에서 두 개의 크기가 다른 부분 사이의 독특한 상호 관계이며 황금 분할이란 이 비율 관계의 절묘함을 뜻하는 용어이다.

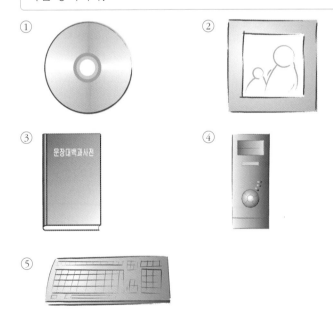

① (CD)

② (액자)

③ 문장대백과사전

④ (컴퓨터 본체)

⑤ (키보드)

7 아래 글을 바탕으로 작성한 '소금의 용해 과정'에 관한 시각 자료로 적절한 것은?

소금이 물에 녹는 현상도 역시 물리 변화라고 답하기 쉽다. 그러나 설탕이 물에 녹는 경우와 달리 이 경우는 소금(NaCl)의 이온 결합이 끊어져서 나트륨 이온(Na^+)과 염화 이온(Cl^-)으로 분리되기 때문에 물리 변화라고 말하기 어렵다. 소금물을 가열하면 다시 소금이 석출되는 가역* 반응이 일어나므로 소금이 물에 녹는 변화는 물리 변화라고 주장하는 사람도 있겠지만, 가역 반응은 화학 변화에서도 자주 일어나는 현상이다.

그렇다고 해서 소금이 물에 녹는 현상을 화학 변화라고 단정해서 말하기도 어렵다. 물론, 소금이 물에 녹으면 이온 결합이 깨지고, 그로 인해 전류가 통하지 않던 부도체*가 전류가 통하는 전해질(電解質)*로 변화하기는 한다. 하지만 새로운 화학 결합이 일어나는 것은 아니다. 따라서 '물질을 구성하는 입자 사이의 화학 결합이 깨지고 새로운 화학 결합으로 입자가 구성되는 것'으로 화학 변화를 정의한다면, 소금이 물에 녹는 현상도 물리 변화라고 할 수 있게 된다. 요컨대, 기준이 되는 관점이 달라지면 동일한 현상을 물리 변화로 볼 수도 있고, 화학 변화로 볼 수도 있다.

* 가역(可逆) : 다시 본디의 상태로 돌이킬 수 있음
* 부도체(不導體) : 열이나 전기가 거의 통하지 않는 물체
* 전해질 : 물이나 기타 용매에 용해되어 전기 전도를 일으키는 물질

	소금	+	물	→	소금물
①		+		→	
②		+		→	
③		+		→	
④		+		→	
⑤		+		→	

8 아래 글을 토대로 카오스 이론을 가장 잘 설명한 것은?

> 계의 상태를 나타내는 변수 중 규칙적으로 반복되어 나타나는 값을 가진 변수가 없을 때의 운동을 비주기적 운동이라 한다. 불안정한 비주기적 운동은 매우 복잡하다. 결코 반복되지 않으며 조그만 교란에도 운동 상태가 확연하게 달라진다. 이러한 운동 형태는 정확한 예측을 불가능하게 하며 일련의 측정량은 무작위적인 변화를 보인다.
>
> 불안정하고 비주기적인 운동을 처음에 그림으로 파악하기란 여간 어렵지 않다. 하지만 인류의 역사와 예를 생각해 보면 어려움은 사라진다. 문명의 부침에서 폭넓은 변화 양상을 그려 볼 수는 있지만, 결코 반복된 형태로 나타나지 않는다. – 역사는 비주기적이다. 역사책은 인류의 역사가 진행되는 과정에서 활력 있게 오랫동안 변화를 일으켜 온 수많은 사건들로 충만하다. 불안정한 비주기적 운동의 대표적 예는 언제나 수많은 개체들이 집합되어 있는 곳에서 일어난다. 계는 상호 경쟁하는 개체의 집합이나 충돌하는 개체 분자들로 구성되어 있을지라도 최근까지 우리가 파악한 운동 양상은 너무 복잡하여 불안정하고 비주기적인 것으로서 군중의 무리에서 오는 이미지 바로 그것이다.

① 카오스 이론은 불안정하며 비주기적인 운동 양상이 어떻게 변화하게 될까에 관심을 가진다.

② 카오스 이론은 정확히 예측할 수 있는 공시적 논리로 변화하는 과정을 예측한다.

③ 카오스 이론은 실증적 방법으로 불분명한 상황을 분명하게 부각시킨다.

④ 카오스 이론은 수학적 기법으로 불안정하고 비주기적 상황을 안정적이고 주기적인 상황으로 파악한다.

⑤ 카오스 이론은 논리적 방법으로 복잡 애매한 상황을 단순화시키는 데 관심을 둔다.

9 아래는 세계화에 대한 찬반 논거를 정리한 것이다. 적절하지 않은 것은?

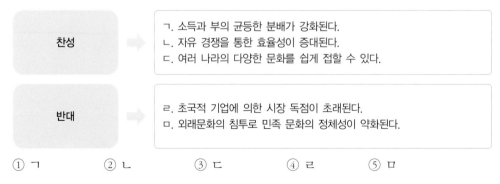

찬성	ㄱ. 소득과 부의 균등한 분배가 강화된다. ㄴ. 자유 경쟁을 통한 효율성이 증대된다. ㄷ. 여러 나라의 다양한 문화를 쉽게 접할 수 있다.
반대	ㄹ. 초국적 기업에 의한 시장 독점이 초래된다. ㅁ. 외래문화의 침투로 민족 문화의 정체성이 약화된다.

① ㄱ   ② ㄴ   ③ ㄷ   ④ ㄹ   ⑤ ㅁ

10 아래 대담에서 마지막 발언자가 범하고 있는 오류로 알맞은 것은?

> **사회자** : 자, 그럼 지금부터 각자 돌아가면서, 한국 만화계의 현황에 대해 의견을 나누어 보도록 합시다.
>
> **갑** : 우리나라와 같은 자본주의 국가에서 만화란, 연탄이나 쌀과 마찬가지로, 하나의 상품입니다. 그러므로 만화의 독자를 한명이라도 더 확보하기 위해서는, 치열한 경쟁을 할 수밖에 없습니다. 만화가의 위상이나 출판업자의 위상은, 결국 독자의 손에 달렸다고 할 수 있겠습니다.
>
> **을** : 저는 만화의 질에 관하여 얘기를 해 보겠습니다. 요즘 심심찮게 발생하는 문제 중에 하나인데요, 독자들에게 인기를 끌 욕심으로 흥미 위주의 만화만을 제작하다 보면, 저질 만화라는 지탄을 받게 되고, 그렇다고 질의 고급화만을 추구하자니, 너무 재미없고 딱딱해서 독자들이 외면을 하게 됩니다. 이러한 현상은 만화 산업의 발전과 비례해서 필연적으로 발생하는 문제라고 할 수 있습니다.
>
> **병** : 하지만 우리가 여기에서 간과해서는 안 될 사실이 하나 있습니다. 즉 잘사는 나라일수록 만화 산업이 번창하고 있다는 사실입니다. 미국이 그렇고, 일본과 유럽이 그렇습니다. 만화는 보는 사람으로 하여금 내용을 쉽게 이해할 수 있게 하는 장점이 있기 때문에, 사회가 선진화될수록 더욱 필요한 정보 매체로 자리 잡아 가고 있습니다.
>
> **정** : 맞습니다. 저도 그 말에 동감합니다. 현대 사회는 정보 사회라고 할 만큼, 정보 매체의 양이 급속히 늘어나고 있기 때문에, 대중들은 심한 부담감을 느끼고 있습니다. 따라서 이해하기 쉬운 만화가 정보 매체로 각광을 받는 것은 당연한 일입니다. 그래서 만화가 발달한 나라일수록 잘사는 나라라는, 만화 같은 주장도 일리가 있다고 생각합니다.

① 원인과 결과의 인과성을 혼동하고 있다.
② 부족한 논거로 자신의 주장을 정당화하고 있다.
③ 어휘의 의미를 잘못 이해하고 있다.
④ 할 말을 아주 못하게 하고 있다.
⑤ 대표성이 결여된 것을 성급하게 일반화하고 있다.

11 아래 대화의 ㉠, ㉡에서 을이 범한 오류에 대한 설명으로 옳은 것은?

> 갑 : 애들아, 수업 끝나고 대청소 하는 게 어때?
> 을 : ㉠넌 매일 지각하는 애가 무슨 자격으로 그런 말을 하니?
> 갑 : 누구든 우리 학급을 위한 제안은 할 수 있잖아.
> 을 : ㉡너도 전에 내가 지각했다고 내 의견을 무시했잖아.

① ㉠ - 제시된 의견이 아닌 상대방의 인신을 공격한다.
② ㉠ - 상대방의 무지를 근거로 자신의 잘못을 정당화한다.
③ ㉡ - 다수의 행동을 근거로 자신의 주장을 합리화한다.
④ ㉡ - 동의를 얻기 위해 논쟁보다 물리적 힘을 사용한다.
⑤ ㉠, ㉡ - 합리적인 근거 대신 상대방의 동정심에 호소한다.

12 아래는 K 기업에서 작성하고 있는 퇴직금 규정 가운데 일부이다. 고쳐야할 곳의 개수는?

> **제4조【퇴직금의 산정방법】**
> ① 퇴직금은 퇴임시의 평균임금에 제5조의 지급율을 곱하여 산정한다.
> ② 전항에서 평균임금이라 함은 다음 각호의 합계액을 말한다.
>   1. 퇴직발령일 이전 3개월간의 급여 총액을 3등분한 금액
>   2. 퇴직발령일로부터 소급하여 1년 이내에 지급한 상여금 및 연월차수당을 12등분한 금액
> ③ 인사대기 발영자가 면직되었을 때는 면직 당시의 평균임금을 기준하여 퇴직금을 산정한다.

① 1개   ② 2개   ③ 3개   ④ 4개   ⑤ 5개

[13~15] 다음은 E 여행사의 여행 일정 등을 소개하고 있는 여행 안내문의 일부이다. 물음에 답하시오.

---

01. 여행 경비 안내 사항
- **포함 사항** : 왕복 교통비, 아침 떡, 열차 비용(정동진 – 분천, 무궁화), 안내 비용
- **불포함 사항** : 중식(10,000원), 여행자보험(5,000원), 기타 개인 경비(간식, 생수 등)

02. 삼색설국열차 여행 일정표

06:30　광화문역 1번 출구 앞 승차
07:00　잠실역(2, 8호선) 9번 출구 앞 경유
10:00　안목항 커피거리 여행
　　　　– 아기자기한 카페가 몰려 있는 강릉의 떠오르는 명소
　　　　– 바다가 보이는 자리에서 직접 로스팅한 원두커피와 바다의 감미로움을 만끽해
　　　　　보세요.
11:00　정동진으로 이동
11:40　정동진 여행 및 중식(자유식)
13:35　해안선 열차 + 눈꽃 열차 + 낙동강 비경 열차 (무궁화, 정동진 → 분전역)
　　　　– 정동진에서 동해역까지 해안선을 따라 동해 바다를 감상하며 달리는 해안 열차
　　　　– 정동진에서 분전역까지 환상의 눈꽃터널을 연출합니다.
　　　　– 백두대간을 흐르는 낙동강의 원시 비경을 열차 안에서 편안히 감상할 수 있습
　　　　　니다.
16:00　분천역 산타마을 여행
　　　　– 크리스마스트리와 루돌프, 산타클로스 등 동화 같은 분위기를 연출하는 겨울
　　　　　명소
　　　　– 기념사진도 찍고, 장터에서 먹방도 찍는 재미가 있습니다.
16:30　분천역 출발
20:30　강변역 경유, 광화문역 도착 예정

03. Q&A (자주 묻는 질문)

Q 출발 확정
A 출발 3일 전에 출발 확정이 되며, 출발 확정시 구매하실 때 사용하신 쿠폰의 사용 처리
가 진행이 됩니다. 출발이 취소되는 경우에는 고객님께 직접 연락을 드려서 확인해 드
립니다.

Q 출발 취소
A 구매 상품의 취소를 원할 시에는 전화(02-22××-××××)를 주셔야 하며, 업무 시간
이외에는 취소 접수가 불가합니다. 취소는 환불 규정이 적용되며, 환불 규정에 적용되
지 않기 위해서는 출발 3일 전(업무일 기준)에 취소해 주셔야 ㉠됩니다. 우천 등 기상
변화로 인한 행사 진행 불가 및 안전사고 우려 등으로 여행사에서 취소한 경우에는 환
불 규정에 적용되지 않습니다.

Q 환불 규정
A 출발 1일 전 10% 차감, 출발 2일 전 5% 차감, 출발 3일 전에는 차감이 없습니다.

Q 출발 안내 문자

A 출발 안내 문자는 출발 2일 전 또는 1일 전에, 출발 장소, 시간, 가이드 연락처, 준비물을 기재해서 발송해 드립니다. 문자를 못 받으신 분은 02-22××-××××로 연락하셔서 ⓒ확인해 주십시오. 탑승지 변경 등은 출발 전에 회사나 ⓒ가이드분한테 연락을 주시면 됩니다.

Q 좌석 배치

A 좌석은 예약 순서대로 동행자분과 같은 자리에 배정되며, 앞좌석 요청은 ⓔ불가하십니다. 동행자분들끼리 따로 예약 시 여행사로 연락을 주셔야 같은 자리에 배정이 됩니다.

Q 여행 시 주의사항

A 여행 시 가이드의 지시를 잘 따라주시고, 복장은 ⓜ기후와 날씨, 여행지에 따라 맞춰 입으셔야 됩니다. 국내 여행 상품의 경우 여행자보험이 포함 되어 있지 않기 때문에 가입하고자 하시는 분은 각자 개인이 별도의 금액(5,000원)을 지급하셔야 합니다.

---

13 위 여행 안내문에 대한 설명으로 알맞지 않은 것은?

① 출발이 취소되면 여행사에서 고객에게 직접 연락을 드려 취소 사실을 알려 준다.

② 늦어도 1일 전에는 여행에 필요한 제반 사항을 알려 주는 출발 안내 문자를 발송한다.

③ 미리 구매한 여행 상품을 전액 환불 받기 위해서는 출발 3일 전에는 취소해야 한다.

④ 기상 변화나 안전사고의 우려가 있을 때에는 여행사에서 상품을 취소하게 되며, 환불 규정에는 적용되지 않는다.

⑤ 동행자끼리 따로 예약한 경우에는 같은 자리에 배정할 수 없으므로 같은 자리에 배정받으려면 한꺼번에 예매해야 한다.

14 여행사 직원이 이 여행 안내문에서 잘못된 것을 발견하여 수정하였다. 바르게 수정된 것은?

① ㉠ 됩니다 → 되십니다

② ㉡ 확인해 주십시오 → 확인해야 됩니다

③ ㉢ 가이드분한테 → 가이드분에게

④ ㉣ 불가하십니다 → 불가능합니다

⑤ ㉤ 기후와 날씨 → 기후와 일기

15 경기도 수원에 살고 있는 A는 '삼색설국열차' 여행권의 10% 할인권이 있어 이 여행을 가려고 한다. [보기]를 참고했을 때, 알맞지 않은 내용은?

> 보기
>
> • 삼색설국열차 (정동진－분천) (06~30~20:30) 여행 비용 35,000원
> • 지하철 수원역 → 광화문역 (1시간 5분) 비용 1,850원

① A는 직접 로스팅한 원두커피를 마시며 눈꽃터널을 감상하려고 이번 여행을 선택하였다.

② A가 이 여행을 하기 위해서는 늦어도 5시 30분에는 집에서 출발해야 한다.

③ A의 이 여행은 개인 경비를 제외하고 50,200원이 필요하다.

④ A가 이 여행에서 마음에 들지 않은 것은 중식을 자유롭게 하지 못하고 정해진 곳에서 해야 한 것이다.

⑤ A는 정동진에서의 먹방 촬영을 위해 중식 비용 외에 따로 30,000원을 준비하였다.

16 [보기]는 아래 자료의 설문 결과를 분석한 것이다. 다음 중에서 [보기]의 분석이 옳은 것만을 고른 것은?

〈서울 도심부에 대한 세대별 장소 인식 조사〉

◎ 조사 대상 : 2011년 서울에 거주하는 20대, 60대의 일부 시민
◎ 설문 문항
   1. 서울 도심하면 떠오르는 대표 장소는 어디입니까?
   2. 서울 도심에서 실제 자주 방문하는 장소는 어디입니까?
   3. 서울 도심의 가치 있는 장소는 어디라고 생각하십니까?
◎ 설문 결과

순위	20대			60대		
	대표 장소	방문 장소	가치 장소	대표 장소	방문 장소	가치 장소
1	경복궁	명동	경복궁	숭례문	청계천	경복궁
2	광화문	청계천	종묘	경복궁	인사동	숭례문
3	청계천	종로	광화문	광화문	탑골공원	광화문
4	남산	광화문	숭례문	서울시청	동대문	종묘

*경관 유형 : ▢ 역사 문화 경관 ▨ 상업·업무 경관 ▦ 기타 경관

> 보기
>
> ㄱ. 장소 인식은 경험, 정서에 따라 다르게 나타난다.
> ㄴ. 가치 장소에 대한 세대 간 인식차가 대표 장소보다 크다.
> ㄷ. 이동성이 활발한 세대가 상업·업무 경관의 방문 경험이 많다.
> ㄹ. 두 세대 모두 방문 장소보다 대표 장소의 경관 유형이 다양하다.

① ㄱ, ㄴ   ② ㄱ, ㄷ   ③ ㄴ, ㄷ   ④ ㄴ, ㄹ   ⑤ ㄷ, ㄹ

17 아래 자료에 해당하는 자원에 대한 설명으로 옳은 것은?

[2010년 지역별 생산량]

(통계청, 단위 : 백만 톤)

지역	생산량	국가	생산량	국가	생산량	국가	생산량
중동	1,184.6	사우디아라비아	467.8	이란	203.2	아랍에미리트	130.8
유라시아	853.3	러시아	505.1	노르웨이	98.6	카자흐스탄	81.6
북미	648.2	미국	339.1	캐나다	162.8	멕시코	146.3

① 제철 공업의 주된 원료이다.
② 자동차와 선박의 주요 연료이다.
③ 환경오염의 부담이 적은 연료이다.
④ 전자 제품에 필요한 희귀 자원이다.
⑤ 산업 혁명의 원동력이었던 자원이다.

18 아래 표는 우리나라 주요 사회 지표의 추세를 나타낸 것이다. 이에 대한 옳은 분석을 [보기]에서 고른 것은?

구 분	1980년	1990년	2000년	2009년
1인당 국민 총소득(달러)	1,598	5,886	9,770	19,231
인구 성장률(%)	1.6	1.0	0.8	0.3
도시 인구 비율(%)	57.3	74.4	79.9	82.0
3세대 이상 가족 구성비(%)	18.4	13.9	10.1	6.3

> **보기**
>
> ㄱ. 총 인구 수가 지속적으로 감소하였다.
> ㄴ. 평균 가구원 수가 지속적으로 증가하였다.
> ㄷ. 국민들의 평균적인 생활수준이 높아졌다.
> ㄹ. 도시 인구의 증가 속도가 점차 둔화되었다.

① ㄱ, ㄴ   ② ㄱ, ㄷ   ③ ㄴ, ㄷ   ④ ㄴ, ㄹ   ⑤ ㄷ, ㄹ

19 아래 그래프는 인터넷 이용에 관한 조사 결과이다. 이를 토대로 추론할 수 있는 사회 변화의 내용으로 옳은 것은?

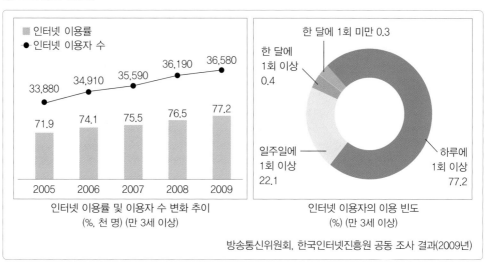

인터넷 이용률 및 이용자 수 변화 추이
(%, 천 명) (만 3세 이상)

인터넷 이용자의 이용 빈도
(%) (만 3세 이상)

방송통신위원회, 한국인터넷진흥원 공동 조사 결과(2009년)

① 사회적 약자나 소수자의 발언 기회가 줄어들 것이다.
② 여론 형성을 통한 시민 사회의 영향력이 커질 것이다.
③ 권위주의적이고 수직적인 인간관계가 강화될 것이다.
④ 서비스 중심에서 재화 중심의 산업 구조로 변화될 것이다.
⑤ 부분적 인간관계보다 전인격적 인간관계가 확산될 것이다.

20 아래 그래프는 갑국의 경제 성장률 추이를 나타낸 것이다. 이에 대한 분석으로 옳은 것은?

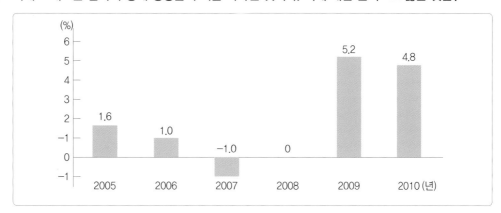

① 2010년의 GDP 규모는 감소했다.
② 2009년의 GDP 규모가 가장 크다.
③ 2008년의 GDP 규모가 2007년보다 크다.
④ 2005년의 GDP 규모가 2006년보다 작다.
⑤ 2005년과 2007년의 GDP 규모는 동일하다.

21 아래 그래프는 두 자원의 국가별 생산 비중을 나타낸 것이다. A, B 자원에 대한 설명으로 옳은 것은? (단, A와 B는 석유, 석탄, 천연가스 중 하나임.)

① A는 산업 혁명 시기에 주요 에너지 자원으로 이용되었다.
② B는 판의 경계에 주로 매장되어 있다.
③ B는 냉동 액화 기술의 발달로 소비량이 급증하였다.
④ A는 B보다 수송용으로 소비되는 비중이 낮다.
⑤ A는 B보다 세계에서 소비되는 에너지의 양이 많다.

22 아래 그래프를 보고 대책으로 적절한 것을 [보기]에서 고른 것은?

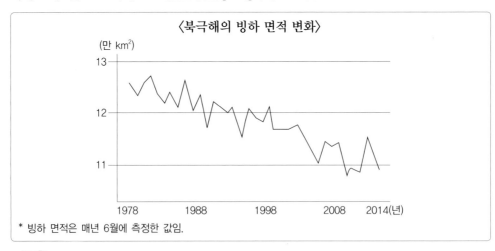

〈북극해의 빙하 면적 변화〉

* 빙하 면적은 매년 6월에 측정한 값임.

> 보기
> ㄱ. 대중교통 이용률을 높인다.   ㄴ. 저탄소 인증 상품을 사용한다.
> ㄷ. 열대 우림을 농경지로 개발한다.   ㄹ. 유류에 부과되는 세금을 낮춘다.

① ㄱ, ㄴ   ② ㄱ, ㄷ   ③ ㄴ, ㄷ   ④ ㄴ, ㄹ   ⑤ ㄷ, ㄹ

23 아래에 제시된 숫자의 배열에 근거할 때 ?에 알맞은 숫자는?

23	92	368	?	5,888	23,552

① 736 ② 1,104 ③ 1,472 ④ 2,208 ⑤ 3,312

24 아래 문자의 나열 규칙으로 보았을 때 (?)에 알맞은 것은?

가 나 라 사 타 (?) 쟈

① 갸 ② 댜 ③ 랴 ④ 먀 ⑤ 샤

25 아래의 알파벳 중에서 오른쪽이나 위쪽으로 뒤집어도 모양이 변하지 않는 것의 개수는?

A B C D E F G H I

① 1개 ② 2개 ③ 3개 ④ 4개 ⑤ 5개

26 아래는 일정한 규칙으로 배열한 숫자들이다. ( ) 안에 들어갈 숫자는?

$$2 = 0 \quad 3 = 3 \quad 4 = 6 \quad 5 = 9 \quad 7 = (\quad)$$

① 10   ② 12   ③ 13   ④ 15   ⑤ 16

27 아래 숫자 카드를 한 번씩만 사용하여 세 자리 수를 만들려고 한다. 만들 수 있는 세 자리 수 중에서 4의 배수의 개수는?

2	3	6

① 1개   ② 2개   ③ 3개   ④ 4개   ⑤ 5개

28 한 변의 길이가 1인 정사각형 36개를 겹치지 않게 이어 붙여서 만들 수 있는 서로 다른 직사각형의 가지 수는? (단, 돌리거나 뒤집어서 같은 모양이면 1가지로 생각한다.)

① 1가지   ② 2가지   ③ 3가지   ④ 4가지   ⑤ 5가지

29 박스 안에 들어 있는 제비 500개 중에서 1등 당첨 제비가 1개, 2등 당첨 제비가 4개, 3등 당첨 제비가 8개 들어 있고 나머지는 모두 꽝이다. 당첨이 될 가능성을 2%로 낮추기 위해 더 넣어야 할 꽝인 당첨 제비의 개수로 알맞은 것은?

① 38개   ② 80개   ③ 110개
④ 150개   ⑤ 260개

30 서울역에서 대구역까지 290km라고 한다. 고속버스를 타고 서울역에서 대구역까지 가는 데 3시간 48분이 걸렸다. 이 고속버스의 속력은 몇 (km/시)인지 반올림하여 소수 첫째 자리까지 알맞게 나타낸 것은?

① 27.8(km/시)   ② 33.9k(km/시)   ③ 45.2(km/시)
④ 76.3(km/시)   ⑤ 84.5(km/시)

31 어느 투수가 던진 야구공의 속력을 재어보았더니 144km/h였다. 이 선수가 던진 야구공이 20m 떨어져 있는 상대 타자에게까지 가는데 걸린 시간은?(단, 공이 일정한 속력으로 운동한다고 가정한다.)

① 0.1초   ② 0.5초   ③ 1초   ④ 2초   ⑤ 4초

32 아래는 20초 동안에 100m를 달린 사람의 속력을 구하는 방법이다. ㉠, ㉡에 들어갈 알맞은 것은?

$$(속력) = \frac{(\quad ㉠ \quad)}{(걸린 시간)} = \frac{(\quad ㉡ \quad)}{(20s)} = 5m/s$$

	㉠	㉡		㉠	㉡
①	이동 거리	10m	②	이동 거리	100km
③	이동 거리	100m	④	속력	100m
⑤	걸린 시간	100km			

33 아래 그래프는 경기 순환 과정을 나타낸 것이다. A시점에서 나타나는 경제 상황으로 가장 적절한 것은?

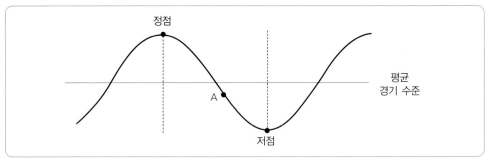

① 기업의 고용이 확대된다.
② 상품의 재고가 증가한다.
③ 기업의 투자 활동이 과열된다.
④ 소비 증가로 물가가 상승한다.
⑤ 금융 시장에서 자금의 수요가 증가한다.

34 아래 글의 밑줄 친 내용을 [보기]와 같이 정리할 때, ( ) 안에 들어갈 내용으로 가장 타당한 것은?

1997년 물리학자 케르너는 교통의 흐름을 3단계로 구분한 '단계 전환' 이론을 발표했다. 그는 교통 흐름을 '원활한 소통' 단계, 차량 진행이 늦어지면서 나란히 가는 '동기화 소통' 단계, 그리고 차량 흐름이 멈추는 '정체' 단계로 구분했다. 원활한 소통 단계에서는 차량들이 서로 멀리 떨어져 있어서 속도를 높이며 차선을 자유롭게 바꿀 수 있다. 이 상태는 입자들이 임의대로 움직이고 서로 충돌할 가능성이 거의 없어 밀도가 낮은 기체의 흐름을 떠올리게 한다. 러시아워 때는 교통량이 갑작스럽게 증가하여 충돌 위험이 높아지고 차량 평균 속도가 줄어든다. 이는 액체의 상태와 유사하다. 이 상태에서 차량이 더 늘어나 밀도가 더 증가하면 거의 움직일 수 없는 고체 덩어리와 같은 상태가 된다. 이렇게 교통 정체 현상을 물리학적으로 해석해 보면 액체가 기체, 고체로 바뀌는 것과 같은 '상전이 현상'을 찾아볼 수 있다.

교통의 흐름이 물질의 상전이 현상과 유사하다는 것은 정체를 막을 수 있는 법칙을 찾을 수 있다는 것을 시사한다. 여기서 물리학적 방법으로 교통 체증을 해결할 수 있는 실마리를 얻을 수 있다. 밀도, 온도, 기압 등이 임계치를 넘어서면 물질의 질적인 상태가 전환되는 상전이 현상이 나타난다. 이와 유사하게 물질의 상전이 현상을 교통의 흐름에 영향을 미치는 교통량, 평균 속도, 신호 체계 등의 요소들과 비교해 보면 질적 변화가 일어나게 되는 임계치를 찾아낼 수 있다. 단순한 예를 하나 들어 보자. 차량 수가 늘어나면 어느 순간 속도가 급격히 감소하여 정체 현상을 보이는데, 그 때가 임계치를 넘어서는 순간이다. 이런 방식으로 교통 체증을 예방할 수 있는 최적화 모델을 찾을 수 있을 것이다.

보기

- (   )

⬇

- 교통의 흐름은 물질의 상전이 현상과 유사하다.

⬇

- 교통 체증 문제 해결의 실마리를 얻을 수 있다.

① 상전이 현상은 법칙성을 가지고 있다.
② 상전이 현상은 일종의 정체 현상이다.
③ 물리학적 방법은 보편성을 가지고 있다.
④ 교통 체증은 여러 단계를 거쳐 일어난다.
⑤ 교통의 흐름은 함수 관계로 파악할 수 있다.

35 [보기]의 상황에 대한 아래 글의 글쓴이 견해에 가장 가까운 것은?

> 여러 사람이 공동으로 사용하는 목초지에 너무 많은 가축을 풀어놓아 그 땅이 황무지로 변해버리는 경우도 비슷한 사례라고 할 수 있다. 자신이 소유하는 땅에 가축을 놓아 먹이는 사람은 너무 많은 가축을 풀어놓지 않으려고 무척 조심한다. 바보가 아닌 다음에야 그 땅이 황무지로 변해버릴 정도로 많이 풀어놓는 것은 결코 이득이 되지 않음을 잘 알기 때문이다. 그렇지만 모든 마을 주민들이 공동으로 소유하고 있는 땅에 가축을 풀어놓을 때에는 태도가 달라진다. '내가 몇 마리쯤 풀어놓아도 별 상관이 없겠지'라는 안이한 생각으로 바뀌어버리는 것이다. 개인 소유의 땅에는 목초가 무성하게 자라 있는데, 공동소유의 땅은 시뻘건 황토를 드러내고 있는 광경을 찾아보기가 그리 어렵지 않다.
>
> 이와 같은 문제가 일어나는 궁극적인 이유는 소유권이 분명하지 않아 각 개인이 자원을 아껴 써야 할 필요성을 절감하지 못하기 때문이다. 이처럼 소유권이 분명하지 않아 비효율적인 결과가 나타나는 현상을 '공용지의 비극'이라고 부른다. 공용지의 비극을 막기 위해서는 바로 눈앞의 이득만을 추구하는 태도를 버려야 한다. 또한 공동 재산을 보호하는 데 소요되는 비용을 모든 사람이 기꺼이 나누어 부담하는 자세를 가져야 한다. 그렇지 않고 지금처럼 미적지근한 태도로 일관한다면 우리 사회에서 공용지의 비극은 언제까지나 계속될 수밖에 없다.

보기

> 현재 운행되고 있는 버스는 대부분 값싼 경유를 사용하는데, 이 경유가 대도시 공해의 주범이 되고 있다. 이 버스를 모두 저공해버스로 바꾸려면 시설 투자가 선행되어야 하고, 버스 요금은 당연히 오르게 된다. 그런데 버스 요금이 올라가면 물가 인상 요인이 발생하고 서민 생계에 부담이 되므로 저공해버스로 바꾸는 것에 대한 저항이 발생하게 된다.

① 비싼 요금을 내고 버스를 타느니 차라리 경유를 사용하는 버스를 타는 것이 좋겠다.

② 저공해 버스를 통해 매연 배출을 억제하기 위해서는 모두가 경제적 부담을 감수해야 한다.

③ 버스 회사는 요금 인상보다는 과감한 구조 조정을 통하여 원가 절감 노력을 기울여야 한다.

④ 매연을 과다하게 배출하는 버스에 대해서는 정부 차원의 매연 단속 활동을 강화해야 한다.

⑤ 버스 요금이 인상되면 서민 생계에 부담을 주므로 정부가 나서서 버스 회사를 도와주어야 한다.

36 다음 중에서 아래 글의 밑줄 친 ㉠의 예로 알맞은 것은?

> 노동자 측에서는 노동 시간의 양보다 질적 성과가 더 중요하다는 점을 들어 노동 시간의 단축을 강력히 주장하고 있다. 반면에 기업 측에서는 법정 노동 시간의 단축이 실제로 노동 시간을 줄이기보다는, 시간 외 일에 대한 초과 임금 지급으로 인건비 부담만 가중시킴으로써 기업의 경쟁력을 저하시킬 것이라고 주장한다. 이러한 상황에서 노사 양측의 대립을 조정해야 하는 입장에 있는 정부는 노동 시간의 단축이 초래할 사회 경제적 파급 효과를 검토하고 있다. 정부는 실업 문제의 해소를 노동 시간 단축의 가장 긍정적인 효과로 기대하고 있다. 노동 시간이 단축되면 일자리가 늘어나 고용 창출이 이루어질 것으로 보고 있기 때문이다. 또한 주당 노동 시간이 44시간에서 40시간으로 줄어든다는 것은 결국 토요일 휴무에 의한 주 5일제 근무를 의미하기 때문에, 여가문화 교육 관련 산업이 활성화됨으로써 고용이 창출되고 경기가 부양될 것을 기대하고 있다. 그러나 다른 한편으로 정부는 노동 시간 단축으로 인해 ㉠사회 집단이나 계층 간 갈등이 유발될 수 있다는 점을 우려하고 있다. 그 결과 사회적 단절이 확산되면 국민 통합이 이루어질 수 없기 때문이다.

① 노동 시간 단축의 혜택을 받지 못하는 농어민의 불만이 증폭된다.
② 관광객 수의 증가에 따라 여가 관련 기업들 간의 경쟁이 심화된다.
③ 관광지의 환경이 파괴되어 기업과 환경 단체 사이의 대립이 늘어난다.
④ 주 5일 근무제를 시행하지 못하는 영세 기업 노동자의 박탈감이 커진다.
⑤ 부익부 빈익빈 현상이 심화되어 부유층과 빈곤층 사이의 갈등이 심화된다.

37 아래 사례를 통해 추론할 수 있는 을의 조언으로 적절한 것은?

> 갑은 효과적인 자산 관리를 위해 전문가인 을에게 어떻게 자금을 운용하면 좋을지 상담을 의뢰했다. 을의 조언을 받아들인 갑의 지출 내역은 다음과 같이 바뀌었다.

상담 전		상담 후	
적금	170만 원	적금	60만 원
청약저축	20만 원	주식형 펀드	70만 원
생활비 지출	185만 원	채권혼합형 펀드	45만 원
		청약저축	20만 원
		연금저축	30만 원
		생활비 지출	150만 원
합계	375만 원	합계	375만 원

① 수익성이 큰 금융 상품에의 투자가 필요합니다.
② 미래의 소비보다 현재의 소비를 더 중시해야 합니다.
③ 원금 손실의 위험성을 낮추기 위한 설계가 필요합니다.
④ 금융 자산보다 실물 자산의 보유 비중을 높여야 합니다.
⑤ 노후 대비보다 단기적인 목적 자금의 안정적 마련이 시급합니다.

38 아래는 Y 기업의 기업 활동에 대한 경영지도사의 조언 내용이다. Y 기업이 개선해야 할 기업 부문 활동으로 가장 적절한 것은?

> Y 기업은 독특한 판촉 활동을 통해 판매 실적이 전년도 대비 10% 이상 증가하는 등 목표 매출액의 초과 달성을 이루며 관련 부문 활동이 잘 이루어지고 있다고 판단됩니다. 하지만, 사원 채용 및 채용 후 교육·훈련 관련 부문 활동은 기존의 기능적 차원에 머물러 조직의 사업 목표를 달성하는 데 한계점이 드러났기에 관련 부문에 대한 개선이 필요합니다.

① 생산 관리 활동
② 재무 관리 활동
③ 회계 관리 활동
④ 마케팅 관리 활동
⑤ 인적 자원 관리 활동

39 아래의 갑과 을이 처한 각각의 상황에 대한 옳은 분석만을 [보기]에서 있는 대로 고른 것은?

> 갑 : "어떡하지? 시험인데 늦잠을 자고 말았어. 30분까지 학교에 도착해야 하는데.... 버스비보다 훨씬 더 많이 나오겠지만 지각하는 것보다는 택시를 타는 게 낫겠다."
> 을 : "와아~ 저 파란색 티셔츠 예쁘다. 살까? 이번 달 용돈이 만 오천 원밖에 남지 않았는데.... 이건 '소녀시절' CD를 사기 위해 남겨둔 건데 어떻게 할까?"

보기

ㄱ. 갑은 기회 비용을 고려하고 있다.
ㄴ. 을에게 용돈은 한정된 자원이다.
ㄷ. 을은 CD보다 파란색 티셔츠를 구입하는 것이 더 합리적이다.
ㄹ. 갑과 을은 경제적 선택의 문제에 직면하고 있다.

① ㄱ, ㄴ   ② ㄱ, ㄹ   ③ ㄷ, ㄹ
④ ㄱ, ㄴ, ㄹ   ⑤ ㄴ, ㄷ, ㄹ

40 아래는 P 기업의 경영 관리 활동의 문제를 해결하기 위해 작성한 보고서의 일부이다. 이 내용에 따라 강화해야 할 관리 활동으로 가장 적절한 것은?

> 제품의 품질 불량과 결함이 자주 발생하여, 고객으로부터 A/S 요청이 많아 기업의 이미지가 하락하고 있음.
>
> **[해결 방안]**
> • 업무에 미숙한 사원들에 대한 재교육 및 작업장 인원 재배치가 필요함.
> • 품질 검사 인원과 상품 개발 연구원의 확충이 필요함.

① 노사 관리
② 재무 관리
③ 회계 관리
④ 마케팅 관리
⑤ 인적 자원 관리

41 아래 글의 내용에 부합하는 해결 방안을 [보기]에서 고른 것은?

> 우리 사회는 삶의 질을 저하시키는 다양한 문제에 직면하고 있다. 이를 해결하기 위한 개인적·의식적 차원의 노력은 사회 구성원 전체를 대상으로 할 수 없을 뿐 아니라 지속되기도 어렵다. 반면에 국가는 사회적 약자를 포함한 국민 전체의 삶의 질을 증진시킬 수 있는 정책을 지속적으로 추진할 수 있다. 따라서 국가적·제도적 차원의 해결 방안을 마련하는 것이 중요하다.

보기

ㄱ. 복지 정책의 확대 시행
ㄴ. 공익에 기여하려는 태도 함양
ㄷ. 환경 보전과 관련된 법률의 제정 및 개정
ㄹ. 타인을 배려하고 나눔을 실천하는 자세 습득

① ㄱ, ㄴ   ② ㄱ, ㄷ   ③ ㄴ, ㄷ   ④ ㄴ, ㄹ   ⑤ ㄷ, ㄹ

[42~43] A라는 여성의 다음 이야기를 읽고 물음에 답하시오.

> A의 꿈은 경찰관이다. A는 초등학교 때부터 운동 능력이 탁월하였고 머리도 좋아 전교에서 손에 꼽을 정도였다. 중학교와 고등학교를 다니면서도 여전히 건강하고 운동을 잘하였을 뿐만 아니라 공부 역시 잘하는 우수한 학생이었다. 고등학생이 되고 나서 A는 자신의 장래 희망에 대해서 진지하게 고민을 하게 되었다. 그리고 A는 경찰관인 친한 언니 B를 떠올리며 자신도 사회 정의를 실현하기 위해서 일하고 싶다는 생각을 하였다. 경찰관이 위험한 직업이기도 해서 많이 고민되었지만 A는 경찰관이 되겠다고 결심하여 경찰대학 진학을 꿈꾸기 시작했다. 하지만 가부장적인 분위기에서 자란 A는 부모님께 경찰관이 되겠다는 말을 선뜻 하지 못하였다. A는 더 깊은 고민에 빠지고 있다.

42 다음 중에서 A의 자기개발을 방해하는 요인은?

① 경찰관이 되기 위해 무엇을 해야 할지를 알지 못함
② 가부장적인 부모님들이 반대에 대한 걱정
③ 본인이 경찰관이 될 수 있을까에 대한 확신 없음
④ 더 안정적인 직업에 대한 욕구
⑤ 위험한 직업이라는 생각

43 다음 중에서 A에게 해줄 수 있는 조언으로 옳은 것은?

① 경찰대학에 진학하지 않더라도 경찰관은 될 수 있어.
② 네가 진심으로 부모님께 설명을 하면 부모님께서도 이해해주실 거야.
③ 경찰관이 되기 위해서는 체력을 더 열심히 길러야 할 거야.
④ 경찰관은 너무 위험한 직업인 거 같은데 학교 선생님이 되는 게 어때?
⑤ 격투기를 익힌다면 위험한 직업에 대한 대비가 될 거야.

44 아래는 탄소 배출권 거래 제도에 관한 신문 기사의 일부이다. 이에 대한 기업의 대처 방안으로 적절한 것을 [보기]에서 고른 것은?

> 연간 6억 톤(t)의 온실가스를 배출하는 우리나라는 지난 1월 탄소 배출권 거래제를 도입했다. 이 제도는 우리나라 온실가스의 66%를 배출하고 있는, 석유 화학 및 철강 등의 525개 업체를 대상으로 실시된다. 환경부는 2015~2017년까지 이들 업체에 15억 9,800만 톤을 사전 할당했고, 8,900만 톤의 추가 감축을 할당키로 하였다.
> 이 제도의 도입을 통해 정부는 각 기업들이 자발적으로 온실가스 배출 저감 노력을 기울이도록 함으로써 환경오염을 줄일 수 있을 것으로 기대하고 있다.
>
> – ○○신문, 2015년 4월 22일

보기

ㄱ. 화석 연료 사용량을 늘린다.
ㄴ. 탄소 배출권 구입을 확대한다.
ㄷ. 저탄소 에너지 시스템을 구축한다.
ㄹ. 친환경 제품 개발을 위해 노력한다.

① ㄱ, ㄴ   ② ㄱ, ㄷ   ③ ㄴ, ㄷ   ④ ㄴ, ㄹ   ⑤ ㄷ, ㄹ

45 아래 그래프는 세계 에너지 자원의 소비 비중을 나타낸 것이다. A~C 자원에 대한 설명으로 옳은 것은? (단, A~C는 석유, 석탄, 천연가스 중 하나임.)

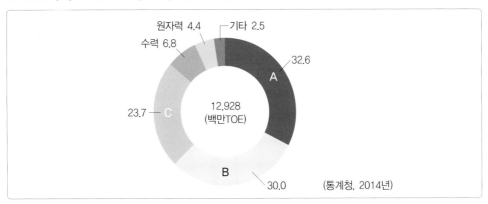

① A는 산업혁명 당시 주요 연료로 이용되었다.
② B는 주로 자동차 연료 및 화학 공업의 원료로 이용된다.
③ C는 냉동 액화 기술의 발달로 소비량이 증가하였다.
④ B는 A보다 일부 지역에 편중되어 국제 이동량이 많다.
⑤ C는 B보다 연소 시 대기 오염 물질 배출량이 많다.

46 아래 자료는 어떤 자원의 국가별 매장량 상위 10개국을 나타낸 것이다. 이 자원에 대한 설명으로 옳은 것은?

순위	국가 명	매장량 [비중(%)]	순위	국가 명	매장량 [비중(%)]
1	사우디아라비아	19.1	6	아랍 에미리트	7.1
2	베네수엘라 볼리바르	15.3	7	러시아	5.6
3	이란	9.9	8	리비아	3.4
4	이라크	8.3	9	카자흐스탄	2.9
5	쿠웨이트	7.3	10	나이지리아	2.7

(BP 세계 에너지 통계, 2011)

① 산업 혁명의 원동력이 된 자원이다.
② 방사능 누출과 폐기물 처리의 문제가 뒤따른다.
③ 세계에서 가장 많이 소비되는 에너지 자원이다.
④ 소비지와 매장지가 일치하여 국제적 이동량이 적다.
⑤ 대기 오염 물질의 배출이 적은 청정에너지 자원이다.

47 아래 글의 밑줄 친 '적정 기술'에 대한 옳은 설명을 [보기]에서 고른 것은?

> ### 세계 각국 기업들, '착한 기술' 개발에 나서
>
> 세계 각국의 많은 기업들이 착한 기술로도 불리는 <u>적정 기술</u>을 적극적으로 개발하여 보급함으로써 빈곤국에 큰 도움을 주고 있다. 라이프스트로, 큐드럼은 그 대표적인 사례이다.
> - 라이프스트로(LifeStraw) : 휴대용 정수기로, 물이 부족한 지역에서 이 제품으로 흙탕물을 빨아들이면 불순물을 걸러내 깨끗한 물을 마실 수 있다.
> - 큐드럼(Q-drum) : 이동 가능한 식수통으로, 아이들이나 여성들도 큰 힘을 들이지 않고 한 번에 50리터 정도의 물을 나를 수 있다.

> **보기**
>
> ㄱ. 인위적인 에너지 소비가 많아 지속 가능성이 낮다.
> ㄴ. 새로운 과학적 이론과 첨단 기술이 결합된 고급 기술이다.
> ㄷ. 제품의 사용 방법이 간단하여 누구나 쉽게 이용할 수 있다.
> ㄹ. 해당 지역의 환경 조건을 고려한 기술로 지역 공동체의 삶의 질을 높인다.

① ㄱ, ㄴ   ② ㄱ, ㄷ   ③ ㄴ, ㄷ   ④ ㄴ, ㄹ   ⑤ ㄷ, ㄹ

48 아래 뉴스의 (가)에 들어갈 내용으로 옳은 것만을 [보기]에서 있는 대로 고른 것은?

> 기 자 : 저는 ○○발전에 대한 논의가 한창인 '아시아태평양 재생 에너지 포럼'에 와 있습니다. 연구원님, 이 발전 방식의 원리와 장점은 무엇인가요?
>
> 연구원 : 이 발전 방식은 해수의 수평 운동에 의한 운동 에너지를 이용하여 전기를 생산합니다. 이 발전의 에너지원은 한 달을 주기로 거의 일정해서 다른 에너지원에 비하여 _____(가)_____는 장점이 있습니다.
>
> 기 자 : 이번 포럼에 참가한 각국에서도 한국의 해양 환경을 부존자원이 풍부한 잠재적인 시장으로 판단해 주목하고 있습니다.

보기

ㄱ. 날씨에 관계없이 발전할 수 있다.
ㄴ. 발전량을 정확하게 예측할 수 있다.
ㄷ. 건설 장소를 선정하는 데 제약이 없다.

① ㄱ   ② ㄷ   ③ ㄱ, ㄴ   ④ ㄴ, ㄷ   ⑤ ㄱ, ㄴ, ㄷ

49 A는 해양 에너지를 이용한 발전소 중에 국가별로 가장 먼저 건설된 발전소를 인터넷으로 검색하여, 아래와 같이 조사 보고서를 작성하였다. 아래의 조사 보고서에 나타난 발전소가 이용하는 에너지원으로 가장 적절한 것은?

조사 보고서

일자 : 2015년 7월 26일

1. 현황

발전소 명	랑스	아나폴리스	중앙시아
국가	프랑스	캐나다	중국
연간 발전량(GWh)	544	54	6
최대 조차(m)	13.5	8.7	8.39

2. 장·단점

장점	○ 청정에너지 자원을 이용한다. ○ 댐이 교량 역할을 할 수 있다.
단점	○ 조석 주기에 따라 발전 시간이 제한될 수 있다. ○ 다량의 유량을 저수하기 위한 유수지가 필요하다.

① 조류의 운동 에너지
② 조석의 위치 에너지
③ 파랑의 운동 에너지
④ 해상 바람의 운동 에너지
⑤ 담수와 해수의 염분 차 에너지

50 아래 글의 빈칸 ㉮, ㉯, ㉰에 알맞은 리더의 유형(독재자 유형, 민주주의에 근접한 유형, 파트너십 유형, 변혁적 유형)을 바르게 나열한 것은?

철수는 스포츠용품 제작/판매부서의 새로운 관리자로 승진되었다. 그 부서는 과거 가시적인 성공을 거두어 왔으나, 회사의 구조조정을 통해 오랫동안 일해 왔던 직원의 수가 줄어듦에 따라 최근에는 판매실적이 평균 이하로 떨어진 상태였다.

철수는 새로운 관리자로서 비교적 젊은 나이였기 때문에, 처음에는 [㉮] 유형을 적용하여 그 상황에 대처하였다. 그는 여러 판매부서 중에서 가장 훌륭한 직원들이 그의 그룹에 있음을 알고 있었다. 그는 현재 직원들의 업무수행 능력이 급격히 떨어지고 있는 상태라는 것을 각인시켰으며, 부하직원들에게 회사 내에서 최고 판매부서로 다시 발돋움할 수 있도록 자신이 최대한 도와줄 것임을 인식시켰다.

철수는 노련한 고참 직원들이 이전에 어떻게 성공할 수 있었는지에 대해 되돌아보도록 하였으며, 그러한 과거로 되돌아갈 수 없도록 방해하고 있는 것이 무엇인지 진단하는 것을 도와주었다. 그는 그들이 전성기에 얼마나 열성적이었으며 혁신적이었는지에 대해서 자랑하려고만 하고 성공을 향한 또 다른 노력을 기울이지는 않는다는 것을 발견하였다.

철수는 이내 [㉯] 유형의 리더가 되어 그의 부하직원들의 신뢰와 충성의 수준을 새로이 설정하였다. 그는 그의 부하직원들에게 보다 높은 수준으로 도약하기를 요구했으며, 집단의 성공과 실패에 그들 자신이 직접적으로 책임이 있음을 깨닫게 하여 그들 스스로 열심히 일하도록 하였다. 철수는 그의 리더십에 계속적으로 저항하고, 판매에 있어서 적극적을 보이지 않는 직원을 해고함으로써 이를 마무리 지었다.

그러자 철수의 팀은 적어도 평균 이상의 수준이 되었다. 이에 철수는 [㉰] 유형의 리더가 되었다. 그는 가장 경험이 많고 노련한 고참 직원에게도 새로운 판매방법을 종용하여, 6개월 이내에 75%의 판매 실력을 더 올리자는 비전을 제시하였다. 그의 부하직원들을 이러한 방법으로 고무시키고 격려함으로써 철수의 팀은 회사 전체에서 판매실적 선두권을 달리게 되었다. 그와 부하직원들은 스스로의 혁신성과 창의성을 깨닫게 되었고, 또한 회사의 성공에 크게 기여하였음을 깨닫게 되었다.

	㉮	㉯	㉰
①	독재자 유형	변혁적 유형	민주주의에 근접한 유형
②	변혁적 유형	민주주의에 근접한 유형	파트너십 유형
③	파트너십 유형	독재자 유형	변혁적 유형
④	민주주의에 근접한 유형	파트너십 유형	독재자 유형
⑤	파트너십 유형	민주주의에 근접한 유형	변혁적 유형

51 아래는 L 수산물 유통 회사는 판매 이익이 500만 원 이상인 지점에 성과급을 지급하기로 하고, 판매 이익이 높은 지점 순으로 정리한 작업한 결과이다. 아래와 같은 성과급 지급 여부 판별 작업에서 사용된 컴퓨터의 처리 기능이 아닌 것은?

① 분류   ② 비교   ③ 연산   ④ 정렬   ⑤ 정리

52 아래는 스프레드시트(엑셀)를 이용하여 작성한 문서이다. 이에 대한 설명으로 옳은 것만을 [보기]에서 있는 대로 고른 것은?

승진 시험 결과							
사원명	영어	상식	면접	전공	합계	평균	평가
고연수	98	89	90	100	377	150.8	승진 대상
나연수	78	90	67	80	315	126	승진 대상
다연수	77	56	80	79	292	116.8	승진 대상
라연수	40	89	65	78	272	108.8	탈락
마연수	19	20	90	100	229	91.6	탈락

보기

ㄱ. 정렬 기준은 '평균'이며, 오름차순으로 정렬되어 있다.
ㄴ. [H3]셀 값은 '=IF(G3>=70, "승진대상")'으로 구할 수 있다.
ㄷ. 필터는 조건에 맞는 데이터의 행만 표시되고 나머지 행들은 숨긴다.

① ㄱ　　　　② ㄷ　　　　③ ㄱ, ㄴ　　　　④ ㄴ, ㄷ　　　　⑤ ㄱ, ㄴ, ㄷ

53 아래는 스프레드시트(엑셀)를 이용하여 작성한 문서이다. 이에 대한 설명으로 옳은 것만을 [보기]에서 있는 대로 고른 것은?

번호	성명	원예	재배	축산	총점	순위
1	이순신	95	90	95	(가)	(나)
2	임꺽정	90	95	100	285	2
3	성춘향	95	85	95	275	4
4	이향단	100	95	95	290	1
5	김도령	85	90	85	260	5
	응시자 수	(다)				

보기

ㄱ. IF　　　　　　ㄴ. SUM　　　　　　ㄷ. RANK
ㄹ. COUNT　　　　ㅁ. AVERAGE

	(가)	(나)	(다)
①	ㄱ	ㄴ	ㄹ
②	ㄱ	ㄷ	ㅁ
③	ㄴ	ㄱ	ㅁ
④	ㄴ	ㄷ	ㄹ
⑤	ㄷ	ㄹ	ㅁ

54 아래와 같은 상황에서 A가 할 수 있는 가장 효과적인 방법으로 알맞은 것은?

> A : 근무지가 바뀌어 자리를 이동해야 하는데 컴퓨터의 즐겨찾기에 등록해 놓은 많은 사이트들을 어떻게 이용할 수 있을까?

① 워드프로세서 프로그램을 이용하여 주소들을 파일로 작성해 간다.
② 집에 있는 컴퓨터로 기숙사 컴퓨터에 원격 접속을 해서 사용한다.
③ 기숙사 컴퓨터의 'favorites' 폴더를 집 컴퓨터에 복사해서 사용한다.
④ 웹페이지 저작도구를 이용하여 주소들을 HTML 문서로 작성해 간다.
⑤ 웹브라우저 화면에서 즐겨찾기가 나오면 화면을 캡처해서 그림 파일로 저장해 간다.

55 아래에 나타난 물품 처리 방식과 같은 컴퓨터 정보 처리 방식의 예로 옳은 것을 [보기]에서 고른 것은??

> ○○수산물유통에 발령을 받은 영수는 냉동 새우 보관 창고로 출근하여 입출고 시스템을 관찰하였다. 창고는 입고와 출고가 서로 반대 방향에서 이루어지는 구조로 되어 있었다. 입하 트럭이 도착하여 A 지역에서 물품을 하차하면 지게차로 순서대로 집하하여 보관하고, 출하를 할 때에는 B 지역에서 지게차로 물품을 트럭에 상차하고 있었다.
>
>

보기

> ㄱ. 웹브라우저에서 [뒤로]를 선택하여 이전 페이지를 연다.
> ㄴ. 한글에서 [파일] 메뉴에 나타난 문서 목록 중 가장 최근의 것을 클릭하여 연다.
> ㄷ. 컴퓨터에서 여러 문서 파일에 하나씩 인쇄 명령을 내리면 프린터가 문서들을 순서대로 인쇄한다.
> ㄹ. 워드프로세서에서 글을 입력하는 도중 [Home] 키를 누른 후에 [Delete] 키를 눌러 내용을 삭제한다.

① ㄱ, ㄴ   ② ㄱ, ㄷ   ③ ㄴ, ㄷ
④ ㄴ, ㄹ   ⑤ ㄷ, ㄹ

56 아래는 컴퓨터실의 모든 컴퓨터에 설치된 소프트웨어 목록이다. 이 컴퓨터실에서 개설할 수 있는 강좌명이 아닌 것은? (단, 설치된 소프트웨어만을 사용한다.)

- 운영체제 : 윈도 XP
- 응용 소프트웨어 : 인터넷 익스플로러, 워드프로세서, 스프레드시트

① 이력서와 자기 소개서 만들기
② 파일 및 폴더 관리로 하드디스크 정리하기
③ 함수를 이용한 간편한 금전 출납부 만들기
④ 메모장과 웹브라우저를 활용한 홈페이지 만들기
⑤ 3D 애니메이션을 활용한 나만의 캐릭터 만들기

57 (가)의 관점에서 (나) 그림의 갈등 상황을 해결하기 위해 제시할 수 있는 조언으로 가장 적절한 것은?

(가) 윤리 문제의 해결을 위해서는 누구든지 강요가 없는 상태에서 참되고, 진실하고, 이해할 수 있는 언어를 매개로 상호 간 의사소통의 합리성을 실현하여 합의할 수 있어야 한다.

(나)

① 개인적인 감정과 사적인 친분에 호소해야 한다.
② 국익에 도움이 된다면 옳고 그름을 가리지 말아야 한다.
③ 효율적인 문제 해결을 위해 소수 의견을 제외해야 한다.
④ 사회적으로 권위 있는 사람의 의견을 그대로 반영해야 한다.
⑤ 구성원의 참여와 자유로운 토론을 통해 합의를 도출해야 한다.

58 아래 사례로 배울 수 있는 국제감각으로 알맞은 것은?

> L씨는 회사를 대표해서 사우디아라비아에 계약을 체결하러 갔다. 이 건만 체결이 되면 회사에 큰 이익을 남길 수 있는 계약이었다. 계약을 진행하다가 상대측인 사우디아라비아 인은 커피 한 잔을 권했다.
>
> 평소에 커피를 별로 즐겨 마시지 않던 L씨라 커피를 거절하고 생수 한 잔 달라고 했다. 그런데 순조롭게 진행되던 협상이 갑자기 결렬되는 사태가 발생하였다! 사우디아라비아 인은 매우 기분이 상한 듯 더 이상 계약 건에 대해 이야기하고 싶어 하지 않았고, L씨가 각고의 노력을 기울였음에도 강경한 태도를 보였다.
>
> 결국 L씨는 영문도 모른 채 계약을 성사시키지 못하고 한국으로 돌아오게 되었다. 며칠 후, L씨는 사우디아라비아에 몇 번 방문한 적이 있었던 선배와 복도에서 우연히 마주치게 되었고, 궁금했던 이유를 물어보았다.
>
> "뭐야, 커피를 거절했단 말이야? 큰 잘못을 했네. 사우디아라비아에서 이런 거절은 모욕으로 생각하거든…"

① 거래 상대방이 요구하는 것은 거절하면 안 된다.
② 거래 상대방의 성격 파악을 하는 것은 매우 중요한 일이다.
③ 업무 수행을 잘하는 것도 중요하지만 문화적인 요인도 고려해야 한다.
④ 거래를 할 때에는 상대방의 기분이 어떤지를 정확하게 파악해야 한다.
⑤ 거래를 할 때에는 회사에서 바라는 것이 무엇인지를 파악하여 이를 달성하는 것이 중요하다.

59 아래 사례를 통해 알 수 있는 사항으로 알맞은 것은?

> L씨는 은행의 자금 결제실에 근무하고 있다. 그런데 최근에 넘어온 결제 건에서 금액 계산이 잘못된 오류를 발견하였다. 이것은 새롭게 시행되는 개인 고객의 정보보호 강화 와 관련 시스템 구축 건이었다.
>
> L씨는 상사에게 보고하기 전에 급하게 담당자에게 전화를 연결해서 수정하고 싶었지만 이 업무의 담당자가 누구인지 알 수 없었다. 당황하는 L씨를 보고 옆 자리에 앉은 직장 동료가 "조직도를 한번 보는 게 어때?"라고 충고해 주었다. '아! 조직도!'
>
> 사내 조직도를 찾아서 열어보니 개인 고객 시스템과 관련된 부서는 IT 본부인 것을 알 수 있었다. L씨는 IT 본부에 전화를 걸어 담당자와 통화를 하였고, 무사히 오류를 해결할 수 있었다.

① 조직 관리의 중요성
② 조직 변화의 중요성
③ 조직 목표 이해의 중요성
④ 조직 구조 이해의 중요성
⑤ 조직 구조 변화의 중요성

60 아래의 사례들 중에서 명백한 성희롱에 해당하거나 성희롱이 될 소지가 있는 사례만 나열한 것은?

> (가) 털털 씨는 사무실에서 매우 재미있는 사람으로 통해 직원들 사이에 인기가 높다. 그런데 그의 재담은 주로 성을 소재로 한 이야기가 주제였다. 여직원 깔끔 씨는 털털 씨의 이러한 농담이 부담스러웠지만 부서에서 여자는 자신 혼자뿐이었기 때문에 같이 어울릴 수밖에 없는 처지였다.
>
> (나) 순심 씨는 몇 명의 남자 직원들과 함께 근무하는 팀의 홍일점 여직원이다. 그런데 오 대리가 일을 시킬 때면 지나칠 정도로 순심 씨에게 근접하면서 신체의 일부를 접촉하는 자세를 취하곤 한다. 특히 그녀가 책상에 앉아 타이핑할 때면 격려한다는 명목으로 순심 씨의 어깨와 손을 은근히 건드리곤 한다. 싫은 표정을 여러 번 지었지만 모르는 척하는 것 같다.
>
> (다) 갑돌 씨는 모든 사람에게 인사 잘하기로 유명한 직원이다. 그는 자주 같이 일하는 동료 여직원에게 다음과 같이 인사를 잘 한다. "오늘은 대단히 멋있어 보이는데? 옷이 대단히 잘 어울려. 특히 을순 씨는 파란색을 입으면 대단히 잘 어울린단 말이야." 을순 씨는 기분이 좋으면서도 어떨 때는 조금 부끄러운 기분이 들 때도 있다.
>
> (라) 직장 내에서 흔히 발생하는 상황이다. 김 과장은 특히 고졸 출신의 여직원에게 직접적인 성적 언동을 하는 것은 아니지만, 마치 다방에서 하듯이 행동을 한다. "어이, 미스 리~ 나, 커피 한 잔 줘.", "야~ 미스 리! 태도가 그게 뭐야" 매우 불쾌하고 기분이 좋지 않다.

① (가), (나)
② (가), (다)
③ (나), (다)
④ (나), (라)
⑤ (다), (라)

MEMO

MEMO

국가직무능력표준

NCS

공기업 입사의 키인

NCS 직업기초능력 평가를 위한 **최적의 책**

☑ NCS 직업기초능력 능력별 **중요 핵심 사항 요약 정리**

☑ NCS 직업기초능력 능력별 **각 능력 이해 기본 문제 수록**

☑ NCS 직업기초능력 능력별 **각 능력 이해 심화 문제 수록**

☑ NCS 직업기초능력 **NCS 및 공기업 예시 문제 수록**

☑ NCS 직업기초능력 **공기업 기출 문제 수록**

☑ NCS 직업기초능력 평가 **실전 모의고사 수록**

쇼핑몰 http://www.cmass21.net/
블로그 http://blog.naver.com/bosungabi

특별한
나!

NCS
국가직무능력표준

GEN
Z
실감세대

NCS 고졸채용
직업기초능력 평가

이론+문제+모의고사

정답 및 해설

씨마스

NCS

국가직무능력표준

NCS 고졸채용
직업기초능력 평가

이론+문제+모의고사

정답 및
해설

씨마스

II
직업기초 능력 평가
- 이론 및 기본 문제

01 ②	02 ④	03 ④	04 ④	05 ④
06 ④	07 ④	08 ④	09 ②	10 ①
11 ④	12 ②	13 ②	14 ④	15 ④
16 ③	17 ④	18 ①	19 ③	20 ③
21 ②	22 ①	23 ①	24 ①	25 ②
26 ①	27 ③	28 ②	29 ③	30 ②

 01 정답 ②

해설 '상대방의 이야기를 듣거나(ⓒ)' '감정적인 정보 전달(ⓓ)'이나 '문의 전화(ⓔ)'는 ㉠ 언어적인 의사소통 능력에 해당된다. 그리고 '상황과 목적에 맞는 문서 작성(ⓑ)'이나 '수취 확인서(ⓒ)', '메모(ⓕ)', '운송장 작성(ⓖ)', '보고서 작성(ⓗ)' 등은 ㉡ 문서적인 의사소통능력에 해당되는데 감정적이라기보다는 권위적이며, 정확성이 있는 의사소통이라 할 수 있다.

02 정답 ④

해설 대화를 할 때에는 상대방의 이야기를 끝까지 듣는 경청의 자세를 가져야 한다. [보기]의 대화에서 B 부장은 A 대리가 자신이 늦게 온 이유를 말하려고 하는데 이를 무시하고 있는 상황이다. 이는 올바른 경청의 방법이라고 할 수 없다. 따라서 B 부장이 가져야 할 올바른 경청 방법은 상대방의 이야기를 가로막지 않는 것이다.

03 정답 ④

해설 주어진 글의 내용은 전기 암호 장치는 회로 구조가 파악되면 쉽게 암호가 노출되고 상황에 따라 회로 구조를 바꾸기가 쉽지 않다는 문제점이 있었다는 것이다. 그래서 이러한 문제를 극복하기 위해 회전하는 원통 속에 전기 회로 구조를 넣은 에니그마를 개발했다고 말하고 있다. 이로 보았을 때, 주어진 글의 중심 내용은 ④의 '에니그마의 개발 배경'이 알맞다.

04 정답 ④

해설 바람직한 의사소통을 저해하는 요인으로는 ['일방적으로 말하고', '일방적으로 듣는' 무책임한 마음], ['전달했는데', '아는 줄 알았는데'라고 착각하는 마음], ['말하지 않아도 아는 문화'에 안주하는 마음]의 세 가지를 말할 수 있다. [보기]의 대화에서 부장은 이 중에서 '일방적으로 말하고', '일방적으로 듣는' 무책임한 마음을 보이고 있다.

05 정답 ④

해설 ㉠의 '수취 확인서'와 ㉢의 '메모', ㉣의 '주간 업무 보고서'는 '문서적인 의사소통'에 속한다. 그리고 ㉡의 '수취 확인 문의 전화'는 '언어적인 의사소통'에 속한다.

06 정답 ④

해설 문서의 내용을 시각화 한다고 하여 무조건 그림이나 사진, 표등을 넣는 것이 아니다. 말하고자 하는 내용을 보기 쉬워야 하고, 이해하기 쉬워야 한다. 그래서 즉각적으로 한눈에 파악하기 어려운 숫자는 그래프로 표현하는 것이 좋다. 그런데 문서를 시각화할 때 내용을 그저 단순하게만 표현하면 시각화하는 의미가 감소하기 때문에 문서의 의미가 잘 드러나면서도 보는 사람이 쉽고도 흥미롭게 보고 이해할 수 있도록 다채롭게 표현되는 것이 좋다.

07 정답 ④

해설 ④의 일방적으로 말하고 일방적으로 듣는 무책임한 마음은 '의사소통 기법의 미숙'이나 '표현 능력의 부족', '이해 능력의 부족'과 같은 상황에서 발생되는 의사소통의 장애를 말한다. 주어진 사례의 S 팀장은 모든 일에 꼼꼼하기는 하지만 팀원들에게 '정확히 전달되었는지', '정확히 이해했는지'를 확인하지 않고 있다. 이는 의사소통을 어떻게 해야 하는지 모르거나 표현 능력이 미숙해서 나타나는 의사소통의 장애를 보이는 것이라 할 수 있다.

오답 ① 주어진 사례에서 S 팀장의 과업 지향적인 태도가 의사소통에 장애가 되는 것 같지만 그렇지 않다. 이 사례에서 나타나는 의사소통의 장애는 해설에서 말한 대로 소통을 하려는 노력 자체를 보이지 않는 데 있다.
② 말하지 않아도 아는 문화에 안주하는 마음은 '눈치'를 중요시 하는 의사소통을 미덕이라고 생각하는 경향에서 발생한다. '과거의 경험'이나 '선입견', '고정관념' 때문에 말을 안 해도 알겠거니라고 생각하는데서 발생하는 의사소통의 장애를 말한다. 비즈니스 현장에서 필요한 것은 마음으로 아는 눈치의 미덕보다는 정확한 업무 처리임을 명심해야 한다.
③ '전달했는데, 아는 줄 알았는데'라고 착각하는 마음은 사소한 것이라도 '엇갈린 정보'를 바로잡지 않은 채 커뮤니케이션을 할 때 발생한다. '평가적이며 판단적인 태도'나 '잠재적 의도' 때문에 착가하여 의사소통이 이루어지지 않는 것을 말한다.

08 정답 ④

해설 인상적인 의사소통을 위해서는 자주 사용하는 표현보다는 새로워서 참신한 표현을 통하여 자신의 의견을 잘 전달하는 것이 중요하다. 자주 사용하는 표현은 의사소통을 쉽게 할 수 있는 이점이 있는 반면에 상대방에게 인상적인 느낌을 주기는 어렵다.

09 정답 ②

해설 제시된 사례는 체계적인 문서의 작성이 직업 생활에서 중요함을 알려주는 사례이다. 이를 통해 학습자들은 원칙과 체계가 있는 문서 작성의 중요성을 깨닫고 문서 작성 시 작성법에 주의하며 작성해야 함을 아는 기회를 가지게 된다. 따라서 선택지의 주의 사항 가운데 문서 작성의 체계와 관련된 내용인 육하원칙에 따라 써야 한다고 한 ②가 신입사원에게 충고해 줄 내용에 적절하다.

10 정답 ①

해설 상대방의 잘못을 지적할 때는 상대방이 자신의 잘못을 바로 알 수 있도록 확실하게 지적해야 한다. 돌려서 말하는 것은 상대방이 알아듣기 모호한 표현으로 하는 것인데, 이는 말하는 사람의 설득력을 약화시킨다.

오답 ② 부탁하는 내용을 가지고 상대방을 설득하기 위해서는 상대방이 부탁을 들어 줄 수 있는 시간과 비용을 말해 이를 감당할 수 있으면 들어달라고 말해야 한다. 또한 언제 어느 때 그 것(부탁 내용)을 해 달라고 분명하게 말해야 한다. 그래야 상대방이 거절할 때도 분명하게 할 수 있고, 부탁을 들어 줄 때도 정확하면서도 효과적으로 할 수 있다.
③ 상대방의 요구를 거절할 때는 상대방의 기분이 최대한 나쁘지 않게 해야 서로 간의 관계가 어긋나지 않을 것이다.
④ 상대를 설득할 때 나는 괜찮은데 너는 나쁘기 때문에 바꾸라고 하면 설득을 당해야 할 사람이 동조하여 설득되기 어렵다.

※ 기타 상대방을 설득할 때 주의할 점
1. 상대방의 잘못을 지적할 때는 먼저 상대방과의 관계를 고려한다.
2. 힘이나 입장의 차이가 클수록 저항이 적다.
3. 지금 당장 꾸짖고 있는 내용에만 한정해야지 이것저것 함께 꾸짖으면 효과가 없다.

11 정답 ④

해설 직업 생활 중에는 다양한 상황에서 목적에 맞는 다양한 문서를 작성해야 한다. 이에 대비하여 내용에 제시된 각 문서의 특징을 잘 알도록 해야 한다. 어떤 일을 하기 위한 기획을 제시하는 글인 기획서(㉠)를 작성할 때는 상대방이 그 일에 대해 긍정적으로 생각할 수 있도록 설득력 있게 작성해야 한다(ⓒ). 제품이나 일에 대한 설명을 다룬 설명서(㉡)는 익는 사람이 쉽게 이해할 수 있도록 평서문의 평이한 글로 쓰되, 지루하지 않고 쉽게 이해할 수 있도록 다양하게 표현하는 것이 좋다(ⓕ). 공적인 내용을 담는 공문서(㉢)는 공적인 일을 알리는 공문서는 큰 사항이나 복잡한 내용의 경우 분류를 통해 구분하여 표현하는 것이 좋으며(ⓑ), 또 공적인 내용은 시작과 끝이 해야 한다(ⓓ). 어떤 일의 사실 관계를 보고하는 보고서(㉣)의 경우에는 보고서를 읽는 사람들이 궁금해 하는 점을 묻는 것에 대비하여 궁금해 할 만한 중요 내용을 포함해야 한다(ⓐ).

12

정답 ②

해설 제시된 사례는 아내가 상대방(남편)의 말을 듣고 공감하기 보다는 자신의 생각에 들어맞는 단서들을 찾아 자신의 생각을 확인하는 내용이다. 이는 상대방이 하는 말의 내용은 무시하고 자신의 생각인 '짐작'이 옳다는 것만 확인하려 한다는 점에서 의사소통의 장애 요소라고 할 수 있다. 이처럼 '짐작하기'는 올바른 경청을 방해하는데 중요한 요인이 된다.

13

정답 ②

해설 제시된 사례에서 아내는 상대방(남편)의 문제를 지나치게 본인이 해결해 주고자 한다. 말끝마다 조언하고 충고하며 끼어들면 이를 듣는 상대방은 자신이 하고자 하는 말을 제대로 말을 끝맺을 수 없어 의사소통을 이룰 수 없게 된다. 따라서 '조언하기'는 올바른 경청을 방해하는데 중요한 요인이 된다.

14

정답 ④

해설 ⓐ '진행됐던 사안의 수입과 지출 결과를 보고하는 문서'를 '결산 보고서(ⓔ)'라고 한다. ⓑ '상대방에게 기획의 내용을 전달하여 기획을 시행하도록 설득하는 문서'를 '기획서(ⓒ)'라고 한다. ⓒ '회사의 업무에 대한 협조를 구하거나 의견을 전달할 때 작성하는 문서'를 '기안서(ⓖ)'라고 한다. ⓓ '각종 조직 및 단체 등이 언론을 상대로 자신들의 정보가 기사로 보도되도록 하기 위해 보내는 자료'를 '보도 자료(ⓒ)'라고 한다.

15

정답 ④

해설 대화를 할 때 상대방을 정면으로 마주하는 자세는 내가 그와 함께 의논할 준비가 되었음을 알리는 모습이라고 할 수 있다. 따라서 ④와 같이 눈을 마주치지 않고 피하면 상대방은 내가 의논할 자세가 안 되었다고 느끼게 하기 때문에 이는 올바른 경청의 자세가 아니다.

오답 ② 손이나 다리를 꼬는 것은 상대방에 대한 거리감을 표현하는 것이기 때문에 대화를 위한 개방적인 자세가 아니다.

16

정답 ③

해설 발표는 화자의 얼굴을 청중 앞에 드러낼 때부터 시작된다고 말하는 것이 좋을 것이다. 화자는 대개 연단 앞에 서기 이전의 시간을 별개로 취급하는 경향이 있지만 화자가 청중 앞에 최초로 몸을 드러내는 순간에 청중은 이미 화자에 대한 첫인상을 마음에 새겨 두는 것이다. 자신과 용기와 겸손과 주의력을 다듬어진 단정한 몸가짐과 시선, 그리고 얼굴 표정을 밝게 관리하지 않으면 결코 좋은 인상을 주지 못한다. 제시된 내용은 발표자가 발표 전에 하는 이와 같은 잘못된 몸짓(③)을 정리한 것이다.

17

정답 ②

해설 발표를 할 때 청자를 호박으로 보라는 말이 있다. 청중의 신분과 숫자는 일정한 것이 아니다. 때에 따라서는 사회 저명인사일 수도 있고, 또한 수백 명 수천 명일 수도 있다. 발표자가 연단에 섰을 때 청자의 나이와 사회적 신분만을 생각한다면 말하기 전에 위축되어 발표를 할 수 없게 된다. 비단 청자가 나의 상사이거나, 장군이거나, 고관이거나, 연장자일지라도, 연단에 서는 순간 하나의 무생물로 인식해야 한다. 발표 내용에 관한한 발표자는 권위자이며, 그의 신분이 어떠하든 간에 결국 청자와 나는 똑같은 평범한 인간이라는 생각을 가지고 연단에 서야 한다.

18

정답 ①

해설 경청능력은 연습을 통하여 개발할 수 있기(ⓐ) 때문에 안 된다고 생각하지 말고, 대화법이나 놀이, 공감적 이해 등을 통해 경청능력을 개발할 수 있도록 노력해야 한다.

오답 ⓑ 대화법을 통한 경청훈련은 모든 인간관계에서 적용할 수 있다. 부부 관계, 부모-자녀 관계, 친구 관계, 직장 동료 관계, 직장 상사와 부하 직원 관계 등 모든 인간관계에서 그대로 적용된다는 점을 명심해야 한다.

ⓒ 적절한 맞장구는 대화하는데 필수적이다. 듣기를 잘하는 사람은 맞장구를 잘 치는 사람이다. 적절하게 맞장구를 치면 말하는 사람의 의욕이 북돋아져 이야기에

더욱 열의가 생기게 된다.

📖 19 [정답 ③]

해설 대화하는 상대방에게 자신이 집중하고 있음을 보여 주는 행위의 하나가 상대방에게 다가가며 상체를 기울이는 것이다. 따라서 ③은 알맞은 내용이다.

오답 ① 경청능력은 연습하여 개발할 수 있다. 따라서 안 된다고 생각하지 말고, 대화법을 통한 경청훈련, 놀이를 통한 경청 훈련, 공감적 이해 등 경청 능력을 개발할 수 있도록 노력해야 한다.
② 적절한 맞장구는 대화하는데 필수적이다. 듣기를 잘하는 사람은 맞장구를 잘 치는 사람이다. 적절하게 맞장구를 치면 말하는 사람의 의욕이 북돋아져 이야기에 더욱 열의가 생기게 된다.
④ 대화법을 통한 경청 훈련은 모든 인간관계에서 적용할 수 있다. 부부 관계, 부모–자녀 관계, 친구 관계, 직장 동료 관계, 직장 상사와 부하 직원 관계 등 모든 인간관계에서 그대로 적용된다는 점을 명심해야 한다.

📖 20 [정답 ③]

해설 '놀이를 통한 경청 훈련'은 말을 따라하는 앵무새와 같이 상대방의 말을 받아들여 반영·요약·정리할 수 있도록 '앵무새 놀이'를 통해 하는 경청 훈련을 말한다.

📖 21 [정답 ②]

해설 문서를 이해할 때에는 먼저 '문서의 목적을 이해(㉠)'한 뒤에 '작성 배경과 주제(㉡)'를, 다음에는 '문서의 정보(㉢)', 다음은 '문서를 통해 알 수 있는 요구 사항(㉣)'을, 다음은 '내가 할 행동에 대한 생각(㉤)'을, 마지막으로는 '의도 정리 및 요약을 하는 것(㉥)'이 적절하다.

📖 22 [정답 ①]

해설 제시문은 과학적 지식이 문화로부터 신비주의를 유리시켰으나 현대 문화가 인간에게 추방되었던 신비를 대중 전반의 문화 예술에서 미학적으로 복권하고 있다는 내용의 글이다.

오답 ② 과학과 신비주의의 상관관계는 논할 수 있으나 양자의 상호 대립적 관계로 결론지을 수는 없다.

📖 23 [정답 ①]

해설 제시문은 힐링의 의미와 국내에서 유행하는 힐링 관련 상품을 소개한 후, 바람직한 힐링의 방법은 고가의 힐링 여행이나 힐링 주택 등과 같은 상품이 아닌 명상이나 기도처럼 일상에서 쉽게 할 수 있는 일이라고 주장하고 있다. 따라서 이 글의 중심 내용으로는 ①의 '힐링의 바람직한 방법'이 알맞다.

📖 24 [정답 ①]

해설 의사표현은 일방적인 것이 아니라 주고받는 것이기 때문에, 상대방의 채널에 맞춘다는 기분으로 하는 것이 바람직한 의사 표현법이다. 따라서 풍부한 어휘력을 갖기 위하여, 책을 읽는 것이 크게 도움이 되지만, 이를 통해서 상대방의 기선을 제압할 수 있도록 어려운 말을 쓰는 것은 알맞은 내용이라 할 수 없다.

📖 25 [정답 ②]

해설 대화를 할 때 말이 아닌 말투나 어조, 몸짓, 표정 등에 의한 비언어적인 의사소통은 조금은 주의를 기울여야 말하는 상대방의 의도나 감정 상태를 파악할 수 있다. 보통 어조가 높다는 것은 만족과 안심의 상태를 나타낸다고 하기 보다는 흥분과 적대감을 내타내는 것이므로 주의해야 한다. 따라서 ②의 내용은 알맞지 않다.

📖 26 [정답 ①]

해설 외국인과 함께 일하는 국제 비즈니스에서의 의사소통은 외국어로 이루어지는 경우가 많기 때문에 외국어 능력이 중요하다. 직업인은 자신이 속한 조직의 목적을 달성하기 위해 외국인을 설득하거나 이해시켜야 한다. 하지만 이런 설득이나 이해의 과정이 외국인의 전화 응대, 기계 매뉴얼 보기 등 모든 업무에서 똑같이 이뤄지는 것은 아니다. 문서로 할 때와 대화로 할 때, 대화중에서도 마주 보면서 할 때와 전화와 같이 멀리 떨어져서 할 때가 각각 다르다. 따라서 누구에게나 똑같은 상황에서 기초외국어능력이 필요하다는 ①의 설명은 알은 내용이 아니다.

📖 27 　　　정답 ③

해설 외국어 공부를 위한 업무 외에 별도로 시간을 내기 어려운 직업인이 많다. 하지만 직업 생활에서 요구되는 기초외국어능력의 향상은 그리 거창하지 않아도 된다. 조금의 노력으로 일상에서 이루어나갈 수 있는데, 많은 노력을 들이지 않고도 출퇴근 시간을 이용하여 외국어 방송을 보거나 듣는 방법(㉠), 기회가 있을 때마다 외국어로 말하는 방법(㉣), 매일 30분씩 반복하여 공부하는 방법(㉤)을 통해 실천할 수 있다.

오답 ㉠ 출퇴근 시간을 이용하여 외국어 방송을 보거나 듣는 방법은 기초외국어능력 향상을 위한 좋은 방법이다.

㉡ 외국어 공부의 목적을 정하는 것은 기초외국어능력 향상을 위한 것이 아니라 외국어 공부를 해야 하는 당위성을 가지기 위한 것이다.

㉢ 혼자서 외국어 공부를 하게 되면 자칫 소홀해지기 쉬워 지속적으로 공부하기가 쉽지 않다.

📖 28 　　　정답 ②

해설 ㉤의 '맞장구를 치거나, 고개를 끄덕이는 행동'은 상대방의 말에 귀를 기울이고 있다는 의미이므로 알맞은 행동이다. ㉯의 '자료를 들여다보는 행동' 또한 상대방의 말을 더 잘 이해하기 위하여 대화중에 미리 준비된 자료를 보는 것이므로 알맞은 행동이다.

📖 29 　　　정답 ③

해설 틀린 곳은 ①에서 '정기회이'는 '정기회의'로, ②에서 '다말'은 '다만'으로, ③에서 '과분수의'는 '과반수의'로, ④에서 '특형한'은 '특정한'으로, '둘 지 있다'는 '둘 수 있다'로, ⑤에서 '그 박에'는 '그 밖에'로, '대통영령'은 '대통령령'으로 각각 고쳐야 한다. 따라서 틀린 곳은 일곱 곳이다.

📖 30 　　　정답 ②

해설 틀린 곳은 1. '재단법진'은 '재단법인'으로, 2. '정투투자기관'은 '정부투자기관'으로, 3. '헤류하는'은 '체류하는'으로, 4. '사무무를'은 '사무소를'로 고쳐야 한다. 따라서 틀린 곳은 네 곳이다.

01 ①	02 ②	03 ①	04 ④	05 ④
06 ③	07 ②	08 ④	09 ②	10 ③
11 ④	12 ①	13 ②	14 ③	15 ①
16 ④	17 ①	18 ②	19 ④	20 ①
21 ①	22 ④	23 ②	24 ①	25 ②
26 ②	27 ②	28 ②	29 ④	30 ②
31 ④				

 01   정답 ①

해설 처음 수부터 4를 더하고 2를 빼고, 5를 더하고 3을 빼고 6을 더하고 4를 빼는 식으로 간다. 즉, $1 + 4 = (5) - 2 = (3) + 5 = (8) - 3 = (5) + 6 = (11) - 4 = (7) + 7 = (14) - 5 = (9)$가 된다.

 02   정답 ②

해설 이 사각형은 4진법을 나타낸다는 것을 추론해낼 수 있다. 가장 오른쪽 세로가 1의 자리이고 가운데 세로줄이 4의 자리 가장 왼쪽의 세로줄은 $4^2(16)$의 자리이다. 따라서 색칠된 영역은 $16 + 16 + 4 + 1 + 1 = 38$이 되어 답은 ② 이다.

16	4	1
16	4	1
16	4	1

03   정답 ①

해설 주어진 숫자의 배열은 2, 4, 8의 순으로 감소하고 있다. 따라서 마지막 칸의 숫자는 앞의 숫자인 1849에서 16이 감소한 1833이 된다.

04   정답 ④

해설 주어진 숫자들은 다음의 공식에 따른다.
$1 + (4 \times 3^n)$, 이때 n은 다섯 숫자의 순서로 '0, 1, 2, 3, 4'이다. 따라서 이들 숫자는 다음과 같이 계산된다.
$1 + (4 \times 3^0) = 5$
$1 + (4 \times 3^1) = 13$
$1 + (4 \times 3^2) = 37$
$1 + (4 \times 3^3) = 109$
$1 + (4 \times 3^4) = 325$
그러므로 마지막 칸에 해당하는 숫자는 325이다.

 05   정답 ④

해설 $4 \times (3 - 1) + 6 ※ 3 = 10$은
$6 ※ 3 = 10 - 4 \times (3 - 1)$이 되므로,
$6 ※ 3 = 10 - 8 = 2$가 된다.
따라서 $6 ※ 3 = 2$가 되어야 하므로, 빈칸에 들어갈 기호로 알맞은 것은 ÷이다.

 06   정답 ③

해설 왼쪽 윗줄 숫자 32와 34의 차이가 2인데, 오른쪽 윗줄 숫자 54와 58의 차이는 4로 두 배가 증가했다. 아랫줄 숫자도 이와 같은 형식으로 바꾼다면 아랫줄 왼쪽 숫자 41과 45의 차이가 4이므로 아랫줄 오른쪽 두 숫자의 차이는 두 배인 8이 되어야 하므로 $72 + 8 = 80$이 된다. 따라서 빈칸에는 80이 와야 한다.

 07   정답 ②

해설 부서의 수를 a라 하면 전체 신입사원은
$a \times 5 + 3$이다.
$(a \times 5 + 3) - [6(a - 1)] < 4$이므로,
$a > 5$가 된다.
따라서 신입사원을 배치할 부서는 적어도 6곳이 있는 것이다.

 08   정답 ④

해설 톱니 수가 18인 톱니 A가 5바퀴를 돌면 18×5이므로 총 90개의 톱니가 돌아간 셈이다. 맞물려있는 톱니 B는 9바퀴를 도는데, 이 경우도 돌아가는 톱니의 총 개수가 90개이므로 $90 \div 9$를 해주면 10개의 톱니를 가지고 있는 것을 알 수 있다.

 09   정답 ②

해설 오답의 허용 개수를 a라고 하면,

$10(15 - a) - 8 \times a \geq 100$이 된다.

따라서 $a \leq 2.7\cdots$이다.

따라서 최대 2개까지만 오답을 허용한다.

10   정답 ③

해설 주문받은 꽃다발의 수를 a라 하면, 장미꽃은 $(4 \times a + 6)$ 송이고, 5송이씩 넣었을 때 마지막 꽃다발의 장미는 4송이 이하다. 그러므로 $5(a - 1) \leq 4 \times a + 6 \leq 5(a - 1) + 4$이므로 최소 7개이다.

11   정답 ④

해설 불합격 남자는 a, 불합격 여자는 a, 합격 남자는 100명, 합격 여자는 60명, $(100 + a) : (60 + a) = 4 : 3$, $a = 60$, 따라서 전체 응시 인원은 $160 + 120 = 280$명이다.

12   정답 ①

해설 현재 형과 나의 나이를 각각 2a, a라고 하면, 10년 후의 형과 동생의 나이는 각각 $2a + 10$, $a + 10$이다. 그러면 $2a + 10 : a + 10 = 4 : 3$이 되므로 $a = 5$이다. 그러므로 현재 형은 10살, 동생은 5살이다.

13   정답 ②

해설 1단계 40명, 2단계 $40 \times 0.6 = 24$명, 3단계 $24 \times (2/3) = 16$명인데 다시 3단계에 응시한 16명 중 10명이 떨어졌으므로 최종 승진 대상자는 6명이다. 그러므로 $6/40 = 0.15$이다.

14   정답 ③

해설 28은 4×7이므로, 28^2은 7^2인 49로 나누어떨어진다. 즉, $28^2 = 28 \times 28 = 784$이고, $784 \div 49 = 16$으로 나머지 없이 떨어진다.

[오답] ① $18 \rightarrow 784 \div 18 = 43.55555555555556$

② $21 \rightarrow 784 \div 21 = 37.33333333333333$

④ $85 \rightarrow 784 \div 85 = 9.223529411764706$

15   정답 ①

해설 'EAT SLOWLY'에서 앞의 'EAT'를 통해 E는 9, A는 5, T는 24가 됨을 알 수 있다. 즉 이 숫자 암호는 알파벳 순서에 4를 더하는 것이다. 이를 표로 정리하면 다음과 같다.

A	B	C	D	E	F	G	H	I	J	K	L	M
1	2	3	4	5	6	7	8	9	10	11	12	13
5	6	7	8	9	10	11	12	13	14	15	16	17

N	O	P	Q	R	S	T	U	V	W	X	Y	Z
14	15	16	17	18	19	20	21	22	23	24	25	26
18	19	20	21	22	23	24	25	26	27	28	29	30

위 표에 따라 비어있는 'W'가 '27'임을 확인할 수 있다.

16   정답 ④

해설 48일은 일주일인 7로 나누면 6주 6일이 흐른 후이다. 그러므로 6주는 계산에서 제외하고 6일을 헤아리면 일요일이다. 따라서 정답은 ④이다.

17   정답 ①

해설 주어진 표의 내용은 3곳의 영업소의 연도별 매출액을 나타낸 것이다. 이런 영업소별 시간의 경과에 따른 수량의 변화 상황을 나타내기에는 3개의 꺾은선 기울기가 알맞다. 꺾은선그래프는 시간적 변화에 따른 수량의 변화를 표현하기에 적합하다.

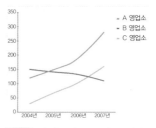

[오답] 막대그래프는 이들 변화를 한눈에 보기 어렵다.

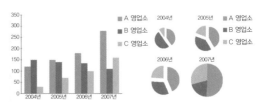

18 정답 ②

해설 버스를 타고 가면 한 자루에 350원씩 이득을 본다. 따라서 왕복 2,000원 이상의 이득을 보려면 2,000 ÷ 350 = 5.714…가 되므로 6자루 이상을 사야 한다.

 19 정답 ④

해설 ① $9,182 \div 2 = 4,591$
② $2,465 \div 0.1 = 2,465 \times 10 = 24,660$
③ $27 \times 27 = 128 \times 128 = 16,384$
④ $5^2 \times 5^2 = 25 \times 25 = 625$
따라서 ④가 가장 작다.

 20 정답 ①

해설 분수는 분자가 같을 때 분모가 작은 것이 더 큰 수임을 이용한다.
① $\frac{8}{9} \times \frac{7}{8} = \frac{7}{9} = \frac{7 \times 6}{9 \times 6} = \frac{42}{54}$ (②의 분모 55에 가깝게 함)
② $\frac{7}{11} \times \frac{6}{5} = \frac{42}{55}$
③ $\frac{5}{8} \times \frac{7}{6} = \frac{35}{48}$
④ $\frac{5}{9} \times \frac{9}{11} = \frac{5 \times 7}{11 \times 7} = \frac{35}{77}$ (③의 분자 35에 가깝게 함)

 21 정답 ①

해설 소괄호 안의 숫자를 먼저 계산한 후에 곱셈과 나눗셈을 진행한다.
$10 \div (9 - 4) + (1) \times 3 = 10 \div 5 + 3 = 2 + 3 = 5$

22 정답 ④

해설 연산 기호 ※은 기호 양 옆에 있는 두 숫자의 각 자리 숫자를 모두 더하는 기호이다.
$2 \times 7 \rightarrow 2 + 7 = 9$
$3 \times 4 \rightarrow 3 + 4 = 7$
$12 \times 3 \rightarrow 1 + 2 + 3 = 6$
$15 \times 34 \rightarrow 1 + 5 + 3 + 4 = 13$
따라서 17×26는 $1 + 7 + 2 + 6$이므로 16이 된다.

 23 정답 ②

해설 연속하는 세 짝수를 $(a - 2)$, (a), $(a + 2)$로 두면 세 수의 합은 $(a - 2) + (a) + (a + 2)$가 되므로 $(-2) + (2)$가 삭제되기 때문에 $3a$가 된다. 따라서 $3a = 78$이므로 a는 26이 되고, 세 짝수는 '$(26 - 1)$, (26), $(26 + 1)$이므로 가운데에 있는 짝수는 26이 된다.

24 정답 ①

해설 첫 40m 구간은 8초($40 \div 5 = 8$) 동안 뛰었고, 중간 20m 구간은 5초($20 \div 4 = 5$) 동안, 나머지 40m 구간은 5초($40 \div 8 = 5$) 동안 뛰었다. 따라서 총 걸리는 시간은 $(8 + 5 + 5)$이므로 18초 이고, 평균 속력은 전체 거리($40 + 20 + 40 = 100$)를 총 걸린 시간 18초로 나눈 것($100/18 = 50/9$)이기에 ①이 답이 된다.

25 정답 ②

해설 2014년 청렴도는 전년 대비하여 종합은 8.5에서 8.8로, 내부는 8.46에서 8.75로, 외부는 8.15에서 8.62로 모두 상승하였다.

오답 ① 2014년의 종합 청렴도는 2013년에 비해 0.3 만큼 상승하였다.
③ 내부 고발자의 신원 보호가 확실하게 된다는 것은 부패 행위 신고자의 보호가 확실하게 되는 것이므로 내부 청렴도가 높아질 것이다.
④ 외부 추천 과정을 공정하게 하면 알선 · 청탁 · 압력 행사 등 부패 인식이 감소하므로 외부 청렴도가 높아질 것이다.

 26 정답 ②

해설 어떤 집단의 전체 특성을 파악하기 위해서 전체 모두를 조사한다는 것은 시간과 비용이 많이 들 뿐만 아니라 결과에 대한 분석 또한 쉽지 않다. 때문에 전체를 조건에 맞게 분류하여 표본을 추출하여 그 표본의 조사를 통해 연구 대상 집단 전체의 특성을 미루어 파악한다. 이러한 방법이 유추이다.

오답 ① 통계는 전체 자료의 수량을 구분 · 분류하여 그 자료를 쉽게 이해할 수 있는 형태로 요약하여 정리한다.

③ 어떤 조직에서 복잡해 보이는 문제 상황을 해결하기 위해서 그 문제 상황을 통계 처리하여 어떤 상황인지를 쉽게 파악하여 의사결정을 하게 된다. 따라서 통계는 의사결정의 보조 수단이 된다.

④ 통계는 판매 상황이라든가 인구의 변동 등과 같은 눈에 보이지 않은 것들을 요약된 수량 등으로 표현하여 논리적으로 분석·추론하고, 이를 다시 검증할 수 있게 한다.

27
정답 ②

해설 막대그래프를 작성할 때에는 일반적으로 세로축에는 수량, 가로축에는 명칭 구분으로 하는 것이 좋다. 때문에 세로축에는 명칭 구분(연, 월, 장소 등), 가로축에는 수량(금액, 매출액 등)으로 정하는 것이 좋다고 한 'L군'의 의견은 잘못된 것이다. 또, 원그래프를 작성할 때에는 기타 항목의 구성 비율이 가장 크다고 할지라도 가장 마지막에 그리는 것이 좋다. 때문에 가장 앞에 그리는 것이 좋다고 한 'A양'의 의견도 잘못된 것이다.

28
정답 ②

해설 일반적인 도표의 작성 절차는 (1) 어떠한 도표로 작성할 것인지 결정(ⓒ), (2) 가로축과 세로축에 나타낼 것 결정(ⓐ), (3) 가로축과 세로축의 눈금의 크기 결정(ⓔ), (4) 자료를 가로축과 세로축이 만나는 곳에 표시(ⓓ), (5) 표시된 점에 따라 도표 작성(ⓕ), (6) 도표의 제목 및 단위 표시(ⓑ) 등의 순서가 적절하다. 선택지 가운데 이 순서에 맞는 것은 ②이다.

29
정답 ④

해설 1ℓ는 1,000㎖이므로 2㎖는 0.002ℓ이고(ⓔ), 1시간은 60분이고 1분은 60초이므로 1시간은 60 × 60 = 3,600초이다(ⓑ).

30
정답 ②

해설 그래프별 특징과 활용하기에 적합한 상황은 다음과 같다.

ⓐ 꺾은선(절선)그래프 : 시간적 추이(시계열 변화)를 표시하는데 적합 **예** 연도별 매출액 추이 변화 등 → ⓛ

ⓑ 막대그래프 : 비교하려는 수량을 비교하여 각 수량 간의 대소 관계를 나타내고자 할 때 적합 **예** 영업소별 매출액, 성적별 인원 분포 등 → ⓖ

ⓒ 점그래프 : 지역 분포를 비롯하여 도시, 지방, 기업, 상품 등의 평가나 위치, 성격을 표시하는데 적합 **예** 광고 비율과 이익률의 관계 등 → ⓒ

ⓓ 층별그래프 : 합계와 각 부분의 크기를 백분율로 나타내고 시간적 변화를 보고자 할 때, 합계와 각 부분의 크기를 실수로 나타내고 시간적 변화를 보고자 할 때 활용 **예** 상품별 매출액 추이 등 → ⓜ

ⓔ 레이더차트(거미줄 그래프) : 다양한 요소를 비교할 때, 경과를 나타낼 때 활용 **예** 매출액의 계절 변동 등 → ⓔ

31
정답 ④

해설 (가)와 같은 사례에서 매출액 추이 변화 등을 나타내기에 알맞은 그래프는 시간적 추이(시계열 변화)를 표시하는데 적합한 꺾은선(절선)그래프이고, (나)와 같은 사례에서 입후보자들의 득표수는 어떠한 비율로 흩어져 있는가를 알아보기 알맞은 그래프는 내역이나 내용의 구성비를 분할하여 나타내고자 할 때 활용할 수 있는 원그래프이다.

오답 막대그래프는 비교하고자 하는 수량을 막대 길이로 표시하고, 그 길이를 비교하여 각 수량 간의 대소 관계를 나타내고자 할 때 가장 알맞은 그래프이고, 점그래프는 지역 분포를 비롯하여 도시, 지방, 기업, 상품 등의 평가나 위치, 성격을 표시하는데 활용할 수 있는 그래프이다. 또 레이더차트는 매출액의 계절 변동 등과 같이 다양한 요소를 비교할 때, 경과를 나타낼 때 활용할 수 있는 그래프로 거미줄그래프라고도 한다.

01 ①	02 ④	03 ④	04 ④	05 ③
06 ④	07 ②	08 ②	09 ①	10 ③
11 ③	12 ④	13 ②	14 ③	15 ④
16 ③	17 ④	18 ②	19 ②	20 ①
21 ①	22 ④	23 ④	24 ④	25 ④
26 ④	27 ③	28 ①	29 ②	30 ④
31 ③	32 ③			

01

정답 ①

해설 문제 해결이란 목표와 현상을 (분석)하고, 이를 토대로 (과제)를 도출하여 최적의 (해결책)을 찾아 (실행, 평가)하는 활동을 의미한다.

02

정답 ④

해설 ④의 '지적 호기심'은 논리적 사고를 구성하는 다섯 요소에 해당하지 않고 비판적 사고를 위한 태도에 해당한다.

오답 ① '상대 논리의 구조화'는 자신의 논리로만 생각하면 독선에 빠지기 쉽기 때문에 상대방의 논리를 구조화하여 다른 메시지를 전달할 수 있도록 하는 것이다.
② '구체적인 생각'은 논리적인 내용을 하나하나의 사례를 생각하며 정리하는 것을 말한다.
③ '설득'은 함께 일을 진행하는 상대와 의논과 반론을 통해서 논리적으로 사고하는 방법이다. 이러한 방법들은 모두 논리적 사고를 구성하는 다섯 요소 가운데 하나이다.

03

정답 ④

해설 '환경 분석'은 문제 인식의 첫 단계로, 거시적인 환경을 분석하는 단계이며, '주요 과제 도출'은 분석 자료를 토대로 성과에 미치는 영향을 검토하여 주요 과제를 도출하는 단계이고, '과제 선정'은 후보 과제를 도출하고 효과 및 실행 가능성을 평가하여 주요 과제를 도출하는 단계이다. 따라서 문제 인식의 절차는 ④가 바르다.

04

정답 ④

해설 ㉮는 피라미드 구조로 하위의 사실이나 현상으로부터 상위의 주장을 만들어 나가는 방법이고, ㉯는 so what 방법으로 지금의 답에서 다시 물음을 이끌어 내는 방법이다.

05

정답 ③

해설 타인에 대한 이해, 설득, 논리의 구조화는 ㉮의 논리적 사고를 위해서 갖추어야 하는 구성 요소이다. 하지만 '고정관념'은 다양한 생각을 받아들일 수 없으며, 자신만의 논리로 빠지기 쉬운 것으로 논리적인 사고를 위해서는 버려야 할 것에 해당한다. ㉯의 비판적 사고를 발휘하기 위해 요구되는 태도는 지적 호기심, 객관성, 개방성, 융통성, 지적 회의성, 지적 정직성, 체계성, 지속성, 결단성, 다른 관점에 대한 존중 등이 해당된다. 하지만 '다른 관점에 대한 무조건적인 반박'은 어떤 현상을 부정적으로 바라보는 것이며, 비판적 사고라고 할 수 없다. 따라서 ③이 ㉮와 ㉯의 설명에 맞지 않게 연결된 것이다.

06

정답 ④

해설 문제를 해결하는 다섯 가지 절차는 '1. 문제 인식(㉤), 2. 문제 도출(㉣), 3. 원인 분석(㉠), 4. 해결안 개발(㉢), 5. 실행 및 평가(㉡)'의 순서이다. 따라서 정답은 ④이다.

07

정답 ②

해설 현재 문제가 없더라도 보다 나은 방법을 찾기 위한 문제(ⓐ)를 '창의적 문제(㉠)'라고 한다. 이러한, 창의적 문제는 해답의 수가 많으며, 주관적, 직관적, 감각적, 정성적, 개별적, 특수성을 띄는 문제(ⓓ)이다. 반면에 미래의 문제로 예견될 것에 대한 문제를 '분석적 문제(㉡)'라고 한다. 이러한 문제는 분석, 논리, 귀납과 같은 논리적 방법을 통해 해결(ⓑ)하며, 답의 수가 한정되어 있으며(ⓒ), 객관적, 논리적, 정량적, 이성적, 일반적, 공통성을 특징을 지닌다.

08
정답 ②

해설 ㄱ '성과 지향의 문제'는 기대하는 결과를 명시하고 효과적으로 달성하는 방법을 사전에 구상해야 하고(ⓑ), ㄴ '가설 지향의 문제'는 현상 및 원인 분석 전에 일의 과정이나 결론을 가정한 후 일을 수행해야 하며(ⓒ), ㄷ '사실 지향의 문제'는 객관적 사실로부터 사고와 행동을 시작해야 한다(ⓐ). 따라서 정답은 ②이다.

09
정답 ①

해설 주어진 조건[삼단 논법]에 따르면 찬이는 야무지고 똑똑하기 때문에 ①은 참이다.

오답 ②, ④ 주어진 조건에 찬이와 주희를 비교한 내용이 없기 때문에 누가, 또는 어느 팀이 더 똑똑하다고 할 수는 없다.
③ 조건에서 기획팀 구성원이 똑똑하다고는 했지만 똑똑한 사람 모두가 기획팀이라고 하지 않았다.

10
정답 ③

해설 문제를 해결하려고 할 때에는 문제에 집중하여 그에 맞는 자료를 중점으로 수집해야 하지 많은 자료를 구하려고 하는 것은 오히려 문제 해결에 장애가 된다. 따라서 ③은 문제 해결하는데 장애가 되는 요소가 아니다.

오답 문제를 해결하는데 장애가 되는 요소들은 문제를 철저하게 분석하지 않는 경우(②), 고정관념에 얽매이는 경우(①), 쉽게 떠오르는 단순한 정보에 의지하는 경우(④), 너무 많은 자료를 수집하려고 노력하는 경우(③)가 있다.

11
정답 ③

해설 발생형 문제는 현재 직면하여 해결하기 위해 고민하는 문제(ⓑ)를 말하며, 탐색형 문제는 현재의 상황을 개선하거나 효율을 높이기 위한 문제(ⓒ)를 말하고, 설정형 문제는 앞으로 어떻게 할 것인가 하는 문제(ⓐ)를 말한다.

12
정답 ④

해설 ㄱ 자유 연상법은 생각나는 대로 자유롭게 발상하는 방법으로 브레인스토밍(ⓒ)이 대표적인 방법이며, ㄴ 강제 연상법은 각종 힌트에 따라 강제적으로 연결 지어서 새로운 아이디어를 생각해내는 방법으로 체크리스트(ⓑ) 방법이 있다. ㄷ 비교 발상법은 주제의 본질과 닮은 것을 힌트로 발상해내는 것으로, NM법(ⓐ)이나 Synectics 방법이 있다.

13
정답 ②

해설 원인의 패턴으로는 원인과 결과를 분명하게 구분(ⓑ)할 수 있는 단순한 인과관계(ㄱ), 원인과 결과를 구분하기 어려운(ⓐ) 닭과 계란의 인과관계(ㄴ), 2가지 유형이 서로 얽혀 있는(ⓒ) 복잡한 인과관계(ㄷ)의 세 가지로 구분된다.

14
정답 ③

해설 '희영이보다 못했다'는 남진의 말이 참이면 '남진이보다 못했다'는 희영의 말은 거짓이 된다. 또, '용석이보다 못했다'는 희영의 말이 참이면 '꼴찌'라고 말한 용석의 말이 '거짓'이 된다. 결국 희영이 말이 참이 되면 남진과 용석의 말이 모두 거짓이 된다. 문제에서 말한 거짓말을 한 사원은 한 명이라는 말에 위배된다. 따라서 거짓말을 하고 있는 한 사람의 사원은 '희영'이다.

15
정답 ④

해설 비서가 사무실을 비우면 행정 처리가 늦어지고, 행정 처리가 늦어지면 프로젝트 마감일이 지연되며, 프로젝트 마감일이 지연되면 계약 지연 수수료를 납부해야 한다. 그러므로 정답은 대우 명제인 ④의 '계약 지연 수수료를 내지 않는 것은 비서가 사무실에 있기 때문이다'가 정답이다.

16
정답 ③

해설 환경 분석(ⓑ)은 문제 인식의 첫 단계로, 거시적인 환경을 분석하는 단계이며, 주요 과제 도출(ⓒ)은 분석 자료를 토대로 성과에 미치는 영향을 검토하여 주요 과제를 도출하는 단계임, 과제 선정(ⓐ)은 후보 과제를 도출하고 효과 및 실행 가능성을 평가하여 주요 과제를 도출하는 단계이다.

📖 17　　　정답 ④

해설　사실과 원칙에 근거한 토론에 의한 방법으로, 논쟁, 협상이 주요한 방법이 되는 것(㉮)은 하드 어프로치 방법이다. 커뮤니케이션을 통한 문제 해결 방법으로, 구성원의 동기 강화, 팀워크 향상 등을 이룰 수 있는 것(㉰)은 퍼실리테이션 방법이다.

📖 18　　　정답 ②

해설　ㄱ의 '사업 환경을 구성하고 있는 고객, 자사, 경쟁사에 대한 체계적인 분석을 통해 환경을 분석하는 방법'은 3C 분석이다. 3C란 고객(customer), 자사(company), 경쟁사(competitor)의 머리글자로 을 의미한다. ㄴ은 Logic Tree 방법으로 문제의 원인을 분석한다든지 해결책을 구체화할 때 사용되는데 주요 가제를 나무 모양으로 분해, 정리하는 방법이다.

📖 19　　　정답 ②

해설　㉮ 문제 도출 단계는 문제 해결과정 중 문제 인식 단계 다음으로 수행되는 단계로, 선정된 문제를 분석하여 해결해야 하는 것을 명확히 하는 단계를 의미한다. ㉯ 원인 분석 단계는 문제 해결과정 중 3번째 단계로, 문제 인식과 문제 도출 후에 이루어지는 단계이다. ㉰ 해결안 개발 단계는 문제로부터 다양한 원인들을 분석한 후 근본원인을 효과적으로 해결할 수 있는 다양한 해결안을 개발하고, 개발된 해결안 중 최선의 해결안을 선택하는 단계이다. ㉱ 실행 및 평가 단계는 해결안 개발을 통해 만들어진 실행계획을 실제 상황에 적용하는 활동으로 당초 장애가 되는 문제의 원인들을 해결안을 사용하여 제거해 나가는 단계이다.

📖 20　　　정답 ①

해설　①은 실행 및 Follow-up 단계에 대한 설명으로, 실행 계획을 수립한 후 실제 계획에 따라 해결안을 실행하는 과정에 대한 설명이다.

📖 21　　　정답 ①

해설　제시된 내용은 문제 해결 과정 중 문제 인식 단계의 중요성에 대한 사례이다. 사례에서 A 공장장은 처음에 문제를 인식하지 못하다가 상황이 점점 악화되자 문제가 있다는 것을 알게 되었다. 만약 A 공장장이 초기에 문제 상황을 인식하였다면, 초기에 문제 상황에 적절하게 대처함으로써 비용과 시간의 소비를 최소화할 수 있었을 것이다.

📖 22　　　정답 ②

해설　제시된 사례는 문제 해결 과정 중 문제 도출 단계의 의미와 절차에 대한 사례이다. 사례에서 C사는 자사의 힘만으로는 문제를 도출할 수가 없었으며, 전문적인 컨설팅 업체를 통해서 해결해야 하는 세부 문제가 무엇인지를 찾아낼 수 있었다. 컨설팅 업체는 문제를 도출해 내기 위해서 문제의 내용이나 해결안에 따라서 세부적인 문제들로 구분하였고, 실천 가능성 등을 고려하여 핵심적인 문제들을 도출할 수 있었다. 이러한 사례를 통해서 문제도출이란 직면한 문제를 분석하여 해결해야 할 것이 무엇인지를 명확히 하는 단계라는 것을 알 수 있다.

※ 참고 – 일반적인 문제 해결의 절차

1. 문제 인식 : 해결해야 할 전체 문제를 파악하여 우선순위를 정하고, 선정 문제에 대한 목표를 명확히 하는 단계
2. 문제 도출 : 선정된 문제를 분석하여 해결해야 할 것을 명확히 하는 단계
3. 원인 분석 : 파악된 핵심 문제에 대한 분석을 통해 근본 원인을 도출하는 단계
4. 해결안 개발 : 도출된 문제의 근본 원인을 효과적으로 해결할 수 있는 최적의 해결 방안을 수립하는 단계
5. 실행 및 평가 : 해결안 개발을 통한 실행 계획을 실제 상황에 적용하여 장애가 되는 문제의 원인들을 제거하는 단계

📖 23　　　정답 ④

해설　제시된 사례는 문제 해결 과정 중 해결안 개발

단계의 의미와 절차에 대한 사례이다. 사례에서 A팀은 한 가지 해결안만을 선택한 경우이며, B팀은 다양한 해결안 중 중요도와 실현 가능성을 고려하여 최선의 해결안을 선택한 경우이다. 그 결과 A팀보다 B팀의 성과가 더 높다는 것을 알 수 있다. 이러한 사례를 통해서 해결안 개발 단계에서 중요한 것은 도출된 원인에 따라 가능한 해결안을 모두 도출하고, 해결안을 평가하여 최적의 해결안을 도출하는 것이 중요함을 알 수 있다.

24 　정답 ④

해설 제시된 사례는 문제 해결 과정 중 실행 및 평가 단계의 의미와 절차에 대한 사례이다. 사례에서 L은 현재 해결안에 만족하지 않고, 지속적인 평가와 피드백을 통해 이전의 해결안을 더욱 발전시킴으로서 회사에 더 높은 성과를 올리도록 하였다. 이러한 사례를 통해서 실행 및 평가 단계에서 해결안을 개발하는 것에 그치지 않고, 실제 해결안을 실행해 보고, 문제점을 개선하는 것이 중요하다는 것을 알 수 있다.

25 　정답 ④

해설 선택지 ④의 대우 명제는 '서류 가방을 들지 않으면 회사에 간다.'이지만 나머지 선택지들의 대우 명제는 '서류 가방을 들고 오면 회사에 가지 않는다.'이다.

26 　정답 ④

해설 ㄴ. 독점적 경쟁 시장은 독점 시장에 비해 수요의 가격 탄력성이 크기 때문에 공급자가 시장에 미치는 영향이 상대적으로 미미하다. ㄷ. 독점에 비해서 공급자가 시장 가격에 미치는 영향력이 작다. ㄹ. 가격 경쟁뿐 아니라 서비스, 광고 등 비가격 부문에서도 경쟁한다. 현실적으로 독점적 경쟁 시장에서 공급자는 가격보다는 서비스 차별과 광고로 경쟁한다.

오답 ㄱ. 독점적 경쟁 시장은 시장 진입 장벽이 매우 낮다.

27 　정답 ③

해설 제3자가 합의점이나 줄거리를 준비해놓고 예정

대로 결론이 도출되는 것은 구성원이 자율적으로 실행하는 것이 아니다.

28 　정답 ①

해설 첫째, 다희는 철수보다 늦게 내리고 영수보다 빨리 내렸으므로 '철수 – 다희 – 영수'의 순으로 내렸다. 둘째, 희수는 만수보다 한층 더 가서 내렸으므로 '만수 – 희수'의 순으로 내렸다. 셋째, 희수는 영수보다 세 층 전에 내렸으므로 '희수 – ○○ – ○○ – 영수'의 순으로 내렸다. 넷째, 영수가 마지막에 내린 것이 아니므로 태영이 7층에서 내렸다. 이를 정리하면 '만수(2층), 희수(3층), 철수(4층), 다희(5층), 영수(6층), 태영(7층)'의 순으로 내렸음을 알 수 있다. 따라서 짝수 층에서 내린 세 명 가운데 선택지에는 '영수'만 있으므로 정답은 ①이다.

29 　정답 ②

해설 나라에서 부과하는 세금 납부를 미루면 가산금이 붙어 더 많은 돈을 납부해야 하기 때문에 미루어서는 안 된다.

30 　정답 ④

해설 퇴사자인 철수와 영희에게는 공통적으로 A와 C 요인이 있었고, 재직자인 만수와 지희에게는 공통적으로 C 요인이 없다. 또한 요인 A는 만수는 없지만 지희는 가지고 있다. 이로 보았을 때 퇴사의 가장 중요한 요인으로는 A와 C가 있음을 알 수 있다.

오답 ① 재직자 지희는 C 요인이 없다고 하였다.
② 만수와 지희를 제외하고 봤을 때, 퇴사에는 A, C 요인이 작용한다.
③ 재직자인 만수와 지희가 B 요인을 가지고 있으므로 퇴사에 영향을 미친다고 보기 어렵다.

31 　정답 ③

해설 민기는 '비린내가 난다'는 윤서의 지적에 문제 상황을 인식하지 못하고 '재료가 싱싱하지 못했나 보죠'라고 짐작만 제시하며 자신의 조리가 문제없다고 하고

있다. 아는 문제 상황을 철저히 분석하지 않고 자신의 레시피는 문제가 없다는 고정관념과 지나친 자신감으로 일관하고 있는 것이다.

 32 　　　　　**정답 ③**

해설 담합을 한 기업은 담합으로 이익을 챙긴 후 과징금을 부담하지 않을 수 있으므로 자진 신고 시 과징금을 면제해 주고 있기 때문에 이 제도를 악용하는 기업이 나타날 수 있다. 따라서 을의 추론은 적절하다. 하지만 이 제도로 인해 기업 간에 불신이 발생할 수 있으므로 담합 가능성은 낮아진다. 따라서 병의 추론도 적절하다

오답 갑 : 담합은 가격이 균형 가격보다 높게 결정될 수 있어 시장의 가격 기능이 원활하게 작동하지 못할 것이다.

정 : 이 제도의 목적은 담합을 적발하기 위한 것이다. 담합을 통해 가장 큰 이익을 얻는 회사가 담합을 자진 신고하면 과징금을 전액 면제받을 수도 있다.

---

04. 자기개발능력　　　　문제 110쪽

01 ②	**02** ③	**03** ②	**04** ③	**05** ②
06 ③	**07** ④	**08** ①	**09** ②	**10** ①
11 ④	**12** ①	**13** ②	**14** ④	**15** ④
16 ②	**17** ②	**18** ④	**19** ①	**20** ③
21 ③	**22** ①	**23** ④	**24** ④	**25** ②
26 ④	**27** ③			

 01 　　　　　**정답 ②**

해설 '자아인식'은 자신의 직업 흥미(ⓐ), 적성, 장단점을 분석하고 인식하는 것이며, '자기개발'의 첫 단계(ⓓ)가 된다. 자아를 인식하는 방법으로는 스스로를 돌아보거나, 다른 사람과의 대화를 통해서 또는 표준화된 검사 척도를 이용(ⓔ)하는 방법이 있다. '경력 개발'은 일과 관련된 경험(ⓑ)인 경력을 계획(ⓒ)하고 관리하는 것이다.

 02 　　　　　**정답 ③**

해설 'H씨는 다른 일 때문에 자신이 원하는 행동을 하지 못하고 있다. 이는 ③에서 강수가 같은 이유로 원하는 욕구 충족을 못하고 있는 것과 같다.

오답 ① 진수는 이직으로 인한 분위기 적응 문제로 원하는 욕구 충족을 못하고 있다.
② 혜수는 개인의 능력 개발이라는 원하는 욕구를 이루는 방법을 몰라 충족을 못하고 있다.
④ 지수는 잘하는 일이라는 원하는 욕구가 무엇인지 몰라 충족을 못하고 있다.

 03 　　　　　**정답 ②**

해설 '경력 개발 능력이 필요한 이유는 환경 변화, 조직 요구, 개인 요구로 나누어 살펴볼 수 있다. 이 가운데 개인 차원의 요구로는 발달 단계에 따른 가치관 혹은 신념 변화(③), 전문성 축적 및 성장 요구의 증가(④), 개인의 고용 시장 가치의 증대(①) 등이 있다. 이는 이러한 요인 외에 학습자에 따라 다른 요구를 제시할 수 있다. 하지만 ② '지식 정보의 빠른 변화'는 개인

차원이 아닌 환경 변화로 인한 것이다.

📖 04 정답 ③

해설 '인간관계는 개인의 경력에서도 중요하기 때문에 자기개발의 목표를 수립할 때 고려해야 할 사항이다. 또한 어떤 면에서는 인간관계 자체가 개인의 주요 경력이 될 수 있기 때문에 자기개발의 목표 자체가 될 수도 있다.

오답 ① 단기 목표는 장기 목표를 수립하기 위한 기본 단계가 된다.
② 장단기 목표 모두 구체적으로 계획하는 것이 바람직하나, 장기 목표의 경우 때에 따라서 매우 구체적인 방법을 계획하는 것이 어렵거나 바람직하지 않을 수 있다.
④ 자기개발 계획을 수립할 때에는 현재의 직무와 관련하여 계획을 수립하여야 한다.

📖 05 정답 ②

해설 '주어진 질문들은 자기 관리에 대한 질문들이다. 자기 관리란 자신을 이해하고, 목표를 성취하기 위하여 자신의 행동 및 업무수행을 관리하고 조정하는 것이다. 자신에 대한 이해를 바탕으로 비전과 목표를 수립하며, 이에 대한 과제를 발견하고, 자신의 일정을 수립하고 조정하여 자기관리를 수행하고, 이를 반성하여 피드백하는 과정으로 이루어진다.

📖 06 정답 ③

해설 '인내심을 키우기 위해서는 새로운 시각으로 상황을 분석해야 한다. 어떤 사물이나 현상을 바라보는 시각은 매우 다양하며, 다양한 시각을 가지게 되면 다른 사람이 하는 행동이나, 현재 자신의 생각과 다르게 벌어지는 일에 대하여 참고 넘어갈 수 있게 된다.

📖 07 정답 ④

해설 '성찰은 나 자신이 현재 어떤 부분이 부족한지를 알게 한다. 때문에 성찰을 통하여 나의 부족을 확인한 뒤 미래의 목표에 이루기 위하여 지속적으로 노력하게 되어 결과적으로 성찰이 나를 성장할 수 있게 하는 기

회를 가지게 한다.

📖 08 정답 ①

해설 '직장인으로서만이 아니라 어떤 상황에서든 '경력 초기'는 그 상황의 분위기에 적응하는 때이고, 직장인이라면 그에 더해서 승진에 관심을 갖는 시기이다.
오답 ② 경력 중기 : 그동안 성취한 것을 재평가하고, 생산성을 그대로 유지하는 단계
③ 조직 입사 : 학교를 졸업하고 선택한 경력 분야에서 원하는 조직의 일자리를 얻으며 직무를 선택하는 과정
④ 직업 선택 : 자신에게 적합한 직업이 무엇인지를 탐색하고 이를 선택한 후, 여기에 필요한 능력을 키우는 과정

📖 09 정답 ②

해설 '성찰을 통해 현재의 부족한 부분이 무엇인지를 발견하며(ⓐ), 이를 다시 반복하지 않도록 지속적으로 연습하여 개선할 수 있도록 도와주고(ⓓ), 업무 수행 능력을 향상시켜 준다. 이와 같은 성찰은 지속적인 연습을 통하여 보다 더 잘 할 수 있게 되므로 매일 정해진 시간동안 자신이 했던 일 중에 잘했던 일과 잘못했던 일을 돌아보는 시간을 가지는 것이 중요하다.

📖 10 정답 ①

해설 일일 시간 계획표를 작성한다는 것은 그 계획을 실천할 사람이 실행에 옮기기 좋은 일정에 따라 그 일을 실행하기 전에 작성해야 한다. 다만 작성하는 사람의 성향에 따라 그에 맞는 작성 시간이나 공간이 다를 수 있을 것이다. 누구는 업무가 마감된 이후에 다음날 계획을 작성하고, 누구는 업무가 시작될 시점의 일점 시간 전에 작성하고, 누구는 잠자기 전에 작성할 수도 있을 것이다.
오답 ② 자신의 일일 시간 계획표는 자신이 세워야 한다. 계획을 세울 때 상사나 동료의 조언을 듣고 이를 반영할 수는 있지만 다른 사람들과 함께 작성하는 것은 좋지 못하다.
③, ④ 일일 시간 계획표 작성과 작성 도구는 큰 상관이 없다. 개인마다 선호하는 방식이 있으므로 계획표를

작성하고 실천할 사람이 자신에게 가장 알맞은 도구를 선택하여 작성하는 것이 좋다.

11
정답 ④

해설 '체크리스트(Checklist)'는 업무의 각 단계를 효과적으로 수행했는지 자가 점검해 볼 수 있는 도구이다. 따라서 업무 담당자가 아닌 상사가 각 단계별로 점검하는 도구라는 ④의 설명은 적절하지 않다.

12
정답 ①

해설 경력개발능력이 필요한 이유는 환경 변화, 조직 요구, 개인 요구로 나누어 살펴볼 수 있으며, 개인 차원의 요구로는 발달 단계에 따른 가치관 혹은 신념 변화, 전문성 축적 및 성장 요구의 증가, 개인의 고용 시장 가치 증대 등이 있다. 이러한 요인 외에 학습자에 따라 다른 요구를 제시할 수 있다. ①의 '중견 사원 이직의 증가'는 환경 변화로 인한 경력 개발이 필요한 경우에 해당한다.

13
정답 ②

해설 자기개발은 직장인의 자기개발은 일과 관련하여 이루어지는 활동이다(②). 자기개발은 어떤 특정한 프로그램에 참가하는 것도 한 방법이 될 수 있지만 이것보다도 생활 가운데 이루어지는 것이 중요하며, 자기개발은 모든 사람이 해야 하는 특징을 가진다.

오답 ① 자기개발은 누구나 평생에 걸쳐서 이루어지는 과정이다.
③ 자기개발은 특별하게 이직이나 승진을 원하는 때나 사람만이 아니다.
④ 자기개발은 개인적인 과정으로 사람들은 자기개발을 통해 지향하는 바와 선호하는 방법 등이 모두 다르다.

14
정답 ④

해설 성찰을 통해 현재의 부족한 부분이 무엇인지를 발견할 수 있으며(①) 이를 개선하여 과거에 했던 실수를 다시 반복하지 않도록 도와주고(②), 업무 수행 능력을 향상시켜 준다. 이와 같은 성찰은 지속적인 연습을 통하여 앞으로의 일에 보다 더 잘할 수 있게 되므로(③, ④) 매일 정해진 시간동안 자신이 했던 일 중에 잘 했던 일과 잘못했던 일을 돌아보는 시간을 가지는 것이 중요하다.

15
정답 ④

해설 '성찰'은 기본적으로 지나간 일을 되돌아보고 잘못한 일이나 미진한 일 등을 떠올려 이를 반복하지 않게 함으로써 업무의 노하우를 축적하고, 지속적인 성장의 기회를 제공하며, 업무를 같이 진행한 팀원들과 신뢰감을 형성하고, 창의적 사고의 계발을 하게 한다. 즉, 이는 실수를 통해 배운다는 의미로 말할 수도 있다. 따라서 처음부터 실수하지 않는 중요하다는 것을 이식하는 과정이라는 ④의 말은 알맞지 않다.

16
정답 ②

해설 성찰은 보통 하나의 업무가 끝나거나 하루, 또는 특정 기간이 끝난 뒤 이를 정리하면서 되돌아보는 행위이다. 그런데 일을 보다 빨리 끝내면서도 업무 성과를 내는 방법을 묻는 ②의 내용은 현재 하고 있는 업무에 대한 생각이므로 성찰을 하는 행위라고는 할 수 없다.

17
정답 ②

해설 과제를 발견하는 데는 중요성과 긴급성의 두 가지 기준이 있는데 그 중에서도 중요성이 긴급성에 비해 앞서는 기준이 된다. 이는 긴급한 문제에 우선순위를 높게 두고 일을 할 경우 오히려 중요한 문제를 놓치게 되기 때문이다. 이를 바탕으로 4가지의 순위를 정해 보면 '긴급 & 중요한 문제(ⓒ)'가 1순위, '계획·준비해야 될 문제(㉠)'가 2순위, '빨리 해결해야 될 문제(㉣)'가 3순위, '하찮은 일(ⓒ)'이 4순위가 된다. 따라서 정답은 ②이다.

18
정답 ④

해설 자기개발은 업무 능력 향상(㉠)은 물론, 변화하는 환경에 적응할 수 있게 하며(ⓒ), 자신감 향상과 삶의 질 향상을 꾀할 수 있게 한다(ⓒ). 물론 자기개발을 한다고 해서 더 높은 연봉을 받을지는 알 수 없다. 하지만 자기개발의 주요 목적 가운데 하나로 직장 내 승진이나 연봉 인상 등도 빼놓을 수 없다(ⓔ).

📖 19 **정답 ①**

해설 자기개발 계획을 수립하는 데에는 장·단기 목표를 모두 세워야 하는데, 장기 목표는 5~20년, 단기 목표는 1~3년 동안의 목표를 의미한다. 따라서 장기 목표를 5년 미만으로 한다는 ①은 알맞지 않다. '5년 이상'으로 바꾸는 것이 옳다.

오답 자기개발 계획을 수립할 때는 직무 관련 경험, 자격증 등(②)은 물론 자신의 인간관계를 고려하여야 하며(③), 자기개발 방법은 구체적일수록 좋다(④).

📖 20 **정답 ③**

해설 ③의 '문화적인 차이 때문에'는 인간관계의 문제이지 자기개발의 문제는 아니다. 자기개발 문제는 '가정, 사회, 직장 등 외부적인 다른 요인 등이 영향을 미치게 되는데, 이는 '문화적인 차이'가 아니라 '문화적인 장애 때문에'이라고 해야 한다. 한다.

오답 ① '귀찮아서, 다른 사람하고 친분을 유지하는 활동들이 더 중요하기 때문에, 건강이 안 좋아서 등'이 '다른 욕구'의 예라 할 수 있다.
② '자신에게 필요하지 않은 자기개발 활동에 참여하거나, 자신에게 필요한 자기개발 활동인데도 필요성을 깨닫지 못하는 경우'에 '제한적인 사고'에 해당한다.

📖 21 **정답 ③**

해설 동시에 두 가지 이상의 무리한 업무 요구에는 업무의 적절한 균형을 유지할 수 있도록 우선순위를 정해 어떤 업무를 먼저하고 어떤 업무를 나중에 해야 하는지에 대한 의사결정을 해야 한다.

오답 신입사원으로서 상위 직원이 지시한 업무를 다른 직원에게 부탁하라는 행위(①, ②)나, 무리하게 야근을 해서라도 처리하려 하는 행위(④)는 직장인으로서 올바른 행동이라고 하기 어렵다.

📖 22 **정답 ①**

해설 거절을 할 때는 자신은 거절을 하지만 거절을 당하는 상대방을 위하여 가능하면 대안을 같이 제시하는 것이 더 좋다.

오답 ② 거절을 할 때는 무엇 때문에 거절을 하는지 그 이유를 분명하게 제시하는 것이 좋다.
③ 거절을 할 때에는 상대 의견을 주의 깊게 들은 뒤 상대가 기다리지 않도록 그 의사결정을 가능한 빠르게 하여야 한다.

📖 23 **정답 ④**

해설 직장인으로서 업무를 수행할 때 영향을 받는 것은 '시간, 돈, 물적, 인적 자원(ⓐ)'과 '상사나 동료의 지지(ⓑ)', '개인의 능력(ⓒ)', '업무 지침(ⓓ)' 등이다.

📖 24 **정답 ④**

해설 ⓔ '관심 직무에서 요구하는 능력'은 '실행 및 평가' 단계가 아니라 1단계인 '직무 정보 탐색'에 알맞은 내용이다.

📖 25 **정답 ②**

해설 자기개발의 목표를 설정할 때는 분명하면서도 구체적인 목표를 설정해야 한다. 분명하지도 않고 막연한 목표는 목표를 위한 어떠한 행동을 어떻게 실천해야 하는지 잘 모르는 모호함을 주기 때문에 어려움을 준다.

📖 26 **정답 ④**

해설 일을 미루지 않기 위해서 좋아하는 일을 먼저 하게 되면 남은 일은 좋아하지 않은 일이 될 것이기 때문에 오히려 남은 일을 미룰 가능성이 높다. 따라서 일은 우선순위를 정해 그 순위에 따라 처리하는 것이 가장 좋다.

📖 27 **정답 ③**

해설 합리적인 의사결정의 과정은 '1. 문제의 근원을 파악한다.', '2. 의사결정 기준과 가중치를 정한다.(ⓐ)',

'3. 의사결정에 필요한 정보를 수집한다.', '4. 각 대안을 분석 및 평가한다.(ⓛ)', '5. 각 대안을 분석 및 평가한다.', '6. 최적안을 선택한다.(ⓒ)', '7. 의사결정 결과를 평가하고 피드백을 한다.'가 일반적이다.

05. 자원관리능력   문제 130쪽

01 ①	02 ③	03 ③	04 ④	05 ②
06 ④	07 ②	08 ④	09 ③	10 ③
11 ③	12 ④	13 ③	14 ④	15 ④
16 ②	17 ①	18 ③	19 ③	20 ②
21 ①	22 ①			

 01   정답 ①

해설 일 중독자가 되는 것은 시간 관리를 제대로 하지 못하여 늘 일만 하는 것처럼 보이기 때문인 경우가 많다. 그래서 이러한 사람들은 생산성이 낮은 일을 오래하는 경향이 있지만 반대로 시간 관리를 잘하는 사람들은 가장 생산성이 높은 일부터 하기 때문에 생산성이 높다.

02   정답 ③

해설 서류를 발표할 일이 있을 때는 요약해서 발표해야 한다. 때문에 ㉺는 '서류를 정리하거나 숙독한다.'가 되어야 한다. 또, 기다리는 시간은 너무 길어도 안 되고, 너무 짧아도 안 된다. 그러므로 ㉮는 '기다리는 시간이 많다.'가 되어야 한다. 업무를 처리할 때는 우선순위를 정해 중요하고도 긴급한 일부터 처리해야 한다. 때문에 ㉯는 '우선순위가 없이 일을 한다.'가 되어야 한다. 업무를 할 때는 의욕을 가지고 열정적으로 해야 한다. 때문에 ㉰는 '일에 대한 의욕이 부족하거나 무관심하다.'가 되어야 한다.

03   정답 ③

해설 자원의 낭비의 4대 요인은 '1. 비계획적인 행동, 2. 편리성 추구, 3. 자원에 대한 인식 부재, 4. 노하우 부족'이다. 이 가운데에서 '자원에 대한 인식 부재'는 해당 자원이 얼마나 중요한지를 의식하지 못하여 함부로 낭비하게 되는 경우를 말한다. 하지만 ③은 자원을 사용하지 못한 것이므로 기회비용을 날리는 측면이 된다. 자원의 낭비와는 차이가 있다.

04

정답 ④

해설 직장에서의 점심시간은 시간 낭비 요인이라 볼 수 없다. 점심시간은 당연히 할당되어야 하는 시간이며, 시간 계획을 세우는데 있어서도 반드시 포함되어야 하는 시간이다.

오답 ① 목적이 불명확하다는 것은 없다는 것과 같다. 그러므로 이런 회의는 그냥 회의를 위한 회의에 지나지 않기 때문에 이러한 회의는 없애야 할 시간 낭비 요인이 된다.
② 많은 통지문서는 받는 사람의 입장에서 이를 일일이 보고 그 문서에 대한 대응을 해야 한다. 때문에 중요하지 않은 일들도 포함될 수 있고, 이는 문서를 보내는 곳에게 중요한 요건이 아니라면 보내지 않게 하거나, 받은 문서를 기준을 정해 처리하지 않아도 되게 해 처리할 문서를 줄여야 하는 시간 낭비 요인이 된다.
③ 기다리는 시간은 말 그대로 아무 일도 없이 기다리는 시간이므로 반든시 줄여야할 시간 낭비 요인이 된다.

05

정답 ②

해설 자원은 필요한 만큼만 구비해서 사용하는 것이 가장 이상적이다. 하지만 실제로 업무를 하다 보면 여러 가지 사정으로 반드시 필요한 양보다 더 필요한 경우가 많다. 때문에 자원을 확보할 때는 실제 수행 상에서의 차이 발생에 대비하여 여유 있게 확보하는 것이 효과적이다.

06

정답 ④

해설 자원 관리의 4단계 과정은 '1. 필요한 자원의 종류와 양 확인하기(ⓒ) → 2. 이용 가능한 자원 수집하기(ⓔ) → 3. 자원 활용 계획 세우기(ⓖ) → 4. 계획대로 수행하기(ⓛ)'의 순서가 알맞다.

07

정답 ②

해설 비용 가운데 '직접 비용(Direct Cost)'은 제품 또는 서비스를 창출하기 위해 직접 소비되는 것으로 '컴퓨터 구입비', '빔 프로젝터 대여료', '인건비', '출장 교통비', '건물 임대료' 등이 포함된다. '간접 비용(Indirect Cost)'은 생산에 직접 관련되지 않는 비용으로 '보험료', '건물 관리비', '광고비', '통신비'가 해당된다.

08

정답 ④

해설 명함은 만났던 사람에게서 받은 것이다. 그 사람과의 관계를 위해서 만났을 때 알게 된 중요 정보 가운데 명함에 없는 내용을 기록하면 다음에 다시 만날 때 확인할 수 있어서 좋다. 물론 만나서 먹었던 음식과 같은 정보도 기록해서 다시 만날 때 이야기한다면 좋을 수도 있지만 중요하지도 않은 정보이기 때문에 굳이 명함에 기입할 필요가 없다.

09

정답 ③

해설 시간의 가치는 어떻게 활용하느냐에 따라서 달라질 수 있다. 예를 들어 같은 시간에 많은 일을 한 사람과 적게 한 사람의 시간은 가치가 다를 것이다.

10

정답 ③

해설 대부분의 사람은 시간 관리를 잘 한다고 할 수는 없을 것이다. 그러나 일부 시간 관리를 잘 하는 사람도 있다. 그러므로 '나는 시간 관리를 충분히 잘하고 있다.'는 ③의 내용은 시간 관리에 대한 오해로 보기 어렵다. 시간 관리를 하는데 사람들이 많이 오해하는 것 가운데 나머지 하나가 '창의적인 일을 하는 사람에게는 시간 관리가 맞지 않다.'이다.

11

정답 ③

해설 ㉠ 적성 배치는 '팀원의 적성 및 흥미에 따라 배치하는 것(ⓒ)'이고, ㉡ 양적 배치는 '소요 인원을 결정하여 배치하는 것(ⓐ)'이며, ㉢ 질적 배치는 '적재적소에 배치하는 것(ⓑ)'이다.

12

정답 ①

해설 재고 수량을 파악하는 것은 기존 재고 상황을 파악하여 실제와 장부가 일치하는 지 여부를 확인하여 이를 실제에 맞게 조정하는 것이다. 따라서 이때 물류 담당자가 수행할 프로세스는 '기존 재고'에 대한 '조정 등록'이다.

13
정답 ③

해설 ㉠ '권한 위양'은 '타인에게 일을 맡기는 것(ⓒ)'을 말하고, ㉡ '우선순위'는 '여러 일 중에 우선적인 일을 먼저 처리하는 것(ⓐ)'을 말하며, ㉢ 'Flexibility(유연성)'는 '시간 계획을 유연하게 작성하는 것(ⓑ)'을 말한다.

14
정답 ③

해설 자신의 인적 자원 즉, 인맥을 활용하게 되면 여러 정보를 얻는 등 유사시 도움이 될 수 있으며(①), 나의 삶도 풍부해질 수 있다(②). 또한 자신은 미처 생각하지 못했던 참신한 아이디어를 획득할 수 있다(④). 그러나 ③은 나의 일을 나누는 것이 아니라 '나만의 사업을 시작할 수 있다.' 정도가 알맞다.

15
정답 ④

해설 일 중독자들은 생산성이 낮은 일을 오래하는 경향이 있으며, 최우선 업무보다 가시적인 업무에 전력을 다하는 경향이 있다(ⓒ). 또한 모든 일을 자신이 하려는 경향이 있으며, 위기 상황에 과잉 대처하면서 작은 일을 크게 만드는 경향이 있다(ⓔ).
오답 ㉠ 일 중독자들은 생산성이 낮은 일을 오래하는 경향이 있으므로 일 중독자의 특성이 아니다.
ⓒ 일 중독자는 모든 일을 자신이 하려는 경향이 있기 때문에 일 중독자의 특성이 아니다.

16
정답 ②

해설 기업이 기업의 목적을 달성하기 위해서는 기업이 가진 자원을 잘 활용하여 비용을 줄이고 이윤을 확보해야 한다. 이러한 목적을 위하여 기업에서는 자원관리 프로세스를 구축하게 되는데 이는 이윤이라는 목표를 위해 자원을 효율적으로 관리하여 비용을 최소화하게 한다.

17
정답 ①

해설 이 사례는 시간의 특성과 의미에 대한 사례이다. 사람들은 시간의 특성과 의미를 인식하지 못하고 헛되이 보내는 경우가 많다. 하지만 위의 사례에서 이러한 태도가 얼마나 큰 문제로 다가올 수 있는가를 보여 준다. 또한 마지막에 친구인 P씨가 '다음에 또 기회가 오겠지'라고 한 말에서 시간의 특성과 의미를 찾을 수 있다. 친구에게 위로를 하기 위해 한 말이지만 한번 지나간 시간은 다시 돌아오지 않는다. 따라서 자신에게 현재 주어진 시간을 더없이 중요한 자원이라고 할 수 있다.

18
정답 ③

해설 이 사례는 물적 자원 관리의 중요성에 대해 생각해 볼 수 있도록 한 사례이다. 물적 자원은 필요한 시기와 장소, 즉 적재적소에 제공되는 것이 매우 중요하다. 지금 사례에서 P군이 필요로 하는 물적 자원은 '○○ 자격증'이다. 하지만 이에 대한 관리가 소홀하여 정말 필요한 시기에 어디에 보관하였는지 찾는 것에 많은 시간을 낭비하였다. P군의 경우 다행히 자격증을 찾게 되어 위기를 모면할 수 있었지만, 만약 결국 찾지 못했다면 P군은 자신의 꿈을 접어야 했을지도 모른다. 이러한 점을 볼 때 물적 자원 관리는 매우 중요하다고 할 수 있다.

19
정답 ③

해설 이 사례는 활용하지 않을 물적 자원을 구입해놓고 창고에 방치하고 있는 것을 나타낸다. 이러한 경우 실제 학교에서 활용하고자 하는 물적 자원을 보유하고 있더라도, 해당 물품이 있는지 없는지 알 수 없어 활용할 수 없을 뿐만 아니라, 활용하지 않고 방치해 둠으로써 물품의 훼손이 될 수 있다. 그러면 다시 또 물품을 구입하게 되어 자원의 낭비가 초래된다. 따라서 물적 자원을 적절히 관리하는 것은 매우 중요하다고 할 수 있다. 주어진 사례는 이미 자원을 구매해 방치되는 경우이기 때문에 1단계와 2단계는 지난 과정이 된다. 따라서 이러한 자원을 활용하기 위한 계획을 세우는 것이 가장 시급하다. 이런 계획이 서면 그 다음으로 할 일이 계획을 실행하는 것이다.

※ 참고 - 자원 관리의 기본 과정

1단계 : 필요한 자원의 종류와 양 확인하기 → 구체적으로 파악하는 것이 중요하다.

2단계 : 이용 가능한 자원 수집하기 → 여유 있게 수집하는 것이 바람직하다.

3단계 : 자원 활용 계획 세우기 → 업무의 우선순위를 고려해야 한다.

4단계 : 계획대로 수행하기

20   정답 ②

해설 균형적인 삶은 시간 배분 보다는 업무와 여가, 충전, 가족과의 삶 등 다양한 요소들에 대한 개인의 가치관과 관련이 있는 것이다. 따라서 ②는 알맞지 않은 내용이다.

오답 ① 시간을 적절히 관리하여 활용하게 되면, 업무의 중복이나 과다를 피할 수 있어 스트레스가 줄어들 수 있다.

③ 업무 생산성이 높아 생산성을 향상시키면서도, 이를 통해 효율적인 업무 수행으로 통해 바라던 목표를 달성할 수 있다.

④ 시간을 적절히 안배하여 여가 활동 등의 휴식도 취하는 등 균형적인 삶을 살 수도 있다.

21   정답 ①

해설 이 사례는 물적 자원을 관리하는 과정에 생각해 볼 수 있는 사례이다. K 사장의 경우 자신이 보유하고 있는 물적 자원을 효과적으로 관리하기 위하여 물품들을 정리하고자 하였으며, 적절한 단계를 거치지 않아 다시 고생을 하고 있다. 가까운 시일 내에 활용해야 할 물적 자원을 다른 것과 함께 보관함으로써 다시 찾아야 했다. 이 경우 물적 자원을 보관하기 이전에 활용 여부부터 파악하여 물품을 사용품과 보관품의 구분하여 보관해야 했다.

22   정답 ①

해설 이 사례는 팀이나 조직 단위에서 효과적인 인적 자원 관리가 되지 않는 사례이다. 양적 배치는 부문의 작업량과 조업도, 여유 또는 부족 인원을 감안하여 소요 인원을 결정하여 배치하는 것을 말한다. 반면 질적 배치는 위에서 제시한 적재적소의 배치를 말하며, 적성 배치는 팀원의 적성 및 흥미에 따라 배치하는 것을 의미한다. 이는 적성에 맞고 흥미를 가질 때 성과가 높아진다는 것을 가정하는 것이다. 하지만 이러한 모든 원칙들은 적절히 조화하여 운영하여야 한다. 양적 배치를 하지만 팀원의 능력이나 적성 등에 맞게 조율하는 것이 가장 효과적이라고 할 수 있다.

01 ④	02 ④	03 ④	04 ③	05 ④
06 ②	07 ④	08 ①	09 ④	10 ③
11 ②	12 ④	13 ④	14 ②	15 ③
16 ②	17 ②	18 ②	19 ③	20 ②
21 ④	22 ④	23 ②		

 01　　　　　　　　　　**정답** ④

해설 리더와 관리자는 다른 개념으로 ④는 관리자에 대한 설명이다. 리더는 '어떻게 할까'에 초점을 맞추기보다는 '무엇을 할까'에 주안점을 둔다.

※ 참고 – '리더'와 '관리자'의 차이

◎ 리더
• 새로운 상황 창조
• 혁신 지향적
• 내일에 초점
• 사람의 마음에 불을 지핌
• 사람 중시
• 정신적
• 계산된 리스크 취함
• '무엇을 할까?' 생각

◎ 관리자
• 상황에 수동적
• 유지 지향적
• 오늘에 초점
• 사람을 관리
• 체제나 기구 중시
• 기계적
• 리스크 회피
• '어떻게 할까' 생각

 02　　　　　　　　　　**정답** ④

해설 인간관계를 형성할 때 가장 중요한 것은 '무엇을 말하느냐', '어떻게 행동하느냐' 보다는 사람됨이다. 대인관계에 있어서 기법이나 기술은 내면으로부터 자연스럽게 나오는 것이어야 한다. 인간관계의 출발점은 자신의 내면이다.

 03　　　　　　　　　　**정답** ④

해설 말과 행동이 일치하도록 노력해야만 자신을 상대하는 사람이 나의 말에 신뢰를 하게 된다. 따라서 비록 상대방을 위하여 한 행동이라도 거절을 한 뒤에 거절한 일에 대해 긍정적인 행동을 하는 것은 언행일치가 이루어지지 않은 것이기 때문에 대인관계능력을 향상하는데 도움이 되기 어렵다.

[오답] 평소에 사소하다고 생각했던 것들이 대인관계능력 향상에 있어서 매우 중요하다는 것을 보여준다. 상대방을 이해하려 노력하는 것(①), 사소한 일에 관심을 보여주는 것(②), 약속을 되도록 지키는 것, 상대방에게 기대하는 바를 명확하게 제시하는 것(③), 말과 행동이 일치하도록 노력하는 것, 진지한 사과를 하되 반복적인 사과는 삼갈 것 등은 대인관계능력 향상에 필수적이라는 것을 보여준다.

 04　　　　　　　　　　**정답** ③

해설 ⓐ의 변화가 요구될 때 필요한 리더의 유형은 ㉣ 변혁적 유형이고, ⓑ 재능을 소유한 조직원이 있을 때는 ㉢ 파트너십 유형의 리더가 필요하다. 또, ⓒ 방만하고, 성과가 없을 때는 ㉠ 카리스마가 넘치는 독재자 유형이 알맞으며, ⓓ 혁신적 탁월한 부하 직원이 있을 때는 ㉡ 민주주의 근접 유형이 적절하다.

※ 참고 – 리더십의 유형
• 독재자 유형 : 정책 의사결정과 대부분의 핵심 정보를 그들 스스로에게만 국한하여 소유하고 고수하려는 경향. 질문은 금지, 모든 정보는 내 것, 실수를 용납하지 않음.
• 민주주의에 근접한 유형 : 그룹에 정보를 전달하려고 노력하고, 그룹 구성원 모두를 목표 방향 설정에 참여하게 함으로써 구성원들에게 확신을 심어주려 노력. 참여, 토론 장려, 거부권 부여
• 파트너십 유형 : 리더가 조직에서 한 구성원이 되기도 함. 평등, 집단의 비전, 책임 공유
• 변혁적 유형 : 개개인과 팀이 유지해 온 이제까지의 업무 수행 상태를 뛰어넘으려 전체 조직이나 팀원들에게 변화를 가져오려 함. 카리스마, 자기 확신, 존경심과 충성심, 풍부한 칭찬, 감화

05　　　　　　　　　　**정답** ④

해설 ④의 '통제나 권력 확보를 위한 싸움'은 갈등의 두 가지 쟁점 중에서 '핵심 문제'가 아니라 다른 하나인 '감정적 문제'에 대한 설명이다.

[오답] 갈등의 두 가지 쟁점 중에서 '핵심 문제'는 역할 모호성(①), 방법에 대한 불일치, 목표에 대한 불일치

(③), 절차에 대한 불일치, 책임에 대한 불일치(②), 가치에 대한 불일치, 사실에 대한 불일치 등이 있다.

06　정답 ②

해설　반임파워먼트 환경에서 사람들은 ②의 설명과 같이 현상을 유지하고 순응하려는 경향을 보이며, 임파워먼트(권한 위임) 환경에서는 사람들의 에너지, 창의성, 동기 및 잠재 능력이 최대한 발휘되는 경향을 보인다.

07　정답 ④

해설　갈등 해결의 장애물을 극복하기 위한 팀원의 자세로는 '1. 행동에 초점을 맞추기, 2. 상황을 기술하는 식으로 말하기, 3. 간단명료하게 말하기, 4. 개방적이 되기, 5. 시간과 장소를 고려하기, 6. 낙관적으로 말하기, 7. 지원하는 입장에서 말하기' 등이 있다. ④의 '지원받는 입장에서 말하기'는 지원하는 존재의 입장에서 말할 가능성이 높기 때문에 갈등 해결의 장애물을 극복하기가 어렵다.

08　정답 ①

해설　㉠ '소외형'은 자립적인 사람으로 일부러 반대 의견을 제시한다(ⓐ). ㉡ '순응형'은 팀플레이를 하며, 리더나 조직을 믿고 헌신한다(ⓔ). ㉢ '실무형'은 조직의 운영 방침에 민감하며, 사건을 균형 잡힌 시각으로 본다(ⓑ). ㉣ '수동형'은 판단과 사고를 리더에 의존하며, 지시가 있어야 행동한다(ⓓ). ㉤ '주도형'은 가장 이상적인 멤버십 유형이다(ⓒ).

09　정답 ④

해설　감정은행계좌에 예금을 적립한다는 것은 대인관계를 향상시킨다는 의미이다. 대인관계를 향상시키는 방법은 매우 다양하다. ④는 '진지한 사과'와 관련이 있기는 하지만 잘못한 일에 대한 반복된 사과는 오히려 대인관계 향상에 좋지 않은 영향을 미칠 수도 있다.

오답　① 상대방에 대한 이해심을 보이는 것이므로 대인관계를 향상시키는 방법과 연관이 있어 예금 적립이다.

② 사소한 일에 대한 관심을 보이는 것이므로 대인관계를 향상시키는 방법과 연관이 있어 예금 적립이다.
③ 약속의 이행을 의미하는 것으로 대인관계를 향상시키는 방법과 연관이 있어 예금 적립이다.

10　정답 ③

해설　협력을 장려하는 환경을 조성하기 위한 몇 가지 비결에는 다음과 같은 것들 있다. '1. 팀원의 말에 흥미를 가지고 대하라. 2. 상식에서 벗어난 아이디어에 대해 비판하지 말라. 3. 모든 아이디어를 기록하라. 4. 아이디어를 개발하도록 팀원을 고무시켜라. 5. 많은 양의 아이디어를 요구하라. 6. 침묵을 지키는 것을 존중하라. 7. 관점을 바꿔보라. 8. 일상적인 일에서 벗어나 보라.' 따라서 ③은 '6. 침묵을 지키는 것을 존중하라.'에 위배되는 내용이므로 잘못 제시된 것임을 알 수 있다.

11　정답 ②

해설　갈등을 증폭시키는 원인에는 '승·패가 있는 경기(①)', '문제 해결보다는 승리하기에 집착하는 것(②)', '공동의 목표를 달성할 필요성을 느끼지 않는 것', '각자의 입장만을 고수하는 것(③)', '자신의 입장에 감정적으로 묶이는 것(④)' 등이 있다. 따라서 ②는 내용이 바뀌었음을 알 수 있다.

12　정답 ④

해설　외적인 동기유발은 일시적으로 효과를 낼 수 있으며 단기간에 좋은 결과를 가져오고 사기를 끌어올릴 수 있다. 하지만, 그 효과는 지속적이지 않아 오래가지 못한다. 조직원들이 지속적으로 자신의 잠재력을 발휘하도록 만들기 위해서는 외적인 동기유발 그 이상의 것을 제공해야 한다.

13　정답 ④

해설　코칭은 ④의 설명과는 달리 명령을 내리거나 지시를 내리는 것보다 많은 시간이 걸리고 인내가 필요한 활동이다. 하지만 코칭이 이루어졌을 때 팀 전체가 실현하는 결과는 이루 헤아릴 수 없을 정도로 엄청나다.

14 정답 ②

해설 조직에서 일어나는 변화가 모두 바람직한 것은 아니다. 변화를 단행하기 전에는 반드시 현재의 상황을 면밀히 검토해야 한다. 불완전한 생각이나 형편없는 판단, 실행에 옮기기 전에 다른 사항을 충분히 검토해야 할 필요성 등에 대해 확실히 알게 될 것이다. 이렇게 단계적으로 진행해가면 섣부르게 변화를 서둘러 실패를 초래하는 위험을 막을 수 있으며, 직원들이 변화를 자신의 일처럼 생각하게 된다.

15 정답 ③

해설 고객 중심 기업은 기업이 실행한 서비스에 대해 계속적인 재평가를 실시함으로써 고객에게 양질의 서비스를 제공하도록 서비스 자체를 끊임없이 변화시키고 업그레이드 한다. 따라서 ③의 설명은 적절하지 않다.

16 정답 ②

해설 갈등을 피하거나 타협으로 예방하려고 하는 접근법은 상당히 효과적이기는 하지만 문제를 근본적으로 해결해 주는 데에는 한계가 있다. 갈등과 관련된 모든 사람으로부터 의견을 받아서 문제의 본질적인 해결책을 얻고자 하는 방법이 '윈-윈(Win-Win) 갈등 관리법'이다. 따라서 ②는 알맞지 않은 설명이다.

17 정답 ②

해설 갈등 해결의 방법을 모색하는데 있어서 어려운 문제에 직면하였을지라도 피하지 말고 적극적으로 대응하는 것이 중요하다.

18 정답 ②

해설 ㉠ '결정의 질을 높이기 위한 질문'으로는 '1. 쟁점의 모든 측면을 다루었는가?(ⓑ) 2. 모든 팀원과 협의하였는가?(ⓐ) 3. 추가 정보나 조언을 얻기 위해 팀 외부와 협의할 필요가 있는가?(ⓔ)'가 있다. 또, ㉡ '구성원의 동참을 위한 질문'으로는 '1. 모든 팀원이 결정에 동의하는가?(ⓒ) 2. 팀원들은 결정을 실행함에 있어

서 각자의 역할을 이해하고 있는가?(ⓕ) 3. 팀원들은 결정을 열성적으로 실행하고자 하는가?(ⓓ)'가 있다.

19 정답 ③

해설 협상의 과정 5단계와 단계별 할 일은 다음과 같다.
㉠ 협상 시작 : 협상 당사자들 사이에 상호 친근감 쌓고, 협상 의사를 전달하여 협상 의지 확인하고 협상 진행을 위한 체제를 짬(ⓒ).
㉡ 상호 이해 : 갈등 문제의 진행 상황과 현재의 상황 점검하고(ⓓ), 적극적으로 경청하고 자기주장을 제시하며, 협상을 위한 대상 안건을 결정함.
㉢ 실질 이해 : 주장을 구분하여 실제로 원하는 것을 찾아내고(ⓐ), 분할과 통합 기법을 활용하여 이해관계를 분석함.
㉣ 해결 대안 : 협상 안건마다 대안들을 평가하고, 개발한 대안들을 평가하여 최선의 대안에 대해 합의하고 선택하며(ⓔ), 대안 이행을 위한 실행 계획을 수립함.
㉤ 합의문서 : 합의문을 작성하고, 합의문 상의 합의 내용, 용어 등을 재점검한 뒤에 합의문에 서명함(ⓑ).

20 정답 ②

해설 고객 만족 조사 계획할 때는 고객 만족 조사는 조사의 분야나 범위가 명확해야 하며(ㄱ), 한 번 보다는 연속해서 조사해야 정확성이 더 높기 때문에 연속 조사를 준비해야 한다(ㄹ).

오답 ㄴ. 고객 만족 조사는 평가만이 아니라 새로운 개발이나 서비스를 위한 조사일 수도 있다.
ㄷ. 고객 만족 조사는 설문 조사만이 아니라 관찰 등 다양한 방법이 있다.
ㅁ. 고객 만족 조사는 활용 계획을 가지고 실시해야 한다.

21 정답 ④

해설 '적극적으로 경청하고 자기주장을 제시'하는 것은 협상의 단계에서 네 번째인 '해결 대안'이 아니라 두 번째인 '상호 이해'에 해당하는 내용이다. '해결 대안'에 해당하는 ㉣에 들어갈 내용은 '최선의 대안에 대해서 합의하고 선택함.'이다.

22 정답 ④

해설 ④의 '정중하게 대한다.'는 고객의 불만 표현 유형 가운데 '빨리빨리형'이 아니라 ⓒ '의심형'에 대한 대응 방안이다.

 23 정답 ②

해설 다른 사람, 특히 상사에게 업무적인 일을 보고할 때는 먼저 결과부터 말한 뒤에 그 결과가 이루어진 과정을 설명하는 것이 좋다. 보고라는 형식에는 반드시 보고의 목적이 있기 마련이고, 그 목적은 곧 결과이기 때문이다. 보고를 듣는 사람의 유형에 따라 과정을 듣지 않으려는 사람도 있을 수 있음에 유의해야 한다.

 01 정답 ②

해설 자료를 월 단위로 묶어 처리한다는 것은 한 달이 끝나는 시점에서 처리한다는 말이 된다. 따라서 이러한 시스템은 업무를 실시간으로 처리하는 것이 아니다.

02 정답 ②

해설 ⓒ의 'WHERE(어디에서?)'는 '정보의 소스(정보원)를 파악한다'는 의미이다.

※ 참고 – 효과적인 정보 활용을 위한 전략적 기획 방법 [5W2H]

- WHAT(무엇을?)은 정보의 입수 대상을 명확히 한다는 의미이다.
- WHERE(어디에서?)는 정보의 소스(정보원)를 파악한다는 의미이다.
- WHEN(언제까지)은 정보의 요구(수집) 시점을 고려한다는 의미이다.
- WHY(왜?)는 정보의 필요 목적을 염두에 둔다는 의미이다.
- WHO(누가?)는 정보활동의 주체를 확정한다는 의미이다.
- HOW(어떻게)는 정보의 수집 방법을 검토한다는 의미이다.
- HOW MUCH(얼마나?)는 정보 수집의 비용성(효용성)을 중시한다는 의미이다.

 03 정답 ②

해설 정보 검색은 말 그대로 검색을 한 사람이 요구한 내용을 찾아 줄 뿐이지 찾은 내용인 결과가 안전한 것인지를 책임져 주지 않는다. 그러므로 잘 알지 못하는 사이트는 이용할 때 항상 주의해야 한다.

04

정답 ②

해설 정보원으로서 '1차 자료'는 '단행본(ⓐ), 학술지와 논문(ⓒ), 학술회의 자료, 연구 보고서, 학위논문, 특허 정보, 표준 및 규격 자료, 레터, 출판 전 배포 자료, 신문(ⓔ), 잡지, 웹 정보 자원 등'과 같이 원래의 연구 성과가 기록된 자료를 의미한다. 이에 비해 '2차 자료'는 '사전, 백과사전(ⓑ), 편람(ⓓ), 연감(ⓕ), 서지 데이터베이스 등'과 같이 1차 자료를 효과적으로 찾아보기 위한 자료, 혹은 1차 자료에 포함되어 있는 정보를 압축·정리해서 읽기 쉬운 형태로 제공하는 자료를 의미한다.

05

정답 ②

해설 하나의 일을 여러 대의 컴퓨터가 나누어 처리하는 것이므로 '분산 처리 방식'이다.

06

정답 ①

해설 디버거는 프로그램이 정확하게 작동이 안 되는 원인(버그)을 찾아 없애기 위한 툴(도구)을 말한다.

오답 ② '로더(loader)는 프로그램 실행에 앞서 주 기억에 읽어 들이는 루틴을 말한다.
③, ④ 자연어에 가까운 고급 프로그래밍 언어로 작성된 원시 프로그램을 기계어로 된 목적 프로그램으로 변환시키는 일을 '컴파일'이라고 한다. '인터프리터(interpreter)'는 고급 언어로 작성된 원시 코드 명령문을 한 번에 한 줄씩 읽어서 실행하는 프로그램을 말한다. '프리프로세서(PP, preprocessor)는 원시 프로그램에 디버그용 루틴(프로그램의 일정한 명령행)을 넣거나 미리 정해져 있는 문장을 삽입하거나 수정하여 새로 만들어 내는 원시 프로그램을 말한다.

07

정답 ②

해설 네트워크 프린터든 아니든 설치된 프린터는 모두 기본 프린터로 설정할 수 있다.

08

정답 ④

해설 '작성된 문서를 프린터로 출력하는 기능'은 인쇄 기능에 해당한다. 워드프로세서가 제공하는 주요 기능으로는 입력 기능, 표시 기능, 저장 기능, 편집 기능, 인쇄 기능 등이 있다.

09

정답 ④

해설 2차 자료로는 '사전, 백과사전, 편람, 연감, 서지 데이터베이스' 등이 해당된다.

오답 '학술지 논문, 연구 보고서'나 '특허 정보'는 1차 자료이다.

01 ①	02 ④	03 ②	04 ④	05 ②
06 ②	07 ③	08 ④	09 ④	10 ②
11 ③	12 ④	13 ②	14 ④	15 ④

 01 　　　　　　　　정답 ①

해설 벤치마킹 대상을 직접적으로 방문하여 수행하는 방법은 직접적 벤치마킹에 해당하는 방법이다.

02 　　　　　　　　정답 ④

해설 ㉠ 전기 · 전자 · 정보 공학 분야에서 유망한 기술로 전망되는 것은 지능형 로봇 기술(ⓒ)이며, ㉡ 기계 공학 분야에서는 하이브리드 자동차 기술(ⓓ)이 유망할 것으로 전망되고 있다. ㉢ 건설 · 환경 공학 분야에서 유망한 기술로 떠오르고 있는 것은 지속 가능한 건축 시스템 기술(ⓐ)이며, ㉣ 화학 · 생명 공학 분야에서 유망한 기술로 떠오르고 있는 것은 재생 에너지 기술(ⓑ) 이다.

03 　　　　　　　　정답 ②

해설 산업 재해의 기본적 원인 중에서 제시된 내용과 같은 물적 요소들의 관리 소홀로 발생하는 것은 기술적 원인(②) 때문이다.

04 　　　　　　　　정답 ④

해설 네트워크 혁명의 대표적인 역기능으로는 디지털 격차(digital divide)(①), 정보화에 따른 실업의 문제 (②), 인터넷 게임과 채팅 중독(③), 범죄 및 반사회적인 사이트의 활성화, 정보 기술을 이용한 감시 등을 들 수 있다. 그러나 ④의 'TV 중독'과 같은 문제점은 네트워크 혁명 이전부터 있었던 문제점이다.

05 　　　　　　　　정답 ②

해설 매뉴얼은 어떤 것을 사용하는 방법을 쉽게 풀어 쓴 것이다. 때문에 매뉴얼은 작성자가 아닌 사용자가 알기 쉽도록 작성되어야 한다.

06 　　　　　　　　정답 ②

해설 기술은 특허권을 수반하지 않는 과학자, 엔지니어 등이 가지고 있는 체화된 기술을 말하는 know-how와 기술이 어떻게 성립하고 작용하는 가에 관한 원리적 측면에 중심을 둔 개념인 know-why로 구분할 수 있다.

오답 technology는 과학 기술을, engineering은 공학을, art는 기술을 말한다.

07 　　　　　　　　정답 ③

해설 기술은 인간의 능력을 확장시키기 위한 하드웨어와 그것의 활용이라는 특징을 지닌다.

오답 ① 하드웨어의 활용을 말하지 생산의 과정을 말하지는 않는다.
② 기술은 소프트웨어를 생산하는 과정이 아닌 하드웨어를 생산하는 과정이다.
④ 기술의 특징으로 기술의 협의의 개념은 기술 관련 종사자에게만 필요한 기술을 뜻한다.

08 　　　　　　　　정답 ④

해설 지속 가능한 기술의 특징은 이용 가능한 자원과 에너지를 고려하고(①), 자원이 사용되고 그것이 재생산되는 비율을 조화를 추구하며(②), 자원의 질을 생각하고, 자원이 생산적인 방식으로 사용되는 가에 주의를 기울이는 기술이다(③). 또한 태양 에너지와 같이 고갈되지 않는 자연 에너지를 활용하는 기술이기 때문에 ④에서 설명하고 있는 석탄 에너지와 같은 고갈되는 자연 에너지를 활용하는 것을 옳지 못한 표현이다.

09 　　　　　　　　정답 ④

해설 산업안전보건법에서는 근로자가 업무에 관계되는 건설물, 설비, 원재료, 가스, 증기, 분진 등에 의하거나, 직업과 관련된 기타 업무에 의하여 사망 또는 부상을 산업 재해라고 본다. 따라서 휴가 중에 입은 교통사고로 인한 부상은 산업재해라고 볼 수 없다.

오답｝근로자가 부상을 당한 곳이 ①은 건설 공사장, ②는 아파트 건축 현장이고, 부상을 당한 사유로 ③은 선반 작업으로 손 절단, ⑤는 산업 현장의 시설물 넘어짐이기 때문에 산업재해라고 할 수 있다.

10
정답 ②

해설｝②의 인터넷 및 문서 형태의 자료를 통해서 수행하는 방법은 간접적 벤치마킹에 해당하는 방법이다.

11
정답 ③

해설｝기술을 적용할 때 고려해야 할 사항은 비용(②), 수명 주기(①), 전략적 중요도(④), 응용 가능성 등을 고려해야 한다. 그러나 ③의 매뉴얼의 유무는 반드시 고려해야 할 사항은 아니다.

12
정답 ②

해설｝위성 통신 서비스는 우주에 떠있는 위성을 매개로 전파를 통해 이루어지기 때문에 보안성이 매우 취약하며, 전파를 교류하는 중간에 장애물이 없기 때문에 전파 지연이 발생하지 않는다.

오답｝위성 통신 서비스는 통신 위성을 기지국으로 하여 전파를 중계한다(③). 때문에 넓은 지역에 대량의 정보를 고속으로 전달할 수 있다(①). 현재 위성 통신 서비스를 통하여 GPS, LBS 위성 인터넷 등을 이용하고 있다(④).

13
정답 ②

해설｝㉮는 데이터를 저장하는 것이므로 '메모리'가, ㉯는 중앙 처리 장치와 같은 역할을 하므로 '마이크로프로세서'가, ㉰는 컴퓨터의 키보드와 마우스, 모니터와 같은 역할을 수행 하므로 '입출력 단자'가 알맞다.

14
정답 ④

해설｝(가)는 사용자가 요구한 동작이 오류 없이 이루어질 수 있도록 프로그램의 결점이 없도록 해야 한다고 했으므로, '무결점'이 알맞다. (나)는 호환성이 매우 낮

다고 했으므로 '독립성'이 알맞다.

15
정답 ④

해설｝기술 경영자는 새로운 제품 개발 시간을 연장하는 것이 아니라 단축할 수 있는 능력을 보유해야 한다. 따라서 ④는 알맞지 않은 내용이다.

09. 조직이해능력				문제 204쪽
01 ②	02 ②	03 ①	04 ②	05 ④
06 ③	07 ④	08 ③	09 ④	10 ②
11 ④	12 ③	13 ③	14 ④	15 ②
16 ①	17 ③	18 ③	19 ②	20 ④
21 ①	22 ④	23 ①	24 ④	25 ①
26 ③	27 ③			

 01　　　　　　　　　　　　　　정답 ②

해설　'경영의 전략'은 조직이 가지고 있는 자원의 효율적인 운영을 통해 조직이 해결해야 할 수행 과제를 제시한다. 경영은 경영 목적, 인적 자원, 자금, 전략의 4요소로 이루어지는 데, 조직의 수행 과제의 달성 목표는 경영 전략이 아니라 '경영 목적'에 해당한다.

02　　　　　　　　　　　　　　정답 ②

해설　'대한민국 국민으로서 관광 및 상용 목적으로 90일 이내 기간 동안 미국을 방문하고자 하는 경우, 2008년 11월 17부터 원칙적으로 비자 없이 미국 입국 가능하지만, 미 정부의 전자 여행 허가제에 따라 승인을 받아야만 한다. 따라서 '정수'의 말과는 달리 우리나라 국민은 미국을 갈 때, 비자 없이도 가능하지만 승인은 받아야 한다.

03　　　　　　　　　　　　　　정답 ①

해설　'조직의 목표는 조직이 달성하려는 장래의 상태이며(㉠), 조직의 규칙과 규정은 구성원들의 행동 범위를 정하고 일관성을 부여하는 역할을 한다(㉢).
오답　㉡ 조직 구성원들 간 생활양식이나 가치를 공유하게 되는 것은 조직 문화로 조직 구조와 구분된다.
㉣ 조직도는 조직의 내적인 구조를 보여주는데 한계가 있지만 조직 구성원들의 임무, 수행 과업, 일하는 장소를 알아보는 데에는 유용하다.

 04　　　　　　　　　　　　　　정답 ②

해설　'조직에는 다양한 업무가 있지만, 이러한 업무는 조직의 공동 목표를 달성하기 위한 것으로 조직이 정한 규칙과 규정, 시간 등의 제약을 따라야 한다. 따라서 개인 업무 지침 또한 조직의 공동 목표를 달성하기 위한 것이 되어야 하지 ②에서 말한 것처럼 자유롭게 작성하는 것은 아니다.

05　　　　　　　　　　　　　　정답 ④

해설　'조직 목표는 목표를 달성할 수 없는 상황이 만들어지는 것과 같은 환경이나 조직 내의 다양한 원인들에 의해 변동되거나 없어지기도 한다. 따라서 ④는 적절한 내용이다.
오답　① 조직 구성원들은 자신의 업무를 성실하게 수행한다고 하더라도 전체 조직 목표에 부합되지 않으면 조직 목표가 달성될 수 없으므로 이를 이해하고 있어야 한다.
② 조직 목표는 공식적이고 장기적인 목표인 사명과 이를 달성하기 위한 세부 목표로 이루어진다.
③ 조직은 다수의 목표를 추구할 수도 있으며 이러한 목표는 상하 관계를 가지기도 한다.

06　　　　　　　　　　　　　　정답 ③

해설　'팀은 생산성을 높이고 의사결정을 신속하게 내리며(③), 구성원들의 다양한 창의성 향상을 도모하기 위하여 조직된다.
오답　④ 팀이 성공적으로 운영되기 위해서는 조직 구성원들의 협력 의지와 관리자층의 지지가 요구된다.

 07　　　　　　　　　　　　　　정답 ④

해설　'조직의 환경을 분석하는데 이용되는 SWOT 분석은 조직 내부 환경으로는 조직이 우위를 점할 수 있는 장점(Strength)(ⓐ), 조직의 효과적인 성과를 방해하는 자원, 기술, 능력 면에서의 약점(Weakness)(ⓑ), 조직의 외부 환경으로 조직 활동에 이점을 주는 기회요인(Opportunity)(ⓒ), 조직 활동에 불이익을 미치는 위협 요인(Threat)으로 구분된다. 따라서 ⓐ는 '장점', ⓑ는 '약점', ⓒ는 '기회'가 맞다. 하지만 ⓓ는 '강점'이 아니라 '위협'이 맞다.

08 정답 ③

해설 '같은 문화든 다른 문화든 사람들이 서로 커뮤니케이션을 하려면 언어적인 커뮤니케이션 뿐만 아니라 비언어적인 커뮤니케이션 또한 가능해야 한다. 따라서 외국어 사용 능력만 있으면 된다고 말한 ③은 세계화에 대한 적절한 설명이 아니다.

09 정답 ④

해설 '민츠버그는 경영자의 역할을 대인적, 정보적, 의사 결정적 역할의 3가지로 구분하였다. 대인적 역할 (㉠)은 대외적으로 조직을 대표하고 대내적으로 조직을 이끄는 리더이다(ⓒ). 정보적 역할(㉡)은 조직을 둘러싼 외부 환경을 모니터링하고 이를 조직에 전달하는 정보 전달자의 역할이며(ⓐ), 의사 결정적 역할(㉢)은 조직 내 문제를 해결하고 대외적 협상을 주도하는 협상가, 분쟁 조정자, 자원 배분자로서의 역할을 의미한다(ⓑ).

※ 참고 – 민츠버그(H. Mintzberg)의 경영자 역할 (managerial roles) 10가지

1. 대인 역할 – 경영자는 조직의 대표자이다. 조직 내부에서는 구성원들의 리더이고, 조직 외부에서는 섭외자로서의 역할을 수행한다. 경영자가 수행하는 구체적인 대인 역할에는 외형적 대표 역할(figure head), 리더 역할(leader), 연결 역할(liaison)이 있다.

2. 정보 역할 – 경영자가 의사결정을 내리기 위해 정보를 탐색하여 수집하고 전달하게 된다. 조직의 내부 뿐만 아니라 외부로부터 정보를 받아들여 그러한 정보를 활용하고 의사결정을 하는 한편 정보가 필요한 곳에 파급해야 한다. 이러한 일련의 과정을 정보 역할이라 한다. 여기에는 정보 탐색자(monitor), 정보 보급자(disseminator), 대변인(spokesperson) 역할이 있다.

3. 의사 결정 역할 – 경영자는 여러 가지의 선택 대안들 가운데 하나를 선택해야 한다. 기업의 자원 획득에 대한 의사결정에서부터 제품과 시장의 선택에 이르기까지 모든 의사결정을 내리게 된다. 이러한 의사 결정의 결과로 기업의 성과가 좌우된다. 여기에는 기업가 역할(entrepreneur), 문제 해결자(disturbance handler), 자원 배분자(resource allocator), 협상자

(negotiator) 역할이 있다.

10 정답 ②

해설 차별화 전략(㉠)은 조직이 생산품이나 서비스를 차별화하여 고객에게 가치 있고 독특하게 인식되도록 하는 전략이며(ⓑ), 원가우위 전략(㉡)은 원가 절감을 통해 해당 산업에서 우위를 점하는 전략으로 이를 위해 대량 생산을 통해 단위 원가를 낮추거나 새로운 생산 기술을 개발한다(ⓐ). 집중화 전략(㉢)은 특정 시장이나 고객에게 한정하여 특정 산업을 대상으로 하는 전략이다(ⓒ).

11 정답 ④

해설 조직의 경영 전략은 위계적 수준을 가지고 있다. 먼저 '조직 전략'은 가장 상위 단계의 전략으로 조직의 사명을 결정하며, '사업 전략'은 사업 수준에서 경쟁적 우위를 점하기 위한 전략으로, '부문 전략'은 기능 부서별로 사업 전략을 구체화한 것이다. 따라서 정답은 ④이다.

12 정답 ③

해설 국제감각은 이문화 이해와 국제적 동향을 자신의 업무에 적용하는 능력을 포함한다. 이문화 이해는 나와 다른 문화를 내가 속한 문화의 관점에서 좋고 나쁨을 판단하는 것이 아니라, 다른 문화적 관점에서 이해하는 것이다. 따라서 ③의 설명은 맞지 않다.

13 정답 ③

해설 경영의 과정은 계획, 실행, 평가로 구분되며, 경영의 '계획 단계'에서 조직의 미래상 결정, 대안 분석, 실행 방안을 선정한다. '실행 단계'에서는 계획 단계에서 수립된 실행 방안에 따라 조직 목적 달성을 위한 관리 활동이 이루어진다. 구체적인 실행 방안을 선정하고 조직 구성원을 관리한다는 ③의 설명은 적절하지 않다.

14 정답 ④

해설 조직 구조에 대한 많은 연구들은 조직 구조에 영

향을 미치는 요인으로 조직의 '전략', '규모', '기술', '환경' 등을 들고 있다. 따라서 '전술'은 4가지 요인에 해당되지 않는다.

15 정답 ②

해설 간트 차트(㉠)는 전체 일정을 한 눈에 볼 수 있고, 단계별로 업무의 시작과 끝을 알려준다(ⓐ). 워크플로 시트(㉡)는 도형과 선으로 일의 흐름을 동적으로 보여 주며(ⓒ), 체크리스트(㉢)는 업무의 각 단계를 구분하고 각 활동별로 수행 수준을 달성했는지를 자가 점검할 수 있도록 한다(ⓑ).

16 정답 ①

해설 맥킨지의 7S 모형은 조직 문화의 구성 요소를 나타낸다. 이는 조직 구성원들의 행동이나 사고를 특정 방향으로 이끌어가는 원칙이나 기준인 '공유 가치(㉠)'를 중심으로 '리더십 스타일', '구성원', '제도·절차', '구조', '전략(㉡)', '관리 기술(스킬)'로 이루어진다.

17 정답 ③

해설 조직 내 의사결정의 과정은 대부분의 경우 조직에서 이루어진 기존 해결 방법 중에서 새로운 문제의 해결 방법을 탐색하는 과정이 있다. 이는 문제를 확인하고 난 후 개발 단계 중 구체적인 설계가 이루어지기 전 탐색 단계에서 이루어지게 된다. 따라서 ③의 설명은 잘못된 것이다.

18 정답 ③

해설 여러 명이 한 가지의 문제를 놓고 아이디어를 비판 없이 제시하여 그 중에서 최선책을 찾아내는 방법을 '브레인스토밍'이라고 한다.
오답 ① 만장일치 : '한 회의 장소에 모인 모든 사람들이 같은 의견에 도달하는 방법'이다.
② 다수결 : 회의에서 많은 구성원이 찬성하는 의안을 선정하는 방법이다.
④ 의사결정 나무 : 의사결정에서 나무의 가지를 가지고 목표와 상황과의 상호 관련성을 나타내어 최종적인

의사결정을 하는 불확실한 상황 하의 의사결정 분석 방법이다.

19 정답 ②

해설 '조직 문화'는 '조직 몰입'을 방해하는 것이 아니라 향상시킨다.

20 정답 ③

해설 '때로는 조직의 침체를 예방해 주기도 한다'는 ③의 내용은 갈등의 순기능을 적절하게 말하고 있다.
오답 ① 갈등이 항상 부정적인 결과만을 초래하는 것은 아니다.
② 갈등을 해결하려면 대화와 협상으로 의견 일치에 초점을 맞춰야 한다.
④ 어떤 경우에 있어서는 직접적인 해결보다 일단 갈등 상황에서 벗어나는 회피 전략이 더욱 효과적일 수 있다.

21 정답 ①

해설 조직의 유형은 '공식화', '영리성', '조직의 규모'에 따라 구분할 수 있으며, 공식화 정도에 따라 '공식 조직'과 '비공식 조직'으로 나뉜다. '공식 조직'은 조직의 구조, 기능, 규정 등이 조직화되어 있는 조직이며, '비공식 조직'은 개인들의 협동과 상호작용에 따라 형성된 자발적인 조직이다. 조직이 발달해 온 역사를 보면 개인들의 협동과 상호작용에 따라 형성된 '비공식 조직'으로부터 공식화가 진행되어 '공식 조직'으로 발전해 왔다. 따라서 ①은 반대로 설명한 것이다.

22 정답 ④

해설 과중한 업무 스트레스는 개인뿐만 아니라 조직에도 부정적인 결과를 가져와 과로나 정신적 불안감을 조성하고 심한 경우 우울증, 심장마비 등 질병에 이르게 한다. 하지만 ④의 설명과는 달리 적정 수준의 스트레스는 사람들을 자극하여 개인의 능력을 개선하고 최적의 성과를 내게 하므로 스트레스가 반드시 해로운 것은 아니다.

23 정답 ①

해설 조직 구조는 기계적 조직과 유기적 조직으로 구분된다. '기계적 조직(㉠)'은 구성원들의 업무가 분명하게 정의되고(ⓐ), 많은 규칙과 규제들이 있으며(ⓔ), 상하 간 의사소통이 공식적인 경로를 통해 이루어지고 엄격한 위계질서가 존재한다(ⓒ). '유기적 조직(㉡)'은 비공식적인 상호 의사소통이 원활히 이루어지며(ⓑ), 환경 변화에 따라 쉽게 변할 수 있는 특징을 가진다(ⓓ).

24 정답 ④

해설 '갈등'은 정신적 스트레스를 발생시키는 부정적인 효과를 준다. 따라서 ④는 반대로 설명한 것이다.

오답 ①, ③ 갈등은 의견 차이로 일어나는 경우가 많기 때문에 문제를 바라보는 새로운 시각을 형성시켜 주기도 한다. 또한 갈등하는 상대방의 의견을 들으면서 다른 업무에 대한 이해를 증진시켜 주는 긍정적인 효과도 준다.
② 조직원들 간의 갈등은 업무 협조가 제대로 이뤄지지 않게 하기 때문에 업무 시간을 지체하게 만든다.

25 정답 ①

해설 각자 다른 시각으로 문제를 바라본다는 것은 한 가지 견해가 아닌 조직의 여러 사람들이 다양한 여러 가지 견해를 가지고 문제에 접근한다는 것이다. 따라서 해결 방법을 한 가지 견해가 아니라 보다 다양하게 강구할 수 있게 된다. 따라서 ①은 옳지 않은 설명이다.

26 정답 ③

해설 국제감각은 말 그대로 세계화의 진행에 따라 다양한 여러 나라가 교류하면서 나타나는 현상을 빠르게 이해할 수 있는 국제적인 감각을 말한다. 직장인이나 전문가라면 자신의 분야에 해당하는 국제적인 동향이 어떻게 변화되고 있는지를 파악하여 자신의 업무에 적용시킬 수 있어야(ㄷ) 하기 때문에 중요한 능력이 된다(ㄱ).

오답 ㄴ. 이러한 국제감각은 단순하게 국제 공용어라는 영어를 잘한다고 길러질 수 있는 것이 아니다. 비록 순발력에서는 뒤지더라도 영어를 잘 모르더라도 한국어로 번역된 내용을 보고서도 기를 수 있다.

27 정답 ③

해설 '조직 문화'는 조직 구성원들의 '생활양식(㉠)'이나 '가치'로 정의된다. 조직 문화는 조직 구성원들에게 일체감과 정체성을 부여하며, '조직 몰입(㉡)'을 향상시키고, 조직 구성원들의 '행동 지침'이 되며, 조직의 '안정성'을 유지하는 기능을 한다.

10. 직업윤리				문제 222쪽

01 ③	02 ④	03 ③	04 ②	05 ③
06 ①	07 ②	08 ③	09 ④	10 ②
11 ③	12 ①	13 ①	14 ①	15 ②
16 ①	17 ③	18 ②	19 ④	20 ④
21 ③	22 ②	23 ④	24 ④	

 01 정답 ③

해설 '직업윤리는 개인윤리를 기반으로 공동의 협력을 추구한다(㉠). 직업윤리를 믿기 때문에 규모가 큰 공동의 재산이나 정보를 정부나 공공단체, 또는 사적 관리회사에 위임한다(㉢). 보통 직업윤리는 개인윤리를 바탕으로 하지만 직무에서 오는 특수한 상황 때문에 서로 충돌하는 경우도 있다(㉣). 개인의 업무상 판단은 업무를 공유하거나 같은 직장에 근무하는 사람 다수의 이해관계자와 관련된다(㉤).

오답 ㉡ 팔은 안으로 굽는다는 속담은 공과 사를 구분하지 못한 것으로, 올바른 직업윤리라고 할 수 없기 때문에 개인윤리와 직업윤리의 조화로운 상황을 설명한 것이 아니다.

 02 정답 ④

해설 '근면과 게으름은 타고난 성품이라기보다 생활 속에 굳혀진 습관이다. 따라서 ④는 잘못된 설명이다.

 03 정답 ③

해설 '외부로부터 강요당한 근면(㉠)은 억지로 하는 노동과, 상사에 명령에 의한 잔업(ⓐ)과, 먹고 살기 위해 기계적으로 하는 일(ⓓ)이다. 그리고 스스로 자진해서 하는 근면(㉡)은 일정한 목표를 성취하기 위해 노력하는 것으로 진급을 위해 열심히 공부하는 것(ⓑ)과, 성과를 높이기 위해 열심히 노력하는 것(ⓒ)을 말한다.

04 정답 ②

해설 '윤리의 형성은 '공동생활(㉠)'과 '협력(㉡)'을 필요로 하는 인간생활에서 형성되는 '공동행동의 룰(㉢)'

을 기반으로 윤리적 규범이 형성된다.

 05 정답 ③

해설 '윤리라는 것은 '인간과 인간 사이에서 지켜져야 할 도리를 바르게 하는 것'으로서 이 세상에 두 사람 이상이 있으면 존재하고, 반대로 혼자 있을 때는 의미가 없는 말이 되기도 한다.

오답 ㉡ 인륜은 선천적이 아니라 후천적으로 인간 사회에서 맺는 관계를 말한다.

 06 정답 ①

해설 '근면한 사람은 일을 하더라도 즐겁게 한다. 이는 일을 할 때 마지못해서 하는 것이 아니라 능동적이고 적극적인 자세로 하기 때문이다.

 07 정답 ②

해설 '일반적으로 오른손 장애와 같은 특수한 사정이 없는 한 악수는 오른손을 사용한다.

08 정답 ③

해설 "성실하면 사회생활을 하는 데 있어서 바보 소리 듣고, 실패하기 쉽다'는 ③의 말은 성실한 사회생활을 부정하는 말이다.

 09 정답 ④

해설 "'I'는 'Impact(효과)'가 아니라 'Image(이미지)'로, 서비스는 고객에게 좋은 이미지를 심어주는 것이라는 의미를 지닌다.

※ **참고 – 영 단어 'SERVICE'의 의미**
• S(Smile & Speed) : 서비스는 미소와 함께 신속하게 하는 것
• E(Emotion) : 서비스는 감동을 주는 것
• R(Respect) : 서비스는 고객을 존중하는 것
• V(Value) : 서비스는 고객에게 가치를 제공하는 것
• I(Image) : 서비스는 고객에게 좋은 이미지를 심어주

는 것

- C(Courtesy) : 서비스는 예의를 갖추고 정중하게 하는 것
- E(Excellence) : 서비스는 고객에게 탁월하게 제공되어야 하는 것

10 정답 ②

해설 ②의 설명과는 달리 일반적으로 직업윤리가 개인윤리에 포함되지만, 가끔은 충돌하기도 한다.

11 정답 ③

해설 ③의 '노동을 경시하는 측면이 강하고 과정보다는 결과만을 중요시'라는 것은 '3D 기피 현상'이 아니라 입신출세를 중시하는 것으로 인한 현상이다.

12 정답 ①

해설 악수는 오른손으로 하는 것이기 때문에 특별한 경우가 아니라면 왼손잡이라도 악수는 오른손으로 해야 한다.

13 정답 ①

해설 직장에 있는 상대방에게 직장 전화가 아닌 상대방의 휴대전화로 전화를 할 때에는 상대방이 어떤 상황에 있는지를 모르기 때문에 상대방에게 통화를 강요해서는 안 된다.

14 정답 ①

해설 상대방에게 받은 명함은 잠시 동안 살펴보고, 탁자 위에 놓거나 (명함) 지갑에다 잘 넣는 것이 예의이다. 받은 즉시 호주머니에 넣게 되면 주는 사람이 무안하고, 또 주머니에서 구겨질 우려가 있으므로 예절에 맞지 않는다.

15 정답 ②

해설 법률적인 문제와 같이 매우 중요한 사항에 대한

것이 아닌 일반적인 업무 확인용 메시지는 필요한 내용만 간단명료하게 작성해야 한다.

16 정답 ①

해설 힘들고(Difficult), 더럽고(Dirty), 위험한(Dangerous)일을 기피하는 현상을, 각 단어의 앞 글자를 따서 3D 기피 현상이라고 한다.

17 정답 ③

해설 사람은 사회적인 동물이므로 다른 사람들과의 관계가 매우 중요하다. 이러한 관계를 유지하기 위해서는 다른 사람이 전하는 말이나 행동이 사실과 부합된다는 신뢰가 있어야 한다.

18 정답 ②

해설 어떤 문제 상황을 책임지기 위해서는 먼저 그 문제 상황을 회피하지 않고 직면하여 상황을 맞닥뜨려야 그 문제를 책임지고 해결할 수 있게 된다. '내가 모든 책임을 진다'는 말은 트루먼 미국 대통령이 자신의 업무용 책상 위에 명패로 새긴 'The buck stops here.'을 말한다. 이 말은 '모든 책임은 이곳에서 멈춘다.' 정도의 의미로, 그는 이 글을 보면서 자신에게 부여된 역할, 책임을 잘 수행하고자 한 것이다.

19 정답 ④

해설 전화로 통화를 하든 아니면 마주보고 대화를 하든지 간에 대화란 서로 주고받는 것이다. 따라서 상대방을 대답을 들으면서 자신이 해야 할 말을 해야 한다.

20 정답 ④

해설 아직까지 우리 사회에서 거짓말하는 사람은 이 땅에 발도 못 부칠 정도로 가혹하게 처벌받지 않는다.

21 정답 ③

해설 여자는 치마를 입어야 한다는 말(㉠)이나 예뻐서

귀여워해 줬다는 말(ⓛ), 분위기를 살리는 일이 여자에게 어울린다는 말(ⓜ) 등은 성희롱이라 할 수 있다.

오답 아이가 있는 상황이 어떤 경우인지 알 수 없기 때문에(ⓒ), 단순하게 입은 옷이 어울린다는 말(ⓔ)이기 때문에 성희롱이라고 할 수 없다. (단, 여자임을 강조하면서 애 보러 집으로 빨리 가라는 말은 애는 여자가 봐야한다는 성차별적 언동이 된다. 또, 여자를 말하면서 옷의 화사함을 강조하며 어울린다는 말은 성희롱이 될 수 있다.)

22
정답 ②

해설 성실하게 돈을 벌게 된다는 것은 돈을 벌 때 최선을 다하는 것이기 때문에 함부로 쓰지 못한다. 반면에 성실하지 않게 번 돈은 유흥비 등과 같은 것으로 쉽게 쓰게 된다. 따라서 ②의 설명은 알맞지 못하다.

23
정답 ④

해설 뉴스와 같은 곳에서 부패한 공무원이나 회사 돈을 횡령한 사람들에 대한 이야기를 자주 접할 수 있는 것으로 보아 부패지수가 0이라는 ④의 말은 올바르지 못하다.

24
정답 ④

해설 뉴스 등에서 부패나 비리를 저지른 공무원이나 기업 직원들 이야기를 종종 듣는 것으로 볼 때, 우리나라 준법 의식 수준이 높은 편은 아니다. 하지만 뇌물이 아니면 일을 할 수 없다는 국가의 이야기들을 들을 수 있는 것으로 보았을 때 준법 의식 수준의 낮아 우리나라의 국가 경쟁력이 최하위라는 말은 적절하지 못하다. 최하위 수준이라고 하기는 어렵다.

Ⅲ
직업기초 능력 평가
- 응용 및 심화 문제

<table>
<tr><td colspan="5">01. 의사소통 능력   문제 235쪽</td></tr>
<tr><td>01 ③</td><td>02 ①</td><td>03 ④</td><td>04 ④</td><td>05 ③</td></tr>
<tr><td>06 ④</td><td>07 ③</td><td>08 ③</td><td>09 ③</td><td>10 ④</td></tr>
<tr><td>11 ③</td><td>12 ③</td><td>13 ④</td><td>14 ④</td><td>15 ③</td></tr>
<tr><td>16 ④</td><td>17 ③</td><td>18 ④</td><td>19 ④</td><td>20 ③</td></tr>
<tr><td>21 ②</td><td>22 ②</td><td>23 ④</td><td>24 ④</td><td>25 ②</td></tr>
<tr><td>26 ③</td><td>27 ②</td><td>28 ④</td><td>29 ④</td><td>30 ①</td></tr>
<tr><td>31 ①</td><td>32 ②</td><td>33 ②</td><td>34 ④</td><td>35 ②</td></tr>
<tr><td>36 ①</td><td>37 ②</td><td></td><td></td><td></td></tr>
</table>

 01   정답 ③

해설 '제시된 신문기사를 보면 아이가 다시 숨을 쉬게 된 사정이 어머니와의 접촉에 있음을 알 수 있다. 아기와 살을 맞댄 채 어머니의 심장 소리를 들려주는 것은 어머니와의 신체 접촉을 강조한 내용이다. [보기]에서 온몸을 마사지 해주는 ㄴ과 아이를 안고 말을 거는 ㄷ이 이러한 신체 접촉이므로 ③이 정답이다.

02   정답 ①

해설 'ㄱ에서 말하는 민법의 성년 나이는 '20세'에서 '19세'로 바뀌었다. ㄴ에서 '국민학교'는 '초등학교'로 바뀌었다. ㄷ에서는 틀린 말이 없다. ㄹ에서 '만 14세가 되면 형법상 발생하는 모든 행위에 대한 책임을 본인이 진다'는 것으로 보아 14세를 포함하게 되는 '이하로'는 알맞지 않고 만 14세는 제외하는 '미만으로'로 바꾸어야 한다. 이로 보면 고쳐야할 말은 3개이다.

 03   정답 ④

해설 '제시문을 통해 저자는 모든 문화는 나름대로 고유한 특성과 가치를 지니고 있으므로 어떤 하나의 척도에 의해 문화의 우열을 가릴 수 없다는 문화상대주의적 관점을 지니고 있음을 알 수 있다. 저자는 한 가지 관점으로 특정 문화의 옳고 그름을 판단할 수 없음을 식인 풍습을 예로 들어 설명하고 있는데, 이 예에서도 살펴볼 수 있듯이 도덕적 규범 또한 관습에 기초하여 생성되는 것으로서 경험적인 전제와 관련된 하나의 사회적 기준일 뿐 절대 불변의 보편타당한 원리라 보기는

어렵다. 따라서 ④의 설명은 저자의 견해와 일치하지 않는다.

 04   정답 ③

해설 '저자는 ㉠의 앞에서 일반적으로 비도덕적이라고 비난받기도 하는 식인 풍습에는 나름의 이유와 목적을 지닌 그 나라의 문화권 기준의 합리성이 내재되어 있음을 언급하고, ㉠의 뒤에서는 어떤 것이 더 낫다고 말하기 어렵다고 서술하고 있다. 때문에 ㉠에는 결론적인 저자의 입장을 전달하기 위한 접속사인 '그러므로'가 적당하다. ㉡의 앞에서는 식인종과 우리의 차이가 없을 수 있음을 견지하고, ㉡의 뒤에서는 그에 대한 결론이 이어지고 있으므로 '따라서'가 가장 적당하다.

 05   정답 ②

해설 '저자는 모든 문화에는 저마다의 독특성과 합리성이 있으므로, 특정 문화의 기준으로 다른 문화를 함부로 판단하고 우열을 가리는 것을 지양해야 함을 이야기하고 있다. 따라서 ②를 제외한 나머지 선택지는 저자의 문화상대주의적 관점에서 어긋나는 태도라고 볼 수 있다. 반면 범죄자들을 감옥에 가두어 세상과 차단시키는 것이 우리에게는 살인보다 훨씬 가벼운 형벌이라고 생각될 수 있지만, 다른 문화권의 사람들에게는 사회적으로 추방당하는 것이 보다 야만적인 일로 보일 수 있다고 보는 ②의 태도는 문화상대주의적 관점으로써 저자가 지양하는 태도라고 볼 수 없다.

 06   정답 ④

해설 '제시된 사례는 인상적인 의사소통의 중요성을 보여주는 사례이다. 사례에서 A 과장은 부하직원들과 관계를 맺으며, 보다 생산적인 회의의 과정에서 자신의 말이 귀감이 되도록 인상적인 의사소통을 하고 싶지만 마음처럼 되지 않는다는 내용이다. A 과장이 인상적인 의사소통을 하기 위해서는 자주 사용하는 표현은 섞어 쓰지 않으면서 자신의 의견을 잘 전달하려고 노력하는 것이 중요하다. 따라서 ④는 A 과장이 고치려고 노력해야 할 내용이 아니다.

07 정답 ③

해설 ③의 '삼가야 한다'는 원래 기본형이 '삼가다'를 흔히 잘못 쓰는 형태이기 때문에 '삼간다'로 바꾸는 것이 옳다.

오답 ① '매년 발간에 의해'에서 '의해'는 앞의 말을 이유로 삼아 뒤의 상황이 발생한 것을 나타내는 표현이므로 적절하지 않다. 그래서 '매년 발간함으로써'나 '매년 발간하여' 정도로 고치는 것이 좋다.
② '주요 리스크로'는 부정적인 상황이지만 이를 극복하겠다는 의미이므로 '주요 리스크이지만'으로 고치는 것이 적절하다.
⑤ '자문'은 '어떤 일을 좀 더 효율적이고 바르게 처리하려고 그 방면의 전문가나, 전문가들로 이루어진 기구에 의견을 물음'이라는 의미이므로 '전문가들에게 의견을 구하고 있다'로 고치는 것이 적절하다. 때문에 ⑤번 또한 수정 내용이 적절하지 않다.

08 정답 ③

해설 '주간 회의록의 회의 내용 가운데 '1. 개인 스케줄 및 업무 점검'에서 '김 과장'은 '브로슈어 기획 관련 홍보팀 미팅, 외부 디자이너 미팅'이 기록되어 있는 것으로 보았을 때, ③의 내용이 맞는 것임을 알 수 있다.

오답 ① 주간 회의록의 결정 사항에서 박 주임이 '브로슈어 표지 시안 작업 및 제출'할 것을 기록한 것으로 보았을 때 브로슈어 표지 이미지 샘플을 외부 디자이너에게 요청하지 않았음을 알 수 있다.
② 디자인팀 전시회 관람은 회의 내용 비고에 의하면 '7월 8일'이다. 07월 03일이 월요일이었으므로 '7월 8일'은 금요일이 아니라 토요일이다.
④ 주간 회의록의 결정 사항에서 '브로슈어 표지 이미지 샘플 조사'자로 최 사원과 함께 이 사원이 기록된 것으로 보았을 때, 이 사원은 이 사원은 이번 주에 7월 사보 편집 작업만 하면 안 된다.
⑤ 주간 회의록의 결정 사항에서 '브로슈어 표지 이미지 샘플 조사'의 진행 일정이 7월 3~4일로 되어 있는 것으로 보았을 때, 2017년도 홈페이지 개편 작업 전에 '브로슈어 표지 이미지 샘플 조사'를 해야 한다.

09 정답 ③

해설 '제시된 보험 증권은 자동차보험으로 국가에 의한 보험이 아니므로 사보험이며, 보험 기간은 정해져 있지만 보험료 환급에 대한 내용이 없어 소멸형이므로 만기 시 환급 받을 수 없다(①). 또한 보장 범위를 대인, 대물, 자기 신체 사고로 한정했기 때문에 피보험자의 재산이지만 피보험자가 유발한 자기 차량의 파손에 대해서는 보장받을 수 없으나(②, ④), 타인에게 입힌 손해는 보장받을 수 있다(③). 따라서 ③은 옳은 설명이다.

10 정답 ④

해설 제시된 내용에 나타난 변경 후 매매 계약서의 매매 조건에 의하면 복숭아의 품질은 현품 조건, 수량은 개수 단위, 인도 시기는 근일 인도, 대금 결제는 분할급 방식으로 변경되었기 때문에 복숭아의 인수 시기가 늦춰지고(ㄱ), 대금 결제 시기가 이전보다 늦어지며(ㄴ), 개수 단위(ㄷ)로 인도 현장에서 품질을 확인할 수 있게 된다(ㄹ). 따라서 ㄴ과 ㄹ은 알맞은 내용이지만 ㄱ과 ㄷ은 알맞지 않은 내용임을 알 수 있다.

11 정답 ③

해설 ㉠ 상대방이 관심이 없을 때 이야기하는 도중에 소리의 크기를 갑자기 낮춘다든지, 얼마간 말을 멈추거나[(5)] 하여 소리에 변화를 주면 귀를 막고 마음의 문을 닫아 두고 있던 사람이라도 작은 목소리를 내거나 하면 먼저 반응을 보이면서 마음의 문을 열게 된다. 상대방이 스스로 이야기를 들으려는 자세를 취했을 때 설득을 시도해야 효과적이다. ㉡ 상대방에게 설득 불가능의 선입견을 꼬집어 표시함으로써 상대방이 반사적으로 그 선입견을 없애기 위한 심리적 요인을 작동시키게 한다[(7)]. "완고하다", "벽창호다"라는 평가를 붙이면 "그렇지 않다"라고 반발하는 것이 인간의 심리이다. ㉢ 불평이 가져올 결과를 강조하면[(9)] 상대방은 자신들의 형편이 아직은 더 낫다고 생각을 하게 되면서 자기들의 요구가 너무 지나치다는 것을 깨닫고 기세를 누그러뜨릴 것이다.

12 정답 ③

해설 제시문의 마지막 단락에서 가을에는 표층수의 온도가 낮아지면 물의 밀도가 최대가 되는 섭씨 4도에 가까워지고, 그 때문에 약한 바람에도 표층수가 아래쪽으로 가라앉고 밀도가 낮은 아래쪽 물이 위쪽으로 올라온다고 하였다 따라서 주어진 그림과 같은 현상은 가을 호수에 나타나는 것이다.

13 정답 ④

해설 제시문은 '벌거벗은 임금님' 이야기와 같은 구체적인 사실을 제시한 뒤 일반적인 주장을 내세우고 있으므로 귀납적 전개 방식으로 글을 전개한 것이다. 이 글에서는 ④에서 말한 것처럼 일반적 사실을 제시한 뒤 특수한 사실을 이끌어 내는 연역적 전개 방법은 사용되지 않았다.
오답 ① '벌거벗은 임금님' 이야기에서 알 수 있다.
② 재단사의 말과 '꼬마의 말'을 대비하여 설명하고 있는 것에서 알 수 있다.
③ 제시문의 첫 문장과 둘 때 단락 끝의 두 문장, 마지막 단락의 끝 부분 문장 등에서 물음을 던지는 방식을 사용하여 설득력을 높이고 있음을 알 수 있다.

14 정답 ②

해설 둘째 단락의 '이 사회는 원초적 상태를 여전히 유지하고 있고'에서 ⓐ가 '원초적 상태'임을 알 수 있다. 셋째 단락의 '이 사회는 하나의 스팀 엔진처럼 에너지를 산출하고 소비하면서 갈등을 통하여 발전하여 왔고'에서 ⓑ가 '급속한 산출과 소비'임을 알 수 있고, ⓒ가 '갈등적'임을 알 수 있다. 이를 표로 정리하면 다음과 같다.

	에너지의 변화	사회의 성격	사회 질서
냉각된 사회	증가하지 않음	원초적 상태	민주적
과열된 사회	급속한 산출과 소비	기술적 비약	갈등적

15 정답 ③

해설 [다]의 중심 회제는 '기업 환경의 변화와 그에 따른 경영 혁신 요구' 정도로 정리할 수 있다.

16 정답 ④

해설 빈칸이 있는 V씨의 말은 '하지만'이라는 접속사로 보았을 때, 앞의 S씨와 T씨의 말을 부정하는 내용이다. 또 V씨의 말을 잇는 G씨의 말이 '콜레스테롤이 높은 음식을 먹으면 체내 콜레스테롤 수치가 높아질 가능성'을 말하고 있다. 이 두 가지 정보와 제시된 신문기사 'AHA는 음식에 든 콜레스테롤이 체내 콜레스테롤 수치를 높이고, 이것이 심장병으로 연결된다고 했다.'는 내용으로 보았을 때, '콜레스테롤이 심장질환을 앓고 있는 사람들에게 해로운 것은 사실'이라는 ④의 설명이 적절한 내용임을 알 수 있다.

17 정답 ③

해설 공동체 내에서 잉여 생산물을 교환하면서 화폐가 등장했을 것이라는 아담 스미스의 주장을 비판하는 사회학자와 경제학자들은 공동체 내부의 교환이 아닌 타 공동체와의 거래, 즉 원격지 교역이나 역외 교역을 할 때 상호 간의 서로 다른 교환 규칙을 매개해줄 수 있는 화폐 거래 시스템이 필요하다고 주장하였을 뿐 원격지 교역이나 역외 교역이 활성화되기 전의 화폐 거래 시스템의 필요 여부에 대해서는 언급하지 않았다. 따라서 ③은 제시문으로 추론한 내용으로 적절하지 않다.
오답 ①, ② 첫째 단락 전체 내용으로 알 수 있다.
④ 둘째 단락의 "공동체의 내부가 아닌 공동체의 바깥, 좀 더 엄밀히 말하면 공동체와 공동체 '사이'에서 이루어지는 거래 과정에서 파생된 결과물일 가능성이 높다"로 알 수 있다.

18 정답 ④

해설 [보기]는 반박의 핵심 내용을 언급하고 있다. 반박의 핵심은 상대 측 주장의 약점을 드러내는 것이다. 찬성 측은 2차 반론에서 환경 파괴 예방 대책을 통해 환경 파괴를 최소화할 수 있다는 주장을 펼치고 있다. 그런데 환경 파괴를 최소화할 수 있다는 발언에서 갯벌의 개발에 따른 환경 파괴를 막을 수는 없다는 내용을 이끌어 낼 수 있으므로 이것은 찬성 측 주장의 약점이라고 볼 수 있다.
오답 ①, ② 찬성 측 2차 반론 내용과 관련이 없다.
③ 경제와 환경을 모두 고려한 대책 수립의 필요성에

대해 찬성 측은 입론과 반론을 통해 이미 언급하였다. 따라서 ③은 찬성 측 주장의 약점을 드러낸 것으로 볼 수 없다.

19 정답 ④

해설 [주문/결제]–[주문접수]는 상품을 주문하고 그 대금을 결제하는 란에 대한 것이다. 그런데 'Q9. 반품하기로 한 상품을 아직도 회수해 가지 않았어요!'은 배송 확인과 관련된 질문이다. 따라서 ④는 적절한 질문 키워드 연결이 아니다.
오답 ① Q3은 '배송지 변경'에 대한 질문이므로 [배송지변경] 키워드 질문의 연결이 적절하다.
② Q4는 '상품을 받지 못함'에 대한 질문이므로 [배송확인] 키워드 질문의 연결이 적절하다.
③ Q8은 '상품의 취소 여부 확인'에 대한 질문이므로 [주문취소] 키워드 질문의 연결이 적절하다.]

20 정답 ③

해설 Q4의 '상품을 받지 못함'에 대한 내용과, Q10의 '상품 받을 날짜'에 대한 것은 모두 ⓒ의 '배송'에 대한 것이므로 질문이 적절하게 연결된 것이다.
오답 ① ㉠은 '주문/결제'인데 Q5의 '현금영수증 발급 내역 확인'은 '영수증(ⓔ)'에 대한 내용이므로 연결이 맞지 않다.
② ㉡은 '반품/교환'인데, Q3의 '상품을 받지 못함'은 '배송(ⓒ)'에 대한 내용이므로 연결이 맞지 않다.
④ ⓔ은 '영수증'인데, Q7의 '결제 수단 변경'은 '주문변경'에 대한 내용이므로 연결이 맞지 않다.

21 정답 ②

해설 제시문은 음악의 미적 판단(평가)에 대한 독일의 음악사학자 카를 달하우스의 견해를 소개하고 있다. 그는 주관과 객관의 문제에 관심을 갖고, 올바른 미적 판단이 가능하기 위해서는 주관적 판단을 검증 검토하는 도구로서 기능하는 객관적 판단 위에 개성적 판단에 따른 집단의 주관적 판단이 이루어져야 한다고 보았다. 주관적 판단은 집단에 의한, 그러나 몰개성적으로 따르지 않는 판단이어야 하고 이러한 판단에 따라 미적 대상을 올바르게 평가하기 위해서는 작품 자체에 대한 면

밀한 분석을 통해 최소한의 사실 판단에 기초해야 한다고 하였다. 통설적 미학의 견해는 미적 판단이 주관적일 수밖에 없어서 객관적 검증이 필요 없다는 것인데, 달하우스의 경우는 집단의 주관적 판단을 위해 객관적 판단의 필요성을 옹호한 것이므로 주관적 판단을 취했다는 점에서는 공통점을 가진다. 따라서 ②의 내용은 이 글의 내용과 일치하지 않는다.
오답 ① "그는 객관적 판단의 필요성을 옹호하였는데"로 알 수 있다.
③ "집단에 의한 판단에 기초하면서도 그 판단을 몰개성적으로 따르지는 않는 주관적 판단"을 추구하였는데'로 알 수 있다.
④ "음악에 대한 판단이나 평가가 어디까지나 작품 자체에 대한 면밀한 분석에 근거해야 한다고 본 것이다."로 알 수 있다.

22 정답 ②

해설 주요 약관의 해약 수수료에서 "고객이 사업자에게 약정 운송일의 전까지 취소 통보 시 해약 수수료율은 계약금의 100%, 약정 운송일 당일에 취소 통보 시 계약금의 200%로 정한다."고 하였다. 그러므로 '사업자가 고객에게 1일 전에 통보 시 계약금의 3배액을 납입해야 한다.'고 한 ⓑ의 답변은 적절하지 못하다.
오답 ① 제29조에 따라 적절한 답변이다.
③ 제31조에 따라 적절한 답변이다.
④ 계약금은 총 운임요금의 10%이므로 50만 원의 10%인 5만 원이 계약금이 맞다.

23 정답 ③

해설 이 경우 계약 운임은 78만 원이다. 그러나 고객이 당일 부탁한 사유(중간 경유하여 추가 짐을 실음)로 운임이 늘어나게 된 것이다. 그러므로 '실제로 지출한 운임 등의 합계액이 계약 운임 등의 합계액을 넘는 경우에는 고객의 책임 있는 사유로 의해 계약운임 등의 산출의 기초에 변화가 생길 때에 한하여 실제 지출된 운임 등의 합계액으로 본다.'는 제33조에 따라 2만 원이 추가된 80만 원을 고객이 지불해야 하므로 정답은 ③이다.

24 정답 ④

해설 마지막 문단에서 수학은 여러 한계를 지닌다 할지라도 기대 이상의 성과를 거두었다고 밝히고 있다. 따라서 '기대에 미치지 못하는 성과를 거두었다'는 ④의 설명은 적절하지 않다.

[오답] ① 첫째 단락의 "수학은 자연을 묘사하고 해석하는 데 가장 뛰어난 방법적 도구로서 건재함을 과시한다."로 알 수 있다.

② 셋째 단락의 "수학이 이룩한 성공은 응분의 대가를 치른 후에 가능했다. 그 대가란 세계를 질량, 시간과 같은 개념들로 단순하게 설명하는 것이다."로 알 수 있다.

③ 셋째 단락의 "수학은 기껏해야 자연의 특수한 과정을 묘사할 따름이며, 과정 전체를 온전히 담아내지 못한다."로 알 수 있다.

25 정답 ③

해설 제시문은 수학이 이룩한 성공에 대해 이야기하고 있다. 그 성공에는 대가도 따르고 여러 한계도 지니지만 수학은 자연을 묘사하고 해석하는 데 가장 뛰어난 방법적 도구이며 성공적인 지식 체계임을 서술하고 있다. 따라서 이 글의 주제는 '수학은 성공적인 학문'이라는 ③이 적절하다.

26 정답 ③

해설 ③은 선이 만나는 A~D 모두가 네 선이 만나기 때문에 홀수점이 없이 짝수점만 넷이 있다.

[오답] ① 점 B와 C는 둘 다 세 선이 만나는 홀수점들이고, 점 A와 D는 둘 다 네 선이 만나는 짝수점들이다.

② 점 A~D 넷 모두 세 선이 만나는 홀수점들이다.

④ 점 A~D 넷 모두 다섯 선들이 만나는 홀수점들이다.

27 정답 ②

해설 제시문의 글쓴이는 글 전체의 내용을 요약하여 제시하는 데 중점을 둔 것이 아니라 『역사의 연구』를 쓴 토인비라는 원저자의 주장이나 관점, 견해가 지닌 의미를 펼치는 데 주안점을 두고 있다. 따라서 '책의 내용을 요약하여 제시하는 데 주안점을 두고 있다.'는 ②의 이 글의 설명으로 적절하지 못하다.

[오답] ① 첫 문장의 "토인비는 『역사의 연구』 9부에서"와 넷째 단락의 "제10부는"로 알 수 있다.

③, ④ 글 전체가 토인비의 저서 내용을 비판 없이 소개하면서 그 의미를 펼치는 것으로 알 수 있다.

28 정답 ④

해설 제시문은 토인비의 역사에 대한 저술을 소개하고 있는 글이다. 토인비는 역사를 '도전과 응전'이라고 정의하면서 끊임없이 변화 발전하는 존재로 보았다. 그러므로 ④의 랑케의 말처럼 있던 그대로의 과거라는 말은 이 글과는 어울리지 않는다.

[오답] ①, ③ 첫째 단락의 '문명들의 공간적 접촉'에 의한 공격과 희생으로 짐작할 수 있다.

② 제10부 내용인 '문명들의 시간적 접촉'으로 짐작할 수 있다.

29 정답 ④

해설 제시문은 마케팅의 과정을 '소비자의 문화적 요구나 생활 패턴 분석(②)' → '제품에 어울리는 문화적 이미지 결정(③)' → '소비자의 정서적 반응 유도(①)'로 말하고 있다. ④의 '정교한 문화 상품의 창조'는 마케팅의 과정에 대한 내용이 아니라 마케팅이 가지는 의미를 보여 준다.

30 정답 ①

해설 [보기]는 언어를 동물들의 소리와는 달리 인식된 것을 표현하는 수단으로 보고 있다. 이에 반해 제시 글의 입장은 '결여된 말', '빗나간 언어', '특별한 발언' 등을 무의식과 연관시켜 보아야 우리 언어생활 전체를 제대로 이해할 수 있음을 주장하고 있다. 따라서 제시된 글의 입장에서는 언어를 의식적으로 인식된 것만이 아닌 무의식적인 것과도 관련시키는 점이 부각되어야 한다. 그러므로 ①과 같이 '외부로 발화되지 않은 것'도 언어인데 [보기]는 이를 고려하지 않고 있다고 비판한 ①이 가장 적절하다.

31 정답 ①

해설 제시문은 조선왕조실록의 반환 결정을 이끌어

낸 환수위원회의 노력과 환수위원회와 도쿄대학교 관계자의 묘안을 언급하면서 조선왕조실록이 반환되기까지의 배경을 설명하고 있다. 따라서 이 글을 이끌어내는 질문으로는 ①이 적절하다.

32 정답 ②

해설 이 문제는 작성된 문서에서 오자를 찾는 문제이다. 서류를 작성할 때 사소한 오자 때문에 사소하게는 상급자에게 꾸지람을 듣는 일이 벌어지기도 한다. 하지만 보다 큰 문제는 문서를 보는 사람이 내용을 오해할 수 있을 뿐만 아니라 계약서일 때에는 의도와는 다르게 금액의 오류로 인해서 큰 손해가 일어날 수도 있고, 또는 법적으로 심각한 문제가 있을 수도 있기 때문에 오자 하나도 사소하게 넘길 수는 없다.
이 계약서의 오자는 다음과 같이 7개이다.
• 두 번째 칸 : 부동산의 표지 ， 부동산의 표시
• 제2조 : 지불기로 함 → 지불키로 함(지불하기로 함)
• 제5조 : 일절비용을 → 일체비용을 ➡ '일절'은 '아주, 전혀, 절대로'의 뜻이고, '일체'는 '모든 것, 전부, 완전히'의 뜻
• 제6조 : 수거함 → 수령함 ➡ 확인서는 계약자가 주는 것이므로 거둔다는 수거를 쓰는 것이 아니라 받는다는 수령을 써야 함.
• 제6조 : 법녕에 → 법령에
• 마지막 부분 : 확실희 → 확실히
• 날인 부분 : 허가번흐 → 허가변호

33 정답 ②

해설 주어진 A 영농조합의 사례에서는 소비자 기호를 충족시키는 새로운 마케팅 전략(ㄱ)과 에어백을 이용한 포장 기술(ㄹ)로 성공적인 농업 경영을 하고 있다.

34 정답 ④

해설 제시된 자기소개서 사례에서 철수는 현장 실습을 통해 직업에 대한 가치관이 바뀌고(ㄷ), 자신을 더 잘 이해하게 되어 스스로 자신의 진로를 결정하게 되었다(ㄹ)고 기술하였다.

35 정답 ②

해설 A 마을의 문화 유적을 활용하기 위해서는 문화재 해설가 양성이 유리하며(ㄱ), A, B 마을 모두 레포츠 시설이 잘 갖추어져 있어 자연 속 스포츠 프로그램 개발이 유리하다(ㄷ).
오답 B 마을에서는 교통이 편리하지 못하고 숙박 시설과 체험 운영자가 상황이 좋으므로 1일 체험 프로그램은 적합하지 않고, 1박 이상을 하는 체험 프로그램 운영이 적합하다.

36 정답 ①

해설 B 기업은 A 기업에 비해 기업·소비자 교류 및 홈페이지 운영도가 낮아 기업 상품 홍보에 불리할 것이고(ㄱ), 서비스 시설 접근성은 낮아서 복지를 위한 인프라 구축도 미흡할 것이다(ㄹ). 하지만 생산자 조직 구성 비율은 높아 판매 협상에 유리할 것이지만(ㄴ), 기업·소비자 교류 비율은 낮으므로 생산품 직거래 장터의 운영은 활발하지 않을 것이다(ㄷ). 따라서 ㄱ과 ㄴ은 적절한 내용이고, ㄷ과 ㄹ은 적절하지 못한 내용이므로 정답은 ①이다.

37 정답 ②

해설 제시된 내용은 '빙산이 녹으면서 주변 바닷물의 염분을 낮게 한다(①).' → '적도에서 올라오던 해류가 빙산 주변에서 침강의 속도가 떨어진다(③).' → '순환성이 떨어져 따뜻한 난류가 북쪽으로 잘 올라오지 않는다(④).' → '북쪽으로 열을 실어 나르는 과정이 차단되어 한파가 몰려온다.'로 정리할 수 있다. 이로 보았을 때 ②의 내용은 제시문에서 확인할 수 없다.

01 ③	02 ③	03 ③	04 ②	05 ①
06 ①	07 ④	08 ②	09 ③	10 ④
11 ③	12 ③	13 ③	14 ③	15 ②
16 ④	17 ②	18 ③	19 ③	20 ①
21 ②	22 ③	23 ③	24 ②	25 ②
26 ③	27 ③	28 ②	29 ①	30 ④
31 ④	32 ④	33 ③	34 ④	35 ④
36 ③	37 ④	38 ③	39 ②	40 ②
41 ③	42 ②	43 ②		

01   정답 ③

해설 엄마가 반을 가져간 후 남아 있는 끈은 1/2이다. 다시 형이 반을 가져간 후에 남아 있는 끈은 1/4이 되고, 또 아빠가 가져간 후에는 끈은 1/8이 남는다. 마지막으로 누나가 1/8 남아 있는 데서 3/5를 가져갔으므로 (1/8 × 3/5)을 하면 (3/40)이 남게 된다. 그러므로 30cm는 전체 길이의 (3/40)인 것이므로, 처음에 가지고 있던 끈의 길이는 (30 ÷ 3/40)을 계산하면 4m이다.

02   정답 ③

해설 평균은 집단 전체의 수를 각각 더한 뒤에 집단의 수로 나눈 값이고, 평균편차는 평균값에서 각각의 수를 뺀 값을 말한다. 이때 평균편차는 평균에서 얼마큼의 차이를 보이냐를 나타내기 때문에 마이너스로 표시되더라도 정수와 같게 취급한다. 이에 비하여 분산은 각각의 평균편차의 제곱근 값을 더한 뒤에 다시 집단의 수로 나눈 값이고, 표준편차는 이 분산값의 제곱근 값이다. 이를 토대로 계산하면 ③이 B 집단의 값이고, ④는 A 집단의 값이다. 자세한 계산은 다음과 같다.
A 집단은 다음과 같이 구할 수 있다.
• 평균 : (1+2+8+9) ÷ 4 = 5
• 평균편차 : |(5−1)| + |(5−2)| + |(5−8)| + |(5−9)| ÷ 4 = 3.5
• 분산 : (1−5)²+(2−5)²+(8−5)²+(9−5)² ÷ 4 = 16+9+9+16 ÷ 4 = 12.5
• 표준편차 : (12.5)² = 156.25
B 집단은 다음과 같이 구할 수 있다.

• 평균 : (3+4+6+7) ÷ 4 = 5
• 평균편차 : |(5−3)| + |(5−4)| + |(5−6)| + |(5−7)| ÷ 4 = 1.5
• 분산 : (3−5)²+(4−5)²+(6−5)²+(7−5)² ÷ 4 = 4+1+1+4 ÷ 4 = 2.5
• 표준편차 : (12.5)² = 6.25

03   정답 ③

해설 (−11) + (+17)은 (−11) 때문에 더하기(+)가 아니라 빼기(−)를 해야 하기 때문에 ⓒ은 28이 아니라 6이 된다.

04   정답 ②

해설 A 지역에서 갈 수 있는 지역은 B, C이다. 그리고 각 B, C 지역에 대해서 C, E 지역과 D 지역으로 갈 수 있다. 이렇게 수형도를 그려나가면 A, B, C, D, E 지역의 순서로 방문했을 때 길이가 A−B(4), B−C(2), C−D(3), D−E(4) 13이 되어 최단 경로가 된다.

05   정답 ①

해설 A, D 지역 사이에 길이 2의 길이 생기면 A, D, C, B, E 지역 순서로 방문했을 때 최단 경로가 된다. 이때 길이는 A−D(2), D−C(3), C−B(2), B−E(5)가 되어 총 길이는 12가 된다.

06   정답 ①

해설 라운드 로빈 스케줄링은 CPU의 사용 시간을 일정한 간격으로 나누어 교대로 할당하는 방식이다. 자판기 이용 순서는 먼저, 'A, B, C, D, E'가 각각 2개씩 구매하면 'B, D'가 뒤로 빠지게 되므로 다음은 'A, C, E'가 되면서 다시 'E'가 빠지게 되고, 다음에는 'A, C'가 되면서 C가 빠지고, 다음에 'A'가 된다. 따라서 9번째 이용자는 'A'가 된다.

07   정답 ④

해설 그래프를 분석하면 여학생이 남학생보다 정상 체중 비율이 높은데도(그래프 첫 부분) 신체 이미지에 대한 왜곡 비율은 남학생보다 높게 나타났다(그래프 두 번째 부분). 또한 여학생은 정상 체중임에도 불구하고 61.6%가 불필요한 다이어트를 하고 있음을 알 수 있다(그래프 마지막 부분). 따라서 [보기]의 ㄷ과 ㄹ은 주어진 그래프와 일치된 내용이지만, ㄱ과 ㄴ은 그래프의 내용과 일치하지 않는 내용이다.

8 정답 ②

해설 제시된 연령 계층별 인구 구성비 전망 그래프에서 고령 인구(65세 이상)는 급격히 증가하는 반면, 생산 가능 인구(15~64세)와 유소년 인구(0~14세)는 감소하게 됨을 알 수 있다. 이러한 그래프 내용을 보면 고령인구의 증가로 인하여 의료 산업과 실버산업 수요 인구가 증가할 것임을 짐작할 수 있다.

오답 ①, ④의 내용은 증가, 감소의 내용을 반대로 해야 그래프를 분석하여 추론한 내용에 부합한다.
③ 유소년 인구는 2020년부터 고령 인구보다 줄어드는 걸로 전망하고 있기 때문에 '많아질 것이다'라는 설명은 적절하지 않다.

9 정답 ③

해설 자본재는 산업용 기계 및 설비를 생산하는 공업이며, 중간재는 철강, 시멘트 등 관련 산업에 기초 소재를 제공하는 공업이다. 자본재와 중간재는 호프만식 공업의 분류에서 생산재 공업에 해당한다. 2012년도의 생산재인 자본재(48.7)와 중간재(36.4)를 더하면 85.1이 되므로 ㄱ은 맞는 내용이다. 또, 자본재는 2010년을 기점으로 약간씩 하락하고 있지만 철강, 시멘트 등의 중간재는 조금씩이지만 꾸준히 증가하고 있으므로 ㄴ은 맞는 설명이다. 섬유, 신발 등의 소비자 공업의 경우 1991년부터 2010년까지 비교적 큰 폭으로 감소하다가 그 이후는 완만한 감소폭을 보이고 있으므로 ㄷ 또한 맞는 설명이다.

오답 소비재는 섬유, 신발, 식품 등 일상생활에 필요한 제품을 생산하는 공업을 일컫는다. 1991년부터 2010년까지 가장 큰 폭으로 변화한 것은 소비재 공업이다. 따라서 [보기]의 ㄹ은 옳은 설명이 아니다.

※ 참고- 호프만식 산업 분류
• 생산재 산업 : 생산을 위하여 사용되는 재화를 생산

하는 산업[기계, 금속, 화학 등]
• 소비재 산업 : 일상생활에 필요한 재화를 생산하는 산업[식품, 섬유, 제지, 피혁, 가구 등]

10 정답 ④

해설 밀의 재고량 증가는 밀 가격 동향 그래프에 알 수 있듯이 수입산 밀에 비하여 지나치게 높은 가격이 주요인으로 보인다(ㄴ). 또, 생산량보다 재고량이 많을 수 없는데도 2012년도에 재고량이 생산량보다 많은 것은 전년도의 재고가 계속 누적되었기 때문이다(ㄹ).

오답 ㄱ. 밀의 가격 동향 그래프의 국내산 밀의 거의 변화하지 않은 가격 동향으로 보았을 때, 밀 생산량은 국내산 밀의 가격에 큰 영향을 받지 않고 있다.
ㄷ. 수입산 밀의 가격 동향 변화로 보았을 때, 국내산 밀의 가격은 해외 시장 변화에 민감하게 반응하지 않고 있다.

11 정답 ③

해설 그래프에서 환율이 인하되고 있다는 것은 미국 1달러를 사는 데 우리 돈으로 1,134원 지급하던 것이 1,070원을 지급하게 되었다는 말이다. 따라서 미국에 대한 수출이 둔화될 것이며(ㄴ), 기업의 달러 외채 상환 부담이 감소될 것이다(ㄷ).

오답 ㄱ. 미국 달러를 써야하는 미국으로의 여행 비용은 미국 달러 구입비가 내려가기 때문에 증가하는 것이 아니라 감소된다.
ㄹ. 미국으로부터 수입한 원자재 가격도 상승하는 것이 아니라 하락한다.

12 정답 ③

해설 매입 원가는 매입 가격에 매입 제 비용(운반비)을 합한 것으로 150(120 + 30)인 B 기업보가 140(120 + 20)인 A 기업이 더 적다. 따라서 B 기업이 더 많다고 한 ③의 설명은 적절한 내용이 된다.

오답 ① 이폭은 영업비(급여)와 희망 이익을 합한 것으로 140(40 + 100)인 B 기업보다 150(60 + 90)인 A 기업이 더 많다.
② 급여는 영업비에 포함되기 때문에 40인 B 기업보다 60인 A 기업이 더 많다.

④ 판매 원가는 매입 원가(매입 가격 + 운반비)에 영업비(급여)를 합한 것으로 190[(120 + 30) + (40)]인 B 기업보다 200[(120 + 20) + (60)]인 A 기업이 더 많다.

13 [정답] ③

[해설] 그래프를 보면 A 국가는 클라크의 산업 분류 방법에 따라 1차 산업으로 분류되는 농업, 수산업 종사자의 비율이 가장 높다(ㄴ). 또, B 국가가 A 국가에 비해 클라크의 산업 분류에 따른 공업에 해당하는 제조업이나 건설업의 종사자 수가 많음을 알 수 있다(ㄷ).

[오답] ㄱ. 무형의 서비스는 클라크의 산업 분류에 의하면 제3차 산업으로 금융, 보험업이 해당한다. 따라서 그래프를 보면 A 국가에서 종사자 지율이 농업, 수산업이 가장 높고, 금융, 보험업은 중간에 속함을 알 수 있다.

※ 산업의 분류(2) − 산업 구조에 따른 클라크의 분류
• 제1차 산업 : 토지와 바다 등의 자연 환경을 이용하여 생산하는 산업[농업, 임업, 축산업, 수산업, 광업 등]
• 제2차 산업 : 제1차 산업에서 얻은 생산물이나 천연 자원을 가공하여 생산하는 산업[공업 (제조업, 건설업)]
• 제3차 산업 : 제1, 2차 산업에서 생산된 물품을 소비자에게 판매하거나 각종 서비스를 제공하는 산업[매매업, 운수업, 통신업, 서비스업(무역, 금융, 보험, 교육 등), 개인 서비스업(이용업, 미용업, 숙박업 등) 등]
• 정보 산업 : 인간의 두뇌활동을 중심으로 하는 새로운 지식 산업[하드웨어, 소프트웨어, 통신 등]

14 [정답] ③

[해설] 특별시와 광역시에 있는 본사, 본점의 수는 14,597 + 2,739 + 1,646 + 1,824 + 1,066 + 1,071 + 678 = 23,621개이다. 따라서 전국에 있는 본사 본점 44,236개 중 특별시와 광역시에 있는 비율은 23,621 ÷ 44,236 = 53.397...이므로 ③의 53%가 가장 가까운 비율이다. 따라서 정답은 ③이다.

15 [정답] ②

[해설] (C) 공장, 지사, 영업소는 3,574개가 있는 울산보다 33,797개가 있는 서울에 더 많다. 따라서 울산에

가장 많다는 ②의 설명은 틀린 말이다.

[오답] ① (B) 본사, 본점의 수는 서울에 14,597개가 있는 반면에 나머지 6대 광역시에는 2,739 + 1,646 + 1,824 + 1,066 + 1,071 + 678 = 9,024개 있다.
③ 서울에는 (A)가 736,700개, (B)가 2,739개, (C)가 12,438개가 있어 합치면 751,877개가 있다. 이는 다음으로 많은 사업체가 있는 부산의 (256,806 + 2,739 + 12,438 = 271,983)개가 서울의 약 36% 정보밖에 되지 않는 것에서 알 수 있다.
④ 대구의 사업체는 (186,214 + 1,646 + 7,857 = 195,717)개 이고, 인천의 사업체 수는 (169,010 + 1,824 + 7,156 = 177,990)개 이므로 맞는 내용이다.

16 [정답] ④

[해설] ㄹ은 특별시, 광역시 중 단독 사업체가 3번째로 많은 도시이므로 인천광역시가 아니라 대구광역시이다.

[오답] ① 어떤 수 전체에 대한 각각의 비율을 보여 주는 데는 원그래프가 알맞다.
② 서울과 나머지 광역시 단독 사업체의 수는 1,622,836로 약 46.7%에 해당한다. 따라서 나머지 53.2%는 이들 도시 이외에 존재하는 단독 사업체의 비율이다.
③ 서울(736,700) / 전체(3,468,399)를 계산하면 약 = 0.212...가 되므로 21.2%라고 할 수 있다.

17 [정답] ②

[해설] 총 30개의 숫자 가운데 가장 가운데 숫자는 149와 151이다. 따라서 중앙값은 150이다. 하위 25%값과 상위 25%값은 각각 수 전체를 4등분했을 때 경계가 되는 수를 말한다. 30개 숫자를 4등분하면 7.5개가 되므로 상하로 각각 8번째 수가 상·하위 25%의 경계가 된다. 따라서 하위 25%값은 130, 상위 25%값은 200이 된다.

18 [정답] ③

[해설] 디스크 스케줄링 SSTF는 현 위치에서 가장 짧은 거리를 우선 탐색하는 기법이므로, 대전에서 가장 짧은 김천이 첫 여행지가 되고, 다음은 다시 가장 짧은 거리인 부산이 되며, 마지막은 진주가 된다. 따라서 여행한 도시는 김천−부산−진주 순이 되어 정답은 ③이다.

- 디스크 스케줄링(Disk Scheduling) : 컴퓨터에서 사용할 데이터가 디스크 상의 여러 곳에 저장되어 있을 경우 데이터를 액세스하기 위해 디스크 헤드가 움직이는 경로를 결정하는 기법이다. 일반적으로 탐색 시간을 최적화하기 위해 수행되며, 처리량 최대화, 응답 시간의 최소화, 응답 시간 편차의 최소화 같은 목적을 갖고 있다. 종류에는 FCFS, SSTF, SCAN, C-SCAN, N-step SCAN, 에센바흐, SLTF 스케줄링 기법이 있다.
- SSTF(Shortest Seek Time First) : 탐색 거리(Seek Distance)가 가장 짧은 트랙에 대한 요청을 먼저 서비스하는 기법이다. 현재 헤드 위치에서 가장 가까운 거리에 있는 트랙으로 헤드를 이동시킨다. 현재 서비스한 트랙에서 가장 가까운 트랙에 대한 서비스 요청이 계속 발생하는 경우, 먼 거리의 트랙(안쪽이나 바깥쪽)에 대한 서비스는 무한정 기다려야 하는 기아 상태가 발생할 수 있다.

19 　정답 ③

해설 비록 '예술, 스포츠, 여가 관련 서비스업' 분야의 공동 창업 비율이 0%이고 개인 창업의 비율이 100%여서 전체 창업 사업체 수 2,992가 개인 창업이라 해도, 전체 창업 수가 4,636인 '출판, 영상, 방송통신, 정보 서비스업' 분야의 99.8%가 더 많다. 따라서 '예술, 스포츠, 여가 관련 서비스업' 분야의 개인 창업 업체 수가 더 많다고 한 ③은 옳지 않은 내용이다.

오답 ① 제조업의 공동 창업은 45,805의 99.5%이므로 약 45,576으로, 2위인 개인 창업 100%로 14,912인 전문, 과학, 기술 서비스업 보다 많다.
② 둘 다 공동 창업 비율은 0.0%이다.
④ 교육 서비스업 사업체 수 587의 0.8%는 약 5인데, 출판, 영상, 방송통신, 정보 서비스업 사업체 수 4,636의 0.2%는 약 9이다.

20 　정답 ①

해설 남자 고용률은 인천이 71.6, 서울이 69.1로 인천이 높고, 여자 고용률은 인천 47.4, 서울 49.2로 인천이 낮다. 따라서 ①의 설명은 적절하지 않다.

21 　정답 ②

해설 여성 경제 활동 참가율이 전국(49.4)보다 높고 서울(51.2)보다 낮은 수치는 49.4~51.2의 값이다. 여기에 해당하는 도시는 인천(49.9)과 광주(49.8)이다. 나머지는 모두 전국 참가율보다 아랫니다.

22 　정답 ③

해설 'ㄱ-ㄴ-ㄷ-ㄹ'의 순서는 평가액이 가장 높은 순서대로 나타낸 것이므로 '토지(71,427,827) - 공작물(17,666,830) - 기타(11,996,475) - 건물(4,330,764)'의 순이다. 따라서 정답은 ③이다.

23 　정답 ③

해설 [보기] 그래프의 ㄱ과 ㄴ은 180만과 160만 사이, ㄷ은 120만과 100만 사이, ㄹ은 80만과 60만 사이이므로 마지막인 6번(도표의 순서상 가장 마지막인 2013년)의 대소를 비교하면 'ㄱ은 50대, ㄴ은 40대, ㄷ은 60대 이상, ㄹ은 30대'임을 알 수 있다. 따라서 답은 ③이다.

24 　정답 ②

해설 주어진 표에 의하면 소멸 기업의 수에 비해 신생 기업의 수가 매년 많았기 때문에 매년 기업의 수는 늘어났다(㉠). 또, 소멸 기업에 비한 신생 기업의 수가 2007년에 (847,825 - 616,382 = 231,443)으로 가장 많이 늘어났고(㉡), 다음으로 많이 는 해는 2008년 158,201이다. 따라서 정답은 ②이다.

오답 ㉢ 도표의 자료를 보면 소멸 기업의 수는 알 수 있다 하지만 이는 신생 기업과 원래 있던 기업을 모두 포함하기 때문에 신생 기업만의 소멸 비율을 따로 알 수는 없다.

25 　정답 ②

해설 중국은 1999년에 1,299백만 달러, 2000년에 1,299백만 달러, 2001년에 -484백만 달러, 2002년에 2146백만 달러, 2003년에 2,861백만 달러가 증가하였다. 따라서 2003년이 될 때 중국의 반도체 수출액 증가량이 가장 크다는 ②는 옳은 설명이다.

[오답] ① 중국의 반도체 수출은 2000년과 2001년 사이에 감소하였다.

③ 도표로 보았을 때 반도체 시장에서 일본은 매년 수출액이 수입액보다 많기 때문에 흑자를 내고 있다. 하지만 한국은 매년 흑자를 내다 2001년부터 수출액보다 수입액이 많음을 알 수 있다. 따라서 매년 흑자를 내지 못하고 2001년부터는 적자를 내고 있다.

④ 한국이 매년 일본보다 많은 액수의 반도체를 수입한다.

26 [정답] ③

[해설] 2011~2013까지 대기업의 성장 지표는 -가 나타나 있지 않다. 따라서 매년 증가하였음을 알 수 있다(㉠). 또, 재고자산에 대하여 성장성 지표가 2011년에 종합 14.61이고, 2012년에는 종합 5.48, 2013년에는 종합 6.22이다. 따라서 도표에 제시되어 있지 않았지만 성장성 지표가 지속적으로 증가한 것으로 보아 2010년에 비해 2013년에 재고자산이 높아졌음을 알 수 있다(㉢).

[오답] ㉡ 중소기업의 매출액 증가율은 '2011년 14.33', '2012년 4.09'로 계속 증가하였지만, 2013년에는 -1.15로 감소하고 있다. 따라서 매년 증가했다는 ㉡의 말은 맞지 않다.

27 [정답] ③

[해설] 주어진 도표에 의하면 20대의 '캐피탈, 엔젤 투자'만 0.0%일뿐, 대부분은 자기자본이지만 캐피탈, 엔젤 투자는 물론이고 정부 금융, 민간 금융, 기타에서 자금을 조달하였음을 알 수 있다(㉠). 또, 자기자본 비율을 보면 연령대가 높아질수록 그 비율이 높아지는 것으로 보았을 때 ㉢의 이야기가 맞음을 알 수 있다.

[오답] ㉡ 각 연령별로 지원받은 전체 자금의 액수를 알 수 없기 때문에 비율이 높다고 하더라고 절대치를 비교할 수 없다. 따라서 40대가 민간 금융으로부터 가장 많은 자금을 조달받았다고는 할 수 없다.

28 [정답] ②

[해설] 자본, 부채, 자산에 대하여 6년 동안의 변화를 나타내는 그래프를 그려야하므로 변화를 나타내기에

가장 적절한 꺾은선그래프가 가장 효과적이다. 따라서 ②와 같은 원그래프는 각 항목의 비율을 나타내기에 알맞으므로 주어진 도표의 상황과는 맞지 않다.

[오답] ③ 자본의 비율은 '자본 ÷ 자산 x 100'으로 구하므로 2007년은 42.3449%, 그 다음으로 높은 해는 2012년으로 40.6268%이다.

④ 부채와 자본의 차이가 가장 큰 해는 2009년으로 140,758이고, 그 다음으로 큰 해는 2008년 136,778이다.

29 [정답] ①

[해설] 푸드 트럭 운영으로 인한 총수입은 운영 시간에 비례하여 증가한다. 총비용은 운영 시간이 증가함에 따라 11만 원, 15만 원, 18만 원, 20만 원, 30만 원으로 증가한다. ① 4시간 운영할 때 이윤은 총수입 28만 원에서 총비용 20만 원(5만 원 + 15만 원)을 뺀 8만 원이다.

[오답] ② 5시간 운영할 때 이윤은 총수입 35만 원에서 총비용 30만 원을 뺀 5만 원으로 4시간 운영할 때의 이윤보다 작다.

③ 운영 시간을 1시간씩 늘릴 때마다 추가적으로 발생하는 운영 비용은 각각 6만 원, 4만 원, 3만 원, 2만 원, 10만 원으로 처음에는 감소하다가 나중에는 증가한다.

④ 푸드 트럭 임차료가 7만 원이라면 4시간 운영할 때 이윤이 6만 원으로 최대가 된다. 즉 이윤이 극대화되는 운영 시간은 4시간으로 변함이 없다.

30 [정답] ④

[해설] 숙박 서비스 요금 10% 인상할 때 판매 수입이 10% 감소했으므로 판매량(수요량)은 10%보다 많이 감소했다. 따라서 숙박 서비스 시장에서 수요의 가격 탄력성은 1보다 크다. 한우 가격 10% 인하할 때 판매량(수요량)이 5% 증가했으므로 한우 시장에서 수요의 가격 탄력성은 0.5이다. ④ 숙박 서비스에 대한 수요의 가격 탄력성은 1보다 크며, 한우에 대한 수요의 가격 탄력성은 0.5이다.

[오답] ① 숙박 서비스 요금 인상으로 숙박 서비스 수요량은 감소하였다.

② 숙박 서비스에 대한 수요의 가격 탄력성은 1보다 크다.

③ 한우 판매 가격은 10% 인하되었고 한우 판매량은

5% 증가했으므로 한우 판매 수입은 감소하였다.

🧑 31　　정답 ④

해설　제시된 주식 시세표에 나타난 내용을 토대로 각 종목의 전일 종가를 계산해보면, A 종목은 10,000원(= 11,000원 − 1,000원), B 종목은 20,000원(= 18,000원 + 2,000원), C 종목은 300,000원(= 330,000원 − 30,000원)이다. 당일 가격 변동 폭은 A 종목이 4,000원, B 종목은 6,000원이다. (○) → 당일 가격 변동 폭은 당일 고가와 저가의 차이로 A 종목은 4,000원(= 12,000원−8,000원)이고, B 종목은 6,000원(= 22,000원−16,000원)이다. 따라서 ④는 옳은 내용이다.

오답　① A 종목의 전일 폐장 시 가격은 9,000원이다. (×) → 전일 폐장 시 가격은 전일 종가로 A 종목의 전일 종가는 10,000원이다.
② B 종목의 당일 중 처음 형성된 가격은 전일 종가와 같다. (×) → 당일 중 처음 형성된 가격은 시가로, B 종목의 시가는 21,000원이고 전일 종가는 20,000원이므로 서로 다르다.
③ C 종목의 최소 주문 단위는 10주이다. (×) → 유가 증권 시장에서 거래되는 주식의 최소 주문 단위는 1주이다.

🧑 32　　정답 ④

해설　A 1개를 만들 때 필요한 부품은 B 2개와 C 3개이고, 다시 B 1개를 만들 때 C 2개가 필요하다. 따라서 A 1개를 만들 때 필요한 부품은 C는 [(2 × 2) × 3]이 되므로 7개가 필요하다. 따라서 A 10개를 만들 때 C는 70개가 필요하다.

🧑 33　　정답 ③

해설　이폭은 영업비와 이익을 합한 금액으로 판매 가격 10,000원에 대한 A 유통회사의 영업비는 15%로 1,500원, 이익은 5%로 500원이고, B 유통회사의 영업비는 10%로 1,000원, 이익은 10%로 1,000원이다. 따라서 이를 계산하면 A와 B 유통회사의 이폭은 2,000원으로 동일하다.

오답　①A 유통회사의 매입 가격은 6,000원이다.
② B 유통회사의 매입 제 비용은 1,000원이다.

④ 매입 원가는 매입 가격과 매입 제비용을 합한 금액으로 A와 B 유통회사의 매입 원가는 8,000원으로 동일하다.

🧑 34　　정답 ④

해설　(가)는 수송량은 적지만 속도가 빠르고 운송 비용도 높은 것으로 보아 항공 운송이고, (나)는 속도도 느리고 운송 비용은 적지만 운송량이 많은 것으로 보아 해상 운송이다. 해상 운송은 육상 운송이나 항공 운송과 비교하여 대량 운송, 원거리 수송, 자유로운 운송로, 저렴한 운송비, 국제성, 느린 속력이라는 특성을 가지고 있다.

오답　ㄱ. Door to Door 배송은 문에서 문까지 배송하는 것이므로 육상 운송이라야 가능하다.
ㄷ. (가)는 항공 운송이고 (나)는 해상 운송이므로 (가)는 화물의 크기에 제한이 크다.

🧑 35　　정답 ④

해설　경제 통합의 형태 중 관세동맹은 회원국 간의 관세 및 수입·수량 할당제를 철폐하고, 역외 국가에 대해서는 공동의 관세율을 적용하며, 공동시장은 관세 동맹에서 한 걸음 더 나아가 회원국 간에는 생산 요소와 상품 이동의 제한을 철폐하고, 비회원국에 대해서는 공동 관세율을 적용하는 것이다. A국은 경제 통합 체결 전 D국에서 가장 저렴한 수입 가격으로 갑 상품을 수입할 수 있었으며(1번), 경제 통합 체결 후에는 B국에서 가장 저렴한 수입 가격으로 갑 상품을 수입할 수 있게 되었고(2번), D국에 비해 C국과의 생산 요소 이동이 더 자유롭다(3번). 이로 보면 1, 2, 3번 모두 ○에 √해야 하는데 1번에 ×에 √하였으므로 틀렸다. 따라서 2번(2점) + 3번(3점)을 하면 5점이 된다.

🧑 36　　정답 ③

해설　각 직원들별로 지원받은 금액을 계산하면 다음과 같다.
• A : 300만 원 + 200만 원 × 0.8 = 460만 원
• B : 200만 원 × 0.9 = 180만 원
• C : 300만 원 + 400만 원 × 0.9 = 660만 원
• D : 200만 원 + (200만 원 + 200만 원) × 0.9 =

560만 원

이들을 모두 더하면 460만 원 + 180만 원 + 660만 원 + 560만 원 = 1,860만 원이 된다.

37 정답 ④

해설 막대그래프를 보면 위에서 두 번째가 원자력 에너지의 소비량을 나타낸다. 이 그래프 보면 매년 숫자가 높아졌다 낮아졌다를 반복하고 있는 것을 알 수 있는데, 이로 보았을 때 원자력 소비량이 증감을 거듭하고 있음을 파악할 수 있다.

오답 ① 석유 소비량은 밑에서 두 번째인데, 2014년도를 보면 석유가 104.9이고, 나머지가 84.6(석탄), 47.8(LNG), 33.0(원자력), 12.6(기타)이다. 나머지를 모두 더하면 178이므로 석유보다 많다.
② 석탄 소비량은 가장 아래인데 수치로 보았을 때, 해마다 증가하는 것을 알 수 있다.
③ 기타 소비량은 가장 위인데 수치로 보았을 때, 해마다 증가하는 것을 알 수 있다.
⑤ LNG 소비량은 위에서 세 번째인데 수치로 보았을 때, 2013년까지 꾸준히 증가하다가 2014년에는 감소하고 있다. 따라서 최근 증가 추세는 그 정도가 심화되었다는 말은 맞지 않다.

38 정답 ③

해설 넓이 100㎡이고 높이가 2m인 기본 한 층을 세우는데 드는 비용이 800만 원이므로 총 10층을 올리는 기본 비용은 8,000만 원이다. 그런데 신축 건물은 기본 한 층 넓이인 100㎡에 50㎡를 추가한 것이고, 1㎡ 추가하는데 10만 원이 들므로 50㎡ 넓이 추가 비용은 층당 500만 원이다. 그런데 이것도 총 10층이므로 넓이 추가 비용은 최종적으로 5,000만 원이 된다. 따라서 둘(8,000만 원 + 5,000만 원)을 합치면 1억 3,000만 원이 된다.

39 정답 ②

해설 총 12층 건물이므로 기본 층의 건축 비용은 9,600만 원이다. 여기에 추가되는 부분은 넓이가 100㎡(10만 원 × 10 × 12 = 12,000만 원), 추가 높이가 1m(100만 원 × 12 = 1,200만 원), 통풍구 3개(300만

원 × 3 = 900만 원), 수도 파이프 36m(10만 원 × 36 = 360만 원)이므로 총 추가 비용은 (12,000만 원 + 1,200만 원 + 900만 원 + 360만 원 = 14,460만 원)이다. 따라서 건물의 총 건축 비용은 기본 건설비 9,600만 원에 추가 비용 14,460만 원을 더한 24,060만 원이 된다.

40 정답 ②

해설 걸어야 할 현수막은 총 4장인데 현수막 제작 비용은 1장당 25,00원이므로 4장은 기본 100,000원이 든다. 그런데 공학관에는 5㎡를 추가하였으므로 추가(1㎡당 10,000원)로 50,000원이 더 들어간다. 따라서 현수막 제작 총 비용은 150,000원의 된다.

41 정답 ③

해설 부피가 제한되어 있기 때문에 같은 부피를 차지하더라도 더 높은 수익을 낼 수 있는 제품을 많이 넣어야 한다.따라서 답은 ③이다.

42 정답 ②

해설 부피 당 수익이 높은 제품을 우선으로 넣었을 때 가방의 부피가 100이므로 A 1개, B 0개, C 4개, D 0개, E 8개를 가져갈 때, 최대 수익을 낼 수 있다. A 1개(25만 원), C 4개(52만 원), E 8개(48만 원)을 더하면 125만 원이 되므로 정답은 ②이다.

43 정답 ②

해설 가방의 부피가 150이므로 A 1개(25만 원), C 4개(52만 원), D 5개(45만 원), E 10개(60만 원)를 가져갈 때, 최대 수익을 낼 수 있다. 이들의 이익금을 더하면 182만 원이 되므로 정답은 ②이다.

03. 문제해결능력

문제 293쪽

01 ①	02 ④	03 ③	04 ④	05 ④
06 ①	07 ④	08 ④	09 ②	10 ③
11 ②	12 ③	13 ③	14 ①	15 ③
16 ①	17 ②	18 ④	19 ③	20 ④
21 ③	22 ④	23 ①	24 ①	25 ③
26 ③	27 ①	28 ④	29 ③	30 ④
31 ③	32 ①	33 ③	34 ③	35 ①
36 ③	37 ④	38 ④	39 ④	40 ①
41 ②				

 01 　정답 ①

해설　제시된 사례는 퍼실리테이션을 통한 문제 해결에 대한 사례이다. 사례에서 경영관리부장이 퍼실리테이터가 되어서 깊이 있는 커뮤니케이션을 통해 서로의 문제점을 이해하고 공감함으로써 창조적인 문제 해결을 도모하고 있다. 만약 경영관리부장이 판매부장과 공장장의 대화를 조절하지 않는다면, 서로 간의 문제점만을 지적하는 상황이 발생할 수도 있다. 이 사례는 퍼실리테이션이라는 것이 대화를 통해서 문제를 해결해 나가는 과정임을 보여준다. 따라서 커뮤니케이션을 하고 있는 퍼실리테이터는 ① 경영관리부장이다.

※ 참고 – 퍼실리테이션(facilitation, 촉진)

퍼실리테이션은 다툼을 도움으로 만드는 기술, 즉 다툼이 다툼의 이유가 아닌 도움의 이유가 되게 하는 것을 말한다. 퍼실리테이션의 우리말 '촉진'은 스스로 무엇인가를 잘 하는 것이 아니라 어떤 대상이 잘 되도록 돕는 것을 뜻한다. 즉, 퍼실리테이션은 내가 아닌 다른 사람들이 어떤 일을 하는데 스스로 해내는 것보다 더 쉽게 할 수 있도록 돕는 것을 말한다. 퍼실리테이션은 주로 집단 활동에서 활용되는데, 집단 활동 퍼실리테이션은 바로 사람들이 집단을 이루어 일을 하는 방식 즉 회의나 워크숍이 잘 진행되고 높은 수준의 합의를 이루도록 지원하는 것을 말한다. 이때 퍼실리테이션을 하는 사람을 퍼실리테이터(facilitator)라고 한다.

 02 　정답 ④

해설　[사례 4]는 각 부문에서 다른 부서의 문제점만을 지적하고 그 문제점을 극복하려 하고 있지 않은 것은 맞다. 하지만 이는 조직 내의 자원을 효과적으로 활용하려는 의지가 없는 것으로, 내·외부 자원의 효과적인 활용이 부족한 사례이다.

오답　① [사례 1]은 A 회사가 현재 당면하고 있는 문제에만 집착한 나머지, 전체적인 틀에서 문제 상황을 분석하고 있지 않기 때문에 전략적 사고가 부족한 사례이다.
② [사례 2]는 C가 전체 요소를 나누어 각 요소마다 의미를 도출한 후 문제를 해결하려고 하지만 회사가 받아들이지 못하고 있기 때문에 분석적 사고가 부족한 사례이이다.
③ [사례 3]은 대기업이 사전에 진출했다는 이유만으로 틈새시장을 공략한다든가 하는 새로운 관점에서 사물을 바라보는 능력이 부족한 것으로 발상의 전환이 부족한 사례이다.

03 　정답 ③

해설　제시된 활동은 문제 해결을 위해서 필요한 기본적 사고가 무엇인지를 파악하도록 하는 활동이다. 활동을 통해서 자신의 업무 수행에서 문제 해결을 위해 필요한 사고들을 갖추도록 하는 것이 필요하다. [사례 1]은 전략적 사고가 부족한 사례이고, [사례 2]는 분석적 사고가 부족한 사례이며, [사례 3]은 발상의 전환이 부족한 사례이고, [사례 4]는 내·외부 자원의 효과적인 활용이 부족한 사례이다.

04 　정답 ④

해설　제시된 활동은 학습자들이 평소 가지고 있던 창의적 사고에 대한 생각을 알아봄으로써, 창의적 사고에 대한 의미를 파악하도록 하는 활동이다. 창의적 사고를 어렵고, 대단한 능력으로 생각하는 학습자들에게 활동을 통해서 누구나가 할 수 있는 능력이라는 것을 알려주는 것이 필요하다. 주어진 진술은 창의적 사고에 대한 옳은 생각들과 잘못된 편견에 관한 것이다. 특히 ㉠, ㉡, ㉻, ㉾은 우리가 흔히 잘못 생각하고 있는 창의적 사고에 대한 생각들로서, 창의적 사고는 누구나 할 수 있는 사고로서, 참신한 아이디어를 내고 그 유용성을 생각해 보는 활동이다.

효과적으로 활용하였다면 업무의 양도 줄어들 것이며 일정도 맞출 수 있었을 것이다.

05 정답 ④

해설 사례에 제시된 A, B, C에 해당하는 장애 요소와 그 이유는 다음과 같다. 사례에서 A는 너무 많은 자료를 수집하는 데에만 그치고 있는 문제(ⓒ)가 있으며, B는 고정관념에 얽혀 있는 경우(ⓐ)이다. C는 쉽게 떠오르는 단순한 정보에 의지하는 경우(ⓑ)이다. 따라서 정답은 ④이다.

06 정답 ①

해설 이 문제는 제시된 자료를 읽고, 각 상황을 '보이는 문제', '찾는 문제', '미래 문제'인지로 구분하면서 그렇게 보는 이유가 바른지를 찾는 것이다. [상황 A]는 '제품 불량에 대한 고객들의 클레임'으로 현재 보이는 문제이므로 여유를 가지고 확실하게 해결해야 하는 문제'가 아니라 '바로 해결해야 하는 문제'이다. 따라서 ㉠의 이유는 적절하지 못하다.

07 정답 ④

해설 ㉢ 참 : 비판적 사고를 하기 위해서는 우선 감정을 컨트롤할 필요가 있다. 중립적인 입장에서 어떤 주장이나 의견을 파악할 필요가 있다.
㉣ 참 : 비판적 사고는 부정적으로 생각하는 것이 아니라, 지식과 정보에 바탕을 둔 합당한 근거에 기초를 두고 하는 것이다.
㉤ 참 : 비판적 사고를 하기 위해서는 적극적인 분석과 종합이 필요하며, 그러한 과정을 거친 후에 주장을 타당한 것으로 수용할지, 불합리한 것으로 거부할지를 결정하게 된다.
오답 ㉠ 거짓 : 비판적 사고의 목적은 단순히 그 주장의 단점을 찾아내는 것이 아니라, 종합적인 분석과 검토를 통해서 그 주장이 타당한지 그렇지 않은지를 밝혀내는 것이다.
㉡ 거짓 : 비판적 사고는 논증, 추론, 증거, 가치에 대한 문제의 핵심을 파악하는 방법을 학습을 통해 배울 수 있으며, 타고난 것이라고 할 수 없다.

08 정답 ④

해설 혜경이 내·외부 자원 중 팀원들의 인적 자원을

09 정답 ②

해설 리스크를 고려하지 않고 예상 수익률에 따라 A, B, C, D에 순서대로 6억(6,000), 1억(800), 1억(600), 2억(600) 원씩 투자하였을 때 8,000만 원이라는 최대 수익을 얻을 수 있다. 따라서 답은 ②이다.

10 정답 ③

해설 리스크 척도에 따라 A, B, C, D에 순서대로 0(0), 1억(800), 4억(2,400), 5억(1,500) 원씩을 투자하였을 때 리스크를 최소화할 수 있는 예상 수익은 4,700만 원이다. 따라서 답은 ③이다.

11 정답 ②

해설 10번 철 매장지만 하나인 C 공장에만 연결되어 있다. 따라서 처리 가능 공정이 하나뿐인 매장지의 개수는 1개로 정답은 ②이다.
오답 철 매장지 1은 A와 B, 2와 3는 A와 F, 4와 5는 E와 F, 6은 D와 E, 7과 8은 C와 D, 9는 B와 C 공장에 각각 연결되어 있다.

12 정답 ③

해설 최소 비용으로 공장을 지으려면 공장 건설에 많은 비용이 들어가는 공장을 제외하는 것이 좋다. A(70), C(80), E(90)가 비용이 많이 들어가는 공장 지역이므로 이를 제외하는 것이 좋은데, 10 철 매장지가 C에만 연결되므로 포함되어야 하기에 포함시키면 B(40), C(80), D(60), F(50) 네 공장 지역에 공장을 건설하였을 때, 최저 비용(40 + 80 + 60 + 50 = 230)으로 모든 매장지의 철을 처리할 수 있다. 따라서 답은 ③이다.

13 정답 ③

해설 철 매장지 10은 C 지역 하나에만 연결되므로 C는 반드시 건설되어야 한다. 그런데 B와 D, F는 각각 A와 C, E에 연결되므로 제외할 수 있다. 따라서 A(70),

C(80), E(90) 세 지역에 공장을 건설하면 철 매장지 1~10을 전부 연결할 수 있다. 이때 모든 매장지의 철을 처리할 수 있는 비용(70 + 80 + 90 = 240)이 최저 비용이다. 따라서 답은 ③이다.

14
정답 ①

해설 제시된 자료에서 2030년까지 0~14세 인구의 비율은 줄어들고 65세 이상 인구의 비율은 증가됨을 예상하고 있다. 이러한 현상이 지속된다면 청장년층의 비율이 줄게 되어 잠재 성장률이 낮아질 것이다.

오답 ② 65세 이상 인구의 비율이 높아짐으로 인해 고령 인구의 생계에 대한 정부의 책임이 증가될 것이고, 이는 정부의 재정 부담으로 작용할 것이다.
③ 저출산, 고령화 현상이 강화될 것을 예상하고 있다.
④ 청장년층의 부양 부담은 높아질 것이고 생산 가능 인구의 조세 부담률도 높아질 것이다.

15
정답 ③

해설 용의자 3은 스스로의 주장 외에 알리바이가 없다. 또한 '일은 칠로, 칠은 일로 듣고 말한다.'고 하였는데, 진술에서 '네 시 삼십 분에 31-74번지에 있는 식당에서 밥을 먹고 있었다'는 진술은 그의 특성에 따라 31-74번지가 37-14번지를 말하는 것이 되므로 사건이 일어난 때와 장소에 용의자 3이 있었음을 스스로 말한 것이 된다. 따라서 범인은 용의자 3이다.

오답 용의자 2, 4 : 거짓말을 절대 하지 못하는 용의자 2가 용의자 삼(= 용의자 4)을 버스에서 보았으므로 용의자 2와 4의 알리바이가 성립한다.
용의자 1 : 용의자 1도 거짓말을 절대 못하므로 그가 말하는 내용 자체로 알리바이가 성립한다.

16
정답 ①

해설 용의자 2에 의해, 네 번째 숫자가 3 또는 4임을 알 수 있다. 그리고 용의자 1에 의하면 네 번째 숫자는 각이 져 있기 때문에 4라고 생각할 수 있다. 마지막으로 1과 7을 거꾸로 말하는 용의자 3이 17이라 한 것에 의해 가운데 두 숫자가 71인 것도 알 수 있다. 이를 종합하면 용의자들이 말하는 버스 번호는 4714이다.

17
정답 ②

해설 용의자 3은 1과 7을 거꾸로 말한다. 따라서 그가 진술한 07074970000은 실제로는 01014910000이고, 01021010100은 실제로는 07027070700이다. 이때 휴대전화 번호는 '010'으로 시작하기 때문에 0101491000이 휴대폰 번호이고, 나머지 07027070700이 집 전화번호이다.

18
정답 ④

해설 용의자 3은 일과 칠을 거꾸로 말한다. 따라서 그가 원래 말한 것은 '내가 일일이 다 했어. 칠칠맞지 못한 일꾼들이 얼마나 일을 못하는지'이다. 즉, 용의 3은 ④처럼 '일꾼들이 일을 잘 못했다'는 말을 하고 싶어 한 것이다.

19
정답 ③

해설 제시된 내용은 문제 해결 과정 중 원인 분석 단계의 의미와 절차에 대한 사례이다. 사례에서 K 대리는 핵심적인 문제를 파악하고, 주어진 자료를 분석함으로써 주요 원인을 파악해 가고 있다. 이러한 사례를 통해서 '원인 분석'이란 문제 상황에 대한 원인들을 모두 조사한 후 주요 원인들을 범주화해 가는 과정이라는 것을 알 수 있다.

20
정답 ③

해설 재무 활동에서는 유동부채뿐 아니라 자본에서도 유출이 유입보다 크다는 것을 알 수 있다. 따라서 재무 활동 중 유동부채에서만 유출이 유입보다 크다고 한 ③은 옳지 않은 설명이다.

오답 ② 유출액은 유동자산이 가장 크지만 증감을 따져보면 유형자산에 의한 감소가 가장 크다.

21
정답 ③

해설 각 제품을 최저 비용으로 만들기 위한 제품과 기계의 조합은 표의 가장 적은 비용에 해당하는 조합을 골랐을 때 '제품 A는 기계 1', '제품 B는 기계 2', '제품 C는 기계 1', '제품 D는 기계 2'가 된다. 이 중 하나를 제품이 배당되지 않은 기계 3에 할당해야 하는데, 제품 A가 +10만 원, 제품 B가 +25만 원, 제품 C가 +30만 원, 제품 D가 +20만 원의 비용이 더 들기 때문에 제품 A를 생산하는 것이 소요 비용이 가장 적다. 즉, '기계 1에 제품 C(90만 원)', '기계 2에 제품 B(60만 원), D(110만 원)', '기계 3에 제품 A(80만 원)'가 되어 총 소요 비용이 340만 원이 된다. 따라서 답은 ③이다.

오답 ① 기계 1—제품 A(70) · C(90), 기계 2—제품 B(60), 기계 3—제품 D(130) → 350만 원

② 기계 1—제품 C(90), 기계 2—제품 D(110), 기계 3—제품 A(80) · B(85) → 365만 원

④ 기계 1—제품 C(90), 기계 2—제품 B(60), 기계 3—제품 A(80) · D(130) → 360만 원

22 **정답** ④

해설 위 문제를 통해 모든 제품을 생산할 때의 가장 적은 소요 비용의 조합은 '기계 1에 제품 C', '기계 2에 제품 B, D', '기계 3에 제품 A'임을 알게 되었다. 그런데, 기계 1이 반드시 제품 A를 만들어야 한다면 나머지 중 하나를 기계 3이 할당해야 한다. 위 문제의 정답에 따르면 기계 3에서 제품을 생산할 때 가장 적은 추가 금액이 들어간 제품이 +10만 원인 A였는데, 그 다음은 +20만 원인 D이므로 D가 기계 3에 할당되는 것이 알맞다. 즉, '기계 1에 제품 A(70만 원), C(90만 원)', '기계 2에 제품 B(60만 원)', '기계 3에 제품 D(130만 원)'가 되는데, 이들 비용을 모두 합하면 350만 원이 된다. 따라서 답은 ④이다.

23 **정답** ①

해설 주어진 표에 의하면 경제 활동 인구는 25~29, 30~39는 줄고, 나머지 세대는 증가하였다. 그리고 실업률은 30~39만 줄고 다른 세대는 모두 증가하였다. 단, 경제 활동 인구에서 20대는 늘기도 줄기도 하였는데, 이를 합하면 4081에서 4109로 늘었다. 이러한 사실들로 보았을 때 20대와 40대 이상의 경제 활동 인구는 늘어난 반면 실업률은 증가하였음을 알 수 있다. 따라서 20대와 50대 이상의 경제 활동 인구는 늘어난 반면 실업률은 증가하였다는 ①의 내용은 알맞은 것임을 알 수 있다.

오답 ② 주어진 표로는 노후 복지제도가 개선된 지 여부를 알 수 없다.

③ 주어진 표로 보았을 때 맞는 설명이지만 그 내용은 자료가 부족하여 문제점인지를 확인할 수 없다. 만약 20대 후반의 인구가 늘거나 변동이 없는데도 경제 활동 인구가 줄었다면 경제 활동 포기자가 늘었다는 문제점을 찾을 수 있다. 하지만 주어진 자료만으로는 그 사실을 알 수 없다.

④ 인구 고령화는 경제 활동 인구가 아닌 실제 인구를 가지고 말하는 것이기 때문에 알맞은 설명이 아니다.

24 **정답** ①

해설 아래 그림으로 알 수 있듯이 A에 동시신호 신호등을 설치하면 A에서 C로 직진을 하고 동시에 D로 좌회전을 하기 때문에 A를 제외한 B, C, D가 A와 동시에 직진 및 좌회전을 할 수 있는 곳은 없다.

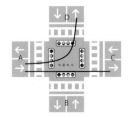

25 **정답** ③

해설 B와 D에서 직진 후 좌회전을 하는 동안 A와 C에서 횡단보도를 이용할 수 있는 시간은 B와 D에서 직진을 할 때뿐이다. 직진을 할 수 있는 녹색 신호를 1분 점등한다고 하였으므로 보행자들이 횡단보도를 이용할 수 있는 시간은 최대 60초이다.

26 **정답** ③

해설 차량의 U턴이 가능하려면 반대편에서 오는 차량이 없어야 하지만 보행자가 횡단보도를 건너고 있는지의 여부는 관계없다. 주어진 선택지 상에서는 아래 그림과 같이 차량이 직진하는 동안 비어져 있는 도로에서 U턴이 가능하므로, B와 D에서 직진 신호 시 A와 C에서 보행자가 횡단보도를 이용할 수 있는 동시에 차량도 U턴이 가능해진다.

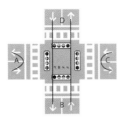

27 정답 ①

해설 제시문에서 A 씨는 정기 예금, 보통 예금, 보통주, 회사채에 고루 투자하였다. 자본 증권에 해당하는 금융 자산은 보통주와 회사채로 [변경 전] 대비 [변경 후] 총비중이 40%에서 45%로 증가했으므로 [보기]의 ㄱ은 바른 내용이다. 또 요구불 예금에 해당하는 금융 자산은 보통 예금으로 [변경 전] 대비 [변경 후] 총비중이 35%에서 25%로 감소했으므로 [보기]의 ㄴ도 바른 내용이다.

오답 ㄷ : 배당을 받을 수 있는 금융 자산은 보통주로 [변경 전] 대비 [변경 후] 총비중이 30%에서 25%로 감소했으므로 잘못된 내용이다.

ㄹ : 장기 금융 상품에 속하는 금융 자산은 정기 예금, 회사채, 보통주로 [변경 전] 대비 [변경 후] 총비중이 65%에서 75%로 증가했으므로 잘못된 내용이다.

28 정답 ④

해설 사원의 말에서 A 회사는 자사의 샴푸와 린스를 취급하고자 하는 전국의 모든 판매처에 제한 없이 공급한다고 했으므로 개방적 유통 경로 정책을 사용하고 있다고 볼 수 있다(ㄴ). 개방적 유통 경로 정책은 다른 유통 경로 정책에 비해 판매처가 많아서 소비자에게 상품을 노출할 기회가 많아 매출이 증가할 수 있지만, 판매점의 통제가 어렵다는 단점이 있다(ㄷ).

오답 경쟁 회사 제품의 판매를 금지하는 것은 전속적 유통 경로 정책이므로 ㄱ은 잘못된 내용이다.

29 정답 ③

해설 제시된 분석에서 K 의류회사는 생산 설비 및 기술력은 충분히 보유하고 있지만 브랜드 인지도가 낮고 유통과 무역의 경험이 부족하다고 나타나 있다. 이러한 강점과 약점을 조합하여 K 의류회사 다른 기업의 주문

을 받아 제품을 개발 생산하여 수출하는 주문자 개발 생산(ODM) 수출 방식을 채택하는 것이 가장 적합하다.

※ 참고 – 다양한 수출 방식

1. 플랜트 수출 : 생산 설비, 선박, 차량, 대형 기계의 수출. 이때 기술, 노하우, 엔지니어링(컨설팅), 가동·경영 능력 등도 같이 수출된다.
2. 스위치 무역 : 상품의 수출입은 두 나라 사이에 이루어지지만, 대금의 결제는 제삼국의 업자를 통해 이루어지는 형태의 삼각 무역
3. 녹다운(knock down) 수출 : 조립할 수 있는 설비와 능력을 가진 거래처에 상품을 부품이나 반제품으로 수출하고 실 수요지에서 제품으로 완성시키도록 하는 현지 조립 방식의 수출

30 정답 ③

해설 STP 전략에는 세분화, 표적 시상, 포지셔닝으로 구성된다. 제시된 퀴즈는 모두 ○에 해당되기 때문에 ○에 체크한 답안(1점, 3점)을 합하면 받은 점수는 4점이다.

31 정답 ③

해설 SWOT 분석 자료의 강점과 기회를 이용하는 방법으로는 순환 농법 기술이라는 친환경 농사 기법(ㄷ), 신품종 재배 기술(ㄱ) 등이 있으며, 약점을 극복할 수 있는 방법으로는 인터넷 쇼핑몰을 활용(ㄴ)하는 방법이 있다.

오답 ㄹ 체험 교실 운영은 약점을 극복할 수 있는 방법으로 적절하지 못하다.

32 정답 ①

해설 제시 자료는 A 섬유의 SWOT 분석을 통해 강점(S), 약점(W), 기회(O), 위기(T) 요인을 분석한 것이다. 첨단 신소재를 적용한 고기능성 제품을 개발한다는 SO 전략(ㄱ)과 문화 콘텐츠와 디자인을 접목한 신규 브랜드 개발을 통해 적극적 마케팅을 실시한다는 WO 전략(ㄷ)은 발전 방안으로서 적절하다.

오답 ㄴ. ST 전략에서 경쟁 업체에 특허 기술을 무상 이전하는 것은 부적절하다.

ㄹ. WT 전략에서 기존 설비에 대한 재투자보다는 수요

에 맞게 다양한 제품을 유연하게 생산할 수 있는 설비 투자가 필요하다.

33 　정답 ④

해설 '3C & FAW 분석 기법'에서 (가)의 FAW는 'Forces At Works'를 의미하는 것으로 경영이나 사업 환경의 변화를 일으키는 외부 요인을 분석하는 것이다.

오답 ①은 '고객', ②는 '자사', ③은 '경쟁사'를 분석하는 내용이다.

※ 참고 - 3C & FAW

1. 3C : 전략의 3요소로 Customer(고객), Competitor(경쟁사), Corporation(자사)을 의미한다.
2. FAW(Forces At Work) : 3C에 공통적으로 영향을 미치는 경제 환경, 사회 추세, 법규 등의 요인을 의미한다.

34 　정답 ③

해설 판매자의 언변에 이끌려 원치 않는 계약을 하거나 잠깐의 판단 착오로 계약을 했을 때 위약금 없이 청약을 철회할 수 있는 제도는 '청약 철회'이다.

오답 ① 리콜 제도 : 물품 등의 결함으로 소비자의 생명, 신체, 재산에 위해를 끼치거나 끼칠 우려가 있는 경우에 사업자가 해당 물품 등의 수거, 파기, 수리, 교환, 환급 조치를 취하는 제도

④ 제조물 책임법 : 제조물의 결함(제조상, 설계상, 표시상)으로 발생한 손해에 대한 배상 책임을 규정한 법

35 　정답 ①

해설 문제 상황을 해결하기 위한 대안으로 선택된 '물적 유통의 표준화'를 실현하기 위해서는 상품을 특정 단위로 포장하여 최대한 효율적으로 운송할 수 있게 '단위 운송 방식을 구축'(ㄱ)해야 하고, 이렇게 단위 포장된 물류는 '팔레트와 컨테이너를 활용'(ㄴ)해야 보다 효율적으로 작업을 할 수 있게 된다.

오답 도로, 철도, 항만 시설의 정비(ㄷ)는 대안 탐색의 '물적 유통 기반 시설 확충'에 해당되고, 위성 위치 정보 시스템의 활용(ㄹ)은 대안 탐색의 '종합 정보 물류망 구축'에 해당된다.

36 　정답 ③

해설 제시문의 사례와 같은 문제 상황에 대처하기 위해서는 국내산 농산물을 이용한 다양한 가공품을 개발하고(ㄱ), 농산물 품질을 고급화하여 명품 브랜드를 육성해야 한다(ㄴ).

오답 ㄷ. 재배 면적을 확대하여 생산량을 늘리는 것만으로는 값이 싸고, 품질이 좋은 중국산 농산물과 경쟁하기 어렵다.

37 　정답 ④

해설 ㉮는 결론을 예상하여 잠정적인 결론을 내리는 '가설의 설정' 단계이다. ㉯는 변인의 영향을 받는 '실험군'에 해당한다(ㄴ). ㉰는 실험에 영향을 끼칠 수 있는 변인을 모두 일정하게 통제하는 '변인 통제' 과정이다(ㄷ).

38 　정답 ④

해설 A 공기업이 물품을 구매하기 위해 실시한 경쟁 매매는 입찰 매입으로 최저 가격을 신청한 자에게 낙찰되며(ㄴ), 한 사람의 구매자와 다수의 판매자 간에 거래가 이루어진다(ㄹ).

39 　정답 ④

해설 다음 그림에서 큰 원이 원탁이고 네모가 직원 ㉮~㉺이며, 작은 원이 인턴 사원 ⓐ~ⓓ라고 하고 주어진 조건을 처음부터 1~5라고 하면 다음과 같이 정리할 수 있다.

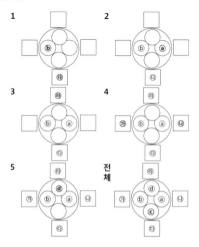

40 정답 ①

해설 제시문의 첫째 단락 마지막 문장 '이들 변동 속도의 차이가 낳기 마련인 상호간 심한 부조화는 문화적 갈등과 사회적 혼란의 요인이 된다.'로 보았을 때 '문화 지체는 문화적 갈등과 사회적 혼란의 요인이 된다.'는 내용은 [참]이다. 따라서 ①은 맞는 판결이다.

오답 ② '변동 속도가 빠른 순서대로 보자면, 테크놀로지, 경제, 사회 조직, 가치 순'이라고 한 것으로 보아 [거짓]이다.

③ '변동 속도가 빠른 순서대로 보자면, 테크놀로지, 경제, 사회 조직, 가치 순'이라고 한 것으로 보아 [참]이다.

④, ⑤ "'문화 지체(cultural lag)'는 광의의 문화 요소들 사이에 변화의 속도가 달라 그 사이에 괴리가 생기는 현상을 말한다."는 첫 문장 내용으로 보아 모두 [참]이다.

41 정답 ②

해설 선택지 ②에서 말하는 '동 사항'은 '앞의 내용과 같다'는 의미이다. 그러므로 선택지에서 말하고 있는 것은 개인정보를 제3자에게 제공하고 제공한 그 정보를 인터넷에 게시한다는 말이 되므로 알맞지 않다. 주어진 자료의 '개인정보보호법 시행 규칙'에서 인터넷에 게시해야 할 것으로 규정하고 있는 것은 개인정보 자체가 아니라 개인정보를 목적 외로 이용한 '날짜, 법적 근거, 목적, 이용한 개인정보의 항목'이지 개인정보 자체가 아니다.

오답 ① '제15조(개인정보의 수집·이용)의 개인정보를 수집할 수 있는 수집 목적의 범위로 제시한 각호 가운데 제1조 개인정보의 수집·이용 목적'으로 알 수 있다.

③ 제15조(개인정보의 수집·이용) 자체가 법령으로 이를 통해 개인정보를 수집하고 이용할 수 있다.

④ 제15조(개인정보의 수집·이용)의 '다음 각 호의 어느 하나의 사항을 변경하는 경우에도 이를 알리고 동의를 받아야 한다.'로 알 수 있다.

⑤ 제15조(개인정보의 수집·이용)의 '제3호 공공기관이 법령 등에서 정하는 소관 업무의 수행을 위하여 불가피한 경우'에 해당한다.

---

04. 자기개발능력
문제 319쪽

01 ① 02 ④ 03 ③ 04 ② 05 ③
06 ④ 07 ② 08 ③ 09 ④ 10 ③
11 ② 12 ② 13 ② 14 ② 15 ②
16 ②

01 정답 ①

해설 장애 요인에는 몸이 안 좋은 일과 같은 개인적인 욕구가 작용한 내적 요인과, 회식이나 집안 행사 같은 문화적인 장애에 부딪히는 외적 요인의 경우로 구분하여 볼 수 있다. 제시된 사례에서 H씨는 영어 학원에 등록하고 열심히 하려고 하였으나 '회식 때문에(외적), 몸이 안 좋아서(내적), 친구를 만나느라(외적), 집안에 행사가 있어서(외적)' 등의 이유로 영어 학원을 빠지게 된다. 이러한 이유들은 자기개발을 저해하는 장애 요인이 될 수 있다. 주어진 사례에서는 '감기 기운으로 학원에 빠진 것은 내적 장애 요인이고, 나머지는 모두 외적 장애 요인이라 할 수 있다. 따라서 정답은 ①이다.

02 정답 ④

해설 제시된 S 부장의 사례의 2단락의 내용으로 자기개발 설계 전략으로 '장단기 계획을 세우기', '인간관계 고려하기', '현재의 직무 고려하기'의 세 가지를 찾을 수 있다. 나머지 하나인 ④의 '구체적인 방법으로 계획하기'는 이 사례에 나타나 있지 않다.

03 정답 ③

해설 제시된 사례에서 K씨는 섣부른 결정을 하고 나중에 자신이 생각했던 것보다 많은 일들을 맡게 되어 후회하고 있다. 이를 통하여 가능한 대안을 찾아보고 이를 분석하여 최상의 안을 선택하는 합리적인 의사결정이 중요함(③)을 알 수 있으며, 적절하게 거절하는 방법이 필요함을 확인 할 수 있다.

04 정답 ②

해설 제시된 신문기사는 직장인들의 불안감과 이에 대한 원인을 나타내는 사례이다. 사례에서 직장인들은

III. 직업기초 능력 평가 – 응용 및 심화 문제 **59**

진로의 불투명, 조직의 경영 위기, 사회 및 경제적 환경 등을 불안 요인으로 지적하였다. 직장인들은 이러한 환경 변화, 조직의 요구, 개인의 요구에 따라 경력 개발을 하게 됨을 확인할 수 있다.

오답﹜ ①, ③, ④ 주어진 사례는 직업의 환경이 변화한다는 것이다. 따라서 그 변화에 대한 대응이 중요한 내용이 되어야 하기 때문에 자아 인식을 바탕으로 한 자신의 경력 개발을 해야 한다 따라서 자아 인식이나 환경 탐색(사례에 환경은 나타나 있다), 직무 정보 탐색은 경력 개발을 하기 전에 이루어질 일이므로 궁극적으로 취해야할 행동이라 하기 어렵다.

05 정답 ③

해설﹜ 제시된 사례는 요즈음 40대의 경력 단계 특징을 나타내고 있다. 사례를 통하여 40대에는 자신에 대한 반성이 이루어지고 있으며, 자리를 지키기 위해 노력하며, 퇴직을 고민하고, 가정을 지키며, 타인과의 관계를 맺는 것이 중요하다는 것을 알 수 있다. 경력 중기에 이르면 직업 및 조직에서 어느 정도 입지를 굳히게 되어 더 이상 수직적인 승진 가능성이 적은 경력 정체 시기에 이르게 되며, 새로운 환경의 변화(예 과학기술, 관리 방법의 변화 등)에 직면하게 되어 생산성을 유지하는데 어려움을 겪기도 한다. 또한 개인적으로 현 직업이나 생활 스타일에 대한 불만을 느끼며, 매일의 반복적인 일상에 따분함을 느끼기도 한다. 이에 따라 자신의 경력 초기의 생각을 재검토하게 되며, 현재의 경력 경로와 관련 없는 다른 직업으로 이동하는 경력 변화가 일어나기도 한다. 이 단계는 일반적으로 40~55세의 경력 중기를 일컫는다.

06 정답 ④

해설﹜ 제시된 사례에서 P씨는 재테크 전문가에 대한 정보를 탐색하고, 자신의 특성을 파악하며, 재테크 전문가가 되기 위하여 필요한 능력을 탐색하고, 이에 따라 자격증을 취득하기로 결심하고, 자격증 취득 시험에 대비하여 학원을 수강하고 인적 네트워크를 쌓는 등의 활동을 하고 있다. 이를 통하여 경력 개발 단계가 직무 정보의 탐색, 자신과 환경의 이해, 경력 목표의 설정, 경력 개발 전략의 수립, 실행 및 평가로 이루어지는 것을 알 수 있다.

오답﹜ ① P씨가 재테크 전문가와 관련하여 자신과 환경에 대해 알고 있는 것 : 자신의 성격, 자신이 활용할 수 있는 시간 등
② P씨가 재테크 전문가가 되기 위하여 세운 구체적 목표 : 5년 뒤 CFP 자격증 취득, 3년 내에 AFPK 자격증 취득
③ P씨가 재테크 전문가가 되기 위해 세운 전략 : 현재 직무는 그대로 수행하되, 저녁시간을 이용하여 학원등록, 재테크 전문가 소모임 참석, 대인관계 강화

07 정답 ②

해설﹜ 제시된 내용을 보면 A가 글쓰기를 통해서 무언가를 이뤄낸 성과는 없다. 다만 글 쓰는 것을 좋아한다는 사실만 나와 있을 뿐이므로 A가 글쓰기에 재능이 있는지에 대해서는 알 수 없다. 따라서 정답은 ②이다.

08 정답 ③

해설﹜ 자신이 잘하는 것과 좋아하는 것 사이에서 많은 갈등을 하게 되지만 그 무엇이 더 성공적일 것이란 것은 그 누구도 장담할 수 없다. 그런데 A는 작가가 되고 싶어 한다. 그러므로 그는 ③의 내용과는 반대로 현재 잘하는 수학이나 과학은 줄이고 작가에게 필요한 글쓰기를 더 열심히 해야 한다.

09 정답 ④

해설﹜ 의사결정 과정 중에 가능한 모든 대안을 탐색할 때는 평가 기준에 따를 필요 없이 주제에 어긋나지 않는 선에서 가능한 많은 대안을 마련해야 한다. 이 과정을 브레인스토밍(brainstorming)이라고도 한다. ④는 통역가가 되는 방법의 하나로 탐색한 대안(해외 유학)에 대한 생각이다. 즉, 대안으로 탐색된 것에 대해 판단한 것으로 ⓓ가 아닌 ⓔ에 해당한다고 할 수 있다.

10 정답 ③

해설﹜ 해외로 떠나 언어를 배우는 것은 통역사가 되기 위한 가장 효과적인 방법 중 하나일 것이다. 하지만 이 의사결정 과정에서 필요한 요소가 빠져 있다. 사례의 A는 사회 초년생으로서 아직 많은 비용을 부담하기 어려

우므로 많은 비용이 따르는 해외로 떠나는 대안이 합리적인 의사결정으로 이루어졌다고 보기 어렵다. 따라서 ③은 합리적인 의사결정이라고 하기 어렵다.

11
정답 ②

해설 B는 자신의 능력과 업무 목표가 맞지 않다는 것을 인식하는 데는 성공하였다. 하지만 자기개발은 물론 업무 목표를 조정하지 않아 업무 성과 역시 향상되지 않았다.

12
정답 ②

해설 협상에서 성공을 거뒀다 하더라도 다음에 동일한 상황을 맞이했을 때를 대비하여 그 과정에 대한 반성과 피드백은 반드시 필요한 과정이다. 따라서 정답은 ②이다.

13
정답 ②

해설 ②의 내용은 B 기업의 인수에 대한 방해 요소 두 가지에 대한 해결책으로 제시하기에 적절한 내용이다.

오답 ① 지금 현재 인수하기에 부족한 금액은 50억 원이 아니라 350억 원이다. 그러므로 50억 원만 빌리는 것으로 자금 부족 문제가 해결되지 않는다. 인수 금액 차이 300억 원 문제를 해결한 뒤라면 부족분이 50억 원이므로 이 부분을 먼저 해결한다는 조건이 붙어야 한다.
③ B사의 경쟁에 개입하여 타 기업의 경영을 고의적인 방해를 하는 것은 올바른 경영 방식이나 기업 인수 방식이 아니다.
④ 아무런 대책 없이 인수 대상 기업과의 협상을 미룬다는 것은 회사 경영 방침이 확정되지 않은 것으로 보일 수 있기 때문에 오히려 포기한다는 것보다 좋지 않다.

14
정답 ②

해설 협상에서 협상 대상자도 매우 중요하지만, 보다 더 중요한 것은 협상 내용이다. 그러므로 협상의 원칙이나 일반적인 사항을 제시하는 협상론에 치중하기보다는 협상을 방해하는 구체적인 요소가 무엇인지 파악하고 이를 극복할 현실적인 대안을 찾는 것이 중요하다.

15
정답 ③

해설 남의 방식을 무조건 따르는 것은 좋지 않다(ㄹ). 또 무조건 새로운 방식을 추구하기보다는 온고지신의 자세를 취해야 한다(ㅂ). 나머지 내용은 조직 구성원으로서의 올바른 행동 전략이라 할 수 있다. 따라서 답은 ③이다.

16
정답 ②

해설 화학과와 금융업계는 관련이 없다(ⓑ). 때문에 금융업계에서 일할 꿈을 지닌 A는 화학과보다는 금융 관련 학과에 진학하는 것이 좋다. 해외봉사활동도 금융업은 직접적인 관계가 없다(ⓔ). 때문에 개인적인 관심으로 하는 것이라면 몰라도 금융업계에 진출하기 위해서 하는 것은 옳지 않다. 나머지는 적절한 행동들이라고 할 수 있다. 따라서 답은 ②이다.

01 ①	02 ①	03 ③	04 ④	05 ④
06 ②	07 ②	08 ③	09 ④	10 ②
11 ②	12 ①	13 ④	14 ④	15 ④
16 ①	17 ②	18 ①	19 ①	20 ②
21 ②	22 ④	23 ③	24 ②	25 ④
26 ②	27 ③	28 ①		

 01　　　　정답 ①

해설　모든 섬을 연결할 때 각 섬들을 연결하는 최소 비용을 찾으면 A–B(2), A–F(3), D–F(1), C–D(3), E–F(2)가 된다. 이들 비용을 모두 더하면 11이 되므로 정답은 ①이다.

02　　　　정답 ①

해설　주어진 자료에서 B–D를 2로 건설할 수 있게 된다면 A–B(2), B–D(2), D–F(1), C–D(3), E–F(2)를 연결하면 총 비용이 10된다. 따라서 정답은 ①이다.

03　　　　정답 ③

해설　(가)의 주주들의 이익을 위해 다각화를 한다는 설명들은 모두 범위의 경제에 바탕을 두고 있다. 첫째는 생산과 판매의 일원화를 통한 기업의 효율성(①)을, 둘째는 인적·물적 자원의 효율적 활용을 통한 기업의 효율성(②)을, 셋째 설명은 기업 내부의 자본 운용 효율성의 제고를 통한 기업의 효율성(④)을 다각화의 이점으로 설명하고 있다. 하지만 기업의 규모를 키워 규모의 경제를 이룬다는 내용은 말하고 있지 않다. 다만 경영자의 이익 극대화를 위한 다각화에 이와 비슷한 언급을 하고 있을 뿐이다.

 04　　　　정답 ④

해설　이 글은 기업이 다각화를 통하여 이익을 얻는 주체가 (가)에서는 '주주들', (나)에서는 '경영자들'로 설명하고 있다. 이로 보아 글쓴이는 기업이 다각화를 하는 이유로 이익을 얻는 주체가 있기 때문이라는 것을 알

수 있다.

오답　① 이 글에서 다각화의 의미를 직접 언급하고 있지는 않다.
② (가)에서 다각화를 전개하는 방법으로 생산과 판매의 일원화, 인적·물적 자원 활용의 확대, 여유 자금의 투자 등을 언급하고 있지만 글쓴이가 말하고자 하는 핵심이라 하기는 어렵다.
③ (가)에서 기업들이 다각화를 추진하면 범위의 경제를 통해 여러 측면에서 효율성이 높아질 수 있음을 설명하고 있지만 역시 글쓴이가 말하고자 하는 핵심은 아니다.

 05　　　　정답 ④

해설　○○ 전자의 새로운 경영자는 활성화되고 있는 최근의 경기 상황에 주목하여 ◎◎ 유통·판매 회사를 인수하는 등 사업의 다각화를 추진하여 실적을 전년도보다 10% 이상 높였고, 이로 인하여 성과급을 지급받았다. 경영자는 자신의 금전적 이익을 위해서 사업 다각화를 한 것이 아니라 회사의 이익을 극대화하기 위해서 행한 것이다.

오답　① ○○ 전자가 새로운 사업 부분에 투자한 것은 새로운 경영자가 영입되어 시장 상황을 보고 그동안 자금으로 이룬 것이다.
② ○○ 전자의 매출은 10% 늘었지만 수익에는 변화가 없다고 하였다.
③ 경영자들은 기업의 실적이 나빠질 가능성에 대비하여 다각화를 추진함으로써 자신의 지위가 흔들릴 위험을 분산하게 된다.

06　　　　정답 ②

해설　노인 인구의 구성비가 14% 이상 20% 미만인 연도를 찾으면 된다. [표 1]의 구성비 항목에서 '유년 인구 구성비 + 생산 가능 인구 구성비 + 노인 인구 구성비 = 100'이다. 따라서 노인 인구 구성비가 14% 이상 20% 미만인 연도를 찾으려면, 80 〈 유년 인구 구성비 + 생산 가능 인구 구성비 ≤ 86인 연도를 찾으면 된다.
※ 각 연도별로 노인 인구를 전체 인구로 나눠서 백분율로 환산할 경우 시간이 많이 소요되므로 표 안에서 최대한 힌트를 찾는 것이 중요하다. 2017, 2018,

2026, 2030년도의 유년 인구비와 생산 가능 인구비를 각각 더하면 순서대로 이므로 이를 더하면 86.2, 85.6, 79.2, 75.8이다. 따라서 앞에서 말한 대로 80보다 크고 86보다 작거나 같은 수는 2018년도의 85.6이다.

7 정답 ②

해설 노령화 지수가 100을 넘는다는 것은 노인 인구수가 유년 인구수보다 많아진다는 의미이다. 따라서 [표 1]에서 노인 인구수가 유년 인구수보다 큰 연도를 찾으면 된다. 2017년도의 유년 인구수가 6,395인데 노인 인구수는 6,818이어서 이 조건에 맞는다.

8 정답 ③

해설 노인 1명당 생산 가능 인구를 계산하는 방식에 따라 [표 1]의 2030년 항목에서 '15~64세 인구 ÷ 65세 인구'의 값을 구하여 찾으면 된다. 따라서 31,299 ÷ 11,811을 하면 약 2.6이 된다.

9 정답 ④

해설 ㉣는 불량률 10으로 식에 따라 계산하면 2,000원 + 2,000 × 0.1(10%) = 2,200이므로 비용 평가 기분에 따르면 B-이다.

오답 ㉮ 불량률 0으로 계산 없이 1,500이므로 B+
㉯ 불량률 20으로 식에 따라 계산하면 3,500원 + 3,500 × 0.2(20%) = 4,200이므로 D
㉰ 불량률 0으로 계산 없이 3,000이므로 C+

10 정답 ②

해설 부품 한 단위를 생산한다고 했을 때 〈단계별 투입 비용〉 표의 개선 전 기존 공정에서는 20,000원이 들지만, 개선 후에는 공정에서는 11,000원이 소요된다. 따라서 9,000원이 절감되었으므로 9,000 ÷ 20,000 × 100로 계사하면 감소율은 45%가 된다.

11 정답 ②

해설 G 지역까지 갈 수 있는 열차는 일반만 있기 때문에 일반 기차를 타고 가는 것이 최저 비용으로 가는

것이다. A 지역에서 G 지역까지는 역으로는 5개이지만 지역적으로는 6지역을 거쳐야 하므로 120 × 72를 하면 432㎞가 된다. 이를 평균 속력과 연비로 나누면 시간은3.6시간이 걸리고, 기름은 36L가 들어 비용은 36만 원이 된다. 따라서 정답은 ②이다.

12 정답 ①

해설 A 지역에서 G 지역까지 비용이나 효율을 고려하지 않고 가장 빠르게 가는 방법은 먼저 특급 열차로 A 지역에서 E 지역까지(48만 원) 간 뒤에, 급행 열차로 E 지역에서 F 지역까지(9만 원)가고, 다시 일반 열차로 F 지역에서 G 지역까지(6만 원) 가야 한다. 이때 비용은 총 63만 원이 들기 때문에 정답은 ①이다.
특급(A~E 지역) : 72 × 4 ÷ 6 = 48(만 원)
급행(E~F 지역) : 72 × 1 ÷ 8 = 9(만 원)
일반(F~G 지역) : 72 × 1 ÷ 12 = 6(만 원)

13 정답 ④

해설 일반(A~B 지역, 0.6시간) → 급행 열차(B~C 지역, 0.4시간) → 특급 열차(C~E 지역, 0.6시간) → 급행 열차(E~F 지역, 0.4시간) → 일반 열차(F~G 지역, 0.6시간)로 갈 때가 최단 시간이 된다. 이때 시간을 모두 더하면 2.6시간이 되므로 정답은 ④이다.

14 정답 ④

해설 위 문제에서 각 기차로 움직이는 시간이 2.6시간이었다. 그리고 갈아타는 시간이 12분이고 갈아타는 곳이 4이므로 갈아타는 시간이 총 48(0.8시간)분이 된다. 그러므로 A 지역에서 B 지역을 들러 G 지역까지 최단 시간은 3.4시간이다. 따라서 정답은 ④이다.

15 정답 ④

해설 시간 당 예상 이윤의 비는 '예상 이윤 ÷ 소모시간'으로 구한다. A~D 제품의 시간 당 예상 이윤 값은 순서대로 0.53, 0.48, 0.6, 0.8이므로 D가 가장 큼을 알 수 있다.

16
정답 ①

해설 답지 중에 재고 수량과 소요 시간을 초과하지 않는 조합의 이윤들을 계산하면 다음 표로 알 수 있듯이 ①이 가장 크다는 것을 알 수 있다.

	A 제품	B 제품	C 제품	D 제품	이윤 합
①	3×8=24	7×12=84	7×6=42	4×8=32	182
②	4×8=32	6×12=72	7×6=42	4×8=32	178
③	5×8=40	5×12=60	7×6=42	4×8=32	174
④	5×8=40	6×12=72	6×6=36	4×8=32	180

17
정답 ②

해설 선택지 중에 재고 수와 소요 시간을 초과하지 않는 조합의 이윤들을 계산하면 다음의 표와 같다. 이 표를 보면 ②가 가장 이윤이 크다는 것을 알 수 있다.

	A 제품	B 제품	C 제품	D 제품	이윤 합
①	2×8=16	9×12=108	7×6=42	4×8=32	198
②	2×8=16	10×12=120	6×6=36	4×8=32	204
③	3×8=24	7×12=84	7×6=42	4×8=32	182
④	5×8=40	6×12=72	6×6=36	4×8=32	180

18
정답 ①

해설 물적자원관리 과정에서 사용품과 보관품의 구분의 주요 목적은 '반복 작업 방지'와 '물품 활용의 편리성'이다.

19
정답 ①

해설 지원 구분에 따르면 부친상과 같은 경조사는 경조사 지원에 포함되어야 하는데 부친상으로 10만 원을 지원받은 김희훈의 지원 구분이 경조사 지원이 아닌 기타로 되어 있다.

20
정답 ③

해설 사택의 경우 변경 내역이 없으므로 미혼 사원의 사택동 제한 변경 여부는 알 수 없다. 따라서 ③의 내용은 옳지 않은 설명이다.

오답 ① 생일에는 변경 전에 상품권을, 변경 후에는 기프트 카드 제공이므로 전후 모두 현금을 지급하지 않는다.

② 김재식 부장의 사례를 보면 이전에는 학자금 지원이 불가능했지만 가능해진 것으로 보아 학자금 지원 제도가 신설되었다는 것을 알 수 있다.

④ 경조사 지원금은 변경 전후 모두 10만 원을 지급하고 직위에 따른 구분이 없으므로 옳은 설명이다.

21
정답 ②

해설 다음 표와 같이 근무할 때 근무 수칙을 준수하면서도 최소 경비 인력이 된다. 이를 더하면 65명이다. 단, 25명 중에서 0~4시 근무자 10명은 4시간만 근무한다.

4~8	10				
8~12		10			
12~16			5		
16~20				15	
20~24					25
0~4					

위 표에서 근무 인력은 4시간마다 절반씩 교대한다.

22
정답 ④

해설 위 해설의 표와 같이 근무하면 해결된다. 이때 0~4시 근무자가 4시간만 근무하던 것을 8시간 근무로 바꾸면 되기 때문에 추가 인원은 필요 없다.

23
정답 ③

해설 기업 A와 B의 수익률이 높으므로 다른 기업에는 최소만 투자하고 A, B를 우선으로 투자하면 된다. 주어진 자료를 기준으로 투자하면 다음과 같은 순서로 투자 금액을 결정하면 투자 지침을 준수하는 조건으로 최대 이윤을 얻을 수 있다.

1. 기업 A : 예상 수익률이 10%로 가장 높지만 투자 지침 1에서 40%를 초과하지 않는다고 하였으므로 가장 먼저 4억 원 투자를 결정한다.

2. 기업 D : 예상 수익률이 4%밖에 안 되지만 투자 지

침에서 20% 이상을 투자한다고 하였으므로 두 번째로 2억 원 투자를 결정한다.

3. 기업 C : 예상 수익률은 6%로 낮은 편이지만 투자 지침에서 모든 기업은 각각 10% 이상씩 투자한다고 하였으므로 세 번째로 1억 원 투자를 결정한다.

4. 기업 B : 예상 수익률은 기업 A 다음으로 높은 7% 이지만 투자 지침만으로 투자할 금액을 정하기 어려우므로 마지막 남은 금액 3억 원을 투자 금액으로 결정한다.

5. 기업 A(4,000만 원), D(800만 원), C(600만 원), B(2,100만 원)의 예상 수익을 모두 더하면 7,500만 원이 되므로 정답은 ③이다.

 24 　　　　　　정답 ②

해설 위와 같지만 기업 E의 예상 수익률이 높으므로 기업 C도 10%만 투자하는 것으로 하면 다음과 같이 된다.

1. 기업 A : 예상 수익률이 10%로 가장 높지만 투자 지침 1에서 40%를 초과하지 않는다고 하였으므로 가장 먼저 4억 원 투자를 결정한다.

2. 기업 D : 예상 수익률이 4%밖에 안 되지만 투자 지침에서 20% 이상을 투자한다고 하였으므로 두 번째로 2억 원 투자를 결정한다.

3. 기업 C : 예상 수익률은 6%로 낮은 편이지만 투자 지침에서 모든 기업은 각각 10% 이상씩 투자한다고 하였으므로 세 번째로 1억 원 투자를 결정한다.

4. 기업 B : 예상 수익률은 7%이지만 투자 지침에서 모든 기업은 각각 10% 이상씩 투자한다고 하였으므로 세 번째로 1억 원 투자를 결정한다.

5. 기업 E : 예상 수익률은 기업 A 다음으로 높은 8% 이지만 투자 지침만으로 투자할 금액을 정하기 어려우므로 마지막 남은 금액 2억 원을 투자 금액으로 결정한다.

6. 기업 A(4,000만 원), D(800만 원), C(600만 원), B(600만 원), E(1,600만 원)의 예상 수익을 모두 더하면 7,600만 원 되므로 정답은 ②이다.

 25 　　　　　　정답 ④

해설 제시된 보고서에서 개선해야 할 경영 관리 부문은 사원의 복리 후생 제도와 촉진 전략 관리이다. 이러한 업무를 담당하는 기업의 경영 관리 부문은 인적 자원 관리(ㄹ)와 마케팅 관리(ㄷ)에 해당된다.

 26 　　　　　　정답 ②

해설 회사의 공헌도에 따른 대가를 공정하게 받고, 그에 합당한 대우를 받는 것은 공정 보상의 원칙(ㄱ)에 해당된다. 또한, 해당 분야의 업무를 잘 수행하도록 개인별 적성 및 능력을 고려하여 적합한 부서에 배치하는 것은 적재적소 배치의 원칙(ㄹ)에 해당된다.

 27 　　　　　　정답 ③

해설 (가)는 매입량도 많고 보관 비용도 많은 방식으로 '대량 매입 방식'이다. 이는 대량 매입으로 인한 매입 가격의 할인 혜택을 받을 수 있고(ㄱ), 재고가 충분하여 급속한 수요 증가에 대비가 가능하다(ㄴ). 하지만 갑작스런 시세 하락에 의해 손실을 입을 수 있다. 따라서 ㄷ은 알맞지 않은 내용이다.

 28 　　　　　　정답 ①

해설 그래프에 나타난 인구 구조의 변화는 고령화 지수, 여성 경제 활동 참가율, 1세대 및 1인 가구 비중이 모두 증가하고 있으므로 ㄱ과 ㄴ이 확대될 것이다.

오답 ㄷ과 ㄹ은 인구 구조의 변화보다는 과학 기술의 발달로 인한 영향으로 확대될 것이다.

01 ②	02 ①	03 ③	04 ③	05 ③
06 ①	07 ①	08 ④	09 ①	10 ②
11 ②	12 ③	13 ③	14 ②	15 ③
16 ④	17 ④	18 ③	19 ①	20 ③
21 ④	22 ②	23 ②	24 ①	25 ①
26 ③				

06. 대인관계능력   문제 349쪽

01   정답 ②

해설 감정은행계좌란 사람들에게 얼마나 신뢰감을 주는지에 대한 것을 예입과 인출로 표현한 것이다. 신뢰를 주는 행위를 할 시에는 예입이 되고 신뢰를 잃을 시에는 인출이 된다. B는 30분 늦던 것을 5분 늦는 것으로 고쳐 약속시간에 맞추려는 노력을 보였지만 여전히 늦어 사람들의 신뢰를 받지 못하므로 인출 행위를 하였다. 따라서 ②의 설명은 적절하지 못하다.

02   정답 ①

해설 See-Feel-Change 전략은 상대방에게 시각화하여 직접 보게 하고 스스로가 느끼게 하여 변화를 시켜 설득에 성공하는 전략을 의미한다. 사례에서 A 회사가 자신들의 제품인 매연 저감 장치를 구매하는 C 회사에게 시연과 발표를 통하여 매출을 올린 것을 보여 주고 있다. 이는 See-Feel-Change 전략에 적절한 사례이다.

03   정답 ③

해설 협상의 다섯 차원 ㉠~㉤은 다음과 같이 각각 순서대로 ⓑ, ⓐ, ⓔ, ⓓ, ⓒ로 연결되어야 한다.
㉠ 의사소통 차원 : ⓑ 이해 당사자들이 자신들의 욕구를 충족시키기 위해 상대방으로부터 최선의 것을 얻어내기 위해 상대방을 설득하는 커뮤니케이션 과정을 말한다.
㉡ 갈등 해결 차원 : ⓐ 갈등 관계에 있는 이해 당사자들이 대화를 통해서 갈등을 해결하고자 하는 상호작용 과정을 말한다.
㉢ 지식과 노력 차원 : ⓔ 우리가 얻고자 하는 것을 가진 사람의 호의를 쟁취하기 위한 것에 관한 지식이며 노력의 분야를 말한다.
㉣ 의사결정 차원 : ⓓ 선호가 서로 다른 협상 당사자들이 합의에 도달하기 위해 공동으로 의사결정 하는 과정이다.
㉤ 교섭 차원 : ⓒ 둘 이상의 이해 당사자들이 여러 대안들 가운데서 이해 당사자들 모두가 수용 가능한 대안을 찾기 위한 의사결정 과정을 말한다.

04   정답 ③

해설 '효과적인 팀의 특성' 가운데 '개방적으로 의사소통한다.'는 것은 '직접적이고 솔직한 대화, 상대방에 대한 조언, 상대 의견의 충분한 반영, 아이디어의 적극적인 활용' 등을 할 수 있다는 것이다. 따라서 간접적인 대화를 말한 ③은 적절한 의미를 말했다고 할 수 없다.

05   정답 ③

해설 제시된 사례는 고객의 불만 표현 유형에 대한 사례이다. '사례 1'은 빨리빨리형, '사례 2'는 트집형, '사례 3'은 거만형, '사례 4'는 의심형 고객에 대한 예이다.

※ 참고 – 불만 표시 고객의 유형별 대처 방법
1. 거만형 고객 : 정중하게 대하는 것이 좋고, 자신의 과시욕이 채워지도록 뽐내든 말든 내버려 두는 것이 좋으며, 의외로 단순한 면이 있으므로 일단 그의 호감을 얻게 되면 여러 면으로 득이 될 경우가 많다.
2. 의심형 고객 : 분명한 증거나 근거를 제시하여 스스로 확신을 갖도록 유도하고, 때로는 책임자로 하여금 응대하는 것도 좋다.
3. 트집형 고객 : 이야기를 경청하고, 맞장구치고, 추켜세우고, 설득해 가는 방법이 효과적이다.
4. 빨리빨리형 고객 : 만사를 시원스럽게 처리하는 모습을 보이면 응대하기 쉽다.

06   정답 ①

해설 처음에 조직에 들어가면 그 조직에 해당하는 어려움에 부딪치게 된다. 특히 사람을 대하는 부서에 배치되면 가지각색의 성향을 지닌 많은 사람을 대하기 때문에 어려움이 따르게 된다. 그런 경우에는 전임 선배에게 어떻게 상황별로 대처해야 하는지 상담하여 조언을 구하고, 특히 어려운 고객은 그 특성을 파악하여 대처하도록 해야 한다.

 07 　　　　　　　　　 **정답** ①

해설 ㉠과 ㉡은 MBTI 성격 유형 중 '내향형'과 '직업기초능력'에 대하여 정확하게 정의하고 있다.

오답 ㉢ 직업마다 지켜야 하는 직업윤리는 다르다. 인사 조직 부서에서 일하는 사무원에게는 조직이 필요로 하는 지식, 인력의 조달, 개발, 활용 등 윤리성, 자율성, 책임성이 따른다. 이에 비해 은행 텔러는 고객에게 친절한 마음과 은행 직원으로서 금전 출납에 대한 뚜렷한 윤리 의식이 있어야 한다.

㉣ 친절은 상대방의 말을 주의 깊게 듣고 편하고 기분 좋게 대하는 태도를 말하며, 모든 결과가 나의 선택으로 인해 일어난 것이라고 생각하는 자세는 책임 의식이다.

※ 참고 – MBTI 성격 유형

MBTI는 다음과 같은 네 가지 척도로 성격을 표시한다. 각각의 척도는 두 가지 극이 되는 성격으로 이루어져 있다.

설명	지표	
선호하는 세계	외향	내향
	세상과 타인	내면 세계
인식 형태	현실	직관
	실제적인 인식	실제 너머로 인식
판단 기준	사고	감정
	사실과 진실 위주	관계와 사람 위주
생활양식	판단	인식
	계획적인 생활	즉흥적인 생활

네 가지 척도마다 두 가지 경우가 존재하므로, $2^4 = 16$가지의 유형이 만들어진다. 유형은 각 경우를 나타내는 알파벳 한 글자씩을 따서 네 글자로 표시한다. 다음은 MBTI의 유형들이다.

구분		감각		직관	
		사고	감정	감정	사고
내향	판단	ISTJ	ISFJ	INFJ	INTJ
	인식	ISTP	ISFP	INFP	INTP
외향	인식	ESTP	ESFP	ENFP	ENTP
	판단	ESTJ	ESFJ	ENFJ	ENTJ

세분한 유형 가운데 16가지 대표적인 유형들은 다음과

같다.

1. ESTJ (사업가형 – 대한민국 11%)
2. INTJ (과학자형 – 대한민국 7%)
3. ISTJ (세상의 소금형 – 대한민국 20%)
4. ENTJ (지도자형 – 대한민국 4%)
5. ISFJ (임금 뒤편의 권력형 – 대한민국 11%)
6. ESFJ (친선 도모형 – 대한민국 6%)
7. INFJ (예언자형 – 대한민국 4%)
8. ENFJ (언변 능숙형 – 대한민국 2%)
9. ISTP (백과사전형 – 대한민국 11%)
10. ESTP (수완 좋은 활동가형 – 대한민국 6%)
11. ISFP (성인군자형 – 대한민국 6%)
12. ESFP (사교적인 유형 – 대한민국 3%)
13. INTP (아이디어 뱅크형 – 대한민국 4%)
14. ENTP (발명가형 – 대한민국 2%)
15. INFP (잔다르크형 – 대한민국 2%)
16. ENFP (스파크형 – 대한민국 1%)

 08 　　　　　　　　　 **정답** ④

해설 직장 생활에서 상사와의 의견 충돌은 자주 일어날 수 있다. 만일 의견이 서로 다른 경우에는 상사가 하는 이야기를 먼저 듣고 자신이 대처해 나가야 할 방향을 정해야 한다. 자신의 생각이 어디가 잘못되어 있는지 먼저 생각하고, 만일 자신의 의견이 옳다고 판단되면 자기의 의견을 정중하게 피력하여 채택될 수 있도록 최대한 노력해야 한다. 따라서 ④와 같은 행동은 적절한 것이다.

 09 　　　　　　　　　 **정답** ①

해설 아버지는 아들이 자신이 운영하고 있는 사업을 물려받기를 원하고 아들은 의사가 되고 싶어 한다. 따라서 정답은 ①이다.

 10 　　　　　　　　　 **정답** ②

해설 아버지는 ⓐ의 앞에 한 말에서 아들의 의사에 대한 꿈을 존중해 준다고 하였다. 따라서 당장 의과대학을 그만두라고 하지는 않을 것이다. 따라서 정답은 ②이다.

11 정답 ②

해설 B 운송 대표는 3억 원을 원하였는데 A 전자 대표는 처음에 2억 원에 사고 싶어 했다. 따라서 B 운송 대표는 금액 요구 조건을 충족시키지 못하기 때문에 A 전자 대표의 제안을 받아들이지 않았다.

12 정답 ③

해설 A 전자 대표는 A 전자가 (가) 기술이 꼭 필요하지만 이를 살 금액이 부족하고, B 운송은 (나) 기술이 필요함을 알았다. 이에 A 전자 대표는 B 운송이 (나) 기술을 사용하게 하는 대신에 (가) 기술의 금액을 감액해 달라는 제안을 하였다. 이는 ③과 같이 A 전자 대표가 B 운송의 니즈를 파악하여 그에 맞는 조건을 제시하여 협상에 성공한 것이다.

13 정답 ③

해설 고객은 대리점의 직원과는 아무리 얘기해 봤자 자신이 원하는 것을 얻을 수 없다는 것을 알고 '혹시 대리점 사장님과 얘기할 수 있을까요?'라고 말하며 대리점 협상의 권한을 지닌 사장과 협상을 하였다. 따라서 ③이 고객이 협상에 성공한 이유로 알맞다.

14 정답 ②

해설 고객이 추가적인 부가 서비스를 이용하게 되었는지는 위 대화를 통해서는 알 수 없다. 뿐만 아니라 부가 서비스는 대리점이 제공하는 것이므로 이 서비스를 고객에게 이용하게 했다고 하더라도 대리점 사장이 얻은 것은 없다. 따라서 정답은 ②이다.

15 정답 ③

해설 제시된 대화에서 A 회사 대표는 B 회사에 대한 긍정적인 소식을 먼저 이야기하는 것으로 협상을 시작하였다. 이를 통해서 A 회사 대표는 B 회사 대표가 상대방이 자신에게 관심이 많다는 것을 인식하고 호의적인 관계를 이끌어 내고 있다. 따라서 정답은 ③이다.

16 정답 ④

해설 신입사원 김영수 씨가 결근하게 된 까닭은 아프기 때문이다. 결근의 이유가 당일로 반드시 끝날 상황이라면 내일 반드시 출근하겠다는 말을 할 수 있다. 그러나 몸이 아픈 것은 다음날 반드시 나을 것이라고 하기 어렵다. 그러므로 출근하도록 노력한다는 말은 잘못되지 않았다.

오답 ① 상사에게 결근을 말할 때는 통보하는 형식이 아니라 결근을 할 수밖에 없는 상황과 함께 피치 못함을 간곡하게 말한 뒤에 '어떻게 해야 하나요?'와 같이 의논하는 어투로 말을 하는 것이 좋다.
② 상사가 아니라고 하더라도 남에게 잘못 알고 있는 부분을 말할 때는 그 사람이 기분이 나쁘지 않게 듣기 좋은 표현으로 말하는 것이 좋다.
③ 아랫사람에게 하는 말투이다.

17 정답 ④

해설 A 기업은 근로자들의 고용 불안을 없애주고 근로 의욕을 고취시키기 위해 '노력하는 사원은 평생 동반자'라는 경영 방침을 발표하였다. 열심히 노력하는 사원은 평생 동안 회사에서 고용을 보장하겠다는 취지이다. 이는 종업원들이 고용상의 불안 없이 안정적으로 일을 할 수 있도록 하는 설명이다(ㄷ). B 기업은 근로자를 소질, 능력에 맞게 원하는 부서로 이동할 수 있는 기회를 제공하였다고 하였다. 이는 근로자의 능력에 맞는 부서에 적재적소에 배치하였다는 설명에 해당한다(ㄹ). 따라서 정답은 ④이다.

18 정답 ③

해설 상사가 일주일 안에 조사하여 보고하라고 한 것은 조사를 1주일 안에 완료한 뒤에 그 결과를 보고하라는 의미이다. 그러므로 ③과 같이 조사 결과가 나오지 않았는데도 중간 중간 보고하는 것은 올바른 보고 요령이 아니다.

오답 상사에게 보고할 때는 다음과 같은 점에 주의해야 한다. '상사에게도 자신의 업무가 있으므로 되도록 짧게(①), 구두 보고와 문서 보고를 병행하여(②) 반드시 업무를 지시한 당사자에게(④) 보고한다.'

19 정답 ①

해설 주어진 사례들은 다양한 대인관계 향상 방법에 대한 사례이다. '사례 A'는 '상대방에 대한 이해심'과 관련된 사례로서, 야구를 좋아하는 아들을 둔 아버지에 대한 사례이다.

오답 ② 사례 B : '사소한 일에 대한 관심'과 관련된 사례로서, 사소한 일이라도 대인관계에 있어 매우 중요함을 보여주는 사례이다.
③ 사례 C : '약속의 이행'과 관련된 사례로서, 대인관계 향상을 위해서는 철저하게 약속을 지키는 것이 매우 중요함을 보여주고 있다.
④ 사례 D : '기대의 명확화'와 관련된 사례로서, 분명한 기대치를 제시해 주는 것이 대인관계에 있어서 오해를 줄이는 방법임을 보여주고 있다.

20 정답 ③

해설 제시된 사례는 효과적인 팀으로서 리더십 역량을 공유하는 '자율 지도 팀(self-directing team)' 또는 '자율 설계 팀(self-disigning team)에 대한 설명이다. 이러한 자율 지도 팀이 놀랄만한 성과를 거두는 경우가 자주 있다. 사례에서 제시된 오르페우스 실내악단이 대표적인 경우이며, 자율 지도 팀은 혁신 잠재력이 가장 크며, 목표 수행을 위한 동기를 부여하고 조직에 학습과 변화의 기회를 제공한다. 또한, 자율지도 팀은 복잡하고 불분명하거나 모호나 문제 또는 차세대 계획 수립 등의 업무에 이상적이다.

21 정답 ④

해설 제시된 사례는 멤버십의 여러 유형 가운데 주도형에 대한 내용이다. 멤버십이란 followership의 역할을 충실하게, 잘 수행해내는 것을 의미한다. 사례에서 L씨는 팀장 K의 follower로서 원만한 관계를 유지하고 있다. 리더를 따르는 사람은 일반적으로 헌신, 전문성, 용기, 정직하고 현명한 평가 능력이 있어야 하며, 리더의 결점이 보일 때에는 이를 올바르게 지적하되 덮어주는 아량이 있어야 한다. 사례에서 L 팀원은 이러한 follower의 올바른 자세를 잘 보여주고 있다.

※ 참고 – 주도형 멤버의 특징
1. 독립적/혁신적 사고 측면에서 스스로 생각하고 건설적 비판을 하며, 자기 나름의 개성이 있고 혁신적이며 창조적인 특성을 가진다.
2. 적극적 참여와 실천 측면에서 솔선수범하고 주인 의식을 가지고 있으며, 적극적으로 참여하고 자발적이며, 기대 이상의 성과를 내려고 노력하는 특성을 가진다.

22 정답 ②

해설 제시된 사례들은 다양한 팀워크 촉진 방법에 대한 내용들이다. 사례 B는 '갈등을 해결하는 것'과 관련된 사례이다. 이 사례를 통해 팀원 사이의 갈등을 발견하게 되면, 제삼자로서 즉각 개입하여 중재하는 것이 중요하며, 필요에 따라 의견 조사지를 활용하는 것이 큰 도움이 될 수도 있음을 보여준다.

오답 ① 사례 A : '동료 피드백을 장려하는 것'과 관련된 사례이다. 사례를 통해 행동과 수행을 관찰하여 즉각적인 피드백을 제공하며, 뛰어난 수행에 대해서 인정해 주는 것이 팀워크를 촉진시키는 한 가지 방법임을 알 수 있다.
③ 사례 C : '창의력 조성을 위해 협력하는 것'과 관련된 사례로서, 아이디어에 대한 아무런 제약을 가하지 않는 환경을 조성할 때 협력적 풍토가 조성될 수 있음을 보여준다.
④ 사례 D : '참여적으로 의사결정 하는 것'과 관련된 사례로서, 팀원의 동참을 이끌어내어 의사결정을 할 수 있는 한 가지 방법을 보여주고 있다.

23 정답 ②

해설 제시된 사례는 다양한 리더십 유형에 대해서 보여주고 있다. '사례 2'는 '민주주의에 근접한 유형'의 리더십에 관한 것으로서, Y씨는 아침마다 직원회의를 개최하여 부하 직원들에게 자신의 의견을 제시할 것을 요구하고 있다.

오답 ① 사례 1 : '독재자 유형'의 리더십에 관한 것으로서, 기획부장 K씨는 부하 직원들에게 도전이나 반항 없이 묵묵히 순응할 것을 요구하고 있다.
③ 사례 3 : '파트너십 유형'의 리더십에 관한 것으로서, 팀장 J씨는 자신은 팀원 중 한명일 뿐이며, 모든 팀원

들과 성과 및 결과에 대한 책임을 공유하고 있다.
④ 사례 4 : '변혁적 유형'의 리더십에 관한 것으로서, 팀장 L씨는 팀이 처한 문제를 개선하기 위해 명확한 비전을 제시하여 팀원들이 업무에 몰두할 수 있도록 이끌고 있다.

 24　　　　　　　　　　　　**정답** ①

해설　제시된 사례는 성공적인 코칭과 관련된 내용이다. 이 사례에서 철수에 대한 '상사'의 코칭은 대단히 성공적이었다. 상사가 시간을 내서 부하 직원이 직면하고 있는 문제점을 정확히 파악했기 때문이다. 상사는 철수에게 문제점을 명확하게 말하고 그의 말을 귀담아 들은 후, 철수의 관점에서 문제점을 파악하려 애썼다. 철수의 말을 경청한 뒤, 상사는 질문을 해서 자신의 행동이 미치는 영향을 철수가 스스로 깨닫도록 만들었다. 이로 인해서 철수는 문제를 효과적으로 해결할 수 있는 방안을 스스로 생각할 수 있게 되었다. 상사는 이후의 진척 상황을 확인하기 위해 적절한 후속 조치를 취했다.

 25　　　　　　　　　　　　**정답** ①

해설　고객 불만 처리 프로세스 8단계는 '[경청](ⓐ) → 감사와 공감 표시 → 사과 → [해결 약속](ⓑ) → [정보 파악](ⓒ) → 신속 처리 → 처리 확인과 사과 → [피드백](ⓓ)'으로 이루어진다.

26　　　　　　　　　　　　**정답** ③

해설　제시된 사례는 다양한 협상 전략에 대한 내용이다. '사례 C'는 '회피 전략'과 관련된 내용으로, 영업부장 L씨는 도매업체 T와 가격 협상을 하는 중에 얻게 될 이익이 전혀 없다고 판단하여 협상으로부터 철수하는 회피 전략을 보여 주고 있다.

오답　① 사례 A : 협력 전략과 관련된 것으로서, 철수와 그의 동료는 협동과 통합으로 문제를 해결하고자 하고 있다.
② 사례 B : 유화 전략과 관련된 것으로서, 철수는 장기적인 이익을 위해 기업 L의 제안을 순응하고 수용하고 있다.
④ 사례 D : 강압 전략과 관련된 것으로서, L씨는 힘의 우위를 활용하여 자신의 이익을 극대화하려 하고 있다.

---

07. 정보능력				문제 365쪽
01 ④	**02** ②	**03** ④	**04** ④	**05** ④
06 ④	**07** ④	**08** ②	**09** ④	**10** ④
11 ④	**12** ②	**13** ③	**14** ③	**15** ④
16 ④	**17** ②			

 01　　　　　　　　　　　　**정답** ④

해설　데이터베이스 구축은 산업 분야가 아니라 행정 분야의 활용에 해당한다.

오답　• 기업 경영 분야에서의 활용 : 회계, 재무, 인사 및 조직 관리, 경영 정보 시스템, 의사결정 지원 시스템(①), 사무 자동화, 전자상거래(②) 등
• 행정 분야에서의 활용 : 행정 통계(③), 민원 처리, 데이터베이스 구축 등
• 산업 분야에서의 활용 : 공장 자동화, 컴퓨터 이용 설계, 컴퓨터 이용 생산, 매출액 계산, 원가 및 재고 관리 등

02　　　　　　　　　　　　**정답** ②

해설　기사에 나타난 피해는 피싱에 의한 것이다. '피싱(phishing)'은 금융 기관 등의 웹사이트나 거기서 보내온 메일로 위장하여 개인의 인증 번호나 신용카드 번호, 계좌 정보 등을 빼내 이를 불법적으로 이용하는 사기 수법이다. 때문에 발신인이 불분명한 E-mail에 포함된 링크는 클릭하지 않아야 한다(ㄷ). 개인정보(private data)와 낚시(fishing)를 합성한 조어라는 설과 그 어원은 fishing이지만 위장의 수법이 '세련되어 있다(sophisticated)'는 데서 철자를 'phishing'으로 쓰게 되었다는 설이 있다.

오답　ㄱ. 애드웨어와 스파이웨어를 설치하지 말아야 하므로 잘못된 내용이다.
ㄴ. P2P로 제공하는 자신의 공유 폴더에 개인 정보를 저장하지 말아야 하므로 잘못된 내용이다.

 03　　　　　　　　　　　　**정답** ④

해설　컴퓨터 구매 계획서에서 (가)는 중앙 처리 장치(CPU), (나)는 보조 기억 장치, (다)는 시스템 운영 소프트웨어(OS)이다. 중앙 처리 장치는 명령어의 해석과

자료의 연산, 비교 등의 처리를 제어하는 컴퓨터 시스템의 핵심적인 장치이다(ㄱ). 보조 기억 장치는 컴퓨터의 중앙 처리 장치가 아닌 외부에서 프로그램이나 데이터를 보관하기 위한 기억 장치를 말한다(ㄴ). 주기억 장치보다 속도는 느리지만 많은 자료를 영구적으로 보관할 수 있다. 시스템 운영 소프트웨어(OS)는 컴퓨터의 운영 체제로 모든 하드웨어와 모든 소프트웨어를 관리하는 컴퓨터 시스템의 한 부분인 '실행 관리자'라고 정의할 수 있다. 이러한 소프트웨어로 'Windows' 외에도 '유닉스(Unix)'나 '리눅스(Linux)'가 있다(ㄷ).

4
정답 ④

해설 ㉮'전자 서명'은 서명자가 해당 전자문서에 서명하였음을 나타내기 위해 전자문서에 첨부되거나 논리적으로 결합된 전자적 형태의 정보를 말한다. ㉯'악성코드'란 악의적인 목적을 위해 작성된 실행 가능한 코드의 통칭으로 자기 복제 능력과 감염 대상 유무에 따라 바이러스, 웜, 트로이목마 등으로 분류된다. 악성코드를 비롯하여 정보의 역기능을 예방하는 방법으로는 스팸 차단 기능을 이용한다(메일), 비밀번호를 주기적으로 바꾼다(메일, 스마트폰), 소프트웨어를 정기적으로 보안 업데이트한다(컴퓨터, 스마트폰), 일정 기간 사용하지 않을 때는 계정을 중단한다(스마트기기), 운영 체제 및 백신 프로그램을 최신 버전으로 업데이트한다(컴퓨터, 스마트폰), 출처가 불분명한 문자 메시지(메일)의 경우 링크를 클릭하지 않는다(메일, 문자), 공공장소의 무선 공유기를 이용하여 인터넷에 접속하지 않는다(스마트폰) 등이 있다.

5
정답 ④

해설 제시된 사례들은 정보 분석의 중요성에 대한 내용들이다. (가)에서 일본의 한 기업은 구소련의 농산물 작황이 부진하다는 정보를 분석하여 원목 가격이 하락하기 전에 자사 보유 원목을 제값에 매각함으로써 적정 이윤을 확보할 수 있었던 경우이다. (나)에서는 철도 정류장에서 운송 화물 리스트를 분석하여 사용된 연료의 배합비 등을 알아냄으로써 비행 추진 연료를 개발할 수 있었다. (다)에서는 기업의 조직도와 전화번호부를 분석하여 경쟁사의 핵심 정보를 알아낸 경우이다. 이처럼 정보의 분석은 정보 처리 과정에서 매우 중요함을 알 수 있다.

6
정답 ④

해설 [문제] 1은 참, 2는 거짓, 3은 참, 4도 참이다. 이를 주어진 그림에 표시하면 아래와 같다. 따라서 정답은 ④의 'Ⓐ → Ⓒ ⋯ Ⓔ → Ⓐ → Ⓒ'이다. [문제] 2의 상용 소프트웨어는 사용료를 지급하고 사용하는 정식 프로그램을 말한다.

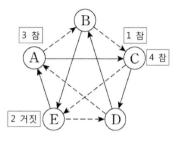

※ 참고 - 지식재산권

인간의 창조적 활동 또는 경험 등을 통해 창출하거나 발견한 지식, 정보, 기술이나 표현, 표시 그 밖에 무형적인 것으로서 재산적 가치가 실현될 수 있는 지적 창작물에 부여된 재산에 관한 권리를 말한다.

1. 산업재산권 : 기술적 창작인 원천 핵심 기술(대발명)인 특허권을 비롯하여, 실용신안권, 디자인권, 상표권을 포함한다.
2. 저작권 : 문학 등의 예술 분야의 창작물에 대한 저작재산권과 실연, 음반제작, 방송사업 등의 저작인격권이 있다.
3. 신지식재산권 : 특허권, 저작권 등의 전통적인 지식재산권 범주로는 보호하기 어려운 컴퓨터 프로그램, 인터넷, 캐릭터 산업 등과 관련된 지적재산권으로 반도체집적회로배치설계나 생명공학, 식물신품종 등에 대한 첨단산업재산권과 컴퓨터프로그램, 인공지능, 데이터베이스 등에 대한 산업저작권, 영업 비밀, 멀티미디어, 뉴미디어 등에 대한 정보재산권 등을 포함하고 있다.

7
정답 ④

해설 이메일로 전달받은 문서가 열리지 않는 경우에는 원본 파일에 오류가 있는 경우와 전송의 과정에서 오류가 발생한 경우가 있을 수 있다. 때문에 그러한 사실을 전달한 사람에게 알려 다시 받는 것이 올바른 방법이다. 따라서 ④와 같은 행동은 적절하다.

오답 ① 파일로 작업을 할 경우에 정전이나 컴퓨터 오류 등등의 문제로 작업한 내용 전체를 잃어버리게 되는 경우가 있다. 때문에 중간 중간에 작업 중이던 파일을 저장하는 것은 좋은 작업 방법이지만 계속해서 저장하면서 수정하는 것은 작업의 효율성이 너무 떨어져 옳지 못하다.

② 자신이 작업하던 중에 다른 형식의 파일을 이용할 경우 자신이 작업하던 파일 형식에 맞게 변환하여 작업해야 한다. 하지만 전달받은 파일의 경우에는 회사에서 사용하는 형식의 파일인지 파악한 뒤에 공용 파일 형식이라면 그대로 작업을 하고 아닌 경우에만 변화해야 한다. 단순히 가공하기 쉽다는 이유로 변화해서는 안 된다.

③ 문서를 공유할 때는 협업을 할 때와 변경해서는 안 되는 중요 사항을 전달하기 위한 경우가 있을 수 있다. 이때 타 부서와 협업을 위해서는 가공이 가능한 형태로 타 부서와 파일을 공유해야 하지만, 중요 사실을 전달하거나 내부끼리만 작업하여 작업 내용만 공개할 때에는 타 부서에서 가공이 불가능한 형태로 공개해야 한다.

⑤ 회사 전체의 업무 효율을 위하여 회사에서 전체적으로 사용하는 프로그램이 있다면 나의 편의성과는 상관없이 회사 공동의 프로그램을 이용해야 한다.

08 　　　　　정답 ②

해설 '33'이 들어있는 전화번호는 재무팀 강승재의 '0519685733'과 기술 2팀 이미희의 '0512336745' 둘이다. 따라서 ②는 올바른 결과이다.

오답 ① 'ㄱ'을 누르면 '김철수, 강승재, 배근화' 3명과 '이미희(기술 2팀), 이성중(기술 3팀)' 2명, 총 5명이 나온다.

③ 'ㅎ'을 누르면 '박철환, 백주희, 노한경, 이미희, 배근화, 신희정' 6명이 뜬다. 해외사업팀은 배근화에 포함되어 있어 명수에는 변동을 주지 못한다.

④ '5483'을 누르면 '배근화(01054834745), 신희정(01048525483)' 두 사람이 뜬다.

09 　　　　　정답 ④

해설 [나]로 보았을 때 다단플래시 증발법은 여러 단계를 순차적으로 거친 후 증발이 이루어진다. 각 단계를 지나며 순차적으로 가열된 해수는 염수 가열기에 이르러 추가 열원을 공급받아 최고 염수 온도까지 가열된다. 그러면 이때 순간적으로 증기가 방출된다. ④와 같

이 해수가 가열되면서 여러 단계에서 걸쳐 반복적으로 증발이 일어나는 것이 아니다.

10 　　　　　정답 ④

해설 정보는 적시성을 지녀야 한다. 정보는 시간의 흐름에 따라 가치가 달라지기 때문에 적절한 시점에 제공되어야 한다. 제시된 사례처럼 민희는 적시에 정보를 획득하여 '비'라는 사건에 대비할 수 있었지만 다른 사람들은 적시에 정보를 획득하지 못해 '비'라는 사건에 무방비로 노출되어 당황하였다. ④는 정보의 적시성을 보여 주는 내용이어서 정답으로 적절하다.

11 　　　　　정답 ④

해설 공무원 시험의 유형이다. 인터프리터는 대화형에 적합하므로 프로그램을 빈번히 실행하는 환경에 적합하다. 따라서 ④는 적절한 내용이 아니다.

※ 참고 – 컴파일러, 인터프리터

컴파일러, 인터프리터 둘 다 C나 자바같은 고레벨의 프로그래밍 언어로 작성된 것을 기계어로 변환하는 것은 맞으나 그 과정에 있어서 차이를 보인다.

1. 컴파일러의 장점 : 컴퓨터가 미리 해석을 해놓고 실행을 하는 방식이기 때문에 실행 속도가 빠르다. 문법상의 오류를 컴파일 시점에서 잡아낼 수 있기 때문에 완성된 프로그램에서 문법상의 오류가 발생하질 않게 된다.

2. 인터프리터의 장점 : 컴파일 과정이 필요 없어 프로그램 작성 및 수정 작업을 하는 동안에 번거로움이 적다. 중간 중간 프로그램이 잘 돌아가는지 확인도 가능하다. 반면, 실행과 동시에 해석을 하기 때문에 실행 속도가 느리고, 실행되어지지 않는 코드에 대해서는 오류를 검사하지 않기 때문에 충분히 프로그램을 돌려보지 않으면 문법상의 오류가 발생할 수 있다. 소스를 부분적으로 실행하며, 도중 오류가 발생하면 정지하여 사용자에게 오류를 알려 준다. 하지만 프로그램이 다 작성되면 컴파일을 해서 실행 파일의 형태로 만든다.

12

정답 ②

해설 정보 처리 과정에서 (가)는 자료, (나)는 정보이다. 자료(data)란 관찰이나 측정을 통해 수집된 단순한 사실 또는 값을 말한다. 정보(information)는 수집된 자료를 가공·처리하여 얻은 결과물로 의사결정에 활용한다. 따라서 [보기]는 ㄷ만 설명 내용이 올바르다.

오답 ㄱ. (가)는 자료이므로 정보도 아닐 뿐만 아니라 정보를 체계화하고 일반화한 지식도 아니므로 잘못된 내용이다.

ㄴ. (나)는 정보인데, 정보를 필요한 때에 얼마나 잘 활용할 수 있는 지식을 갖추고 있느냐에 따라 그 가치가 달라진다. 즉, 이용 여부에 따라 동일한 가치를 지니지 않으므로 잘못된 내용이다.

13

정답 ③

해설 제시된 사례는 데이터베이스 구축의 중요성에 대한 내용이다. 사례에서 한 의류업체는 기존 고객들의 체형을 데이터베이스화하여 이 자료를 바탕으로 신상품을 연이어 개발할 수 있었다. 이러한 노력이 결실을 맺어 이 의류 회사는 눈부신 매출액 신장을 이룰 수 있었다. 이처럼 데이터베이스를 구축하여 효과적으로 활용하는 것은 매우 중요함을 알 수 있다.

14

정답 ③

해설 (가)는 크래커에 의해 다른 컴퓨터를 공격하는 데 이용되는 컴퓨터이다. 일반적으로 이러한 컴퓨터를 좀비 PC라 하는데, 이러한 좀비 PC 예방법으로는 윈도 운영 체제의 최신 보안 패치 적용(ㄴ), 백신 프로그램 사용, 컴퓨터 암호를 수시로 변경, 신뢰할 수 있는 웹 사이트만 액티브X 설치(ㄷ), 공인 인증서는 개인 USB에 저장 등이 있다.

오답 ㄱ. 공인 인증서는 컴퓨터가 아니라 개인 USB에 저장해야 한다.

ㄹ. 발신이 불분명한 이메일은 열어 보지 않고 바로 삭제해야 한다.

15

정답 ④

해설 명제 1의 '미용사 자격증'은 미용 기능사, 미용

장 2단계로 분류되므로, [조건]에 따라 LED D는 켜진다. 명제 2의 '작업 중지권'은 노동 3권(단결권, 단체교섭권, 단체행동권)이 아닌 근로자의 권리에 해당되므로, [조건]에 따라 LED E는 꺼지게 된다. 명제 3의 '클라크의 산업 분류'에 의하면 1차 산업에는 농업, 임업, 어업이. 2차 산업에는 제조업이. 3차 산업에는 서비스업이 속하므로, [조건]에 따라 LED F는 켜진다. 명제 4의 '고용 보험'은 산업 재해 보상 보험, 국민 건강 보험, 국민 연금 보험과 함께 4대 사회보험에 해당되므로, [조건]에 따라 LED G는 켜진다. 즉, D 켜짐, E 꺼짐, F 켜짐, G 켜짐이 된다. 이를 [조건]에 따라 A, B, C가 켜진 상태와 연결하면 숫자 '9'를 나타내는 ④가 정답이 된다.

16

정답 ④

해설 (가)의 오류를 해결하기 위해 (나)의 [새 서식 규칙] 대화 상자 A에 들어갈 수식은 "=$D4>=4000000"이다.

오답 ①, ② 수식이 "="로 시작되어야 한다.

③ 400만 원 초과이므로 오답이 된다.

17

정답 ②

해설 A는 3점 + 1점 = 4점이고. B는 3점 + 2점 = 5점이고. C는 2점 + 1점 = 3점이다. 따라서 최고 득점자는 B이고, 최저 득점자는 C이다.

01
정답 ②

해설 '크리스탈리즘'은 상품에 대한 모든 것을 소비자들에게 투명하게 공개하는 것을 의미한다. 주택을 공급할 때 분양 원가를 공개한다거나(①), 생산한 상품의 원산지 표기 등을 정확하게 하는 것(④), 상품의 결함을 밝히는 것(③) 등이 이에 해당한다. 하지만 ②와 같이 기업이 자사에서 생산한 제품의 우수성을 홍보하기 위해 자사의 상품을 주는 것은 판매 전략의 일종으로, 이에 해당하지 않는다.

※ 참고 – 크리스탈리즘
재무와 회계의 투명성뿐만 아니라 제조와 유통 등 소비지들에게 제반 기업 활동을 투명하게 공개하여 소비자의 알 권리, 선택할 권리 안전할 권리, 의견을 반영할 권리 등을 충족시키려는 경향

02
정답 ③

해설 '완성 연월' 난을 보면 2012년 8월의 코드는 '1208'이고, '본체' 난을 보면 펜티엄 듀얼코어(3) 울프데일(G)의 코드는 '3G'이고, '램(RAM)' 난을 보면 DDR2(02) 2기가(005)의 코드는 '02005'이고, '완성품 수량'에 의해 수량 25600개의 코드는 '25600'이 된다. 따라서 완성된 pc 코드는 1208-3G-02005-25600이다.

03
정답 ②

해설 2013년 2월의 코드는 '1302'이고, 코어i3(4) 스미스필드(H)의 코드는 '4H'이고, 씽크 RAM2(05) 1기가(012)의 코드는 '05012'이고, 수량 14578개의 코드는 '14578'이 된다. 따라서 완성된 pc 코드는 1302-4H-05012-14578이다.

04
정답 ④

해설 상품 코드 1208-5J-04009-94885는 2012년 8월(1208)에 코어i3(5) 프레슬러(J), DDR3(04) 1기가가 (009)가 장착된 컴퓨터 94,885대가 생산되었다는 내용을 지니고 있다. 따라서 DDR3 2기가가 장착되어 있다는 ④는 잘못된 내용이다.

05
정답 ③

해설 상품 코드 1102-7P-02005-35469는 2011년 2월(1102)에 애슬론 X-2(7) 쿠마(P) DDR2(02) 2기가가 (005)가 장착된 컴퓨터 35,469대가 생산되었음을 나타내고 있다. 따라서 애슬론 X-2 쿠마가 부착되어 있다는 ③의 설명은 맞는 내용이다.

06
정답 ①

해설 상품 코드 1308-5K-06015-55302는 2013년 8월(1308)에 코어i5(5) 시더밀(K) 씽크 RAM3(06) 1기가(015)가 장착된 컴퓨터 55,302대가 생산되었음을 나타내고 있다. 따라서 완성품의 개수가 50,302개라는 ①은 잘못된 내용이다.

07
정답 ③

해설 매뉴얼 3의 ※에 의하면 '자동응답'에 대한 내용은 '불가피하게 전화를 받지 못하는 경우, 수화기를 들고 전화기의 자동응답 버튼을 누른 후 1을 누르고 자동응답 멘트를 녹음한 뒤, #(우물정자)를 눌러 녹음을 완료한다.'는 하나뿐이다. 안내문 어디에도 자동응답 버튼의 중복 기능이 설명되어 있지 않다. 따라서 ③은 설명을 추가로 첨부할 필요가 없는 버튼이다.

오답 ① 매뉴얼 3에 의하면 3번 버튼은 회사 전화를 핸드폰으로 받게 할 때와 이 기능을 해지 할 때 중복해서 쓰인다.
② *표는 전화 당겨 받기(매뉴얼 2)와 전화 넘겨주기(매뉴얼 6)에 중복으로 사용된다.
④ # 버튼은 회사 전화를 내 핸드폰으로 받기(매뉴얼 3)와 자동 응답 설정(매뉴얼 3의 ※)에 사용된다.

📖 8 　정답 ②

해설 '내선 전화 자동 응답 기능의 활성화 방법'은 기존에 작성된 매뉴얼 3의 ※에 있는 내용이다. 따라서 ②는 추가할 내용으로 적절하지 않다.

오답 ①, ③ 전화 기능으로서 070 이용법(①)이나 내선번호의 단축번호 저장법(③)은 매뉴얼에 없는 내용이기에 추가하는 게 알맞다.

④ 전화 응대 방법은 내선 전화 사용 매뉴얼로는 부적절해 보이지만 매뉴얼이 사무실 내 전화 관련이라고만 하였고, 사원 교육용이라고 하였으므로 포함시키는 것이 더 좋을 것이다.

📖 9 　정답 ②

해설 매뉴얼 3에 의하면 회사 전화를 내 핸드폰을 받으려면 전화기 버튼을 '1 + 3 + 내 핸드폰 번호 + #'을 눌러야 한다. 전화기 버튼을 '2 + 3 + 내 핸드폰 번호 + #'의 순으로 연달아 누르는 것은 '회사 전화 수신 해지를 위한 절차이다.

📖 10 　정답 ①

해설 국가번호 82는 우리나라 번호이고, 국외가 아닌 국내에서 국내로 거는 전화에서는 굳이 이를 누를 필요가 없다. 일반 전화 걸기는 국가번호 없이 0번을 누른 후 지역번호가 있다면 누르고 전화번호를 누르면 된다.

📖 11 　정답 ③

해설 새롭게 신설된 인터넷으로 전화 걸기는 회사 메신저 상에 등록된 사람들에 한해서 전화를 걸 수 있으므로, 회사 내 직원과 전화하기 위해 내선번호를 눌러 전화 연결을 하는 것과 동일한 원리이다. 따라서 이 방법은 ③의 '회사 내 직원과 전화하기' 항목에 추가되는 것이 가장 적절하다.

📖 12 　정답 ③

해설 [보기]에 따르면 (나)에서는 역삼투 현상이 일어나고 있다. 이렇듯 역삼투 현상이 일어나기 위해서는 펌프로 고농도 용액 탱크인 b에 삼투압 이상의 압력이

가해져야 한다. 이렇게 압력이 가해지면 저농도 용액 쪽으로 용매인 물 분자가 이동한다. 이 과정을 반복하면 저농도 용액 쪽에 담수에 가까운 물만 모이게 된다. 반면에 (가)의 경우 삼투 현상이 일어나고 있기 때문에 a에서 용매인 물 분자가 b로 이동하고 있다. 이는 a의 염분 농도가 시간이 지날수록 점점 높아지고 있음을 나타낸다. 따라서 (가)의 a의 농도와 (나)의 a의 농도를 비교하면, (나)의 a의 농도가 (가)의 a에 비해 상대적으로 옅다. 따라서 ③의 설명은 잘못되었다.

📖 13 　정답 ②

해설 ⓒ의 '리더십 발휘'는 '챔피언' 활동이 아니라 '프로젝트 관리'의 혁신 활동에 들어갈 내용이고, ⓒ에는 '아이디어 실현을 위한 헌신'이 들어가야 한다.

📖 14 　정답 ③

해설 중장기 사업 목표 설정은 기업의 장기 비전과 중장기 매출 목표, 이익 목표 등을 고려하여 사업 전략 수립한 뒤(㉠), 제품 설계/디자인 기술, 제품 생산 공정, 원재료/부품 제조 기술 등의 요구기술 분석(㉡)을 하고, 기술 전략을 수립하고(㉢), 기술에 쓰일 핵심 기술을 선택한다(㉣).

📖 15 　정답 ③

해설 ㉮ 보조 기억 장치는 하드 디스크를 의미 하므로 ㄴ이, ㉯ DVD 드라이브는 ㅁ이, ㉰ 주기억 장치는 메모리 카드인 ㄱ이 알맞다.

오답 ㄷ. 이미지를 디스플레이 장치로 출력하는 컴퓨터 하드웨어의 부품인 그래픽 카드이다.

ㄹ. 중앙 처리 장치(CPU)의 기능을 1개 또는 수개의 칩 위에 집적한 마이크로프로세서이다.

📖 16 　정답 ③

해설 A는 버스(컴퓨터의 동작에서 데이터가 이동하는 통로이다.), B는 누산기(연산의 중간 결과를 임시로 저장하는 레지스터로 주기억 장치로부터 연산될 데이터를 읽어내어 저장한다.), D는 제어기(컴퓨터를 구성하고 있는 여러 장치에 일련의 동작을 수행하기 위해

제어 신호[C]를 보내고 다음에 실행할 명령을 읽어서 해독하고 제어 신호를 발생한다.)

 17　　　정답 ②

해설 (가)는 노스 브리지로 CPU, 메모리, 그래픽 카드를 제어하는 칩셋이며, 메인 보드의 성능과 종류를 결정하는 가장 중요한 칩셋이다(ㄱ). (나)는 사우스 브리지로 PCI, ISA와 같은 버스 입출력과 IDE와 시리얼 ATA 등 저장 장치의 데이터 입출력을 담당하고, USB, IEEE1394 등 외부 입출력, 전원 관리, 키보드, 마우스 등 입력 장치를 관리한다(ㄷ).

 18　　　정답 ④

해설 오디오 샘플 속도가 44kHz이므로 샘플링 횟수는 1초에 44,000번이고(ㄴ), 채널이 2(스테레오)이므로 파일의 소리는 두 개의 스피커에서 서로 다르게 출력된다(ㄹ).

오답 ㄱ. 파일의 등록 정보에 의하면 LOVE.mp3 파일의 재생 시간은 103초(0:01:43 → 1분 43초 → 103초)이다.
ㄷ. 비트 전송률이 192kbps이므로 초당 전송되는 데이터양은 24kbyte이다.

 19　　　정답 ③

해설 제시문의 둘째 단락 셋째 문장에서 '각각의 컬러 필터는 빛의 삼원색인 빨강, 녹색, 파랑 중 어느 한 종류의 빛깔만을 개별적으로 광전 변환 센서에 입사시킨다.'라고 하였으므로 컬러 필터를 통과하면서 빛이 빨강, 녹색, 파랑으로 나뉜다는 ③은 글의 정보를 잘못 이해한 것이다.

20　　　정답 ④

해설 회원 가입 여부(A)와 자전거 유무(B) 모두 1일 때 자전거 대여 시스템(Y)은 1이 된다. 이를 논리식으로 나타내면 $Y = A \cdot B$이며, 이와 동일한 논리식은 드모르간의 법칙을 적용한 $Y = (A' + B')'$이 된다.

09. 조직이해능력　　　문제 389쪽

01 ①	02 ③	03 ③	04 ④	05 ③
06 ④	07 ④	08 ④	09 ③	10 ①
11 ④	12 ③	13 ②	14 ③	15 ④
16 ④	17 ③	18 ③	19 ④	20 ③
21 ④	22 ③			

01　　　정답 ①

해설 조직에서는 그 조직의 선배가 조직의 업무나 관행에 더 많은 것을 알고 있기 때문에 굳이 선배의 위치를 무시하고 부장에게 직접 보고한다는 것은 좋은 태도라고 할 수 없다. 따라서 ①은 바람직한 태도가 아니다.
오답 ③ 박철수는 신입사원이기 때문에 회사의 업무 처리 방식을 잘 안다고 할 수 없다. 때문에 입사 선배인 김민희 대리의 업무 처리 방식이 마음에 들지 않고 하더라도 분명하게 잘못된 것이 아니라면 그에 맞추려고 노력하는 것이 옳다.

02　　　정답 ③

해설 어떠한 상황이라고 하더라도 갈등을 해결하려면 갈등 당사자에게 자연스럽게 접근하는 것이 중요하다. 따라서 갈등 당사자인 김민희가 가입한 사내 모임에 가입하여 오해를 풀려고 하는 것은 적절한 방법이다.
오답 ① 대학 동기이지만 입사 선배이므로 친구로 지내는 것은 적절하지 않다.
② 갈등을 일으키는 당사자와 공동의 업무를 줄이는 것은 더욱 멀어져 갈등을 해결할 수 없게 만들 가능성이 더 크다.
④ 갈등 당사자가 아닌 다른 사원들에게 해명을 한다는 것은 갈등 당사자를 험담하는 결과가 될 수 있기 때문에 적절하지 못하다.

 03　　　정답 ③

해설 주어진 내용은 의사결정에 대한 교육 훈련을 역할극 형식으로 하는 것이므로 ③의 특정 주제와 관련된 실제의 역할을 수행하게 하는 교육 방식인 '역할 연기법(Role Playing)'이 가장 알맞다.

04 정답 ④

해설 인터뷰 영상 내용 자료의 보관은 인터뷰 방영 이후에 할 일이므로 인터뷰에 관한 업무 중에서 가장 나중 일이다. 따라서 ④가 우선순위가 가장 낮은 업무 처리 내용이다.

05 정답 ③

해설 제시된 지수의 일과표에 의하면 비영리 조직이며 대규모 조직인 학교와 시민단체에서 6시간 있었다. 따라서 ③은 옳은 내용이다.

오답 ① 비공식적이면서 소규모 조직인 스터디에서 2시간 있었다.
② 공식 조직인 학교와 카페에서 8시간 있었다.
④ 영리 조직인 카페에서 3시간 있었다.

06 정답 ④

해설 프로젝트 전반의 계획을 수립 및 수행하기 위해 사업주와 기술선, 협력사 등 주요 이해 관계자들은 물론, 설계, 조달, 시공 등 사내 유관 부서들의 업무를 효과적으로 조율하는 역할을 수행한다고 한 것으로 보았을 때 문제를 바라보는 시각은 ④와 같이 같은 시각이 아니라 각자 다른 시각으로 바라봄에 따라 다양한 견해를 가지고 접근할 수 있음을 알 수 있다.

07 정답 ④

해설 투입된 자원 대비 산출량을 증가시키는 것은 생산성에 관련된 것이다. 하지만 둘째 단락의 첫 번째 문장의 인용된 말에서는 한국이 매력적인 시장이라고 하고 있으므로 이에 시장점유율과 시장에서의 지위 향상을 위해 투자를 더욱 확대한다는 것을 알 수 있다. 따라서 ④는 옳은 내용이 아니다.

08 정답 ④

해설 다른 문화권과 교역 등으로 관계를 맺을 때에는 비록 그들의 가치관이 우리의 가치관과는 다를지라도 우리와는 다른 그들의 가치관까지도 존중해 주어야 한다. 따라서 우리의 가치관과 다른 점까지 받아들여 존중할 수는 없다는 ④의 설명은 적절하지 못한 말이다.

09 정답 ③

해설 P 한의원은 국제미용전시회를 통해 고객들이 무엇을 좋아하는지를 알게 되었으므로, ③의 '국제 대회의 참여'를 통해 국제 동향을 파악하였다고 할 수 있다.

10 정답 ①

해설 제시된 글은 세계라는 새로운 시장 개척을 이룬 'P 한의원'이란 기업에 대한 것이다. P 한의원은 세계로 진출하기 위하여 세계 수준의 의식과 태도, 행동 함양을 위한 노력을 하였음을 말하고 있다. 따라서 정답은 ①이다.

11 정답 ④

해설 하나의 상품을 다른 문화 지역에 판매하려면 그 지역 문화의 가치관을 잘 알아 그에 맞게 판매해야 한다. 따라서 우리나라를 알리기 위하여 반드시 우리나라의 가치관을 고집한다는 ④의 내용은 알맞지 않다.

12 정답 ③

해설 제시된 내용에서 말하는 것과 같이 산학 협력은 공식적인 활동이다. 따라서 산학 협력으로 인해 이루어진 집단은 공식적인 집단에 속한다.

13 정답 ②

해설 러시아와 라틴아메리카 사람들은 인사할 때에 포옹을 하는 경우가 있는데 이는 친밀함의 표현이므로 자연스럽게 받아주는 것이 좋다(ㄴ). 명함은 받으면 꾸기거나 계속 만지지 않고 한번 보고나서 탁자 위에 보이는 채로 대화를 하거나 명함집에 넣는다(ㄷ). 생선요리는 뒤집어 먹지 않는다(ㅂ).

오답 ㄱ 미국인과 인사할 때에는 눈이나 얼굴을 보는 것은 좋은 행동이지만, 오른손으로 상대방의 오른손을 힘주어서 잡았다가 놓아야 한다.
ㄹ 미국인들은 시간을 돈과 같이 생각해서 시간 엄수를 중요하게 생각하므로 약속시간에 늦지 않게 주의해야

한다.
ⓜ 스프를 먹을 때에는 몸 쪽에서 바깥쪽으로 숟가락을 사용한다.
ⓢ 빵은 스프를 먹고 난 후부터 디저트를 먹을 때까지 먹는다.

14 정답 ③

해설 'AB 인재 양성소를 위한 새로운 운영 전략'은 경영의 구성 요소 중 인적 자원을 위한 것이다.

오답 ② 경영자의 경영권에 영향을 미치는 것은 경영 참여 제도에 대한 설명이다.
④ 제안된 아이디어를 결합하여 해결책을 제시하는 것은 집단 의사결정에 대한 내용이다.

15 정답 ④

해설 시중 은행들이 인터넷전문은행에 관심을 보이고 있는 이유는 경쟁 은행에게 고객을 빼앗길 수 있기 때문이다. 즉, 문제에서 말하고 있는 조직 관계는 경쟁이다. 하나의 조직은 다른 조직, 또는 조직 안의 구성원들 사이에 경쟁이 과도하면 비능률적인 면이 발생하지만, 그렇지 않고 적당한 경쟁 구조가 이루어지면 보다 능률적일 수 있다. 따라서 경쟁의 관계를 능률적이지 못한 관계라고만 한 ④는 옳지 않다.

16 정답 ④

해설 제시된 내용에서 [변경 전] 조직 구조는 라인 조직이고 [변경 후] 조직 구조는 라인-스텝 조직이다. 라인-스텝 조직은 명령과 집행 권한을 가진 라인 조직과 기획, 조사, 연구 부문에서 전문적으로 라인 조직을 조언하는 스텝 조직이 상호 연결된 조직 구조이다. 라인 조직에 비해 라인-스텝 조직은 독단적인 의사 결정을 완화할 수 있지만(ㄴ), 스텝의 개입 범위가 확대되면 조직 내 명령 체계에 혼란이 발생할 수 있다(ㄹ).

오답 ㄱ. 문제 발생 시 부문 간 조정이 어려운 조직 구조는 라인 조직이므로 적절한 설명이 아니다.
ㄷ. 라인 조직에서 스텝 조직을 추가할 경우 추가된 조직을 운영하는데 필요한 간접 비용이 종전보다 증가할 것이므로 적절한 설명이 아니다.

17 정답 ③

해설 ③에서 말하는 '차별화 전략'은 생산품이나 서비스를 차별화하여 고객에게 가치 있고 독특하게 인식되도록 하는 전략이다. 제시된 내용의 '폴리케톤'은 기존 플라스틱보다 가볍고 강한 것이므로 생산품을 차별화한 것이다.

오답 ① 자원은 인적, 물적, 시간, 자금 등으로 구분되는데, '500억 원 가량'은 '인적 자원'이 아니라 '자금'에 속한다.
② 제시된 내용은 무계획에 대한 내용이라기보다는 무검토, 즉 타당성 검토와 같은 것을 하지 않은 것을 말한다.
④ 경영 참가 제도에 대한 내용은 제시된 글의 내용과는 관련이 없다.

18 정답 ③

해설 답변 내용에 나타난 조직 형태는 조직을 구성하는 각 개인 또는 팀이 동등한 입장으로 각자 가진 경영 및 기술 자원을 활용하고 협력하되 일시적으로 구성된 조직이 아닌 새로운 조직 형태이다. 또한 당사는 핵심 역량에 집중하고 부수적인 부문은 필요에 따라 아웃 소싱 및 타 기업과의 업무적 제휴가 가능하므로 이는 네트워크 조직에 해당한다.

※ 참고 – 조직의 형태

라인 조직

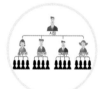

기능식 조직

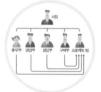

프로젝트 조직

• 라인 조직(line organization) : 기업 내에서 직위가 최상위에서 최하위 계층까지 단일 명령 권한으로 직

접 연결된 것으로 단순하고 원시적인 조직 형태
- 기능식 조직(Functional organization) : 부문별로 관리자의 업무를 기능화하여 각각 전문적인 관리자가 지휘·감독하는 조직 형태로 라인 조직의 단점을 보완한 것
- 네트워크 조직(network organization) : 전통적 계층형 피라미드 조직의 경직성을 극복하기 위한 대안적 조직 운영 방식을 지칭하는 개념으로 내부와 외부의 자원의 활용을 통해 효율성과 유연성을 확보하는 기업 내 부문간, 기업 간 네트워크를 지칭하는 의미로 사용되고 있으며, 환경 변화에 따른 복잡한 문제를 해결하기 위하여 수직적·수평적·공간적으로 개인·집단·조직간 관계 메커니즘을 갖춘 조직
- 프로젝트 조직(project organization) : 해산을 전제로 하여 임시로 편성된 일시적·잠재적 조직. 신규 내지 혁신적·비상례적 과제 달성을 위해 형성되는 조직

19 정답 ④

해설 네트워크 조직은 정보통신망에 의해 조정되므로 직접 감독에 필요한 많은 지원 및 관리 인력이 불필요하게 된다. 따라서 밀접한 감독과 통제가 용이하지 않기 때문에 ④는 네트워크 조직의 효용성이 아니다.

20 정답 ③

해설 제시된 사례는 업무를 열심히 했지만 체계적인 계획을 수립하지 못하여 항상 쫓기면서 일을 하는 K씨와 체계적으로 업무 추진도를 그려서 일을 하는 L씨를 비교하여 제시하고 있다. K씨는 L씨를 보고 L씨에 비해 업무에 대해 체계적으로 계획을 수립하지 못하여 업무 성과도 낮다는 것을 깨달으면서 체계적인 업무 수행 계획을 수립하는 일의 중요성을 알게 되었다.

21 정답 ④

해설 'ⓔ국내 음악 시장을 뒤흔들고 있다'는 경영 목적, 인적 자원, 전략, 자금 중 어느 것도 아닌 사실 그 자체일 뿐이다.
오답 ① '목표'는 '경영 목적'에 해당한다.
② '5명의 인원'은 '인적 자원'에 해당한다.
③ '뮤지션들과 일반인들을 위한 제품을 분리하여 제작,

판매'는 '전략'에 해당한다.

22 정답 ③

해설 미국인들과 악수할 때에는 '손끝만 살짝 잡아서는 안 되며 오른손으로 상대방의 오른손을 잠시 힘주어서 잡아야' 한다(ⓑ). 스테이크는 처음에 다 잘라 놓지 않고 잘라가면서 먹는 것이 좋다(ⓔ). 빵은 수프를 먹고 난 후부터 디저트 직전까지 먹으며, 칼이나 치아로 자르지 않고 손으로 떼어 먹어야 한다(ⓕ).

01
정답 ②

해설 직업윤리와 일반윤리는 서로 배치되거나 충돌하는 경우도 발생한다. 따라서 서로 반하지 않는다는 ②의 설명은 잘못되었다.

오답 ① 개인윤리가 보통 상황에서의 일반적 원리규범이라고 한다면 직업윤리는 좀 더 구체적 상황에서의 실천규범이라고 할 수 있다.
③ 직업의 성격에 따라 각각 다른 직업윤리를 지닌다.
④ 일반윤리의 덕목에는 타인에 대한 물리적 행사(폭력)가 절대 금지되어 있지만, 경찰관이나 군인 등의 경우 필요한 상황에서 그것이 허용된다는 특수성을 예로 들 수 있다.

02
정답 ①

해설 ①은 직업윤리가 아니라 개인윤리적인 차원의 행동이다. 상황에 따라 직업윤리와 개인윤리가 서로 충돌하거나 배치되는 경우에 직업인이라면 직업윤리를 우선하여야 한다.

03
정답 ①

해설 부패는 부패에 관계된 자들의 이익을 위하여 부정한 행위를 저지르는 것이다. 그러므로 부패를 밝혀 혼란이 발생한다고 해도 밝혀서 강한 처벌을 해서 다시는 그러한 행위를 하지 않게 해야 한다. 그래서 방치하면 안 되는 것이 부패이다.

04
정답 ②

해설 칸트는 동정심을 '달콤한(⊙)' 정념으로 본다는 점에서 루소와 그 견해가 비슷하다. 하지만 루소는 도덕감을 '자기 사랑(ⓒ)'으로 환원시킬 수 있다고 본 반면 칸트는 도덕이 자기 사랑이 아니라 자기 부정에 존립하는 것으로 보았다. 칸트는 동정심과 연민이 감각에 얽

매이는 심리적 경향으로서 발생하는 한 참된 '도덕적(ⓒ)' 가치를 갖지 못한다고 보았다.

05
정답 ③

해설 사랑은 그 자체로서는 언제나 아름다운 것이지만 이성적 제약 아래 종속하지 않을 때에는 불륜과 불의에 빠지게 될 것이라고 한 예는 연민과 동정이 격정으로 변하면 이성의 제어를 벗어나게 되며 악덕에 떨어질 수밖에 없음에 대한 구체적 사례인 것으로 이해할 수 있다.

06
정답 ③

해설 직업은 기본적으로 개인적인 경제 활동을 위한 경제적인 보상을 받기 위해 노동력을 제공하는 행위이다(⊙). 하지만 경제적인 보상을 받더라도 본인의 자발적인 의지로 해야 하는 것이지 강제적으로 이루어지는 것은 직업이 될 수 없다(ⓒ). 개인의 경제 활동은 죽을 때까지 하는 것이므로 직업 또한 장기적으로 일하는 지속성을 가져야 한다(ⓔ). 이러한 직업을 통해서 사람들은 인간관계를 쌓으며, 동시에 넓힐 수 있다(ⓜ).

오답 ⓒ 개인적은 즐거움을 위해 하는 동호회 활동과 같은 취미 활동이나, 돈을 벌기 위한 단기간의 일인 아르바이트, 강제 노역과 같이 타의에 의해 이루어지는 강제 노동 등은 직업에 포함되지 않는다.

07
정답 ①

해설 영어의 "SERVICE"란 단어는 'S-미소, 신속, E-감동, R-고객 존중, V-가치 제공, I- 좋은 이미지, C-예의를 갖춤, E-탁월하게 제공'으로 해석할 수 있다. 따라서 '감동을 주는 것'에 해당하는 것은 ⓒ의 'E(Emotion, 감동)'이다.

08
정답 ③

해설 ③은 상사가 퇴근 전에 완료하라는 일 때문에 야근을 했기 때문에 상사라는 외부로부터 강요당해 늦은 시간까지 일을 한 근면이다.

오답 ① 승진을 위해 스스로 매일 학원을 가는 것이므로 자진해서 하는 근면이다.

② 중국 여행을 위해 중국어를 배우려고 학원에 가는 것이기 때문에 자진해서 하는 근면이다.
④ 건강에 좋기 때문에 사장과 매주 등산을 하기 때문에 자진해서 하는 근면이다.

 **09** 정답 ①

해설 제시된 내용에 따르면 '버스 아저씨' 사건은 공중도덕에 위배되는 행동이지만 바쁘게 움직이고 있는 현대 홍콩 사회에서 누구나 느낄 수 있는 각박함과 짜증을 보여 준 행동으로 비난 대신 오히려 대중의 관심과 동정을 받고 있다고 했다. 따라서 현대 홍콩인의 자화상을 보여 준다는 ①이 이 글을 한마디로 정의했다고 할 수 있다.

 10 정답 ②

해설 (가)는 유교의 이상적 인간상인 '군자'를 말하고, (나)는 도가의 이상적 인간상인 '진인(眞人)'을 말한다. ㄱ은 수양을 통하여 사사로운 욕망을 극복하고 도덕적 본성을 확충하며 실천하는 사람이므로 '군자'를 말하므로 (가)에 대한 이야기가 맞는 내용이다. ㄹ은 (가)의 군자가 수양을 통해 타고난 도덕성을 실현하는 사람이고, (나)의 진인이 수양을 통해 타고난 자연적 본성을 실현하는 사람을 말하므로 맞는 내용이다.

오답 ㄴ. 참선을 통해 모든 잡념을 없애는 삼매(三昧)의 경지에 도달한 사람을 불교의 이상적 인간상인 '보살'이라고 한다.
ㄷ. 무조건적인 사랑을 중생에게 베푸는 사람도 불교의 이상적 인간상인 '보살'을 말한다.

 11 정답 ③

해설 제시된 내용들은 기업의 생존과 경쟁력 확보를 통한 이익 창출을 위해서라도 기업은 사회적 책임 수행에 적극적으로 임해야 한다고 강조하고 있다. 따라서 정답은 ③이다.

 12 정답 ③

해설 A는 기업이 이윤 추구 이외의 사회적 책임을 수행할 필요가 없다고 보는 반면, B는 이윤 추구 이외에

때때로 사회적 책임을 수행해야 한다고 본다. 그러므로 ③이 A와 B 말한 내용을 아우르는 질문이라고 할 수 있다.

오답 ① A는 기업의 목적이 이윤 추구이므로 이 목적에 충실해야 한다는 입장인 반면, B는 기업의 목적인 이윤 추구인 것은 맞지만 사회적 책임도 소홀히 해서는 안 된다고 말하고 있다. 이로 보면 ①은 이 둘의 공동 질문으로 알맞지 않다.

13 정답 ②

해설 제시된 경우와 같은 문제에서 해법을 구하는 방법은 두 가지 방향으로 설명된다. 첫째는 상대방이 어떠한 방법을 선택하든 내게 유리한 방법이 있으면 그것을 선택하는 것이다(게임 이론에서는 '지배 전략 균형'이라고 함). 여기서는 범인 B가 고백하면 범인 A도 고백하는 것이 유리하고, 범인 B가 침묵해도 범인 A는 고백하는 것이 유리하다. 결과적으로 상대방이 어떻게 나오든 범인 A는 고백하는 것이 유리하다. 따라서 결국에는 둘 다 고백하는 것으로 결론지어진다.

둘째는 상대방이 행동을 바꿀 필요가 없고, 그에 따라 자신도 행동을 바꾸지 않아도 되는 조합을 선택하는 것이다(게임 이론에서는 '내시 균형'이라 함). 여기서는 범인 A가 고백하고 범인 B는 침묵하는 조합은 B가 고백으로 행동을 바꿀 것이므로, 이 경우의 내시 균형은 둘 다 고백하는 것으로, 첫 번째 방법과 같은 결과가 나온다.

이 두 경우에서 알 수 있듯이 범인 A와 B 모두 고백하여 둘 다 10년 형을 받는 경우의 확률이 가장 높다. 따라서 정답은 ⓑ인 ②이다.

※ 참고 – 죄수의 딜레마 게임
죄수의 딜레마 게임의 게임의 경우는 이기심에 기초한 인간의 의사결정이 어떻게 이루어지며 그 결과가 어떠한가를 이해하는 데 도움을 준다. 두 범인이 모두 침묵했으면 서로에게 유리한 결과를 얻을 수 있는데, 모두 고백하여 불리한 결과를 초래하였다. 그렇다고 해서 자기를 배신할 상대방이 잘되게 하기 위하여 의리를 지키는 것은 자신에게 나쁜 결과가 오게 되므로 선택할 수 없을 것이다.
이 게임은 가상 상황을 전제한 것이라고 생각할 수도 있으나, 경쟁과 협조가 공존하는 현실에서 흔히 있을 수 있는 정형적인 상황을 모형화 한 것이다.

그러나 이러한 결과가 나온 것은 주어진 상황이 불완전한 경쟁이기 때문이다. 즉, 참여자의 수가 적고, 상대방의 선택에 대한 정보가 없으며 또 1회의 선택으로 종료되는 경우이다. 이러한 불완전한 경쟁 상황 하에 연출되는 문제가 부패, 도덕적 해이 등 여러 가지 비윤리적 사회 현상이다.

 14　　　　　　　　　　　　정답 ②

해설 제시된 글에서 기업의 장기적 성장에 필요한 적절한 이윤 창출을 위해서 기업은 사회적 요구를 외면해서는 안 된다는 내용이 있음을 통해 볼 때, 기업의 사회적 책임은 바로 기업의 장기적 이익으로 연결됨을 추론할 수 있다. 따라서 정답은 '기업의 장기적인 이익에도 부합한다'는 내용의 ②가 알맞다.

IV

직업기초 능력 평가
- 실전모의고사

제1회 (4지 선다형)

제2회 (5지 선다형)

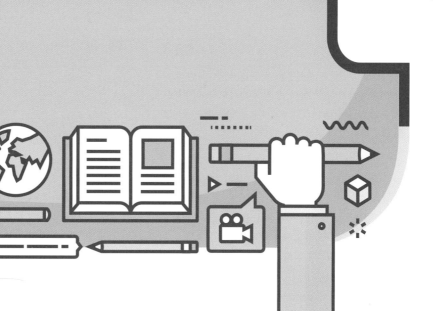

제1회   문제 416쪽

01 ③	02 ④	03 ②	04 ②	05 ④
06 ③	07 ③	08 ④	09 ②	10 ①
11 ④	12 ②	13 ②	14 ②	15 ③
16 ②	17 ①	18 ①	19 ③	20 ②
21 ③	22 ④	23 ②	24 ④	25 ②
26 ②	27 ②	28 ②	29 ④	30 ①
31 ③	32 ①	33 ③	34 ①	35 ③
36 ①	37 ②	38 ③	39 ②	40 ②
41 ①	42 ④	43 ④	44 ④	45 ④
46 ②	47 ①	48 ③	49 ④	50 ④
51 ②	52 ②	53 ①	54 ③	55 ③
56 ④	57 ②	58 ③	59 ④	60 ②

 01   **정답** ③

해설 업무 공지의 마지막 단락에서 신용카드를 이용한 물품 구입은 정상 이용이 가능하다고 하였다. 따라서 정답은 ③이다.

오답 ① 거래 중지 일시 및 시간은 1월 1일(화) 00:00~ 24:00로 1월 4일이 아니다.

② OO은행에 대출 신청이 필요한 경우에 1월 4일 12시까지 불가능한 것은 인터넷뱅킹을 통한 것이다. 1월 2일 이후 오프라인 창구 이용은 가능하다.

④ 타 은행의 ATM기 이용도 중지된다.

 02   **정답** ④

해설 글쓴이는 은의 유용한 성질을 언급하고는 있지만 뒤에 무조건 '은은 좋다'는 식의 생각도 좋지 못하므로 은의 성질에 관한 과학적인 정보를 습득하고 올바르게 활용하는 것의 중요성을 일깨우고 있다.

03   **정답** ②

해설 은의 살균작용은 설명하고 있지만 균 배양 작용에 대해서는 말하지 않았다. 오히려 병균의 생식 기능을 제거한다는 것으로 보아 배양 작용 자체가 되지 않음을 알 수 있다.

 04   **정답** ②

해설 제시문에서 핵심적이며 구체적으로 다루고 있는 것은 괴테에 의해 발견된 식물의 생태학적 원리이다. 이러한 괴테의 발견은 특이하게도 과학적 탐구를 통해서 발견한 것이라기보다는 시인으로서 가지고 있는 감각 또는 감수성을 통해서 나온 것이다. 이런 면에서 볼 때 과학에 있어서도 직관을 통한 과학적 발견이 중요하다는 것을 알 수 있다. 따라서 정답은 ②이다.

05   **정답** ④

해설 정부에서 노동 시간의 단축을 법제화하여 시행하더라도, 사정상 이를 시행할 수 없거나 그 혜택을 받을 수 없는 사회 집단이나 계층은 상대적 박탈감을 느끼게 될 것이다. ⓒ 앞부분에 노동 시간의 단축은 결국 주 5일제 근무를 의미한다는 정보가 언급되어 있으므로 ④가 ⓒ의 예에 해당한다.

06   **정답** ③

해설 ㉠에서 '사회를 이루고 사는 것이라면 서로 상충하는 목적이나 이해관계는 조정되어야 한다'고 하여, 사회가 정상적으로 유지되기 위해서는 상충하는 목적이나 이해관계가 조정되어야 함을 밝히고 있어서 ③은 이에 어긋난다.

07   **정답** ③

해설 인간 언어는 그가 성장한 집단으로부터 획득한 것이라는 말은 사회의 영향을 받는다는 뜻이다. 따라서 언어에는 수직적 신분 구조라는 사회적 특성이 반영되어 있다는 희수의 주장이 ㉠의 의미를 가장 잘 이해한 경우라 볼 수 있다.

08   **정답** ④

해설 각 단락의 주제는 다음과 같다. (가) 사회의 발전 과정, (나) 사회 발전의 구체적 예[(가)의 예시], (다) 논지 제시, (라) 사회의 생성 과정, (마) 부정적 인간형의 제시[(나)의 예시]. 이러한 단락의 주제를 논리적으로 배열해 보면 먼저 (라)의 '사회의 생성 과정'이 처음에 온 뒤에 (가)의 '사회의 발전 과정', (나)의 '사회 발전의 구체적 예[(가)의 예시]', (마)의 '부정적 인간형의 제시[(나)의 예시]'가 배열된 뒤에 마지막으로 (다)의 '논지 제시'로 마무리되는 것이 알맞다.

09 정답 ②

해설 제시문에 의하면 ㉠ '새로운 사물의 발생'은 생장기, 쇠퇴, 괴멸기 이후에 새로이 생성된 것을 말한다. (나)에서 글쓴이는 이의 예로 국가의 발생기, 성장기, 쇠퇴기, 멸망기를 말한 뒤에 멸망기 이후에 새로운 민족 공동체인 새로운 나라가 일어난다고 말하면서 그 예로 고려나 조선을 말하고 있다.

오답 ① ②의 고려나 조선은 모두 민족 공동체이지만 여기서는 민족 공동체가 아닌 새로운 민족 공동체를 말하기 때문에 ㉠과 거리가 있다.

10 정답 ①

해설 로크는 전 세계에 석기 시대가 존재하였고 아직도 석기를 쓰는 사람들은 퇴보의 산물이라기보다는 그 상태에 머물러 잔존한 것이라고 주장하였다. 그러므로 시작은 같았지만 유럽이 계속 발전한 데 비하여 비유럽은 그 상태 그대로 머물러 있는 ①번이 맞다.

오답 ②는 출발의 시작 지점이 다른데서, ③은 출발의 시기나 위치가 다른데서, ④는 출발도 다르고, 또 비유럽을 퇴보로 보는 데서 로크의 주장과 다르다.

11 정답 ④

해설 주어진 내용을 바탕으로 각 나라의 행복 순위를 정리해 보면, 주관적 행복은 방글라데시, 나이지리아, 인도, 한국, 스위스, 독일, 일본의 순서임을 알 수 있고, 객관적 행복은 물질적 부에 따라 결정되므로 스위스, 독일, 일본은 '돈 많고 잘 사는 나라'라 했으므로 객관적 행복이 높은 나라이고, 방글라데시, 나이지리아, 인도는 '잘 살지 못하는 나라'라고 했으므로 낮은 나라, 한국은 역시 중간 위치에 있음을 알 수 있다. 이러한 내용에 적합한 그래프는 ④이다.

오답 ① 스위스는 객관적 행복이 높아야 하고 나이지리아는 스위스에 비해 주관적 행복의 수치가 높아야 한다. ② 독일과 스위스는 유사한 유형의 나라로 보아야

하며 굳이 구분한다면 스위스가 주관적 행복이 높아야 한다. ③ 두 나라의 위치가 서로 바뀌어야 한다.

12 정답 ②

해설 잘못된 것은 가의 '월간'(연차 휴가에 대한 내용이므로 월간이 아니라 연간이 되어야 한다.), 나의 '감산'(내용상 연차 휴가는 휴가를 더하는 것이지 빼는 것이 아니므로 '감산'이 아니라 '가산'이라고 해야 한다.) 다의 '직장'(연차 휴가는 휴가를 가는 직원의 자유 의사에 따라 분할하여 사용하는 것이 맞다. 따라서 '직장'은 '직원'으로 써야 한다.) 라의 '부상금'(연차 휴가를 대신하여 돈으로 지급하는 것이기 때문에 '보상금'이라고 해야 한다.)의 4곳이다.

13 정답 ②

해설 자본시장의 금융 상품에는 주식과 채권이 있으며, (가)는 '주식'으로 자기 자본의 성격을 갖고(ㄱ), 기업의 경영 성과에 따라 이익을 배당받는다(ㄷ). 그에 비하여 '채권'은 정부나 지방 자치 단체 등이 발행하며 (ㄹ), 기한부 증권의 성격을 갖는다(ㄴ).

14 정답 ②

해설 ㉮의 방법으로 표현된 통계 지도의 유형은 환자 발생 지역 하나하나를 표시한 것이므로 이를 점으로 표현한 점지도가 알맞다.

오답 ① 단계 구분도로 지역별로 차이가 드러남을 나타내기에 알맞다.
③ 유선도로 지역별 이동 상황을 나타내기에 알맞다.
④ 도형 표현도로 각 지역별 상황을 비교하기에 알맞다.

15 정답 ③

해설 출근 시간대에 하차 인원이 많은 (가) 지역은 회사나 은행 등 중심 업무 기능이 발달한 곳이며(ㄴ), 생산자 서비스업이 집중되어 있다(ㄷ). 반면에 승차 인원이 많은 (나) 지역은 주택이나 아파트가 밀집한 주거 기능이 발달한 곳이다.

오답 (가) 지역은 주거지로서 승차 인원이 많은 (나) 지역에 비해 업무 지역이 많아 평균 지가가 높고(ㄱ),

상주인구가 적어 야간 인구 밀도가 낮다(ㄹ).

16
정답 ②

해설 사업체의 수나 종사자의 수로 보았을 때 A는 백화점, B는 슈퍼마켓이다. 최소 요구치 범위는 백화점이 슈퍼마켓보다 넓기 때문에 ○가 아니라 ×로 표시해야 한다.

17
정답 ①

해설 2006년에 비해 2010년에 전체 취학 학생 대비 비율이 0.11%에서 0.44%로 4배 증가하였으나, 다문화 가정의 취학 학생 수는 8,834명에서 31,788명으로 4배에 못 미치게 증가하였다. 즉, 전체 취학 학생 수가 감소한 것이다(ㄱ). 또 다문화 가정의 취학 학생 수가 늘어났기 때문에 이들의 교육을 위한 지원 필요성은 증가하였을 것이다(ㄴ).

오답 ㄷ. 다문화 가정의 취학 학생 수가 26,015명에서 31,788명으로 약 22.2%가 증가하였다.
ㄹ. 2009년에는 그 비중이 전년도에 비해 감소하였다.

18
정답 ①

해설 제시된 신문기사의 내용과 그래프를 통해 난지형 작물의 재배 면적이 늘어나고, 한지형 작물의 재배 면적은 줄어든다는 것을 파악할 수 있는데, 이는 지구 온난화가 원인이다. 지구 온난화의 원인은 온실 효과를 일으키는 이산화탄소와 같은 가스의 발생량 증가에 있다. 따라서 정답은 ①이다.

19
정답 ③

해설 2013년도의 영화 관람 비율은 15.4%인데 종교 활동은 5.1%이므로 영화 관람이 종교 활동에 비해 3배 이상으로 많다.

오답 ① 전체 여가 활동에 참여한 사람의 수를 알 수 없기 때문에 비율이 같다고 해서 여행을 선택한 사람의 수가 동일한 것은 아니다.
④ 2012년 대비 2013년에 스포츠 활동에 참여한 사람의 수가 아니라 비율이 2배로 증가했다.

20
정답 ②

해설 기본적으로 모든 공연을 50% 이상 할인하는 것은 할인율이 너무 커 표가 잘 안 팔려 싸게 판다는 이미지를 줘 공연의 질이 낮을 거라는 부정적인 인식을 줄 수가 있다. 따라서 ②의 의견은 적절하다.

오답 ① 기본적으로 모든 공연을 50% 이상 할인하는 것은 할인율이 너무 큰 것은 맞다. 그렇지만 공연 티켓의 판매 기간을 자료에서 확인할 수 있지만 설 연휴 공연이라는 내용은 확인할 수도 없고, 판매 기간으로 보았을 때 2월 초 공연일 가능성은 '호두까기 인형' 외에는 없기 때문에 자료에 맞는 의견이라 할 수 없다.
③ '세레나데 & 봄의 제전'은 정가 6만 원의 55%를 할인하기 때문에 (60,000 x 0.45)로 계산한다면 27,000원을 받게 되므로 장 모두를 판매한다면 (27,000 x 1,299)으로 계산 되어 총 35,073,000원의 수입이 된다. 따라서 3,700만 원 이상이 되지는 못한다.
④ '백조의 호수'를 두 명이 관람하려면 1인당 관람료 (80,000 x 0.33) 26,400원에 할인된 티켓 가격의 5%가 수수료(26,400 x 0.05) 1,320원을 더한 2,7720원을 두 배로 한 55,440원을 지불해야 한다.

21
정답 ③

해설 'To'와 'From'으로도 알 수 있지만 'A 기업이 D 기업으로부터 이익 5를, D 기업이 A 기업으로부터 이익 9를 얻는다'는 문제의 말로 보았을 때, 이 표는 세로 축을 중심으로 각 기업들이 가로 축에 놓인 기업으로부터 얻는 이익을 얻는 것을 나타냈음을 알 수 있다. 따라서 A 기업에게 가장 큰 이익을 주는 기업은 A 기업의 가로 축에서 가장 높은 수를 보이는 B 기업이 됨을 알 수 있다. 또한 D 기업이 시장에서 퇴출되었을 때, 가장 큰 타격을 입는 기업도 가장 많은 이득을 주는 기업이 퇴출되는 것이기 때문에 A 기업과 E 기업이 된다. 따라서 정답은 ③이다.

22
정답 ④

해설 제품 하나다 이윤은 '5만(원) − 4만(원) = 1만(원)'이다. 따라서 500개를 팔아야 공장 가동 비용까지 모두 메우고 손익분기점이 된다. 따라서 답은 ④이다.

23 정답 ②

해설 장난감 낙하산을 떨어뜨려 2초 뒤에 60cm를 이동하였기 때문에 속력은 $\dfrac{60\text{cm}}{2\text{s}}$ = 30cm/s이다.

24 정답 ④

해설 $640 + 640 \times 0.15 - 640 \times (2/5)$
$= 640 + 96 - 256$
$= 480$(명)

25 정답 ②

해설 아래 숫자는 위 숫자를 '왼쪽 숫자 x 가운데 숫자 + 왼쪽숫자 + 오른쪽 숫자'와 같이 계산한 것이다. 그러므로 ( )는 '$(5 \times 6) + 5 + 4 = 39$'이다.

26 정답 ②

해설 주어진 수들은
$1 = 1 \times 1$
$4 = 2 \times 2$
$9 = 3 \times 3$
$(\qquad)$
$25 = 5 \times 5$
$36 = 6 \times 6$
$49 = 7 \times 7$
$64 = 8 \times 8$
과 같이 배열되었으므로
$2n = n \times n$과 같은 규칙을 찾을 수 있다. 그러므로 네 번째는 $16 = 4 \times 4$이 됨을 알 수 있다. 따라서 정답은 ②이다.

27 정답 ②

해설 A와 B는 4일과 6일의 최소공배수인 12일마다 함께 가므로 4월에 도서관에 함께 가는 날짜는 1, 13, 25일이다.

28 정답 ②

해설 현재 삼촌의 나이를 a, 조카의 나이를 b라 하면

$a - b = 26 \qquad \cdots \, \boxdot$
$a + 20 = 2(b + 20) \quad \cdots \, \boxdot$
ⓒ은 $a = 26 - b$
ⓒ은 $a = 2b + 40 - 20 = 2b + 20$
ⓒ, ⓒ을 연립하여 풀면
$a = 26 - b = 2b + 20$
$a - b = 26 = b + 20$
따라서 $a = 32$, $b = 6$
그러므로 정답은 ②의 삼촌은 32살, 조카는 6살이다.

29 정답 ④

해설 700원을 지불할 수 있는 방법은
'100원짜리 7개,
100원짜리 6개 50원짜리 2개,
100원짜리 6개 50원짜리 1개 10원짜리 5개,
100원짜리 5개 50원짜리 4개,
100원짜리 5개 50원짜리 3개 10원짜리 5개,
100원짜리 4개 20원짜리 6개,
100원짜리 4개 50원짜리 5개 10원짜리 5개' 즉 총 7가지이다.

30 정답 ①

해설 벼락이 칠 때, 번개를 먼저 보고 약간의 시간이 지난 다음에 천둥소리를 들을 수 있다. 이러한 현상이 나타나는 까닭은 소리의 속력과 빛의 속력이 서로 다르기 때문이다. 번개를 본 다음 천둥소리가 들리기까지의 시간을 측정할 수 있다면 소리의 속력에 측정한 시간을 곱하는 방법으로 현재 자신의 위치에서 벼락이 떨어진 장소까지의 거리를 계산할 수 있다. 번개를 본 다음 천둥소리가 들리기까지의 시간이 한솔이가 가장 길기 때문에 한솔이가 벼락이 친 곳으로부터 더 멀리 떨어져 있음을 알 수 있다.

31 정답 ③

해설 그래프에서 (가)는 '직장 상사나 동료, 후배와 마찰'로 인해 퇴직을 고려하는 경우이며 이 경우 가능한 조언은 ㄱ, ㄴ, ㄷ이다. 개인의 역량이 아무리 뛰어나더라도 팀원들과 화합하지 못하면 개인의 능력을 충분히 발휘할 수 없으므로 팀원과의 협력을 더 중요시해야 한다.

32

정답 ①

해설 지역화 전략에는 지역 브랜드 개발, 지리적 표시제 등록, 장소 마케팅이 있다. 이러한 지역화 전략은 세계화에 대응하고자 경제적·문화적 측면에서 다른 지역과 차별화할 수 있는 방안을 마련하는 것이다.

33

정답 ③

해설 전자상거래의 유형에는 정부와 개인(가계) 사이의 G to C, 정부와 기업 사이의 G to B, 기업과 정부 사이의 B to G, 기업과 기업 사이의 B to B, 기업과 가계 사이의 B to C, 개인(가계)과 개인(가계) 사이의 C to C 등이 있다. [1안]은 개인 소비자들이 대상이므로 기업과 개인(가계) 사이의 전자상거래로서 B to C에 해당하고 [2안]은 기업과 정부 사이의 전자상거래이므로 B to G에 해당한다. A 기업은 [2안]을 선택하기로 했으므로 정답은 ③의 B to G이다.

34

정답 ①

해설 A국은 2003~2010년까지 1인당 연간 푸드 마일리지가 지속적으로 증가하고 있으며(ㄱ), 2003년 A국의 1인당 연간 푸드 마일리지는 C국의 3배 이상이다(ㄴ).

오답 ㄷ. 2010년 1인당 연간 푸드 마일리지는 A, B, C국 순으로 높다.

ㄹ. 푸드 마일리지가 높다는 것은 식품의 수송거리가 길어 식품 운송 관련 온실가스 배출량이 많다는 것을 의미한다.

35

정답 ③

해설 제시된 보고서에서 (가)는 대량 매입, (나)는 소량 매입, (다)는 당용 매입에 해당된다. 당용 매입은 매일 필요한 만큼만 매입하는 방법으로 상품의 신선도 유지가 필요한 경우에 적합하므로 ㄴ은 적절한 설명이다. 또, 대량 매입은 소량 매입보다 매입 가격의 할인 가능성이 높으므로 ㄷ도 적절한 설명이다.

오답 ㄱ : 대량 매입은 다른 매입 방법에 비해 재고 수량이 많아 시세가 하락할 경우 큰 손실이 발생할 수 있으므로 적절한 설명이 아니다.

ㄹ : 소량 매입은 대량 매입보다 재고 수량이 적어 보관 비용이 낮으므로 적절한 설명이 아니다.

36

정답 ①

해설 제시문의 첫째와 둘째 문장 내용으로 보았을 때 애그플레이션 발생의 수용 측면 원인은 생명공학(BT)의 발전(ㄱ)과 바이오 연료 산업의 성장(ㄴ)에 있다.

오답 농지 감소 및 농촌의 고령화 증가(ㄷ)와, 국제 유가 상승으로 인한 농업 생산비 부담 증가(ㄹ)는 농산물의 공급 측면에 해당한다.

37

정답 ②

해설 책정 비용이 실제 비용보다 작을 경우 제품의 경쟁력을 잃게 되고, 책정 비용이 실제 비용보다 클 경우 적자가 발생하게 된다. 그러므로 책정 비용과 실제 비용을 같게 하는 것이 가장 이상적인 상태라 할 수 있다.

38

정답 ③

해설 (가) 시기에 남성과 달리 여성의 경제 활동 참가율이 뚝 떨어지는 원인은 여성이 결혼, 출산 및 육아 등으로 일과 가정을 양립하기 어려운 상황이기 때문임을 보여 준다. 이를 지원하는 가족 친화 정책으로는 탄력 근무 제도(ㄴ), 보육 및 돌봄 제도(ㄷ), 휴가 및 휴직 제도 등이 있다.

39

정답 ②

해설 A는 사진 자료를 보았을 때 건조 지역에서 바람의 침식 작용으로 형성된 '버섯바위'이다. 사막에서는 흙벽돌을 이용한 가옥이 발달한다. 따라서 C는 흙벽돌 집이다.

오답 ㄴ. 순록 썰매 타기는 툰드라 기후 지역에서 체험할 수 있다. 사막에서는 모래 썰매 타기 등을 체험할 수 있다.

ㄹ. 사막은 강수량이 매우 적은 곳이기 때문에 비옷은 필수 준비물이라 할 수 없다.

40
정답 ②

해설 ㄴ은 매너를 갖고 고객을 상대하기 때문에 (라)의 서비스 정신과 예절을 말한다.

[오답] ㄱ은 자기 자신보다 타인을 위해 봉사하고 희생할 수 있는 인간미와 도덕성을 의미한다(나).

ㄷ은 팀워크를 중요시하고 있기 때문에 사람들 간의 단결, 화합할 수 있는 인화를 강조하고 있다(다).

ㄹ은 전문성을 갖고 이를 행동으로 실천하는 사람을 말하고 이는 프로 정신과 전문성이 필요하다(가).

41
정답 ①

해설 곰치로 만든 해장국의 인기가 높아지므로 수요 곡선이 오른쪽으로 이동하고, 어획량은 줄어들고 있으므로 공급곡선은 왼쪽으로 이동한다. 따라서 균형점(E)은 A 방향으로 이동한다.

42
정답 ④

해설 사면 경사도가 6° 이하인 곳은 A, B, C, D이고, 지가가 8만 원 이하인 곳은 B, D, E이며, 도로에서 2km이내인 곳은 A, C, D이다. 따라서 세 조건을 모두 만족하는 곳은 D이다.

43
정답 ④

해설 A, B, C의 운송비를 정리하면 아래 표와 같다.

(단위 : 원)

	부품 운송비	연료 운송비	원료 운송비	총 운송비
A	2×30=60	2×50=100	3×50=150	310
B	2×60=120	2×60=120	3×20=60	300
C	2×70=140	2×10=20	3×70=210	370

위 표에 의하면 B 지역의 총 운송비는 300이며(ㄴ), C 지역은 총 운송비가 370으로 가장 높아 불리한 지역이다(ㄷ).

[오답] ㄱ 위 표에 의하면 운송비가 가장 적은 지역은 A가 아니라 B이다.

44
정답 ④

해설 이 사례는 상대방을 설득하는 다양한 방법에 대한 사례이다. 〈사례 A〉는 의기소침해 있는 사람에게 힘을 북돋아 줌으로서 상대방을 설득하는 것을 보여준다. 〈사례 B〉는 이전에 상대방이 제시했던 의견을 제시함으로써 상대방을 설득하는 것을 보여주고 있으며, 〈사례 C〉와 〈사례 D〉는 이해관계에 있는 사람들에게 직접 눈으로 보게 하거나 느끼게 하여 설득하는 것을 보여주고 있다. 〈사례 D〉 또한 〈사례 C〉와 마찬가지로 See-Feel-Change 전략이라 할 수 있다.

※ 참고 - 설득 전략

• See-Feel-Change 전략 : 시각화하여 직접 보게 (See) 하여 스스로가 느끼게(Feel) 하여 변화시켜 (Change) 설득에 성공하는 전략

• 상대방 이해 전략 : 상대방에 대한 이해를 바탕으로 갈등 해결을 용이하게 하는 전략

• 헌신과 일관성 전략 : 협상 당사자 간에 기대하는 바에 일관성 있게 헌신적으로 부응하여 협상을 용이하게 하는 전략

• 반항심 극복 전략 : 억압하면 할수록 더욱 반항하게 될 가능성이 높아지므로 이를 피함으로서 협상을 용이하게 하는 전략

45
정답 ④

해설 이슬람교 수행자들이 필요에 의해 스스로 커피를 수용한 것이다(ㄴ). 또, 커피 전문점이라는 문화 요소를 사람들이 서로의 필요에 따라 다르게 활용하고 있는 것이다(ㄹ).

[오답] ㄱ. 문화 변동의 내재적 요인은 발명과 발견, 외재적 요인은 문화 전파이다.

ㄷ. 사례에서는 대중 매체가 아닌 상인들에 의해 커피가 세계 여러 지역으로 전파되었다.

46
정답 ②

해설 이 사례는 다양한 대인관계 향상 방법에 대한 사례이다. '사례 ⓑ'는 '기대의 명확화'와 관련된 사례로서, 분명한 기대치를 제시해 주는 것이 대인관계에 있어서 오해를 줄이는 방법임을 보여주고 있다.

[오답] ① '사례 ⓐ'는 '약속의 이행'과 관련된 사례로서, 대인관계 향상을 위해서는 철저하게 약속을 지키는 것이 매우 중요함을 보여주고 있다.

③ '사례 ⓒ'는 '언행일치'와 관련된 사례로서, 행동과 말을 일치시키는 것이 대인관계 향상에 매우 중요함을 보여주고 있다.

④ '사례 ⓓ'는 '진지한 사과'와 관련된 사례로서, 자신이 잘못을 하였을 경우 진지하게 사과하는 것이 매우 중요하기는 하지만 같은 잘못을 되정답하면서 사과를 하는 것은 오히려 대인관계 향상을 저해할 수 있음을 보여주고 있다.

47 정답 ①

해설 동료, 동기와 좋은 관계를 형성하려면 정도를 지켜야 하고 다른 사람의 험담을 하거나 소문을 이야기하지 않아야 한다. 또한 소속 부서의 정보를 유출하지 않도록 주의해야 한다.

48 정답 ③

해설 [편집 작업] (가)는 [입력 메뉴]의 '메모'를 말하고(ⓒ), [편집 작업] (나)는 [입력 메뉴]의 '주석'을 말하며(ⓐ), [편집 작업] (다)는 [입력 메뉴]의 '책갈피'에 대한 기능 설명이다(ⓑ).

49 정답 ④

해설 주어진 데이터[Sheet1]에 대해서 [Sheet2]와 같이 좀 더 자세하게 분석하기 위해서는 [삽입]-[피벗 테이블] 메뉴를 사용한다.

50 정답 ④

해설 차트는 '가로 막대형'이며, 부서명은 '오름차순', 순위 [E4]셀 함수식은 '=RANK(D4,$D$4:$D$8,0)'이므로 ㄱ, ㄴ, ㄷ 모두 맞다.

51 정답 ②

해설 ⓒ은 HOW에 설명이며, ⓔ은 WHERE에 대한 설명이다. 그러므로 ⓒ과 ⓔ의 설명은 서로 바꾸어야 한다.

52 정답 ②

해설 입·출력 조건에 따라 진리표를 작성하면 다음과 같다.

입력		출력		
A	B	녹색등(G)	황색등(Y)	적색등(R)
0	0	1	0	0
0	1	0	1	0
1	0	0	1	0
1	1	0	0	1

따라서, 녹색등(G)은 NOR, 황색등(Y)은 XOR, 적색등(R)은 AND 회로가 된다. 따라서 ㄱ은 NOR인데 OR이라 하였으므로 틀렸고, ㄴ은 ⊕이 XOR을 표기하는 기호이므로 맞고, ㄷ은 ⊐D—이 XOR을 나타내므로 틀렸다. 따라서 정답은 ②이다.

※ 참고 – 논리 연산자

• NOR : 부정논리합(否定論理合)은 주어진 복수의 명제가 모두 거짓인지 보는 논리 연산이다. NOR라고도 한다.

• XOR : 배타적 논리합(排他的論理合, exclusive or)은 수리 논리학에서 주어진 2개의 명제 가운데 1개만 참일 경우를 판단하는 논리 연산이다. 약칭으로 XOR, EOR, EXOR, xor, ⊕, +, ≠라고 쓴다.

• AND : 논리곱(conjunction, AND)이란 수리 논리학에서, 주어진 복수 명제 모두가 참인지를 나타내는 논리 연산이다. 두 명제 P, Q에 대한 논리곱을 (P ∧ Q)라고 기록하고, 「P 그리고 Q」라고 읽는다.

• OR : 논리합(disjunction, 論理合, OR)이란 수리 논리학에서 주어진 복수 명제에 적어도 1개 이상의 참이 있는지를 나타내는 논리 연산이다. 두 명제 P, Q에 대하여 논리합은 P ∨ Q라고 기록하고 P 또는 Q라고 읽는다.

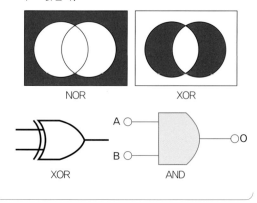

53

정답 ①

해설 (가)는 소량 생산 소량 소비의 유통 경로로 수집, 중계, 분산 기관이 발달하며, 전속적 유통 정책에 적합하다. 그에 비해 (나)는 대량 생산 대량 소비의 유통 경로로 공업용 원료 소비에 적합하며 유통 경로 유형 중 가장 단순한 경로이다. (가)는 여러 생산자의 생산물을 수집하여 판매할 사람에게 중계할 중계자에게 넘기면 중계자는 최종 소비자에게 판매할 판매자에게 넘기고, 판매자는 소비자에게 넘기는 과정을 나타낸 것이다. 즉, (가)는 수집, 중계, 분산 기관이 발달되어 있음을 보여 준다.

오답 ② 농산물 자체의 유통은 (가)에 해당하지만 농산물을 원료로 하여 가공 생산품을 만드는 농산물 가공업은 (나)에 해당한다.

③ 생활필수품의 여부와는 상관없이 공장에서 생산되는 것은 (나)에 해당한다.

④ 생산자 직판 거래처럼 (가)와 (나)는 모두 중간상 없이 전속적 유통이 가능할 수 있다. 하지만 이는 쉽지 않은 거래로, 특히 (가)와 같은 경우에는 생산자가 소비자를 만나기도 어렵고, 소비자 또한 생산자를 만나기도 어렵다. (나)의 경우에는 규모가 크기 때문에 직접 판매소를 많이 만들어 생산자가 소비자를 직접 만나 거래할 수도 있다.

54

정답 ③

해설 조직 변화 과정은 환경의 변화를 인식하는 데에서 출발한다. 따라서 조직 변화는 환경 변화에 따른 것으로 환경 변화가 경제적인 것인지, 기술적인 것인지, 정치적 혹은 문화적인 것인지에 따라 조직 변화의 방향도 달라진다. 또한 조직 변화 유형 중 제품이나 서비스 변화는 기존 제품이나 서비스의 문제가 발생했을 때에도 이루어지지만 새로운 시장을 확대하기 위하여 신기술을 도입하기도 한다. 조직 변화 중 전략이나 구조의 변화는 조직의 조직구조나 경영 방식을 개선하기도 한다. 문화의 변화는 조직의 목적과 일치시키기 위하여 조직 문화를 변화시키는 것이다. 따라서 ③은 잘못된 설명이다.

55

정답 ③

해설 '7S'는 공유 가치(Shared Value)(①), 리더십 스타일(Style), 구성원(Staff)(②), 제도, 절차(System), 구조(Structure), 전략(Strategy), 관리 기술(Skill)(④)을 말한다.

56

정답 ④

해설 제시된 사례는 세계적인 기업에서 어떤 경영 전략을 가지고 있는지 보여주는 사례이다. 이 사례를 통해 우수 기업들은 자신만의 독특한 경영 전략을 가지고 있음을 이해할 수 있다. GE 사례에 비추어 보았을 때 우리 조직은 수평적인 대화는 어느 정도 이루어지지만 수직적인 대화가 원활히 이루어지지 못하고 있다면 이를 개선하기 위하여 경영자 층을 대상으로 한 리더십 교육(①), 비공식적인 의사소통 문화를 만들기 위한 사내 인트라넷 구축(②), 대화방 마련이나 제안 제도 도입(③) 등을 배울 점으로 작성할 수 있다.

57

정답 ②

해설 다른 나라에 대해 개방적인 태도를 견지하지 못한 채, 다른 나라 문화를 접하게 되면 자신의 문화와 다른데서 오는 불일치, 위화감, 심리적 충격 등을 경험하게 되며 이를 문화 충격이라고 한다. 문화 충격에 대비해서 가장 중요한 것은 ②에서 말한 것과는 달리 자신이 속한 문화를 기준으로 다른 문화를 평가하지 말고 자신의 정체성은 유지하되 다른 문화를 경험하는데 개방적이고 적극적 자세를 취하는 것이다. 문화라는 것은 오랜 시간 동안 이루어진 것으로 밖으로 잘 드러나지 않기 때문에 외국 문화를 이해하는 것은 오랜 시간과 노력이 요구된다. 특히, 직업인은 외국인과 함께 일을 할 때 서로 상이한 문화 간 커뮤니케이션이 이루어지는 이문화 커뮤니케이션을 하게 된다.

58

정답 ③

해설 이 사례는 직업과 직업인의 의미에 대한 것을 묻고 있다. 만약에 현 과장이 환자를 구하다가 입찰 시간을 어겨 계약을 하지 못하게 된다면, 그는 사회적으로는 좋은 일을 했지만 회사적으로는 자신의 책임을 그르쳐 회사는 물론 회사의 동료들에게 큰 피해를 입히게 된다. 이처럼 직업을 가진 사람에게 자기가 맡은 임무는 수많은 사람과 관련된 공적인 약속이자 최우선의 과제이다. 회사 업무를 수행하는 중에는 개인의 취향이나 인정 또는 정의감에 따라서 행동할 것이 아니라 공적인 입장에서 판단하고 생각해야 한다. 따라서 현 과장은 이와 같은 사고를 목격했을 때 환자가 있음에도 사고 상황을 경찰에 신고하는 최소한의 윤리적 행동을 한 뒤에는 직업인으로서의 본연의 일을 하기 위해 입찰 장소로 향해야 한다. 만약 경찰이나 다른 의료진이 빠르게 도착하기 힘든 상황이라면 이러한 상황을 회사에 보고하여 다른 사람이 입찰을 대신할 수 있게 조치한 후에야 환자를 구조하여 병원으로 이동할 수 있을 것이다.

 59 **정답** ④

해설 인간을 대상으로 하는 실험을 할 때에는 피험자에게 실험에 대한 충분한 정보를 제공하고(ㄹ), 자발적 동의를 얻어 시행해야 한다(ㄷ). 자발적 동의란 피험자가 동의할 수 있는 법적 능력이 있어야 하며, 어떠한 폭력, 기만, 술책, 협박, 강요가 없는 가운데 스스로 자유롭게 선택할 수 있어야 한다는 것을 의미한다.

 60 **정답** ②

해설 상사가 업무 이외의 일을 시키면 누구나 기분이 나쁘지만 이런 일이 성희롱에 해당하지는 않는다. (나) 사례가 성희롱이 되는 건 남자 사원이 있는데도 굳이 업무 외의 심부름을 여자들의 고유한 일인 것처럼 말하며 시킨 것 때문이다.

제2회				문제 452쪽
01 ③	02 ②	03 ①	04 ③	05 ②
06 ③	07 ①	08 ①	09 ①	10 ①
11 ①	12 ③	13 ⑤	14 ④	15 ③
16 ②	17 ②	18 ⑤	19 ③	20 ④
21 ⑤	22 ①	23 ③	24 ②	25 ②
26 ④	27 ②	28 ⑤	29 ④	30 ④
31 ②	32 ③	33 ②	34 ①	35 ②
36 ④	37 ①	38 ⑤	39 ④	40 ⑤
41 ②	42 ②	43 ②	44 ⑤	45 ③
46 ③	47 ⑤	48 ③	49 ②	50 ③
51 ①	52 ④	53 ④	54 ③	55 ⑤
56 ⑤	57 ⑤	58 ③	59 ④	60 ①

 01 **정답** ③

해설 ㉠에서 '사회를 이루고 사는 것이라면 서로 상충하는 목적이나 이해관계는 조정되어야 한다'고 하여, 사회가 정상적으로 유지되기 위해서는 상충하는 목적이나 이해관계가 조정되어야 함을 밝히고 있다. 따라서 ③은 이에 어긋난다.

 02 **정답** ②

해설 이 글의 중심 내용은 한 세기 이상 끌어온 '4색 문제'를 증명하는데 컴퓨터가 활용되었다는 것이다. 4색 문제를 증명한 것이 중요한 게 아니라 그 증명이 이루어진 방법, 즉 컴퓨터를 활용하여 증명을 하였다는 것에 초점이 맞추어져 있다고 할 수 있다. 따라서 '컴퓨터, 수학계의 난제 해결'이라는 표제가 이 글의 논지를 가장 잘 반영하고 있다고 할 수 있다.

 03 **정답** ①

해설 (가)에서 존댓말이 사라져 가는 현상에 대해 이야기하고 있는데, (다)도 그러한 이야기를 하고 있다. (마)는 이 현상에 대한 두 가지를 평가를, (나)에서는 두 폐가 중 하나인 '말의 혼란'에 대해, (라)에서는 '말의 혼란'에 대해 해결 방안을 제시하고 있다.

04

정답 ③

해설 ⓒ의 내용은 첫째 단락의 "빛의 속도 c에 우주의 나이 t를 곱한 값 ct는 우주 탄생 이후 빛이 움직인 거리가 된다."에서 확인할 수 있다. ⓐ의 cT는 '빛의 속도에 별의 평균 수명을 곱한 값'이다. ⓑ의 ct는 '빛의 속도에 우주의 나이를 곱한 값', 즉 '우주 탄생 이후 별빛이 움직인 거리'이다. ⓓ는 cT 내부로서 더 이상 빛을 낼 수 없는 암체가 존재하는 공간이다. ⓔ는 ct 외부로서 아직 관측자에게 그 빛이 도달하지 않은 별이 존재하는 공간이다.

05

정답 ②

해설 ②에서, 인간에게 유용하게 쓰일 수 있는 배아 복제 기술이 상업적 목적으로 악용되어 생명을 가볍게 생각하게 한다는 점에서 과학 기술을 잘못 사용하고 있는 경우에 해당된다.

오답 ③ 과학 기술을 오용하고 있는 것으로 보기 어렵다.
④ 과학 기술을 오용한 결과가 아니다.
⑤ 윤리적 문제이다.

06

정답 ③

해설 황금 분할로 이루어진 물건은 0.618의 비율을 느낄 수 있어야 한다. 이를 찾아보면 이에 어울리는 것은 ③밖에 없다.

07

정답 ①

해설 제시문에서 소금의 용해 과정에 대해 설명하고 있는데, 소금이 물에 녹을 때에는 (1) 소금($NaCl$)의 이온 결합이 끊어져서 나트륨 이온(Na^+)과 염화 이온(Cl^-)으로 분리되지만, (2) 새로운 화학 결합이 일어나는 것은 아니다. (1)과 (2)를 모두 만족시키는 시각 자료는 ①이다.

08

정답 ①

해설 이 글에서 비주기적 운동은 불안정하고 정확한 예측을 불가능하게 하나 인류의 역사를 보면 어느 정도 예측할 수 있다고 말하였다. 이를 근거로 하여 개념을 추론할 수 있다.

09

정답 ①

해설 세계화를 바라보는 시각은 크게 세계화가 국가 간의 교역을 확대하여 상호 이익을 얻을 수 있다는 낙관적 입장과, 시장과 자본의 독점을 초래하여 빈부의 격차가 심화될 수 있다는 비관적 입장으로 나뉜다. ㄱ은 세계화로 소득과 부의 편중 현상이 심화될 수 있다는 측면에서 찬성 논거로 부적절하다.

10

정답 ①

해설 만화가 발달한 나라일수록 잘사는 나라라는 주장은 인과성은 없고 선후 관계만이 존재한다. 따라서 이는 두 사건을 인과 관계로만 파악한 원인 오판의 오류이다.

11

정답 ①

해설 제시문의 을은 갑의 주장에 대한 대꾸를 통해 오류를 활용하여 자신의 주장을 강화하였다. 먼저 을은 ㉠을 주장할 때 상대방의 인신을 공격하면서 자신의 주장을 강화하는 인신공격의 오류를 범했다. 이 주장에는 논점 이탈의 오류도 함께 포함되어 있다.

오답 ① ㉡을 주장할 때는 상대방의 잘못을 들어 자신의 주장을 정당화하는 피장파장의 오류를 범했다.
③ 대중에 호소하는 오류이다.
④ 힘에 호소하는 오류이다.
⑤ 연민에 호소하는 오류이다.

12

정답 ③

해설 퇴임(퇴임은 직책만 물러나는 것이므로 퇴직이 아님) → 퇴직, 지급율 → 지급률, 발영자 → 발령자

13

정답 ⑤

해설 '좌석 배치' 안내에 의하면 '동행자분들끼리 따로 예약 시 여행사로 연락을 주셔야 같은 자리에 배정이 됩니다.'라고 하였으므로 동행자끼리 따로 예약한 경우에는 같은 자리에 배정할 수 없다는 ⑤의 설명은 알맞지 않은 내용이다.

[오답] ① 출발 확정의 안내의 '출발이 취소되는 경우에는 고객님께 직접 연락을 드려서 확인해 드립니다.'로 알 수 있다.

② '출발 안내 문자는 출발 2일 전 또는 1일 전에 발송이 되며 출발 장소, 시간, 가이드 연락처, 준비물을 기재해서 발송해 드립니다.'에서 알 수 있다.

③ 환불 규정에 적용되지 않기 위해서는 출발 3일 전(업무일 기준)에 취소해야 한다고 하였으므로 알맞은 내용이다.

④ 출발 취소에 대한 안내의 '우천 및 기상 변화로 인해 행사 진행 불가 및 안전사고가 발생할 소지가 있을 시에는 여행사에서 상품을 취소하게 되며, 이 경우 환불 규정에는 적용되지 않습니다.'로 알 수 있다.

14 [정답] ④

[해설] '불가하십니다'는 사람이 아닌 '요청'을 높이는 표현이기 때문에 '불가합니다'로 바꿔야 한다. 이때 '불가'는 '불가능'과 같은 의미이기 때문에 '불가능합니다'로 써도 맞다.

[오답] ① '되십니다'는 사람이 아닌 '취소'를 높이는 표현으로 높임 표현을 지나치게 한 것이다. '됩니다'가 올바르다.

② '확인해야 됩니다'도 맞는 표현이지만 '확인해 주십시오' 또한 틀린 표현이 아니다. 그러므로 고칠 필요가 없다.

③ 주어진 안내문은 고객에게 알리는 글이다. 따라서 고객을 높이고 회사나 회사에서 고용한 사람은 낮춰야 한다. 이때 가이드는 회사에 고용되어 고객을 상대하는 사람이므로 고객에게 하는 안내문에서는 높임 표현을 표현할 대상이 아니다. 따라서 높임 표현 '분'을 뺀 '가이드에게'로 고쳐야 한다.

⑤ 기후는 '기온, 비, 눈, 바람 따위의 대기(大氣) 상태'를 나타내는 말로 '그날그날의 비, 구름, 바람, 기온 따위가 나타나는 기상 상태를 말하는 날씨나 일기와 같이 쓰이는 말이다. 따라서 기후나 일기, 또는 날씨 하나만 써야 한다.

15 [정답] ③

[해설] 이 여행을 위해서는 삼색설국열차 여행 경비

(35,000원 × 0.9 = 31,500원), 중식(10,000원), 여행자보험(5,000원), 지하철 요금(1,850원 × 2)이 필요하다. 따라서 이 여행을 위해서는 개인 경비를 제외하고 50,200원이 필요하다. 따라서 ③은 알맞은 내용이다.

[오답] ① 바다가 보이는 자리에서 직접 로스팅한 원두커피를 마시며 커피와 바다의 감미로운 조화를 만끽하는 여행은 눈꽃터널이 아니라 안목항 커피거리 여행의 일정이다.

② 집이 있는 수원역에서 광화문역까지는 1시간 5분이 걸리고, 광화문에서 6시 30분에 출발하기 때문에 적어도 집에서 1시간 5분 전인 5시 25분 전에는 출발해야 한다. 그리고 지하철역에서의 이동 시간 등을 계산하면 아무리 늦어도 5시에는 출발해야 할 것이다.

④ 삼색설국열차 여행 일정표에 의하면 11:40에 '정동진 여행 및 중식(자유식)'이라고 하였다. 또, 여행 경비 불포함 사항에 '중식(10,000원)'이 있다. 따라서 중식은 개인 돈으로 자유롭게 하는 것임을 알 수 있다.

⑤ 먹방 촬영을 할 곳으로 소개된 곳은 정동진이 아니라 분천역 산타마을 여행이다.

16 [정답] ②

[해설] 20대와 60대의 대표 장소, 방문 장소, 가치 장소가 다른 것으로 보았을 때 장소 인식이 세대별로 경험이나 정서에 따라 다르게 나타남을 알 수 있다(ㄱ). 또, 이동성이 활발한 20대가 명동이나 종로, 광화문과 같은 상업 업무 경관에 대한 방문 경험이 많음을 알 수 있다(ㄷ).

[오답] 가치 장소보다 대표 장소에 대한 세대 간 인식 차가 크며(ㄴ), 두 세대 모두 대표 장소보다 방문 장소의 경관 유형이 다양하다(ㄹ).

17 [정답] ②

[해설] 자료에 해당하는 자원은 중동에서 생산량이 많은 석유로 자동차와 선박의 주요 연료이다. ①은 철광석, ③은 신재생에너지, ④는 희토류, ⑤는 석탄에 대한 설명이다.

18 [정답] ⑤

[해설] ㄷ. 국민들의 평균 생활수준을 나타내는 1인당

국민 총소득은 지속적으로 증가했다. ㄹ. 도시 인구의 비율은 증가하고 있으나, 증가 폭은 작아지고 있다. 즉, 증가 속도는 둔화되었다.

 19   정답 ②

해설 그래프를 통해 인터넷 이용률이 매년 증가함을 파악할 수 있다. 인터넷 이용의 활성화는 여론 형성과 시민들의 정치 참여를 더 용이하게 하여 시민 사회의 영향력을 강화시킬 것이다.

오답 ① 사회적 약자나 소수자가 자신의 목소리를 낼 수 있는 기회는 과거보다 늘어날 것이다.
⑤ 인터넷을 통한 인간관계는 전인격적이기보다는 부분적이고 기능적인 측면이 많다.

 20   정답 ④

해설 ①, ②, ④에서 경제 성장률이 양(+)의 값을 가질 때 GDP는 증가하므로 2007년, 2008년을 제외하고는 계속하여 증가하고 있다. 따라서 2010년의 GDP가 가장 크고 2006년의 GDP가 2005년보다 크다(④). ③에서 2008년도는 경제 성장률이 0이므로 2007년도의 GDP와 2008년도의 GDP가 같다. ⑤에서 2006년의 경제 성장률은 1%, 2007년은 −1%이므로 2005년에 비해 2007년의 GDP 규모는 더 작다. 2005년의 GDP를 100이라고 가정했을 때, 2006년의 GDP는 이보다 1% 증가한 것이므로 101이 된다. 그리고 2007년의 GDP는 2006년의 GDP보다 1% 감소했으므로 99.99가 된다.

21   정답 ⑤

해설 그래프로 보았을 때 A는 석유, B는 석탄이다. 석유는 에너지 자원 중 소비량이 가장 많은 자원(⑤)으로 주로 판의 경계에 매장되어 있으며, 수송 및 산업용으로 이용되는 비중이 높다. 석탄은 화석 연료 중 산업에 이용된 시기가 가장 이르며, 산업 혁명 시기의 주요 에너지원이었다.

22   정답 ①

해설 주어진 〈북극해의 빙하 면적 변화〉 그래프를 보면 북극해 빙하의 면적이 점점 줄어드는 것을 알 수 있

다. 이는 지구 온난화로 인한 변화이다. 지구 온난화의 대책으로는 온실 기체 감축을 위한 대중교통 이용률 높이기(ㄱ), 저탄소 인증 상품 이용하기(ㄴ) 등이 있다. 열대림을 농경지로 개발하거나(ㄷ), 유류세 인하(ㄹ)를 통해 유류 사용이 증가하면 지구 온난화가 심화된다.

 23   정답 ③

해설 주어진 숫자는 앞 숫자에 4를 곱한 것이다. 따라서 368 × 4 = 1,472이다.

 24   정답 ②

해설 문자는 순서상 0, 1, 2, 3, 4 … 식으로 건너뛰고 있다. 따라서 '파' 다음인 ?에는 '타 하 갸 냐'의 네 개가 건너 뛴 '댜'가 와야 한다.

 25   정답 ②

해설 주어진 알파벳 가운데 다음의 두 개만 상하, 좌우로 뒤집어도 모양이 변하지 않는다.

H↔H   I↔I

 26   정답 ④

해설 $(2 + 0) = (0 \times 3) \rightarrow 2 = 0$,
$(2 + 1) = (1 \times 3) \rightarrow 3 = 3$,
$(3 + 1) = (2 \times 3) \rightarrow 4 = 6$,
$(4 + 1) = (3 \times 3) \rightarrow 5 = 9$,
$(5 + 1) = (4 \times 3) \rightarrow 6 = 12$,
그러므로 $(6 + 1) = (5 \times 3) \rightarrow 7 = 15$

 27   정답 ②

해설 만들 수 있는 세 자리 수는 236, 263, 326, 362, 623, 632입니다. 이 중에서 4의 배수는 236, 632로 모두 2개이다.

 28   정답 ⑤

해설 $36 = 1 \times 36$

$36 = 2 \times 18$
$36 = 3 \times 12$
$36 = 4 \times 9$
$36 = 6 \times 6 \ \Rightarrow \ 5$가지

 29 　　　　　　　　　정답 ④

해설 당첨 제비가 $1 + 4 + 8 = 13$(개)이므로 당첨될 가능성을 2%($=0.02$)로 맞추려면 전체 제비의 수는 $13 \div 0.02 = 650$(개)이어야 합니다. 따라서 꽝인 당첨 제비를 $650 - 500 = 150$(개) 더 넣어야 합니다.

 30 　　　　　　　　　정답 ④

해설 3시간 48분 $= 3\dfrac{48}{60}$시간 $= 3.8$시간
290km를 3.8시간 동안 간 것이므로
(고속버스의 속력) $= 290 \div 3.8 = 76.31\cdots\cdots$
$\Rightarrow 76.3$(km/시)이다.

31 　　　　　　　　　정답 ②

해설 속력은 물체의 이동 거리를 걸린 시간으로 나누어 구한다. 즉 (속력 $= \dfrac{\text{이동거리}}{\text{시간}}$)이다. 투수가 던진 야구공의 속력은 144km/h이고 이 공이 이동하는 거리는 20m이다. 그렇다면 ($144\text{km/h} = \dfrac{20\text{m}}{\text{걸린시간}}$)가 된다. 이때 속력의 단위는 km/h이고 거리의 단위는 m이므로 단위를 동일하게 맞추어 주어야 한다.

1km=1000m이고 1시간=3600초 이므로
$\dfrac{144\text{km}}{1\text{h}} = \dfrac{144 \times 1000\text{m}}{1 \times 3600\text{s}} = 40\text{m/s}$이다.
$40\text{m/s} = \dfrac{20\text{m}}{\text{걸린시간}}$
이므로 걸린 시간은 0.5초가 된다.

 32 　　　　　　　　　정답 ③

해설 (속력) $= \dfrac{(\text{이동 거리})}{(\text{걸린 시간})} = \dfrac{(100m)}{(20s)} = 5m/s$이다.

 33 　　　　　　　　　정답 ②

해설 A는 불황기로 소비 감소, 상품의 재고 증가(②), 생산 축소, 고용 감소, 물가 하락 등의 현상이 나타난다.

 34 　　　　　　　　　정답 ①

해설 교통 체증의 문제를 해결하기 위해 물질의 '상전이 현상'에서 힌트를 얻으려 하는 것이 제시문의 기본적인 발상이다. 물질의 '상전이 현상'이 인위적인 장치를 통해 통제가 가능하듯이, 교통의 흐름도 통제하려는 목적에서. 이러한 통제가 가능하려면, 문제된 현상에서 일정한 법칙성을 찾는 것이 전제되어야 한다.

 35 　　　　　　　　　정답 ②

해설 마지막 단락에서 이른바 '공용지의 비극'을 막기 위해 눈앞의 이익만을 추구하는 태도를 버리고 공동 재산을 보호하기 위한 비용을 모두가 기꺼이 나누어 부담하는 자세를 가져야 한다고 주장하고 있다. 이는 ②가 해당된다.

 36 　　　　　　　　　정답 ④

해설 정부에서 노동 시간의 단축을 법제화하여 시행하더라도, 사정상 이를 시행할 수 없거나 그 혜택을 받을 수 없는 사회 집단이나 계층은 상대적 박탈감을 느끼게 될 것이다. ⓛ 앞부분에 노동 시간의 단축은 결국 주 5일제 근무를 의미한다는 정보가 언급되어 있으므로 ④가 ⓛ의 예에 해당한다.

 37 　　　　　　　　　정답 ①

해설 상담 후에 적금과 생활비 지출을 줄여 펀드와 같은 수익성이 큰 금융 상품에 투자하였다.
오답 ② 소득에서 생활비 지출을 줄이고 저축을 늘렸기 때문에 현재의 소비보다 미래의 소비를 더 중시했다고 볼 수 있다.
③ 상담 전에 비해 상담 후에는 안전성이 높은 적금을 줄이고, 수익성은 높지만 오히려 원금 손실의 위험성이 높은 금융 상품(펀드)이 추가되었다.
④ 금융 자산에 대한 지출 내역만 제시되어 있다.
⑤ 연금저축 항목이 추가된 것으로 보아 상담 후에는 노후 대비를 위한 자산 관리가 이루어졌음을 알 수 있다.

38 정답 ⑤

해설 경영지도사의 조언 중 사원 채용 및 채용 후 교육·훈련 등에 한계점이 드러났기 때문에 이를 개선하기 위한 기업 부문 활동은 인적 자원 관리 부문에 해당한다.

39 정답 ④

해설 갑은 학교에 지각하지 않기 위해서 버스와 택시 중 어느 것을 탈 것인지, 을은 용돈으로 티셔츠와 음반 CD 중 어느 것을 살 것인지 고민하고 있다. 갑은 버스를 타고 지각하는 것보다 돈이 더 드는 택시를 선택함으로써 기회비용을 고려한 경제적 선택을 내리고 있다(ㄱ). 그리고 을에게 용돈은 한정된 자원(ㄴ)이기 때문에 을의 판단에는 갑과 마찬가지로 경제적 선택이 나타난다고 할 수 있다(ㄹ).

40 정답 ⑤

해설 제품의 품질 불량으로 기업 이미지 하락의 문제점을 해결하기 위하여 사원의 재교육 및 재배치를 하고 품질 검사 인원과 신제품 개발 연구원의 확충 등의 활동을 할 수 있다. 이와 같은 경영 부문 활동을 인적 자원 관리 활동이라 한다.

41 정답 ②

해설 제시문은 삶의 질 향상과 관련해 국가적·제도적 차원의 해결 방안을 강조하고 있다. 복지 정책(ㄱ), 법률 제정(ㄴ) 및 개정은 국가적·제도적 차원의 해결 방안에 해당한다. 태도 함양과 자세 습득은 개인적·의식적 차원의 노력에 해당한다.

42 정답 ②

해설 A는 경찰관에 대한 확신이 있고 어떻게 되는지도 알고 있지만 부모님들의 반대에 대한 걱정 때문에 망설이고 있다. 따라서 답은 ②이다.

43 정답 ②

해설 A는 부모님의 반대에 대해 걱정하고 있기 때문에 그 갈등을 해결할 수 있는 조언을 해주어야 한다.

44 정답 ⑤

해설 온실가스를 줄이기 위해 친환경 제품 개발(ㄹ) 및 저탄소 에너지 시스템을 구축(ㄷ)하여야 한다.

45 정답 ③

해설 자원의 사용량으로 보았을 때, A는 석유, B는 석탄, C는 천연가스이다. 이들 세 자원 가운데 냉동 액화 기술의 발달로 소비량이 증가한 자원은 천연가스이다. 따라서 ③은 알맞은 설명이다.

오답 ① 석탄, ② 석유이다. ④ 석유는 석탄에 비해 일부 지역에 편중되어 국제 이동량이 많다. ⑤ 석탄은 천연가스에 비해 연소할 때 대기 오염 물질 배출량이 많다.

46 정답 ③

해설 사우디아라비아 등 서남아시아에 매장량이 많은 자원은 세계에서 가장 많이 소비되는 에너지 자원인 석유이다.

47 정답 ⑤

해설 적정 기술은 지역 공동체의 환경적 특징을 고려한 것으로 에너지 사용량이 적으며 친환경적인 지속 가능한 기술이다. 제품의 사용 방법이 간단하여 누구나 쉽게 이용할 수 있고(ㄷ), 그 기술이 사용되는 해당 지역 사람들의 삶의 질을 높이는 데 기여한다(ㄹ).

48 정답 ③

해설 해수의 수평 유동에 의한 운동 에너지를 이용하여 전기를 생산하는 발전 방식은 조수간만의 차를 이용한 발전이다. 따라서 조수간만의 차는 항상 일정하기 때문에 발전량을 정확하게 예측할 수 있고(ㄴ), 바람의 영향을 받지도 않는다(ㄱ). 다만 발전소 건립 지역은 조수 간만의 차가 큰 지역으로 선정해야 한다.

49 정답 ②

해설 해양 에너지 중 조석의 위치 에너지를 이용하는 조력 발전소는 만조 때 바닷물을 저장할 유수지가 필요하며, 조석의 주기에 따라 발전 시간이 제한된다.

50 정답 ③

해설 리더십 유형은 크게 독재자 유형, 민주주의에 근접한 유형, 파트너십 유형, 변혁적 리더십 유형 등 크게 4가지로 구분할 수 있다. ㉮는 철수가 부하직원들과 성과 및 결과에 대한 책임을 공유한다는 측면에서 파트너십 유형이 적절하다. ㉯는 부하직원들에게 신뢰와 충성을 강조하고, 저항하는 직원을 과감하게 해고하고 있다는 측면에서 독재자 유형이 적합하며, ㉰는 변화를 위해 새로운 비전을 조직 구성원들에게 제시하고 있다는 측면에서 변혁적 유형이 가장 적합하다.

51 정답 ①

해설 판매 이익에 따라 높은 순으로 정렬 기능을, 판매 이익을 계산하기 위해 연산 기능을 사용하였다. 그리고 성과급 지급 여부 판단을 위해 논리 장치에 의한 비교 기능을 사용하였으며, 지점별 판매 이익의 자료를 한 눈에 알아볼 수 있도록 그래프로 나타내는 정리 기능을 사용하였다. 그러나 입력된 자료를 특정한 기준에 의하여 하나의 범주로 묶는(필터링) 분류 기능은 사용되지 않았다.

52 정답 ④

해설 정렬이란 데이터를 번호순이나 사전 순서와 같이 일정한 순서대로 재배열하는 것이다(ㄴ). 데이터에 필터를 적용하면 지정한 조건에 맞는 행만 표시되고 나머지 행은 숨겨진다(ㄷ). (ㄱ)의 정렬 기준은 '평균'이며, 내림차순으로 정렬되어 있다.

53 정답 ④

해설 총점은 =sum(범위), 석차는 =rank(비교값, 비교 범위, 조건), 개수는 =count(범위) 형태로 작성한다.

54 정답 ③

해설 윈도 탐색기의 'favorites' 폴더를 복사해서 사용하면 다른 컴퓨터에서도 동일한 즐겨찾기를 사용할 수 있다.

55 정답 ⑤

해설 그림의 방식은 선입선출(FIFO) 방식으로 먼저 들어온 것을 먼저 처리하는 것이다. [보기] ㄹ은 가장 먼저 입력된 것이 삭제되고, ㄷ은 먼저 보내온 문서를 순서대로 인쇄하기 때문에 선입선출이다.

56 정답 ⑤

해설 운영체제의 시스템 메뉴에서 하드디스크 정리를 할 수 있고, 이력서 및 자기소개서는 워드프로세서, 금전출납부는 스프레드시트, 홈페이지 제작 및 확인은 메모장과 인터넷 익스플로러 제작 및 확인이 가능하다. 3D 애니메이션 제작에는 3D MAX, 마야 등 관련 전문 프로그램이 필요하다.

57 정답 ⑤

해설 (가)는 윤리 사상가 하버마스의 입장이다. 하버마스는 성공적인 의사소통을 위해 사람들 상호 간에 참되고, 진실하고, 이해할 수 있는 대화를 나누어야 한다고 주장한다. 이러한 전제 하에 모든 사람들이 평등하게 대화에 참여할 때 합리적 토론과 합의가 지속적으로 이루어질 수 있다고 본다.

58 정답 ③

해설 제시된 사례는 L씨가 계약을 거의 성사시키던 중에 커피를 한잔 거절함으로써 계약이 고사된 내용으로, 이를 통해 학습자들에게 다른 나라의 문화를 이해하는 것이 중요함을 알려주는 사례이다. 따라서 학습자들은 외국인을 상대할 때에는 ⑤와 같이 업무 수행을 잘하는 것도 중요하지만 문화적인 요인도 고려해야 함을 알 수 있다.

59 정답 ④

해설 제시된 사례는 L씨가 문제가 발생했으나 조직에서 이 업무를 담당하는 사람을 알지 못하여 당황하는 사례로 이를 통해 학습자들은 조직 구조 이해의 중요성을 공감하고, 조직도를 통해 이를 파악할 수 있음을 깨달을 수 있다.

60　정답 ①

해설　(가)는 비록 특정인을 염두에 두지 않고 재미로 이야기했다 하더라도 이러한 언동이 직장 내에서 "상대방에게 성적으로 불쾌감과 거부감을 느끼게 하였다."고 하면 성희롱으로 성립될 소지가 있다. 또 (나)는 명백한 성희롱으로 회사 차원의 문제가 된다. 즉, 불필요하게 가까이 서 있는 행위로 순심 씨가 성적 수치심을 받고 있고, 순심 씨의 신체를 반복적으로 접촉한 것, 업무와 관련하여 발생한 점, 거부의 의사 표시를 묵시적으로 했다는 점에 비추어 명백한 성희롱 행위이다.

오답　(다)는 이 정도도 성희롱이라고 생각하는가? 이런 상황은 사회적으로 수용 가능하며 어떤 성적인 상황을 포함하지 않고 있으므로 성희롱으로 보기 어렵다. 또, (라)는 커피 심부름이나 반말을 하는 것은 개인의 인격에 해당하는 사항이므로 성희롱으로 보기는 어렵다. 그러나 여직원들에 대한 이런 성차별적 언행은 성희롱으로 발전할 수 있으므로 각별히 조심해야 한다.

MEMO

MEMO

MEMO

MEMO

MEMO